Biography of
He Yingqin

何应钦
全传（上）

熊宗仁 著

团结出版社

图书在版编目（CIP）数据

何应钦全传 / 熊宗仁著. -- 北京 ：团结出版社，
2016.1（2020.11 重印）
ISBN 978-7-5126-3702-3

Ⅰ．①何⋯ Ⅱ．①熊⋯ Ⅲ．①何应钦（1890～1987）
－传记 Ⅳ．①K827=7

中国版本图书馆 CIP 数据核字(2015)第 159440 号

出　版：团结出版社
　　　　（北京市东城区东皇城根南街 84 号　邮编：100006）
电　话：(010) 65228880　65244790　（出版社）
　　　　（010）65238766　85113874　65133603（发行部）
　　　　（010）65133603（邮购）
网　址：http://www.tjpress.com
E-mail：65244790@163.com（出版社）
　　　　fx65133603@163.com（发行部邮购）
经　销：全国新华书店
印　装：三河市东方印刷有限公司

开　本：170mm×240mm　　　1/16
印　张：36.5
字　数：420 千字
版　次：2016 年 1 月　第 1 版
印　次：2020 年 11 月　第 2 次印刷

书　号：978-7-5126-3702-3
定　价：89.00 元（全两册）

CONTENTS · **目 录**

第一章

"何老三"负气离爱 "乡巴佬"出谷迁乔

第二章

军界中的宠儿 政坛上的骁将

第三章

黄埔练兵　东征建功

第四章

大浪淘沙　鱼龙杂处

第五章

北伐东路　反共先锋

第六章

"安内"为王前驱　"攘外"对日妥协

第七章

兼并异己　护院管家

第八章

积极反共　苦撑待变

第九章

体面引退　妄整残局

第十章

元老不寂寞　将星有余光

第十一章

修补反共思想　参与台岛建设

第十二章

反共梦难圆　思乡情更浓

后记

何应钦 全传

·Biography of He Yingqin

第一章

"何老三"负气离爱
"乡巴佬"出谷迁乔

穷乡僻壤山川秀　勤俭开明家业兴

（一）

　　1890年4月2日（清光绪十六年闰三月十三日），何应钦出生在贵州省兴义县泥凼村，即今黔西南布依族苗族自治州首府兴义市泥凼镇风波湾。

　　兴义县城旧名黄草坝，是一个方圆数十平方公里的山间坝子，以盛产中药黄草而闻名。它虽地处黔、滇、桂接壤的南盘江畔，是所谓"鸡鸣三省"的要冲，又是黔西南最富庶的地区，但开发较迟，直到1798年（清嘉庆三年）才设县，隶兴义府（今安龙县）。据民国《兴义县志稿》载，当时全县在籍人口不过四万多，其中土著少数民族约占六分之一；俗称"客籍"的外来汉族约占六分之五。"客籍"人中，以经商而定居者为多，故有所谓"吴绌""粤棉""滇铜""蜀盐""抚帮""白纸"等俗称，以标明他们的祖籍和职业。其中人数最多、势力最大的，要数江西省抚河流域来的"抚帮"。何应钦的祖辈便是"抚帮"中人。

　　何应钦先世原居江西临川，其太高祖何景鸾随清军出镇贵州，于清咸

现已修缮一新的位于贵州省兴义市泥凼镇的何应钦故居。

丰初年移居兴义定居。何应钦的高祖何振璜，以贩牛致富，遂于兴义城郊的巴骨山田坝置水田，每年可收租谷两百余担，成了本县"八大户"之一。何氏虽已由行武转为经商兼农，但仍保留着舞拳弄棍的祖传遗风。其曾祖何云鹏，承父业，与人结伙贩牛上云南，下广西，餐风饮露。其时道路不靖，土匪横行，时有丧命之虞。当时黄草坝虽已有县城，但远不及洪武初年即设营汛的捧乍城（今兴义市的捧乍镇）繁荣。何家贩牛常往来于捧乍，见那里人烟稠密，商业繁盛，是毗邻广西、云南的大牲畜市场，行商走贩趋之若鹜。于是，何云鹏将田产变卖，举家迁至捧乍汛城。

时值太平天国运动时期，贵州全省反清风暴兴起，兴义府属爆发了张凌翔、马河图领导的回民起义。在汉、苗、布依、彝等族群众的支持下，回民起义军在新城（今兴仁县）建立政权，势力波及云南、广西部分地区。捧乍自明初以来就是官府的驻兵重地。兴义置县后，安义镇左营守备即驻此。

何家迁到捧乍后不久，即感受到那里不仅有太平军和广西天地会起义军自东往西的威胁，还有杜文秀回民起义军由滇而黔的压力，更会受到黔西南回民起义军的直接攻击。在这兵荒马乱的年月，百业萧条，牛贩子们的营生更加艰难。何家未雨绸缪，不待捧乍的居民大批逃难，便率先离开那里，向深山更深处的东南河谷地带寻觅新的谋生之地。于是，来到了捧乍分司所管辖下的泥凼风波湾。

泥凼位于兴义县城南40多公里处，背靠大山，面临深谷，犹如一把做工粗劣、比例失当的椅子。椅背是陡峭的马路坡绝壁；只有几十户人家的泥凼街子就拥挤在这窄小不平的椅面上；街子以下的斜坡起伏着，直通云蒸雾锁的达力河谷，宛若椅子的腿。站立这椅面之上，满目是苍茫的山峰林箐，只有脚下河谷槽子边，错错落落的梯田梯地才显示出当地人民征服自然的壮举。要不是炊烟的招惹、鸡鸣犬吠的吸引，谁也不会想到那浓荫叠嶂之间会有一个街子。站在泥凼街上，往南纵目，那绵延的群山之后，便是当年汉武帝欲命夜郎王发十万精兵直下南越的牂柯江。站在何应钦旧居门前，秋高气清之晨，目力其至可及广西之龙州（今隆林县）；宅后石崖，挺拔耸翠，宛如巨象蛰伏。翻过这形势峻伟的石崖，渐入佳境，便可看见总面积达三千多亩的泥凼石林。在土石相间的台地和缓坡上，千奇百怪的石林参差错落，拔地凌空，有的如猛虎呼啸出山，有的如游龙腾云乘雾，有的如鹰隼振翅欲飞……更有六座奇峰怪石，巧妙地组成"山川"二字，显得雄劲挺拔，气势磅礴，使许多古往今来的大书法家，在这大自然的鬼斧神工前自愧弗如。这里现已成为令人瞩目的风景胜地。何应钦的出生地，就在这石林边。他在这壮美多姿、气象万千却闭塞、落后的林壑崖间度过了自己的童年。

居住在兴义南盘江一带的布依族群众，历来有自己种棉、纺纱、织布、缝制衣衫的习惯。"洋纱洋布"尚未在兴义城乡行销的时候，经营土纱、土布和染布业是颇为俏市的。何家到泥凼风波湾定居后，因周围都有农民起义军的活动，只好放弃了相传已久的长途贩牛的旧业，以多年积攒下的银钱，买了一架木织布土机，并开起一爿小染坊。女人织布，男人染布、卖布。何云鹏开辟了这条谋生新路以后，便将家业传与何应钦的祖父何春荣。

当时何家的染坊，是采用当地出产的土靛染色，一般仅能染青、蓝两色，全系手工操作。每逢附近的狗场（今靖南）、布雄、仓更、捧乍赶集，何家的人便要背上自家织染的布前去兜售，因此，有人称何家为"何青布客"。这一雅号，一直叫到何应钦的父亲那一辈。土法染布十分辛苦，往往累得人腰酸背痛，布染成什么颜色，操作者的手脚也会成什么色。至于卖布赶转转场，更是"磨脚板皮养肠子"的苦事，起早摸黑，一天要赶上百里的路程，还要提防"山大王"们的拦路抢劫。好在泥凼只此一家染坊，没有竞争者。不几年工夫，何家积蓄渐丰。何春荣开始在泥凼附近购买田地约百亩，迅速跻身于地主之列，染织也雇请帮工，成了富甲泥凼一方的首户。

1861年（清咸丰十一年），贵州各族人民反清大起义已在全省燎原开来。云贵总督吴文熔命令各地坚壁清野，筑堡齐团，联村并寨。兴义知县赵大松要县境各地士绅富户出钱出人筹办团练，镇压回民起义军。何春荣便成了泥凼团练的创办人。

1862年（清同治元年）4月，回民起义军攻占兴义府城后，挥戈转攻兴义县城，县境西南各乡的团练奉调赴县城"围剿"，何春荣邀集泥凼附近各股团练武装应命前往。11月20日，起义军攻陷兴义县城，杀死知县赵大松，安义镇总兵赵德昌率领残部败往捧乍，全县士绅团练惶惶不可终日，何春荣只得率领泥凼一带的团练返乡，亟谋自保。回民起义军追赶总兵赵德昌，在县城西南仅三公里的下五屯附近，碰上了兴义首户刘燕山所部团练武装的拼死抵抗，故未能向泥凼、捧乍方向用兵。泥凼虽免受起义军的攻击，但何家的团练却失去了"立功"的机会。何春荣依然经营自己的染坊，未能在政治上迈开出谷迁乔的第一步。自有团练后，泥凼一带遇有起义军或"匪警"之类的事，毕竟周围团转的乡绅们有了一点儿依靠。

自参与镇压回民起义军以来，何春荣与泥凼附近上布塘的大户史氏结成至交。史氏1862年率团练随何春荣进城代替官兵防堵回民起义军时，因城破被俘，被起义军关进大牢。他便是何应钦的外祖父，但其名已难查考。目前幸存的由何应钦的舅父史永康及何应钦的父亲何其敏等人于清光绪二十七年（1901年）腊月十三日所立的何应钦外祖母蓝氏的碑文上，对何应钦的外祖父、外祖母有如下一段记载：

> ……吾母生长蓝门，于归史宅。自从嫡配先父以来，勤俭持家，始终不怠。因其国运衰颓，回匪作乱，于壬戌之冬，县城失守。吾父代（带）兵助剿，被贼生擒进狱，拘押卡内，苦楚受尽，惨不可言，不惜家资，用银三百余两赎回，因羞寿终。母年三十余矣，呼天无路，哭地无门。夜则眼泪湿枕，昼则泪泡饭吞；白日操持家务，夜晚独守孤衾……

据泥凼的老人们说，在蓝氏筹款赎夫的过程中，曾得何春荣的资助，遂事后将其二女儿许配给何春荣之子何其敏为妻，这史家的二女儿便是何应钦的母亲。因史、何二姓在泥凼一带组织团练镇压回民起义有功，虽申请封赏尚不够资格，却因此能在何应钦的外祖母蓝氏死后，于墓碑上刻下"皇清待诰节操"的铭文。这在泥凼，也算得上风光的了。

何应钦的父亲何其敏（1853—1929），字明伦。他继承父业以后，依然勤俭操持，不敢有所懈怠。何家在泥凼虽是首户，但家底并不丰厚，出租土地，雇工染织，自己也经常走城转乡买进卖出。据何应钦的四弟何辑五回忆说："家君明伦公，务农之余，兼事贸迁，家道因称小康。"而在何应钦的传记中记为："祖春荣公，承父业，积资甚丰。父其敏公转业经商，营染织工厂，获利倍徙。"何辑五所云，尚称属实。后者所说的"染织工厂"，不过是几个人的小手工作坊之"美称"。何其敏本人要直接参与染坊的经营，子女们也不能过饭来张口、衣来伸手的阔少小姐式的生活。何其敏持家的原则是：银钱是从一根根纱线中赚来的，花钱也得像抽纱一般细细地花。何家对待佃户、帮工，虽不是一毛不拔，却也因乡绅们的积习濡染，八个人的饭菜总想要匀给十个人吃。兴义一带谓棉纱、布匹为"泡货"。"泡货"经营者的诀窍是："松卖纱，紧扯布"，意思是卖纱时是捆得松，使买主看起来堆垛大些；卖布时量尺寸则要将布扯紧，一尺布兴许只有九寸七八。何家既加入了经营土布的行业，自然要遵依此道。

何其敏的染坊和土布生意虽越做越兴旺，但他性行勤俭，不免为人抠搜，有人私下骂他："哼，抠鼻子屎也要填个半饱！"他作为一方富户，也从祖父辈那里多少领会到造福桑梓既是积德也是兴利的古训。至于何应钦发迹以后，也做了一些有利于家乡的公益事业。何辑五说他："生活节俭，但有所积蓄，辄以举办善事，如修桥补路、置设津渡，以便行人；兴办学校，以教育乡村子弟，力有不逮，则吁请乡人为助，此外世事，一概不问。"民国《兴义具志稿·人物志》这样评价何其敏："性仁让族，有盗其田者，宁委屈以下，终不复较。遇乡人争衅，片言立解，遂免讼累。尤喜扶持后进，清季倡办农村小学，奠定教育基础。辛亥革命，黔省不靖，溃卒逃兵到处滋扰，于是偕邑绅团练自卫。注重地方自治，凡道路之需修者，贫瘠残废之待赈者，无不量力捐助。"这当然不乏溢美之辞，却也不全是无中生有。泥凼的第一所义塾，便是何其敏出资创办的。最初虽为延师教子，随后即收附近子弟入塾，泥凼的第一所初等小学堂是以此为基础开办起来的。民国初年，何其敏曾作为兴义县南区代表被推举入县团防局任帮办，主管斗息之事。其妻史氏病逝后，即与继室迁居县城附近之坡贡居住，不再经营旧业。兼以儿子皆先后成人，便以士绅名分参与民国初年的自治及兴学之类的事情。

1921年以后，由于何应钦参与贵州军阀兴义系内讧，迫督军兼省长刘显世下台，并卷入五旅纷争被逐，而兴义县城附近全是刘显世家族的势力范围，何其敏因此受累，又迁回泥凼老家。1926年，国民党势力染指黔政，并视何应钦为蒋介石的代理人，心有嫉恨。这样，刘氏势力和贵州桐梓系军阀奈何何应钦弟兄不得，"则转其目标"于乃父，致何其敏之家"迭被抄掠，旧居难安住……乃率家属避居于桂滇交界的瘴疬之区。水土不服，致婴足疾，渐至无法医治之程度"。1929年9月15日，何其敏病逝于兴义。

何应钦的母亲史氏，出身亦算一方之"望族"，生前虔诚信佛，每逢朔望则素食。她对何应钦十分钟爱。何应钦12岁那年，偶感风寒，高热不退，意识模糊，史氏守候身侧，终夜不眠。鸡鸣声起，何应钦稍苏，蒙眬中见母亲仍在身旁守候，祈求老天保佑自己平安无事，深为感动，由是孝思益笃。史氏因何应钦性敦厚，敬长上，友弟妹，爱心与日俱增。何应钦考入贵州陆军小学堂后，每逢过年腌制腊肉，她总要收藏下最好的几块，希望留给儿子回来时吃。但何应钦因勤奋于学业，往往逾年不归，史氏留下的腊肉直到放坏，亦不愿别人动用。这是何应钦对母亲印象颇深的两件事。1912年农历九月初四，史氏病逝。

（二）

何应钦降临人世时，正是何其敏家道稳步上升的时期。在何应钦降生前，何其敏与史氏已有两子。何家连生贵子，阖族欣喜。何其敏早年曾跟随祖、父辈读过四书五经，略通文墨，子女的取名全依家谱排定的辈分，三儿子便取名应钦，字敬之。

何应钦四五岁时，便打着光脚板与两个哥哥及小伙伴们满山乱跑，拾柴、扯猪草之类的家务活也勤于去学。长到六七岁时，他已开始显示出那种倔强和忍耐的性格。为了达到自己的某种目的或心理上的追求，他能吃亏，能忍气，肯下蛮力，不轻易半途而废，有一种执着的憨劲。小伙伴们常奚落他，却又喜欢同他玩耍。但凡拿重的，爬高的，跑远的，冒险的，都是他何老三的事。有一次，他同邻家的孩子上山放牛玩耍，别人怂恿他说："何老三，你敢骑那头黑牯牛，我就输个桃子给你吃。"何应钦明知那头黑牯牛脾气暴得要命，谁骑到它背上，它都要拧着脖子又跑又跳，非把你摔下来不可，但何应钦二话没说，就往黑牯牛背上扑。黑牯牛一个猛冲，让他扑了个空，跌在地上，啃了一嘴泥。他爬起来，一边吐着口中的泥沙，一边嘟嘟囔囔地骂着，又向黑牯牛扑去。好不容易翻上牛背，不料黑牯牛一甩头，一撅屁股，又把他抛出老远。额上碰起了青包，鼻子也出了血。他又爬起来，揉一揉疼痛的前额，顺手在地上扯了几片苦蒿叶塞进鼻孔，再次向黑牯牛冲去，任这犟牛狂奔乱窜，他死抱住牛脖子不放，直到黑牯牛终于平静下来。放牛娃们欢呼着："何老三赢喽，赢喽！"他梭下牛背，抓过输家并不情愿送上的桃子，大口大口地啃起来。回到家中，母亲见他鼻青脸肿，问他和谁打架，他闷了半晌才说："和牛打架！"

何其敏以工商而至小康，深知个中甘苦，不愿子孙再走他的老路。且信奉"万般皆下品，唯有读书高"，迫切希望儿子们发愤苦读，求得功名成就，从泥凼冲闯出去。他狠狠心，花了银子从城里请来一位塾师，教儿子们念书写字。何应钦五六岁时，常常被父亲叫到染坊里为两个哥哥伴读。在他正式发蒙前，《三字经》《百家姓》中的一些句子就会背诵了。他看起来憨厚愚钝，但记忆力和理解力并不差。七岁正式发蒙时，已大体能背诵《三字经》了，对古人温席、让梨、悬梁、刺股之类的故事，虽结结巴巴，却也能说出个首尾来，对其中的"扬名声、显父母、光于前，裕于后"之类的说教，似也隐约有所领悟。因其勤奋逾常童，"师长咸爱重之"。

何应钦共有五弟兄、六姐妹。他同胞五弟兄，人称"何氏五虎"。

大哥何应桢，字跃之。兴义县立高等小学堂附设师范传习所毕业，曾回泥凼教书。贵州军阀桐梓系统治贵州时，任过兴义警察局局长、代理县长。1930年，任兴义县教育局局长。后病逝。

二哥何应禄，字升之。与其兄同毕业于县立高等小学堂附设师范传习所。在县城经商，1922年至1925年在昆明经营东南美旅馆。后转兴义县城置田产赋闲。其子何绍周，得叔父何应钦栽培，相继从黄埔军校第一期、日本士官学校和国民党陆军大学第一期毕业，任过国民党军第八军军长。抗日战争时期，曾在滇西指挥过对日本侵略军的松山战役。解放战争期间任云南警备总司令时，参与镇压昆明学生的反蒋爱国民主运动。后任国民党军第十九兵团司令兼第四十九军军长等职。1980年9月，病逝于纽约。

四弟何辑五，名应瑞，贵州陆军讲武学校第二期毕业。1921年12月，任孙中山桂林北伐大本营警卫连连长。后随黔军回黔，支持王伯群回贵州任省长失

1941年，何应钦与二兄何应禄在故居正门前合影。

何应钦之侄 何绍周（曾任第八军军长）。

败后，寓居上海。北伐战争前后，跟随何应钦，曾任汕头警备司令兼第一补充师师长。南京国民政府建立后，历任滇黔特派员、浙江省政府委员、国民党中央监察院监察委员、中国航空公司副董事长兼总经理。1934年，入陆军大学将官班二期毕业。1936年后，历任贵州省政府委员兼建设厅厅长。1939年，创办以国家资本为主、省营和私股为辅的贵州第一大企业集团——贵州企业公司。1941年，任贵阳市市长、贵州车管区参谋长等职。1949年，贵阳解放前夕去台湾，居台北银河新村，以种橘为乐，不再与闻政事。1984年，病逝于台北。

五弟何应炳，即何纵炎。参加过北伐战争，后赴美国俄亥俄州立大学留学。1939年后，历任贵州邮政储金汇业局局长、中国邮政储金汇业总局局长。1949年去台，曾任台湾邮政总局局长。1985年病逝于台北。

何应钦的六姐妹是：何应凤、何应碧、何应翠、何应秀、何应满及何应相。据小妹何应相回忆，在她的印象中，"三哥应钦总是勤谨朴实、和蔼可亲的，从不见他发火"。这种自幼养成、后经磨砺而越发具有弹性的涵养，也是日后何应钦官运亨通、能结人缘，被黄埔系的一些国民党将领称为"何婆婆"

何应钦之四弟何辑五（曾任贵州省建设厅厅长、贵阳市第一任市长）。

何应钦之五弟何纵炎（曾任国民政府邮政储金汇业局局长）。

的主观因素之一吧。

在何应钦的成长道路上，何其敏"自幼督教甚严"，他俭朴而兼吝啬、耐劳而不乏钻营、执着而不冥顽的性格，对何应钦产生了不小的影响。

何应钦从小就从祖、父辈创业守成的艰辛中体会到"勤能补拙"的含义，并在稍懂事后就开始下意识地付诸实践，从中得到实惠与愉悦。在泥凼读私塾期间，对于先生所布置的功课，他从不落人后。在家务劳动中，他力气虽不及两位兄长，却比他们手脚勤快，很少推三阻四，因而常常博得大人及邻里的赞许。在兄弟姐妹中，他脾气随和，对大的，不以小而撒娇；对小的，不以大而欺负。他身体结实，食量好，弟兄姐妹们取笑他，说："酒醉真君子，饭胀哈脓包。"他只是咧着厚嘴唇，乜斜地瞟别人一眼，便又自顾自地吃自己的。

泥凼艰苦的自然条件和贫乏的物质文化生活，虽然限制了童年何应钦智力的发展，却给了他一副结实的身板，培养了他吃苦耐劳、忍辱负重的精神，大大强化了他对自然和社会的适应性。何应钦显赫以后，风水先生和趋炎附势之徒便造出了"泥凼风水好，是坐在金交椅上，所以出了个何应钦"的话来。当时的人们无不信以为真。为了不破坏这好"风水"，何家在泥凼街上的房子就是不愿搬迁。每当何应钦升官一次，就将整座房子的柱子加高一截。现在保留完好的何应钦故居，每一根柱子实际上都是由几截组成的。据说这叫"节节高"。就是何应钦本人，也把祖辈盲流瞎闯以觅生路而选中的泥凼当作神灵的启示和着意选择风水宝地的结果。

其实，泥凼的自然、社会条件，在贵州也属边远落后，远远不配称为"地灵"。何家辗转迁到泥凼，目的性和随机性都有。何其敏在泥凼一带，被人誉为"营货殖，治农工，诗书继世，忠厚传家"，"倡组团防"，"邑里重之，巍为一方人望"。其中或许有为尊长之讳，但有一点是可以肯定的，那就是他以勤勉俭朴而小有发展的乡绅的一套经验教育何应钦弟兄——"吃得苦中苦，方为人上人"，对何应钦终身都产生极大的影响。

入学从军　寒窗苦读

（一）

1902年（清光绪二十八年）8月15日，清政府颁布了学堂章程。因这年是农历壬寅年，人们俗称这一章程为"壬寅学制"。按照这一章程的规定，各省先后迈出了从旧式书院向近代学堂前进的第一步。

在兴义一带，"壬寅学制"一颁布，下五屯富绅刘官礼及其子刘显世，就以灵敏的嗅觉和果断的行动，把创办近代教育作为地方起衰振弱的突破口和日后开辟权力之路必不可少的基础。他们利用自己把持的兴义五属团防经费和其他人望尘莫及的声望，主持全县兴学事宜。刘官礼把全县划为中、东、南、西、北五个学区，动用团防经费，先在县城两湖会馆与圣庙之间办起了兴义县中区第一初等小学堂。这所学堂，一改过去旧书院的许多陈规陋习和教学内容，吸收了西方近代教育的某些形式和内容，故被一般人目为"洋学堂"。

泥凼属于南区，但因地方偏僻，人口不多，教育基础也差，拟议中的南区两所初等小学堂设在距泥凼四五十里的狗场、捧乍。当县城附近的士绅们开始把出钱出力支持"洋学堂"作为"服务桑梓"，为自己树碑造势的善举而争相效仿之时，在泥凼这块近代文明之风尚刮不进去的地方，人们却听信谣言，认为"读洋书，就要信洋教；信洋教，就要灭祖宗"，"读洋书，就要说洋话、装洋人；装洋人，就要挖眼割鼻，再换上蓝眼睛，培上高鼻子"……当爹妈的，怕儿子读了洋书，变成不认父母祖宗的忤逆种；做学生的，怕进了洋学堂被挖眼割鼻，他们都把"洋学堂"视为洪水猛兽。因此，泥凼的私塾仍在何其敏等人的支持下办得红火。

这时，已经开始在私塾中读四书五经和学做八股文、试帖诗的何应钦，对此将信将疑，他无论如何也不能想象一旦自己换成蓝眼睛、高鼻子后，还能再念书。有一次，何其敏到县城卖布回来，兴致勃勃地对人讲起他在县城"洋学堂"的所见所闻：进了中区第—初小的学生，衣服、书本、笔砚都由学堂发给。学生们身穿洋服，手拿洋书，还挂着绣花的笔套、扇袋，就像做官一样威风。刘三爷爷（刘官礼）还用自家的轿子接送学生，连知县大人也与他们一道吃饭、开会，没有看到哪个学生被挖眼割鼻，真是百闻不如一见啊！父亲都对"洋学堂"这么感兴趣，何应钦更心向往之。看看自己身上的青布长衫和手中像油炸过一般焦黄的私塾课本，何应钦萌生了到城里进"洋学堂"的念头。当他向父亲提出这一请求时，何其敏心疼钱，不肯答应，要他弟兄几个等到官家在泥凼办起"洋学堂"后再说。

转眼间到了1904年（清光绪三十年），全县的初等小学堂已办起21所，但没有一所能赶得上县城的那一所。狗场、捧乍的学堂仍跟过去的私塾差不多，何应钦弟兄依然在泥凼听冬烘先生之乎者也地说教。而这时的县城又发生了新的变化，在全省都有些名气的笔山书院，经过扩建和改造，办起了兴义县立高等小学堂，聘请贵州教育界名流徐天叙、张协陆、聂树楷等人前来执教，招生的告示也贴到了泥凼。不仅兴义府各属的学生前去入学，就是邻近的云南罗平、广西隆林等外省学生也慕名前往。看到这个情景，何其敏不免心动，但把老大、老二、老三三个儿子都送到县城读书，显然是一笔巨大的开支。正在犹豫不决之时，突然一声枪响，他的思想受到震动，不得不将儿子们送到县城读书。

事情的经过是这样的：1905年（清光绪三十一年）初春的一天中午，何家的大人都在染坊忙碌，何应钦独自爬到父亲居住的二楼玩耍。他见板壁上挂着父亲心爱的铜炮枪，出于好奇，便取下来摆弄。他曾跟随家人到山上打过猎，以为这铜炮枪也像打猎用的土火药枪一样，需要点燃导火线才会响，便无所顾忌地摸这扳那。不料扣动了扳机，"砰"的一声巨响，把何应钦吓得心惊肉跳，枪的后坐力把他撞到房子的板壁上。待他回过神来，看见屋里弥漫着硝烟，天花板被霰弹打了一个洞，屋顶的瓦片也被击碎，阳光直泻进来。他知道闯下大祸，不待家人赶来，便从后门逃到舅舅史永康家躲藏起来。翌日天刚亮，他又从舅舅家逃跑出去，不知去向。何家人急得如热锅上的蚂蚁，派人四处寻找，把整个泥凼都闹翻了。几天以后，城里卖布的熟人带信来说，何应钦已经考取了县立高等小学堂，要家里送钱去读书。何其敏听说找到了儿子，大大地松了一口气，又听说要钱读书，忽然觉得老三有出息，认为自己把儿子整天关在家里也不是办法，于是，他带上盘缠，带着老大何应祯、老二何应禄一道进城。何应祯、何应禄也考取了县立高等小学堂。何其敏为了节省开销，只让何应钦读高小，而让何应祯、何应禄读附设在县立高等小学堂内的公费师范传习所。

兴义高等小学堂的规模在当时的贵州不多见，前后三进，共有斋舍26间，操场、花园、鱼池俱全，连劝学所也设在里面。院门北向文笔山，门额上依然保留着楷书的"笔山书院"四字，大门两侧有石刻对联一副："平地起楼台，看万间鳞次，五月鸠工，喜多士情殷梓里；斯文无畛域，况榜挂天开，笔排山笋，愿诸生迹接蓬瀛。"右联的旁边挂着"兴义县立高等小学堂"的木漆校牌。登上九级台阶，步入山门，有青石围护的泮池，池畔边有金桂两株，虽不是花开季节，却给人以清芬四溢的感觉。

何应钦身穿着仍散发蓝靛气味的崭新的青布长衫，脚踏着乡里人常穿的棕耳草鞋跨进了这儒雅斯文之地。他的到来，引起了城中那些细皮嫩肉、制服整齐的士绅子弟的好奇。在他们眼中，这浓眉大眼、宽鼻厚唇、举止粗俗的乡下人，该脱掉长衫，进铁匠铺去抢大锤才是，哪配成为他们的同窗！

当时的高等小学堂一年级开设了国文、算学、修身、历史、体操等课程，较泥凼私塾所教的内容丰富多了，而且把跑、跳、打拳之类的玩耍也列为功课，更使精力旺盛的何应钦特别感兴趣。由于他基础差，脑子也不灵便，学起功课来远比一般城里的学生吃力，加以一副乡下人打扮，土里土气，说起话来有一股"酸味"，不像县城附近的口音平正明顺，同学们暗中叫他"乡巴佬"。对于同学们或明或暗的嘲讽奚落，何应钦虽然心里不快，但表面上却装得丝毫不介意，甚至淘气的同学当面叫他"乡巴佬"，他也答应。刚进校时，他每天早上六点钟左右起床，然后到操场里跑步、做柔软体操。当家在县城的同学三三两两吃着早点踏进校门的时候，他早已在僻静处温习功课了。因为怕人笑他"乡巴佬"的口音，他平常不爱多说话，但学习上他却喜欢打破沙锅问到底，操着泥凼土音"为唧格这样""为唧格那样"地问个不休，惹得同学们哄堂大笑。他喜欢体操课，因为投合了好动的脾气，但动作僵硬，过分追求规范而似木偶。开学初有次上体操课，他的稍息、立正做得还不错，操正步时，却出同边手，机械呆板得令人忍俊不禁。别人笑他，他却一本正经。体操老师纠正了几次，他也做不好，便被罚站。下课了，老师、同学散去，他仍站在操场边一动不动，如木桩一般，直到老师发现，才叫他回去。事后，有同学问他为什么要站那么久，他说："先生没有叫不站。"他的这种呆气，在全校是数一数二的。

偏偏不巧，与他同桌的同学是有名的"烂肚皮秀才"李芳之。这李芳之有些歪才，喜欢吟诗作对，说话刻薄而诙谐。他经常取笑、奚落何应钦，还给何应钦取了个绰号"何骏宝"（兴义人称呆板蠢笨的人为"骏宝"）。"何骏宝"的雅号一传开去，何应钦便更引人注目了。李芳之打听到何应钦家是乡下开染坊的，便开玩笑地说："敬之，我看你家门上应该写上四个字，保准生意兴隆。"何应钦信以为真，问他："写哪四个字？"李芳之一字一顿地说："好色者来！"何应钦乍一听，顿时脸红筋胀，差一点儿没揍李芳之。李芳之见他动怒，就笑着解释道："如果不喜欢颜色，哪个来染布？所以我说，进染坊者，均为'好色'之徒。"何应钦一听，也"嘿嘿"地傻笑，骂道："你这烂肚皮！"

升到高小二年级，何应钦的土气和刻板作风丝毫没有减少，但由于他的勤奋刻苦，门门功课都能及格。加之他为人随和，又勤于公共杂务，逐渐得到师生们的好感，人们对"乡巴佬"也不再只有鄙夷了。教他的先生常常对班上的同学说："何应钦悟性虽逊于汝等，唯其勤恳不怠，异日成就必在诸生之上。"

1906年（清光绪三十二年），贵阳开办通省公立中学，令各高等小学堂选送学生应考。兴义县立高等小学堂堂长徐天叙带领学生王文华、魏正楷、窦简之、熊凤阶、高致祥等13人赴贵阳参加考试，结果13人以第一名至第十三名的优异成绩被录取，名震全省学界。这对仍在兴义读书的何应钦影响颇大，鞭策他更加勤奋地去实践他信奉的"吃得苦中苦，方为人上人"的人生哲学。

何应钦的国文教师窦纯庵，为清朝之拔贡，在教员中算得上学识渊博。他对何应钦"备极钟爱，益予以鼓励敦促"，尝为其"讲解四书五经及古文，并告以必须背诵始能活用"。何应钦"于是每日孜孜背诵，获益至多，国学基础由是奠立"。

这一年秋冬之交，清政府陆军部令贵州武备学堂改名为贵州陆军小学堂，校址在贵阳城中的南明河畔。有关当局通令全省各县立高等小学堂选送在校生应考。在外省和贵阳，许多士子、青年秀才和童生都把投考陆军小学当作救国的一条出路，而在兴义，近代学堂初创，学子读书心正切，把陆军小学堂招生视为寻常招兵，认为当兵的是吃皇粮、刮百姓的"粮子"，系走投无路者就食的手段，因此，兴义高等小学堂无人报名。不知是谁向学堂当局提议，说何家三兄弟同在一校，理应从中选一人应考，为学堂争光。自然，为人老实、功课平平、身强力壮的何应钦成为三兄弟中最理想的人选。陆军小学堂是官办的，待遇优于一般学堂，学生的膳食、服装、靴鞋、书籍、文具等都由学堂供给，每月还可发些零用钱，在何应钦心目中，这里的学生抵得上半边官了，因此，不待与家中商量，便爽快地答应报考陆小。学堂当局又动员具有武夫素质的兴义鲁屯人李毓华（字蕴奇）、新场人李儒清也一同报名。就这样，何应钦稀里糊涂地被人推着，迈出了日后飞黄腾达的第一步。

贵州陆军小学考选的标准：一是国文、算术的学科考试必须优良；二是体格必须是甲等；二是品行必须端正。何应钦符合这些标准。到省会贵阳又经过一番甄试，才算正式录取。

在兴义高等小学堂就读的四年时间，何应钦虽常受揶揄，却赢得了不少好感。在他成了统率国民党三军的军事长官以后，也并不以曾经被人称作"乡巴佬"而感到有损体面。相反，他善于利用今与昔一洋一土、一高一低这种强烈对比，以显示他个人奋斗的辉煌价值。因而，他不以少年受辱为耻，对于学生时代的平庸和不甚光彩的往事津津乐道。人说"贵人多忘事"，而何应钦却对一般显贵羞于启齿的往事记忆犹新。1945年初，刚刚就任盟军中国战区陆军总司令职不久的何应钦，偕参谋长美军中将麦克鲁由昆明经兴义返贵阳，在兴义逗留了五天。据当时参与会见的百非（岑明英）回忆，当天下午在县政府举行招待会，何应钦遇到当年高等小学堂的同学时，竟直呼别人当年的诨名，当着麦克鲁的面自称"乡巴佬"，反弄得对方惶恐困窘。次日，兴义县各界在原高等小学堂、当时的省立中学操场举行欢迎会，邀请何应钦到会发表演说。百非回忆道：何在会前一小时多就先到省中，偕同省中校长谭永牟和先到的士绅到各处参观。他指指点点说：哪里是他当年的教室，哪里是他的寝室，哪里是堂长室，哪里是学监室……并畅谈那时的学习情境，数点一些教师的姓名和教学情况，也提到一些死去和现存的同学……欢迎会中，何应钦还以"勤、俭、诚"三字作题，以他自身的情况作内容，发表了演说。

（二）

1907年2月，何应钦、李毓华、李儒清三人同来自全省各县的70个青年，穿上灰蓝色的新制服，成为贵州陆军小学的第一批学生。

贵州陆军小学基本沿用贵州武备学堂的教育纲领，遵从清政府所颁行的各类军事学堂章程，强调军事学堂"一切教育以忠君爱国为本原"，"振尚武之精神"，为"国家之屏藩，军队之桢干"。

何应钦进入陆军小学后的第一个印象，便是教官们身穿缀有金色装饰的蓝呢制服，脚着黑色长筒皮靴，腰间的长柄指挥刀几乎拖在地上，走起路来，威风凛凛，靴声刀声，铿锵入耳，使人不敢仰视。这使从未见过世面的何应钦感慨万分，产生"人生一世当如是"的感慨。

当年，贵阳有四所有名的学校，流传有"四子"之说，即"陆军小学伙子，优级师范衫子，法政学堂胡子，公立中学银子"。意思是说，陆军小学学生一般家贫，却是血气方刚、敢作敢为的小伙子；优级师范的学生均身穿长衫，一副斯文儒雅派头；法政学堂的学生年纪最大；通省公立中学要钱最多，非富家子弟不能卒读。这种概括形容，颇符合当时的情况。

贵州陆军小学堂，同当时的各种军事学堂一样，是清王朝为了挽救它垂危的政治统治，加强新军指挥力量而实行的"新政"内容之一。然而，历史同清王朝开了一系列的玩笑，使它"种豆得瓜"。清王朝为镇压人民革命创办的新军及各种军事学堂，到头来其中的一部分反成了埋葬清王朝的革命力量。贵州陆军小学后来也成为辛亥革命在贵州的策源地之一。贵州陆军小学的第一批学员中，不少人接受了孙中山民主革命思想的影响，同盟会的机关刊物《民报》也在学生中暗暗流传，部分人还秘密酝酿革命，但事机不密，不久便为巡抚庞鸿书所知，一次就开除学生30余人，占第一期学生总数的二分之一。

1907年续招的第二期学生中，有沿河县人席正铭（字丹书）和刘端裳（字莘园），他们也暗中联络同志，鼓动革命，但他们吸取了第一期学生被开除的教训，格外谨慎，尽量避开第一期留下来的人的耳目，所以学堂表面风平浪静，嗅不出丝毫革命气息。1908年（清光绪三十四年），由席正铭、刘端裳、阎崇阶三人发起，有贵阳通省公立中学、优级选科师范、达德学校学生参加的革命团体"历史研究会"秘密成立，原考取通省公立中学，后因经济困难而转入优级选科师范的兴义景家屯人王文华（字电轮）也加入了该组织。"历史研究会"借学术之名，宣传满族贵族入关残杀汉人的惨痛史实，刺激青年学生的革命情绪。他们"提到种族问题、祖国问题、富国强兵、抵抗侵略，不为波兰、印度之续问题，莫不义愤填膺，愿为革命而牺牲"。该会规定，只有坚决反清、志同道合者才能加入。与何应钦同期的安顺人谷正伦也秘密加入了"历史研究会"，暗中进行进步活动。

陆军小学所发生的上述反清革命活动，没有对何应钦产生影响，他在陆小读书期间，从未参加过任何进步活动，只是一心埋头读书、操练。当时陆军小学有一内定计划，规定两年中各门功课及格者，毕业后可当一名尉官，月薪有银子30两，这对鼓励学生努力学习有一定的诱惑力。何应钦在陆军小学两年，学习十分刻苦，无论月考、期中考还是期末考，他的战术学、军制学、兵器学、筑城学、地形学等科成绩都能争个中上，而操典、野外要务、工作教范、射击、体操、剑术、马术、勤务等训育科目的成绩，几乎都名列前茅。尤其是聆听长官训话时，何应钦可以一站几个小时而一动不动。有"历史研究会"那些"盗外界之虚声，干军人之例禁"的同学作陪衬，何应钦这样绝对服从命令、严守堂规而不敢越雷池一步的人，自然为后来的总办刘泽沛所赏识。与何应钦共过事的王建安说何应钦就读陆军小学期间，"学科术科都能及格，对于军风纪行动，尤为严肃整齐，俨然是个模范军人"。"无过人之资，有苦干之志"，这是何应钦的同学对他的评价。

1908年冬，何应钦完成陆军小学的学业，被选送考取了武昌陆军第三中学。

武昌陆军第三中学，位于武昌东湖，在清政府的军事学堂中，无论师资、设备均属上乘。当时该校的国文课程，须读《马氏文通》，数学课程包括大代数、解析几何、立体几何、立体三角等，加之新开的物理、化学等，使来自教育水平低下的贵州的何应钦应接不暇，但他没有被这些困难吓倒，而是把在贵州刻苦读书的老习惯大加发扬，兢兢业业，潜心学习。武汉有许多风景名胜、文物古迹，有一个星期天，同学李毓华、李儒清二人强拉他外出散心，一直步行到武昌大东门外的关帝庙。这关帝庙前院内有一眼水井，名"卓刀泉"。相传三国时蜀将关羽行军至伏虎山下，找不到饮水，马嘶人渴，军心浮动。关羽一时焦躁，以刀卓地，泉水喷涌而出，三军欢颜畅饮。面对井眼，一向缺少想象力和幽默感的何应钦忽发奇想，说道："且能统率三军，莫说卓刀出泉，就是点石成金也不难。"此事虽系传闻，但能反映青年时的何应钦对兵权的渴求。

在武昌陆军第三中学就读的不长时间里，"应钦埋头苦钻，对于地理课程，格外重视，深感兴趣。凡山川形势，关塞之险隘，莫不详加考查，寻求图籍，以供研究，以求深造。此应钦日后统军能获实用之根源。其在学中，每届假期，其他同学都纷纷过江到汉口闲游，唯其个人则谨守堂规，温习功课，锻炼军事技术，从不向外一游"。因此，入校不久，已为校方所重视。

有心习武而无意当兵的何应钦从泥凼来到县城，再由县城来到省城，跨进了日后戎马一生的第一道门槛，其间充满了偶然性和戏剧性。而他能被贵州陆小保送升入武昌陆中，除去他自身那些符合标准军人的素质起作用外，那一批思想活跃、充满爱国激情的出类拔萃者因"谋反"而被清洗，也给何应钦以显而易见的助力和陪衬。有人说何应钦是一员"福将"，他从戎的经过，似可为之作最早的注释。

（三）

1909年（清宣统元年）秋，在武昌陆军第三中学就读刚进入第二学期的何应钦，得知陆军部要在清河一中、南京四中和武昌三中的该期学生中考选留日学生的消息后，一连几夜都睡不安稳。这样好的机会，是当时进了军事学校的学生梦寐以求的。还在贵州陆军小学时，何应钦就受教官们影响，对日本军事力量和武士道精神产生崇拜，加上从历史课本中了解到日本在甲午战争中打败过"天朝"，在日俄战争中又打败了俄国，于是萌生了要学军事就得去日本的想法。现在机会来了，岂能错过？但在陆军中学才学了一个学期，日语学习也刚刚开始，考试能否合格，何应钦心中确实没有把握，尽管上一个学期，他在班上考试成绩名列前茅，然而童年和少年时代就养成的那种自谦与自卑仍使他缺乏自信。没想到这届考选，何应钦竟"以第一名应选"，同时被选中的还有谷正伦、李毓华、朱绍良等20人。不久，这批拖着长辫子的清朝留学生就到了他们日思夜想的扶桑之国。

按照惯例，何应钦他们必须先入专为中国留学生开办的陆军预备学校——振武学校补习日语和军事基础课，三年之后考试及格方能毕业，再到军队经过一年的"士官候补生"实习，才能升入日本陆军士官学校。在何应钦前一届，当时名叫"蒋志清"的蒋介石已就读于振武学校。蒋在浙江籍的同盟会会员中，已经算得上谈论革命的积极分子了。"蒋志清"和并不引人注目，又不善交际的何应钦只有一般性的交往。这种上下期的同学关系，却成为十多年后蒋何关系的契机。

何应钦进到振武学校以后，能够"一面接受日本军事教育，一面对日本文化得以留心研究"。日本军事学校中森严的等级制度，近于严酷的训练及营务管理，远比清朝的军事学校更甚，但何应钦觉得应该如此，毫无受不了的感觉。至于一般中国留学生需要有个适应过程的衣、食、住、行方面的问题，何应钦除因语言障碍感到不便外，都可以随遇而安。当然，也有使何应钦愤懑不平、压抑身心的事情，那就是日本人对拖着长辫子的中国留学生所发的"豚尾之讪笑"。时间稍长，他就从"优胜劣败"、胜荣败辱及各方各俗的自我调适中得到解脱，潜心于学业和训练之中。

如果说何应钦到日本一段时间后，思想感情上发生了什么变化的话，主要有两个方面：一是自幼就从家教中习染的对神佛的迷信、对儒家思想的崇奉中，深切地感觉到中日之间"车同轨、书同文"的亲近。他为之"惊叹不已"的，是"印度的佛教，我国的儒学，从来是构成东方道德的两大骨干，但能完全保存这两者的，却是日本"，对日本的"王道文化"有了初步的认同。二是自入贵州陆军小学就铭刻在心的"忠君爱国为本原"，"振尚武之精神"，"为国家的屏藩、军队之桢干"的信条，在日本教官、军人对天皇的愚忠和武士道精神的影响下，有了进一步加强，坚信作为军人，绝对服从命令；作为国民，绝对忠于君主，这两者必须统一。

但是，随着何应钦与中国留学生接触面的扩大，他的忠君与爱国思想之间产生了矛盾。许多留日学生都参加了同盟会，接受了反清和反封建的资产阶级民主革命思想，甚至在公开场合也表现出对"天朝"和大清皇上的不敬，这曾经使何应钦惶惑。不久，他也被卷入这股反清革命的漩流，隐隐约约意识到自己过去所矢志效忠的清王朝，原来竟是使中国遭受列强瓜分的祸根，有了挨打受欺者对冤头债主的那种不满。

何应钦未至日本之前，在日本留学或因从事反清而流亡日本的贵州籍人士，有的加入了孙中山的同盟会，有的则加入了梁启超的政闻社。在东京的同盟会总部里还成立了贵州分会，由贵阳人平刚任分会长、于德坤为评议部议员。1910年，从大冢宏文学院考入日本中央大学的兴义景家屯人王伯群（字文选，王文华之兄）和另一位兴义同乡保衡，都加入了同盟会。同盟会贵州分会对来自贵州的何应钦、谷正伦等很关切，向他们宣传同盟会的宗旨。当时，"黔人游学日众，同志（指同盟会员）且达数十百人矣"。正是在辛亥革命前这股汹涌澎湃的反清革命浪潮的推动下，何应钦加入了同盟会，这期间，他认识了蒋介石、黄郛等一些高年级的学长。但他一心专注于学业，在革命活动方面并没有什么足以可为日后夸耀的表现。

辛亥风云中归来 "二次革命"后东渡

（一）

1911年10月10日，武昌起义爆发，举国闻风响应。在日本的中国留学生，特别是其中的同盟会会员，纷纷辍学回国，参加革命。

在振武学校读书，或在日本军队中实习，甚至已升入日本陆军士官学校的中国留学生，纷纷响应同盟会总部的号召，有人不待请假，就冒着当"逃兵"将被通缉或擅自离校而被开除的风险，争先恐后回国。平素成绩优异、遵章守纪而受到校方青睐的何应钦，并没有采取擅自离校的办法，而是与一批同学一起，向日本政府多方交涉，得到准假后才着手打点行装回国。但当时留日官费生的经济待遇并不宽裕，同盟会总部多方筹措所能资助给何应钦等人的回国经费，连购买统舱的船票都不够，致使何应钦等人归国的行程迟滞下来。最后，亏得平常就支持同盟会活动的日本友人久原房之助慷慨解囊，捐赠70万日元，才使得何应钦等人回到祖国。

何应钦回国以后，经黄郛的介绍，在振武学校老学长陈其美领导的沪军都督府任训练科一等科员。黄郛留日归国后，任职北京军咨府。辛亥革命爆发后，赴上海协助陈其美策动沪上起义。上海光复后，陈其美被推举为都督，黄郛任都督府参谋长兼第二师师长。值蒋介石返沪，陈、黄、蒋三位老同学为民主共和的实现而废寝忘食，更加意气相投，遂结拜为异姓兄弟。何应钦为感激黄郛、陈其美的知遇之恩，工作十分勤勉。他在训练士兵时，模仿日本军事教育方式（军官以战斗教练为主，士兵则以提高射击技能和战斗动作为主），在二师产生了很大的影响，全师各营连相率仿效。不久，沪军都督陈其美筹组沪军，以黄郛为参谋长兼第二十三师师长，蒋介石为该师第五团（后改第九十三团）团长。何应钦虽不在蒋介石的团里，却是在同一个师的第三团先任连长，旋升营长，这是何应钦与蒋介石同事关系的起点。当时，何应钦对蒋介石没有什么特别深的印象，而对陈其美为革命成败利钝在所不计、决计定策于谈笑之间、救难赴死、从容慷慨印象极深，暗恨自己缺少这样的胆识和气度。

1912年10月13日（农历九月初四），何应钦的母亲病逝。噩耗辗转传到何应钦那里时，已将近旬日。他匆匆请假奔丧，赶回家到慈母坟上恸哭，并为不能报答慈母养育之恩而抱恨终身。在家小住之后，又匆匆赶回。

何应钦在陈其美手下任职期间，获益颇多。有一次陈其美对何应钦说："机会必须由创造而来，绝不是由等候而来；我们若不创造机会，则永无成功之日。" 这句话对涉世未深的何应钦犹如醍醐灌顶。他此后不仅善于在等待中去抢抓机会，更善于自己去创造机会。他悟出了陈其美所说"创造机会就等于创造成功"的真谛。陈其美还使何应钦认识到孙中山的伟大，他曾对何应钦说："中山先生主张自由、平等、博爱，除继承中国优良传统而外，更吸收西方外来优秀文化，实在是一位伟大的思想家和政治家。" 何应钦从所景仰敬佩的人口中听到对孙中山的评价，对他日后追随与崇拜孙中山不啻是一次启蒙。

他对学贯中西的孙中山的感性认识，在参加同盟会时就有印象，在陈其美这里得到加深，并从思想上催生了中西合璧文化观的萌芽。

　　袁世凯篡夺了辛亥革命的胜利果实以后，企图以武力消灭反对他独裁统治的国民党。1913年7月，孙中山决定兴师讨袁，发动了二次革命。黄兴在江苏领导武装讨袁，何应钦出任江苏陆军第七师第一旅第三团步兵营长，参加了二次革命。由于国民党人本身软弱涣散，无法抗御装备精良、训练有素的北洋军，先后宣布独立的江西、江苏、安徽、上海、广东、福建、湖南和重庆等省区和城市的"讨袁军"纷纷失败。9月1日，张勋攻陷革命党人当时的大本营南京，二次革命失败了。孙中山、黄兴等革命派领导人逃亡日本。在"讨袁军"云流星散之后，许多中途辍学归国的留日学生又返回日本，继续学业。何应钦也于1913年12月重回振武学校。

（二）

　　何应钦等人回到振武学校没多久，学校当局就宣布他们这批学生结业。于是，他与云南大理人王绳祖和陈鸿庆等六人被分配到日本宇都宫步兵五十九联队实习。在日本军队中，长官对士兵动辄打骂的现象十分普遍，对前来实习的中国学生更是有意挑剔和处罚。何应钦他们只能忍气吞声，偶尔私下发发牢骚。当然，如果你能表现绝对的服从和出色完成任务，也会受到长官的嘉奖。何应钦除执勤外，还能帮勤务兵、马夫干一些杂活，深得日军小队长的好评，也受到士兵们的爱戴，很快就由上等兵升为下士。在入伍实习期间，何应钦一切生活行动，都尽力使自己完全像一名日本士兵。训练中，尤其注重术科，并熟练掌握，这为他今后以日本的方式从事军事教育打下了一定的基础。这种十分艰苦的实习未及一年便告结束，何应钦升入日本陆军士官学校第二十七期步科。在士官学校与何应钦同期、其后又相率进入黔军的有步科的王绳祖、炮科的江苏武、朱绍良，直隶顺天的张春圃及贵州同乡学炮科的谷正伦和学工科的李毓华五人。何应钦在日本士官学校所受的教育，每周除两次野外、马术及劈刺等术科外，均以学科教育为主。

日本陆军士官学校虽只属中级军校，却为日本军国主义制造了许多战争狂人，培养了许多优秀的指挥人才。在侵华战争和太平洋战争中的罪魁祸首如东条英机、土肥原贤二、板垣征四郎、梅津美治郎、冈村宁次、畑俊六、田中义一、白川义则、松井石根、本庄繁、南次郎、荒木贞夫等，全是日本士官学校走出来的。

在日本士官学校，何应钦算得上最标准的"不会谈恋爱的留学生"。当时，不少中国留学生为了学好日语，想方设法结交日本朋友，特别是结交日本女友。有些中国留学生被日本姑娘典型的东方美和温柔顺从的待人方式所迷惑，与她们谈起了恋爱。其中，还有个别浪荡子不堪远在异邦的孤寂，常在星期日或夜间去那些被何应钦称做"不干不净"的地方，与"不干不净"的日本女人厮混。何应钦在日本留学时间前后四年有余，论他的军人气质和士官生的身份，是颇能吸引女性的，但他从未结交过一位日本女朋友。他的星期日和闲暇时间，不是去从事打球、骑马和跑、跳之类的体育活动，便是在看戏当中消磨。据何应钦自己回忆说："在我们留学的时候，学校方面管得很严，若与女人讲恋爱，被别人家报到学校，那就不得了。我既决心到日本深造，如因女人失足，就糟糕了。"何应钦在日本士官学校刻苦学习，取得了优异的成绩。

何应钦在士官学校就读的最后一个学期，正是国内护国战争进行之际。

从国内寄来的信件、报纸中，何应钦了解了贵州和黔军在护国运动中的情况。1915年12月25日，滇、黔革命派和地方实力派，在蔡锷、唐继尧的领导下，发动了反对袁世凯称帝复辟的云南起义。不久，贵州独立，形成了"滇黔首义，天下景从"的局面。位居西南的贵州，"一举足而形势顿殊"。贵州参加护国战争，王伯群及其弟、贵州护军使署副官长兼黔军第一团团长王文华、贵州护军使刘显世都起了积极作用。他们都是兴义人，尤其是王文华率领的护国第一军右翼东路支队，以数千之兵，抗敌数万，全歼北洋军卢金山的第十八混成旅，大败马继增的北洋近畿第六师，迫使马继增兵败自戕，使北洋军不能越湘西、湘南一步，使何应钦感到脸上有光。另一路黔军组成的护国第一军右翼中路支队在戴戡的率领下，与北洋军在綦江、重庆一带激战。两路黔军的作战，大大减轻了蔡锷所指挥的护国第一军主力在川南主战场的压力。何应钦、谷正伦、李毓华等贵州籍的士官生，对黔军在护国战争中的状况十分关心，而护国黔军在战场上的突出表现，对何应钦等人考虑毕业后的去向问题产生了很大影响。

1916年5月，何应钦即将毕业，而护国战争鹿死谁手尚未最后见分晓，贵州都督刘显世和东路支队司令王文华对黔军军事指挥人才的渴求更感急迫。当时，刘显世通过留学日本的儿子刘刚吾、侄子刘敬吾，要他们动员何应钦等毕业后回黔效力。6月6日，袁世凯毙命，黎元洪继任大总统。护国战争也因失去了讨伐目标而自行停止。很快，参加护国的西南各省地方实力派开始据地称雄，中国南北两大政治军事集团对峙的局面初步显现。是否回贵州，何应钦一时无法决定。当时，各省拥军者都千方百计网罗军事人才，何应钦因辛亥革命、二次革命曾在上海、江苏当过营长，江苏籍的朱绍良曾建议何应钦与他一同到江苏；云南大理的王绳祖则认为明清以来，滇黔一家，滇督唐继尧在西南有举足轻重的地位，不如投奔云南；北洋步军统领衙门以这批留学生为清末陆军部官费考选，要他们赴京等候安排。何应钦正举棋不定之时，收到刘显世、王文华邀他回黔的信，信中介绍了黔军的情况，表达了他们周公吐哺般的求才之情。其实，何应钦对黔军的历史大致清楚，是否回黔，他经过了深思熟虑。刘显世是与其父辈同办团练的"忠厚长者"；王文华虽是优级选科师范毕业，但思想激进，善交际，学生时代就相当出色，护国战争中被人誉为"黔中第一伟人"；其兄王伯群在日本时即与何应钦认识，现正充当政治会议议员，颇得梁启超的赏识。黔军实力较弱，依附于滇系，处于武人竞雄的夹缝之中，似难发展，隐然有龙游浅水之虑；但是，黔军指挥系统素质偏低，恰巧竞争对手不多，可以大展其才。而且，贵州在地理位置上得天独厚，有控扼川、滇、湘、桂之利，不缺发展的机会。加上从父亲的来信中，何应钦看出家中亲人也盼其学成回归故里，光耀门庭。对亲人的思念，对家乡的美好回忆，对施展抱负的憧憬，让何应钦毅然决然回到贵州。他与谷正伦、李毓华、朱绍良在刘督军和王文华弟兄五次三番敦请下加入了黔军。

何应钦等人回国到上海时，刘显世、王文华已派黔军驻沪代表双清和在上海经商的蔡衡武代为迎接，各送厚礼，殷勤备至。双清、蔡衡武等人分析他们进入黔军后的前途，也与何应钦等人的看法大体相合。他们一致认为，贵州虽小，由于护国之役，左右逢源；黔军虽嫩，但如旭日初升；大丈夫造福桑梓，责无旁贷；况当局拳拳诚意，盛情难却。当即，何应钦、谷正伦、李毓华、朱绍良、张春圃、王绳祖六人结伴西赴贵州。

1916年晚秋的一天，何应钦等六名日本士官学校毕业生，戎装耀眼，精神抖擞，走进了贵州督军兼省长公署，翻开了他们各自历史崭新的一页。

何应钦当初不自觉地被人推上了从军之路，经过多年的刻苦努力，如今已怀抱远大目标，登上日后统兵为将的第一道台阶。

婚姻权势　双结良缘

（一）

何应钦的家乡有"靠山吃山，靠水吃水"和"耗子有耗子路，猫猫有猫猫路"的民谚。话虽浅显，不同身份、不同境遇和不同品质的人，却都会从中汲取自己处世交友、待人接物的人生哲理。何应钦既已选择刀光剑影伴着功勋荣赏的人生道路，只能靠枪、靠兵实现自己的理想，然而，摆在他面前有两尊佛：一个是督军兼省长刘显世，一个是黔军第一师师长王文华，他的虔诚该向谁倾倒？他的香蜡纸烛该烧给谁？这是他入黔军不久便必须尽快作出的选择。

以刘显世、王文华为核心的贵州兴义系军阀集团，主要成员非刘、王的血族姻亲，即门生故旧、同学挚友。宗法思想和宗法制度的余荫曾是他们彼此胶合的引力，而政治、经济上的成败利钝，有时起到维系和发展这种关系的作用,有时又像楔子一般,离间他们的亲密。入黔军之后,何应钦虽同时受到刘显世、王文华的青睐,但他也逐渐感到刘、王二人,虽系舅甥加叔岳父与侄女婿的关系,但思想、性情、追求却大相径庭。以他俩为核心,兴义系军阀内部已初步形成了"旧派"与"新派"两种势力。

以刘显世为首的"旧派",形成于护国运动前后。在刘显世、刘显治及其从兄刘显潜周围,形成了以熊范舆、何麟书、张协陆和郭重光"四大台柱"为核心的集团。刘显世的秘书长兼中国银行贵州分行行长熊范舆,曾留学日本,清末在兴义为刘氏襄办学务,是王文华和何应钦的老师,也是刘显世的驻京代表、国会议员刘显治长子刘公亮的岳父;清末贵州立宪派的骨干、曾任过政务厅厅长的何麟书,是刘显治次子刘君卓的岳父;财政厅厅长张协陆,留学日本归国后,也被延聘到兴义为刘氏主办教育;贵州耆老会头目、刘显世的军师郭重光,为刘显世攫取贵州政权充当了立宪派、旧官绅和地方团练三合一的媒妁。"旧派"的主心骨,便是集清末立宪派、旧官绅和地方团练的经济势力、政治权力和思想意识、行动手腕于一身的上述诸人。原贵州立宪派的三巨头任可澄、华之鸿、唐尔镛,在省内外,都是刘显世政治、经济上的支持者。在中央,"旧派"通过刘显治和黔籍众议院副议长陈国祥,议员蹇念益、姚华诸人,与北洋政府及民初各政党交通;在地方,全省游击军总司令刘显潜及其占据要津的子侄戚谊辈,盘踞黔西南老巢,左右地方各级政权。麇集在刘显世周围的这帮人,可谓"德高望重",又有财权、政权,且具浓厚的封建保守性,对滇系军阀唐继尧有极强的依附性。刘显世的"名言",曾令何应钦等人捧腹:"孰云方面不易为,吾视之犹兴义团务之放大耳。"在何应钦心目中,"旧派"颇类似日本明治维新前德川幕府中的那帮守旧的封建领主。

而被何应钦视为日本倒幕运动中的中下级武士的新兴势力,从戎或从政的青年知识分子,他们实际掌握了军阀的命根——军队,特别看重"有军则有权"的原则。他们较多地接受了资产阶级民主主义的影响,主张因时乘势,由他们执掌贵州全部权力,以便"刷新政治",使黔军势力达于省外。"新派"

以王文华、王伯群弟兄为中心，武的方面包容了留学日本的"士官系"和云南讲武堂、保定军校出身的"军官系"；文的方面在北京有牟琳、符经甫"二参议"，在贵阳有李仲公、张步先"两秀才"等人。他们因年轻，能容纳新思想、新学识，所以傲视闭目塞听，或有满腹经纶却抱残守缺的"旧派"，并希望有朝一日取而代之。王文华虽是学师范的，但风流倜傥，颇有治军任人的一套，他头脑中的新思想与留洋洗脑的何应钦相比，毫不逊色。更令何应钦佩服的是：王文华重建贵州陆军时，采取了特殊的建制：以团为单位，自兼精锐第一团团长，战时临时委任支队长或纵队长，指挥两团以上部队作战；战后各团仍还原建制，使将不专兵，无人能拥兵与其颉颃。因此，何应钦选中了王文华和"新派"，作为自己依傍和效力的对象。何应钦等一批日本士官生的到来让"新派"如虎添翼，"旧派"对他们也刮目相看。

1917年3月，黔军第一师正式成立。王文华任师长兼第一团团长，何应钦、李毓华、张春圃均被任命为步兵团团长，谷正伦为炮兵团团长，朱绍良为师参谋长，王绳祖主持军官训练。何应钦等人初来乍到，未放过一枪一炮，便受到如此重用，使黔军中如袁祖铭等没有中高级军校学历的人产生嫉妒，由是隐伏下"士官系"与"军官系"矛盾的根子。但由于王文华治军严谨，对能征善战但依违莫测、有奶便是娘的袁祖铭用其所长，抑其所短，并无明显的"喜新厌旧"，新人才、旧班底各得其所，倒也齐心合力，相安无事。

（二）

在兴义系军阀形成和发展的过程中，由联姻所编织的裙带关系相沿下来，不断扩展，成了权力和人际关系上的一张无形的网。早在清末，刘显世、王文华的祖辈曾因办团练而起纠纷，后刘官礼以长女刘显屏许配王一臣，二姓言归于好。刘显屏便是王文华、王伯群的生母。嗣后，刘显世又将从兄刘显慎之女刘从淑许予王文华为妻，于是，亲上加亲，彼此扶持，均受其益。封建帝王们发明的"和亲"政策，在近代军阀手上，也成了固结人心、培植亲信的屡试不爽的一招。

王文华有两弟兄三姐妹。兄长王伯群，名文选，以字行，是王文华政治上的先生和军事上的辅佐。三个姐妹中，大姐、二姐已分别嫁给兴义富户罗家、赵家。小妹王文湘，生于1896年，二十刚出头，从小在舅父刘显世家读诗书，学女红。高高的个子，姣好的容颜，加上贵州当时绝无仅有的门第，不知令多少公子哥儿心驰神往。在未婆亲的黔军团级军官中，确有几个人选。王文华的父亲王一臣死得早，兄弟姐妹仰仗母舅的周济培养，但凡婆亲嫁人之事，多是母亲与舅舅做主。刘显屏认为何应钦是知根知底的本乡人，相貌虽算不上奇伟，但也是五尺身躯，性行温良敦厚，无烟酒女色之类的嗜好，就是麻将桌子也很少沾边，三小姐嫁给他，自然不会受气。刘显屏还暗中请算命先生给他俩合过八字，得了"夫荣妻贵，白头偕老"的上上谶语。王文华也暗中留心何应钦，觉得他那中等身材倒也壮实，大大的眼睛，严肃时表现出一种沉毅顽强，欣喜时又有慈父般的和蔼。丰满的鼻子、厚厚的嘴唇，既是黔西南乡民敦厚朴实的表征，也显示出山岩般的安详与自负，外虽憨直而内有城府。但是，王文华略嫌他振作有余，潇洒欠缺；有忍辱负重的老练、谦恭，武夫之勇有余，儒将之文采不足。虽不说十分满意，却有了七八分的好感。

为了增进与何应钦的感情和了解，王文华常与何应钦或郊外驰马或城中漫步。有一回，何应钦与王文华晚饭后散步，从甲秀楼绕公园路至六广门，王文华提议比赛记对联看谁记得多。当时贵阳城内外古迹寺观有名的楹联不下数十百副，何应钦也记得几副。如甲秀楼浮玉桥涵碧亭上的"水从碧玉环中出，人在青莲瓣里行"，如黔灵山弘福寺西厢客厅中的"窗虚五月六月寒，人在冰壶中酌酒；檐植三竿两竿竹，客从图画里敲诗"等名联，何应钦也大抵知道。但如甲秀楼上堪与昆明大观楼长联媲美的"五百里稳占鳌矶，独掌天宇……"的长联，何应钦只断断续续记得几句。二人从大十字转到梦草公园，进入蔡锷、唐继尧生祠时，王文华便提起当时在护国军中传颂一时的佳联，即蔡锷与朱德讨袁北伐，夜渡赤水河，到达川黔边界的雪山关前，蔡锷军长和朱德支队长立马关前，共同吟哦而成，并当即挥毫写在关前的：

是南来第一雄关，只有天在上头，许壮士生还，将军夜渡；

作西蜀千年屏障，会当秋登绝顶，看滇池月水，黔岭云低。

王文华问何应钦知不知道时，何不住地摇头，连说"惭愧"。王文华朗声念了几遍，何应钦就记住了。当时，两人都为滇黔兴师讨袁和蔡、朱二位的英雄气概所感动。走到六广门，何应钦虽然输了，却给王文华以能交心的好印象。又过些时日，王文华确信何应钦今后可为自己的心腹股肱，极力主张将小妹嫁给何应钦。于是，由刘显世作媒，择定吉日良辰举行婚礼。1917年农历三月初十，何应钦与王文湘在贵阳举行了婚礼。

结婚之日，冠盖云集，轿子塞途，贵阳城中的军政商学各界名流，无不前往致贺。送贺礼者络绎不绝，绫罗绸缎、金银首饰应有尽有，反倒不为人注目，唯独李绍阳送了一副贺联，出自李的老师黄子久之手，因文情并茂，一时远近传诵：

昔日瀛洲学士，今看天下将军，宝马气如虹。玉树风前，何郎傅粉；

谪来蓬岛仙姬，成就人间眷属，瑶池春似海。蟠桃花下，王母开筵。

这副贺联，何应钦一直到晚年都记得很清楚。

何应钦与王文湘的结合，在兴义系军阀错综复杂的封建宗法关系网上，又多了一个纽结。尔后他靠着这关系网，弥补了实力与智力、资历与实绩方面的缺陷。这种多少具有政治性质的联姻，却也带给了何应钦真挚的爱情。王文湘知书达礼，温柔贤淑，不愧为大家闺秀，成了何应钦荣辱坎坷一生的忠实伴侣。

第二章

军界中的宠儿 政坛上的骁将

战场失意 操场得意

（一）

1917年7月5日，成都爆发了"刘（存厚）戴（戡）之战"，给刚刚以团长兼贵州陆军讲武学校校长的何应钦提供了表现作战指挥能力的机会。

护国战争结束后，曾在贵州当过民政长（后改巡按使）的贵定人戴戡，因同王伯群在京、津和云、贵参与策划组织武装讨袁，后又率黔军熊其勋部在綦江一带作战有功，当上了四川军务会办。四川督军兼省长蔡锷因喉疾离川治病而逝世后，四川军民两政便落入滇军参谋长罗佩金和戴戡之手。罗、戴二人表面维持"滇黔共治"四川的大局，暗中互相拆台。戴戡先是挑起川军中最有势力的川军军长兼第二师师长刘存厚对罗佩金火并，继而暗中派人与滇军订约共同进攻川军。而当滇、川两军相互火并，于4月爆发成都巷战之后，戴戡却作壁上观，最终导致滇、川军两败俱伤。戴戡却因"调停"有功和在京的梁启超等人的极力保荐，终于一人手握督军、省长、军务会办三颗大印。得势之极，祸且不远，滇、川两军的矛头都转而指向戴戡。当此之时，何应钦曾向刘显世进言，同时密函代表刘显世赴北京参加督军团会议的王文华，建议要么出面调解戴戡与罗佩金、刘存厚之间的矛盾，劝戴戡见好即收，暂时分出一些权力予罗、刘，待黔军在川势力大有发展以后再作计较；要么黔军主力以调停川战为名，开赴四川，一面可增强戴戡与罗、刘争权的实力地位，一面则乘虚占据重庆一带，分割戴戡的利益。但刘显世对戴戡既无好感，又怕擅自出兵得罪唐继尧，于是不置可否；王文华因在护国之役发动和武装讨袁的过程中，与戴戡建立了深厚的友情，认为干涉戴戡的事情或分享其利均非挚友所为，也未采纳何应钦的建议。

戴戡利令智昏，虽得执掌全川大权，却见刘存厚元气未伤，便转而再次与罗佩金联系，共同攻刘。7月5日，戴戡以刘存厚私受辫帅张勋伪命，拥戴复辟为辞，倾其所控制的黔军熊其勋混成旅九个营、省署警备队两个团共7000多人，向刘存厚部川军发动进攻。不料罗佩金以其人之道还治其人之身，隔岸观火迟迟不应援。黔军独力难支，只得败退皇城固守待援。不料皇城内早先储备的谷米被川军炮火击中，焚烧一尽。戴戡等内无粮草械弹，外无援兵，危在旦夕，频频急电贵州乞援。当时，王文华代表刘显世赴北京参加督军团会议，因反对段祺瑞操纵督军团毁弃约法，拒绝签字而偕谷正伦赴上海，会见孙中山，并参加了中华革命党，准备返黔率军护法。何应钦得讯后，要求刘显世出兵援助戴戡。刘遂下令"组织讨逆军二支队，分头进剿"。贵州讨逆军总数实际不足六个团，编为两个支队。谁当上战时的支队长，其地位就在一般团长之上，何应钦极希望能当上。

刘显世对何应钦并无恶感，只因何未经战阵，要他任统兵官委实放心不下。当时，支队长的人选有两个：一个是河南光山人韩建铎，他比何应钦早毕业于日本士官学校，辛亥革命后曾任云南陆军第一师师长，随唐继尧入黔，后留任刘显世督军署参谋长。另一个是贵州安龙人袁祖铭，曾在刘显世的将弁学堂任教练。辛亥革命时充任队官，随刘显世入省，在颠覆贵州军政府、拥刘上台中有过功劳，且勇猛异常，有带兵作战经验。因此，刘显世将第一支队长给了韩建铎，第二支队长给了袁祖铭，只任命何应钦为第一支队参谋长。7月16日，韩建铎、何应钦率领第一支队取道遵义、桐梓向四川进发。袁祖铭拟率第二支队出黔东，攻取秀山、酉阳、彭水作策应。

何应钦生平第一次率部为前锋，夜至桐梓县与习水县土城之间，遇三河交叉，山洪暴发，横流难渡。何应钦知前方乞援急如星火，便向当地人打听，谓洪水非有一两日不会消退，既无法搭浮桥，又找不到渡船，只能坐等洪水消退，再涉水渡河。这一来，岂不是贻误了战机，徒招人窃笑？正在进退维谷之时，他想起了在家时，凡有疑难之事，父母都要在家神面前乞求祖宗保佑。日本兵作战前，也常向天皇祈祷。于是，仰望天空，虔诚祷告："此战关系今后扫除军阀统一全国至巨，虔求上天有以助我。"未几天晓，临岸以视，上游二河清浅澄澈，下游一河则惊涛拍岸，泾渭分明，全军称异。何应钦便率军从上游清浅处徒涉而渡。自是益信精神感召力量之伟大。嗣后每遇困厄，必默然祷念。其实，时值盛夏，暴雨过后，山洪陡涨陡落的现象，在山高谷深的贵州，是常见现象。何应钦恰逢洪水涨落之间到达河边，并非苍天保佑，神灵显圣，不过是俗话所说的"来得早不如来得巧"罢了。

然而，当何应钦的"讨逆军"到达川边时，戴戡在成都的败局已经无可挽回，只得交出督军、省长、军务会办三颗大印，向刘存厚乞降。戴戡率熊其勋混成旅残部退出成都后，遭川军伏兵袭击，全军溃散，戴戡本人兵败自戕。消息传至贵州，未及出发之黔军将领"环辕泣请，催军前进，以张国法而泄众忿"，这更增加了进军途中何应钦等人的压力。在此之前，唐继尧在云南宣布组织"靖国军"，准备入川平乱。刘显世也将黔军归入"靖国军"系统，令何应钦、韩建铎催军疾进。不料在綦江与重庆之间，遭到川军的顽强阻击。

当时，川军中的刘存厚、钟体道、周道刚三个师已联合一气对付滇、黔军。北洋政府委派的四川查办使兼长江上游总司令吴光新也拟率部入川。集中在川南的滇军人数虽有两师，但无法与黔军形成夹攻重庆之势。第一支队在綦江受阻时，何应钦主张强攻，并要求滇军应援，而韩建铎主张电请刘显世派第二支队续进至綦江，再行攻击。何、韩二人发生争执，遂使部队进退失据。何应钦骂韩建铎怕死，韩又讥何为匹夫之勇。当时四川的《国民公报》对此也有报道："黔军之到川第一支队，其参谋长何敬之，近与韩意见颇不一致。"不几天，北洋政府任命周道刚代理四川督军，命刘存厚、罗佩金即日赴京听候查办，并命"其滇、黔现调赴川军队，并应即行撤退"。何应钦、韩建铎一因入川而无战绩，二因未得刘显世、王文华的撤兵令，反得王文华将率部入川护法的通电，于是，趁双方暂时休战之机，沿川黔边界向川南的滇军靠拢。

戴戡死后，熊其勋混成旅溃散的黔军大部分投入滇军防区，不下千人。在熊其勋之弟熊其斌的收容下，开始集合起来，尚有步枪2500余支、子弹70余万发、机关枪六挺、管退炮一尊。这批官兵感怀前旅长熊其勋的旧恩，欲拥熊其斌为旅长，向川军复仇。何应钦、韩建铎到来后，便想收编该部。但熊其斌等坚决不同意，并以全旅官兵名义，迭电刘显世，要求重组混成旅，被拒绝，反要该部服从第一支队指挥。由于不能遂其复仇的愿望，这部分黔军纷纷携械逃亡。于是，何应钦、韩建铎"遂以不听指挥，禀刘督迭电班师"。第一支队弃滇军于不顾，径自收罗未逃亡的熊其勋部黔军，班师回黔。何应钦本拟出川立功，不料结局如此，岂能甘心？

正当何应钦和援川第一支队返黔途中，川、滇、黔三方举行谈判，出现暂时休战。护国之役后，重庆一直是黔军的势力范围，贵州政府的一些存款也存入重庆银行。因要为"刘戴之战"善后，刘显世电告四川代督军周道刚，拟派黔军到重庆，解运贵州存入重庆中国银行的20万元现洋应急。得四川督军周道刚同意后，何应钦要求由他率队折至重庆押运银元，不料刘显世已派袁祖铭前往。袁只率两个连到重庆，即将银元全部运回，这又给了何应钦一次难堪。他回到贵阳后，情绪低落，黔军将领中不时也有对他的责难。但王文华能理解何应钦的心情，一再宽慰他，使何应钦感动不已，于是更坚定了拥戴王文华的决心。

1917年11月，刘存厚所部川军在川南围攻滇军。北洋政府所委派的四川查办使吴光新也率北洋军第四混成旅在重庆遥为声援，滇军不支，节节败退，将有被逐出川的危险。唐继尧致电刘显世、王文华，催促黔军火速入川。时值孙中山号召西南各省北伐，"檄至，文华响应"，派黔军取道綦江入川。此次黔军入川，改由第二支队长袁祖铭为前驱。新婚燕尔的何应钦不甘于上次的挫折，仍作第一支队参谋长随王文华为后队。11月12日，袁祖铭支队的王天培营袭击距重庆仅15公里的三百梯之吴光新所部北洋军失利，何应钦率部前往助攻。黔军与北洋军激战两昼夜，仍未攻下三百梯，被迫撤回綦江。11月20日，吴光新获准卸去四川查办使之名，专任长江上游总司令，指挥对滇黔军作战。次日，趁北洋军换防稍懈之时，滇军顾品珍部和支持护法的川军吕超部联合围攻重庆。11月22日，孙中山电令黔军与滇军会攻重庆，然后顺流东下，直趋武汉，黔军各部又重整旗鼓，进击重庆。何应钦率部紧随袁祖铭的先遣队之后，突破三百梯天险，与北洋军激战于黄桷桠。南北两军相持达九日夜，最后，袁祖铭率部抢先夺取黄桷桠，进抵鹿角场，逼近重庆，何应钦又未能抢在袁祖铭之前。12月2日，吴光新、周道刚恐遭三省靖国联军合围，弃城逃跑。次日，袁祖铭先期进入重庆，抢了头功。何应钦于12月4日进入重庆，也算参与了夺取重庆之役。

12月8日，孙中山致电王文华，嘉勉黔军，认为"联军已克重庆，吴、周潜逃，捷电遥传，欣喜何极！渝关控扼大江，实为天险。今既为我所有，则义军旌旗，可以直指东趋，望克日督师出峡，联合荆襄，传檄大江，以慰国人之望"。但滇、川、黔三省军阀各有私心：唐继尧想当"西南王"，只想巩固已获得的在川地盘，无意出川；熊克武、吕超等部川军害怕移师东下，川省地盘反为滇、黔军所占，不敢挪步；刘显世只图在川东南有一块就食筹饷之地。何应钦则支持王文华当重庆镇守使，控扼长江上游，联军乘胜东下，与奉孙中山之命出湘的谭浩明军会师武汉，实现进军中原的北伐计划。无奈没人应和，王文华孤掌难鸣，孙中山的"北伐"计划徒成空喊。不久，袁祖铭因首先攻入重庆，既得孙中山嘉勉，在三省联军中也小有名气。何应钦脸上无光，加以身兼讲武学校校长，便于联军向成都进攻前夕返回贵阳，再也不想出师远征了。

（二）

贵州军事学堂的创办，始于清末的武备学堂，该校招收两期学生后，即改为贵州陆军小学堂。辛亥革命后，唐继尧率滇军入黔与刘显世等共同颠覆了贵州军政府以后，先设干部学校，后改名为陆军讲武学校，隶属都督府参谋处。当时仅"设校长一人，学生队长一人，教官及其他若干人，实施教育军事人才"。但是，因滇军惨杀贵州新军及革命派，"黔人皆敌视之，相偕拒入该校，（王）文华独不以为然。鼓励黔省青年，尤其他的亲故，进入该校就学。其中成绩优秀的学生，常以私资奖励。因此，文华创建新黔军，这些优秀毕业生，正好充作干部"。尔后贵州军阀桐梓系的周西成、毛光翔等即毕业于唐继尧创办的这所陆军讲武学校。唐继尧离黔后，刘显世当上贵州护军使，与王文华商量重建贵州陆军。为了培训下级官佐，1914年秋，特设"模范营"，以云南讲武堂毕业的卢焘任营长，派刚由保定陆军军官学校毕业不久的王天培等人为教官，抽调各团官佐士兵入营，实施军政训练。护国战争爆发后，黔军六个团先后投入讨袁之役，"模范营"中的官佐均被派赴各团参战，"模范营"无形中被取消。

何应钦等六名日本士官生一齐进入黔军，他们都具有三级军事学校的经历，为创办黔军自己的军事学校提供了充足的人才。但当时，贵州因处理护国讨袁军事善后，财政紧缺，北洋政府又要各省"收束"军队，不能立即建立正规军校。黔军组建第一师时，深感连、排级军官不仅匮乏，而且素质低，便由王绳祖负责仿效前"模范营"，实施临时性军官训练。不久，由于刘显世等人向北京政府交涉护国之役善后协款，得到几十万元的军费补助，王文华、何应钦便打算利用这笔款中的一部分，恢复贵州陆军讲武学校。

自何应钦与王文华建立了郎舅关系后，二人便无话不谈。何应钦认为军事学校中的师生关系，是军队中良好的上下级关系的一种补充。中国自古以来都有尊师重道的传统，神祖牌上的"师"字虽列末位，但其上也是"天地君亲"。要把黔军运用自如，非有自己的正规的军事学校不可。何应钦的建议，正触动了王文华的心病：民国以来，滇系军阀常标榜"滇黔一家"，实际上总以贵州为其附庸。以刘显世为首的"旧派"集团，与云南的关系过分密切，黔军中唐继尧督黔时留下的旧班底和云南讲武堂毕业生不在少数，这将有碍黔军的独立发展。恢复贵州陆军讲武学校，并非仅着眼于提高黔军中下级指挥人员的素质，而是削弱黔军对滇军的依附关系，树立王文华在黔军中绝对统率地位的深谋远虑。

在讲武学校校长的人选上，王文华与刘显世曾经有过一番争执。

刘显世属意于韩建铎，认为他也是日本士官生，资历和能力不亚于何应钦。但王文华认为黔军系贵州的命根，讲武学校是黔军中下级军官的养成所，更是关键所系，如果非亲信主持，假手于外人，终有被别人所挟制的危险。按何应钦与刘显世和自己的关系，理应信之任之。而王文华的表弟、黔军警卫营长孙剑锋也频频向刘显世进言，称道何应钦，终于使刘显世改变初衷。其原因除了亲戚关系拉不下面子之外，刘显世认为何应钦似乎缺乏带兵打仗的本事，不如让他当校长，"纸上谈兵"更合适些。况且，在黔军诸将领中，何应钦最富标准军人的气派，站相、坐姿、步态一丝不苟，堪作师生楷模。就这样，校长之任终为何应钦所有。

在筹备陆军讲武学校招生、开学的日子里，王文华因参加北京政府召开的军事会议不在贵阳，何应钦具体筹划组织一切，最终确立了一个以自己为中心的黔军军官训练体系。为了防止贵州军事人才外流，何应钦还请求刘显世以督军兼省长的名义发了一个通令，要当年所有考取云南陆军讲武学校的贵州籍学生，可不参加本省考试，直接进入贵州陆军讲武学校就学。

何应钦参考自己所上过的武昌陆军中学、日本振武学校和士官学校的经验，为贵州陆军讲武学校制定了教育、训练大纲，挑选学校教官和职员。又从刘显世那里争取到10万元的开办费，购置设备。该校招收的对象为高小毕业以上学历或相当于高小以上学历者，直接由黔军各团保荐的士兵优先录取。应考者需先经过体力、视力、听力的检查，才能取得参加笔试的资格。笔试的科目主要是国文、算术和军事策论。军事策论出题的范围或分析中外战例，或详论古代兵法，或探究当代军政之得失等。经初试、复试两阶段，在应考的六七百名青年中，第一期共录取189人。其中，兴义人就占28名，有刘显世的次子刘剑吾，侄子刘干吾、刘曙吾、刘练吾、刘璧璋等。而后桐梓系中的两员干将江国璠、尤国才也同期录取。1917年7月3日，一度停办的贵州陆军讲武学校重新开学。

在以权势为目的的激烈竞争中，竞争对手的反应，往往可以作为判断自己得失的一个参照系。何应钦无意中做的一件事，竟能成为贵州另一所军事学校诞生的催化剂，更强化了他原先已有但并不十分强烈的利己倾向，这的确是刘显世、何应钦事前所没有料到的。本来，讲武学校规定录取学生的标准，并没有特别的地域的、派别的差异，故意排斥某些人而接纳某些人，只以学业好坏和体质优劣作为录取的标准。但在刘显世的从兄、贵州游击军总司令刘显潜送来的考生中，兴义的余万金、邓万昌等十多人因水平太低，实在难以录取，虽经刘显潜致函校方，刘显世又与何应钦商量转圜，但这些考生仍被拒之校门之外。刘显潜本想借何应钦的讲武学校为游击军培养军事骨干，现遭到拒绝自然怒火中烧；刘显世当初支持重办讲武学校，并不只为黔军着想，而是为贵州军界、为他刘氏扩大武装着想。一旦黔军实力借讲武学校得到进一步加强，而游击军由此反遭削弱，犹如人的右臂急速地发胀，而左臂日渐萎缩，最终的结果将是同时失去这双臂的功能。从讲武学校人事的安排上，疏于职务但不乏精明和小心眼的刘显世预感到陆军讲武学校将成为王文华、何应钦的私人领地，加之刘显潜保送报考的人大批不被录取，"认为有意刁难，坚请刘如周要自己创办一个武校。刘如周以兄长之命，不能不准如所请"。于是，贵州游击军的随营学校也紧追慢赶地于1917年8月草草开张。

贵州的两支武装力量中，黔军主要是为对外扩张和防止"省权"被人侵犯而设；游击军主要是为了维持地方秩序而成立。随着刘显世、王文华之间权力之争的出现，游击军又肩负起牵制黔军、保护刘显世的使命。创建之初的游击军，其官长大多是兴义一带的团总豪绅，以招兵多少，有枪弹多少而授给营长、连长、排长不等，当地百姓称他们为"枪官"。当时，游击军总共只12个营，分三路划分势力范围。第一路司令易荣黔（字筱南），辖区是黔西北的水城、威宁、毕节到黔北的遵义、桐梓；第二路司令刘显潜自兼，辖区是安顺及黔西南；第三路司令王华裔（字筱珊），由黔南独山、都匀至黔东铜仁、镇远。游击军组织混乱，战斗力差，多与地主团练和股匪无异，真正有军事知识者，百无一二。无论装备、待遇、战斗力，同黔军都无法相提并论。

在军阀集团内部，权力之争总是与权力的增殖同步发展。兴义系军阀内部刘显世与王文华之间隐伏着的权力之争，一度在何应钦主持的讲武学校和刘显潜控制的随营学校之间展开。

贵州陆军讲武学校，完全采用日本士官学校之教育方法，招收高小或中学毕业生，施以一年之入伍训练后，再进入讲武学校，教以战术学、兵器学、地形学、交通学及典范令。课程亦采用日本士官之教材，并特聘毕业于日本陆军大学的能修村少校为顾问，协助策划教育训练工作。何应钦属下的教官、副官涂传忠、王嗣楷、谌祖晟、蔡昆、张正纶等，都是保定军校毕业生；军需官董靖武是日本法政学校毕业生。王文华在经费、枪械、设备上大力扶持，学生的制服比一般黔军士兵的整齐，而且毕业后便可分配到黔军中充任下级指挥官或见习官。一般想从军的青年，莫不争相报考。开办之后，成绩甚佳，校誉蒸蒸日上，西南各省讲武堂均搜集该校教材以为参考。

该校开办两年后，还出现了一个远道慕名而来的特别考生，自报姓名王雄，号逸曙，籍贯为奉天沈阳，朝鲜族。他由上海专程赶来贵阳，经何应钦特许后进入学生营，然后升入讲武学校第三期。由于王雄华语甚差，何应钦"曾特别派人为其补习中国语文"。这个王雄，以后曾担任过韩国驻台湾的所谓"大使"，真实姓名叫金弘一，王雄是他的化名。

当时，鸦片烟毒在贵州泛滥成灾，投考该校的，一些人也染上了吸食鸦片的恶习。尽管黔军军官中并不乏"大烟客"，有的还暗中与开烟馆的或贩运鸦片的商人相勾结，共同分肥，但何应钦规定，凡瘾君子一律不得报考讲武学校，讲武学校教官或学生中，一旦发现有人吸食鸦片，教官轻则禁闭，重则另调他用，学生则一律并除。至于嫖赌和酗酒，在讲武学校更在严禁之列。

为了防止兴义刘显潜游击军势力的渗透，从第二期招生起，对兴义来报考的人，对不知底细者，何应钦把关极严，仅有五人被录取。其中有何应钦的四弟何辑五。何应钦对弟弟的管束极严。一次，何辑五外出未归，熄灯号响后，恰遇何应钦巡查斋舍，独不见何辑五，便令值星教官谌祖晟守在何辑五的斋舍前，一直等到何辑五归来，带其去见何应钦。尽管许多人说情，何应钦仍按规定禁闭何辑五三天。事后，何应钦狠狠教训了何辑五一通，要他遵章守纪，别仗恃三哥当校长，别人就不敢管束。对亲者严，疏者宽，这是何应钦对讲武学校教官们的训辞。对何辑五的罚一儆百，于校风的整饬起到了一定的作用。

第三期招生，共录取新生98人，其中有何应钦的兴义同乡10名。开学不久，便有人密告兴义下五屯的刘怡昌、酸枣的胡本吉与游击军随营学校有书信来往，并因私自将讲武学校的教授、训练内容及设施、规章写信报告刘显潜，各得小洋10元的奖赏。学校便将刘怡昌、胡本吉关了禁闭，二人从实招认以后，何应钦以"因故退学"为名，将这二人开除。

何应钦对学校的教育训练事必躬亲，常常到学校作精神训话，有时还代替教官作训练示范。无论烈日下、风雨中，何应钦作劈刺、野外操作或队列示范，一连几个小时，大多数学生在体力和耐力上都超不过他，至于动作的准确规范，更少有人能与之媲美。何应钦本人一贯注重军风纪和军营诸勤务，要求教官、职员、学生严格遵守军队内务、卫戍服制、卫兵勤务、服装、武器被服保存等规定。每一学期对上述规定中的任何一项，违犯三次者，将受处分。至于考试无论学科、术科有两门不及格者，不得升级，三科以上不及格者，将勒令退学。讲武学校学生纪律严明，颇得社会舆论好评。

何应钦还吸取了王文华创建黔军"模范营"的经验，把中国传统的武经内容与近代德、日军事战术、技术及军事理论相糅合，除注重军事技术、理论外，还兼重政治训练，使学生在波谲云诡的动荡环境中，与他们保持一致的认识。何应钦常邀王文华到校作政治、哲学方面的演说，举凡西南与北洋关系、护法要旨、对德宣战之得失、南北议和等问题，讲武学校师生均能有所了解，并与王文华、何应钦保持较一致的看法。故在五四爱国运动中，讲武学校学生能成为学界之带头冲锋者；在与刘显世一派的权力纷争中，讲武学校也是王文华、何应钦一派的拥戴者。

与贵阳的讲武学校相反，办在兴义的随营学校，正如兴义当时的一首民谣所讽刺的一样："随营学校，随营学校，校长不懂句读，教官不敢放炮。学生苦熬一年，兵痞外加脓包。如此地方，谁云学校？"刘显潜本人虽有些实战经验，但毫无军事理论。他的副官黄济周、代参谋长周农风，都是兴义的文人，全无军事常识。随营学校校长湖南人刘桂初，根本不知军事理论为何物。大队长黄云白，系刘显潜的女婿。大队副黄子耀、王兴义和教官卢钧涛、刘敬吾、扶邦泽、王子厚等人，没有一个是正规军校毕业的，也很少有带兵打仗的实践。因此，随营学校才办了两期，便已经声名狼藉。但有它作陪衬，更显出何应钦主持的讲武学校振作兴旺的气象。

（三）

从护国战争结束以后，湘西一直是黔军控制的地盘。贵州军队整整一个混成旅在湘西筹饷就食，自然引起当地人民的反感和湖南军阀的眼红而加以排斥。为了巩固这块黔军东向扩张的地盘，消除湘西、湘南地方实力派对黔军所存的地域之私，何应钦与当时驻军湘西的卢焘混成旅联系，要他们就近动员湘籍青年或该旅的湘籍士兵投考贵州讲武学校。因此，第三期学生中，湘籍学生达46人，几乎占该期学生总数98人的一半。

这批湘籍学生入校之后，何应钦要求教官和黔籍学生不准有畛域偏私，应使两省学生如兄弟，似手足。他自己则常常召集湘籍学生训话，表达学校当局对这批学生的关怀与厚望。何应钦曾说过：湘黔原本唇齿，而湘西自古多豪俊，诸君既然肯来黔省就学，则化邻里为一家，无需再有此疆彼界之判，复生你湘我黔之分。自此之后，湘之事一如黔之事，黔之事一如湘之事。两省诸生诚能共体此意，则尔诈我虞，断然不会出现。并且要湘籍学生如受欺侮，可越级上告，甚至叮找他这一校之长反映。因此，颇得湘籍学生好感。当这批学生行将毕业，要编制同学录时，何应钦特地为之作序，申述他招收湘籍学生的本意及对湘黔关系的希望。当时，正是湖南首倡"联省自治"，贵州积极响应之时，何应钦自不甘落后于潮流，写道："……两省各无事则已，不幸而一方有事，譬之率然在山，雠渠在源，击首应尾，前唱后从，将见同安、同危、同攻、同守，周武之三千人，田横之五百客，史册褒誉，大书特书。诸生自问宁让古人专美乎？否则，共床各梦，咫尺天涯，外同而内不同，始同而终不同。孙庞末路，猜忌横生；苏张乘时，纵横异志。彼此非同学乎哉？揆诸千里负籍之初心、一堂观摩之素愿，亦徒然耳。"何应钦的这番话，并非应酬之作，既是当时"联省自治"思潮下的真心流露，也有其为官、为师长之深意所在。

何应钦任讲武学校校长期间，没有留下多少足以表明他早期军事思想的材料。1919年初，他在由少年贵州会军事股主办并在讲武学校操场上所作的演讲，反映了他早期军事思想和军事学理论的某些端倪。何应钦这次军事演说的听众，不仅有少年贵州会的许多会员，还有讲武学校的教官、学生。他认为人们平常所说的"兵力"二字，并不单指掌握武器的人，而是"总和一国所有之人马、材料、兵器、要塞、舰船及军需用品之总称"。因此，要比较敌我双方兵力之强弱，不能仅注意军队数量的多少，素质之精粗，通常应由以下的条件决定，即国民的素质，将校的能力，兵器、材料、舰船、粮食、被服、军需品的多寡及其补给方式以及国境线之状况及国内的地势、运输交通能力和要塞设施状况等。

在贵州历史上，举行这样规模的公开军事演说，还是第一次，因此听众踊跃，何应钦也讲得起劲。当时的《少年贵州日报》和《贵州公报》，几乎全文登载了他的这篇演说词。何应钦逐条分析了决定敌我兵力强弱的各种因素：

> ……所谓国民之素质者，即德、智、体育是也。有谓今世学术进步，陆上有战，海底有战，空中有战，皆斗智也。例如此次欧战，德人用毒瓦斯，法人即有以抵制之，皆智育之为也。不知徒有智育而无体育，则无论海战、陆战，当枪林弹雨中，断难忍之耐劳、冲锋陷阵；苟徒有智育、体育，而无

德育，则不能严守军纪，踊跃奉公，从容就义也。故凡国民素质最良之国，无不以寡敌众，以小胜大。今之讲求军国主义者，三育并重，未尝偏废。

从日本、德国的军事学中学习了一些东西的何应钦，希望中国国民仿效军国主义的"三育并重"，提高国民素质，以御外侮，却不知德、日的军国主义，正是祸国殃民、侵略他国的根源。

谈到军队指挥人员素质与后勤补充等因素与兵力强弱的关系时，何应钦没有什么特别独到的见解，谈到国境与地势对军事的重要关系时，颇有些为当时的军人、百姓所不完全了解的创见："国土方圆者，能迅速集中兵力……防御甚易；狭而长者，则反。"何应钦结合我国的地理状况，以及一些国家对中国的态度，谈到加强国防需要注意的问题。他认为中国"幅员广大，等于全欧。东南濒海，西北带山，海、陆军之未可缺。军舰、潜艇、飞机、兵器之属，尤宜筹设完备。况我国境四围，强邻虎视，如俄、如德、如英、如日本，故我国境附近应驻重兵。至若国内大山横亘为三部，铁道之敷而未周，交通之梗塞如故，军队集中万分困难。忽尔战端一开，各部难免孤立之危"，因此，中国亟须有重兵。但他认为，一国兵力的多少，应视其经济力和人口之多寡而定，当时国内南北军阀酝酿议和，相互在扩军之时，又鼓吹裁兵。何应钦在演说中讲道："苟不定标准焉，于经济方面无所计划，率尔增长，徒知兵多之可贵，而不知经济不支之大害，有不至国库空虚、财尽民穷不止。秦皇、汉武之黩武穷兵，威震动一世，其失败也如出一辙，可想见也。""现今世界，列强中人口与兵力之比最大者为法国，每人口千人占常备兵十九人；最少者为日本，每人口千人占常备兵四人。我国以人口论，若仿照法国，则平常养兵七百六十万，若仿照日本，则当养兵一百六十万。"他主张以中国财力、人口定标准，宜设常备兵40个师，预备兵20个师。

何应钦在贵州讲武学校担任校长近五年，前后招收学生三期，总数495人。期间，还举办了一个为期半年的将校讲习班，训练营、团级军官，这对于提高何应钦在黔军中的地位，起了烘云托月的作用。1918年，在讲武学校之外，黔军还创办了一所测量学校，由在日本士官学校学炮科的谷正伦参与管理。1920年1月，测量学校改名为"步骑炮工兵实施学校"，实际仍然是由何应钦兼校长。何应钦这一段办军事教育的经历，为他日后改换门庭积蓄了虽不丰厚，但名声在外的资本。贵州陆军讲武学校对何应钦最直接的利益，是为"新派"和"旧派"的争权多了一块举足轻重的阵地，也是他日后在贵州军事、警务、政务和社会活动中成为风云人物的又一块梯石。

组团结社　趋赶时势

（一）

1918年前后的贵州，由于因袭了经济文化落后的历史重负，正步履蹒跚地追赶着时代的脚踵。生活在军阀统治下的人民，在战乱中向往着和平，在饥寒中憧憬着富足，在黑暗中追求着光明。冲破自然与人为的重重障碍而渗透进来的民主与科学的时代气息，虽然被淡化或被扭曲，但毕竟以一种前所未有的新的伟力，推动人们也迫使当权集团中的某些人物，投身到与时俱进的行列中去。因时乘势而令人刮目相看的何应钦，在民主与科学思潮由文化运动向反帝爱国的群众运动发展的进程中，一度偏离了他所隶属的阶级和利益集团的方向，以时代和阶级使他所可能达到的思想水准和实践程度，站到了时代的前列。他把自己对权势的追逐、被激荡起来的民族感情及热切改造贵州的愿望糅合起来，投入群众性的爱国运动中去，反映了贵州新、旧民主主义革命交替时期的历史内容复杂而多变。

时代的呼唤，知识阶层的需要，加以何应钦个人的努力，造成了少年贵州会的出现。

早在留学日本和投身辛亥革命活动期间，何应钦既受到同盟会的革命影响，也受到明治维新以后伴随资本主义的长足发展而滋长起来的日本军国主义的熏陶。他崇拜拿破仑征服世界的野心，钦佩英法资产阶级革命者的开拓精神，欣赏俄国十二月党人在专制桎梏下的苦斗，敬仰意大利玛志尼党人争取祖国独立的决心，为辛亥革命的失败而沮丧惋惜……他目睹欧美的进步、日本的勃兴，对比中国现实，也曾痛心和忧虑，但他无法看到社会黑暗落后的根源，只能从西方资产阶级上升时期的武器库中寻找改变现状的理论武器。他深有感触：

> 国家之进化，基本于世风。社会之改良，造端于民智。我中华以五千余年之古国，蜷伏于专制淫威之下，百事不竟，民智黯然，致招老大之讥，遂贻病夫之诮。耳聆目注，深自慨然！应钦等壮年游学东瀛，于学问之余，辄默察欧美诸邦所竞进之本，方知社会之所以改良者如是，人民知识之所以开进者如是，力思挽救，因事未能。及学成归国，观察社会凌乱乖错，仍似千百年前之旧态；民智酣梦否塞，依然三代以上之故习。以此而图生存于20世纪优胜劣败之世界，几何其能幸免也。

1918年夏，在兴义游击军司令部供职的刘敬吾被刘显世召到贵阳襄助军政，并就任法政学校校长。刘敬吾毕业于日本早稻田大学政治经济系，在刘显世的侄子辈中，也是最有见识和能力的一个。在对待刘显世与王文华之间的矛盾上，刘敬吾竭力维护其叔父的利益，而何应钦则与王文华声息相通。尽管如此，何应钦仍认为在接受新思想、趋赶时势以改变贵州现状的问题上，他与刘敬吾虽各有打算但可以合作。

1918年6月30日，王光祈等人在北京发起成立少年中国学会，并开展了新文化运动的宣传活动。这一组织的成立，在国内知识界产生了一定的影响。迄今为止，没有发现少年中国学会对何应钦和少年贵州会有直接的思想影响或组织方面联系的材料，但不能就此断言前者的诞生及其主张对促成少年贵州会的出现没有影响。

善于抓住时机、利用外力实现自己的目标，是何应钦成功的秘诀之一。他深知要建立一个在全省有广泛基础和社会影响的团体，除了顺应潮流之外，还须无门户之见、杜派系之嫌。首倡者王，捷足先登，古今同理。加上何应钦已有的地位、条件，使他成为五四时期贵州第一大团体的主要发起人和领导人。1918年10月22日，他邀约了谷正伦、邱醒群、赵季卿三人到刘敬吾的寓所，商讨建立团体的可能。参与讨论的一共九人，都极表赞成，而且这九个人几乎可与贵州军、政、商、学各界通声息。何应钦以19世纪五六十年代玛志尼党人创建少年意大利会，以再建一自由、平等、独立、自主之意大利的史事为例，主张建立一个少年贵州会，振作少年之精神，转移末世风气，使贵州由老大而臻于少年，并进而使中国由老大而臻于少年，这一建议得到与会诸人的赞同。会上还商量由各人分头向有关方面游说，广泛争取社会赞助和支持，动员青少年共结团体。

在一些回忆文章中，谓少年贵州会的后台是王文华，这是合乎情理的。何应钦在贵州的崭露头角，全仰赖王文华的提携扶植。而且王文华的资产阶级民主主义思想远比何应钦为多，其影响力与号召力，更是何应钦望尘莫及的，何况少年贵州会成立以后，的确被王文华利用来与刘显世争夺权利。在与刘敬吾等人正式商讨以前，何应钦自然得到了王文华的支持。当时的舆论，趋重民治，利用民心民力乃是事情成败的一大关键。王文华身为黔军总司令，不宜兼任民间社团的首领，而何应钦以讲武学校校长的身份，主持以研究学术、开展社会活动为主的民间团体，较之王文华更合适些。

在成立团体的问题上，刘敬吾是何应钦最有力的竞争者。他控制了法政学校，与省教育会的关系密切，又有刘显世的支持，却比何应钦迟了一步。当何应钦拉他作为发起人的时候，他自然不会拒绝。他寄希望于组织成立以后再施加自己的影响，争取事实上的领导权，至少与何应钦平分秋色。刘敬吾极力说服刘显世支持少年贵州会的成立，以便扩大影响。刘显世对何应钦已存戒心，他支持刘敬吾进入何应钦主持的团体，既可以抑制何应钦，又为自己树立起识时务的时髦形象，显示他并非如一般人所说的足不曾出省门的颟顸老者，而是能与年轻人一道"咸与维新"之士。因此，也表示支持何应钦。

10月26日，各发起人又聚集在刘敬吾的住处，汇报了各自联络的情况。会上决定由何应钦起草《本会缘起》，以为送往报馆、通告社会、请准立案的依据。与会者原则上讨论了少年贵州会的章程，委托邱醒群拟稿。同时，决定组织正式成立前，邀请各学校、各法团的代表参与讨论纲领、会章。因刘敬吾的住所容纳不下这么多人，又决定以后的会议移到陆军讲武学校何应钦的住处召开。对何应钦来说，第二次碰头会除了将少年贵州会的性质、宗旨之类的问题基本确定之外，他个人作为该组织主要负责人的地位也为到会的11人认可。会议地点的改变，进一步突出了以何应钦为核心的团体形象。

何应钦以急迫的心情和高效的组织筹备工作，于10月30日召开了少年贵州会发起人扩大会。到会者70人，该会未待宣布成立，已俨然成形了。会上通过了何应钦起草的《本会缘起》，还通过了《少年贵州会总则》，规定该会"以具牺牲小己之观念，明合群报国之大义，造成少年贵州为宗旨"，并规定实现这一宗旨的"纲要"，是"增进学识，崇尚气节，锻炼身体，娴游艺术"，把推进文化与改造政治结合起来。并对会章、规约逐条进行研究，还商议利用忠烈祠为该会本部事务所，作为正式成立之后的活动中心。何应钦、刘敬吾、谷正伦等六人被推为筹备员，分工进行正式成立团体前的各项准备。11月1日和4日，又由何应钦主持召开了两次筹备员会议，讨论确定了该会的会员证、徽章和入会志愿书等。经过近半个月的筹备，登记入会者已达2000人。贵阳出版的《贵州公报》《铎报》也连续刊登少年贵州会成立的消息，介绍它的章程以及对它的评论、希望之类的文章。贵阳的主要街道也张贴了少年贵州会召开成立大会的告示。许多希望改变落后现状和具有爱国心的人，对这一新生事物都寄予了厚望。有一篇署名"倩公"的时评写道："贵州地处偏徼，交通梗阻，加以前清专制自为，一切茫无头绪。外人诮中国曰'老大'，贵州亦'老大'国之一省也。自辛亥改革，民国肇建，一般豪俊度势审时，与民更始……今又得一般英彦，继继绳绳，思促进我贵州至美善之域，组织少年贵州会，以为后来者倡……吾愿吾少年贵州会，提倡少年贵州，诸君子厉行少年事，而于将来进取深致意。俾少年贵州臻于少年之域，则不特贵州之幸，抑国家之幸也。"人们以为这少年贵州会的出现，将如辛亥革命一般，给国家民族带来一番巨变。

（二）

目的、追求、理想的驱动，多少改变了何应钦以往稳重、不擅辞令和交际的性格。他的组织指挥能力也初步得到显露。抄抄写写、跑腿联络之类的杂事虽然都有人做，但为了筹备少年贵州会的成立大会，他每晚都到忠烈祠内与大家一道加班熬夜，一座森严破旧的祠庙变得有了生气。

1918年11月10日，忠烈祠内外人头攒动，热闹异常。何应钦在临时用木枋搭起的主席台上，成了最引人注目的核心人物。往日祠庙大殿的"忠烈"牌位，在鲜亮醒目的对联、贺幛的对比下，黯然失色。何应钦主持了这天的成立大会。在一片震耳的鼓掌声中，何应钦报告了少年贵州会组织筹备的经过和缘由。他用贵阳人听起来总觉得不顺耳的兴义泥凼土话，把他所起草的《本会缘起》向到会的人宣讲。他说：

> 东方古国，老且病矣。医者曰共和、曰立宪、曰改革制度，振兴社会。其精神愈衰惫，举止愈失常，生机将绝，死期迳矣！体质既屏，弗耐针灸。复纷扰争执，各逞私意。方剂杂投，相反相克，风寒邪魔又从而袭之，垂暮之古国，焉能幸免？

这种文绉绉的书面语言，作为大会的讲词，说的人拗口，听的人别扭。况且，他所写的这篇文章《铎报》早已全文刊载，不宜再念下去。于是，何应钦干脆不看讲稿，心之所想、兴之所至地发挥起来：

诸君试看我贵州，又属于垂暮古国中的老病者。辛亥之年，护国之事、护法之役，强为兴奋，再起再蹶。想医者纵然尽心竭力，而病家却不相信，致使灵药也失效，近来更有人讳疾忌医。照此下去，何日能医好贵州的病？应钦在日留学，听说东洋、西洋的医生，都时兴心理疗治之术，目的使病人振兴精神，健其意志，以便他忘记自己之病躯，而发皇其朝气。应钦不懂医道，但也略知，生病之人，精神奋兴而血气流行，生机就不绝，体质也就不衰。在此基础上，医生察病施方，药效立现，病者也就不再讳其病而忌其医，无须多少时日，病去而延其年，哪能因老病而死去呢？如果不这样，医者自医，病者自病，各不相牟，体质日渐削弱，我们贵州岂不要病死了吗？中国岂不要病死了吗？

何应钦中气足，声音浑厚，比喻也生动贴切，台下人伫立聆听，时而有人点头赞同，时而相互注视表示同感。何应钦见状，自信心增强，话语的感染力无形中也加大了。他略停顿一下，润了润嗓子，接着演说下去：

应钦所比方的体质者，就是社会。而组织社会者，便是人民。这就是我辈之所以欲聚我同胞，充实其体力，活泼其天机，游肆其艺术，奋兴其意志，相互激发而忘其氂耄而却其病苦。如果能做到这一点，那么，我贵州、我中华，少年进取之气蓬勃兴旺，然后社会诸事业才有发展的希望。这就是我辈同人所以要发起成立少年贵州会的原因。

演讲完毕，博得了经久不息的掌声，何应钦感到一种自我得以彰显的满意，犹如战场凯旋一般。

继何应钦之后，由刘敬吾代表各筹备员宣读会章及规约。按会章规定："凡年满十三岁以上并与本会宗旨相合者，由会员二人以上介绍，经理事许可，皆得为本会会员"，但该会首批发展的会员，以中等以上学校学生为限，到成立大会召开之前，已有会员2300多人。会章还规定少年贵州会在贵阳设立本部、各县及大的场镇设支部。本部理事由全体会员选举产生。在这天到会的3000多人中，只有2300多名会员有选举和被选举资格，但实际发放选票时，到会的会员仅2250多人。经过投票，获票超过半数以上者，得当选为本部理事。结果，提名的五位候选人全部当选，何应钦得2225票，刘敬吾得2022票，谷正伦得1918票，邱醒群得1744票，赵季卿得1479票。投票人的选票虽受候选人地位、权势的左右，但这种具有民主气息的选举，还是令人感到新鲜和兴奋的。13日，理事开会，正式推举何应钦为主任理事。17日，何应钦主持推定本部学务部、游艺部、体育部、交际处、纠察处、总务处及其下属的各股、组负责人，少年贵州会本部的组织机构基本健全了。

12月5日，少年贵州会获省长公署立案，次日，警察厅也承认其合法性。这样一来，少年贵州会便成了名为民办，实则受"官"左右的组织。何应钦也成了既是官意又是民意的代表，可借官府的威权，又有挟民意以胁迫官府的方便。自辛亥革命以来，未有任何一个团体的成立受到如此重视，在社会上引起如此大的反响。

它的发起人、参加者和支持者，虽然目的、打算并不完全相同，但许多人都满怀改造贵州、改造中国的善良愿望参加或支持何应钦的这一组织，对之寄予殷切的厚望。

在少年贵州会各部、处的活动中，属于学务部的讲学股、新闻股，属于游艺部的新剧股和何应钦特别注重的体育部各股的工作尤为出色。

讲学股隔一段时间就借讲武学校的礼堂或操场举行讲演。除何应钦主讲军事学外，还先后聘请王文华主讲哲学，任可澄、陈衡山主讲国学，邱醒群主讲政治学，刘敬吾主讲经济学，刘显世主讲阳明学。

体育部一直借讲武学校的操场开展活动。该部弓矢股、射击股、马术股、劈刺股、拳术股、体操股、少年侦探股、童子军股都得到何应钦的支持，讲武学校的教官、学生也都参加。何应钦认为体育既可强身，又可砥砺品行，在他的倡导下，少年贵州会举办了一次全城性的运动会，这在贵州省还算第一次。

何应钦并无表演天才，对音律歌唱之事可说是门外汉，但他却十分热心倡导，还认为普及新剧（话剧），实际效果远比演讲之类的形式更能宣传自己的主张。1919年1月14日，少年贵州会编演的话剧《人道引》（又名《黑奴恨》），借达德学校戏台公演，许多演职员都是达德学校戏剧活动的积极分子。该剧以美国南北战争为背景，反映林肯为废除美国的奴隶制度并因此壮烈献身的经过，还表现了美国黑人和华侨工人的悲惨命运，歌颂了他们的反抗斗争。连续五场演出，何应钦都到场，借以宣传少年贵州会的组织及演剧的宗旨。何应钦讲话之前，由达德学校的歌咏队演唱《开会歌》：

黔中从此破天荒，学子竞登场。唤醒新社会，搜将旧事演新装。无端歌哭幻炎凉，弹指即沧桑。优孟衣冠，狄青面目，一语笑荒唐。寄声高座客，从此获益成无疆。古人情况，自家情况，对照紧思量。

在1919年这一年之中，少年贵州会还演出了以何腾蛟抗清牺牲为题材的《大埠桥》，以安重根刺杀伊藤博文为内容的《亡国鉴》及婚姻悲剧的《一念差》等话剧，在宣扬爱国主义、民族独立，鼓吹发扬民族气节，反对封建主义，倡导资产阶级民主等方面，对当时的贵州确实起了启蒙教育的作用。

（三）

在成立少年贵州会时，何应钦充分利用了刘敬吾的力量，暂时联合了几乎所有的"旧派"头面人物为自己撑持场面，壮大声势。但随着何应钦的声名越来越红火，"新派"对"旧派"争权的企图越来越显露出来，刘敬吾也感到上当了，自己的一切努力不过是徒然张口挥拳替何应钦呐喊。于是，他在参加少年贵州会活动的同时，又借助"旧派"人物张彭年所控制的省教育会，以响应中华民国学生爱国会总会号召为名，发动贵阳各中小学生成立"大中华民国贵州学生爱国会"，自任筹备处主席。同时，也在社会上发宣言、刊广告，造舆论，企图与何应钦的少年贵州会对垒。但是，少年贵州会已经容纳了几乎全部"大中华民国贵州学生爱国会"的主要人物，何应钦也虚与其位，大权自操，颇有政治家的气度。在"大中华民国贵州学生爱国会"的发起人中，有不少人是少年贵州会的成员，但没有一个是"新派"的骨干，何应钦、谷正伦等主要人物自然被排除在外。

刘敬吾所拼凑的这一组织的宗旨与少年贵州会大同小异。尽管它的简章也堂皇正大，但却毫无生气，完全为少年贵州会生龙活虎的气势所淹没。何应钦与刘敬吾的这种竞争，实质上是"新派"与"旧派"的暗斗。结果证明何应钦顺应形势，他的组织能力，亦远在刘敬吾之上。

何应钦筹备少年贵州会时，就积极创办报纸。1919年3月1日，《少年贵州日报》出版。何应钦在省议会报告该报的八条宗旨：一是砥砺品节，"悯人道之沉沦，撑中流之砥柱，口诛笔伐，破施术者之玄机，剪纸招魂，反丧心者之落魄，俾旧污涤去，保其天真，庶灵台复莹，认识明德"。二是阐扬正义，"悬明镜之台，凛春秋之义，彰善瘅恶，树之风声，酌理揆情，明标模范"。三是振作朝气，"东西并启，流通两面之风，英华同含，蔚为浩然之气，平矜躁者之狂焰，而注以沈雄；招泄沓者之亡魂，而振其馁怠"。四是警醒夜郎，"设瞭望之镜台，具千里于尺幅。馈贫者之食，蓄万钟于四库，俾挓挓大地，指掌了然，庶英英少年，车趋竞进"。五是审辨政潮，"探世界之思潮，定政海之指针，庶灯塔连翩，不致望洋兴叹。航途明确，自可破浪乘风"。六是灌输新智，"汇中西之学术，择精要以发挥，阅者事半功倍，无多而不精之失。学即致用，收坐谈立行之益"。七是监督官吏，"本大公无我之怀，体主权在民之旨，鼎犀并具，庶或奸怪潜踪。褒贬无心，一自我民是视"。八是通达民隐，"以悲天悯人之怀，写伤心惨目之照，旁搜博采，为百万同胞之喉，高唱疾呼，竭五千毛瑟之响"。与此同时，《少年贵州日报》在创刊号上也刊出

《日报出版发刊词》，系统阐述了上面的八条宗旨，从中可以反映何应钦及少年贵州会当时的思想、主张。

何应钦公开发表的言论和少年贵州会的主张，既可以反映何应钦思想中积极的一面，也反映了他的局限性。他主张用改良主义，使中国由"老大"臻于"少年"，而所谓"少年云者，非以年事之多少为衡，而以精神之健惫为断"。一个人，一个省，一个国家，只有焕发其精神，"而后具优强之能力，适存于世界矣"，"得享和平之幸福矣"。何应钦笃信"优胜劣败，天演之公理难逃"，这种社会达尔文主义的消极作用是显而易见的。尤其是在中国已处于资产阶级新旧民主主义革命交替的门槛前，这种还停留在旧民主主义革命发动阶段的理论，自然是大潮以外的支流。但这种"优胜劣败"，"适者生存，不适者淘汰"的理论，风靡于时代落伍者的贵州，仍多少具有振聋发聩的启蒙作用。面对列强对中国的虎视鹰瞵，"天下兴亡，匹夫有责"的爱国主义传统也在何应钦身上起了作用。他承认"主权在民"的思想，理论上承认人民是国家的主人，官吏是人民的公仆，这对于启发人们反对封建主义和军阀官僚的专制不无进步意义。但是，他认为"国家之进化，基本于世风；社会之改良，造端于民智"，而"民智"不开，便成了一切黑暗、罪恶和落后的渊薮，甚而至于官吏之祸国殃民，"非官吏之罪也，而主人翁之放任、屈服实养成之也"。这种颠倒是非的论调，却又是对时代潮流的反动。

（四）

经过一年的发展，到1919年11月底统计，少年贵州会贵阳本部的在册会员达2800余人。

在广泛发展本部会员的同时，何应钦以发函或派专人前往的方法，在全省各县发展支部。第一年度建立支部77个，几乎遍及全省各地。这种在一省有如此众多基层组织的团体，在五四运动前后的全国社团中，实不多见。

少年贵州会成立以后的一段时间里，何应钦几乎忘却了自己是军界要人，全身心地投入该会开展的各项活动中。五四运动前的新文化运动在贵州的表现，几乎无不与少年贵州会相联系，也不同程度地与何应钦的提倡、支持和直接参加有关。作为军阀营垒中的一员，在与潮流俱进的时候，何应钦身上有两种力量在为这一潮流推波助澜：主观上，中国传统文化中爱国、爱家乡的思想精华，滋养了他作为中国人的良知。近代以来中国积贫积弱、屡遭列强侵略的事实，警醒了他希望民族自强的意识，从而按照他理想的方式去努力改造这黑暗的现实。这是一种与时代潮流同一方向的力量，也是早期何应钦在贵州历史上所留下的一抹亮色。客观上，在军阀割据混战的历史条件下，在贵州军阀内部的权力纷争中，何应钦借助裙带关系和自己的努力，把握住走到历史前台高处的契机脱颖而出。对权力、名誉的追逐，驱赶他通过成立团体、组织各种社会活动去扩大自己的声望。这种主要是出自爱国、救国的激情，但也夹杂着追权逐势私欲的复杂动机，推动何应钦在创造自己历史的同时，也对贵州历史的进程施加了个人的影响。这种影响，促进了新文化运动在贵州的传播，符合时代与人群的需要。在中国新旧民主主义革命转折的前夜，在当时闭塞落后的贵州，何应钦的思想及行动，代表了知识阶层中最先进的一个层次，预示着何应钦还将继续与时俱进。

（五）

伟大的五四爱国运动，在贵州以其独具的个性、用违反常态而又合乎历史逻辑的步伐，表现了中国新旧民主主义革命交替时期的普遍性格。在这一场从思想领域冲击帝国主义和封建主义在中国的统治，也触及人们灵魂，特别是使资产阶级、小资产阶级知识分子阶层发生分化的运动中，何应钦以一反常态的表现，一度成为贵州群众反帝爱国运动的组织者和领导者。

何应钦自留学日本以来逐渐形成的对日本军国主义的崇拜，被他视为中国学习榜样的日本的政治、经济和文化，都几乎被群众运动所激荡起来的爱国之情冲刷，褪去了神光。何应钦留学时期对日本所保有的许多良好印象被冲淡了，并促使他转向反对日本侵略、抵制日货的爱国立场，这在他尔后军政生涯的对日妥协的旋律中，的确是最早出现的引人注目的变调。这为何应钦平添了一抹光彩。

五四运动爆发前，贵州各界群众对段祺瑞一伙镇压群众、媚日卖国的行动已有公开反对。在王文华的影响下，何应钦对北洋政府卖国外交的愤懑时时溢于言表。4月29日，刘显世召集军、政、商、学、农、工各界，讨论响应护法各省反对段祺瑞政府媚日外交的办法时，何应钦就力斥北洋政府之非，主张通电全国以明心迹。无奈刘显世等总以骑墙为稳妥，最后决定以省议会的名义，通电各省督军、省长、各司令和省议会。次日，贵州发出通电，指出"近年以来，段祺瑞欲屠戮同胞，与其党羽徐树铮、曹汝霖、陆宗舆、靳云鹏、章宗祥滥借日债三万万元，举军事、铁路、矿产、森林、币制一切权利断送无遗。近复大练参战军，以日本人为教练官，甘心卖国，甘为外臣。人之无良，一至于此"？并呼吁全国各界人士奋起，"名正其罪，铲除祸根，弃国贼即所以救危亡也"！省议会是"旧派"控制的团体，尚且能疾呼救亡，这不啻是形势将发生巨变的信号。言行都比较激进的何应钦，自然不甘落后。

五四运动爆发之初，无论是何应钦所隶属的"新派"，还是与之对立的"旧派"，都确实不明这风暴的真相及其矛头所向，未敢贸然表态。加之贵州交通闭塞，信息不灵，广大爱国学生不能对北京学生的革命行动作出迅速反应。直到5月中旬，由于在京读书的黔籍学生来信及邻省运动的影响，贵州各族人民的反帝爱国运动才开始酝酿。在贵州军阀集团的上层人物中，何应钦可以说是第一个看准潮头的人。他率先在讲武学校讲话，认为学生的行动正宜嘉奖之，北洋政府镇压学生，适足速国之亡。在他之后，贵州的当权者们也或先或后、不同程度地对学生运动表现了或积极支持，或容忍的态度及有限度的同情。何应钦、王文华等"新派"人物，反对北洋政府卖国、独裁统治的立场非自今日始，北京学生的要求与自己近来的主张颇合拍。而且，他们与刘显世"旧派"集团的斗争，正需借助汹涌起来的民心民意。由于少年贵州会的出现，何应钦被一般人视为"学生头"。当时，"旧派"集团中一些接受了新文化运动影响的人物，如刘敬吾、张彭年等，也明显看出北京学生的锋芒所指，是他们多年与之既依靠又争夺的北洋军阀政府，与自己对贵州的统治无涉，附和这股潮流有益无害，因而也从观望变为积极同情、支持。"旧派"某些人物态度的转变，对何应钦支持学生运动的热情犹如火上浇油。5月中旬，当贵阳一些学校开始酝酿声援北京学生的活动时，《少年贵州日报》《贵州公报》《铎报》都开始发表时评和通讯，报道北京学生的行动，主张扶正气而寒贼胆，对章宗祥等卖国贼人人得而诛之。当北京学生全体罢课、上海发起成立国民大会支持北京学生的消息传来，何应钦感到了山雨欲来的热风和人们有如地下熔岩迸发前的爱国之情的躁动。他拿着一份刊登有5月12日上海成立国民大会事务所消息的《少年贵州日报》，找到张彭年，要张主持的省议会切不可空谈政治，应鼓舞民气，方能吸收民意。何应钦建议由少年贵州会和省议会出面，共同发起成立贵州国民大会筹备处。何应钦还与各界人士联络，并同刘显世的侄儿刘敬吾一起，找到刘显世，要他批准成立贵州国民大会筹备处。刘显世认为自己参加护国战争、护法战争，早就是反对北洋政府的元勋，表示只要是反对北方、有利于西南的事，断无不支持之理，要何应钦去搞就是了。

5月23日，少年贵州会开始第二次新剧公演，将达德学校黄齐生等编演过的《大埠桥》，同现实联系起来，借清初何腾蛟矢志抗清、宁死不屈的故事，"使观剧者须知确有劝惩"，"北方卖国，南方无论如何均须保存固有的历史已然"。

5月28日，何应钦以少年贵州会主任理事和八十一县同乡会会长名义、张彭年以省议会议长兼省教育会会长名义，共同发起成立"贵州国民大会筹备处"。筹备处以何应钦为主任，办公地点设在城中心的梦草公园光复楼。贵阳的各报和主要街道上，都刊登或张贴了筹备处关于定期召开贵州国民大会的公告。

6月1日，何应钦主持召开了贵州国民大会。这天上午，贵阳各界群众数千人手执写有"力争主权，发扬民气""不还青岛誓不休""声讨卖国贼"等标语的三角小白旗，涌向梦草公园。何应钦事先叫少年贵州会成员在会场内遍贴漫画、寓意画及对联、警句，令人触目惊心，生发无穷之悲愤。主席台两侧悬挂的两副对联，表达了大会的主题，特别引人注目。为这两副对联，何应钦与邱醒群、赵季卿、邹质彬、桂百铸等人反复推敲。对联是：

鲸吸东溟，回首中原方逐鹿；

鳌断西极，伤心此日说亡羊。

朝避虎，夕避蛇，安得亿兆同心，效田横五百人长埋海岛；

海如带，山如砺，莫使舆图变色，随燕云十六郡终古沉沦。

中午十二时，大会开始。何应钦首先讲话，报告开会大意："略谓此次青岛问题。在巴黎和会交涉失败，一由日人不顾公理，一由卖国贼作祟。现在各省均已发起国民大会，一致力争，吾人亦应亟筹对付方法，以图挽救。"何应钦回顾了日本侵略中国的历史，略述了朝鲜、越南沦为殖民地的苦难，呼吁贵州各界人士，群起声讨卖国贼，挽救国家危亡。会上还通过了致巴黎和会中国专使及北洋政府并各省的通电。这些通电，是几天来何应钦、张彭年组织各报馆的主笔们草拟的。

致巴黎和会中国专使电云："……青岛问题，闻日人要求完全胜利，国民誓不承认，切勿签字。此外，中日一切密约及其他一切不平等条约均望力争取消……"

会后，何应钦率领各界群众数千人上街游行。游行队伍一路高呼反日爱国口号，行至督军省长公署时，以何应钦为首的各界代表十多人进公署请愿，要求刘显世遵从民意，与民同慨，代为主张。但刘显世接见代表时，寒暄客套一番，认为反对北洋政府卖国，他早已有主张，要各代表善为区处，勿使外患凌逼，内乱又起，总以遵从法理为要。何应钦将国民大会全体通过的通电抄件转呈刘显世时，刘表示：国民既已通过，显世亦国民一分子，莫不一致拥护。

"旧派"骨干、警察厅厅长唯恐游行队伍"越轨"，在大十字一带派警察戒备，见何应钦带队游行，也就不敢干涉。

贵州国民大会的召开，是贵州反帝爱国运动形成的标志。何应钦在其中起到了发起人和组织者的作用。

从召开国民大会到7月16日全国学生联合会贵州支会成立的这段时间，贵州反帝爱国运动的主力虽是学生，但运动的主要领导权掌握在何应钦、张彭年为代表的一批非学生的上层人物手里。学生按国民大会的要求，以学校为单位开展爱国宣传和抵制日货，缺乏校际间的大规模的联合行动。市民的积极性虽因国民大会的鼓动和何应钦的出面有所高涨，但仅出现了部分商人、手工业者主动歇业罢市、销毁日货的情况。

郭重光等一些"旧派"头面人物，认为既是趋重民治，就应军民分开。何应钦以黔军将领而主持贵州国民大会，为全国罕见，究竟是伸张民气，还是挟制民意？他们还主张黔军和讲武学校学生均不应卷入群众运动，以免贻人以"军人干政"的口实。何应钦与王文华并不理会这些，照样前往少年贵州会和讲武学校的礼堂主持讲演，反对日本侵略和北洋军阀政府卖国，表示支持北京学生和全国的学生运动，鼓励青年关心国事。由于校长、监督的支持，讲武学校学生在宣传抵制日货、惩治奸商和焚烧日货的活动中，都较其他学校表现突出。黔军官兵虽未直接参加运动，但他们对群众运动采取支持、同情的态度，减少了群众发动的阻力，却也使群众运动失去斗争的对立面，产生了某些消极作用。

6月底7月初，留日学生救国团代表闵季骞和全国学生联合会代表康德馨、聂鸿逵等人先后到达贵阳，在中等学校学生中进行鼓动宣传和联络，促进贵州学生统一组织的建立。何应钦以贵州国民大会和少年贵州会的名义，热情接待闵、康、聂等代表，表示自己和黔军总司令都支持学生的爱国行动。

在学生联合会贵州支会筹备成立的过程中，代表"旧派"利益的张彭年，出于控制学生运动并与何应钦争当领导者的目的，提出将贵州学生联合会改名为"贵州学界联合会"，以便教职员参加，省教育会派人领导。张彭年还要求在学生组织中设立"评议部"，学生发表的一切文稿及进行的组织活动，事前均应征得"评议部"的批准，妄图把学生运动限制在"旧派"集团认为"合理"的范围内。讲武学校学生找到何应钦，何认为张彭年的手伸得也太长了，恐其意不仅于此。他表态支持讲武学校学生，说讲武也得学点文，于是，商量定下四点主张：一、由于日本侵占我山东、青岛一切权利，我辈学生当永远不用日货。二、成立学生组织，目的在鼓吹民气以为外交后盾，我辈学生对于压抑民气者，与之不共戴天。三、既是学生组织，名称应为学生联合会，否则绝不承认。四、学生联合会的组织机构，原有根据，断不能任意加减。如加入教职员为评议机关，简直是非驴非马，讲武学校学生无论如何也不承认。在7月6日召开的学联贵州支会筹备会上，讲武学校的学生代表因事前得到何应钦、王文华等"新派"首脑的支持，猛烈抨击省教育会，揭露"旧派"的阴谋。他们反驳"旧派"说："敝校本系军界，其性质原与普通学校不同，自不应入社入会"，但"以此种集会，纯为爱国而成，非他会可比。既为救国，则我辈虽属军人，亦学生之一分子，只要有可尽力之处，我辈固愿效劳"。在组织名称问题上，反对"学界联合会"，"应以学生联合会名之"，"以符本会性质而杜野心家之口。若不改换，则敝校同学绝不承认"。讲武学校所酝酿的四条意见，得到各校代表的"鼓掌赞成"。

学联贵州支会召开成立大会前夕，警察厅放出话来，学生只准开会，不准游行。原先与何应钦一道组织贵州国民大会的张彭年、刘敬吾分别到自己兼任校长的南明中学、法政学校去制止学生上街游行。何应钦知道后，便鼓动讲武学校学生：讲武学校，就要讲点"武"嘛！诸君今后出去，都是带兵之人。带兵的还怕警察不成？我就不信他李映雪敢抓你们！有了何应钦这番话，讲武学校学生便闹开了，有人还主张干脆砸了警察厅。由讲武学校学生带头，邀约了法政学校、师范学校的一帮学生，强行冲进警察厅，要找厅长李映雪出来讲理。李映雪见到这帮来势汹汹的学生，害怕吃亏，便从后门溜掉，叫一名科长与学生周旋，说警察厅从未通知各校"只能开会，不准游行"。并解释说："这是传达话的人有错误，开会游行是爱国行动嘛！"经过这一次冲突，何应钦在青年学生中的声望进一步提高，社会上都风传李厅长斗不过何应钦。

7月16日，学联贵州支会冲破了"旧派"人物的阻挠，宣告成立，从此成为全省反帝爱国运动的组织者和领导者。何应钦主持的贵州国民大会和少年贵州会无形中成了学联支会的支持者。在学联支会抵制日货、惩治奸商的活动中，日本人在大十字开设的小林洋行受到学生的冲击，它贴出的"仁丹""大学眼药"的广告一露面，就被学生撕掉，店内的玻璃橱窗也被学生捣毁。小林洋行的老板平素与何应钦认识，便托另一个日本人能修村向何应钦说情，希望少年贵州会和讲武学校学生手下留情。能修村与何应钦私交尚好，少年贵州会成立时，他还特地捐款相助，但何应钦对能修村说，学生的事归学联支会管，他不便干预。小林洋行得不到权势者的庇护，只好关门歇业，老板也逃之夭夭。

尽管有了学联支会，但何应钦仍然对爱国运动抱积极的态度。7月18日，他与王文华、朱绍良、卢焘等黔军主要将领联名通电全国并徐世昌，反对北京政府补行签字，认为"欲以收回青岛之空名，为补行签字之交换，既获日本人之欢心，复掩国人之耳目"，无异于"陈洪范往事""李完用殷鉴"，要求"内争则速求和平，外交则力拒签字"。何应钦还积极使少年贵州会在反帝爱国运动中的影响扩大到外省，在以少年贵州会名义致上海国民大会、学生联合会和北京学生联合会通电中，指出当此"四海皆应，贼胆已碎，民气大伸"之时，"敝会虽地处僻隅，责无旁贷，本民治、民主、民本之主义，揭破少数政治之藩篱，务期达到目的，适应世界之趋势。惟是交通不便，闻见多疏，倘有硕画宏筹，尚希随时指示，俾有遵行"。同时，何应钦认为抵制日货已获初步胜利，尚需坚持到底，应有比较切实深远的考虑。在少年贵州会召开的理事及各部、处负责人会上，何应钦认为空言抵制，实非治本之谋。"设不急起直追，改良工业，日本人将停运其出口货，以待我急需，且重价购买原料，以困我工政，则我受丘山之损，人无丝毫之伤"。因此，提出禁售丝、铁等重要原料与日本，"本源既断，日货可不排而自绝"。会上，何应钦等人还提出另外两项"治本"之方：日本的粮食，素来仰给于越南，自第一次世界大战发生以后，则多求自于我国，若禁售大米给日本，彼将食尽而自扰，我可待其怠而乘之。同时，山东的高徐铁路，已成日本侵略我国的工具，应集资赎回，以卫主权。会后，在以少年贵州会名义向各省发出的通电中，除陈述了以上对外的三点建议外，还提出对内的主张："……至若奸党卖国，北政府实尸其咎。曹、章虽免，羽翼犹存。除恶务尽，滋蔓难图"，"务将贼党一律摒绝，以谢天下"。这些建议、主张，虽有片面、幼稚之处，也未触及问题的本质，但较之仅以禁售、销毁日货，到底是进了一层。尤其是他们的"除恶务尽"的主张，切中时弊，在省外确也产生了一定的积极影响。

巧借民意　铲除政敌

（一）

中国新旧民主主义革命发生转折的1919年，对于何应钦也是一个十分重要的年头。他的爱国思想和在五四运动中的积极表现受到人们的赞赏，他在军阀集团内讧中急剧膨胀的权势欲和台面下的表演，也为人们所侧目。

在时代潮流的裹挟之下，何应钦所隶属的兴义系军阀"新派"集团的主要人物，的确表现了趋赶时势的应变能力和不安于现状的改革与追逐权势相交织的进取精神。与何应钦的少年贵州会相应和，王文华也主张，"所谓立国方针者，愚意以为不外顺乎世界之潮流，以经济的政策振兴农工商业，则取法美利坚，以实业立国是也"。他还发表"裁兵论"，通电主张将全国现有约70个师的兵力，裁减为50个旅，所裁之兵，"悉充修路、开矿"，"舍此不足以言实业救国，更不足以抵制外国经济侵略"。其兄王伯群确信，"现在科学时代，无科学不足以立国，无新学识不足以成才"。除支持一些贵州籍学生出国留学之外，更是省内主张开发实业的鼓动者和实行者。

何应钦和王氏兄弟在政治上、军事上的地位都已令人惊羡，但经济和财政上，却因"旧派"势力多年把持，仍汲人余沥，随人俯仰，这对于"新派"的以军扩权无疑是一大障碍。因此，王氏兄弟早就想插手贵州财政，增加黔军的饷源和增殖个人的财富。当然，他们确实也想使天下人病诉的贵州得以开发。1918年，何应钦就支持王文华开放烟禁，允许民间种植、贩运和吸食鸦片，从中收取重税，以补黔军饷源的不足。黔军设立了"筹饷局"和"保商队"，开始从"旧派"控制的财政中直接分肥。王伯群留学日本时专门研习政治经济，有一定的开办近代实业的学识，便积极倡导开发贵州经济，成了专司开采铜仁矿产的裕黔公司的董事，不久，又被推为主办全省矿务的"群益社"的理事长。何应钦虽对经济一窍不通，在黔军插手贵州财政的过程中，却也是两位内兄不可缺少的助手。

1918年11月，王伯群以黔中道尹和省署总参议的身份被刘显世派赴广州军政府工作。次年1月，北洋军阀和西南军阀共演南北议和，王伯群成了南方议和代表之一，并被刘显世委为贵州驻沪、穗全权代表。他在广州结识了华侨实业公司主任赵士觐。赵曾为孙中山筹过款，后又被岑春煊派为华侨宣慰使，为广州军政府在海外华侨中筹款。王伯群深感贵州交通闭塞，商旅阻滞，实业难兴，希望筹措资金修筑铁路，作为开发贵州并左右全省财政的起点。

1919年3月30日，王伯群征得刘显世同意，与赵士觐在上海签订了由华侨实业公司承包修筑由重庆经贵阳至柳州的"渝柳铁路"草约，同时草签了借款500万美金开办贵州实业的条约。如果两份草约在三个月内能获贵州当局批准，则再签订正式条约。

草约签订后，王伯群致函王文华和何应钦，要他俩极力敦促刘显世，尽快让省议会通过，使正约如期签订。不料，省中各方面正酝酿讨论通过草约时，发生了一桩出人意料的事，使刘显世、王文华和何应钦都深感棘手。

王文华的元配夫人是刘显世从兄刘显慎之女，名刘从淑，自幼在家塾课读，女红和学识均在众姊妹之上。1909年冬与王文华结婚，夫妇感情很好。护国战争期间，刘从淑曾协助王文华翻译和处理往来电稿，更为人所称道。但护国战争后，王文华身价陡涨，开始沉湎于女色，不仅与一姓张的女人往来，更迷恋上省署职员段家榕的妹妹段小菊。刘从淑与王文华生有一子，取名重兴，不意1918年因喉症夭折。刘从淑正痛失爱子之时，王文华却提出要娶段小菊为妾，夫妻俩便争执起来，感情有了裂痕。何应钦从来就主张女子从一而终，男子也不应得陇望蜀，反对王文华生活上的放荡。王文湘自侄儿重兴死后，常到大井坎王公馆陪伴嫂子，规劝二哥。何应钦夫妇都不赞成王文华匆匆忙忙娶段小菊为妾，但王文华少年得志，以为堂堂总司令，一妻一妾当不为过，哪里听得进何应钦和妹妹的劝告？加上他早被段小菊迷住了心窍，更不理会妻子的苦衷和哀求，执意将段小菊尽快娶过来。刘从淑既已失宠，爱子又早夭，便起了轻生之念。5月3日中午，乘王文华不在家时，她假装午睡，吞食了大量鸦片，死在床上。刘显世听到侄女的死讯，坐上轿子便到王公馆，要问王文华娶妾逼死发妻之罪。亏得何应钦、王文湘在场，既责骂王文华，又恳求刘显世息怒，开导双方顾全大局。何应钦认为此事一旦张扬开去，不唯二哥的名声不好，就是舅舅也少不了担待干系，徒自授人以攻击讥笑的把柄，不如好好操办丧事，遮人耳目。在场人无不佩服何应钦虑事的周全平稳。于是，贵阳全城的名人和刘、王两家的亲友，都为总司令夫人的丧事而兴师动众，但各种流言蜚语也不胫而走，甚至有人怀疑刘从淑为王文华所谋害。为了给丧事增添气氛，也为了辟谣，何应钦写了《王电轮司令元配刘夫人事略》一文，在《少年贵州日报》《贵州公报》上刊出，声明刘、王感情始终融洽，刘因痛失爱子，忧郁成疾，"气暴脱而卒"。这件于刘显世、王文华双方都不利的丑事，因何应钦的斡旋、遮掩而减少了风波，但也成了讨论通过筑路、借款草约时，反对派背后煽风点火的口实。

省议会在讨论两份草约时，刘显世发表意见，认为修铁路有利于贵州，

"于主权并无妨碍，此路若成，贵州可以开发，故鄙人等极其赞成"。虽有人提出异议，但表决时基本通过。然而讨论到借款一约时，由于王文华提出要从500万元美元中先支付100万元偿付黔军历年欠饷，引起了"旧派"的反对。此前，从未听说黔军有历年欠饷之事，现王文华骤然提起，"旧派"十分紧张。早就对王氏弟兄插手贵州财政和黔军的跋扈不满的政务厅厅长陈廷策、财政厅厅长张协陆、省议会议长兼省教育会会长张彭年等人群起发难。认为草约借款目的，既是开发实业，就应专款专用，且草约规定每百元实收94元，年息6厘；债权人有在省城和通商口岸建设电车、自来水和兴办发电厂等优先权；有优先在贵州开辟商埠、修筑码头、兴办航运的投资权等，如有外国资金参与，于贵州十分不利，坚决反对借款。即使要借，至多以华洋200万元为限，并且专款专用，任何人不能挪用分文。有人私下因刘从淑自杀、王文华与段小菊的关系而攻击王文华想从借款中挪出100万元，非为补发欠饷，恐为偿付风流欠债。素来思想保守、反动的贵州耆旧官绅的代表、刘显世的无冕高参郭重光更是大放厥词，说什么"贵州人民很少，物产尚多……本省土产尽可供我们本省人用度；我们贵州与别省连界的地方有天然之险，一旦有战争发生，就可以守险保境"，一旦通了铁路，岂不会土产外流，兵匪涌入？他不仅反对借款，连修铁路也反对。张协陆还拟定了反对借款的意见书，铅印数百份，散发至省内外。于是，在一般守旧人士和对"新派"不满的人中，激起了一场攻击王氏弟兄"卖省营私"的轩然大波。刘显世和督军、省长公署秘书长兼中国银行贵州分行行长熊范舆，曾支持修路于前，见反对声浪甚猛，且反对者均与自己同属一个利益集团，有党同伐异的义气，兼对挪用借款补发欠饷之说不同意，竟自食其言，连筑路草约也反对。刘显世对王文华娶段小菊逼死刘从淑的余怒未消，反对之意更坚。加上四川、广西两省议会，也以贵州单独签约，未经川、桂批准，直如侵犯"省权"，不予承认为由大力反对。正约不能签订，两个草约也就成了废纸。这就是轰动一时的"渝柳铁路借款案"。它成了兴义系军阀两派矛盾公开化的起点，并引发了"新派"向"旧派"夺权的"民八"事变。

（二）

"新派"向"旧派"反攻，还利用了自然灾害造成贵州社会矛盾加剧的形势。贵州自1918年以来，旱、涝、蝗、雹灾害轮番肆虐，全省大部分地区不同程度受灾。加之贵州军阀政府每年增收盐商捐百余万元，开放烟禁又盘剥千余万元，更有名目繁多的苛捐杂税，致使物价骤涨，百物昂贵。大米价由过去的四五钱银子一斗，涨至八九钱乃至一两银子一斗。灾民、饥民大量涌入城镇乞食，贵阳街头流民、乞丐、饿殍随处可见，民怨沸腾，却不知向何处宣泄。

号称"理财能手"的张协陆，在执掌贵州财政的五年间，的确采取了不少开源节流的措施，为贵州军阀聚敛了不少财富，初步扭转了自清末以来财政赤字连年递增的局面，但张协陆也为刘显世弟兄和自己从中揩油开了方便之门。何应钦、王文华等人从揭露财政厅的贪污舞弊入手，把群众的义愤引向张协陆以及整个"旧派"集团。何应钦利用少年贵州会标榜的"民本、民治主义""庶民主义"，煽起一般平民百姓对把持财政者的愤怒。何应钦、谷正伦还在黔军官兵中散布对反对借款诸人的不满。他们说：总司令本想借得美金，给各位弟兄补发欠饷和加薪，但张厅长等人硬说不存在欠饷问题，反对借款，眼看就要到手的银子一风吹了。黔军官兵不明真相，联名致电刘显世、王文华，要求"严惩擅进谣言之奸人"。何应钦、谷正伦还按王文华的主意，私下游说省议会议员，以每月另给津贴80元为诱饵，收买了一批议员，在省议会中表决通过初审张协陆历年账目议案。张协陆虽临时指使有关职员加工、涂改账簿，但1916年、1917年两个年度的预决算却无论如何拼凑不出来，而且还被查出十处明显的漏洞。这些弊端在报上一公开，加以何应钦、谷正伦和省议会中支持"新派"的议员们大肆渲染，弄得张协陆狼狈不堪，赶紧将尚未查出，但已冒领的1919年1月至10月的公费俸银千余元自动归还财政厅。攻击者们抓住这一点，认为如没有问题，岂有肯主动还款之理？有据的质询，无根的攻击，劈头盖脸而下。王文华、何应钦等人所控制的一批议员，早已上书刘显世，以张协陆、陈廷策等人"徒逞私见，罔顾公益，函电纷投，力求破坏"筑路、借款，胁迫刘显世从严惩治张、陈一伙。省议会又通过议案，向张协陆提出质询。张协陆百口难辩。迫于黔军官兵上下一气，又不敢将真相全部说穿，只好匆匆整理印发了《贵州财政说明书》，只图洗刷自己。何应钦等人越发不肯住手，到处散布贵州物价暴涨，捐税苛重，民不聊生，皆因当省长的昏聩，司政务的黑暗，长财政的腐败，管银行的狡诈，主议会的不顾民意，把矛头对准整个"旧派"集团。陈廷策、张协陆、熊范舆、张彭年等人，都成了受指责和被怀疑的对象。

黔军官兵本来对自己的长官就比别的行政官员亲近，加上王文华、何应钦把借款之事与他们的切身利益连在一起，不由得他们不全力以赴地卷入这场当权者竞逐权利的旋涡之中。尤其是自护国战争到川滇黔军阀在四川混战以来受伤致残的官兵，听说张协陆等人阻止补发欠饷，更是怒火中烧。在何应钦、谷正伦等人的鼓动下，数百名黔军伤兵集体到财政厅索要欠饷、恤金，吓得张协陆只好躲藏起来。三五成群的伤兵，手持棍棒闯进张协陆私宅要找张厅长算账，闹得张家几天不得安宁。不唯如此，王文华、何应钦等以"为民请命"为词，一连几天在《少年贵州日报》《勤报》上刊登广告，扬言即将发表《财政厅黑幕大观》。"虽未指明究竟是哪一省财政厅的黑幕"，但联系近来各报对贵州财政厅的诘责，《少年贵州日报》载文攻击"张等脑筋顽固，不赞成修筑铁路"之类的文字，"显然是在威胁张协陆"。

何应钦自依附王文华之后，彼此早已结下俱荣俱损的关系，对有利于王文华的事，哪怕赴汤蹈火也在所不辞。进入黔军不过三年多时间，他已成了贵州政坛上的风云人物和"刷新政治"的带头人，眼下王文华有心要使自己的权势百尺竿头更进一步，他自己也会水涨船高，随之而升迁。王文华曾对何应钦分析过"旧派"台前人物之间的关系，认为张协陆因财政关系，出面虽多，然而在背后窜唆煽风者，是陈廷策，称陈是"阴谋家"，先除陈，张就失去了主心骨。又认为熊范舆虽是自己的业师，又是自己二舅刘显治的亲家，但他阴谋抑制黔军势力由来已久。护国战争刚结束，善于借刀杀人的刘显治"见王文华日益骄横，处处都表现出不可一世之概"，曾"密电熊范舆说，王文华天性很野，不就绳墨"，嘱熊"遇事裁抑，免致越轨"。刘显世本无多少主见，又荒于政务，督省两署一切，全由熊范舆操纵。此次虽出面不多，但亦在铲除之列。经过一番密议，一个刺杀陈廷策的计划便开始进行。

11月26日，王文华在家请客，邀请陈廷策赴宴。陈虽知王与自己嫌隙已深，但总司令相邀，且刘显世、张协陆、熊范舆、郭重光等人均在邀请之列，下请柬的士兵又声明总司令意在军政两方消除误会、同舟共济，岂敢不去？席间，王文华、何应钦、谷正伦等"新派"头面人物口头上也表现了捐弃前嫌、重归于好的愿望。酒饭之后，陈廷策抽了几口鸦片，还摸了两圈麻将，约摸十一点多钟才起身告辞。当他与随从走到三板桥的小巷时，忽然拐角处闪出一个黑影，只听两声枪响，陈廷策应声倒地，幸未击中要害，陈得免于一死。次日，贵阳城中便风传何应钦、谷正伦已组织了"暗杀团"，专门对付反对借款的人。"旧派"人物，个个提心吊胆。何应钦、王文华一大早就赶到陈廷策家中探视问候，并要求警察厅厅长李映雪迅速缉拿刺客严办。陈廷策死里逃生，连声道谢，哪敢有半点怀疑的表示。当时，上海《字林西报》驻贵阳的记者都看出了个中隐秘，声称"此一惨剧，似与政团有所关系"。外间所说的"政团"，便是贵州的"新派"与"旧派"。

11月28日，省议会因审议历年决算案，出入不合，为数甚巨，正式提出查办财政厅厅长案。当夜，王文华在何应钦的住处开会密议，认为暗杀政敌，反显得自己不光明正大，不如改变方式，发动平民公审拟议中的暗杀对象。会上决定将黔军库存的旧军服5000多套由士兵抬到街头，散发给流民、乞丐，声称王总司令、何团长、谷团长体恤民瘼，并约定12月3日在省议会门前召开平民大会，宣布财政厅和张协陆等人的贪污舞弊行为。会后则派军官便装指挥，一部分人到张协陆、熊范舆两家，声称他们一家办财政，一家办银行，既然不赞成借款来解决贫民生计，贫民饿饭了，要他两家解决问题，趁机煽动流民、乞丐瓜分张、熊两家财产。同时，由黔军警卫营分派士兵，混在平民之中，分别到财政厅和银行，将张、熊二人押解到省议会听候审判。审判时强迫张协陆之弟张彭年主持。声言张彭年任议长多年，应为民伸张正义，解决贫民生计，不避亲疏，秉公宣判张协陆、熊范舆的罪状，即刻将二人枪毙在省议会门外。同时，将已抄写好的张、熊二人的罪状沿街张贴。这些事情，均由何应钦、谷正伦指挥。何应钦对这类杀人的事，虽极赞成，但决不直接动手。他相信多积阴德，于今生来世都有好处。他把这些出头露面的差事统统交给黔军警卫营营长、王文华的表弟孙剑锋。孙剑锋心狠手毒，野心又大。他仗恃与王文华、何应钦有亲戚关系，又直接统率王文华的御林军，职务虽仅一个营长，非王文华亲信的团长均不在他眼中。

但是，张协陆等在贵州也是有些根基的人，就在何应钦所组织的极秘密的"暗杀团"圈子里，也有张协陆等人的耳目。何应钦等人的密谋结束不过两小时，他们所策划的一切，张协陆已全部得知。他后悔没有在陈廷策被刺后及时离开贵阳，反而进一步招惹是非，使本来已缓和的矛盾急剧恶化。但事已至此，无论如何委曲求全，自家兄弟二人均在何应钦等诛杀之列，难逃一死，索性以死相拼。当时，张、熊两家均已在黔军警卫营的便衣监视之中，张协陆便用铅笔写信，叫人秘密传递给张彭年，促其趁何应钦尚未动手，尽快离开贵阳，以免被一锅煮了无人报仇。张彭年也用传递便条的方式，与兄长笔谈，作生离死别之后，间道逃离贵阳，经昆明、河内，辗转到达上海。

12月1日，刘显世迫于压力，舍车保帅，咨复省议会，从严查办张协陆。在内外夹攻之下，走投无路的张协陆在次日夜半服毒自杀。张协陆一死，社会上就传遍了王文华、何应钦逼死人命的话来。为了掩饰自己的阴谋，何应钦、王文华于3日清晨偕同刘显世等一批军政要人，前往张家吊唁，而原决定这天召开的所谓"平民大会"也就自行取消，本已内定将被处死的熊范舆，却因张协陆的自杀而活了下来。

何应钦、王文华等人并未就此住手，为了造成张协陆是畏罪自杀的事实，在省内外的报纸上大肆张扬，谓张有侵越行政长官之权限、妨害民意机关之职权、破例敛财危害政治、隐匿收入公帑、用人不依正规、纵容属员舞弊、估占平民产业和勒扣军饷不发等八大罪状。是真是假，张协陆再也无从辩白。

（三）

在向张协陆等人进攻之时，何应钦附和王文华，在贵州掀起"军民分治"的风潮，向刘显世伸手要权。

7月中旬，在何应钦的支持下，由吕其昌等100多人签名，以贵州应顺应潮流，实现军民分治为理由，向省议会提出"请任黔中道尹王伯群先生为贵州省长"的议案。省议会迫于军人的威势，只得通过。何应钦又组织一伙人，一边面见刘显世，请其让出省长兼职；一边据情电请广州军政府简任。吵嚷了一番，由于刘显世不让步，而桂系军阀把持的广州军政府不明真相，不敢贸然表态，何应钦、王文华的进攻不能奏效。一计不成，何应钦等又转而采取迂回包抄之术，迫使刘显世让位。尽管如此，何应钦、王文华在刘显世面前也还是要顾及上下老少的名分，表现也还谦恭。刘显世大烟瘾发作时，只要他俩在场，都是亲自服侍，搀刘上床，并亲自打烟泡，左一个大舅长，右一个大舅短，背后便骂刘显世是"不识时务"的老贼。

1919年底，由王伯群在上海遥控、王文华在贵阳策划，何应钦、谷正伦等人为骨干，包罗省内各界名流，成立了"贵州政治委员会"，在报上公布了组织大纲和专职办事职员。这个委员会以"刷新政治"为宗旨，作"全省政治之枢纽"，负责"审议贵州政治上一切应兴应革事宜"。当时因"军民分治"风靡一时，何应钦、王文华等也力主"军人不干政"，所以抬出辞了广州军政府内务部长职回贵州主持通志局事务的任可澄为会长，充当接管省政的过渡。任可澄是清末贵州宪政预备会的会长，对于刘显世的上台出力不少，本属于"旧派"之人，但因无实权，便成了"新派"手中的傀儡。这个委员会要求刘显世废除督军称号，或者让出督军给王文华，只当省长。刘显世听后，大骂王文华、何应钦是欺老犯上的"忤逆种"，不止一次对王文华、何应钦说："废督就是逼我死！"王、何便暂时不提"废督"之事了。

但何应钦、王文华另有新招，他们乘"旧派""四大台柱"一伤一死的时候，釜底抽薪，架空刘显世，这无异于得了实权。当时，陈廷策受伤后，虽已痊愈，但惧怕再遭暗算，学乖了许多，谎称枪伤未愈，闭门谢客。于是，政务厅厅长一职便由倾向王文华的该厅第二科科长周鸿宾代理。张协陆的财政厅厅长一职，经王文华极力保举，由段小菊的哥哥段家榕接任。张彭年的省议会议长，由副议长张士仁接替，教育会长由"新派"的彭象贤继任。不久，警察厅厅长李映雪也被省议会以纵容属员破坏学生运动、维持省城治安不力、对陈廷策遇刺一案久侦不破等过失被弹劾。有了陈廷策、张协陆的前车之鉴，李映雪早萌退志，借此提出辞职。刘显世再三挽留不住，便执意由曾任督军署参谋长的李雁宾接任。李雁宾属唐继尧督黔时留下的老班底，对刘显世也有较深的感情。何应钦早有攫取警察厅厅长的意图，王文华也不愿这一重要职务落入非亲信之手，便以何应钦手下有一团兵力驻扎贵阳附近，又有讲武学校的学兵，如能兼任警察厅厅长，统一指挥省城军警，一旦有事，能收臂之使指之效，要求刘显世叫李雁宾让位。不等刘显世同意，李雁宾自知无力相争，徒招祸患，主动以既缺乏才力，又不负信望，提请辞职。何应钦便轻而易举兼任了警察厅厅长。刘显世环顾左右，尽是与自己隔心之人，不得不软下来，私下对王文华、何应钦许愿：等南北统一后，让伯群长黔，电轮督黔。其本意在缓和矛盾，等待机会整治王、何一伙。

贵州发生的这一系列冲突，引起了川、滇、湘、桂等省军阀的关注。四川派出参与南北议和的代表刘光烈密电熊克武，谓"黔省内讧甚烈……据云刘势已被王压迫吸收"，"请就近派人入黔调查刘、王真相，并黔事付王或仍付刘于我省利害关系如何……以便告西林（岑春煊）主张办法也"。西南各省盛传何应钦、谷正伦等将领拥戴王文华，即将取代刘显世。刘显世为了稳住阵脚，也违心地通电表白，贵州向无党派之争，王文华与自己谊属甥舅，患难与共，八年于兹，何至被人拥戴、利用？这一着，暂时延缓了王文华、何应钦的逼宫。

上述这一连串的事件，贵州历史上称之为"民八"事变。当时有人为此编了一首顺口溜道：民国有八年，外甥逼舅爷。铁路没修成，借款又不得。出了暗杀团，炮打陈廷策，急死张协陆，吓跑李映雪……

善用政潮　扶摇直上

（一）

自护法战争开始，黔军便打出"靖国""护法"的旗号，与滇系军阀一道，入驻四川。派系林立的四川军阀中，拥护"护法"的熊克武一派，借助广州军政府的政治影响和滇黔军的力量，打败依附北洋政府的刘存厚部川军以后，曾建议滇、黔军按照孙中山的计划，东下武汉，北伐中原。但滇、黔军已据有令人垂涎的川东南财富之区，以面积而论，已控制四川的三分之二，且将四川的盐税、关税、烟酒税等悉充滇、黔军军饷，并进一步要求将四川的兵工、造币两厂归滇、黔军管辖支配，进一步实现滇黔共治四川的凤愿。这就引起了四川各派的不满。四川督军熊克武以"川人治川"号召驱逐客军，从而爆发了1920年的滇、黔军"倒熊"之役，也进一步促进了川军各派的大联合。战争初期，滇、黔军颇占优势。由于有何应钦在省内看守后方，王文华得以专心致力于川战。为抢占更多地盘，王文华重新编制黔军，将十个团编为五个混成旅。黔军编制，只有谷正伦的第二混成旅附有机炮连，至于骑、工、辎皆缺，其余混成旅实辖步兵两个团。何应钦的新编第五混成旅，虽有两个团的建制，实际兵力仅有一个团。但黔军主力均投入了四川的军阀混战，留守贵阳的何应钦就有了得天独厚的揽权便利。为加重何应钦的权势，王文华又任命何应钦兼黔军全省警务处长，加以不久前兼任的省会警察厅厅长，在省境之内，除了刘显潜的游击军系统的武装力量之外，何应钦实际上垄断了省内的军警大权。

1920年6月17日，刘显世在全国"民治"风潮的压迫下，跟在唐继尧废滇督之后，通电自废黔督，仅留滇黔靖国联军副总司令的空衔，既对在川黔军鞭长莫及，又对省内何应钦的掣肘无能为力。当时，有人已预感到何应钦将成为黔军的第二号人物。

正当四川战场上的黔军迭遭川军攻击之时，刘显世"旧派"集团以为是削弱乃至翦除"新派"威胁的良机，遂发动了声势浩大的"倒王"活动。先是刘显世支持在黔军对川作战中屡立战功的袁祖铭组建黔军第二师，分出王文华的兵权，以袁制王。不料王文华以总司令名义撤了袁的师长，调袁任黔军总司令部总参议，削了袁的兵权。之后，刘显世又支持驻川黔军团长薛尚铭组织"靖难军"，反对王文华，拥护刘显世，与四川恢复亲善，号召黔军官兵脱离王氏体系。这年秋天，黔军在四川节节败退。刘显世又策动驻黔东、湘西的游击军"清乡司令"王华裔打出反对王文华的旗号。同时，电召在北京的胞弟刘显治回贵阳，草拟了王文华"十大罪状"的通电，派刘显世之子刘刚吾携至湖南洪江，由王华裔署名发表。在省内的游击军司令刘显潜的部队，也暗向省城移动，企图与何应钦争夺省城的控制权，渐成三面夹攻之势，对王文华、何应钦的"新派"集团的生存构成了威胁。

川军大联合驱逐滇、黔军的战争进行到1920年10月，黔军的势力范围仅仅剩下重庆一隅。一旦川军的包围圈形成，黔军即成瓮中之鳖。王文华不得不忍痛放弃踞川的计划，拟将黔军撤回省内，保存实力，待机再起。当时，在川黔军有一万余人，这么多官兵一旦回到贵州，不唯饷源无着，而且省内的地盘除贵阳附近为何应钦所控制外，其余都成了游击军的势力范围。黔军的插足，势必激化已有的矛盾。如果不能控制省政，黔军回省以后，处境极为不利。何况"旧派"已公开树起"倒王"旗帜，"新派"对"旧派"的全面夺权已势在必行。

为了防范回黔的黔军，刘显潜的游击军张三元、凌国先、王梅村三个营和王华裔的一个连已陆续开进贵阳，加上省长公署的警卫二个连，几与何应钦所拥有的兵力不相上下。游击军虽是乌合之众，但与何应钦的部队开火，并未经过多少实战的第五旅未必就有必胜的把握。因此，何应钦频频催促王文华，速令黔军回黔。

10月初，王文华在重庆召集黔军将领会议，决定以卢焘代理总司令，胡瑛为总指挥，谷正伦为副总指挥兼参谋长，率领黔军"回黔就饷"。同时，又秘密制订了何应钦、谷正伦负责的"肃清君侧"的政变计划。为了避免黔军与游击军的正面冲突，回省的黔军拟先驻扎黔北遵义、桐梓一线休整，只派出以警卫营为主的精锐到贵阳，增强何应钦的实力。待贵阳的政变成功，再具体划定各旅、团的驻扎和筹饷地点。

"新派"率先冲破了"旧派"所编织的封建宗法关系网，企图以受到欧风美雨点染的新军阀取代抱残守缺的旧军阀的统治。但临到可以取而代之的关键时刻，王文华却又害怕遭到"以甥逐舅"和"以下犯上"的非议，借口赴沪"养病"，于10月15日黔军撤离重庆之日，偕参谋长朱绍良，并挟持暗中与刘显世共谋"倒王"的袁祖铭一道，乘船东下。临行之前，王文华深恐政变时伤及母舅，一再交代何应钦等人："刘显世名虽督军兼省长，实际无异傀儡，被郭（重光）、熊（范舆）、何（麟书）等人所包围，一切都听他们发纵指使。黔军回省，主要在'肃清君侧'，仍拥刘为领导，而另组适当人选，分别负责政务。" 王文华此番话，除"仍拥刘为领导"是言不由衷之外，余皆实情。何应钦自能领会其中既要夺得舅氏之权，又不贻人口实的隐衷。为了使何应钦和自己在政变后得到实利，王文华对黔军回黔的人事安排也作了精心考虑：卢焘是广西人，胡瑛籍隶云南，在此疆彼界判若鸿沟的军阀割据混战时期，卢、胡内心都不愿卷入贵州两派的火并，也得不到贵州籍将领的真正拥戴。卢焘为人厚道、正直，又心慈、胆小，虽代总司令，却不敢真个取而代之。对政变真正感兴趣和愿效驰驱者，除何应钦之外，便数外号"谷胡子"的谷正伦。谷是安顺人，入黔军后虽也受重视，但因入不了兴义系的关系网，自度难造峰极。谷认为，"贵州局势，刘、王不分裂，他们难得出头；最好是刘、王两败俱伤，他们才有事业可做。拥王倒刘而滥杀些人，王脱不了责任，正是两败俱伤之计"。因而，谷正伦极力唆使黔军警卫营营长孙剑锋，主张多杀几个，为"老总"（王文华）去敌。孙剑锋是"脸上一片火，心头一团冰"的角色，自恃与王文华、何应钦的关系非同一般，经不住谷正伦的怂恿，认为凡是和"老总"过不去的人，就统统杀掉，以绝后患。谷正伦之利用孙剑锋，非唯对准王文华，首先是对准何应钦而来。何与谷同入黔军，论军功谷在何之上，但何凭借与王文华的郎舅之亲，安驻贵阳，屡获升迁，身兼数职，权倾势重，令谷眼红心妒。谷虽同何一道负有指挥政变之责，却采取借刀杀人，让何应钦独自指挥，将王文华欲推卸的"以甥逐舅""以下犯上"的罪名转嫁给何应钦，真是一丸三鸟之计。

10月下旬，黔军已全部退回贵州，加剧了贵阳的紧张局势。刘显世对何应钦虽有戒备，但把主要注意力集中到黔北的大队黔军身上，何应钦也毫无异常，依然常到省长公署，不是请示军警事务，便是问好道安。"旧派"虽有足够力量乘黔军大部队未到达之前，解决何应钦，但生怕弄巧反拙，有所顾忌。对于此次政变，何应钦鉴于与刘显世间接的翁婿关系，也有王文华同样的顾忌。他既要执行王文华交代的政变计划，又要表面上不担干系，不得不耐心等候执行政变的主力警卫营到来。

刘显世虽不学无术，昏聩颟顸，但于"权"上不乏精明，预感黔军回黔有碍自己的统治，一边派侄儿刘敬吾以"宣抚"名义到遵义劳军，探听虚实，一边与何麟书等人，重行安排省政人选，企图趁王文华不在，以广州军政府新补政务总裁兼贵州省长名义，去掉插足省政的"新派"人物，巩固省政。在军政上，刘显世与滇黔联军总司令唐继尧联合，企图借助滇军之势，迫使黔军在黔北整编。

刘敬吾到达遵义后，发现黔军装备比游击军精良，驻地戒备森严，并无败军之相，即密电刘显世，预为防范。刘显世急电促王华裔、刘显潜、易荣黔三路游击军，向贵阳、遵义靠拢，并连日与何麟书、郭重光、熊范舆、丁宜中等人，筹划应付之策，只待游击军集结就绪，便先在贵阳吃掉何应钦的武装，改组省政。不料刘显世的这些计划，被其侄儿刘璧璋探知，全部告诉何应钦。刘璧璋虽系刘显世的侄辈，但毕业于贵州讲武学校第一期，先后在何应钦手下任排、连、营长。他权衡利害，极愿何应钦、王文华得势，自己步步升迁，宁可负刘而讨何的欢心。何应钦得讯后，即密电谷正伦、卢焘等，要他们速派孙剑锋率警卫营来贵阳。同时，何应钦又面告刘显世，卢焘为安排黔军回省后的防区问题，众将领拟不日赴省向副帅请示，故已命警卫营先期晋省安排，以去刘的疑心。刘显世虽知警卫营是王文华最得心应手的部队，人员素质和装备均为黔军之冠，但因营长孙剑锋是他大儿子刘建吾的大舅子，副营长林子贤又是他二儿子刘刚吾的大舅子，料想他二人必不至于加害于他刘氏父子，所以未加意防范。

（二）

10月底，孙剑锋率步兵三连和机关枪连作前锋，副营长林子贤率炮兵连续进，向贵阳开拔。谷正伦本应随警卫营前往，但他有意让何应钦、孙剑锋使刘、王二人两败俱伤，只将所部王天培、彭汉章两团向贵阳移动，前锋到沙子哨即停止，遥为声援，实则观望。为了麻痹刘显世等人，何应钦命警卫营不必兼程赶路，只需款款而行。孙剑锋到达贵阳后，见到何应钦，何要他再将警卫营放假，以示部队长期在四川，师老将疲。何应钦为做到万无一失，连营部驻地都在请示刘显世后，才安顿在前粮道衙门。警卫营放假三天，士兵们成天在城中吃喝玩乐，大有逍遥浪荡、无人羁束之状。何应钦与孙剑锋、林子贤借机前去拜会刘显世周围的人，走亲访友，敦请诸位支持黔军"回黔就饷"，暗中侦伺地形、路径和游击军的驻防情况。警卫营的整个行动，确实起到了掩护政变的作用。

11月8日，刘显世与唐继尧以滇黔靖国联军副司令和总司令名义，"令滇、黔在川军队全部撤回边境，实行裁汰改编"。刘显世已叫何麟书代他拟好了电令，强行指派黔军各旅团只在遵义一带驻扎，听候改编。同时，又令王华裔、易荣黔的部队入省拱卫。这无疑是"旧派"将要动手的讯号，促使何应钦先发制人。

11月10日下午，孙剑锋在大十字警察厅与何应钦商量行动计划和拟定杀人名单。何应钦不主张多杀，孙剑锋力主杀人多多益善。孙之力主大开杀戒，除了他对王文华的一片忠诚之外，还有自己的打算。因王文华在重庆策划政变时，曾拟政变成功后，警卫营改编为警卫团，由参谋长直接调遣。孙就是冲着警卫团团长的肥缺而如此卖命。孙将他拟议中的杀人名单给何应钦看，何认为要多斟酌，不应扩大事态，殃及池鱼。孙埋怨"三哥"做事太婆婆妈妈，难成大气候。二人争论不休。何对孙提的名单不置可否，却建议加上督军署秘书丁宜中，并巧妙地把缩小杀人数目的事情踢给了省议会议长张士仁。

当夜，临行动前，何应钦召张士仁谈话，对张说："今晚我要杀几个重要人物，特请议长来商谈商谈，望予支持。"说毕，将孙剑锋所拟又加上丁宜中的一个名单给张。名单上先后排列着郭重光、熊范舆、何麟书、丁宜中等十余人的名字。张认为"前列郭重光等四人是首要分子，杀之罪有应得。以下的不过是为彼辈作走卒，争当一官一职而已，不起任何作用，杀之无补于事，反而引起社会舆论之责难"。何应钦听后表示，尊重议长意见，提笔将四人以下的名字一笔勾掉。孙剑锋只得按何的意见去执行。

当天午夜，警察负责戒严，黔军警卫营兵分两路，以迅雷不及掩耳之势，迫使张三元、凌国先两营游击军一枪未放就彻底缴械，然后合兵包围省长公署。同时，由刽子手和士兵组成的行刑队分为四路，前往拟定的诛杀者家中。郭重光、熊范舆被杀后，都被砍下脑壳带回警卫营。何麟书在家中闻变，立即翻墙越屋，躲进天主教北堂。行刑的刽子手怕无法交差，遂杀了何的侄儿和一个七岁、一个三岁的儿子，也砍下三颗小脑壳包将起来，带回领赏。丁宜中的家，院大宅深，隐匿较好，未被搜出，得免于死。事后，何麟书、丁宜中都先后离开贵阳，逃到昆明。

11月11日凌晨，各路黔军和行刑队均已得手，何应钦命令除省长公署外，全城解除戒严。刘显世彻夜未眠，天亮后风闻城中杀了人，但不知究竟被杀多少，估计大势不妙。他叫刘建吾派人去找何应钦问明情况，要何出面撤销对省长公署的包围。当事变成功后，何即离开警察厅，回到家中，来人找到他时，何故作诧异，说估计是警卫营与游击军发生冲突，要来人去找孙营长。刘建吾只得写了封信，另派人前往粮道衙门找孙剑锋。孙阅信后，亦佯装糊涂，责备林副营长怎么敢惊扰刘副帅。刘建吾没法，又亲自前往小十字派出所找林子贤。林推说奉命行事，打发刘建吾离去。经请示何应钦、孙剑锋之后，林子贤给刘建吾写了封信，内中提出须俟警卫省长公署的王梅村营缴械以后，方能撤除警戒。刘显世已经听了许多耸人听闻的谣传，又见警卫营要逼缴他卫队的枪械，又气又悔，口里嚷着要去上吊，以死相抗，让王老二、何老三遭人诅咒，但却不阻止刘建吾去动员王梅村缴械。王梅村本来也不在乎为谁卖命，知道所谓缴械，不过是换一个主子而已，便命人将250支九子毛瑟枪集中起来，送到小十字派出所，黔军才从省长公署周围撤开。

11月13日，刘显世见大势已去，"旧派"人物杀的杀，逃的逃，躲的躲，剩他一个光杆司令也独木难撑，便叫刘建吾草拟通电，宣布解除所兼军民两政职务，以卢焘节制整理贵州靖国联军，听由议会民选继任省长。新省长未到任前，暂由政务厅厅长代理。又令各路游击军协同各道尹、知事维持治安，将来归新省长节制。刘显世蓄积了数十年的威势，一夜之间就烟消云散。

次日，谷正伦、卢焘、胡瑛等人先后来到贵阳。何应钦要孙剑锋带上人头去迎接谷正伦，自己则去安慰寻死觅活的刘显世。孙剑锋派人用两个簸笼分别装上郭重光、熊范舆的首级，请谷正伦验看。当士兵提出两颗血污模糊的人头时，谷正伦也意识到何应钦并非戆直的"乡巴佬"，能任人支使。

省城的变故，使全省陷于混乱，谣传塞途。一般平民百姓有的拍手称快，有的鄙之为狗咬狗，有的则可怜三个无辜孩子的被杀。"旧派"余孽还致电四川，谓"贵阳大乱……人民老幼被杀者甚多，请川省派兵赴黔靖乱"。而由川南败退下来的滇军顾品珍和赵又新的残部两万余人，也麇集于毕节一带，贵阳风传滇军将与刘显潜的游击军配合，扶助刘显世重新上台。一时间人心惶惶。

何应钦是政变的核心人物，却不肯出面收拾残局，仍在幕后撺掇别人出头，承担舆论的指责。11月15日，经过精心思谋，何应钦要省议会开会，推举贵州政治委员会会长任可澄代理省长。此举表面似在调和"新派"与"旧派"的矛盾，显示冤债各有所归，实则是让既不能当确也不想当省长的任可澄作自己的替身，为自己的"大哥"王伯群看守权位。但任可澄本属"旧派"中人，曾风闻自己也被列入黑名单，事变发生的当天就逃到城郊的祖茔内过夜，次日改乘小轿逃往安顺老家。何应钦派人去请，任怕上了圈套，哪肯露面。找不到适当人选维系权力真空，何应钦以刘显世辞职通电中曾有"新省长未到任前，暂由政务厅厅长代理"之句，要代理政务厅厅长的周鸿滨兼代省长。周鸿滨兼代了省长，其实只是保管两颗大印而已，成了何应钦以"省长公署"名义发号施令的工具。

当时的急务是要避免内部和外部的混乱，既防止黔军内部的矛盾激化，又不给川、滇两省军阀出面干涉的借口。卢焘急电上海，请王文华回来兼代省长。王文华一因政变风波未平，二因奉孙中山之命劝说浙江军阀卢永祥倒戈弃北就南，不愿回黔，要卢焘继续维持大局。何应钦、谷正伦都十分清楚，王文华掌军，王伯群主政，这是上年早有的成议。周鸿滨既被推举上台，便按照何应钦等实权人物的吩咐，发布了政变后第一张《贵州省长公署布告》，宣称："本省刘兼省长，年高辞职还乡。现准本省议会，咨请代行省长。当即接印视事，庶政办理照常……仰尔士庶绅商，照常安居乐业，慎勿惊扰张皇。更勿造谣煽惑，冀图乘间涛张。倘敢故违禁谕，惩办定按刑章……"

政变之后，贵阳仅剩下刘显世的卫队两个连未被缴械，但如何发落刘显世使何应钦颇感棘手。刘显世一旦失势以后，失去了依托，便越发怕死；而怕死之人，往往又常以死来要挟人。他明白自己的倒台，主谋者是他的外甥王文华，指挥者是平素谦恭勤谨的外侄女婿。在贵阳，他的三亲六戚不下数十百人，但眼下唯一的依傍只有王文华的母亲、自己的胞姐刘显屏。这位而后被于右任等国民党元老，甚至连蒋介石也称之为"屏大娘"的刘显屏，在这陷她于"磨心"的权力竞技中，却也有大家风范。弟弟吵着要回老家兴义，而女婿又代表儿子不肯表态。事件的得胜方是儿子、女婿和外侄，失败方是弟弟和侄子亲家。说痛心，手心手背都是肉；说欣幸，肥水未流外人田。毕竟儿子、女婿做得过分，要安慰弟弟，只得责骂儿子，但儿子均不在眼前，"屏大娘"只好迁怒于女婿。何应钦对岳母唯唯诺诺，不加分辩。唯一要人们相信，代总司令是卢焘，执行的部队主要是孙剑锋的警卫营，他不过服从命令，上达下传，动用警察也是为了维持治安。何应钦本来也不打算搞僵与刘显世的关系，既然岳母出面斡旋，他也有台阶好下。原先何应钦与谷正伦、卢焘等人曾商议，只要刘显世让位，便将其羁留贵阳，大家尊重如故，感谢他过去的提拔栽培，既可防刘显潜游击军对省城的袭扰，又无放虎归山之虞。现在只好同意放刘显世及其卫队回兴义，为表示自己的诚意，加派林子贤带兵两连护送。

在政变中，出力最多而挨骂也多的是孙剑锋、林子贤，但何应钦是受益最大者。游击军被缴械后，所有枪支弹药除孙剑锋留下两支王梅村使用的新连枪外，悉数交给了何应钦。何得了这批枪械，便将已徒手待遣散的近千名游击军发给军装，改编为黔军，使自己的新编第五混成旅的人枪也与其他四个旅不相上下。孙剑锋虽不敢有异词，但总怏怏不快，希望最后捞一把，扩充警卫营的实力。他曾要林子贤趁护送刘显世回兴义时，在贵阳城边的头桥伏击刘显世的卫队，只要缴到那两个连的武器，不惜要刘显世死于乱军之中。此举因林子贤反对而未果。

11月18日，昔日声名满西南的刘显世，恓恓惶惶地离开贵阳。刘显屏害怕中途生变，一直坐轿护送刘显世到安顺，交给前来接应的刘显潜的游击军，才同林子贤转回贵阳。

这就是贵州历史上的"民九"事变，由此又引出了贵州军阀内部一系列的钩心斗角和流血冲突。

（三）

　"民九"事变使"新派"一举登上了权力的峰巅。得势之时，祸且不远，

"新派"内部原先隐伏着的矛盾开始显现。黔军总司令部迁入原先的督军省长公署，成了贵州军政的最高指挥机关，黔军班师回省的行动也就此告终。胡瑛的总指挥和谷正伦的副总指挥兼参谋长之职，也自然免除。而黔军总司令部参谋长朱绍良随王文华滞留上海，需有一人代行其权。谷正伦本以为自己是黔军回黔时的参谋长，过渡为黔军总司令部参谋长是顺理成章的事情。不料，卢焘因何应钦指挥政变有功，又同王文华有特殊关系，任命何为代参谋长，引起谷正伦不满，却又无可奈何，于是埋下了何、谷之间冲突的祸根。

因黔军参谋长实际拥有指挥调动各旅部队之权，又直接控制警卫营，何应钦亟欲利用警卫营以增强自己的实力地位，他与孙剑锋的矛盾便最先突出起来。原议政变之后，警卫营改编为警卫团，虽未明确团长人选，但孙剑锋以为非己莫属。及至商议改编时，何应钦却将团长职位空悬起来，理由是孙剑锋只是一个少校营长，不能一下子跃升为上校团长，暂时只给了他中校团副代理团长，目的在于不引起别的旅、团长的非议，并非故意贬孙。孙却认为警卫团属总司令部建制，归参谋长调遣，何应钦不让他当团长，等于何自己兼了团长。这是何有意整他，想吞并他的部队。加上谷正伦等人从旁火上浇油，认为何应钦"靠裙带起家，毫无战绩"，替孙鸣不平。孙剑锋矢口咬定何应钦对他不怀好意，接到何的改编命令后，他一直拖着不动，并躲藏起来，不与何见面，何应钦因此对孙产生了防范心理。孙剑锋曾对副营长林子贤说："何应钦整我，我要到上海去找'老总'，你来代理团长吧！"林子贤认为孙剑锋都轮不上的位置，他岂能奢望，便一口回绝。孙甚至急得哭了起来，又说："如果让何应钦当团长，我就出不了头。不然，我们只有想法除了他。"孙向林透露了除何的办法：派警卫营的杀手胡德安充当总司令部卫兵司令，待何出营门时，将何刺死，并把何的马弁的手枪也一并缴械。事成之后，胡将全部卫兵暂时拖出去，风波平息之后再拖回来，孙、林则向上报告士兵叛变，杀死了何应钦。林子贤不待孙剑锋说完，截断他的话头说："这样做就搞烂了。"孙问："怎么搞烂了呢？"林说："对敌人这样做是不得已，对本军参谋长这样干，难道不是替刘显世等报仇吗？干下来的结果，不但各旅团的官兵要责备我们，王老总也不能回贵州来了。我们警卫营是他素来很信任的基本部队，尤其是你，他更是十分亲信的。为什么会叛变呢？即使叛变，也不会单单杀害他的参谋长，何况何应钦是他的妹夫，难道报一个兵变就算了不成？"孙虽不尽同意林的分析，但知林不愿合作，只得打消了杀何的念头。但警卫营不时与何应钦闹别扭，使改编之议难以进行。

在何应钦与孙剑锋摩擦时，回到兴义老巢的刘显世，凭借祖孙三代苦心经营的"盘江小朝廷"的根基，利用尚有余威的刘显潜的游击军，企图作困兽之斗，东山再起。刘显世、刘显潜下令黔西南各县，大县招兵三个营，中县二个营，小县一个营，扩大武装，反攻贵阳。同时，又利用贵西道尹吴绪华与驻扎毕节的滇军司令顾品珍密商，请滇军助刘复位。由于顾品珍在川战中与王文华有一定交情，都对想当"西南王"的唐继尧不满，滇、黔军被川军驱逐出境时，顾、王曾相约：滇军回滇倒唐，黔军回黔倒刘，然后两省实行自主性联合，因而拒绝了吴绪华所请。刘氏弟兄权势之火未灭，终究是何应钦等人固位的大患。为了解决刘显世问题，黔军须从黔西南、黔西北两路进攻兴义，迫使刘氏弟兄南出广西或西上云南。这一紧迫的军事行动，暂时缓解了何应钦与孙剑锋、谷正伦之间的矛盾，加上林子贤向卢焘暗示孙、何之间恐有阋墙之举，卢焘为免同室操戈，有负王文华的重托，便采取调和之法，将警卫营改编为警卫团，径委孙剑锋为团长，仍归参谋长指挥。何、孙双方各有所得，矛盾有所缓和。

何应钦见谷正伦和孙剑锋的部队都麇集在贵阳周围，似有与己平分秋色之意，便借剿灭游击军之机，建议卢焘派谷正伦旅由安顺进攻兴义，警卫团开赴毕节"宣抚"，防止滇军与刘显世勾结。谷正伦看破了何应钦的心计，既不愿驻兵贵阳与何应钦相抵牾，又不愿开赴兴义与刘氏兄弟拼老本。表示毕节滇军人数众多，仅有警卫团是不够的，愿率第二混成旅，作警卫团的后援。孙剑锋正希望摆脱何应钦的辖制，有机会独立行动，自然不再讨价还价就命部队向毕节开拔。谁去兴义方向与刘氏兄弟正面作战呢？第一混成旅旅长窦居是兴义人，虽一心拥戴王氏兄弟，但对刘氏兄弟亦无多大恶感，更不愿兴义人自相残杀，祸害桑梓，因而一声不吭；第四混成旅旅长张春圃，自退驻遵义以来，便为黔北粮仓的富庶所吸引，表示一动不如一静，愿驻黔北防备川军南下；何应钦的第五旅虽新近收编游击军组建了第八团，以原游击军第二路司令易荣黔为团长，自然不宜派去与游击军作战。何应钦既盘踞省城，有了挟制四方的声威，岂愿舍本逐末，率队亲征？剩下的第三混成旅旅长胡瑛，虽不愿与刘氏弟兄拼消耗，但因黔西南与广西、云南接壤，是云、桂鸦片、棉纱匹头、洋广杂货的中转地，如能据有黔西南，背靠家乡云南，足踩贵州，伸手广西，岂不比局促黔中有伸缩余地？权衡利弊，就同意率部前往兴义。

在孙剑锋率部到达毕节之前，滇军已陆续向云南撤走。警卫团便驻扎毕节、金沙一带，控扼西路各县，不愿再回贵阳。胡瑛所部在兴仁附近与游击军小有接触，游击军即溃败。眼看刘氏弟兄将有覆巢的危险，刘显潜被迫与胡瑛谈判，让出黔西南，宣布辞去全省游击军总司令；胡瑛让道，同意刘氏弟兄逃往云南。12月20日，刘氏弟兄携家带口，在800余名武装的护卫下，前往昆明。

何应钦送走了对自己有威胁的孙剑锋、谷正伦之后，便集中精力巩固自己的地盘。选择代省长、恢复省政是当务之急。当时的贵州，就资历、声望与才学而言，代理省长的人选，无人可与任可澄匹敌。但任厌倦政治生活，不愿再入漩涡。为劝说任可澄出山，何应钦要政务厅第三科科长、与任私交甚笃的桂百铸转告任：不是要杀他，而是抬举他。同时，要省议会和农、工、商、学各界联名敦请。何应钦为了表示对任的诚意，亦有强其上虎背的用心，派出一个连的卫兵，前往安顺旧州任的老家迎驾。任可澄处此"当事者极欲收拾，纷驰信使"、"而各界责以敬恭"的情势下，只得端起这杯带苦味的敬酒，"勉暂承乏"，于12月7日就任代省长。但他明白自己不过是为王伯群看守省长的位子，就任之前即向何应钦、卢焘声明仅以三个月为限。为了表白自己"暂代"的心迹，也为了与何应钦、卢焘离得远些，他执意不到原督军省长公署办公，带上政务厅的一班人马，就把小小的政务厅权作省长公署。

任可澄与卢焘彼此都有苦衷，政见虽有分歧，却也同病相怜。为了在南北军阀又勾结又争夺中能使内外交困的贵州保持一独立行省的地位，也有维持各旅、团之间的利益均势的默契，卢焘于1921年1月28日，以代总司令名义宣称："此后施政方针，决当顺应潮流，实行自治。关于制定省宪，刷新政治，悉由民政当局主持。敝军确定军人不干政之原则，惟当整顿军纪，保境安民。"任可澄也开始在其位而谋其政，积极筹备"组织临时省参事会，采庶政公开之旨，为群治改进之基"，"筹议改选省、县议会，预备制定省制，选举正式省长，为谋本省内部之治安，以为联省自治之基础"。这些表态和为此所进行的活动，虽与喧嚣一时的"联省自治"风潮有榫卯之合，但触犯了何应钦的某些利益，也引起黔军其他旅、团长的不快。但他们深知这些具有推进中国近代民主化进程意义的思想、主张，也是他们的领袖王文华所提倡的，谁也无法公开反对。

当时的何应钦，身兼第五混成旅旅长、黔军参谋长、全省警务处长、省会警察厅长、贵州陆军讲武学校校长，又是连选连任的少年贵州会主任理事、警察协会会长、八十一县同乡会会长，可谓红得发紫。代总司令卢焘要看他的眼色行事，代省长任可澄唯恐趋奉不周，他本该知足了。但一直走红运的何应钦并未领会"四时之序，成功者退"和"知足常乐"的古训，早就忘记了在少年贵州会成立初期，自己大张旗鼓标榜过的"民治""民本""民主"和"军人不干政"的原则，对军政、民政都施以非分的干预。他认为无法操纵选举，就不能保证选出的人都能听命于王氏弟兄和他自己。一旦让任可澄主持的省、县议会选举告竣，若公开推翻，必遭非议；予以承认，恐民选省长未必非王伯群莫属。于是，他挑起早已为王氏弟兄所控制的省议会议员们群起反对，致使各方意见分歧。荏苒三月，选举之事尚无头绪。

1921年3月7日，任可澄宣布的代省长之期届满，提请辞职。卢焘苦苦相留，社会上亦不乏推挽之声。何应钦见王文华归期难定，也不能不叫任展延任期。任可澄渐渐明白起来，求金刚不如求佛祖。王文华于"本省军事上、政治上为唯一关系之人",他径自飞电上海,请王文华于二月内归来。如王复电赞同,他可勉任维持,否则,"决行引退,以让贤能"。王文华接电后,次日便复电,谓"已拟束装,无奈水涸船滞,取道无由","万恳延期两月,一切遵示办理"。如果不发生王文华在上海被刺事件,至多两月之后,王文华归来,贵州政局不会马上发生大动荡。也许,何应钦此后的历史,将是另一副模样。

（四）

护国战争之后,南北对峙之局形成。北洋军阀和梁启超的研究系都力图将贵州拉入自己的营垒。而左右贵州意向的王文华在政治思想上更多倾向于孙中山,在西南军阀中,是比较坚定支持孙中山以武力解决南北争端以达护法初衷的人物。"民九"事变以后,王文华拜谒了孙中山,被任命为军事委员会常务委员,他拥护资产阶级民主革命的立场有所坚定,"继奉命往浙江说卢永祥,共起兵倒非法窃位之徐世昌及直系"。王在上海期间,主动与辛亥革命后被刘显世、唐继尧所迫流落沪上的贵州革命党人周培艺、简书、方策等弃嫌修好,劝说并资助他们返黔,合作改造贵州。如果王文华与这些人回到贵州,北洋军阀图谋贵州的希望将更加渺茫。此时,因与王文华争权被贬,为刘显世用以"倒王"的袁祖铭在刘显治、张彭年的帮助下,潜赴北京,面见北洋政府总理靳云鹏,"自称可以运动黔军降附北廷",投入北洋军阀的怀抱。"云鹏以其能分化革命势力,扰乱西南后方,大悦之"。但靳云鹏等也明白,袁祖铭能不能控制黔军,关键是能否除去王文华。于是,在北洋政府支持下,袁祖铭决心以刺杀王文华作为向北洋政府投靠的见面礼。刘显治要为被杀的亲家熊范舆报仇,为兄长刘显世、刘显潜和亲家何麟书雪被逐之耻;张彭年既要为兄报仇,也要为己伸恨,都积极支持袁祖铭对王文华行刺。1921年3月16日,袁祖铭收买刺客在上海将王文华刺杀。

王文华被刺,引起了贵州军阀内部暗杀和争斗的多米诺骨牌效应。

其效应之一,是暗杀之风在上海、昆明、北京和上海之间相继展开。何应钦怀疑逃亡昆明的刘显世、刘显潜参与了刺王阴谋，遂派唐念益前往昆明探察情况。不料唐至昆明后，行踪暴露，反被刘显世派人刺杀于郊外。王文华的妻妾悬赏以三万元巨金购求凶手。王伯群和卢永祥也在京、沪一带，收买刺客，刺杀袁祖铭。结果，在北京刺袁时，子弹从袁耳边擦过，袁仅受了点儿皮毛之伤。之后，王伯群又收买辛治国谋刺袁祖铭，不料辛反为袁收买，转而在上海对王伯群行刺，被土发觉，送淞沪警备司令部处死。连同何应钦尔后在昆明的遇刺等，演出了一系列冤冤相报的血案。

其效应之二，是黔军五旅纷争的骤然激化。王文华一死，黔军顿时陷于群龙无首的境地，在表面上轰轰烈烈为王复仇的一致行动之后，背地里都急于填补王文华死后的权力真空或瓜分其权。在毫无思想准备的情况下，何应钦失去了畀依方殷的顶头上司和相互扶助的兄长，但也给他提供了把手足亲情的悲剧转化为追权逐利的最好机会。伴随贵阳城中对王文华的一片痛吊之声，继王者非何莫属的风声也渐起。胡瑛、谷正伦、孙剑锋等已窥破何应钦想成为王文华的继承者，未等何应钦有所举措，就由胡瑛领衔，请何应钦参加，各旅、团联名通电，公推卢焘正式就任黔军总司令。

卢焘虽被拥戴，于4月宣誓就职，但自知黔军统系已坏，各旅、团长拥兵割据之势已初步形成，总司令之虚位，不过是瓜分王氏权力时的调和者而已。当时，各旅、团之间，为筹饷、护商、治安和扩军等问题，因防区划分不明，你争我夺，几至动武，使卢焘焦头烂额。何应钦的势力范围虽宽，但感到兵力不敷分配，为使已到手的地盘不被蚕食，遂建议卢焘仿效四川军阀创造的防区制将贵州地盘分而治之，减少彼此间的纠纷。拥军、攘权、割据，这是军阀割据混战时必然遵依的三部曲。各旅、团长出于各自不同的利害考虑，也表赞同划分防区。1921年6月，卢焘召集各旅、团长会议，制定《黔军省防条例》。经过一番争吵，以既成之事实为依据，划全省81县为五个防区。

第一混成旅旅长窦居仁兼第一防区司令，防区在黔东和黔东北16县，驻节

铜仁；

第二混成旅旅长谷正伦兼第二防区司令，防区在黔东南和黔南一部共19县，驻节独山；

第三混成旅旅长胡瑛兼第三防区司令，防区在黔西南和黔西北共18县，驻节兴义；

第四混成旅旅长张春圃兼第四防区司令，防区在黔北8县，驻节遵义；

第五混成旅旅长何应钦兼中央防区司令，防区包括贵阳、息烽、平越、炉山、麻哈、贵定、龙里、平舟、罗斛、定番、广顺、平坝、清镇、修文、紫江、长寨、瓮安、大塘、织金、黔西等20县。无论所辖县数、面积，还是防区内的人口、经济实力，何应钦的中央防区都为各防区之冠。

按《黔军省防条例》规定，各防区司令隶属于总司令；一防区内又分若干卫戍区，其卫戍司令由团长或营长充任，直隶于防区司令。防区司令名义上只管本防区内的剿匪、治安、团防、省防等与军事有关之事，实际上成了防区内的土皇帝；各卫戍司令又成了分管若干县的小霸王。但是，在同一防区内，防区司令也并非都能控制所辖部队。如何应钦无法支配孙剑锋的警卫团和易荣黔的第七团，唯有第八团是他的嫡系，但其实力远不及警卫团。谷正伦也日渐控制不住王天培、彭汉章两个团。当时，任可澄实行省制改革，撤废民国以来即有的黔东、黔中、黔西三道，只保留省、县两级。各县知事只能惟防区司令或卫戍司令之命是听。总司令名义上虽拥有对黔军的人事调配和军事指挥权，但实际上除了自己的警卫部队之外，命令难出总司令部之门。由王文华一手培植和指挥的黔军已经四分五裂。

防区制的实行，并没有缓和五个旅长，特别是何应钦和谷正伦之间的矛盾。首先在省长的人选问题上，谷正伦过去与何应钦立场大致一样，拥护王伯群，也支持任可澄暂代。王文华一死，谷正伦以任可澄是安顺人，企图在贵州形成安顺帮，与四分五裂的兴义系争权，因而一反过去拥王立场，要拥戴任可澄当正式省长。任可澄畏惧何应钦近在咫尺的威势，表面上不敢应承，但实际上跃跃欲试。王文华死后，任可澄便向北洋政府表示："愿即贯彻如周（刘显世）在黔时调停大局之主张"，说服卢焘，"使各界归一，提前先令黔省北附"。但此举既遭卢焘反对，也遭何应钦斥责。卢、何在对待北洋军阀的态度上，坚持贵州仍与护法各省一致行动。任可澄不得不把已移向北方的脚步挪回西南军阀的立场。

当时，"联省自治"之风甚嚣尘上。卢焘、任可澄出于不尽相同的目的，都以实际行动响应这一本质上仍是大小军阀割据，但多少装饰了民主的花边，实行起来确也不乏些许反对独裁的民主进步的潮流。在成立省临时参事会、制定省宪、改定省制和选举新议会的过程中，要么遭何应钦的梗阻，要么被谷正伦反对，卢焘、任可澄举步维艰。在选举省临时参事会时，规定参事十人，其中只允许三人为官吏。结果因何应钦极力推荐王伯群的亲信、黔军智囊团的符经甫、李仲公为参事，各旅、团长争相效法，举荐自己的人，遂使参事会成了以黔军各实权人物为后台的政客们的组织。何应钦所推举之人，李仲公当了参事，符经甫虽落选，却以黔军总司令部总参议的身份，襄赞一切，左右省政。谷正伦虽极力运动，但防区远在黔东南，鞭长莫及，每每被何应钦所压制。任可澄身不由己，多次提出另选贤能，无奈谷正伦等人极力支持，任可澄抽身不能；何应钦也因王伯群仍在上海，暂时留下任可澄未尝没有好处，也表示挽留，使任可澄如在钢丝绳上，不敢稍有偏倚。不久，谷正伦、胡瑛均率部赴广西参加孙中山发动的讨桂之役，何应钦对省政的干预和挟制的阻力相对小了。

在筹备省议会的改选时，何应钦及各旅、团长又纷纷安插亲信，弄虚作假，使各种调查选举的表册混乱已极。按当时贵州省议会改订之选举法规定，每县人口不满十万者，可选议员一名，县属人口每多于十万者，议员名额则增一人。如此一来，何应钦中央防区因所辖县份及人口都最多，自然会在议员选举中占优势。各防区司令竞相虚报人口，以图多选议员，既引起1913年至1914年间选举的"资深"老议员不满，也使主持选举的任可澄是非莫辨。任可澄、卢焘拟出的改革后的贵州省政系统，权力机构为四厅二处，即将政务厅改为内务厅，加上财政厅、实业厅、教育厅，还有警务处、审议处。内务厅、财政厅已为何应钦的支持者所据有，警务处处长又是何自己兼任，教育厅厅长也先由依附王伯群的彭象贤兼任。剩下的实业厅厅长和审议处处长，即使被非党附自己的人所获得，也不妨碍何应钦控制省政的大局。因此，何应钦极力要维持现状，只改名而不换人。加上旧有的省议会议员们害怕落选，以各种借口，纷纷质询任可澄，弄得任可澄横竖不讨好，干脆把省长的大印甩回政务厅，于1921年10月24日通电辞职，暗中出走，隐藏在城中的天主教北堂，托庇于法国神父谭尚德。何应钦得讯后，找到任可澄的朋友、政务厅第三科科长桂百铸，要他去转告任：“我们知道他在北堂，北堂不是铜墙铁壁。我们拥护他，请他共同维持贵州。请你把我的意思对他说。” 桂百铸到北堂密室中见到任可澄，说明何应钦的意思，但任既得脱去小鞋，怎肯再把脚伸进去，执意不从。任可澄不干，何应钦只好急电上海，要王伯群处理完王文华的后事后，即刻返黔，以免夜长梦多。同时，何应钦想到了一个既可使自己继续揽权，又报复了胡瑛、谷正伦的两全之策。当初，胡瑛、谷正伦等人急不可耐地推卢焘继任总司令，意在堵死何应钦成为王文华第二。现在，何应钦也来个因势利导，欲取故予，要卢焘兼任省长。

卢焘已经领受了当总司令反而被何应钦和其他旅、团长挟制之苦，不愿再兼任省长，被人玩弄。何应钦找到政务厅的桂百铸、周鸿滨等四位科长，商量如何请卢焘出来兼代省长。何应钦说：“现在我们要卢（焘）代，卢不答应。你们可在中堂点起一对大蜡烛，中置省长印，请卢来；不来，还要去请，一定要请他来。只要骗得他来，就把他硬捧上去。” 桂百铸等将卢焘骗来以后，硬要卢焘中堂正坐，何应钦和四个科长一齐拱手施礼，请卢焘看在贵州百姓面上，代理省长，并发誓赌咒，同舟共济。何应钦还把省长大印硬塞进卢焘怀中，就这样迫使卢焘兼代了省长。

卢焘兼代了省长以后，远在广西的谷正伦遥为策划再次请任可澄出山，无奈任可澄左右几乎都是党附何应钦的人，不愿再成玩偶。当时，讨桂之役正在广西境内激烈进行，被委为第四路黔军援桂总司令的谷正伦也无暇西顾。由于当时任非常大总统的孙中山对王氏弟兄颇有好感，何应钦遂加以利用，反对谷正伦拥任可澄为民选省长。何再次操纵省议会，并联合省教育会、工会、农会、商会、律师公会、军事后援会、八十一县同乡会、少年贵州会、民生社、群益社等组织和团体，选举王伯群为省长，并电请广州军政府任命。当时因王伯群仍在上海，所以孙中山任命王伯群为省长时，又命卢焘在王未到任时兼署省长。于是，贵州表面上人心初安，政局略定。

弄权斗法　只身逃亡

（一）

权力是军阀组合分化的基础。千百年来封闭的自然经济条件下所形成的传统的地域观念、以血缘关系为纽带的宗法制度的凝聚力、各成员相互之间感情蓄积的厚薄，以及彼此性格、素质的异同等，又在一定条件下制约着他们的权力观。在几乎与成功如影随形的权力倾轧中，常会注入某些润滑剂或催化剂，使得他们之间的关系，阴晴圆缺，变幻无常。

何应钦在黔军中由于依附了王文华而平步青云，即使王文华死后，仍能凭借王文华的余威和自己的运用之妙，在五旅纷争中手执牛耳，明显一直处于上风。开始时，五旅纷争就呈现出以何应钦、谷正伦为中心的二元化组合。随着何应钦的得势而忘形，这种二元化的组合又向着倒何拥袁（祖铭）的方向发展。

在何应钦一方，窦居仁敦厚练达，以同乡旧谊关系，感激王文华的知遇之恩，遂将其涌泉报答之情转注于王伯群和他臆想中的王文华的当然继任人何应钦身上。窦旅的胡刚团，虽亲王文华，但并不拥护何应钦，与谷正伦也貌合神离。五旅防区划定以后，警卫团因隶属于参谋长何应钦，只得撤回中央防区。何应钦较之孙剑锋，气度与涵养均高一筹。何念及戚谊故情，使孙的实力超过一旅。何应钦希望依靠窦居仁、孙剑锋的全力支持，重建新的黔军系统。孙剑锋却阳奉阴违，表面上听命于何，对"三哥"不计宿怨而赞不绝口，暗中只想取而代之。谷正伦在孙何关系表面和解，孙剑锋踌躇满志之时，进一步向孙灌迷魂汤，说：警卫团之组编，将近一旅，且武器精良，胜过任何一旅。王伯群想在上海做更大的官，未必愿回贵州，"省长一席，形势所趋，非孙莫属"，唯一挡道之人是何应钦，只要抓过第五旅，不愁何应钦不去。谷正伦还暗示孙剑锋，只要他肯发难，届时他将约张春圃共同拥孙逐何。孙曾以自己资望浅，安敢妄图非分为由，不敢轻举妄动。谷正伦却以"天下人做天下事，有志者事竟成，切莫自甘暴弃，失此机会"相激励，并为孙分析了一旦逐何时的形势：窦居仁与孙剑锋的关系并不亚于与何应钦的关系，不成问题。窦旅的胡刚团不拥何，毛以宽团对王文华削夺袁祖铭兵权心有不满，皆可利用。胡瑛居在客体，亦不敢有异词。有谷、张两旅支持，还愁众星捧月之势不成？孙也表示，如他主政，这总司令一席，谷应当仁不让。何应钦政变之后组编的易荣黔团，基干力量原属游击军体系，迫于大势，明投何应钦而实际仍望刘显世复位。何应钦虽手握五颗大印，名声显赫，不过是沙上筑塔。

谷正伦的第二混成旅，辖黔军一、二两团。一团是王文华手创，王未当总司令之前，先后以护军使署副官长、第一师师长兼第一团团长，之后，袁祖铭、谷正伦都当过一团团长，故一团被人称为"老一团"，为黔军精锐。袁祖铭阴怀异志后，使王文华放心不下非兴义人谷正伦。彭汉章是一介武夫，容易驾驭，所以王文华将第一团交给了他。一、二两团在四川战场上，在袁祖铭指挥下，攻重庆，下成都，多次克敌制胜，令川、滇军刮目相看。谷正伦以为统率这两团，便能独树一帜，岂知二团团长王天培通文墨，工心计，善统兵，连彭汉章也唯其马首是瞻。谷正伦与张春圃既是老同学，又都对王文华重用南盘江人而不满。张春圃对何应钦的揽权早蓄怨愤，他手下的团长陆荫楫是谷正伦的连襟，另一位团长张行伟也反何应钦。谷正伦对张旅能支持他倒何是颇有把握的。唯独第三旅胡瑛及其所部团长，对何、谷相争取骑墙之势。

五旅纷争实际上成了何、谷斗法。何、谷斗法的胜负，对何应钦来说，取决于孙剑锋的向背；对谷正伦来讲，取决于王天培的依违。在何应钦笼络孙剑锋时，谷正伦已捷足先登。在谷正伦拼命稳住第二混成旅阵脚的时候，何应钦也设法拉王天培支持自己。王天培是贵州天柱籍，虽非兴义嫡系中人，却很受王文华赏识。黔军组建之初，主持模范营，为黔军训练了一批官佐。后隶袁祖铭部下，因谷正伦支持王文华削夺袁祖铭的兵权，使自己转隶其下，对谷的为人有所不满，又因何应钦在川战中未建微功反身居高位，看不起何。何应钦以为抓住王天培等于得了第二旅，不惜对王屈尊就教、割爱相予。王文华死后的一段时间，何应钦、谷正伦往往不期而然地常到王天培私邸叙谈。每当谷正伦谈到军政问题时，素来对谷比较冷淡的王天培或默不作答，或一笑了之，不置可否。何应钦对王天培却能显示其"婆婆"本色，拐弯抹角，予人好感。他在王天培处，从不当着第三者谈及军政，只纵谈他与王天培在贵州陆军小学的往事，极口称赞王在陆小时如何文武双全，如何出风头，比他这"乡巴佬"聪明多了。在这样的气氛下，王天培也就无法冷落何应钦了。何应钦甚至私下许诺，愿将全省警务处处长让予王天培。王恐中计，虽表示感激，内心却不为所动。久而久之，王天培便洞悉了何、谷的用心。他曾对在手下当营长的弟弟王天锡说："何敬之（应钦）、谷纪常（正伦）时常来啰嗦，目的是想把我拉上他们的船，我早就不耐烦了。"

1921年5月，孙中山号召西南各省军阀援桂，以彻底消灭旧桂系陆荣廷的势力。卢焘通电拥护讨伐桂系。谷正伦防区与广西接壤，"因与何应钦争衡，极思出外立功，扩张部队，再图回黔执政"；又害怕王天培被何应钦拉了过去，率先表态愿率彭、王两团讨桂。第三混成旅的胡瑛，因觉地瘠民贫的黔西南、黔西北不利久驻，极思控制兴义至广西百色一线的鸦片通道，发财扩军，也要求出兵援桂。卢焘便同意第二、三两旅参加讨桂之役。

谷正伦临行之前，害怕王天培已怀二心，反成自己的肘腋之患。他曾风闻何应钦有许王警务处处长之说，便借到贵阳向卢焘、何应钦辞行之机，顺便探探何的口风。如有可能，便可释去王的兵权。他在何宅端坐良久，王顾左右而言他，最后才吞吞吐吐地要求何应钦让出警务处处长给王天培，以便安置追随王文华多年、从未得过实权的第二旅旅部参谋长刘其贤为第二团团长。何应钦明白谷正伦的醉翁之意，似乎毫无犹豫，便爽快地答应下来。其实，何应钦只要是深思熟虑过的事情，一旦发生突变，就有超乎寻常的机敏，能抓住问题的症结。他知道第二团与王天培的关系很深，手下许多士兵都是王家乡一带的侗族子弟，刘其贤即使当了团长，未必号令得动。王天培留下当了警务处处长，号令仍能遍行于第二团，所以乐于做这顺水人情。何应钦送走谷正伦后，便对自己的参谋穆永康说："你同植之（天培）很好，请费心打个电报给他，请他快来，我还有很多事情要倚重他。二团的干部多半是模范营的学生，又有觉民（傅晋廷）和他弟弟在里面掌握，他暂时离开一段时期也可以的。"何应钦哪里知道他身边的参谋及发报之人竟会将他出卖。穆永康当天就给王天培发了电报，电文不是召王即来，而是要他"千万不能交出兵权"。

谷正伦得何应钦的允诺后，恐王天培不肯交出兵权，便先派王的拜把兄弟、自己的副官潘宪文到锦屏与王协商。王天培早想出外扩张实力，摆脱谷的羁绊，哪里看得起那个空头的警务处处长。加上得了穆永康的电报，知道何、谷都不安好心，便一边与潘虚与委蛇，一边叫王天锡布置各营、连、排长，待潘开军官会征询意见时，一致表示第二团官兵只服从王团长，要调他走，他们就解散。潘空跑一趟，而何、谷图谋第二团的打算也都落了空。

任可澄虽一度厌倦官场风尘，但到底没有勘破。在何、谷斗法时，经不住现实的诱惑，渐渐生长了一种侥幸渔利之心。既囿于与谷正伦的同乡之谊，也想借谷正伦之势挤压何应钦，暗中成了谷正伦的同盟者。他曾建议谷正伦，如要"安顺帮"能立起，非使南盘江人自相残杀不为功。谷正伦谓任可澄能先获我心，暗中欣喜，愈加紧离间何应钦与孙剑锋的关系。

对于谷、任之间的接近，何应钦也有所防范，将任可澄的行动常置于自己的视野之内。听说谷正伦将率部援桂，任可澄有顿受孤立之感，写了一封信，乘何应钦要即将赴独山任县知事的桂百铸临行前来劝说自己继续代省长之机，托桂设法将信秘密交到谷正伦手中。为了传递信息，任派了一位心腹充当桂的马弁随桂前往独山。不意桂百铸等人到独山后，谷正伦已经去了广西。桂百铸担心自己周围也有何应钦的耳目，只得假派充马弁而来的任可澄的心腹当收发员，故意给以低薪，这人便大发牢骚，吵着不干。桂百铸当众将此人斥责一通，以30元钱遣发。此人便携带任可澄给谷正伦的密函到广西。谷收到任的信后，也回信交来人带回。信中要任涵忍一时，待他扩军之后，即率部倒何驱卢，由"谷主军，任主政"。谷正伦还用随军带去的几挑鸦片贿赂李烈钧，请李在孙中山面前推荐谷、任主持贵州军、民两政，但遭到孙中山的拒绝。

何应钦对谷正伦的离黔求之不得，殊不知谷在离开黔南前后，"即有意摹写刘裕平燕灭秦之故事，又于留省部队及应钦肘腋，皆有若干部署"。何应钦正溺于自己竞争对手远去的得意时，忽微之祸患已积成浃浃渊薮。

（二）

何、谷斗法的同时，得到北洋军阀支持的袁祖铭已于1921年4月在武昌小朝街成立了"定黔军"总指挥部。袁自任总指挥，张彭年任总参议。刘显潜已潜回兴义成立"定黔军西路指挥部"，准备东西夹攻，夺取贵州。刘、袁相约，"定黔"成功，袁主军，刘显世主政，恢复"旧派"失去的权位。袁祖铭署名发表的宣言、文告，大肆攻击王文华和何应钦等人。在《袁祖铭告黔省同胞书》《定黔军总指挥部训词》《定黔军讨逆檄文》《袁祖铭敬告省内外青年书》等文告中，指名何应钦、谷正伦、胡瑛、孙剑锋四人为助王文华弟兄为虐的"四凶"。袁站在刘显世"旧派"的立场，认为何应钦、王文华等人，"平日自命维新，日以德谟克拉西主义为口头禅。然一考其所为，无一事不与德谟克拉西宣战。谓之维新，毋乃诬乎"！完全抹杀了"新派"与"旧派"之间确实存在的区别，相反，还将军阀两派所共同造成的贵州黑暗、落后、悲惨的状况，亦如"新派"悉数诿过于"旧派"时一样，完全嫁祸于"王文华弟兄颐指气使，而何应钦、谷正伦、胡瑛、孙勤梁（孙剑锋）奉命唯谨之所致也"。袁祖铭为刘显世鸣不平，为被杀的郭重光、熊范舆及被逼死的张协陆叫屈，称何应钦等秉承王氏弟兄旨意，"上年作乱，在省称兵，放逐舅氏，残杀善人。无知妇孺，亦遭极刑。破坏法纪，伤害彝伦。元恶大憝，贼子乱臣，人人得而诛之，何况义军"。袁祖铭这些文告，在完全否定何应钦及其"新派"客观上所起过的某些进步作用的同时，也揭露了他们许多丑恶的地方。如《袁祖铭敬告省内外青年书》中，谓："惟是年来，吾黔群盗满山，杀人越货，烧杀掳掠，各县皆然，生计匮竭，百物腾贵，哀鸿遍野，饿殍载途，而王文华则声色犬马，穷奢极欲，广置姬妾，高建洋房，锦衣玉食，比于侯王。试看古筑城东，黄浦滩畔，大厦高楼，花园庭圃，所值不下五十万金。此外，投资银行，犹有两百余万。而其私党何、谷、胡、孙诸人，皆余润同沾⋯⋯自王文华死后，其余孽私党何应钦、谷正伦、胡瑛、孙勤梁诸人，祸黔之心日益加急，互相雄长，人自为政。来日大难，伊于胡底。黔局至今，已成无政府之现象，尚何政治之可言。较之王氏，其祸尤烈。" 当时，王伯群仍在上海，谷正伦、胡瑛已去广西。卢焘、任可澄维持省政，窦居仁驻军黔东，张春圃盘踞黔北，但均不在袁祖铭点名"声讨"之列，而所谓"定黔""平乱"，直可视为反对何应钦、孙剑锋两人也不为过。

1921年10月，当孙中山任命王伯群为贵州省长后，王却徘徊上海，给袁祖铭拉拢分化黔军以充裕的时间。到11月左右，已经暗中与袁祖铭互通声息的黔军和游击军残部，南有在广西的王天培、彭汉章新近扩充的两个旅，东有游击军王华裔部、窦居仁旅的张亚伯营，北有张春圃旅和属何应钦旅的易荣黔团，西路有刘显潜从云南拖回来的以及原溃散在水城一带的游击军约一个团，总数约四个旅。准备俟袁祖铭一到，即克期内向，进攻拥护何应钦、王伯群的军队。其实，不待袁祖铭到达黔边，也不待这些暗中加入"定黔军"系统的军队倒戈和进攻，何应钦已面临如同刘显世出逃前实已被架空那般的可悲境地。

历史惊人的相似之处，往往由这种历史的制造者们有意无意地制造出来。

何应钦、孙剑锋等人炮制的对付刘显世的办法，却被孙剑锋创造性地加以改造后用来对付何应钦。

正当袁祖铭密锣紧鼓、八方呼应"定黔"之时，王伯群也慢条斯理、辗转跋涉到达铜仁。到铜仁后，王伯群给何应钦去了一电，望何做好准备，俟其到省，即可宣誓就任省长。何应钦持王电告知卢焘，卢喜出望外，极表欢迎。顿时，总司令部和权作省长公署的政务厅都传开了，似乎省长一到，乱局就能收拾，但唯独不见孙剑锋有任何表示。何应钦急忙到孙的住处，对他说："伯群大哥已到铜仁，不日便可到达贵阳，我等应如何筹备欢迎？"孙则冷冷地回道："天下人做天下事，有志者事竟成，何必定乎要谁前来，才能够干得了呢？伯群如来，我不拒绝，如其不来，也不欢迎。用不着惊天动地，预为筹备。"何应钦知孙已怀异志，便不深究，怏怏而去，据实给王伯群回电，谓孙剑锋已面目全非，嘱王速启程晋省，以扼乱萌。王伯群优柔寡断，加上他所依靠护卫的窦居仁旅内部也有异动，窦亦迟疑不决。而时驻湘西洪江的王华裔部已公开迎袁，打出"定黔军右路指挥官"的旗号。贵阳情况难以逆料，王伯群等恐自投罗网，便暂时在铜仁滞留观变。

孙剑锋认为取代何应钦的时机已到，便指使人散布谣言，说第五旅已与各旅、团联络，待袁祖铭一入黔境，即活捉何应钦。贵阳城中，孙剑锋的亲信在夜里故意放枪，谎称第五旅士兵开小差，弄得人心惶惶。紧张气氛一成，孙剑锋便授意第五旅营长兼警卫连连长的刘璧璋，要他危言恐吓何应钦，谓第五旅官兵已密谋拥戴孙剑锋兼任第五旅旅长。此时，与谷正伦结盟反对何应钦迫使任可澄去职的张春圃，也在遵义通电讨伐何应钦，并派张行伟团进军贵阳，扬言将支持谷正伦回贵州主持中枢。卢焘见何应钦已无力控制贵阳局势，唯恐黔局糜烂，急电谷正伦，允以黔军总司令相让，要他火速率部回省，以资震慑。第五旅官兵见形势骤变，在孙剑锋的运动下，为各自的身家性命着想，果然有人起而倒何。何应钦闭目塞听，相信刘璧璋与自己既是姻亲，又是老交情，绝无欺诳之言，丧失了判断和应变的能力，遂带上一连警卫，漏夜离开贵阳。临行之前，何应钦还特地向刘璧璋致谢，感激他的通风报信。不料孙剑锋暗中收买该护送连长，要其在滇黔交界处将何应钦枪杀。幸得孙的顾问符经甫得知此事，力加劝阻。孙乃派人追回密令，何应钦才免遭一死。

何应钦出走以后，张春圃又转而讨伐孙剑锋。王伯群见入省就职的希望已成泡影，便在窦居仁的支持下开赴铜仁，抵抗王华裔部的进攻。袁祖铭对窦旅官兵也施以"银元攻势"，使窦深感岌岌可危。王伯群的随员之一、何应钦的四弟何辑五向王进言："我们前进还不知要经过多少险难，进至省垣，中经军阀的势力圈，沿途伏莽必多……何必亲身涉险，为此万不可能之事！"窦居仁得知何应钦秘密离开贵阳，估计他定会潜往铜仁，共谋善后。岂料半月以后，才得何应钦从昆明的来电，知事已不可为，便对王伯群、何辑五说：先父常言，"武官威权在手，可以造福，亦可以种祸，应适可而止，以为子孙谋"。遂通电下野，将军队交给胡刚收束，与王伯群、何辑五一行，乘小木船，沿锦水至湖南，转回上海。

（三）

何应钦到达昆明后，为避免与早已到此定居下来的刘显世、何麟书等人产生麻烦，拟稍事逗留便由滇越铁路，经河内、香港转赴上海。但当时率滇军倒唐成功的顾品珍当上了滇军总司令，对在黔军中虽无战绩，于军队训练和军官培养上不无功劳的何应钦极力挽留，延聘为总部高等顾问。何以情不可却，便同意小作勾留，以观黔局。当时任云南陆军讲武堂教育长的江苏扬州人王柏龄，在日本士官学校读书时只比何应钦高一期，彼此相识。他认为何应钦任贵州讲武学校校长多年，有些经验，就延聘何兼任云南讲武堂的教官。何应钦似乎也打算在滇军中重觅自己的安身之所。

1921年12月的一天，何应钦与副官郑仲先同往昆明三牌坊之华丰茶楼饮茶并拟玩台球消闲，当他俩正迈步进入茶楼，忽见茶座上有两青年起立向何应钦敬礼，其中一人操遵义口音发问："长官是否何旅长？"何见这二人有些陌生，不免狐疑。郑已手按配枪，这人便谦恭地笑着说道："我曾在旅长部下当过班长，现仍在滇军中当班长。"何应钦见是老乡及部下，略事敷衍慰勉，便起步转身登楼，此次刺何未遂。半月之后，何与郑到郊外的安宁温泉洗浴，两人正更衣时，忽听有人用贵阳话喊："报告旅长！"何转身抬头之间，枪声响起，郑拔枪还击，浴室大乱，凶手趁机逸去。何应钦身中两枪，一在胸部，一在腿部。胸部子弹未洞穿，落入腹腔，但血流如注。在郑的搀扶下，登上二楼，倒卧于沙发之中。郑即就近电话通知医院和何的警卫。何的军需处处长李绍阳闻讯后最先赶到。后经调查，果然为刘显世的子侄辈收买刺客所为，而其幕后指使者，还有刘显治和袁祖铭。当何应钦成了中国军界的显赫人物以后，其晚辈中有人主张对刺杀他的幕后主使者施以报复。何应钦严加禁止，不准他们乱动，并谓：彼等既知错误，就不必再追究了。

何应钦受伤后，得滇军将领顾品珍、范石生、王柏龄的大力帮助，送入昆明一法国医院，经法国医生裴文贵的悉心疗治，取出子弹，半年之后始伤愈出院。

当时，刘显世等正忙着准备回黔复位，何应钦担心血案继续发生，便宣称：不拟请云南当局追究，似借此缓和敌方的继续行动。何应钦仍感自己在昆明人少势单，为防对方探知未中要害再下毒手，便有意放出话来，说伤中肺部，难于治疗；弹头未能取出，伤口即使愈合，寿命终难保；还说法国医生也说，最多只能保证活三年，期满仍难免有生命之虞等。对方果然不再有疑。

何应钦在昆明养伤期间，贵州形势突变。谷正伦本想回贵州从卢焘手中接管军政，不意在袁祖铭的收买下，王天培、袁汉章率先带兵进入贵阳，迎接袁总揽贵州军、民两政。袁自食请刘显世复任省长的前议。卢焘交卸本兼各职，决心归隐家园。谷正伦被部将出卖，只好流落湖南投奔贺耀祖。何、谷斗法的结局，成了鹬蚌相争，渔人得利。

伤情稳定以后，在范石生的保护下，何应钦夫妇秘密离开昆明，辗转去到上海，投靠王伯群门下，成了上海滩上又一位赋闲的寓公。何应钦一生中，第一次以喜剧开始而以悲剧结束的一段历史黯然落幕。但这种失势的等待与寻觅，给他提供了离开"夜郎"，走向全国的机会。

何应钦 全传

·Biography of He Yingqin

第三章

黄埔练兵　东征建功

晋见孙中山　攀附蒋介石

（一）

当何应钦在黔军内讧中被逐，又在昆明遇刺，辗转到达上海，寓居内兄王伯群处继续调养枪伤的这段时间，中国发生了他所不知道的开天辟地的大事。

1921年7月，中国共产党诞生，中国革命的面目从此焕然一新。

1924年1月20日，中国国民党第一次全国代表大会在广州召开。共产党人李大钊、毛泽东等人也以个人身份参加大会。大会所通过的由中国共产党人参加起草的宣言，提出了反帝反封建的主张，确定了民主革命的新纲领，把旧三民主义重行解释为新三民主义，确立了"联俄、联共、扶助农工"的三大政策。广东成了中国革命的策源地。

黄埔军校的创建，便是孙中山在苏联与中国共产党帮助下的第一次国共合作的伟大成果。鉴于没有革命军便不能进行革命的惨痛教训，早在1923年，孙中山就作出了开办军官学校的决策，并于8月间派蒋介石等人以"孙逸仙博士代表团"的名义，赴苏联考察政治、党务和军事，学习苏联红军的经验，为组建新型的革命军做准备。

何应钦在上海期间，见到了即将赴苏联考察的蒋介石，知道了孙中山即将在广州创办新式革命军校的消息，这给失意彷徨的何应钦提供了重新振作的希望。因王伯群曾担任过孙中山护法军政府的交通部部长、大总统府参议，何应钦便经其介绍，于1923年秋，首次到广州晋谒孙中山。据他回忆："我见到国父，是在广州的士敏土工厂，也就是当时的大元帅府。国父以一种极慈祥的口吻，垂询了我的身世和经历，并和我谈了一些革命军人的要义。他对我说：'在广州同我革命奋斗的军队，固然不少，但我都不敢说他们就算是革命军。'第二天，国父手令派我为大本营参议，要我在广州住下。""我见了国父后，住在广州市内，我看到驻在那里一部分军官生活的情形，和军阀部队一样的腐化，成天赌钱，抽鸦片"。尽管何应钦感觉到孙中山对革命军要求的严格，对创建革命军的殷切，但军校的创办尚未正式提上日程，大元帅孙中山的处境仍然异常艰难。"大元帅府设在广州，但事实上大元帅府的势力几乎不出广州一步，广州以外，几乎无处不是敌人。东江一带，为陈炯明、洪兆麟等所盘踞，军队共约三万余人；粤南以邓本殷、申保藩等所盘踞，军队也约有三万人左右。站在大元帅旗帜下面的虽有粤湘闽豫滇桂诸军，但因为内部的分子过于复杂，没有受过主义的训练，有一部分是首鼠两端不十分可靠的"。有鉴于此，何应钦虽受委任，但是否就留下任职，很有些犹豫不决。由于他感到革命成功的希望尚渺茫，不久仍回到上海。

在国民党一大召开期间，在共产党人及国民党左派的积极支持下，孙中山成立了陆军军官学校筹备委员会，并任命刚由苏联考察归来不久的蒋介石为筹委会委员长，以王柏龄、李济深、沈应时、林振雄、俞飞鹏、张家瑞、宋荣昌七人为筹备委员，以廖仲恺为大本营秘书长，协助筹划军校开办事宜。1924年2月6日，在广州南堤二号设立了黄埔军校筹备处，并委托参加代表大会的代表回到各地协助进行招生。于右任、毛泽东等国共两党人士分别为军校的招生做了许多工作。王伯群在上海也接受了替黄埔军校秘密招生的任务。

（二）

蒋介石正式受命筹办黄埔军校，亟欲罗致一批志同道合的日本士官同学，负责军校训练工作。蒋早闻何应钦在贵州主持讲武学校颇著成效，且何已被孙中山任命为大本营军事参议，加以王柏龄的极力保荐，蒋介石便电邀何应钦南下。

2月8日，何应钦赶到广州，在南堤筹备处见到蒋介石，故知加新伙伴相见，"畅谈甚欢"。当天，何应钦就迫不及待地到长洲岛去看未来军校的校址。

2月9日，经蒋介石引荐，何应钦再次晋见孙中山，并承命以大本营军事参议名义协助筹备建校事宜。

何应钦终于找到了归宿，一心一意投入建校的工作。

廖仲恺是孙中山建军思想最积极最忠实的执行者。早在1923年国民党中央干部会议上，根据孙中山"以俄为师"的指示，他就提出了"以党制军"的指导思想。他直接领导筹备工作，除四处奔波筹措经费外，还要求参加筹备的全体人员学习苏联红军的建军经验，建立一支服从国民党指挥、为三民主义奋斗、为三民主义牺牲的革命军。廖仲恺的革命思想和革命热情，对初入黄埔时期的何应钦产生了积极的影响。

1924年，孙中山与蒋介石、何应钦、廖仲恺的合影。

3月24日，军校筹备委员会责成何应钦主持考选下级干部，并负责对这批人的短期训练，使他们今后能担负训练学生的任务。他所选拔的四五十名下级干部，先由各方举荐，填写履历表，然后加以面试、考核，再酌情录用。但凡分队长、副分队长，则于广东省警卫军讲武堂及江西讲武堂毕业生中挑选，入校后即由何应钦带领训练。这一机会，给何应钦提供了广泛接触军校第一批下级干部的方便，播下了日后黄埔军人对他怀有深厚感情的种子。

蒋介石第一天到黄埔军校视事，正巧碰上何应钦举行实战演习，检查训练不满一月的那批下级干部。何应钦与王柏龄等都参加了这次演习，这次实战演习的项目是攻防战，假设有一支登陆部队将由校门前上岸，进攻军校后的升旗山。有两种方案可供选择：甲案为迂回作战，乙案为正面攻击。前者之优点为牺牲较小，但进展迟缓；后者虽冒风险，但效果迅速。何应钦主张采用不顾牺牲之乙案，与王柏龄所持意见相反。经过实际演习，蒋介石讲评，赞同何应钦的主张。何应钦首次在蒋介石面前表现了"冒险犯难"的精神，得到众筹备委员的赞赏。这一精神亦被蒋介石称为"黄埔传统精神"之基础。

这次考选、训练下级干部和此次成功的实战演习，对何应钦被任命为军校总教官起了重要作用。

顾问的小学生　黄埔的总教官

（一）

1924年5月3日，孙中山特任蒋介石为黄埔军校校长兼粤军总司令部参谋长。5月5日，从各省秘密奔赴广州的第一期学生进校，编为一、二、三队，嗣又将备取的学生编为第四队，总数为499人。这是从数千名应试者中选拔出来的佼佼者，从而保证了军校学生的政治、军事素质。

5月9日，何应钦被孙中山任命为军校总教官。同日，廖仲恺被特派为驻黄埔军校中国国民党党代表，并派定了军校各部的主要负责人。当时任命的军校政治部主任是戴季陶，后由邵元冲继任，邵只在位一两个月，又由26岁的周恩来担任。教练部主任是李济深，副主任是邓演达；教授部主任是王柏龄，副主任是叶剑英；总队长沈应时。教官中，有日后成为何应钦亲信的顾祝同、钱大钧、刘峙等人。孙中山则是军校的总理。在军校的领导班子中，共产党人及国民党左派占据了明显的优势。

黄埔军校举行开学典礼前，总顾问鲍罗廷指派了切列潘诺夫、捷列沙托夫、波里亚克为军校的第一批军事顾问。一天，这三人应邀到鲍罗廷的住处，去认识蒋介石和他的两个副手，即教授部主任王柏龄、总教官何应钦。据切列潘诺夫回忆会见时的情景：

> 何应钦将军像块木板似地直挺挺地坐在椅子角上，他的双手端端正正地平放在双膝上。他留着"栽绒似的"短发，眼睛近视，戴着一副金丝眼镜，微笑时咧着两片薄（原文如此——引者）嘴唇，左肩微微耸起。瞧着这一切，会以为在我们面前的是一名端坐在头排的用功的小学生。其实，这是一个奸贼，一个十足的奸贼！

应该说，切列潘诺夫等对何应钦的第一印象和以后的合作都是不错的；而那个"十足的奸贼"的结论，得自何应钦日后"反共"反苏面目充分暴露以后，并非当时的印象。

6月16日，黄埔军校举行隆重的开学典礼。这一天，天清气爽，珠江上面陡然热闹起来。从广州出发的小火轮、小汽艇、小木船纷纷向黄埔军校驶来。蒋介石、廖仲恺率领着何应钦等一班军校负责人和军乐队，在校门口恭迎孙中山等人。军校大门的上端装嵌着"革命者来"的匾额，门两侧写有"升官发财请往他处，贪生畏死勿入斯门"的对联，使人耳目一新，精神振奋。前来参加开学典礼的，除孙中山和夫人宋庆龄外，还有国民党中央执行委员胡汉民、汪精卫、林森、张继等，有外交总长伍朝枢、大本营军政部部长程潜、粤军总司令许崇智、湘军总司令谭延闿、滇军总司令杨希闵、西路讨贼军总司令刘震寰、广州市党部委员孙科、广州市公安局局长吴铁城等及全体苏联顾问，可谓极一时之盛。

这一盛典，在何应钦心中留下了两个深刻的印象，并提供了他表现总教官自身风范和训练成果的机会。

据何应钦回忆："使我最难忘怀的是两件事：第一是总理训话中有云：'民国的基础，一点儿也没有。这个原因，简单说，就是由于我们革命，只有革命党的奋斗，没有革命军的奋斗；因为没有革命军的奋斗，所以一般官僚军阀，便把持民国，我们的革命，便不能完全成功。今天开办这个学校的希望，就是要从今天起，把革命的事业重新创造……""第二是'先请党旗校旗就位'这个节目，是本党革命以来尊敬党旗，重视组织，见诸仪式的开端，而使499个参加革命的青年正视党的庄严，识别本校与一般学校之不同这两件事，每一回忆，神为之往"。

但是，时移势易，当年何应钦心目中的"革命"与"党"的含义，在他日后重复这两个词时，早已发生了质的变化。

这次开学典礼的仪式，确如何应钦所言，是先请党旗、校旗就位，以示国民党的利益和革命的新三民主义高于一切，然后奏国乐、唱校歌："莘莘学生，亲爱精诚，三民主义，是我革命典型。革命英雄，国民先锋，再接再厉，继续先烈成功。同学同道，以学以教，始终生死，毋忘今日本校。以血洒花，以校作家，卧薪尝胆，努力建设中华。" 再唱国民革命歌："打倒列强，打倒列强，除军阀，除军阀，国民革命成功，国民革命成功，齐欢唱，齐欢唱！"孙中山发表了《革命军的基础在高深的学问》的开学典礼讲话以后，由胡汉民宣读《总理训词》："三民主义，吾党所宗，以建民国，以进大同。咨尔多士，为民先锋，夙夜匪懈，主义是从。矢勤矢勇，必信必忠，一心一德，贯彻始终。"孙中山的这个训词，后经谱曲，成为国民党党歌。1927年，南京国民政府成立，则定为中华民国国歌。

在孙中山的整个演讲中，何应钦屏息聆听，兴奋、激动异常。身为总教官的他，与他手下的官佐、学生站在台下，有如木桩，一动也不动。他无论对汪精卫指手画脚、拿腔拿调的讲话，对胡汉民枯燥无味、使听者昏昏欲睡的说教，还是对廖仲恺饶有风趣的演讲，都洗耳恭听，全神贯注，毫无一丝倦怠。这在所有教官中是独一无二的，也给蒋介石留下极深刻的印象。

下午三时，在大操场举行阅兵式，由何应钦任阅兵指挥官。为了这一天的阅兵，何应钦花了不少心血。5月31日，第一期学生预备教育期满，何应钦便进行了一次预演。说实话，这次的徒手检阅，所有学生都充溢着革命的活力。但惯于讲究形式、排场，特别要显示自己的高深莫测和校长威严的蒋介石并不满意，他在讲评时说："全体学生之精神尚感不足，缺乏勇猛威严之动作。嗣后须加意努力，务使学生之精神振作，人人有吞敌之气概。盖军队教育不仅注意技艺之精巧，尤重精神之活泼，始能在战场以寡克众。"蒋介石这番话，与其说是针对学生，不如说是敲打何应钦。果然，事后，何应钦对训练中的一招一式、举手投足莫不遵循教范，严格要求。所以，开学典礼后的阅兵式声势空前。499名身着崭新苏式黄军装的学生，分作四队，由各队队长、副队长引领，在何应钦的统一号令下，正步通过检阅台，雄姿威武，步伐整齐，紧跟着又进行了分列式表演和训练表演。长达两个小时的阅兵表演，使在场的粤、湘、滇等军阀暗自佩服。

（二）

国共合作的气候，在何应钦心中激起了两种潮流：一种是打倒列强、除军阀的革命激情，使他一度紧跟形势，并与军校中的苏联顾问、中国共产党人和国民党左派较好地合作共事，忠于职守，奋勇作战，赢得了上下左右的信任与好感；一种是隐藏在他心灵深处的、为权势欲望主使的、寻找主子与靠山的心理。它使何应钦在当时国民党左、中、右派的斗争中，极力避免过早过激的暴露，以慎言笃行而博得蒋介石的垂青，并把何应钦确定为自己的第一批追随者之一。这寒、暖对立的两种潮流，塑造了何应钦在黄埔军校时期的复杂形象。

黄埔军校虽然创办起来了，但面临着财政、物质方面的拮据和军阀官僚政客们的破坏，困难的确很多。当时，孙中山虽指定广东省财政厅每月拨给军校经费三万元，但由于财政厅政令不出署门，每月仅能给军校6000元左右。苏联曾在1924年10月答应给军校10万元，实际上也仅支付了2.5万元。当时，任军需部副主任的俞飞鹏回忆道："盖校方财政，自创办以来，即无日不感受拮据，平时挪移贷借之事，恒所不免，一旦战事发生，大军出发，既乏固定之饷源，更鲜可恃之接济"。就是何应钦也不止一次地回忆说："黄埔创校之初，论校区面积不过三平方英里，论经费每月只能筹得六千元，论人力只有学生五百人，论武力只有步枪三百支。"

正是在这种艰难创业之中，何应钦任劳任怨、茹苦藏怨的某种禀赋得以充分表现。"吃得苦中苦，方为人上人"的古训，提醒何应钦时时承受"天将降大任于斯人"前的种种磨难。军校规定早上五点起床，晚间九点半熄灯，中间没有半刻时间是虚废的。而何应钦往往比一般师生晚睡早起，与官佐学生吃一样的伙食，有时指挥训练也穿草鞋。他虽然大不满于月薪的菲薄，但不会像第一队队长吕梦云那样，因"私开会议，同盟罢职，要挟加薪"而被削职和开除党籍。他把一切欲求深埋心底，使人难以觉察。

蒋介石之任校长，虽不务实，却善于训话，有时口若悬河，长达两小时。一些学生体力不支，站相难免不整，何应钦却能前后如一，站两小时纹丝不动。蒋介石当时兼任长洲要塞司令，为了炫耀威风，他在要塞炮台前面竖立起一面大红旗，旗上有一个斗大的"蒋"字。何应钦每次走近炮台，面对这"蒋"字大旗，都伫立片刻，似行注目礼。而跟随身披高加索式黑斗篷的蒋介石巡视各处时，更是毕恭毕敬，俨然蒋介石的侍卫。每逢蒋介石向学生训话时，不论是在礼堂还是在操场，总能见到何应钦雄姿挺拔地站在蒋的身后。虽然他在昆明遇刺后，尚有一粒子弹留在身上，时常会隐隐作痛，但他总是挺直腰板，一动不动，令台下想活动一下身子的学生汗颜。

何应钦之得蒋介石如此快地赏识、重用，除了他自己会下工夫之外，亦得益于蒋所倚为心腹股肱的教授部主任王柏龄的反衬。如果说何应钦之成"将"而缘于有"福"，那么从公共关系学的角度看，他一人独得两个人的机缘。"因为王柏龄成天去广州狂嫖滥赌，抽鸦片，每每有事找不着，独何无论上班或下班的时间内一找必到，这样，蒋便渐加信任，把托付于王伯龄的任务交给他"。因此，成立教导团时，何兼团长，不久又兼代教练部主任。蒋要求何应钦在最短的时间内，训练一批可用于实战的军官和一支有力的革命武装。何应钦对这期间的一段回忆，对日益加深的何蒋关系是最好的注脚：

> 记得这一段期间，我总是每晨天还没有亮以前，就带着学生和学兵在黄
> 埔岛上跑步，锻炼体力和精神。每当我们跑回到集合场的时候，朦胧中总看
> 到校长蒋先生，挈着纬国，站在集合场中央等候我们……

即使如此，此时何应钦与蒋介石的关系可以说只是刚刚起步。

何应钦在黄埔军校创建初期，除了对待工作认真负责外，就是他与苏联顾
问有良好的合作关系。

苏联顾问们对军校军事训练的指导，首先面临的困难是没有翻译。顾问
们的英语或汉语都讲得很蹩脚，而何应钦及其手下的那一批军事教官，除了汉
语之外，又只懂日语。因此，苏联顾问就无从检查他们的理论知识水平，审查
他们的教案。至于要顾问们独立主讲某一学科，更是不可能。由于军校每期的
学习时间只有六个月，虽然强调军事理论与实践并重的方针，但为了速成，苏
联顾问决定以大部分时间进行实际操练。这一决定，首先遇到"顽固保守"、
"头脑迟钝"、"总是企图对某种早已过时的、不需要的东西抱住不放"的王
柏龄的反对。军事教官们也都重讲授，轻示范，甚至连、排长们也犯类似毛
病。何应钦必须率先解决这一问题。

按规定，总教官负责学生的队伍、射击及战术训练，何应钦必须经常与切
列潘诺夫和尼古拉保持联系，并接受他们的指导。虽然苏联红军的训练方式与
何应钦所熟悉的日本士官学校的训练方式有很大不同，但何应钦在训练方面是
和苏联顾问密切配合的。切列潘诺夫对何的评价也是公允和赞赏的：

> 看来，蒋介石为了掩饰自己的不学无术，无论对于军校的组织问题和教
> 学问题，还是后来建立国民革命军第一批团队的问题，他都几乎无条件地采
> 纳我们的建议……何应钦将军对于我们关于改进教学程序的各项建议也是全

盘采纳的。不过，我们不久就发现，对他提建议必须关起门来，不能有旁人在场。这位将军显然是怕"丢面子"。我和尼古拉把他请进顾问办公室，锁上门，用上几百个汉语词汇，边说边做手势，搬动教具箱，在沙盘上示范，向他说明我们的意图。然后何应钦把课程重新演示一遍。当我们确信他已弄懂，我们就竖起右手大拇指，对他说声"不错"或者"挺好"。此后，何应钦就走了。他召集他属下的队列军官，必要时还召集士官，向他们进行训示。目睹他的这种变化，着实有趣：何应钦在我们屋里活像一个小学生，而此刻，当他自鸣得意地把学来的东西进行传授时，俨然是一位大教授了。不过说句公道话，他向别人教授我们制定的课程是挺不错的。

随着时间的推移，军事训练工作渐次走上正轨，切列潘诺夫也成了军校的首席顾问。尽管翻译问题并未解决，但何应钦与他之间，使用一种苏联人和中国人都不懂的特殊语言加手势进行交谈，彼此都能明白无误。何应钦的谦和勤勉，减少了他与苏联顾问之间的隔膜，是军校军事训练有起色的原因之一。

1924年10月13日，何应钦奉命兼代军校教练部主任。他以"取精用宏，加紧教练"为主旨，除一般军事理论的灌输外，特别着重实战训练。他所规定的军事训练的方法是"学科教授方法"：（一）对于党义灌输及政治之训练，编出种种答题，使授学者相互问答，藉易领会，而便记忆；（二）战斗间必须了解之事项，如地形地物之利用，射击、军纪、步哨守则等，则编成歌诀，使其唱熟，而便运用。术科教授方法：（一）讲解：由教官先作说明；（二）图解：用图表再加解说；（三）模型及沙盘；（四）示范：由下级干部以实战行动，表演示范；（五）实习：令学生练习实际动作，体会实战经验；（六）检讨：实习中检讨各项动作之得失。诚然，这一套启发型、直观型、通俗型、实践型与理论型兼具的教练方法并不是何应钦个人的创造，而是军校全体教练人员共同努力的成果，但何应钦在组织、实施乃至决策方面起了主导作用。

从11月8日起，黄埔军校第一期各队学生举行毕业考试，并在鱼珠圩演习

何应钦的办公室中，悬挂着蒋介石的肖像。

战术实施。何应钦任演习指挥官，苏联顾问也协助指导。

当时，广州处于反对国民革命的军阀武装和三心二意的革命同路人的包围之中，他们对黄埔军校的实绩既羡慕、嫉妒，又敌视、诋毁。为预防演习时反革命军队突然袭击，何应钦作了较周密的布置：在校内的升旗山、珠村东北的大树岗各设瞭望哨一座，如遇非常情况，在黄埔北，则由升旗山燃烧烽火（白日以浓烟为号，夜晚则以火光为号），校方即派船在鱼珠圩接应演习部队回防学校；如事变发生在珠村，亦举烽火，校方即前往增援。演习中果有不测事变，双方如何应援，均应请示校长蒋介石后，方能行动。上述布置，蒋介石十分满意，因为既突出了他一校之长的地位，也比较出色地完成了预定的实战项目。

11月13日，应段祺瑞、冯玉祥之邀，孙中山与宋庆龄乘永丰舰北上北京，以商议国内和平统一事宜。途经黄埔时，孙中山和宋庆龄登岸到黄埔军校巡视一周，以示告别，然后，到鱼珠圩参观第一期学生在鱼珠炮台的筑城演习。看完何应钦直接指挥的演习后，孙中山十分满意地说："我现在进京，将来能否回来，尚不能定，然而我进京是去奋斗的，就是死了，也可安心。"在场的蒋介石问孙中山为何说这些话，孙中山说："我所提倡的三民主义，将来能希望实行的，就在你们这个黄埔陆军军官学校的学生了……我今天能看到黄埔的官长学生士兵们，这样奋勇的精神，可以继续我的生命，所以我虽死也能安心！"何应钦听了，十分感动，也有隐忧。

　　这是孙中山对包括何应钦在内的黄埔师生最高也是最后的期望与褒奖。

（三）

由于国共合作掀起的反帝风暴，在何应钦心中激荡起暖流的另一方面的突出表现，是他在五四运动前后所表现出来的反帝爱国热情，因参与军阀的争权夺利而熄灭以后，在黄埔军校的革命熔炉中又重新燃烧起来。

1924年11月19日，孙中山北上抵达上海，在莫利爱路29号寓所招待新闻记者并发表谈话，指出北上目的并重申废除不平等条约主张。何应钦闻讯，"感奋异常"。他曾把近代以来列强迫使中国所签订的18个不平等条约分为三个时期，"志之于行箧，随时查阅以自励"。他记录的这18个不平等条约，不仅包括条约名称、签订时间及经过，还有条约的主要内容。

何应钦认为："各项不平等条约之流毒，厥为领事裁判权之奠立，关税自主权之丧失，内河航行权之开放，租界及租借地之开端，通商口岸之兴辟，使我行政、司法两权遭受严重破坏，而将经济命脉操诸外人之手，同时，世界列强，纷纷起而效尤，要求利益均沾，使我国遭此桎梏，达百年之久，良可慨矣！"这样的认识，应视为自辛亥革命以来何应钦对反帝问题认识上的继续与发展。

1925年6月，为了声援中国共产党所领导的上海五卅运动，在中华全国总工会的领导下，爆发了省港大罢工。6月19日，香港十余万工人开始罢工，广州英、美、日商洋行和沙面租界的工人也举行罢工。6月23日，廖仲恺在广州东校场主持召开广州声援五卅运动群众大会，并命令6月16日刚刚升任国民党党军第一师师长的何应钦率领黄埔军校学生军700人参加大会。会后举行了声势浩大的游行示威。当游行队伍经过沙面租界对岸的沙基时，遭到英、法事先布置好的水兵的射击和停泊在白鹅潭上的法国军舰的炮轰，当场死50余人，重伤170余人，轻伤无数，造成沙基惨案。

沙基惨案发生后，廖仲恺、蒋介石率领黄埔军校师生通电声讨英法帝国主义的罪行，表示与帝国主义斗争到底的决心。6月26日，何应钦向惨案调查会写了一份详尽的沙基惨案目击经过。

棉湖一战　名扬四方

（一）

黄埔军校创办的最终目的，是为了建立一支反对帝国主义、反对封建主义的革命军。从1924年8月开始，根据孙中山的指示，在蒋介石、廖仲恺的指导下，何应钦即酝酿筹备黄埔军校教导团。为了防止军阀的破坏，教导团招收学兵的工作是秘密进行的。

9月3日，何应钦奉命筹备成立教导团。中级军官全由黄埔军校的教官选任，连长由区队长中选拔，排长、班长则以黄埔一期的优秀学生充任。"教导团采用党代表制，各级党代表由廖党代表遴选学生中富有政治学识者，呈请中央任命之"，"凡团中一举一动、一兴一废，均须受各级党代表之监督，以示军队党化，党军之名于以成立"。

10月12日，蒋介石、廖仲恺正式委任何应钦兼任黄埔军校教导团团长，同时任命沈应时、陈继承、王俊分别为教导团第一、二、三营营长。何应钦率领刚筹建的教导团参加了平定广州商团的叛乱。

11月20日，黄埔军校教导团正式成立。何应钦宣誓就职，同时辞去军校总教官和兼代的教练部主任职务。教导团不仅武器充足，而且实行"三三制"，即每团三营，每营三连，每连三排，每排三班，并有特务连、侦探连、机关枪连、辎重连、通信队、卫生队等。30日，军校第一期学生毕业考试结束，及格者456人，大部分分配到教导团见习。廖仲恺同时任命胡公冕、茅延桢、蔡光举为第一、二、三营党代表。教导团的党代表先以王登云充任，旋改任缪斌。黄埔一期的学生，主要来自广州、上海等城市的大中学校，他们在学生时代就受到革命斗争的锻炼和熏陶，充满决心，要为实现孙中山的革命理想而奋斗。在他们当中，就有共产党员39名，与国民党中的左派一道，成了教导团的中坚。

12月2日，军校成立教导第二团，以王柏龄兼任团长。何应钦所部便正式定名为教导第一团。虽然两个教导团的团长都是蒋介石的亲信，但"这两个团的政治领导者都是中国共产党党员"，黄埔学生在军校中杰出的共产党人周恩来、恽代英、林祖涵、叶剑英等的领导下，成了广州政府最可靠的武力支柱。

黄埔革命军的建立，虽然由何应钦具体负责，从筹备到成立，他确实表现较好，但是校党代表廖仲恺倾注了最大也最切实的心力和体力。正如后来担任军校政治部主任的周恩来所说，自从国民党改组以后，"最显著的革命势力便是革命军之组织和工农群众之参加国民革命，这两种伟大事业的做成，多部分的功绩要属之于廖先生"。因此，人们公认廖仲恺是黄埔"革命军慈母"。

（二）

1924年11月孙中山北上以后，广州革命政权并不巩固，而以惠州、潮州、汕头一带为基地的陈炯明，依靠英帝国主义和段祺瑞的军事援助，纠合同类，号称十万之众，亟谋进攻广州，摧毁革命政权。为了解除陈炯明对广州的威胁，在中国共产党的倡议、领导和支持下，广州革命政府决定发动第一次东征。

1925年1月31日，黄埔军校举行了东征誓师大会。阅兵场上一幅白布黑字的标语："杀陈炯明！"表达了全体黄埔学生军的决心。

2月1日，何应钦的教导第一团乘军舰向虎门集结。次日，黄埔学生军3000余人和粤军的第十六独立步兵团组成的南路军，由蒋介石指挥，在虎门和太平集结完毕。当时，担任东征军总顾问的是苏联的加伦将军，担任何应钦教导第一团军事顾问的，是切列潘诺夫和他的两个助手——炮兵别夏斯特洛夫和骑兵尼库林。

2月3日，教导第一团随南路军向东莞进攻。次日，不战而下东莞。同时，粤军张民达的北路军占领石龙。在肃清铁路沿线直至租界的敌人以后，7日，南、北两路军沿铁路向南前进，何应钦的教导第一团为前锋。

何应钦骑着黄埔军校两个教导团仅有的一匹矮马，威武神气地行进在队伍中间。切列潘诺夫正患痢疾，但他瞒着大家，随军步行。教导第一团仅有的重火器是一门有坂山炮，由炮兵将它拆卸后，用特制的架子抬着前进。蒋介石、王柏龄等高级军官，则每人有一乘轿子，可在里面休息、睡觉。由东莞、石龙通往淡水的进军线上，没有铁路，部队只能沿着小路前进。有些路段上铺了石板，有的则凹凸不平；平坦的地段，运送辎重可用手推独轮车，但主要的辎重和各种军用必需品的运输，全靠士兵用扁担挑，并有整整一个营的农民充当黄埔学生军的运输队。廖仲恺除了负责全军的政治宣传工作外，还要抓后勤补给。

当黄埔学生军向淡水前进时，各军阀头目已初露其叵测的居心：本拟担任围攻惠州任务的桂军，在铁路沿线徘徊不前；粤军张民达的北路军摆出向博罗进军的架势，其实也想缓进一步，坐观形势；滇军拒绝派部队掩护黄埔学生军作东征先锋的进攻。加伦只得从广州将吴铁城的警卫团调来，作为何应钦、王柏龄的掩护部队。

2月10日，教导第一团的先头部队在平湖车站附近与敌接火。战斗一打响，切列潘诺夫建议何应钦登上离铁路不远的一个小高地，以便判明情况，实行有效的指挥。他说完后，即与自己的助手艰难地爬上那个高地。何应钦下达了将团队展开成战斗序列的命令,果敢地投入战斗指挥。教导第一团向据守平湖火车站的三四百敌军发起猛攻，迅速将敌人赶跑，占领平湖车站。

2月12日，由广州至九龙铁路沿线的敌人已全部肃清。教导第一、二团乘胜由平湖经龙冈前进，攻淡水之南；原先观望犹疑的粤军主力之一的第七旅也受了鼓舞，奉命攻淡水之东；粤军第二师攻淡水之西北；三路并进，围攻淡水城。

2月的广东，天气暖和。黄埔学生军都只穿着薄蓝布做的军上衣、露着膝盖的短裤，头戴用防雨漆布做的带帽沿的帽子。有的人为防止突如其来的倾盆大雨，或背着草帽、纸伞，或把支帐篷用的橡皮粗布卷成一筒扛在肩上；他们足蹬草鞋，小腿上缠着裹腿。士兵们一日两餐，一般只能吃上大米饭和一点青菜。但是，他们战斗情绪饱满。

何应钦就是带着这样的士兵投入东征战斗的。战斗中，唯一使他感到苦恼而又无法解决的是没有正规的军用地图。他所使用的是没有比例尺，没有标出地形、道路的那种军用地图，图上只在大居民点之间画有直线，标明大致距离，并表示有无电报、电话联系。因此，边行军还要边向熟悉这一带地形的军官或当地的向导询问，或者从俘虏口中打听，才能确切地知道自己究竟到了哪里。而且，由于蒋介石老掉在大队后面，何应钦的行止又都得听他的指令，所以队伍的行进相当迟缓。

何应钦与切列潘诺夫有良好的合作关系，知切正闹痢疾，由团里的医生为他注射了两针吐根素，但见他情绪尚佳，也就大而化之了。其实，切列潘诺夫的病一直未好，又不惯于与士兵同吃煮得较硬的米饭，在艰苦的行军中，多靠吃饼干、喝茶维持体力。他想起了可可是提神的好饮料，于是，设法在一个小镇上买到了奶粉和可可。当他将煮好的牛奶可可当做佳肴请何应钦"赴宴"时，何似乎是第一次喝到这样美味的饮料，当即命令勤务兵班长向切列潘诺夫学习煮可可的方法。"可可风"开始从第一团团部刮向别的部队。一时间，三路进军淡水的部队官长们都受到"可可风"的影响，成了行军和作战间歇的一种乐趣。何应钦的坚持和执着在喝可可上也体现出来，他每天请切列潘诺夫喝五次可可，表示对顾问的关心与友情；对方既无别的营养品可替换，又鉴于何的盛情难却，只好有请必到，到则必尽情畅饮。这一段时间，切列潘诺夫确实喝够了可可，以至于回到苏联以后，不仅十年没有喝可可，连看都不愿看它。

2月13日，蒋介石命令教导第一、第二团在龙冈宿营，偏又不巧，协同进攻淡水的粤军第二师师长张民达所部先与由淡水、惠州前来迎战的敌军前锋交了火。张是一个兼做投机生意的军人，他的指挥能力和作战方式常为何应钦讥笑：张命令部队展开作战后，就不慌不忙地下到斜坡背面的指挥所里，从轿子里取出煤油炉和食品，开始做饭，然后登上高地，通过支在三脚架上的望远镜观察战场，调整部署。如果他认为一切正常，就回到指挥所继续吃饭。

张民达存心要抢在蒋介石之前进入淡水，以便获得那里的收税权。13日夜，他企图只用一个连的部队在夜幕掩护下偷袭淡水，结果遭到敌人机枪的猛烈扫射，连长和许多士兵当场阵亡，余下的只好退回出发地。

何应钦得知粤军已与敌交锋后，全部神经都兴奋而紧张起来，立即奉蒋之命催军前进。14日下午二时左右，教导第一、二两团先后从南面进抵淡水城郊，离城垣五六公里。当时，教导第二团的顾问帕洛从望远镜里看到西侧不远处的前方飘扬着国民党党旗，知道那是张民达的部队，并告知王柏龄，要王与张取得联系。但稀里糊涂的王柏龄并没有通知自己的先头部队，以至于教导第二团的先头部队向张民达的一个营部开了炮，双方对射了一刻钟，才知道是友军，所幸伤亡较少。事后，王柏龄被蒋介石臭骂了一顿。

王柏龄的部队与张民达所部互相误会对打之后，何应钦不知从哪儿弄来的情报，说张民达已经攻入淡水。于是，他命令一营由南，三营由东南，二营作预备队居中向淡水城前进，攻击南面之敌。当何应钦、切列潘诺夫等无忧无虑，以为城南之敌必已动摇、似无恶仗可打而只顾推进时，在接近城东南的地方遭到猛烈的射击，弹如飞蝗，无法前进，何应钦不得不命令各营迅速撤往环城东南的高地上去。

淡水是一座典型的石堡古城。四周的城墙都厚达一米以上，高4—6米，城墙上设有炮眼、炮塔，都有三层火力配置，上层还设照明装置，夜间也能看到攻城部队的动作。攻城部队只要接近城墙一两百米处，上、中、下三层火力便可同时组成交织火网；城脚下的卧射工事，还可倚为逆袭攻城者的集结地。守城的是陈炯明手下战将之一的洪兆麟所属的翁辉腾部，擅打阵地战。

教导第一团距城墙甚远，步枪射击无效，只好令炮兵用炮轰击，以图打开缺口。何应钦意识到，远射难轰垮城墙，即便炸开一个缺口，采取全团性的密集强攻，也很难攻入城内。他接受了苏联顾问们的建议，与王伯龄、张民达商量如何协同攻城。商量是商量了，何应钦也提出组织先锋队，在全部火力掩护下，实行单刀直入的进攻到达城下，然后用云梯爬城的方案。他又向切列潘诺夫说：在蒋介石到来之前，他们不能冒险采取什么重要决定。直到下午五时，蒋介石到来，几经研究，才决定接受何应钦的方案，并以教导第一团为攻城主力。

2月15日上午六时二十五分，教导第一、二团的两门有坂山炮开始向城东南的拐角处轰击，以期替攻城先锋队炸开一条通道。半小时后，城墙被轰开了一个豁口。教导一团一营营长沈应时率领的先锋队在机枪火力的掩护下，分三路跃进。但敌人的交叉火力仍很猛烈，先锋队难以接近豁口。此情此景，蒋介石在炮兵阵地上看得十分清楚。何应钦在炮兵阵地附近的灌木丛后，他脸色铁青，不顾前方的攻城先锋队是否能听到他的喊声，一味朝前大声喊叫，命令先锋队前进，前进，并叫号兵不停地吹冲锋号。在这紧急关头，先锋队里的一个士兵奋然高举连旗，在枪林弹雨中孤身一人冲向豁口。在他的带领下，一度匍匐在地上射击的士兵们纷纷跃起，快速奔向豁口，攻入敌人火力网的死角。但是，头夜准备好的18架云梯未能跟进，贻误了战机。何应钦立即命令机枪火力压住敌人，掩护云梯队冲到预定地点。一部分先锋队的士兵用刺刀肉搏开路，从豁口处杀入城内，在豁口左侧用云梯登城的先锋队亦获成功。城门被打开了，第一团蜂拥而入，追逐巷战，残敌由东门溃败。稍后，第二团及张民达部亦攻入城内，淡水终告克复。

这一仗黄埔学生军共缴获敌枪590支、机枪五挺、子弹数万发，俘敌700余人。教导第一团一营营长沈应时负伤、三营营长王俊亦受伤，三营党代表蔡光举牺牲。这是何应钦自从军以来真正指挥而取胜的第一次硬仗，揭开了东征之役胜利的序幕。

当日下午，敌人在援军的配合下，向淡水反扑。蒋介石把他的指挥部转移到离城几公里的一座寺庙里。何应钦率领教导第一团向敌反冲锋，才保住了这座城，并解救了陷于敌军四面包围之中的教导第二团一营。直到天黑以后，何应钦和切列潘诺夫好不容易找到蒋介石，蒋介石才知道城还在革命军手里，自己是胜利者了。

16日，蒋介石到第一团训话，称"淡水之战为革命之开始"。但第二团团长王柏龄出现指挥作战时先误轰友邻部队、后在敌军反扑时又不知自己的营连所在位置、几乎使一营被敌军包围歼灭的失误，要不是何应钦率部解围，后果不堪设想。蒋介石一气之下，撤了王柏龄的职，升作战勇敢的一团一营营长沈应时为第二团团长，升蒋鼎文为第一营营长。沈在养伤期间，由钱大钧代理第二团团长。王柏龄又一次当了何应钦的陪衬。

（三）

攻克淡水城后，黄埔学生军在其他东征军的配合下向汕头进军。在共产党人彭湃领导的农民运动的积极配合下，海丰、潮州、汕头先后被东征军攻克。

在向汕头进军时，何应钦意外地遇险，靠苏联顾问和官兵的果断、奋勇而获胜。

2月20日，何应钦率教导第一团在经稔山到海丰的途中，侦察部队在莲塘村北的高地与敌军遭遇。何应钦立即指挥全团展开战斗队形。不一会儿，另一大股敌人向左迂回，想侧击第一团，教导第二团在一团右侧也与敌交战。当时，站在高地上指挥作战的何应钦和切列潘诺夫凭肉眼就可看清山下打着各自旗帜的敌我部队的调动、出击情况，犹如大沙盘上的军事作业。第一团各营虽然展开作战，但似乎未明白何应钦下达的是积极进攻而不是就地应战的命令，趴在原地阻击敌人。而第二团更糟，他们不顾何应钦的第一团正受敌军正面攻击、又有被另一股敌人侧击的危险，竟按照蒋介石背着加伦将军所下达的命令，击退敌人进攻后即静静地驻守原高地。

切列潘诺夫眼看第一团有被正面和左侧的敌人夹击的危险，便向何应钦建议说："应该给第二团作个样子，让他们向前冲！"同时，他对助手尼库林说："你来打机枪，用火力掩护，我带一个连冲锋。"切列潘诺夫在机枪火力的掩护下，用手势加他的"中国话"，又喊又叫，终于使周围的士兵明白了，团部所下达的是冲锋命令而不是打阵地战。于是，第一团的士兵们像一堵墙似的向前猛扑，这气势使敌人不战而退。切列潘诺夫成了这次遭遇战的直接指挥官，他后来回忆：战斗结束后，"何应钦将军对我道歉很久，说他因为胸口疼，没能和我一起去进攻"。不过，在此之前何应钦确实向各营下达了主动出击的命令，只是由于学生军临战经验不足，没有很好地执行他的命令。

陈炯明为了挽回败局，便趁黄埔学生军深入潮、汕，兵力分散，形势孤弱，正拟回师广州之际，一边固守惠州，一边由五华、兴宁进击河婆、棉湖、鲤湖等地，南下截断黄埔学生军的后路，企图一举包围全歼，因而发生了第一次东征的决定性战役——棉湖之战。

（四）

棉湖是潮州普宁县西侧的一个小镇。普宁以东，多属平原地区，棉湖以西及以北，为崇山峻岭。潮、汕一带，前临大海，后阻高山，交通四达，进不能攻，退无可守，被广东人视为用兵的绝地。敌军由棉湖向东作战，是由山地向平原，进展迅速；而黄埔学生军欲迎击敌人，向棉湖方面作战，是由平原向山地仰攻，进展迟缓，且后方交通已被陈炯明切断，只能进不能退。

何应钦的第一团于3月9日西进，11日夜抵达棉湖。因敌情不明，12日凌晨，第一团搜索前进。途中虽与小股敌人交火，但未见敌主力。向当地居民打听，有说敌人有一万余的，有说两三万的，有说前面所有山地树林中，早已布满敌人……何应钦手上的地图几乎无用，只好凭目力所及，推断敌情。当时，第一团除三个步兵营外，加上团部学兵连、机关枪连、炮兵连、卫生队，战斗兵员约1500人。而据原先所获情报，棉湖方面之敌，是陈炯明手下以骁勇善战著名的黄业兴、黄任寰、王定华三人为统率的"三王散"8000余人，事实上，敌人是一万多，又以逸待劳。

时间不允许何应钦犹豫和等待蒋介石下达命令了。他集合全团，命第一营蒋鼎文为第一线，向敌攻击前进；第二营刘峙为预备队，跟进一营行动；第三营王俊为包围部队，附机枪一排，在一营右侧，以寻求敌之侧翼，实施包围攻击，策应团主力作战。

第一营前进不久便与敌人接仗，很快被敌包围。二营初以连为单位增援，不待与一营连接，又被敌人包围。原拟从侧翼包围敌人的第三营，因敌人兵力过大，反攻战线又宽，一投入战斗，不仅形不成对与一、二营作战之敌的包围，自己也被敌人分兵迂回反包围。在这种情况下，各营、连，有的甚至是一排、一班，都只能独立地与十倍、数十倍于己之敌拼死作战，并两次打退了敌人向团部所在高地的包抄进攻。

何应钦在教导第一团指挥所里指挥战斗，团里唯一的那门炮因炮弹打完，约在上午十一时变成了哑巴。何应钦、切列潘诺夫以及所有团部的人，都不记得究竟吃过早饭没有。趁敌军第二次攻势受挫之际，管后勤的副团长一个劲地催促："吃饭！吃饭！"不待大家离开战位，敌人第三次进攻又开始了。何应钦手下只有学兵连是唯一的后备队。他亲自督导该连，以班为单位，向敌侧翼梯次出击，迫敌稍退，拉长了侧翼。

中午时分，钱大钧所率领的教导第二团抵达鲤湖，与第一团相距七八公里。而原先驻鲤湖之敌，已先期转移至五公里外的和顺。钱大钧凭隐约的枪炮声判断，第一团正与优势之敌苦战。下午二时左右，遂下令兼程驰援，直扑驻和顺之敌司令部。敌后方被袭，全线混乱。

下午三时，粤军的第七旅也加入对敌的侧击。教导第一团的三营、一营趁机向前推进，并占领了团部右前方的高地，敌人开始退却。直到这时，何应钦等才开始坐下来吃午饭。但刚端起碗，突然从团指挥所左前方的高地传来一声大炮的轰鸣，紧接着又是一声。切列潘诺夫一把抓住何应钦的袖子并指着三营和第七旅曾占领的高地让他看，只见粤军第七旅的士兵们正乱哄哄地逃跑，教导一团三营也跟着往后跑。原来，敌人集中一个旅的兵力发起反冲锋。所幸三营跟着第七旅跑过南溪的小河后，立即停止退却，组织反击。但是，原先已经连接起来的一、三营之间的防地，出现了一个谁也无法顾及的大缺口，敌人就利用这一空隙，迅速攻到教导第一团指挥所前。何应钦手里已经没有预备队可使用了，他的两个警卫员也一死一伤。在这关键时刻，他反而镇静下来，命团部警卫队"一边多插旗帜，以作疑兵；一边亲自集合团部所有官兵，加入火线"。在何应钦、切列潘诺夫及其助手、副团长、参谋警卫队及留在指挥所的卫生队、通信队人员所组成的战斗队的正面压制下，加以一、二营向敌人腰击，终于挫败了敌军企图打乱教导第一团指挥系统的阴谋，转败为胜。

当激战高潮之际，正好来到前线劳军的军校党代表廖仲恺也穿着草鞋，帮助搬运后方输送来的弹药，士气为之振奋。各营、连的共产党员，亦表现了视死如归的精神。在指挥员牺牲或负伤以后，主动承担起指挥任务，组织向敌出击。教导一团在被敌人分割包围的情况下，几经肉搏，加以教导二团在和顺猛攻和第七旅的助阵，苦战到薄暮，终于挫败了敌人的攻势。

这时候，蒋介石、加伦和廖仲恺都赶到教导第一团的指挥部，代表国民党中央委员会，奖励该团1000元。加伦当场解下身上的佩剑，赠送给何应钦。全团检点人数，伤亡几达三分之一。

当天夜半以后，何应钦又命令部队继续向敌攻击。陈炯明所部在教导第一、二团的夜间攻势下，狼狈逃窜。

黄埔学生军付出惨重的代价，取得了棉湖战役的胜利后，继续攻克河婆、五华，于21日凌晨占领兴宁县城。第一次东征除惠州未攻克外，基本达到预期目的。

棉湖苦战，确实堪称以少胜多、使广州革命政府转危为安的关键性一战。黄埔学生军和何应钦也因此"一战成名天下知"。

蒋介石对棉湖之战的评价是："棉湖一役以教导第一团千余之众，御万余精悍之敌，其危实甚，万一惨败，不惟总理手创之党军尽歼，广州革命策源地亦不可保。"这是就大局而论；若就个人而言，一旦教导第一团抵挡不住强敌攻势，蒋介石、何应钦不仅声誉扫地，借以向上攀爬的资本也就丧失殆尽，两人的性命亦均难保。因此，蒋介石、何应钦都把3月12日这一天，作为他们同生死、共患难的纪念日。

3月12日这天，正是孙中山在北京逝世的日子。为了不影响东征军的士气，国民党中央决定暂时封锁消息，直到3月21日下午五时，胡汉民才电告东征军"总理逝世"。这晴天霹雳给东征的革命军带来巨大的悲痛，淹没了胜利的喜悦，却也更激发了革命将士的奋斗精神。这巨大的冲击波，对何应钦产生了复杂的多面效应，他为革命旗帜孙中山的过早离去而悲痛；他同蒋介石一样，庆幸棉湖大捷是得助于孙中山在天之灵的护佑；他也感到国民党将失去重心，国民革命前途堪忧；同时，棉湖苦战的后怕暗暗加剧……

惠州攻坚　大将得宠

（一）

第一次东征胜利以后，广东局势表面稳定，中国共产党和中国国民党正准备召开全国第二次劳动大会和广东全省第一次农民大会。但是，以滇军总司令杨希闵、桂军总司令刘震寰为首的滇桂联军叛乱的阴谋却早已酝酿。其实，还在第一次东征之前，杨、刘就与陈炯明勾搭上了。他们的背后是英帝国主义和广州的买办陈伯廉之流。而远在昆明的"西南王"滇系头目唐继尧也乘孙中山北上后，在日本帝国主义的支持下，自认为此时是联合陈、杨、刘，推翻广州革命政府，组织以自己为头子的南方政府的大好时机。

对旧军阀们的这一阴谋，广州革命政府虽有风闻，但直至1925年3月中旬教导第一、第二团及陈铭枢旅等攻克兴宁后，在林虎的司令部中缴获了杨希闵与陈炯明往来密电多封，才掌握了杨、刘通敌的确凿证据。

孙中山的逝世，使国民党内更为混乱。此前一直拒绝与孙中山合作就任广州大元帅府副元帅的唐继尧，于3月18日"突然就副元帅的职，声言加入国民党等"。随即驱赶滇军约七万之众，北攻柳州，轻取南宁后亟谋东向，与杨、刘配合，夺取广州。陈炯明在第一次东征中虽遭惨败，但仍有余力顽抗。

3月30日，何应钦部参加了兴宁各界追悼孙中山的大会。会后，蒋介石将赴汕头会晤粤军总司令许崇智，然后返回黄埔军校。临行前蒋发布通令委任何应钦为教导第一、第二团指挥官，何在黄埔军校的职务，由削职后新任黄埔军校参谋长的王柏龄代行；黄埔学生军的"经理"事统由担任东征军东路指挥部政治部主任的周恩来负责。蒋介石走后，何应钦尚能与兼任东江党务组织主任的周恩来配合。

4月初，参加第一次东征的滇、桂军陆续撤回广州。在香港英帝国主义分子和广州买办露骨的怂恿下，杨、刘与唐继尧狼顾之相毕露无遗，并达成一项秘密协议，"其主要内容是在广州发动政变"。这一计划得到胡汉民的默许。协议要点是："在广州成立一个中国南方各省联合政府以便同北方进行斗争；胡汉民留任广东文职省长；政府实行国民党右派的政纲；黄埔军校部队是'布尔什维克的'，要立即解除武装"等。4月10日，杨、刘要求广州革命政府对军火实行集体管理，以便切断黄埔学生军和支持广州政府的军队的军火补给。这一信号，使廖仲恺等警觉起来，采取措施，预防不测。

不久，何应钦接到国民党中央执行委员会4月13日的训令。训令全文是：

　　查本会第七十七次会议，廖党代表提议请以陆军军官学校教导第一、第二两团成立党军第一旅，任第一团团长何应钦兼充旅长，沈应时为第二团团长，全旅仍归蒋校长中正节制调遣。此令。

廖仲恺仍兼任党军第一旅党代表。教导团改名为党军，是廖仲恺继承孙中山事业的深谋远虑，目的在使黄埔革命军真正服膺国共合作所确立的新三民主义。何应钦将司令部迁到梅县待命。

5月初，料理完孙中山的后事后，汪精卫急切地南下广东，率先到黄埔军校与蒋介石倾谈党事国事，意在拉蒋入伙，使汪在国民党中成为孙中山的继任人。当时的蒋介石，羽翼未丰，资历又浅，亟须获得像汪精卫这样的党内元老及孙中山遗嘱接受者的支持。而汪精卫也知道国民党内尚有以正统自居的"代帅"胡汉民、在广东实力最强的许崇智和最忠实执行孙中山三大政策的廖仲恺堪与之争夺国民党最高领导权。有鉴于此，汪一边拉拢拥有一定兵权又被视为左派的蒋介石，一边急速向左转，与共产党密切合作，争取苏联顾问和工农的支持。汪、蒋之间，因利相近，一拍即合。远在梅县为蒋介石看守退步之地的何应钦，自然无从知道国民党内这种复杂而微妙的权力组合，也不明白广州政府正面临反革命势力的威胁和内部纷争之局。

4月24日，广州革命政府召开专门会议，作出联合许崇智等，以党军第一旅为主力，武装平叛的决定。

5月13日，在汕头许崇智的司令部里召开了一次军事会议。在共产党人的建议下，经过国民党左派的努力，汪精卫、蒋介石也意识到失去广州等于失去一切，在给参加平叛的粤军及其他地方军阀武装以各种让步的实惠许诺之后，定下了回师广州的作战计划。5月21日，何应钦率党军第一旅由梅县出发。为配合平叛，中国共产党、中国国民党及廖仲恺所领导的党军和军校的政治工作人员做了大量宣传动员和组织工作，并号召广九（龙）、广三（水）和粤汉铁路工人罢工，使广州叛军无法调动部队。

6月8日，何应钦的党军进占石龙，叛军退往石滩。9日，党军第一旅进攻石滩，叛军稍事抵抗即向增城退却。何应钦命主力直趋叛军主力据守之龙眼洞，以一部沿广九路前进，以牵制敌人。10日，当南、西、北三路平叛军都进抵广州外围时，何应钦和吴铁城却奉蒋介石之命，放缓推进速度，以免被伪装归顺而实际由东江回援广州的滇军第三军胡思舜与广州城内的叛军腹背夹击。因此，11日何应钦的第一旅才攻下龙眼洞，12日始进抵广州白云山下。叛军凭借瘦狗岭的坚固工事负隅顽抗。13日，在各路友邻部队的配合下，特别是在黄埔军校八个连的学生兵的配合下，何应钦所部强渡珠江，攻入市区。第一旅消灭了瘦狗岭的叛军后，于14日将叛军胡思舜部在广州附近包围缴械。杨、刘二人逃入沙面租界，反革命叛乱宣告平定。何应钦指挥的党军第一旅和黄埔军校学员，又一次为巩固广州革命基地发挥了决定性的作用。

平定杨、刘叛乱，是何应钦参与取得胜利的又一次正义之战。国民革命的大潮再一次把他推举到人所易见的风口浪尖。

（二）

6月16日，因何应钦的党军第一旅平叛有功，经国民党中央执行委员会常委胡汉民、汪精卫、廖仲恺联名任命，何应钦成了由第一旅扩充的党军第一师师长，刘秉粹为参谋长，刘峙、沈应时、钱大钧分任第一、二、三团团长。

党军的扩充，使广州的安全感有所增强。共产党人与国民党左派团结一致，力图集中统一改组军队，监督财政，调整税收，使广州真正从军阀统治下解放出来，以便准备北伐。

7月1日，在中国共产党的提议下，国民党中央通过决议，改组大元帅府为国民政府，改大元帅负责制为委员合议制，会上选出国民党的委员16人，汪精卫为国民政府主席。当时，由于以陈独秀为首的中国共产党领导机关的"右"倾机会主义错误，共产党员未能参加国民政府的领导工作，而以"在野党"的地位监督国民政府。这样，为国民党右派、假左派和以左派面目出现的中派篡夺国民革命的领导权开了方便之门。

7月3日，国民政府成立军事委员会，汪精卫兼主席，何应钦被推为委员，开始步入国民党的军政核心。如此快的升迁，的确应验了何应钦家乡的一句俗话："风顺不用几桡片，倒霉只需一仆爬。"

国民政府成立后，广东内部的派系斗争仍很尖锐。旧军阀的代表许崇智和官僚政客集团的代表胡汉民等，与英帝国主义和陈炯明等沆瀣一气，阴谋发动新的反革命叛乱。这一阴谋，为中国共产党所领导的省港罢工委员会所察觉。

8月11日，在广州举行了肃清内奸的大示威。在此之前，又发生了沙基惨案。何应钦亲眼目睹了帝国主义与旧军阀的暴行和阴谋，加上汪精卫、蒋介石反帝反封建的口号喊得震天响，何应钦也是满口"主义"，一心"革命"，他未来的走向无法预测。

8月20日，国民党左派领袖廖仲恺被反革命分子暗杀。廖案发生的当天，何应钦奉军事委员会之命，率领党军第一师驻防广州，控制观音山，预防反革命势力乘机暴乱。在省港罢工委员会和人民群众的支持下，国民政府改编了粤军，并将与刺廖案有关的胡汉民、许崇智二人驱逐出广东。反革命势力遭受打击，广州革命政府因此得以进一步巩固。而在这巩固之后，蒋介石因驱逐胡、许为自己排除了篡权的竞争对手而窃喜；何应钦也因革命的发展，看到了前途的光明。

在改组各军统称为国民革命军的过程中，何应钦的党军第一师扩编为国民革命军第一军，蒋介石任军长。其余湘、粤等各军改编为四个军。8月26日，蒋介石呈请任命何应钦为第一军第一师师长。蒋介石视黄埔军校和第一军为自己的禁脔，本不愿意共产党和真正的国民党左派染指，但是，他还无法形成一手遮天的气候，需要得到中国共产党和苏联顾问的支持，并博取工农群众的拥护。因此，在第一军的人事安排上，他是煞费了苦心的。正如周恩来所指出的那样，"他用人的方法是制造矛盾、利用矛盾、操纵矛盾，拿一个反动的看住一个进步的，叫一个反左派的牵制一个左派，用"反共"的牵制相信共产主义的"。因此，何应钦当了第一师师长，党代表就可以用共产党的周恩来；第二师师长王懋功因接近汪精卫而成为当时的左派，周恩来推荐共产党员鲁易任党代表，蒋无论如何也不干，结果用了右派的；第三师师长谭曙卿是右派，蒋才同意让鲁易任党代表。何应钦第一师的顾问仍是切列潘诺夫。

由于东征军回师广州平叛，陈炯明重新占领了东江。军阀邓本殷则盘踞广东南路，与陈遥相呼应。陈、邓在英帝国主义的支持下，纠合了东江、南路、北江和中路的反革命势力，总计有兵力三万余人，企图进攻广州。为彻底消灭反革命势力，统一广东，国民政府决定发起第二次东征。

东征军由蒋介石任总指挥，周恩来兼任总政治部主任。9月28日，东征军正式组成，分三路纵队：第一纵队队长何应钦，下辖国民革命军的第一师，第二师之第四团，第三师的第七、八、九团和第一补充团，吴铁城的独立第一师以及尚未改编的粤军。第二纵队队长李济深，第三纵队队长程潜。第二次东征以何应钦的第一纵队为主力，目标是攻克陈炯明的老巢惠州，拟向响水、博罗之线前进，沿东江右岸肃清紫金、歧岭而达兴岭、大埔一带之敌军。

10月9日，何应钦的第一纵队已进至响水、博罗之线，何则率第一师驻达湖镇。有了前卫，蒋介石的总指挥部才由石龙向博罗前进。第一次东征时，由于桂军刘震寰心存二志，暗与陈私通，对惠州围而不攻，而当时加伦也认为没有必要一定要花大力去攻取惠州。第一次东征虽云胜利，但惠州未下，何应钦深以为憾，蒋介石亦牵肠挂肚。因此，第二次东征发动时，何应钦和蒋介石都大有惠州不克，无颜见江东父老之慨。

（三）

在何应钦看来，"惠州形胜天险，三面临水，一面临山，为粤东战略要地。陈逆主力盘踞于此……摧破坚城，为东征制胜之最大关键"。惠州城坐落在东江左岸，东江的支流西江把城分为东西两部分。两座城均为高8—10米、厚6—9米的城墙所包围。城墙的外部和顶上一人高的城堞都是石头砌成，所有城堞上都用沙袋构筑了射击阵地。东、西两城共有七座城门，均用铁皮包裹。为防御东征军进攻，七座城门全用圆木顶死，里面填满柴棒、泥土和石块。城门上耸立着瞭望塔。东城未环水的一面，已挖有一条宽七八米、深约四米的护城河，而西城被北面的东江、东面的西江、南面的护城河及西面无法涉水而过的人工湖泊阻挡，真胜过欧洲中世纪的要塞。相传自唐代以来，虽为兵家常争之地，却未尝一破，颇有历久不衰的荣誉及诸如城墙上有电网、城垣下有秘密通道等传奇般的杜撰。当时据守惠州的是陈炯明手下骁勇善战、土匪出身的杨坤如所部约3000人。何应钦和蒋介石对惠州的城防底细并不了解，在已经下达三路纵队围攻惠州的命令后的次日，即10月7日，蒋介石还给杨坤如拍了一封电报，建议杨投向国民革命军。杨坤如看过蒋的电报后，认为蒋对攻克惠州要塞缺乏信心，自己凭坚固守，以待李易标、陈修爵、黄任寰、洪兆麟、谢文炳等各路援军约一万人到达，便可里应外合夹攻国民革命军。

东征军队集结惠州城下以后，担任主攻任务的何应钦率领第一纵队的主要军官和顾问切列潘诺夫，炮兵顾问别夏斯特洛夫、基列夫，机枪顾问帕洛，工兵工程师亚科夫列夫等一起，在没有任何掩护的情况下，冒险乘快艇到惠州附近进行侦察。他们在距城墙约1.5公里的地方登陆，爬上更近的一个高地，从望远镜里观察惠州城防，确定以顺西城墙延伸的那些人工湖泊和北城门对面的东江之间一条两三百米宽的狭长地带，作为强攻的主要通道。

经过实地侦察，反而产生了对这座令人生畏的要塞能否攻破，或者是否有必要去攻克等问题，就连总指挥蒋介石也举棋不定。当时，已是秋季，何应钦手下有的军官甚至说："要是两天之内拿不下要塞，就应当放弃它，要不人们都得感冒了。"何应钦未尝没有畏惧、犹豫和忧虑，但他明白自己已是蒋介石的离弦之箭，只有向前。能否攻下惠州，不仅军事政治上关系重大，是第二次东征成败的关键，也与他今后的命运休戚相关，因此，他挑选了最强的第二师第四团担任强攻的先锋。第四团团长刘尧宸，棉湖之战时任营长，就是他率部直扑和顺敌司令部，在关键时刻使何应钦的压力顿时减轻，因而声名大振。更有一点，刘尧宸是共产党员，深得全团官兵的拥护。

11日，蒋介石给何应钦下达了组编入城先锋队的命令。命令说："……为此令该纵队队长，迅即遵照，转饬第三师各团，各选士兵一百五十名，第二师第二团挑选士兵两百名，共六百五十名，编为攻城先锋队，最先登城者得头等奖赏。此项资金，即发由该团团长存候登城后给领。如有报名以后，临时故避不往者，即将赏金扣发，并应严惩不贷，以昭赏罚，而资激励。此次给赏，以求攻城速效起见，嗣后不得援为例。"

12日，何应钦将650名攻城先锋队战士交给了刘尧宸。刘向战士们"雄辩有力地讲述了国民革命军攻占惠州的重要意义，激励战士们奋勇杀敌"。傍晚六时，部队进行了分组，进行登城训练。

这一天，何应钦还陪同蒋介石到飞鹅岭瞭望侦察，详细向蒋报告了攻城的火力配备、具体步骤及围城打援的计划。蒋介石见何应钦说得颇有信心，而且何应钦的第一师并未用去攻城，而是作为保卫蒋介石在博罗的总司令部和防御敌增援之用，蒋的信心似乎也多了一点。

13日上午九时半，按照苏联顾问的建议，两门野战炮集中轰击第四团将要攻击的北门。十一时，攻城部队的11门山炮分别从北、西、西南三个方向轰击惠州。

下午一时，何应钦与切列潘诺夫渡过东江，来到炮兵阵地，并从那儿观察刘尧宸指挥先锋队攻城的情况。从下午二时开始，先锋队在24挺重机枪的掩护下，"通过北门桥，进逼城脚，力图突破北门；但在敌方的弹雨之下，虽然五次冲锋，仍未能攻入城内，伤亡奇重"。临时组编的先锋队来自四个团，大多彼此不认识，指战员们凭一腔热血向前，在距城墙七八十米处大多伤亡或无法再向前。这时，切列潘诺夫对何应钦说："第一师应当冲上去。"但何反驳道："这里是由四团长做主，我们是受命保卫博罗的。"顾问生气了，他说："但是谁也不禁止我们帮助进攻！"争执不下，他俩一起到了第四团的指挥所，刘尧宸去了前沿，何应钦和切列潘诺夫走出指挥所，再观察攻城的情况。

下午四时许，先锋队终于将竹梯送至城墙下，但城上除了机枪、步枪、手榴弹的射击和滥炸外，还把石灰、滚木、燃烧的火把、烧得滚烫的焦油一齐向城下倾泻。何应钦看见刘尧宸拔出左轮枪，呼喊着什么，带领他的警卫排和身旁的先锋队战士，扑向北门桥，指挥战士们登城。在敌人密集的火网下，刘尧宸倒下河湾。当何应钦和顾问再向前时，只见士兵们冒死把刘尧宸抬出了河湾。刘尧宸临终前，仍呼喊："你们要打进城去！"这时，切列潘诺夫建议何应钦："你担任指挥吧！把这一切向蒋介石报告！"但何又一次以没有蒋介石的命令拒绝了他的建议。这时的第四团，第一营营长和所有的连长已全部战死。副团长指挥三营全部投入战斗，也是牺牲惨重，只剩下预备队二营了。当二营也投入战斗仍然出现混乱时，何应钦终于同意直接担任攻城先锋队的指挥官，并向蒋介石作了报告。

黄昏以后，何应钦决定要战士们撤下来休整，并从第三师调一个营去加强第四团的攻城。凌晨四时，何应钦又发起一次攻击，仍未成功。天快亮了，各分队剩下的攻城部队都滞留在河湾的避弹处。这时，在蒋介石的指挥部里，笼罩着一片沮丧情绪，有人甚至提出取消整个惠州战役的问题。蒋介石的参谋长胡谦甚至毫不介意地讥刺道："历史上从来没有以卵击石的！"蒋介石也动摇不定。但周恩来和苏联顾问坚持进攻命令有效，否则前功尽弃。

刘尧宸的牺牲，激怒了第四团剩下的官兵，他们向何应钦要求继续担任主攻，为刘团长报仇。当何应钦向蒋介石报告"第四团仍愿攻城"时，蒋介石也感动了，慨然道："该团不因伤多而隳士气，真不愧为革命军矣！"

何应钦与顾问商量后，决定14日下午二时发动攻城。因那时太阳偏西，城墙上的守敌会因阳光刺眼而不便射击。第四团的战士们秩序井然，以一个接一个的攻城小组组成链条似的进攻突击队。在12挺机枪的掩护下，一个由共产党员和连党代表组成的三人小组携带梯子向城墙逼近，另两个三人小组紧跟其后，并准备随时接替他们。何应钦亲自在北门前指挥，并派第八团加入战斗，集中火力掩护。直到下午三时三十分，在不间断的链条式突击队的进攻下，第四团终于登上城墙，其他各攻城部队也相继跟上，北城门之敌开始崩溃。何应钦与切列潘诺夫亲率总预备队，进入城中。杨坤如弃城后由东门水路逃窜。号称千年未破的坚城，经过国民革命军40小时的奋战而终告摧毁。事后知道，那冲在最前面、手执蓝色国民党旗和红色军旗的攻城先锋，那为战友开路而成批倒下的，大多数是共产党员。

克复惠州的捷报传到广州，国民政府即致电嘉奖，并着财政部立即拨款三万元，犒劳将士。国民政府还颁发了《奖励克复惠州将领何应钦等令》："……东征军第一纵队长，国民革命军第一军第一师师长何应钦，劳苦功高，指挥有方。" 刘尧宸被追赠为陆军中将。

在胜利后追悼阵亡将士的大会上，切列潘诺夫讲了话，他说："刘团长是教学的一把好手……他在作战中的表现更是光彩夺目。他是一名骑兵，他具有该兵种代表人物所具有的一切优秀品质：机警、朝气勃勃，战斗中处事异常果断，他像旋风一样率领部队发动进攻……当他的团在惠州城下进攻受挫时，为了振作士兵的消沉情绪，他率领一个出名的排冲向前去。他率领进攻的40名战士，活着的还有17人。其中没有刘团长……他牺牲了。刘团长的这个团几乎没有留下军官了……安息吧，勇士……"事后，切列潘诺夫肯定地说："惠州要塞实际上是共产党人拿下的，他们的意志比攻不破的城墙还坚硬。"

蒋介石电告在校黄埔学生也沉痛地说："本军克复惠州城，刘团长以下第二期同学伤亡至三百人之多，名城虽克，实不能偿本校精华之损失也。"

第四章

大浪淘沙　鱼龙杂处

四平八稳　左右逢源

（一）

何应钦进入"革命的摇篮"黄埔军校以后，在真正开始参加国民革命实践并达到光荣的顶点的同时，也开始步入"反共"的营垒，他一生"反共"的思想基础和组织系统也在此时期形成。

"蒋介石开始办黄埔军校时，表面上赞成革命，但他的思想实际上是反共反苏的，并不是真心实意地与共产党合作"。苏联顾问们也时常在心里提出"蒋介石能跟我们走多远"的疑问。何应钦的思想基础与蒋介石是不谋而合的，蒋能跟革命走多久、走多远，何应钦大体也能走多久、走多远，不过步态姿势不同罢了。当蒋介石成功地扮演国民党中间偏左形象的时候，何应钦似乎对这种左右逢源、进退有据的策略并不十分理解，他在军校和军队中的政治态度，似乎比蒋介石更折中公允、不偏不倚。何应钦因缘际会，跟随蒋介石，更多地表现了中国封建官场的忠与勤。在军校或军队中，他不是以炫目的革命色彩引人注意，而是以尽忠职守而博得信任。

为了加强对黄埔军校师生的组织和教育，1925年1月25日，在党代表廖仲恺和总顾问鲍罗廷的倡导下，以共产党员和革命分子为核心，成立了"青年军人社"，廖任社长，"军人跨共产党者咸入之"。"青年军人社"以廖仲恺为军校的题词"烈士之血，主义之花"为名，成立了文艺性团体"血花剧社"，并出版机关刊物《青年军人》，团结了一大批青年骨干。对"青年军人社"的活动，何应钦亦如办少年贵州会时那样，表现出虽非内行却热心赞助的积极性；对唱歌、演剧，他也有兴趣。

不久，经廖仲恺和蒋介石批准，在周恩来等共产党人的组织下，发动军校教职员和学生中的共产党员、共青团员和国民党左派，成立了"中国青年军人联合会"。这个组织不仅存在于黄埔军校和黄埔学生军中，驻广州的其他各军中亦有人参加。它在学生中的领导人有李之龙、蒋先云、周逸群、徐向前、陈赓、王一飞、左权等，还有军校教官和军官金佛庄、郭俊、唐同德、茅延桢、鲁易、胡公冕等。青年军人联合会规定，凡是黄埔军校的同学，都是联合会的会员，真正体现了军校是国共合作的产物和国民革命模范的宗旨。

国民党右派认为青年军人联合会是共产党的组织，由王柏龄等人在黄埔军校内成立了一个"孙文主义学会"的右派组织，以戴季陶提出的阉割了孙中山革命的三民主义灵魂、反对国共合作的所谓"纯正的三民主义"作为思想基础，与青年军人联合会相对抗。"孙文主义学会"分子平时专门监视学生中的共产党员和共青团员的活动，甚至在深夜里偷窃共产党员的文件，后来竟然发生"孙文主义学会"分子枪击青年军人联合会成员的严重事件。蒋介石平时对两派都表示支持，出了问题又各打五十大板，以便相互制约。何应钦领会了蒋的意图，自然亦步亦趋，心虽支持孙文主义学会，但表面上比蒋更加超然。

在主持军校的军事训练甚至兼任教练部主任时，何应钦一方面不得不以苏联红军为榜样来组织训练军队，并按照军校的党代表制度、政治工作制度和国民党特别党部的决定，实行革命的建军原则，对军校的军事训练起了积极的作用。另一方面，他对蒋介石所推崇的封建式治兵思想与日本军国主义治军方法相结合的那些东西，如连坐法中所渗透的封建专制理论，都有着强烈的共鸣。

孙中山逝世后的一段时期，何应钦似乎也跟着潮流向左回旋，在支持"五卅运动"、反对帝国主义制造沙基惨案的行动中有着贯彻孙中山遗志的积极表现。

第二次东征胜利以前，何应钦的名气还不大，也没有独当一面，过早地暴露自己的真实面目。经过近两年的考验，特别是第二次东征的胜利，何应钦已经确立了蒋介石尔后的黄埔系"八大金刚"（何应钦、顾祝同、陈诚、钱大钧、蒋鼎文、刘峙、陈继承、张治中）之首的地位，蒋又让他代自己坐镇东江，这既是奖掖与信赖，也是进一步考验。蒋介石既然把他推到第一线，何就不能再对黄埔军校和国民革命军第一军中青年军人联合会与"孙文主义学会"之间日趋激烈的斗争持八面玲珑之态度，他公开站到了"孙文主义学会"一边，并且参加其活动。

1925年底，驻潮汕国民革命军第一军中以何应钦为首的"孙文主义学会"正式成立，其目的是遏制在第一军中迅速发展的共产党组织。"当时驻潮汕的第一军全部官佐有十分之二参加了共产党，但孙文主义学会分子均居要职，如何应钦、顾祝同、刘峙等皆是"。

1926年1月，何应钦由汕头到广州参加国民党第二次全国代表大会。一天，在广州大佛寺由中国共产党领导召开的"西南革命同志大会"上，发生了"孙文主义学会"头子贺衷寒、缪斌等密谋枪杀青年军人联合会机关刊物《青年旬刊》编辑李侠公的事件。李侠公是李仲公的弟弟，曾担任何应钦第一军第一师政治部主任。据当时担任何应钦惠潮梅绥靖委员公署秘书长的李仲公说："此事件何应钦参与其谋。"当天，何应钦应邀出席了大会，"但会未开完，他借口有事先走。就在他走后，孙会分子出面捣乱了会场，王惠生在叫喊'清除共产党'声中开枪行凶未中"。李仲公也因公开站在共产党一边，被何应钦等目为"亲共分子"，开始受到监视和冷落。

（二）

随着国共合作的发展和工农运动的高涨，国民党右派的反革命面目更加暴露无遗。刺杀廖仲恺案后，国民党内出现了公开树起"反共"反革命旗帜的"西山会议派"，随后又有为新老国民党右派反革命势力提供思想基础和理论准备的戴季陶主义出笼。中国共产党和国民党左派对国民党右派和"戴季陶主义"进行了揭露和斗争。

1926年1月召开的国民党二全大会，由于中国共产党人和国民党左派如宋庆龄、何香凝、邓演达等努力，会上通过决议，继续坚持执行孙中山的遗嘱和"联俄、联共、扶助农工"的三大政策，并斥责了国民党右派的反革命活动，给西山会议派中几个最反动的分子以开除党籍或警告的纪律制裁。在大会的选举中，共产党人和国民党左派占了很大优势。在36个中央执行委员中，共产党员占七人；在24个中央候补执行委员中，共产党员也有七人。当时各地的地方党部大多数也由共产党员主持。但是，以陈独秀为首的中国共产党领导，在这次大会中对右派和中派作了第一次大的妥协和让步。蒋介石被当成"东征英雄"，选为中央执行委员，一下子抬高了他在革命阵营中的地位。何应钦也因东征有功，当选为候补中央执行委员，向着国民党的领导核心又进了一步。

在紧接着召开的国民党二届一中全会上，蒋介石与汪精卫一武一文的首领联盟得以确立。蒋介石不仅当上了中央执行委员会常委，军事上仍担任军事委员会委员、第一军军长、广州卫戍司令等职，将原来广州的滇、粤、桂各军所办的军事学校并入黄埔军校，改称"中央军事政治学校"，仍担任校长。2月1日，军事委员会又任命蒋介石为相当于总司令的国民革命军"总监"，拥有"监督"各军的大权。此前，蒋介石曾呈请任命何应钦为国民革命军第一军军长，未获通过。1月15日，蒋介石再次请辞第一军军长职并保荐何应钦继任，获准通过。20日，何应钦正式就任第一军军长。国民革命军总兵力达19个团。

蒋介石急剧升迁，一下子成了"军界领袖"，自然引起了原先就已存在的矛盾激化，突出表现在以下四个方面：一是共产党力量在中央军事政治学校和

1926年7月，任国民革命军第一军军长的何应钦。

第一军中的发展，使蒋介石、何应钦均有难控之势，尤其是第一军中的共产党和国民党左派力量的增长，直接妨碍其夺取更大权力的阴谋实现。二是蒋介石的军事才能与爆炸似的权力增殖极不相称，引起了国民革命军中除何应钦的第一军、新近组编的李宗仁的第七军之外其他五个军长的不满。三是蒋介石急欲北伐一统天下，但苏联顾问与他在北伐的基础、时机和路线上有分歧。四是汪精卫原想借蒋介石为自己张目扩势，不料反为蒋介石当了垫背，汪蒋之间的矛盾也开始激化。对蒋介石来说，其中最迫切需要解决的，便是他与共产党的矛盾。

蒋介石在国民党二全大会上"不偏不倚"，既使中国共产党妥协，又在国民党中得到左派的赏识、中派的拥护、右派的理解，自恃手中的权势已足以对付他早就蓄谋要清除的共产党在军校和第一军中的力量，顺便教训教训不满他的那几个国民革命军中的军长、汪精卫及苏联顾问，为篡夺国民党党、政、军大权扫清道路。

"中山舰事件" 甘当幕后臂助

（一）

早在1925年末，蒋介石从汕头启程回广州参加国民党二全大会时，何应钦就极力支持蒋介石立即北伐的主张。但在二全大会上，苏俄顾问团团长季山嘉和顾问们都反对蒋介石立即北伐的主张，裂痕由此产生。在蒋介石与季山嘉的矛盾中，汪精卫又支持季山嘉。第一军第二师师长王懋功政治上接近汪精卫，是汪可以掌握的一支武装力量。蒋介石怀疑季山嘉会策反王懋功并委任其担任第七军军长，便听从亲信王柏龄的建议，于2月26日以迅雷不及掩耳之势扣留王，革去其师长之职，由自己的亲信刘峙任第二师师长。国民党右派趁机油印传单分送各处，企图掀起"倒蒋"运动，疑心极重的蒋介石在3月10日的日记中写道："近日反蒋运动传单不一，疑我、诱我、毁我、忌我、排我、害我者亦渐明显，遇此拂逆，精神颓唐，而心志益坚矣。"季山嘉此刻不仅反对蒋的此伐计划，并建议蒋到北方练兵，积蓄力量，蒋却提出愿赴俄休养，以试探季山嘉和汪精卫是否要迫使他离开广东，夺其军权。汪精卫为了缓解蒋与季山嘉的矛盾，同意蒋介石提出的赴俄休养建议，并劝蒋"速行"，更增添了蒋的疑心。

在蒋介石感到自己腹背受敌，快被逼到绝境的时候，何应钦是坚决支持他的。凭他第一军的实力和占据惠、潮、梅、汕一带的地盘，足以配合蒋介石与广州抗衡。

据蒋介石日记记载，3月19日上午，汪精卫在见到他时曾问他："你今天黄埔去不去？"蒋答："今天我要去的。"两人分别后，到九点、十点钟时，汪又打电话问蒋："黄埔什么时候去？"如此一连三问，令蒋觉得稀奇，便答复道："我今天去不去还不定。"下午一点钟时，蒋介石又接到海军局局长、共产党员李之龙的电话，请求将中山舰调回省城，预备请苏俄参观团参观。蒋介石既没有命令中山舰到黄埔，也未去黄埔，而是滞留省城，疑心如雾的他于是判断有人要绑架他到海参崴。他的第一个反应是迅速离开广州，退到何应钦掌控的汕头，已经行至半途，又决定返回，对中山舰采取镇压措施。

1926年3月20日凌晨，蒋介石利用"孙文主义学会"骨干分子，经过精心策划，突然调动驻广州的第一军第二师刘峙所部及王柏龄的教导师等武装，宣布戒严，断绝交通，搜查并占领中山舰，包围省港罢工委员会和苏联顾问办事处及住所，连汪精卫的住宅也被包围"保护"起来。王柏龄、陈肇英等逮捕了李之龙，并拘捕了在军校和第二师中的共产党员40多人。这就是轰动一时的"中山舰事件"，亦称"三二〇事件"，是第一次国共合作破裂的起点。

蒋介石在制造事变后，又感到公开与共产党决裂、公开背叛孙中山手定的三大政策尚非其时，于是又故弄玄虚，采取既缩小事态，又扩大战果，继续保持中派面目，并一再声称要继承"总理遗志"等两面派手段，加上阴谋过程错综复杂，以至于一些人把这一事件视为"千古疑案"。

蒋介石事后宣称："中山舰事件"的"这种内容太离奇、太复杂了"，

"有很多说不出的痛苦，还是不能任意说明"，并且一言以蔽之："这只有我个人知道。" 其实，当时驻军汕头的何应钦也是知道"中山舰事件"真相的重要人物。

据何应钦当时的主要幕僚李仲公说："'中山舰事件'发动前，蒋曾由广州密电何征求意见。电文的大意是'广州有要人（暗指汪精卫）联合重要方面（暗指中国共产党和俄顾问）反对他，使他处境极苦，他打算下野以避风头。但卜野后到哪里去呢？到上海，西山会议派正在上海开会；到日本，又不愿此时避居国外；茫茫大地，几无容身之地，午夜彷徨，筹思无策，我兄其何以教我'等语。何接到这封电报后，马上复电表示他自己和第一军坚决支持蒋，一切作蒋后盾，必要时请蒋到汕头指挥；并指天誓日地请蒋相信他。蒋接电后就决心发动中山舰事件的阴谋。" 李仲公还说，何蒋之间的电报，均由何应钦之四弟何辑五亲译，事后才透露出来。

另据参与制造事变的蒋介石的把兄弟陈肇英记述：事变发生前，"蒋总统一度决定前往潮汕，以谋再起，且已买好赴汕头的船票；但在驱车将要到达轮船码头时，最后在车中向随行记者说出自己的决心，仍然返回广州市内"。 可见，蒋在事前确实与何应钦有过密谋，并得到何应钦的保证与支持，如事有不济或采取另外的方式，蒋便可以到汕头，利用何应钦手中的武力和地盘，与广州的国民政府对抗。

3月20日蒋介石在广州采取行动的同时，何应钦也奉蒋之命，拘捕了在潮汕的第一军中的共产党员。之后，又将第一军中的党代表"统统调回政治训练部来再行训练"，强迫第一军中的共产党员全部退出。由于何应钦的配合，蒋介石使国民革命军第一军顺利地成了他的禁脔。

4月16日，由于汪精卫被迫出国，蒋介石爬上国民党军事委员会主席的宝座，他篡军的阴谋得逞。

面对蒋介石的反革命袭击，毛泽东主张"以武力对武力"，调集中国共产党掌握的武装到西江一带，说服国民党左派离开广州，争取何应钦的第一军以外的其他各军武装讨蒋，剥夺其兵权。周恩来与蒋介石当面进行了针锋相对的斗争，迫使蒋把扣押在广州卫戍司令部的共产党员释放。但陈独秀等完全向蒋让步妥协，不仅使得共产党人退出军校和第一军，而且许多共产党员的重要职务也被撤销。

原担任中央军事政治学校教育长的国民党左派邓演达，反对"孙文主义学会"，与王柏龄等右派分子进行坚决的斗争，被蒋介石目为亲共分子。邓演达当面斥责蒋介石制造"中山舰事件"，"疑近于反革命"，被蒋调离军校。他留下的教育长这一重要职务就由何应钦来兼任，由此进一步奠定了何应钦在黄埔系中"一人之下，万人之上"的地位。

（二）

5月15日，国民党在广州召开二届二中全会。蒋介石又抛出了进一步打击共产党、夺取国民党党权的"整理党务案"，参加这次会议的何应钦完全站在蒋介石一边。以陈独秀为代表的中国共产党领导和国民党左派在事前估计不足和毫无准备的情况下，又作了妥协让步，提案被通过。随后，担任国民党中央组织部部长的谭平山、宣传部部长的毛泽东、农民部部长的林祖涵及中央执行委员会秘书长的刘芬等全被撤职。蒋介石当上国民党中央执行委员会主席、国民党中央组织部部长（由陈果夫代），做了国民革命军总司令。这样，蒋介石实现了集党、军大权于一身的阴谋。蒋介石虽然露出了国民党新右派的嘴脸，但他还没有公开背叛孙中山的三大政策。何应钦也不敢与共产党公开决裂，公开反对革命，他仍然按照蒋介石早有准备的篡夺全国革命果实的阴谋计划一步一步地推进。当时，就全国来说，蒋介石的势力还只存在于广东一隅，何应钦在东江一带根本无法控制共产党领导的工农运动。在国民党、国民革命军和黄埔军校中，共产党和国民党左派仍然保存着很大的力量。因此，何应钦还要帮助蒋介石，利用共产党和工农运动的力量，把他们的势力扩展到广东以外。这样，他和蒋介石都还要尽量掩盖其已经有所暴露的国民党新右派的面目。

何应钦兼任军校教育长以后，"时时往来黄埔与东江间"，原因似乎很简单：为"军校内部之安定与团结"和"维系员生感情"。这与他军校教育长的身份极不相称。6月7日，何应钦由汕头到达黄埔，到20日才返回防地。在广州的12天里，何应钦多次晤蒋密谈，内容涉及"军校有关事宜与奉上对下之道"。从"中山舰事件"到北伐战争前，无论是何应钦的资料还是蒋介石的资料，对此一时期何、蒋之间的关系，记载既少且略。所有台湾方面出版的有关资料，几乎对何应钦在"中山舰事件"和"整理党务案"中扮演的角色，都讳莫如深。这种或疏忽或有意的隐匿，反而是"无言胜有言"，足见其中确有不便公开的秘密。

"中山舰事件"中的何应钦，也许是何应钦历史上的一个"疑案"。除上述提供的片段资料外，这里再援引何应钦在1952年2月8日所作的关于蒋介石"行谊"的一篇讲词中的一段话，有助于我们窥见蒋、何在"中山舰事件"等"反共"事件中的一贯伎俩，也有助于对何应钦历史上的这个"疑案"作一侧面透视。何应钦说："蒋介石曾对他说过两句话，即'大事小做，小事大做'。"何应钦解释说："对于这两句话的意义，一般人常易于误解，以为这是本末倒置……所谓'大事小做'，是告诉我们，当大事的时候，要沉着、要镇静、要能忍耐、要不慌张，甚至要能做到若无其事的地步。这样，才能将大事化为小事，小事化为无事……所谓'小事大做'，是指有些事情，其情节虽然很小，而其影响则极大。我们如果遇到这类事情，决不能随便放松，一定要丝毫不苟的，当着一件事做，这样，才不致因小失大。"何应钦称这是蒋介石一生办事的一个"要诀"。何应钦、蒋介石在准备"反共"而又未公开进行前的做法，便是利用"中山舰事件"和"整理党务案"的"小事"，来"大做""反共"的"大事"；在实现了篡权和打击共产党的目的后，又用这"大事""小做"两面派的手段，继续欺骗革命者和人民群众。这很符合他们"大事小做，小事大做""要诀"中的权经。

第五章

北伐东路　反共先锋

留守粤北　轻取闽浙

（一）

1926年5月，中国共产党直接领导的、以共产党员为骨干的叶挺独立团，作为北伐军的先遣队，挺进湖南，揭开了国共合作的工人、农民、城市小资产阶级和民族资产阶级统一战线的北伐战争的序幕。

北伐的直接目标，是推翻直、奉、皖三系的北洋军阀的统治，使国民革命推行于全国。正如1926年2月中国共产党中央在北京召开的特别会议上明确指出的那样，北伐战争的政纲是"以解决农民问题为主干"，"以建筑工农革命联合的基础，而达到国民革命的全国范围的胜利"。当时，北洋三系的反革命军队共约70万人，而北伐开始时的国民革命军总共八个军，约十万人。

7月1日，广州国民政府发表《北伐宣言》，9日，以蒋介石为总司令的国民革命军正式出师北伐。根据敌强我弱和敌人内部矛盾重重的情况，北伐军决定采取各个击破的战略："首先，将虎踞中原的吴佩孚打倒；继之，击败孙传芳；最后，再和张作霖决战，以统一中国。"即所谓"打倒吴佩孚、妥协孙传芳、放弃张作霖"。北伐第一期的目标，是直捣两湖，会师武汉。因此，北伐军分为三路：两湖主战场为第四、七、八军约五万人；为防止敌人对北伐军侧背的攻击，以第二、六军进击江西；除留守部队外，何应钦的第一军之第三、第十四两师镇守潮梅，防止皖系福建督办周荫人进犯东江，威胁广东。何应钦所属的第二十师，则驻广州，拱卫国民政府。

　　国民革命军主力出师两湖以后，北洋军最可攻击的方向，便是由闽南叩粤东。因此，何应钦的任务，是看好门户，在鄂、赣进军未得手之前，使闽粤之间不要过早发生战争；此外，协助留守广州的国民革命军总参谋长李济深等，确保广东提供给国民政府三分之一的财政收入不致中断。这一任务虽少风险，却是北伐战略的重要环节，亦必对主人忠心耿耿者才可胜任，因而蒋介石选中了何应钦。担任北伐军总顾问的加伦，对何应钦所承担的脱离主力"独立行动"的战略意义是看得比较清楚的。他在说服坚决要求到两湖主战场去的东路军总顾问、何应钦的老搭档切列潘诺夫时特别指出："您代表我留在广东，一旦东部发生纠葛，就立即到汕头去。""不要让这里的战斗过早开始"。蒋介石7月22日临离开广州北上时，又致电何应钦，嘱其在"闽方态度未明了前，兄宜坐镇潮梅，妥筹应付，必确知其不来犯，方可来省"；强调何应"暂取守势，而固边圉"。由此可见，这并非何应钦不能战，而是蒋对他的特殊厚爱与倚重。

早在叶挺独立团出师不久，闽督周荫人的第三师李凤翔部驻守闽粤边界，在革命形势的威慑下，李师掌握实权的两旅长曹万顺、杜起云就与何应钦"时通款好，函电往还，各守疆界……以故闽方实情，靡不尽悉"。稍后，李凤翔等又遣使与蒋介石达成秘密协议，待北伐军入闽，李师即归顺；所部组编为军，李为军长，曹、杜为师长。何应钦估计，李凤翔虽有朝秦暮楚之心，在北伐大势未明以前，意存观望，一时不会图粤。因而，当北伐前锋已在湖南战场与敌交战之时，何应钦仍从容地在潮梅一带作防御性部署。他的第三、第十四师，只须担负潮、汕、惠州和海丰之间的警戒，而海丰至平山、三多祝与惠州一线，则由胡谦所部负责。在东江地区农民协会力量十分强大的情况下，何应钦也必须顺应北伐时期的民意，高喊"打倒帝国主义"！"打倒军阀"！在独立经营潮汕的时期，在忠实于蒋介石的前提下，他任用自己的亲人故旧，如他的四弟何辑五、前贵州陆军讲武学校教育长王绳祖，以及李仲公、李侠公兄弟等。当时，何应钦兼任黄埔军校教育长，不时要去广州参与新兵训练和军校教育事宜。

8月，当叶挺独立团与吴佩孚的主力在汀泗桥、贺胜桥激战之时，自称浙闽苏皖赣五省联军总司令的孙传芳，亲率主力驰赴江西，并频电急催周荫人扰袭广东，以乱北伐军后院。周荫人既慑于何应钦第一军之声威，又怕驻厦门的海军生变攻其背后，故进至福州即逡巡不前，转令李凤翔伺机侵粤。

何应钦名虽第一军军长，此时手中之兵只有两师一团：由原粤军第七旅改编的谭曙卿的第三师和冯轶裴的第十四师。第七旅在第一次东征时曾因狼狈溃逃被人讥为"骑兵"，但改编后，特别是参加第二次东征期间，由于共产党员和国民党左派加强了该师的政治工作，战斗力已有增强。第十四师实际上是黄埔第一师的班底，蒋介石只抽走了该师原第二团充实钱大钧的第二十师，而把在第二次东征期间于三水作战中表现很好的一个团补充进去，因而战斗力较强。至于张贞的独立团，战斗力则较弱。如果周荫人以大军压境，李凤翔毁约，何应钦是难以抗御的。加以北伐军出师以后，捷报频传，好胜心、求战心、虚荣心和恐惧心百结纠集，何应钦坐不住了。他一方面频频向蒋电呈，请增调部队，加强战力，改被动防御为攻势作战，以免挨打；另一方面，他又催促驻在广州的切列潘诺夫前来汕头，共谋出师之策。

蒋介石接到何应钦的电报后，回电认为，周荫人在武汉战局发展或未定以前，稳固江西防线比侵扰广东更为迫切，因而判断其不敢犯粤。但为防万一，一边叫何应钦与驻赣闽边界已表示投向国民革命军的孙传芳部赖世璜师取得联络，以便策应；一边又令第二十八师第五十八团及机枪连准备增援潮汕。

切列潘诺夫应召到达汕头后，何应钦急不可待地将他迎进早已准备好的房间。房间的桌上摊开着地图，地图上标有闽粤之间敌我之态势。显而易见，何应钦已经作过多次研究，现在是想听听苏联顾问的意见。何应钦对切列潘诺夫是怀有好感与尊敬的。切列潘诺夫对留在广东本已有情绪，加之自视比何应钦高明一等，认为何应钦等待他的意见，是想把指挥作战和训练的任务推卸给他，而何只负责军需工作，不免有一种导师对学生的高视阔步，只顾眺望窗外引人入胜的湖光山色，对桌上的地图故意不屑一顾。何应钦是识趣的，并不急于要顾问发表关于作战的见解，而以一声"吃饭"，用丰盛的菜肴招待来打破这令人不快的局面。其实，切列潘诺夫也同何应钦一样，急切地想投入战斗，但对何应钦的实力不足而感到忧虑。

8月27日，周荫人部第三师的两个旅长曹万顺、杜起云的代表陈泽梓秘密到达汕头，向何应钦交出周荫人犯粤的军事计划，并商讨具体输诚起义之事。何应钦喜不自胜，急电蒋介石，再次请求主动出击。

在切列潘诺夫看来，当时的敌我形势未可过分乐观。周荫人准备攻粤之兵，即使不算第三师，也大占优势。而何应钦的军队，可投入作战者仅9000人，有七门炮，其中二门日制山炮，只有土造的炮弹可供使用；有四门是德国人在1870年普法战争中使用的老式克虏伯山炮；只有一门野炮攻击力较强。因此，何应钦与顾问都认为消极防御是不利的，应该主动出击。何应钦又电蒋请战，蒋回电仍未允其开战，并于9月13日回电，教给何应钦应对之方："对闽周应声明，如闽不派兵侵粤与赣，则闽粤仍敦睦谊，不入战事旋涡；否则，无论其入赣侵粤，衅由彼起，咎不在我也。"　但当时，何应钦与切列潘诺夫都未能理解蒋介石的苦衷和加伦的意图，蒋的判断是，一旦何应钦主动向福建进攻，"就同孙传芳开始了军事行动，这对北伐军是极为不利的：吴佩孚尚未被击溃，对武昌的包围仍在继续中。加上蒋介石和唐生智之间存在着严重的摩擦"等，这些蒋介石都没有明白告诉他们，使他们俩产生了怨气。

（二）

1926年9月中旬以前，鄂、赣北伐军的进攻虽然艰苦，但颇顺利。何应钦曾拟出攻闽时敌我优劣之势的比较十条，电告蒋介石，并向所部官兵宣传。

周荫人为图自保，只为应付孙传芳而虚张声势，未敢妄动。但随着南昌战局告警，经不住孙传芳一日数催，周荫人才被迫动了寇粤之念。但为确保有利可图，他派人到香港向陈炯明乞援。亟思报仇的陈炯明与周荫人勾结起来，为周出谋献计：闽军入大埔后，一路袭潮汕，一路攻惠州，陈炯明策动旧部作内应。这一消息，通过曹万顺、杜起云方面传递给何应钦，使他终于有了周荫人启衅的口实，并获蒋介石同意准备先发制人。何应钦又电请蒋介石委任黄埔军校潮州分校教育长王绳祖为潮州卫戍司令，率领分校学生维持潮州社会治安；汕头卫戍司令一职，则任其弟何辑五充之，与王绳祖共同担负潮汕后方警戒。为了预防福建方面敌海军偷袭，还在汕头海域马苏口一带敷设水雷。同时，何应钦与先在闽组织"福建参谋团"的国民党人宋渊源、林知渊等加强联络，输入械弹补充，令其策动福建反军阀的民军和海军，响应北伐军攻闽。

9月17日，何应钦发表讨周攻闽宣言。同日，周荫人进抵漳州。何应钦决定以主力集中高陂，相机进击。同时，何应钦命第三师于20日前集中松口，协助主力动作。

为挫败何应钦的进攻，周荫人决定将准备援赣之军转而攻粤，以动摇攻击南昌的北伐军军心。当时，如将周荫人所动员之兵与何应钦实际能用于作战的部队相比，敌我约5∶1。敌第一师从漳州向西南运动，意在进占潮、汕；敌第十二师原驻永定，10月6日，周荫人至永定指挥作战，即将该师主力——混成旅派往闽粤边境的峰市，周则率一旅约4000人及其私人卫队500人留驻永定指挥部。早已与何应钦互通款曲之李凤翔的第三师则驻扎岩前。由于有"参谋团"及曹万顺、杜起云等作内应，周荫人的一举一动都被何应钦得知。何与切列潘诺夫商量以后，认为无论首先攻击敌之第一师或敌第十二师之混成旅，在松口一带与敌主力作战，"由正面敌前渡河，不仅牺牲甚大，且汕头方面亦有为敌绕袭之虞"，且"知周荫人之总部设永定……适为其兵力薄弱所在"。因此，一个冒险但能制胜的计划开始形成：首先大胆迂回至永定，袭击周荫人之总部，歼灭驻永定之敌；然后回师从后方攻击敌之混成旅，将其击溃后，再渡梅江、韩江攻其第一师。为了坚定何应钦的信心，切列潘诺夫引用了苏沃罗夫的名言："使敌人感到惊讶——这就意味着战胜敌人。"因为敌我兵力悬殊，敌亦未进入我潮汕根据地内，很难料到国民革命军会冒险绕袭其司令部。

9月30日，何应钦由汕头至三河坝，电邀曹万顺、杜起云两旅长协议进攻计划。曹、杜顾虑周荫人已对其注意，便密遣代表会晤何应钦，表示第三师在何向周荫人发动攻击后即宣告起义，并告知永定还是周荫人攻粤的补给兵站，为其攻粤军之命脉所关。由是何更坚定了绕袭永定的决心。

为了实现这一计划，何应钦之主力第十四师已到达高陂，第三师进驻松口，而独立团调至饶平，以便袭击一发动，一昼夜之行程即可将第十四、第三两师集中成一支突击队，实施攻击的一瞬间，便可将永定之敌击溃。

部队均已进入指定位置，何应钦和切列潘诺夫又主动向蒋介石请求允许进攻。因为在请战电中，即使不是为了保密，也不能详尽报告自己的攻敌计划，蒋介石不到万不得已或有全胜把握，是不愿打出何应钦这张牌的。何应钦和切列潘诺夫给蒋介石的总司令部一连去了四封电报，并给加伦寄去一份专函，结果仍未得允许。蒋介石因为亲自指挥进攻南昌吃了败仗，不愿闽粤再起战端，执意不回电，加伦更是以"请问总司令"之辞来搪塞。好不容易等到蒋介石的回音："出于政治上的考虑，我们不批准主动发起进攻。" 一下子使何应钦泄了气，他没精打采，居然对蒋介石发起了牢骚。切列潘诺夫也因为加伦拒绝了他的要求，而在心里暗暗把自己的上司骂了一通。

为了振作何应钦的情绪，切列潘诺夫想起了何应钦喜欢打猎，便约他到野外去。切列潘诺夫首先在竹林中射死了一只猫头鹰，他对何应钦说："这是被我们消灭的督办！"后来，他又打死了一只岩鸽，说："你看，这是混成旅旅长！"果然，何应钦高兴起来了。

10月8日，何应钦进至大埔县城，而周荫人确实想发起进攻，敌混成旅的侦察部队也越过了省界，何应钦又以"敌人已主动进攻"作为请战的理由电呈蒋介石。

同一天，何应钦接着蒋介石的一份电报，只说："我军对闽，应从速准备攻击。"原因是蒋考虑，"此次攻闽，应有东南全盘计划……以维持本军之声威，而为本党争光也"。究其实，是因为蒋的嫡系第一军王柏龄教导师几乎令他无地自容：9月19日，第六军一度攻下南昌，但21日被孙传芳反击，被迫退出。当北伐军与孙军激烈争夺之际，岂料两军接仗未几，教导师即被歼，师长王柏龄、党代表缪斌只身逃脱，不知去向。蒋介石急调第七军入赣参加围攻南昌，但仍久攻不克。蒋介石害怕何应钦在无援军的情况下攻闽，如果被歼，他的嫡系第一军也就所剩无几了。因此，他在电报中告诉何应钦，拟派赖世璜师由赣南回师，入汀州助何攻闽。许诺赣局指日定后，再增兵助攻福州，以安定何应钦。同时，蒋介石还告诉何应钦："茂如（王柏龄）自21日失踪，至今仍无下落。"

何应钦虽未得蒋允其进攻的命令，但在切列潘诺夫的鼓动下，加以曹万顺、杜起云态度明朗，自度以两师之众，袭击永定4500人之敌，取胜较易，也有了"将在外军令有所不受"的气魄。10月9日，为了掩护主力对永定的奇袭，何应钦与切列潘诺夫故布疑阵，迷惑周荫人：以独立团伪装成第十四师，由副师长顾祝同率领留驻松口的一个团伪装成第三师，作正面佯攻。同时，以五个团的兵力迂回袭击永定。永定之敌未料到北伐军如此神速，慌忙抵抗。战至晚九时，敌军全部龟缩城中，闭门固守。永定至各处通讯线路全被当地人民切断，周荫人无法与外界联络。10日拂晓，何应钦指挥部队攻城。下午五时，终将永定克复。城破前一小时，周荫人率亲信十余人越城逃跑，余下未死者，均成了俘虏。敌人储存在永定的武器、弹药、粮秣等，尽为何应钦部所获。在周荫人司令部的办公桌上，敌请援的电稿墨迹犹未干，满屋狼藉，可见其出逃时之仓皇。

11日，何应钦分三路回师，准备在松口夹击敌人。13日，以冯轶裴、谭曙卿两师为左、右纵队，以陈义率一团为总预备队，于拂晓向松口之敌猛攻。敌虽负隅顽抗，但已不能突破包围圈。战况正烈时，何应钦偕参谋处长林柏森前往冯轶裴指挥部途中，遇上敌溃兵达千余之众。特务连在林柏森指挥下奋起攻击，早成惊弓之鸟的这股溃敌竟被一个连击溃。是日下午，顾祝同率领的一个团由梅江上游渡河，加入向松口之敌的攻击，下午五时，松口之敌大部分被歼。永定、松口两役，共缴获步枪4000支、炮9门、机枪22挺，俘敌4000余，活捉敌师长刘宝珩及团、营长50余人。

16日，尚未接到何应钦报捷之电，亲督重兵久攻南昌不克的蒋介石，忧心忡忡，一方面电委何应钦为国民革命军东路总指挥，进取闽浙；一方面又哀伤慨叹："江西战局未决，闽战又启，处境困难，决调二十师入闽增援可也。" 及至接到松口大捷之电，其欣喜之状，莫可言喻。不特蒋之"积郁为之一伸"，攻击南昌之"革命军士气亦因大振"。

18日，何应钦在松口就东路总指挥职。永定、松口之役，使闽敌扰粤之计划破产，广东革命根据地已无后顾之忧；周荫人之精锐被歼，全闽震惊，敌军心涣散。曹万顺、杜起云亦率第三师起义，改编为国民革命军第十七军，杜起云亲到松口向何应钦献攻闽之策，该部愿任前驱向导之责。因闽战旗开得胜，江西战场的形势亦发生了有利于北伐军的变化。

（三）

何应钦挟新胜之威，以第一、第十七、第十四军合编为东路军。原敌第三师师长李凤翔不愿起义，率残敌退守汀州，被曹万顺师及第十四军之谢杰师夹击，汀州克复。原敌第一师师长张毅眼看大势已去，主动放弃漳州，退往同安。11月8日，何应钦不战而获漳州。21日，东路军攻入泉州，张毅等同周荫人残部逃往莆田。24日，孙传芳致电蒋介石，提议与蒋共同反对张作霖；周荫人可让出福州，退往闽北；浙江境内不驻北洋军等，企图保住苏皖浙。孙传芳所提之条件，无疑透露了他准备放弃福州的打算。此时，在"参谋团"的策动下，福建海军表示愿与北伐军合作，30余艘军舰可担任在福州附近截击各敌归路的任务。张毅等部残敌在前有海军挡道，后有追兵紧逼的情况下，虽经顽抗，也已众叛亲离，除缴械投降者外，一万余人悉被歼灭。退守福州之残敌李生春等部，素与周荫人不和，自知难敌东路军攻势，遂相率归顺，被编为第十七军之第三师。12月18日，何应钦不费一枪一弹，进驻福州。闽境之残敌逃往浙江；协助北伐军之各地民军武装，先后接受何应钦的改编，福建全省迅速平定。12月23日，何应钦被蒋介石委任为福建省临时政治会议代理主席，负责处理军民财三政，但主席仍由蒋介石兼任。

永定的大胆迂回、松口之有力奇袭，对福建全省的迅速平定起了决定性的影响。为此，"何应钦收到几百封贺电"，其中，蒋介石11月17日发的贺电称："松口大胜，无任欣慰。吾兄指挥若定，重为党军增光；周逆丧胆，闽殊不足平。" 又电汇银元二万元，犒劳官兵，并决定取消原拟从广州调第二十师入闽增援之议。18日，蒋介石在高安县党部主持"总理纪念周"训话时，"对松口之战，备加赞许"，谓何应钦"能从容应付，完全消灭敌军主力，因此预测此次北伐之目的，一定可以达到，是有十分把握的"等。当时的报刊舆论认为，"何应钦以松口一战而平定福建全省，实为国民革命军北伐战史上之奇迹"，"福建全省平定之易，有非局外人意想所能及者"。

浙苏抢功　南京发难

（一）

孙传芳在赣、闽失败以后，集中残部于沪宁、沪杭两线。一边联络奉系军阀，以直鲁军由津浦路南下，一边自保浙江，然后徐图反攻。孙之残部共分五个方面军，虽号称七八万人，但除后方警戒部队外，能直接用于浙江境内作战者，至多不过两万五六千人。

蒋介石深知夺取上海、南京，对他建立全国统治的意义，因而在江西战事结束以后，即令白崇禧任东路军前敌总指挥，率领四个师的部队，由赣率先入浙，听从何应钦的辖制。同时，张罗广州国民政府迁都南昌，以利其掌握。12月28日、29日，何应钦连得蒋介石三封急电，通报浙江方面敌情，并令何应钦务必于1927年1月15日以前到达衢州、处州，与白崇禧会合。1月6日，为了尽快肃清长江下游之敌，蒋介石在南昌将其指挥的部队划分为东路军、中央军（又分江右军、江左军）和西路军，三路并进。何应钦的东路军共辖六个纵队，依次以周凤岐、王俊、白崇禧、冯轶裴、赖世璜和曹万顺为各纵队指挥官。东路军的作战部署是：主力集中于浙西之衢州、兰溪、严州一带，一部集中于浙南之处州、温州附近，"主力由钱塘江左岸地区向杭州及余杭之敌进攻，一部由处州、温州方面，先肃清周逆荫人残部，尔后由钱塘江右岸地区会攻杭州"。

当时，蒋介石坚持迁都南昌，以便由他操纵，公然抗拒国民政府迁都武汉以适应革命发展需要的决定。1927年1月1日，国民政府已开始在武汉办公。何应钦对蒋介石以南昌为都的意图是了然并支持的，但担任东路军总顾问的切列潘诺夫却不完全了解武汉、南昌与广州之间国民党内部发生的分歧及蒋介石"反共"野心日炽的情况。他仅从鲍罗廷来电中知道，如果让蒋介石的嫡系部队攻克上海，对革命是异常危险的。因为中国共产党正发动工人举行武装起义，迎接北伐军攻占上海。蒋介石是不会让共产党和工人控制上海的。

1月中旬，东路军所属的陈仪的第十九军、周凤岐的第二十六军被孙传芳打败，幸亏白崇禧赶到，才稳住了阵脚，向敌反攻，肃清了浙南。1月下旬，何应钦命在闽的第四、第五、第六纵队分别向江山、处州、温州兼程前进，但由于消极避战，攻势非常缓慢。28日，何应钦由水路离闽赴浙，31日抵延平。直到2月23日，何应钦所率的部队，均未与敌真正交战。

在进军杭州途中，已归顺何应钦的原孙传芳部之李生春旅"抗不从命，纵兵殃民，叛迹已著"，何应钦下令冯轶裴率部至建瓯将该旅缴械，并生擒李生春。李生春本为大势所迫而归顺，心中仍存重新投靠孙传芳之企图，且公然抗拒何应钦要其编入第四纵队的命令，又自设副指挥部，显然触犯了何应钦正处于巅峰的尊严，擒之、杀之亦无不可。然以一人或少数人之抗命，而瓦解一个旅，切列潘诺夫认为："从军事的观点看来十分荒唐……毫无必要地损失了一支好部队"，使投诚过来者提心吊胆。何应钦处理此事时，并未征求顾问的意见，而顾问早在何应钦解决了张毅的第一师以后已自觉"处境非常困难"。何应钦"愈来愈公开表现出反革命情绪……简直是判若两人了，他感觉自己正在浪峰上，将要飞黄腾达。起先，他勉强从牙缝里挤出'我们反对帝国主义和北洋军阀'这样的话来，后来，他完全取消了军队和老百姓中的政治工作"。为了请示应付之法，切列潘诺夫曾向加伦和鲍罗廷去电反映何应钦的变化，但始终未得到任何指示，加伦、鲍罗廷也未收到他的电报。看来，蒋介石、何应钦之间已有秘密联系，扣压了苏联顾问之间往来的一些电报。切列潘诺夫似乎预感到将有"三二〇事件"在新形势下重演。他为了迟滞何应钦与白崇禧攻占上海的时间，"尽力利用何应钦抑制不住的虚荣心，他是不愿意让任何人胜过他的"，但已经没有多少作用了。

2月25日，加伦从南昌给各顾问发出关于进军上海和南京的电报，原因在电报中说得十分明白："预料在我军到达上海时，已宣布进行总罢工，准备发动起义。罢工是在反对帝国主义和军阀孙传芳的口号下进行的。我们进军上海的迟缓有使工人受到镇压的危险。我们务必加紧进攻上海。" 事实证明切列潘诺夫此前有意迟滞东路军进攻上海的做法错了，但他一直认为是正确的。当时尚能影响蒋介石军事部署的加伦，在考虑北伐军三路进攻上海、南京的计划中，有意让何应钦统率的东路军从杭州地区进攻镇江和南京。并且，加伦计划将"单独占领南京的权利交给当时最忠于武汉革命政府的程潜部队"。何应钦的主力第三、第十四师派往镇江和宜兴一带，仿佛是为了控制沪宁铁路，"实际上是为了不让他们首先占领南京"。岂料这正迎合了何应钦和蒋介石有意保存第一军的实力，让友邻部队为自己开路的私心。因为早在入浙之初，何应钦和孙传芳的孟昭月部一接触，立刻败退到衢州。蒋介石怕他直属的第一军全部被消灭，立即下令在浙境行动的部队集中衢州，候令进止。 这就是何应钦情愿让白崇禧一路领先的真正原因。

3月21日，中国共产党总结了上海工人前两次起义失败的经验教训，以周恩来担任第三次武装起义总指挥。当北伐军进抵上海近郊的龙华时，于中午12时，开始发动80万工人参加的总同盟罢工。上海工人武装与帝国主义列强铁甲车支持下的军阀反革命武装进行了两天一夜的激战。22日下午六时，整个上海为工人所占领。工人武装与敌人作殊死搏斗时，曾派代表至龙华要求白崇禧派北伐军进入上海帮助工人，但白崇禧已接受了蒋介石、何应钦的密令，按兵不动，坐山观虎斗，企图使共产党领导的工人武装与军阀在苦斗中两败俱伤后，他们再坐收渔利。果然，上海被工人解放以后，东路北伐军才耀武扬威地进驻上海。

（二）

3月22日，何应钦的主力占领镇江，次日，推进至上塘镇。此时，由于北洋军阀的长江舰队起义参加北伐，南京的北洋军守敌开始崩溃。24日，当共产党员林祖涵为党代表的第六军和同样有共产党参加领导及作战的第二军由中华门攻克南京，进驻市区之后，为阻止革命发展，加速国民党右派公开反革命的步伐，停泊在下关江面上的美、英帝国主义的军舰，借口使馆和侨民的安全受到威胁，竟向南京城内开炮轰击，打死打伤我军民2000余人，制造了轰动世界的南京事件。25日，何应钦亲率第三、第十四师进驻南京。他一方面奉蒋介石之命，与鲁涤平、程潜、贺耀祖"负责维持南京治安，保护外侨生命财产，如有违反者，予以严厉处分"。另一方面，何应钦又命令部队抢占城里的关键阵地，准备消灭共产党在第六、第二军中及在南京的革命力量。何应钦的第一军俨然以"首功"之军开始抢夺战利品，将大批军用物资从程潜的眼皮底下拿走。程潜多次找切列潘诺夫诉苦，希望他出面调和第六军与第一军之间的关系，但当时切列潘诺夫实际上已处于被何应钦监视和软禁的境地。他后来回忆说："何应钦指派侦探伪装成警卫员形影不离地跟着，仿佛是为了保卫我免遭残留在城里的鲁军和孙传芳余孽的谋害。何应钦不在时，我就不能和其他指挥员见面。""其他顾问对我的生命安全很不放心，并警告说：'三日派'（指制造'三二〇事件'的蒋介石、何应钦等）可能对我下毒手"。

北伐战争一开始，就潜伏着包括何应钦在内的蒋介石集团反对国共合作的危机，这种危机随着北伐的每一个胜利而加剧。当北伐军在长江下游迅猛推进，革命锋芒直接指向帝国主义统治中国的中心——上海时，何应钦对待帝国主义、对待国民革命的真实态度就暴露出来了。在蒋介石心目中，"上海——

这个国际都市，经常吸引着列强的注目。因为如果在这里制造出一点事端，就会立即引起国际间很大的反响"，因而何应钦特别小心谨慎。东路军是担负进攻上海重任的部队，但何应钦的实际行动，已暴露出他害怕帝国主义，甚至可以说是间接与帝国主义结盟的"反共"心理。他先是故意迟滞与白崇禧在杭州会师；会师后，按理他的主力应从沪宁线正面进攻上海，然而，何应钦、白崇禧都尽量避免直接去触犯帝国主义势力，只在上海周围与北洋军阀争夺小城镇。在占领南京的问题上，何应钦是待别人打开了大门，然后喧宾夺主，去窃夺胜利果实的。再从他对与之同生死、共患难的切列潘诺夫顾问态度的变化上，均给人以"落叶知秋"的启示：何应钦的公开反对国共合作只是时日的问题了。

（三）

蒋介石攻下南昌以后，就开始向帝国主义列强出卖民族利益，向南昌的革命者大开杀戒，同时公开与革命的武汉国民政府唱对台戏，妄图使革命的车轮围绕着他个人的权势旋转。但是，当时的共产党领导的湘、鄂、赣工农运动如火如荼，国民革命军的主力并不是蒋介石所能控制的，他公开背叛革命的时机尚不成熟。

蒋介石所期待的公开背叛革命的条件之一，就是他在北伐中拉拢过来的以李宗仁、黄绍竑、白崇禧为首的新桂系和被他收编的北洋军与他的心腹何应钦直接指挥的东路军在长江下游的会师。令蒋大失所望的是：上海这个中国最大的买办市场、集中国近一半近代工业的基地，不是由他的军队打下来的，而是由共产党领导的武装起义的工人所占领。南京这个"绝对不能让其落入共产党掌握"的、"中华民国开国之初建都组府的枢要地区"、蒋拟议中的未来首都也不是何应钦的部队攻下来的，而是由共产党员李富春、林祖涵任政治部主任，有不少共产党员参加领导和作战的第二、第六军攻克的。这对于蒋介石"反共"政变计划实施极为不利。

3月26日，蒋介石一到上海，就迫不及待地借口南京事件诋毁共产党和第

二、第六军，宣称"南京事件的起因，完全出于流氓捣乱"，向帝国主义赔礼道歉，密令将"打倒帝国主义"的口号改为"和平奋斗建国"，并表示"国民革命军是列强各国的好朋友，绝不用武力来改变租界的现状"。蒋通过黄郛、戴季陶、王正廷等与日本接洽，通过虞洽卿、宋子文等与英、美密商，通过吴稚晖、李石曾、钮永建等与法国往来，使制造南京事件的祸首们确信蒋介石是他们阻止革命发展的理想代理人。有了英、美、日、法帝国主义及其驻沪的三万余军队做后台，有蒋介石的老上司、老朋友如交易所的大老板虞洽卿等人出钱，青红帮的头目黄金荣、杜月笙、张啸林之流出打手，蒋介石可以按照他的计划进行中国历史上空前的大叛卖了。

但是，这时蒋介石的后院起了火：何应钦指挥的第一军嫡系"不稳"；攻占南京的第二、第六军左倾。

何应钦指挥的第一军原是蒋介石最得心应手的拳头。但是，第一军的官兵大多在革命根据地广东接受过革命的教育和影响，对革命有一定的理解，不少中下级指挥人员对共产党和工人起义表示尊敬与同情。占领上海的国民革命军官兵还与上海工人纠察队举行联欢，对以往那么"革命"的蒋介石、何应钦公开破坏国共合作的日益昭著的劣迹表示不满。加上何应钦手下的将领们进入上海、南京的十里洋场，各军之间争抢胜利果实而互有冲突，何应钦也无力制止。

何应钦感到他的第一军不稳了，驻在沪杭、沪宁路上的各师将领均已"自由行动"，"不听约束"。据李宗仁在回忆录中分析，何应钦第一军第一师师长薛岳、第二十一师师长严重等，有左倾迹象；第二师师长刘峙，也被何应钦怀疑对己不忠。第一军中黄埔军校出身的一些下级军官，他们不仅斥责何应钦，还"成群结队到上海来向'校长'质询。质询的主要内容便是蒋校长昔日在黄埔曾一再强调'服从第三国际领导'，'"反共"便是反革命'，'反农工便是替帝国主义服务'等"，弄得蒋介石"为此事终日舌敝唇焦地剖白、责骂、劝慰，无片刻宁暇，卒至声音喑哑、面色苍白"。

当时在南京的第二、第六军直接听命于武汉国民政府。何应钦深恐他既无法掌握第一军，更无力对抗第二、第六军，于是提醒万虑丛集的蒋介石及早采取措施，替他撑腰，稳定南京局势。因此，他向在上海的蒋介石打了辞职的报告。蒋正值用人之际，自然不批准。但何应钦此举，反倒助蒋一臂之力，为蒋介石试探李宗仁、拉拢第七军提供了口实。

当李宗仁到上海见蒋时，蒋大嚷："干不下去了，干不下去了！"说着还把何应钦的辞职报告给李看。李宗仁原本对蒋介石在国民革命军中清除共产党的势力就竭诚拥护，他认为宁、沪的乱局，全由共产党造成，力主"清党"；蒋既认为第一军不稳，沪、杭、宁一带的部队均不可靠，正是自己的桂系势力借助蒋而扩充地盘的好机会，表示一切唯蒋之命是从。

程潜指挥的江右军的第二、第六两军抢在何应钦的东路军之先，攻入南京城后，何应钦妒恨百结，蒋介石也大为不快。第二、第六军入南京之日，又发生了南京事件，蒋介石疑虑丛生，怀疑程潜"不惜为共产党助一臂之力"，说南京事件纯是"出于共产党的阴谋"，而程潜则已被共产党所"操纵"。何应钦虽然指挥两个师进驻了南京，做好排挤第二、第六军的准备，无奈关键时刻竟不能有效控制第一军，因此，他拼命向蒋介石告程潜的状。

何应钦帮助蒋介石制造了重新部署军队的理由，蒋介石便以总司令的名义，将第二、第六军调到长江以北作战，只允许第六军留三个团在南京维持治安。同时，将已投向北伐军，亟待立功报效新主子的周凤岐的第二十六军调进上海，对第一军中各师进行"整顿"，调离了一批有"左倾"之嫌的指

1931年，国民党桂系领袖李宗仁的戎装照。

挥人员。然后，集中第一、第七两军至沪宁线一带，执行"反共"政变计划和监视他认为靠不住的那些部队。

其实，第一军中的师、团长们对何应钦、蒋介石都是感恩尽忠的，何应钦和蒋介石却偏要大造第一军不稳的舆论，目的是为了向邓演达领导的国民革命军总政治部和第一军中的第一、第二两师的政治部率先开刀，清除第一军和北伐军总政治部中"亲共"的力量。而第一军的师、团长们，也都在"反共"问题上支持蒋介石。4月2日，蒋已下令驻上海的刘峙的第二师于当晚包围上海闸北工人纠察队，收缴工人的枪械。但由于"中山舰事件"后被蒋逼走国外的汪精卫恰于此日抵达上海，而汪又是以国民党中的左派领袖而大受欢迎，蒋为了联汪"反共"、对抗武汉，所以才暂时收回成命。

当晚，坐落在上海南昌庙江南兵工厂内的北伐东路军前敌指挥部警戒森严。蒋介石召集亲信召开紧急秘密会议。身着笔挺细呢将军服的蒋介石，刻意掩饰着内心的激动，数落自1924年起，共产党加入国民党时就"不怀好意"，"在我们党内发展组织"的一系列"阴谋"后，充满杀机地说道："现在如果不'清党'，不把中央移到南京、建都南京，国民党就要被共产党所篡夺，国民革命军就不能继续北伐，国民革命就不能完成！"并谓事关生死存亡，要听听大家的意见。有人报告广东方面彭湃领导下的海陆丰农民运动情况；有人说韦拔群在广东东兰领导农民造反，其所以不敢镇压，是因为碍于中央党部和省党部的那些共产党人和他们的同路人，用党部的名义维护农民，必须早日"清党""反共"……会场上"清党""反共"之声不绝于耳。

其实，蒋介石最关心的是何应钦、白崇禧两人的态度。

何应钦谈起"南京惨案"，猛地激动起来，声音压倒了所有的交头接耳声，仿佛他亲眼所见似的："是共产党鼓动士兵和地痞流氓抢了、打了外国领事馆和外国侨民，才引起外国兵舰开炮轰击的！如不'清党''反共'，必有更大的乱子。"

一直在思索和咀嚼每个发言者态度的白崇禧，开腔便诉说上海工人纠察队如何不服从军事长官指挥，如何冲入租界、占领租界，引起外国兵舰都卸掉炮衣，指向上海，租界里新调进许多外国军队。如不及早解决工人纠察队及其后台共产党，全国的精华上海完了，北伐事业也就完了。

何应钦、白崇禧都谈到上海帮会很有力量，它们的组织遍及各界各阶层，还有它们的武装……忧虑之情溢于言表。蒋介石急于拍板，扬手示意他们不要再犹豫，说道："黄金荣、杜月笙、张啸林、杨虎的关节我都已打通，他们坚决反共！我们要先占领上海，巩固南京！"

此时，国民党中的老右派吴稚晖操着满口无锡土音响应，抛出所谓"举发中国共产党谋叛呈文"，要求立即对共产党和国民党左派进行"非常之处置"。

会议在一片"反共""清党"的叫嚷中收场。何应钦对在南京如何贯彻会议精神已经有了腹案。

4月3日，蒋介石通电拥汪，表示对汪和国民党中央"绝对服从，诚意拥护"，"以促进三民主义之实现"，企图拉汪入伙，增加自己在国民党内的资本，同时也作为麻痹共产党和革命群众的烟幕。对蒋介石表里迥异的这一手，国民党中一些忠于国民革命的人士也看出了其中的阴谋。他们在同一天，以在上海的黄埔军校同仁名义"发表宣言，严正声明，他们绝不做个人的工具"。5日，蒋介石的屠刀已经举起，而右倾到视而不见的中国共产党总书记陈独秀却与汪精卫发表联合声明，对蒋介石已经策划好了并且局部已开始行动的"反共"政变阴谋加以解释、掩护，进一步解除了共产党人和革命群众应付"反共"突发事变的思想武装。

4月6日，蒋介石以北伐军总政治部及第一军第一、第二两师政治部"在总政治部主任共产党同路人邓演达的领导之下，成了共产主义者麇集之所，从事煽动'反蒋''反何'（应钦）"为借口，命令白崇禧查封了上海的国民革命军总司令部政治部，逮捕了19名政治工作人员。8日，蒋介石在上海成立"上海临时政治委员会"，篡夺了上海武装起义胜利后成立的"上海市民政府"的权力。9日，白崇禧就任上海戒严司令，在"虎群"（"虎"指杨虎，蒋介石青红帮中的知交，流氓打手的头目；"群"指陈群，亲日分子，时任东路军政治部主任）的帮助下，实行全市戒严。上海的"反共"政变准备停当以后，蒋介石亲率第一军的第一、第二两师，到南京坐镇指挥。蒋一到南京就发表通电，邀请在汉口的汪精卫、谭延闿，南京的何应钦、程潜，上海的胡汉民，南昌的朱培德等人，谓有"各项事宜亟待解决，务请诸同志于本月14日以前驾莅南京，筹商一切"。这份通电，已透露蒋家王朝准备登台，上述诸人如能拥护，便是开国勋臣之意。

为响应蒋的这一政治号令，何应钦下令切断南京对外的一切铁路交通，企图使调赴长江以北的第二、第六军不能回援南京，以便陷林祖涵等率领的驻守南京的第六军三个团于孤立无援之境。当夜，何应钦指挥第一、第二师，在新近以贺耀祖为师长、谷正伦为副师长的独立第二师扩编的第四十军的配合下，解除了这三个革命主力团的武装，"将其中的抵抗分子清除"，林祖涵侥幸脱险。原先在南京城内的"孙文主义学会"分子统统在何应钦的指挥下，站到"反共"的第一线。他们包围了国民党江苏省党部及江苏省总工会，逮捕了一批革命者。10日，为抗议何应钦、蒋介石的"反共"袭击事件，共产党和国民党左派举行了南京市民肃清反革命派大会。会后，革命群众涌往何应钦的总指挥部，"请将反革命分子交由人民审判"。当夜，何应钦又命令反动军警解散了南京共产党支部。经过9日、10日的"反共"袭击，"南京共党干部全被逮捕"。

4月12日，白崇禧指挥何应钦东路军的周凤岐军，在"虎群"之徒的协助下，在上海开始了大规模的反革命血腥屠杀。到15日为止，被屠杀的工人达300余人，被捕500余人，逃亡失踪者5000余人。在南京城里，何应钦指挥的搜捕、屠杀也未中止。15日，广州也按蒋介石的部署发生了"四一五"反革命屠杀事件。无锡、宁波、杭州、福州、厦门和汕头等地，凡是原先何应钦的东路军曾经驻扎和经过的地方，都相继发生了反革命屠杀事件。

"反共""清党"事件发生后，武汉国民政府内部就东征讨蒋、继续北伐和南下广州平乱三种方案进行了争论，结果，由于中国共产党中央总书记陈独秀和苏联总顾问鲍罗廷的决定性作用，周恩来等主张东征讨蒋的正确意见被否决。4月17日，武汉国民党中央和国民政府发表声明，拥护孙中山的三大政策，继续国民革命，开除了蒋介石党籍，免除其本兼各职，按反革命条例惩治，并将原由蒋指挥的全部军队统归军事委员会指挥。但蒋介石已经依靠何应钦和桂系的力量，在长江下游站稳了脚跟。

4月18日，蒋介石在仅有五名国民党中央合法委员和几名中央执、监委员参加召开的"国民党中央政治会议"上，宣布成立南京国民政府，推胡汉民任主席。这个被时人称作"蒋家天下丁（惟汾）家党，孔宋一门作部长"（丁惟汾原是国民党二届中央执行委员、青年部部长，他建立的"三民主义大同盟"网罗了一批右派青年，被蒋拉入他的政府，推为中央青年部部长）的南京国民政府，名义上统辖有第一集团军的四个方面军及总预备队，但蒋介石可直接指挥的只有第一、七、十九三个主力军。其中李宗仁的第七军与蒋矛盾较多。四一二"反共""清党"后，蒋曾与何应钦密议蒯除第七军，以免尾大不掉，事为桂系所闻，蒋桂关系更加恶化。因此，蒋介石能真正使用的军队便是何应钦手下几个亲信所指挥的五个师，即分别以薛岳、刘峙、顾祝同、冯轶裴、严重为师长的第一、第二、第三、第十四、第二十一师。

为了表达对南京国民政府的全力支持，争取武汉方面的汪精卫等尽快公开"反共"，何应钦与海军总司令杨树庄领衔，纠集在江浙、两广及川黔等地的一批"反共"的国民党将领和地方军阀，打起继续北伐、统一全国的旗号，于4月20日召开军事会议，并发表《国民革命军海陆军将领拥护国民政府清除共产党完成北伐通电》，决议六条：一、拥护南京中央党部及国民政府，恢复"党权"。二、拥护4月2日中央监察委员会建议案即吴稚晖的"举发中国共产党谋叛呈文"。三、否认武汉国民政府的决议及一切命令。四、欢迎武汉及各地纯粹国民党之中央执监各委员来宁。五、打倒"破坏"国民党及国民革命之共产分子及一切"叛党卖国"的党员。六、陆海军团结一致，完成北伐。

由此可见，蒋介石的南京国民政府最可靠的军事支柱，便是以何应钦为代表的一批反对国共合作的新旧军阀人物。

金陵逼蒋　龙潭巧胜

（一）

蒋介石在武汉国民政府已先决定继续北伐以后，也于5月1日以南京国民政府军事委员会的名义，将其所指挥的部队划分为三路军，宣布北伐。何应钦担任第一路军总指挥，统辖他兼军长的第一军、赖世璜的第十四军、曹万顺的第十七军、杨杰的第六军。蒋介石以北伐总指挥兼任第二路军总指挥，李宗仁任第三路军总指挥。

何应钦指挥的第一路军，仍是蒋介石此次北伐的主力。5月19日，所部集结于沪宁路一带，作为右翼开始渡江北进。在半月之内，连下扬州、靖江、南通、如皋、泰县、邵伯、东台、淮安、涟水、阜宁等城，并与第二、第三路军会师徐州。

攻占徐州之后，蒋介石为了避免何应钦的第一军在与直鲁军主力交战中受损失，又因为武汉国民政府尚能指挥的第四、第八军可能东征讨蒋，便将第一军调回，驻守南京、镇江附近，为其拱卫京师。何应钦也随第一军回师南京，而令曹万顺代其指挥第一路军。曹万顺指挥各部，与第二、第三路军配合，攻向山东，占领日照、营县，拟会攻临沂，迫使由福建退至山东的周荫人残部宣布投降。

攻克徐州后，蒋介石约武汉国民政府所委任的北伐军总司令冯玉祥到徐州会晤。蒋对冯谦恭备至，许以军政部部长之职，将冯拉入自己的营垒。由于一度在中国共产党和苏联帮助下参加国民革命的冯玉祥投向南京，武汉国民政府顿时丧失了陕、甘、宁三省地盘和十几万军队。冯玉祥借北伐之名，还控制了河南的地盘。此前，许克祥在长沙制造了"马日事变"、朱培德在江西叛变和汪精卫、谭延闿、孙科等与蒋介石谋求妥协，武汉国民政府开始走向它的反面。6月29日，受蒋介石、汪精卫策动的驻武汉的何键的第三十五军叛变，何键发表"反共"训令，武汉国民政府陷于分裂。而此时的南京国民政府，由于蒋、冯的联合，声势陡增。7月4日成立了以蒋介石、胡汉民、冯玉祥，何应钦等56人组成的军事委员会。6日又推定何应钦、胡汉民、李鸣钟、杨树庄、阎锡山、李宗仁、李济深等七人为常务委员。南京军事力量的增强，加速了汪精卫"反共"的步伐。7月10日，汪精卫逼迫共产党人退出武汉政府。15日，汪在"宁可枉杀千个，不使一人漏网"的"反共"口号下，发动了"七一五""反共"政变。至此，中国历史上第一次国共合作破裂，轰轰烈烈的大革命也宣告失败。

汪、蒋合流之后，为了争夺国民党内部"正统"首席之位，又进行了一番武斗文攻的较量，竞相以凶残"反共"来抬高自己。冯玉祥此时想坐收渔利，出面调停，各打五十大板，要求双方都负咎下野，而使他成为国民党自然而然的中心人物。为此，蒋、汪、冯之间攻讦撕扯不休。7月24日，孙传芳、张宗昌乘南京方面的北伐军主力后撤，主帅忙于内争之机，反攻徐州得手。徐州的失陷，暴露了南京国民政府内部各军之间的矛盾。

桂系自恃平定广西和北伐诸役中战功卓著，在帮助蒋介石发动四一二"反共""清党"政变、建立南京国民政府的过程中，作用均在何应钦的第一军之上，满以为能从中得到好处。但见蒋对何的第一军百般优待，而对第七军既驱之为前锋，又待之以薄酬，怨尤岂能不生？李宗仁、白崇禧亲眼目睹蒋介石利用北伐，拼命扩充实力，滥封军长、师长，对稍有不逊者，如第六军军长程潜，则强行将所部缴械改编。殷鉴在前，便加意防范，并且时时表现出不甘被蒋玩弄于股掌之中的自立自主趋向。蒋介石将何应钦调回，各军争相效尤，暗中保存实力。当孙传芳军向徐州反扑时，李宗仁的第三路军前敌总指挥王天培的第十军恰好"担任正面，左右空虚……孤军奋斗"，"不得已，放弃徐州"。徐州陷落，不唯威胁南京，且使蒋在与汪、冯的争斗中声价大跌。29日蒋亲临蚌埠督战，强令各军反攻，誓言不下徐州不回。8月2日，各军相继投入反攻，进迫徐州。蒋亲临玉龙山阵地督战，令王天培军为攻城左翼。王率部攻入城中三次，皆因正面和右翼之军久待不进，奉命撤出。于是，蒋恼羞成怒，将王天培抓了起来，当了替罪羔羊。蒋之诿过于王天培，亦有加罪于李宗仁之意，因王是李的前敌总指挥。

在蒋、桂矛盾发生、发展的过程中，何应钦都是一个关键性的人物。"四一二""反共"清党后，蒋介石以为卧榻之侧最大的威胁，莫过于桂系，曾密令何应钦设法加以剿灭。何应钦一时优柔寡断，瞻前顾后，没有执行，致使何、蒋关系恶化。何应钦不敢向桂系下手所虑有二：首先，当时蒋、桂力量不相上下，没有把握一举成功。其次，何应钦与白崇禧、李宗仁的私交不错，何不想无故翻脸。何曾为此专门面见蒋介石，陈说执行命令确有困难。何的考虑不无道理，是他一生现实持重、在"反共"目标下希望故交新知多多益善的性格起了作用。同时，"何应钦从广东率师北伐……黄埔军又交他统率，声望日隆；白崇禧是他的副总指挥（即东路军前敌总指挥），亦以在江西击败孙传芳功绩显著，桂系苍头特起；两人各具怀抱，渐相结合"。同入南京后，"适宁汉分立，和战争议纷纭，蒋坚主西征讨汉，而桂系主和北伐，相持不下"，何应钦亦支持北伐。蒋介石权衡利弊之后，虽也赞成北伐，但对桂系与何应钦的怨结更难解脱。攻下徐州后，蒋将第一军后撤，既保存了实力，又使桂系对何产生隔阂。不意桂系亦如法炮制，自动后撤，致有徐州之失。疑心太甚的蒋介石，虽不再提要何应钦剿灭桂系之事，却认为何已被桂系软化。

当时，武汉的汪精卫在与蒋的内斗中，采取"反共"急遽升级的办法，公开扯起讨共讨蒋的旗号。唐生智的《讨蒋通电》中，一方面痛斥蒋"于南京自立政府，擅开会议"，行"独裁之制"；另一方面，硬给蒋扣上一顶红帽子，反说"共党乱源"、"共产党徒之作乱，亦即中正之暗示"。这是汪、唐以其人之道还治其人之身的策略，企图将"通共"之罪名加之于蒋，又以自己"反共"的坚决而在宁汉斗争中争取主动。汪精卫等言出行随，任命唐生智主持东征讨蒋，以程潜为江右军总指挥、何键为江左军总指挥，沿长江两岸齐头并进。

武汉方面"反共"讨蒋双管齐下的办法，赢得了桂系的好感。何应钦亦成了武汉方面争取的重点人物。8月3日，唐生智、程潜、朱培德即致电何应钦、白崇禧，请"通力合作，共除凶孽"。何应钦虽不敢公然回电响应，但内心却希望这四面八方的压力能促蒋自省，对自己少些疑心，多些信任。在武汉东征军步步进逼的形势下，李宗仁、白崇禧与程潜取得联系，相约互不敌视，只欲武汉"反共"，于愿已足。至于南京方面，桂系实不愿武汉军队染指。何应钦见反蒋大势已成，就暗中支持桂系"逼宫"，目的是使蒋意识到自己即使不下台，但离了何应钦，也就失去了左右臂。

一向忠心于蒋的何应钦，绝非一般反复无常乘主人之危而拆台的人。他的那种"妾既将身嫁与"，却偏遭疑忌的愤懑，李宗仁的分析是一语中的的。李说："蒋介石是一个极端顽固偏私而嫉贤妒能的人。他对任何文武干将，尤其是统兵将领，都时时防范，连何应钦这样四平八稳的人，他都不能放心。总而言之，蒋氏一生，只知一味制造奴才，而不敢培植人才。"而当时的何应钦，与蒋介石之交，不过三年多时间，对蒋的认识尚差火候；对自己的认识，以为确有大将之才，棱角打磨也未尽圆滑。

对于桂系的"逼宫"，在沪、宁一带的国民党要人中，只有胡汉民、吴稚晖等人称"长衫佬"的党棍、政客和文官出面劝驾慰留。蒋自知无法恋栈，早叫陈布雷拟好下野文告，假意在8月7日召集了一个征求意见的会，检讨当前的军事形势及和战问题。蒋在会上又力言非先定武汉不能北伐，而白崇禧持异议力陈不可。李宗仁在会上介绍了武汉东征，说冯玉祥自居调停之人，而意在坐山观虎斗，而中国共产党发动了南昌起义，张发奎的第二方面军对南京的威胁似已消除，南京的主要威胁是唐生智所部，认为南京目前两面受敌，必须接受冯玉祥的调停，和缓武汉方面，才能集中兵力来对付长江北岸之敌。蒋对李的意见沉思有顷，才说："唔，唔，这个……这个……"半晌才艰难地挤出这句话："如果你们一定要和的话，那我就必须走开！"白崇禧接着说："总司令能离开一下也好，等到我们渡过目前难关后，再请总司令回来行使职权。"蒋一听勃然变色，但强忍住怒火，盯住何应钦，巴望他能说出自己的心声。岂料何把头低下，谁也不看，不吭一声。蒋拂袖而起，说："好，好，我就走罢！"武将们都愿蒋下台，蒋也就不得不走了。胡汉民、吴稚晖、蔡元培、李石曾、张静江等一伙"长衫佬"也陪同蒋一道下野。8月12日，蒋发表下野文告，宣布解除总司令职务，呼吁宁汉合作，并以军事委之何应钦及李宗仁负责，却又与胡汉民致电冯玉祥，请其主持津浦路战事，让冯成为何、李间的楔子。

蒋介石下野直接导火线虽系何应钦助桂系"逼宫"，但真正的原因就如蒋自己所说的那样，"其中情形复杂得很"。当时，武汉讨蒋之军步步进逼；津浦路上的战事每况愈下；汪精卫、冯玉祥又得桂系支持，将召开国民党二届四中全会，解决"党内纠纷"；何应钦、李烈钧等也落井下石……"概言之，要不出于失军心，失人心，及要树敌太多"。蒋采取"急流勇退"的政治赌博，自有深意藏焉。

（二）

蒋介石下野后，黄埔系的军队统交给何应钦指挥，但黄埔系的另一组织黄埔同学会——原由蒋亲自主持，现却交给在上海的朱绍良指导，以蒋所信任的曾扩情为秘书，并迁杭州进行会务。一方面团结在职的黄埔同学，保持和发展力量，以备蒋复职后驱使；另一方面收容失业失职同学，集中杭州，施以军事政治训练，作将来兼并非黄埔系的骨干。前后共收容了1000余人，编为一个总队，由贺衷寒任队长。在杭州的黄埔同学会便成了团结蒋的嫡系、牵制何应钦的一只无形的手。

蒋介石一到江浙，便选派黄埔军校毕业的军官，收编溃兵和招收新兵，组建了七个补充团。但蒋下野后不几天，李宗仁、白崇禧认为各军经过北伐，战力均减弱，与其成立补充团，不如将其兵员、装具、武器充实现有各军，以防孙传芳军南下。何应钦因这些补充团为蒋所建，且归黄埔同学会暗中主持，颇为犹豫。但李、白之言又在正理，只得说要征求一下朱绍良的意见。李、白采用了激将法，说何应钦连黄埔同学会都不能指挥，还能指挥整个黄埔系？于是，何应钦下令七个补充团一律撤销，充实各军。蒋介石闻讯，"大骂同学会不号召补充团在职同学加以抗拒，并说：'不得已时上山当土匪，也得把补充团保持下来'"。稍后，何应钦以第一军在进取沪、宁时未能大显威风，拟统统调往长江北岸第一线作战。黄埔同学会闻讯，即号召团长以上同学在朱绍良家开会，表示拒绝，何应钦如再强迫，当采取必要的行动进行抵制。何应钦此一打算，原想替黄埔系争光，但无意中将到手的重要防地拱手交出。后来，朱绍良找到何应钦，陈说利害，并告知何说，蒋下野之前，曾指示黄埔同学会，务必固结团体，保持实力，勿作桂系马前卒。何应钦才顿时省悟，大呼："差点上当！"因此，第一军不仅未开赴江北，最后还向沪杭线集中，以示黄埔系军队与黄埔同学会休戚与共。因此一事，使何应钦觉察到自己也在被桂系利用、排挤之列。

何应钦主动改善与黄埔同学会的关系，加以朱绍良与他私交甚好，渐渐得知了一些令他心惊肉跳的消息：当何应钦与桂系"逼宫"之时，蒋介石曾打算策动第一军兵变，以支持蒋留任，威吓何应钦和桂系。"但是他又考虑到面临的矛盾太多。如搞兵变，矛盾不仅解决不了，还会遭到更多的攻击"，何应钦才算无事。

蒋的离去，对何应钦确实起到非耳提面命所能起的"教育"作用，使何惶惑、后怕、懊悔，从而主动弥合与蒋的裂缝，更积极地为蒋效命。

从8月16日起，何应钦与第一军都不能再安处后方了。面对孙传芳军的步步紧逼，何应钦便与李宗仁商量，如何力挽颓势，"将第二路军的白崇禧部位于皖东，以应付皖北之敌，并对长江上游警戒。以第三路军李宗仁部位于南京附近，以应付津浦路方面之敌"；而何应钦的"第一路军位置于京沪一带，以应付运河方面之敌，担任乌龙山以东长江下游防务"。同日，何应钦领衔，撇开李宗仁、白崇禧，拉上杨树庄等将领联名通电，请蒋介石启节回宁，主持军事。通电中说："唯幸今之是非已明，曲直已判，讨共所以护党，人无异词，主义不可以曲解，事有教训，不祥之物，业已尽除，忠实分子，谋同一室，正赖钧座总领师干，长驱北上，竟此全功，完成任务……敬恳克日移节回宁，主持军事。临电依依，伏踵待命！"何应钦发出此电，绝非虚情假意以赎前愆，而是事逼至此，情发于衷。

蒋下野后，南京国民政府将国民革命军总司令部改组为军事委员会，"名义上指定何及李宗仁、白崇禧三人为常务委员，但实际上当时李宗仁、唐生智联合消灭何应钦的第一军的传说已（甚）嚣尘上。为避免这一不幸情势的出现，何已奉命将所部向南京以东的苏浙地区撤退，由李宗仁的第七军接防南京，何的总指挥部已移驻苏州，何本人暂留南京，只是代表蒋对李作一礼貌上的移交。李亦因礼貌挽留何在南京，甚至在军事委员会签发公文时，李也再三礼让何列首名，最后由于何严正的表示，李始负责签发公文"。

何应钦向蒋呼救的同时，不得不与桂系保持良好的合作关系，甘心屈居其后，既防孙传芳对南京用兵，又谋与武汉方面妥协修好。何应钦与李、白联名电请汪、唐讨蒋之军停止东进；汪精卫、谭延闿见蒋已下台，便顺水推舟，回电何应钦等："东下各军只有急难之谊，若有他图，岂复人类！请一意渡江作战，俾收夹击之效。"

8月20日，汪精卫、谭延闿、唐生智等武汉方要员前往庐山，与宁方代表胡宗铎面商，并电请何应钦和李、白前来会商。宁方虽明知武汉方仍以"正统"自居，但为了缓和腹背受敌的军事压力，只好默认，并推李宗仁到庐山赴会。冯玉祥亦派代表刘骥与会，商讨宁汉统一大计。而孙传芳也选择此时大举南侵，致有龙潭战役发生。

（三）

国民党军的内讧，正好被北洋军阀所利用。孙传芳与张作霖约定，在北、中、南三面同时行动：河北，威迫阎锡山；河南，进攻冯玉祥；津浦线，奋力南进。同时，渤海舰队南下助攻吴淞口，以壮军威。武汉方面拥兵自重的唐生智，明与宁方合作，暗与北洋军阀勾结，他通过蒋百里居间与孙传芳相约，意图夹击宁方之军于宁、沪、杭三角地带。

当时，忽传蒋介石由日秘密来电，谓第七军李宗仁与唐生智合作，对第一军将不利，令第一军速往浙江撤退待命等。时任第一军第十四师四十二团团长的贵州籍人刘汉珍深恐在南京的何应钦遭遇不测，乘夜车急赴南京报告。何认为此信不确，恐遭人离间，急忙电话通知沿沪宁线第一军团长以上军官，在各车站集合听候命令。何乃专挂一车厢，逐站传达，勿轻信谣传。若第一军真的往浙江移动，必将引起李宗仁之猜疑，而被迫采取联合唐生智之行动，其后果便难以逆料。

8月25日夜，孙传芳军突然趁北风浓雾，以主力两师之众由望江亭、划子口、大河口三处，向何应钦之防区乌龙山、栖霞山及龙潭一带实施强渡成功。第一军阵地均先后陷入孙军之手，守军全体向南京后撤。孙军跟踪追击，绕开第七军右侧，有直扑南京并包围第七军之意图。

偶然性在历史上的作用，又帮助何应钦等创造了"奇迹"。26日，李宗仁乘军舰由庐山返回南京途中，遭到孙军助攻部队的袭击，得以判断孙军主攻之意图，当即电令第七军之劲旅夏威部由乌龙山出击，拼死夺回栖霞山的一部分阵地。何应钦在南京因不明情况，无法组织有效的防御。更巧的是，白崇禧在上海原拟25日下午四时乘专车返宁，因商界集会相请而滞留下来，午夜，白的专车始由上海开出，至无锡时，于专车之前开出的煤车由于孙军破坏了铁路而在镇江倾覆。孙军于26日清晨占领龙潭车站，白崇禧只得在无锡下车，电令驻京沪路东段的第一军第十四师师长卫立煌率部就近向龙潭反攻，同时电令正自常州开往杭州的第一军第二师刘峙，回师往援。于是，何应钦、李宗仁、白崇禧自然而然形成中、西、东三点指挥。当夏威所部向栖霞山驰援时，何应钦也急调在南京之警备师一个团驰援栖霞山。26日，在镇江、高知之间，亦有大批

孙军南渡，而宁、沪、镇、高间的铁路及电讯交通俱已断绝。孙传芳号称十一

个师又六个混成旅倾巢出动。南京岌岌可危。

何应钦第一军的战斗力并不弱，其第一路军实力也在其他两路军之上，何以不堪孙军袭击？原因是蒋下野之后，曾暗示何应钦保存实力。何遂将第一军调至沪杭路一带。当宁沪吃紧，卫立煌师虽一度夺回龙潭车站，但孙军频频增援，轮番冲锋，卫立煌渐有不支。白崇禧又电令第一军第一、二、二十一师驰援。"据说沪杭路上第一军各师、团长曾开秘密会议，讨论是否服从白参谋长命令。会中曾小有辩论"，但最后众议"以南京危在旦夕，决定服从指挥，向龙潭进兵"。

8月28日，第一军援军未到，龙潭车站再度失守。孙传芳也由六合总部到龙潭水泥厂坐镇指挥。第一路军之第二、第十四两师因寡不敌众，几溃不成军。南京外围何应钦部负责守卫的栖霞山已为孙军三度攻占。当夜，李宗仁乘车到原第一路军总指挥部拜会何应钦。到了何的总部前的巷口，只见人声嘈杂，行李拥塞。何应钦也正在办公室内吩咐参谋整理文件和行囊，准备撤退。何见李进来，满脸忸怩，说道："德公这样早，我原打算到你那里去辞行，我要出城收容部队。"李说："收容部队，应由师长负责，何须总指挥亲自出马？"何说："你看，我的军队不能打了，我怎么办呢？总司令下野之后，军心涣散，他们不打，我有什么办法？"李说："首都存亡所系，你不能一走了事！敬公，你真要去，我可对你不客气了！"何应钦见李宗仁辞色俱厉，也感到如此一走，无异于临阵脱逃，丢掉南京，军心人心全失，前途不堪设想。于是叫副官："不走了，不走了。叫他们撤回来。"李宗仁晚来一步，也许何应钦已经走了。

何应钦稳定了情绪，与南京共存亡的决心也油然而生。他与李宗仁驱车前往军事委员会，与李烈钧共商反攻大计。在军委会内，何又以第一军不能打为由，要第七、第十九军为主反攻。李宗仁要求何将存放南京的七八百万发子弹拨60万发补充第七、第十九军，这批子弹由何应钦保管，须有他的签字才能领用。何在此生死未卜的关键时刻，也只给李宗仁30万发。他因无蒋介石的指令，胆小气小手面小的脾气，于此时也不稍改。

29日，何应钦亲自率第一军第二十一师两个团及警备团，前往麒麟门督师，宣布连坐法，并收容前方退入市区之先头部队，同时，派员持军事委员会命令到南京城郊，制止第一路军退却，并组织各部经东流镇向东阳镇以东之敌进攻。号令一出，军心复振。各机关暂停迁移，南京城内秩序也稳定下来。何应钦与李、白约定，次日东西两面同时夹攻龙潭。

当时，战况十分吃紧，李宗仁的第七军夏威、廖磊等部亦感不支。李怕何应钦要滑头，把电话打到何的指挥部，似有些动气地说："到底你们第一军要打不打？我们全部力量都用上了。"接电话的参谋长王绳祖却笑着轻松地说："德公，你晓得何敬公现在哪里？"李问在何处？王说："在东阳镇高地上。"李知道何已在第一线，便在电话上说了一句广东粗话："丢娘妈拼了！"遂令第七军死守硬拼，不得再退半步。战局开始好转。

30日拂晓，何应钦指挥第一路军的第二、第二十二、第十四师的一部，由东阳镇进发，会攻龙潭。白崇禧指挥的第一、第三、第二十一师也进抵龙潭附近；夏威、胡宗铎指挥的第七军、第十九军的四个师自栖霞山向东进攻。孙传芳的六万余精锐之师集结于龙潭一隅，依托龙潭以西的黄龙山，以南的青龙山、虎头山和东面的大石山、雷台山等高地，严阵以待。孙军渡江时，已效项羽"破釜沉舟"、韩信"背水为阵"之法，官兵只带数日干粮，相约入南京后再找饭吃。船只待部队渡江后，全部驶返北岸，以示有进无退之决心。孙军既已孤注一掷，又依托进退皆利的阵地，宁方各部皆处于为敌火力瞰制下的仰攻，争夺十分艰难。

由于杨树庄海军的协助，宁方截断了孙军从江北方面的增援。宁方各军奋战至下午三时，才将青龙、黄龙二山攻占。下午七时，何应钦率部攻下龙潭车站。战况转向于宁方有利。31日凌晨五时，孙军组织反攻，其势之猛，亦不亚于昨日宁方之军。自晨至午，何应钦等均在第一线督战，渐将孙军逼至长江南岸，实行包围歼灭。孙传芳慌忙登上小汽艇逃命，孙军已无力组织抵抗。到下午二时，未及渡江的孙部官兵，被俘者达四万余人。孙军渡江的六七万人，仅极少数逃脱，被宁方俘虏的师、旅长达数十人。宁方缴获甚丰，包括枪三万余支，炮数十门。而第一、第七、第十九军亦伤亡8000余人。这便是何应钦又一次引以为豪的"龙潭之役"。当然，第一、第七两军伤亡亦重。单是刚毕业的黄埔第五期之官佐，便死伤500余人。

蒋介石事后评论龙潭之役时曾说："此役关系首都之安危，革命之成败，在国民革命军战史上实占重要地位；而战斗之激烈，可与棉湖、松口、汀泗桥、武昌、南昌诸役相埒，或且过之。各将领深知此役关系之重大，均能奋不顾身，何、李、白三总指挥之果毅杀敌，夏师长之督攻黄龙山，刘峙师长之头部受伤，卫立煌师长之落水不顾，仍行指挥，均能表现军人奋斗精神也。痛定思痛，此后吾党同志，亟宜团结，勿予人隙，已毫无疑问矣。"

为了表彰何应钦在龙潭之役中的殊勋，1927年9月中旬，南京国民政府特颁赠他一面绣有"捍卫党国"四字的奖额给他。但是役也证明没有蒋介石掣肘，诸事都好办，何、李、白三人能坦诚合作。由此产生的何应钦与桂系合作，将不利于蒋介石，何应钦离开蒋介石，也能指挥黄埔系之类的传言，更引起了蒋介石的疑惧。何应钦之祸，也因此而起。

忍气失权　诚心皈依

（一）

祸福相倚，古今同理。乐极生悲，却未必人人遭逢。然而，这两者偏偏都要何应钦去感同身受。

龙潭之役后，早忘却了与蒋下野有关的芥蒂枝蔓，何应钦乘胜兴起，与李宗仁、白崇禧协力，以第一、第三两路军之一部渡江，对孙军实施战略追击。孙传芳化装成溃兵，狼狈向徐州逃窜。追击的宁方军队，分为左、中、右三翼，分向淮安、扬州、盐城及津浦路沿线疾进。

一日，何应钦沿津浦路催军前进，攻击孙传芳、张宗昌的直鲁联军。部署规定，次日拂晓攻击。何应钦率僚属十余人亲赴前线指挥。路过滁州时，雅兴突来，遂策马往游琅琊山，赏红叶，观醉翁亭。返指挥部后，时值天凉，何又改穿中式长袍，于灯下吟诵欧阳修的《醉翁亭记》，玩味"醉翁之意不在酒，在乎山水之间也"的意韵，俨然没有大战迫在眉睫之感。

9月11日，宁、汉、沪三方代表谭延闿、孙科、张继等25人在上海开会，商讨统一国民党党务。会议的大权操在桂系及西山会议派之手，汪精卫被排挤，一气之下，于13日宣布下野。16日，宁、汉合作，由三方共推出32名委员，于南京组成中国国民党中央特别委员会，并且改组了国民政府军事委员会。20日，何应钦与蒋介石等67人被推为国民政府委员兼军事委员会委员，何应钦还是军委会主席团的14名主席之一，蒋介石被推为军委会的首脑。而遭受冷落和排斥的汪精卫回到武汉以后，策动唐生智等成立武汉政治分会与南京的"特委会"对抗。

也是这天，蒋介石在几乎一致请其复职的呼声中，发表了《告黄埔同学书》。其中的斥责之声，虽泛指黄埔系，而实际上是猛烈敲打指挥黄埔系的何应钦。蒋说："现在我们已不能再讳言失败了。我们更不能把失败的责任专归于他人而宽恕了自己。我们同学应当一致反省，何以一往无前的胜利中会造成不可挽救的失败呢？第一个重大的原因，当然是全体同学意志不能统一，精神不能团结，不顾团体的重要，只逞私人的意气，同室操戈，自相残杀，这是我们最不幸的一点……清党难，清心更难。"何应钦如果能嗅出蒋介石这番话的弦外之音，亟谋亡羊补牢，或许蒋的火气能消减一些。但何应钦的迂缓迟钝和意气未尽，使他忘了在权力角逐中，修补与蒋的"政治"关系，远比军事上建功立业更重要的简单道理。

龙潭之役，大败孙传芳，令蒋介石高兴了一阵。高兴之后，蒋内心深处又涌起一股酸、甜、苦、辣、麻、涩夹杂的说不清究竟是什么滋味的气愤。何应钦与桂系合作，打败了孙传芳，岂不正显示了他前番徐州督战的无能？龙潭大捷之后一日，何应钦虽执行了他枪毙王天培的命令，但这种透过杀人的伎俩，自欺欺人尚可，想欺天下人，反倒欲盖弥彰。

有一点是令蒋介石欣慰的，何应钦和黄埔系仍是忠于他的。南京特委会排斥了汪精卫，"正统"领袖非蒋莫属。因此，他趁改组后的南京国民政府筹备北伐西征之际，放心到日本畅游，向宋老太太请求与宋美龄结婚。9月27日，何应钦在上海为蒋介石践行，蒋也表示谨领，何就以为风平浪静了。

10月7日，军事委员会决定西征讨唐与北伐奉张双管齐下，将各军分为五路，以何应钦所统辖的第一、第九、第三十二军为第一路军，分别由刘峙、顾祝同、钱大钧任军长，何应钦专任第一路军总指挥，与白崇禧的第二路军配合，共同北伐。到10月31日，原第三路军之第三十三军、第二路军之第四十军及新编第十军统归入何应钦之第一路军。

在此前后，张静江、吴稚晖等人尚为李、白所尊重，为排挤桂系，他们发表所谓"分治合作"的建议，向李、白及何应钦游说。其大意是把苏、浙、皖、赣、闽、鄂、湘、桂、粤等九省划作四个区域，名义上仍推蒋作领袖，实际上以苏、浙、皖归蒋直接统治，以赣、闽归何应钦，以鄂、湘、桂归李、白，而以广东给李济深。"彼此各治一方，开诚合作，以完成北伐任务，达到国家的统一。"何应钦和李宗仁都认为可以。张静江等派曾扩情携专函赴日本面蒋请示，蒋大悦，复函称："只要敬之听我的话，可同我一起，不必分开。"蒋的如意算盘是，如果能实行"分治合作"，桂系势力就得离开长江下游，何应钦的也就是蒋介石的，南京国民政府里也就没有桂系的立足之地了。

11月5日，第一路军从津浦路及怀远方面向北洋军攻击。40天中，连克滁州、明光、蚌埠、宿迁等地，于12月16日再度克复徐州，张宗昌仓皇逃遁。而西征军已于11月15日攻克武汉，唐生智先于11日以"休息"为名，宣布下野，流亡日本。

北伐、西征节节胜利之时，蒋介石见南京国民政府前景光明，并得到日本帝国主义的支持，于11月10日游日归来，一面紧张筹备与宋美龄的婚礼，一面积极进行复职活动。

12月1日，蒋介石与宋美龄举行了显赫一时的政治婚礼。3日，何应钦正在前线指挥作战，蒋介石在上海新居里召开了国民党二届四中全会预备会。会上虽然有汪派、反汪派与桂系之间的争吵，汪精卫感到力有不逮，便抢先提出请蒋复职，拉蒋为反桂系的奥援；李宗仁唯恐蒋、汪结合，自己反被孤立，便倒打一耙，更称汪之拥蒋是反复无常，而自己拥蒋是一贯的，既真且诚。此时，阎锡山、冯玉祥促蒋复职的电报，也到了上海。这个预备会终于作出了请蒋介石复任国民革命军总司令职的决定。但汪精卫、胡汉民不除，蒋介石即使重新当上总司令，要一统党务、政务、军务也是不可能的。蒋介石特别擅长制造机会和利用机会，赶走汪、胡的机会不期而至。

12月11日，中国共产党领导的广州起义爆发。消息传到上海，震惊之余，反汪派一口咬定广州起义是汪精卫和共产党合演的双簧。桂系以武力威逼，蒋介石又耐心"劝告"，汪精卫只好亡命法国。汪精卫一走，汪派失去主心骨，蒋介石乘机将汪之出国归咎于胡汉民等。拥蒋派也好，拥汪派也好，桂系也好，总愿对手少一个好一个，纷纷随蒋攻胡。经不住这种墙倒众人推的挤压，胡汉民、孙科、伍朝枢也负气远走西洋。国民党的大权只有让蒋独揽了，但在这关键的时候，何应钦没有给蒋起丝毫的积极作用。

（二）

蒋介石的新婚蜜月与复职喜事双双降临，各地拥蒋复职的通电也日必数起，唯独不见蒋视为心腹的何应钦及其嫡系属下的通电，这使蒋极为难堪，蒋对何的旧恨新怨被点燃了。

一天，李仲公在南京接到蒋介石总司令部秘书长邵力子的一封信，说蒋介石有要事请他到沪一谈。李到上海，蒋即委他复任国民党中央政治委员会书记长，并问他："你见了敬之没有？"李说："敬之已来沪，但未见着。"蒋一听何应钦在上海，便拉下了脸，声色俱厉地说："现在冯焕章（玉祥）、阎百川（锡山）对我的拥戴电已经发出，我准备即日入京，为什么他还不发！你去问他，他在打什么主意？"李仲公当时是在何、蒋之间双双走红的人物，与何应钦尚属老交情，知道事有不妙，赶紧替何解释："没有别的，这正证明敬之对于政治感觉之迟钝，我就去催他立刻发出好了。"蒋说："好！"李仲公到环龙路何应钦的住宅，把蒋召他到沪的事告诉何应钦，并说："他专等第一军将领们的拥戴电入京，冯、阎都发了，你何以还未发？"李把蒋介石发火的情节隐瞒了，何应钦逞着那股执拗古板劲，说："我就不像他那套独裁专制的作风，第一军发拥戴电，我得先问一问经扶（刘峙）、墨三（顾祝同）等前方将领，因为他们的复电还没有到，故而未发。"何应钦说的是实话，他对待原第一军的亲信们，从没摆过架子，与蒋的独断专行、颐指气使恰成鲜明对比。但他发拥戴电却要先征求也是蒋的心腹的刘峙、顾祝同、钱大钧等的意见，这种无主见无定见的"民主"、婆婆妈妈的迂腐，常常使蒋疑心他别有所图。因此，李仲公只得对何应钦晓以利害。李说："他上次因为健生（白崇禧）逼他走你未曾支持他，已经对你不满了，你这样做，岂不更增加了他对你的疑心？黄埔军和你都是他的灵魂，你发电还要征求将领们的意见，这个理由，怎好拿去回复他。我看，你今天必须把电发出才好，否则……"何才不自然地说："好嘛，就请你代我拟一电好了。"

12月20日，何应钦发出由李仲公代拟的通电，说："介公远引，群失景从，军事进展顿形迟滞，逆军南犯，首都濒危，虽幸赖总理之灵，各军协力，化险为夷，河山无恙。然北伐之师，久稽申讨，残余军阀，犹可苟延……当此徐州克复，顾瞻前途，难安缄默，认为当务之急，首在完成北伐，欲完成北伐，必须统一指挥，果使军事胜利，军阀悉除，则对外一致力争，不难废除不平等之条约；对内各抒己见，亦有从容讨论之可能。党国兴亡，关系系此。用谨以至诚，请蒋总司令以党国为重，总领师干，东山再起，完成北伐。"

1928年1月4日，蒋介石在南京复任北伐军总司令。2月3日至7日，国民党二届四中全会在南京召开，何应钦仍被推为军事委员会常务委员。会上，何应钦还提出了一个《保障革命人员工作及军人人权案》，目的虽在提倡有难同当，有福同享，平息各派实力人物之争，减少严重的上下左右间的摩擦，但蒋的疑心未除，总以为何应钦所说的"军人人权"有些指桑骂槐，惩罚之念油然而生。2月9日，蒋介石并不告知何应钦，径自以军事委员会主席兼国民革命军北伐全军总司令名义驰赴徐州的总部，撤了何应钦第一路军总指挥的职，将其调任总司令部参谋长。次日，又叫陈立夫通知兼任交通部次长的李仲公赴徐州，并说，如果交通部部长王伯群同去更好，且已备有专车等候。李料定是何应钦的事发了，赶紧到斗鸡闸寓所找正在病中的王伯群商量。在王伯群家，忽又接到何应钦夫人王文湘从成贤街何应钦住处打来的电话，说不知何故，她们家住宅的卫队全被撤走。而此时，何应钦尚在城外打猎未归。待将何找回，一听原委，何面对王伯群、李仲公，火气也就上来了。他说："老蒋对我究竟是何意思？他昨夜到徐州去也不通知我，调我为总司令部参谋长，把我的面子丢尽。不管怎样，我决不就任，听候他发落好了！"经李仲公、王伯群好说歹说，总算使何应钦的情绪平定下来。何应钦清楚，蒋对他的亲信，可谓"爱之加膝，恶之坠渊"，惹恼了，蒋有什么事做不出来？要硬顶，是顶不过他的。蒋对何不放心的，不就是何与桂系尚能团结协作。好在何应钦的忍性和韧劲极强，别人咽不下去的气他能咽下去，最后拜托李仲公一切替他转圜。

李仲公到了徐州，编排了一通话替何应钦掩饰，说何应钦听说调他做参谋长，他痛引自咎，一切唯总司令之命是听。蒋介石认为何应钦就职就好，并激昂地说："你去告敬之，不要打错主意；上次白健生逼我，如果他说一句话，我何至于下台。他要知道，而且必须知道，没有我蒋中正，决不会有何应钦。他怕白崇禧，难道就不怕我蒋中正吗？这次的拥戴电，他竟迟迟不发，是何居心？现在桂系向北方大肆宣传，说我已不能掌握黄埔军队，能掌握的只有何应钦……所以，我就来前方试试看，我究竟能不能掌握黄埔军。"蒋还一再重复："没有我就没有他，他必须知道。"甚至气头之上说出了"叫他滚出洋去吧，看我离了他行不行"之类的话。制怒之道，莫过于柔软。李仲公只好尽量说何的不是，说他"不懂政治，不识革命环境，头脑简单，行动迟缓"，并担保何不但没有，也不敢有异心。他还打了一个既合乎何应钦性格弱点，又投合蒋的喜好的比喻，说："敬之跟随你多年，他的个性你当然知道，他对你确是忠诚不贰的。不过，由于才庸性缓，譬如，他是你的两臂，一举一动，本来应该是听头脑指挥的，而他也确实是听你的命令的。但受了才力的限制，你命令他两臂同时动，并在一定的时间内向着一定的方向达到一定的距离，他动是动了，却只动了一臂或则两臂都动而动得极慢，甚至有时迷失了方向乱动起来：在这样的情况下，在他是以为听命的了，而在你则看他是不听指挥，甚至认为他是有异动的嫌疑了，然而他确是对你忠诚的。这就是敬之近来行动失当和犯错误的病根所在。所以，我敢保证他是不会有异心，更决不敢有异心的。"于是，蒋转怒为笑，并说，他因离部队久了，第一军的军风军纪日渐废弛，待他把部队"整理"好了，成立第一集团军，还是叫他回来随同北伐。并说："敬之对政治认识不清，你须同伯群多帮助他才好。"还提笔写了一封20多页的长函，要李转交何。李在车上展开这封长函细看，其中历数何、蒋同生死共患难的经历，并有"我是准备以总理交付我的责任交付你的"等最亲切动人的话，当然，也从"政治""团结""前途"上训导了一番，并许诺"待我将部队整理就绪，仍然请你回来统率"。但车行至第三站时，蒋介石又派副官到车上把信取走了。

李仲公转回南京，隐瞒了蒋介石那些愤激噫人的话，仅将信中一些甜言蜜语转达何应钦，何也就变恼为喜。2月13日，何应钦向蒋发去一封请辞第一路军总指挥的电报，谓"钧座出巡，士气百倍，北伐完成，指顾可期"，并提议撤销第一路军总指挥部，将其所辖十余军改为数路或数纵队，"所有各路或纵队即请钧座就近直接指挥……而应钦亦得仰体钧意，专心后方事务"。这样，既遂了蒋意，又自设了台阶，总算将大事化小。

2月22日，蒋介石正式任命何应钦为北伐全军总司令部参谋长，留守南京。何应钦当日就通电就职，不过，请了两个月"病假"，在上海住下来。

这倒让何应钦能忙里偷闲，享受一下生活的乐趣。他喜欢打猎，认为这是军人训练基本功的妙法。每逢节假日，天方露曙，何应钦便着军装，披斗篷，驭骏马，荷枪携犬，驰骋郊野，行猎解闷，并常以猎获之麂、兔、野鸡等，佐以美酒，宴请部属或客人。

何应钦医治心病，除了打猎、跳舞和到王伯群家消愁外，偶然由于夫人的动议，前往参观基督教堂。教堂内悠扬悦耳的风琴声、闪烁迷离的烛光及钉在十字架上的耶稣圣像，给人以神秘、静穆、安适之感。历来相信命运，信奉多神的何应钦，对蒋介石与宋美龄一日之内举行两次婚礼，既有中国传统色彩，又富西洋风味，当时还觉怪异。此刻，他从蒋介石的皈依基督教及婚礼中受到启迪，感到神多麻烦也多，跟着蒋介石信奉基督教，岂不更好？从此，他加入了基督教礼拜的行列，把天上的神和世间的"神"合一了，认真"清心"，体验"没有我蒋中正，就没有他何应钦"这句话的真谛，并与《圣经》中的旨意加以比附。从此，"笃信基督，伉俪从同，祈祷灵修，数十年不稍懈"。

假期未满，蒋介石4月7日誓师北伐，何应钦也欣然回到南京，担任"留守"。在蒋、冯、阎、李（宗仁）四路纵队的进攻下，6月2日，张作霖通电退出北平，次日在皇姑屯被日军炸死。8日，阎锡山所属第三集团的商震部首先攻入北京。这年12月，张学良在东北易帜。蒋介石的南京国民政府宣告全国"统一"。

蒋介石"入壁夺符"，释了何应钦的兵权，使何、蒋关系由信到疑、由合到离。但经过短暂的剧烈摩擦和尔后长期的调适，何、蒋之间生死与共的关系却更加坚硬牢固。何、蒋这一次的矛盾爆发，有如他俩关系的"淬火"，利大于弊。如果说此前何与蒋之间，除了以利相交，还有情作维系外，那么，此后，情感虽罩上阴影，但却转换为一种利相同、习相近的理解。当然，何应钦付出的忠诚、勤谨、辛劳与蒋的宽大、畀予，并不成比例，恰又是这种"但问耕耘，莫问收获"的表现，使以后出现的何、蒋关系隐藏了许多奥秘，令非嫡系垂涎、嫡系不解，任凭倾轧、挤压，何应钦总是构成蒋介石权力怪圈中的重要一环。

戴孝图功　助蒋统一

（一）

蒋、冯、阎、李四支军队联合攻下北平，宣告北洋军阀统治的结束，但他们利未尽而交已恶，很快又互成仇敌。在这种状况下，蒋介石是不放心把自己的全部资本交给何应钦经营的，因而并没有履行诺言，依然使何应钦处于上不沾天、下不着地的悬空状况。"友情"，本是应在政治斗争的词典中删除的词汇，自然不会给何应钦的处境带来改善。何应钦需要遵依蒋介石的指导，承担起既无实权，又无实惠，而且要触犯以冯、阎、李为主要代表的各地方实力派大忌的苦差。对何应钦来说，对天堂的基督可用虔诚的忏悔求得宽恕，而对身边的"基督"必须用切实的行动才能赎罪。何应钦执行蒋所不欲而强施人的《军事善后案》和《军事整理案》削弱了冯、阎、李的兵权后，才求得蒋的重新信用。

1928年6月28日，在上海召开的全国经济会议上，宋子文、吴稚晖等公开提出《请政府克期裁兵从事建设案》，通电裁兵，并言必须立刻停止招收新兵。蒋介石也随之开动宣传机器，刮起了裁兵的旋风。军队是军阀的命根子，蒋、冯、阎、李之间，以及何应钦与蒋介石之间的亲合离分、明争暗斗，归根结底都牵连在这军队的身上。这类似削藩的裁军、军缩，风源在蒋介石，而兴风狂啸者，何应钦是再好不过的人选了。首先，他有战功，有声望，曾经统率过黄埔嫡系及当时第一集团军的前身；而今，他孑然一身，除警卫之外，无一兵一卒，正好以超然的姿态来裁别人的军队。其次，何应钦虽被视为蒋的嫡系，但他是贵州人，与云、贵、川、湘、桂、粤地方实力派有渊源关系，不是南京国民政府核心——江浙集团中人，由他出面，可避免有江浙集团借裁军以营私之嫌。再次，以何应钦主持裁军，既可考验他对蒋介石的忠实程度，又可离间他与冯、阎、李等的关系。因此，何应钦主持所谓"国军编遣"，并不能仅仅看做仍受蒋的冷落，而在这冷落之中，又蕴含着蒋的期许与信任。

何应钦对待裁军强兵、撙节经费之事，是极其认真的。当时的客观情势是兵多且滥，民不堪负担，国家财力更难承受，如能真正实施，确是利国福民之事。但不独蒋介石，而且任何一个统兵大员都不愿裁自己的部队，谁掌管裁军大权，自然就主要以自己的利益为归依。因此，无论何应钦真心实意还是三心二意，都得按蒋介石的思路，使裁军成为蒋蔪除异己的借口。这就注定了裁军计划的失败及其偏私狭隘的一面。

6月30日，在南京召开的全国"军缩会议"上，何应钦在报告中指出："全国现有军队两百余万人，每年所耗军费八万万元，但全国收入仅五万万元，全部支付军费尚差三万万元。自须缩减军额以节开支。"何还宣布了蒋的裁兵办法要点共11条，主要内容是：各总司令部一律取消；国军定额60师以下；新军制以师为单位；划一编制，统一训练；设编遣委员会，蒋任主席，何副之；另编宪兵20万等。裁军及其具体办法，在当时确有其既合理又紧迫的一面。何应钦首先召集第一集团军各将领举行军缩会议，各将领"咸欣然悦从，争请先自裁减，通电全国以为首倡"。嫡系的第一集团军将领对蒋裁兵的奥妙洞若观火，因而心领神会，这给冯、阎、李无形中增加了压力。

何应钦全力以赴实行的"军缩"，其性质、作用、反响都是双重的，它有顺乎舆情、民意、国力的一面，又有欺骗性、空想性的一面。社会舆论片面以为中国自辛亥革命以来，祸乱之源，刮削之重，全在于兵多而又不统一之故，因而不乏附和之声。但蒋介石要何应钦裁别人，留自己，或多裁别人，少裁自己，使各实力派首领失去或减少与蒋抗衡的资本，这首先就碰到了实力仅次于蒋而同样有私心的冯玉祥有理、有利、有节的反对。冯早在北平与蒋、阎、李等酝酿裁兵时就提出过六条意见，归结为32字方针："互相原谅，互相补助，大局安好，个人蒙福，切戒挑剔，切戒猜疑，不慌不忙，合而为一。"

冯的建议，部分可为蒋利用；阎、李害怕蒋、冯联合，自然要反对。

8月8日，国民党二届五中全会在南京开幕。何应钦代表国民政府提出《当前军事整理方案》，而各地方实力派则竞相提出另一套于己有利的修正案。

何应钦主张精选精锐，编成国军50个师，或先编60个师，再加以收束；择优改编宪兵20万人，直隶中央，分拨各省。而冯玉祥提出编遣原则更具体，即是"强壮者编，老弱者遣；有枪者编，无枪者遣；有训练者编，无训练者遣；有革命功绩者编，无革命功绩者遣"；冯还主张第一、第二集团军各编12个师，第三、第四集团军各编八个师。蒋不愿冯与自己平分秋色，而阎、李更不甘屈居人后。蒋主张第一、二、三、四各集团军各编11个师，另设中央编遣区，亦编11师，使冯、阎、李拉平，而他独多11个师。争执不下，冯要蒋谈一谈第一集团军的具体编遣计划。蒋把球踢给何应钦。"何氏起立，说了些不着边际的话，未提到任何具体方案。冯氏颇有不悦之色"。

散会之后，除何应钦想真正裁减一点之外，人人均持消极态度。蒋的第一集团军，虽说至9月25日已通报裁减了10万人，但嫡系未受毫毛之损，杂牌大抵裁并。冯玉祥回到西北，借纪念两年前他的"九一七"五原誓师，发宣言，搞阅兵，举行提灯会，显然是向蒋作武装示威，但向蒋介石报告裁减了12万。阎锡山不吭不哈，在大同加速整顿他的第三集团军，组织训练部队，提高战力，却报告已裁七万人。桂系表面毫无异词，也说裁军五万。何应钦成了"磨心"。

这次何应钦为蒋卖命，使蒋何关系的气温开始回升，10月1日，何应钦被任命为浙江省政府主席。10日，又被任命为16名国民政府委员之一，仍负责"国军编遣"。按编遣计划，云、贵、川虽暂不实施，但亦应裁军。何应钦首先选择人多兵多派系多的四川为榜样。国民政府任命刘湘为川康裁编军队委员会委员长，刘文辉为四川省主席，以表示川军"统一"于中央，也愿遵命编遣。

全国军队名目既已统一为国民革命军，便要统一训练，使"国军"成为蒋军。10月18日，蒋介石宣布军事委员会结束，成立军政部、参谋部和训练总监部，以何应钦为训练总监部总监，不再兼任浙江省政府主席。

1929年1月1日，经过何应钦苦心筹备，"国军编遣会议"在南京开幕。何应钦、蒋、冯、阎、李及朱培德、宋子文等军政大员60余人，由文官古应芬监誓，肃立孙中山像前宣誓道："敬以至诚，宣誓于总理灵前：委员等遵奉总理遗教，实行裁兵救国。对于本党之一切决议，竭诚奉行，不敢存丝毫偏私、假借、欺饰、中辍之弊。如有违犯，愿受本党最严厉之惩罚。谨誓。"仿佛个个都愿甘当裁军祭坛上的牺牲，但事实上各有各的打算。唯独何应钦是大忙人，除了会上作报告，又在《中央周报》发表《全国军缩经过》的文章，还在中央电台作《国军编遣实施之意义》的讲演，大谈"要挽救国家危亡"，"要解除民众痛苦"，"要提高军人地位"，"要实现真正统一"，"要根本消灭内战"，"要保持社会治安"，"要充实国防力量"。冯玉祥则代表阎锡山、李宗仁、白崇禧等人提出动议："刚刚打完仗，不是编遣军队的时候，应当先休整一个时期再编遣。"蒋介石见法不治众，只好顺水推舟，予以接受。开了26天的马拉松式的编遣会议不了了之。这次编遣会议的流产，怪不得充当"接生婆"的何应钦，只因先天怀的就是一个怪胎。或者由于船上的人乱划桨，而船下的何应钦就是折断腰，拉断纤，裁军之船也只能在原处打转。

（二）

由于编遣方案不公，引发了蒋桂战争。1929年2月，桂系命叶琪、夏威率兵袭击长沙，逐走湖南省主席鲁涤平，制造了"湘案"。蒋借此作开衅理由，事前策反李明瑞阵前倒戈，瓦解武汉李宗仁部；囚禁李济深，撤散粤桂联盟；扶持唐生智，打击白崇禧。何应钦替蒋出面，拉拢冯玉祥出兵六个师，许诺打败桂系后给冯行政院院长和两湖地盘。何利用云、贵、川的地方实力派极思扩张的心理，要四川出兵攻鄂，云、贵出兵攻桂，陷桂系于四面楚歌之中。3月26日，国民政府下令攻桂，蒋介石自任总司令，何应钦为总参谋长。这似乎是给何应钦一个洗刷前愆的机会。在28日召开的国民党三全大会上，何应钦被选为中央执行委员，并直接指挥部队向武汉的桂系主力进攻。经过一番战斗，到4月

5日，胡宗铎、陶钧、夏威三员桂系的战将联名通电下野，部队听候何应钦委人改编。李宗仁、白崇禧兵败逃回广西。第四集团军未被编遣而被打垮。

桂系败北，蒋介石对冯玉祥装聋作哑，命何应钦坐镇武汉，将桂系残部改编为六个师，并负责整理两湖"党务"。冯受欺骗，本已愤怒，加之蒋介石又以巨款收买冯部的韩复榘、石友三叛冯。冯、蒋之战一触即发，蒋介石拟兴师问罪，冯便抢先开战。

5月22日，何应钦奉蒋介石之命，由武汉乘飞机抵南京商讨攻冯事宜。刚下飞机，何便对记者发表谈话，攻击冯玉祥，说他"破坏平汉、陇海两路"，"阻止中央军前进，俾构筑坚固防御工事，坚守半年以上，以待苏俄经济械弹之接济"等。于是，冯玉祥"勾结苏俄，反叛中央"已成定谳。次日，蒋介石操纵国民党中常会，决议将冯永远开除党籍，革去党国各职。当天，何应钦与蒋介石"谈至深夜，始返私宅休息"。24日，蒋下令通缉冯的同时，委派何应钦为武汉行营主任，做讨冯的准备。27日，冯玉祥通电下野。

9月15日，何应钦之父何明伦在兴义逝世。消息传到南京，何应钦立即向蒋介石呈辞本兼各职，准备回籍奔丧。但蒋正要与冯玉祥、阎锡山公开武力较量，怎能让何应钦借故抽身。蒋亲自到何的住处慰问，并退还辞呈，"勖以移孝作忠"，给假守制，在南京设奠，"以尽孝思即可，不必拘丁忧旧制，使党国蒙受影响"。何应钦无奈，只好将儿子对父亲之孝，移作臣子对人主之忠，打消了奔丧之念。何应钦唯恐因此未尽人子孝亲之礼而被讥于时，特派专人往访胡汉民。胡以元老加长辈的身份，建议何应钦，谓中华民国的正式礼制尚未颁布，因此守制之丧服亦无规定，不若斟酌情势，择一俭朴而能表示哀悼之形式进行。何应钦颇重视"忠孝两全"，不愿因大操大办丧事引起非议，因而依"礼与其奢也宁戚"的古训，在南京守制行礼。既合传统，也符时势，更遂蒋意。

10月10日，冯玉祥部将宋哲元、孙良诚等28人通电推举阎锡山、冯玉祥为总、副司令，由潼关出兵讨蒋。蒋介石一方面利用唐生智与冯玉祥的矛盾，要唐部进攻冯部。另一方面，又不顾何应钦已请假守制，令其往开封前线指挥作战。何应钦毅然决然戴孝图功，亲赴开封行营，指挥整编为13个师的原第一集团军及收编桂系及各地方武力约12个步兵师，抵御阎、冯的进攻。10月26日、27日，是预定在南京毗庐寺设奠公祭何明伦的日子，何应钦于事前才赶回南京。何应钦此番夺情为蒋，使蒋大受感动，蒋介石为首，亲率谭延闿、胡汉民、戴季陶、林森、古应芬、于右任等组织治丧委员会，"开吊之日，素车白马，哀荣一时称最"。各军政要人的挽联、像赞布满灵堂。蒋介石为何明伦题写的像赞中有"兴学造士，练团卫州。革命军起，命子相投，日毋内顾，党国是忧。子唯而出，十葛十裘，功垂竹帛，伊吕与俦。遗像清高，光动斗牛"等赞词，既赞死者，也赞何应钦。11月12日，何应钦又亲赴太原，代蒋介石与阎锡山会商。结果，阎被收买，从中掣肘，使冯的西北军被蒋军打败。

不几天，粤桂反蒋战火又起。12月25日，何应钦马不停蹄地率领数师精锐驰赴广东，就任广州行营主任，主持对桂系及张发奎的作战。不到一月时间，粤桂战事结束，桂张军失败。

12月19日，何应钦凯旋返沪。21日在南京受蒋召见，嘉许备至。喘息未定，蒋又要他即日启程，赴武汉主持已经开始的"讨伐"唐生智的战争。

1930年元旦，因何应钦连年征战，大有"三过家门而不入"之慨，国民政府颁授他一等宝鼎勋章。嘉奖电传到武汉，有如命令一般，何应钦闻风而动，几乎是"枕戈待旦"。1月2日，何应钦意气风发，催令三军，冒着大风雪出击，直攻至驻马店附近。饥寒交迫的唐生智部无力与战。8日，唐生智派代表向何应钦投降。13日，何应钦的中央军将唐生智部在毫无抵抗的情况之下解除武装。讨唐之役轻而易举又奏全功。

在何应钦的一生中，确有"祸不单行"的时候，但更多的是"福能双至"。早在1929年9月27日，国民党中央常务委员会决议任命何应钦为中国童子军总司令。但恰逢其父逝世，北方战云密布，他无暇亦不屑顾及这虽有世界影响却无丝毫实惠的荣衔。但这毕竟是一种增添光彩的任命，因此，何应钦选择唐生智投降这天宣布就任中国童子军总司令，以示喜上加喜。

更有喜者，而且来得如此之快，何应钦自己也始料未及。当他处理完唐生智残部收编事宜返回南京不久，蒋介石给了他最高的奖赏。3月3日，何应钦当上了军政部部长。自此以后，不论国民政府多次改组，何一直在这集国民党军政军务于一身的重要位子上任职15年之久。得之既不易，守之则更难。就任之日，何应钦对属下发表了一通慷慨激昂的演说，认为"武力是国家生存和发展的保障"，"中国军政尚在萌芽"，军政部必须"能为全国军队楷模"。他同时宣布了自己主持军政部的三点办理方针："1．完全遵据国父遗教，绝对奉行国家的法令。2．用人必须以人才、资格、成绩为本位，按照陆军官佐任用条例来办。3．必须注重廉洁，实行经济公开。"

在用人方面，何应钦遵章守规，难徇私情。对自家亲属、同乡，也既注重学籍，又注重劳绩与资历。其四弟何辑五没有高级军校学历，屡次有人报用，何应钦都出面挡住，硬要他进了陆军大学将校班。其五弟何纵炎，北伐时曾任过中校军需官。因无军事才能，何应钦要他去读大学，然后留美。其侄何绍周，当了团长以后，何应钦又叫他留学日本，再考陆大。以后屡屡升迁，虽与何应钦有关，但因他有初、中、高三级军校的学历，又不乏实战的劳绩，故少有异议。贵州人在国民党军界经何应钦保荐或批准成为高级将领的，如宋思一、陈铁、刘汉珍、牟廷芳、王伯勋、张涛、林光亚、戴之奇、韩文焕、韩文源、王文彦、龚愚、王景渊等，都和何绍周等情况差不多。文官方面，何应钦所认可并与之有关的贵州人，必须留过学，或有大学、专科以上学历，如傅启学、叶纪元、张志韩、刘建群、何朝宗、何梦麟、王漱芳、史维焕、谭克敏、袁慕辛、刘燧昌等。

何应钦职位越高，越小心谨慎，有时"连用一个营长都要签请批示；至于黄埔学生之进退，更是要通过蒋所直接领导的'黄埔同学会'的核心组织才敢签呈"，而关乎"党国大针，更只有匡逢将顺，不敢随便开口，妄持议论"。

至于廉洁与经济公开，在国民党官场中，何应钦的确素有好名。纵然是政敌，也暗自叹服其一生虽无子嗣，终未娶小，亦不沾女色，讥之"惧内"。经济上，虽也是家财万贯，却也被人视为"藏富崇俭"。这在国民党官场中，确属难能可贵。

（三）

正当何应钦与蒋介石弃嫌修好，决心以军政的统一为前提，从事军政的整理，改变40年来省自为政、军自为风、处士横议的积习，创建国民党军政体系之时，躲在山西秣马厉兵的土皇帝阎锡山，以为蒋介石的中央军已先后与桂、冯、张（发奎）、唐（生智）开战，虽获胜利，必然将疲师老，无力再对付他了。于是，他打出"整个的党，统一的国"的幌子，声言反对蒋介石独揽大权，用武力消灭异己，借统一而行独裁。并以"礼让为国"的美名，企图使踌躇满志的蒋介石下野，至少与他分权。阎锡山函电纷驰，发动了一场"电报战"。拥有一定武力的阎锡山此时亮出反蒋旗号，那些在军事高压下暂时蛰伏起来的各地方实力派头头们，纷纷派出代表到太原，拥戴阎为反蒋领袖。早被蒋介石纵横捭阖、三刀两面的诸般手段打得落花流水的以汪精卫、陈公博为首的改组派，以邹鲁、谢持为首的西山会议派也耐不住寂寞，派员北上，推动阎锡山挂帅反蒋。阎锡山不仅取得了因他的出卖而反蒋失败的冯玉祥的谅解，而且联络了河南、山东、安徽境内的一些"杂牌军"作盟友，并得到李宗仁、张发奎等人的支持。3月14日、15日，原第二、三、四集团军将领鹿钟麟、商震、黄绍竑等50余人联合通电反蒋，历数蒋介石专制独裁之类的罪状十端，推阎锡山为中华民国陆海空军总司令，冯玉祥、李宗仁和张学良为副总司令，领导反蒋。反蒋联军其势汹汹，共组编成八个方面军，而充当主力的西北军、晋军已悉数动员起来，开赴陇海、平汉、津浦各线。南京国民政府又面临一次覆巢的危险。4月5日，蒋介石以国民政府名义下令讨伐阎、冯。于是，爆发了蒋冯阎中原大战。这一次战争，直接的诱因仍是由何应钦所执行的蒋介石的"统一"和裁军。

战争初期，蒋方形势不妙。陇海线上，刘峙的第二军团败退到山东西南；平汉线的蒋方"杂牌军"被冯军击败，退向漯河；津浦线上晋军轻取济南；桂军攻入湖南，占领长沙、岳阳。蒋介石在徐州设行营，坐镇指挥，但险些在朱集车站的火车上束手就擒。

战端未启之时，何应钦权充"苏张"，四处游说；战幕揭开，何应钦代蒋坐镇武汉，四方策应。当6月4日李宗仁等部兵陷长沙，分两路北进时，蒋军的岳阳、平江先后弃守。当时，武汉守备之军既少又非嫡系精锐，如果李宗仁、张发奎的桂军乘虚疾进，直扑武汉，此后的战局或许会是另一番模样。

6月15日，蒋介石命令何应钦统一指挥湘、鄂、赣、粤各军，稳固华中、华南战局。在蒋军处于劣势的情况下，多年与何应钦似乎绝缘了的"异常坚忍的镇定个性"又复归其身。他下令在长沙败退的何键所部不得撤往武汉，而向湘西集结，绕道袭取长沙；同时，抽调武汉守备部队两个师，占领贺胜桥、汀泗桥；又命广州北进的蒋光鼐、蔡廷锴部急速前进至衡阳，截断李、张军后路。6月17日，何应钦所指挥的军队攻下长沙。战局开始转换。

何应钦在武汉的"这一部署，大使张、李迷惑，因为他们深知何的个性很谨慎，如果不是武汉防备严密，为什么不让何键军退集武汉以增加力量？以是踟蹰不前，何遂争取了余裕时间；自广州轮运至上海的粤军也转轮到达了，武汉守备力量从此增强，蒋光鼐及何键部也如期到达攻击线。李、张军不仅失却时机并且腹背受敌自主动转为被动，遂遭遇空前惨败"。谨小慎微的何应钦，偶尔唱一出"空城计"，虽是"圣人不得已而为之"，但却也反映出他心细中不乏胆大。

正当蒋冯阎大混战之际，彭德怀率领的红三军团袭取长沙，击溃何键所部30里防线。何应钦下令"分兵围剿，再克长沙，更下令总攻湘、赣共匪"，一肩挑起了为蒋介石在中南消灭异己和"反共"的两项重任。何应钦在湘、赣对红军的进攻，成为尔后连续五次对红军发动"围剿"的序幕。蒋介石称何应钦此举"扭转了情势"，"南方的危机，乃为之消弭"，可集中兵力对付北方的反蒋联军。

10月9日，陇海路上蒋军获胜，蒋介石班师回京，便派何应钦为郑州行营主任，主持中原军事及处理西北善后。

当9月间津浦、陇海路战事紧张之际，改组派和西山会议派齐聚北平，以汪精卫为首"依法"召开国民党三全大会，又以阎锡山为主席，组成"国民政府委员会"。然而，北平所组成的排斥蒋介石、胡汉民等的中央党部和"国民政府委员会"袍笏登场未儿，已在东北坐观时变几个月的张学良，终于看准了蒋介石的后台更硬，无论经济、军事实力都比反蒋联盟更雄厚，出价也更高更牢靠，便于9月18日通电拥蒋，并派东北军入关。战争情势急转直下。到11月12日，晋军、西北军分别为张学良、何应钦改编，蒋冯阎中原大战终告结束。蒋介石认为"此次讨逆战事后，深信本党统一中国之局势已经形成，叛党乱国之徒，今后决无能再起"。此后，何应钦可以帮助蒋介石腾出手来，对中国共产党领导的江西中央苏区进行连续不断的军事"围剿"。

"围剿"红军 "福将"惨败

（一）

1931年，对于在蒋介石的权潮宦海中险些没顶而又步步上浮达于峰巅的何应钦来说，是非同寻常的一年。他依照孙中山所设想的中国社会发展三阶段的蓝图，认为全国统一，"军政时期"已过，该进入"训政时期"了，他希望自己的声音，能成为这历史转折的钟声。于是，在元旦这天，何应钦以《训政时期的军事工作》为题，发表新年献词，说："民国二十年的元旦，是残余军阀崩溃，全国统一实际成功的第一个元旦日。中国今后已过军事时期而入训政时期。"并指出这"训政初期"军事上四大要务，即改善军队制度和提高军队质量；划一师的编制，限定兵额，继续军缩以节省开支；充实军队力量，进一步巩固南京国民政府的地位；提高军人在社会上的地位等，颇有在新的一年中要大干一番的模样。

然而，新年刚过，兼任郑州行营主任的何应钦就接二连三收到鲁涤平在江西第一次"围剿"红军惨遭失败的消息。前后仅五天时间，国民党军就被红军集中主力，吃掉整整一个半师，连前敌总指挥张辉瓒也成了俘虏。

在南昌部署完"围剿"事宜，畅游了庐山之后，刚返南京不几天的蒋介石，得知江西损兵折将的消息，大骂鲁涤平不中用，首战即给他丢脸。关键时刻，他又想到了为他立了不少战功的何应钦。

元月28日，张辉瓒被中央苏区军民公审处决。次日，蒋介石召见何应钦，恰巧张辉瓒的死讯传来。蒋介石不知是真的悼念亡魂，还是为激励生者，挥笔写下"呜呼石侯（张辉瓒别名），魂兮归来"！并任命何应钦为湘鄂赣闽四省"剿匪"司令，代行他自兼的总司令职权，赴南昌行营主持第二次"围剿"。

何应钦哪敢懈怠？稍事准备，即于2月2日，率领参谋长贺国光等启程赴赣。4日抵达南昌，通电称"奉令巡赣，代总司令处理四省'剿匪'事宜"。

蒋介石希望何应钦尽快发动第二次"围剿"，不让红军有喘息的机会。岂知，红军也没有被胜利所陶醉，"估计到敌人的进攻不会放松……即马上准备第二次战争，号召广大群众起来准备参加二次战争的工作"。

何应钦以"婆婆"式的稳慎，认真地总结了鲁涤平失败的教训，所得的结论是"情势未审，计虑不周"，轻敌和急躁冒进，以至于中了毛泽东诱敌深入的圈套。2月10日，他正式就南昌行营主任职，对原班底加以改组，设立"党政委员会"，以一事权；降江西省主席兼第一次"剿匪"总司令鲁涤平为一个方面军的总指挥，要其戴罪立功；下令封锁通往苏区的交通，防止物资流入，企图不战而困住红军，战而必胜。鲁涤平以10万兵力围攻红军，远远不敷分配，以致顾此失彼，没有纵深梯次的兵力配置。有鉴及此，何应钦电令由山东征调韩德勤的第五十二师、孙连仲的第二十六路军和王金钰的第五路军火速入赣，使这次"围剿"的总兵力比上一次翻了一番。

果然是"20万军重入赣，风烟滚滚来天半"！按何应钦的计划，主要兵力集中使用在围攻赣南以宁都为中心的红军主力，余下部分兵力防堵赣东、赣西北的红军，构成严密包围圈，再行攻击。

何应钦所制定的"围剿"方针是："厚集兵力，严密包围及取缓进为要，一边加调部队及电闽防堵，以图布置严密；一边断绝物资输入苏区，而使红军坐困，依稳扎稳打、步步为营之原则，按各路划定作战地区，推进时，分进合击，互相策应。"

何应钦要所有部队吸取第一次"围剿"惨败的教训，依"步步为营，稳扎稳打"的原则，防止单独冒进深入而被各个击破。各军进展速度，少者每日仅三四公里，多者不过五六公里，并且在主力运动之前一日，必用团、营规模的小部队去"游击"一番，侦察详细；每到一地，便马上修筑强固工事，召回当地土豪地主，组织起"善后委员会"或反动民团。如此周详稳重的部署和小心谨慎的动作，的确表现了何应钦一般情况下独立处事的风格。

当何应钦指挥的国民党军尚处于缓慢进击的时期，红军在中央苏区内部已肃清了地主武装，发展人民自卫武装，加紧红军的政治军事训练，巩固革命政权。针对何应钦的战略及部署，中央苏区召开了一系列中央局会议。在4月19日的会上，有人主张"分兵退敌"。几天以后，又召开第二次会议，大多数人主张先打一仗，挫敌锋锐后再"分兵退敌"；并且主张先打战斗力较强的十九路军。但是，毛泽东力排众议，分析说："在进攻我们的人中，蒋（光鼐）、蔡（廷锴）是比较强有力的，在历史上未曾打过败仗，曾经在湖南把张发奎打得落花流水。我们现在主要的是择敌人弱点打破，打蒋、蔡没有绝对胜利的把握，我们应该打王金钰这路，因为这路既弱且地势群众都好。"毛泽东这一正确意见被多数人所接受。红军于4月25日、26日开始集中。4月底再召开中央局会议时，毛泽东进一步论证了自己的主张。会上决定粉碎敌人第二次"围剿"的策略是：坚决的进攻，艰苦的奋斗，长期的作战，以消灭敌人，仍取诱敌深入之法，反对分兵作战。会后，三万红军在毛泽东、朱德的领导下，已做好了先打弱敌，在运动中各个击破敌人的准备。

蒋介石希望借"剿共"减轻汪精卫、胡汉民及两广地方实力派反蒋的压力，对何应钦界依甚重。江西的仗还未打响，他已经在考虑如何"宣传"了。4月24日，蒋介石通令，今后对共产党和红军一律改称"赤匪"，"以一宣传"。

5月初，王金钰、孙连仲、朱绍良和蒋光鼐所指挥的四路国民党军，初步形成了对驻宁都的毛泽东、朱德部和驻石城的彭德怀、黄公略等部红军的包围，并分别向东固、东韶、小布、广昌、黄陂、龙冈和宁都推进。何应钦以为胜券在握，信心十足地飞往南京，参加国民会议去了。

（二）

5月12日，在国民党的国民会议第四次大会上，何应钦代表蒋介石作了《剿灭"赤匪"报告说明》，并编印了吹嘘国民党"围剿"苏区和诬蔑共产党及红军的小册子，散发给与会者。

何应钦在这篇报告中，居高临下，对过去的"围剿"失败大张挞伐，对他指挥的第二次"围剿"则信心既足且满。他说："国民政府对于'剿匪'，从前因为注全力于削平军阀，限于事实，不能从早扑灭；现在已经下决心，要把'匪'迅速肃清。江西目前是'匪'的根据地，所以政府派了二十万大军从事'围剿'，并且命本席赴江西主持'剿匪'军事。此次'剿匪'既然具了最后的决心，所以一切过去的错误要纠正。从前因为把'匪'的力量估计过低了，所以常常受着暗算，不免有小的损失。其二则是兵站没有，运输交通非常不便，以致'匪'可以用坚壁清野的方法来困我。其三则是我们军饷偶然没有发清，以致'匪'徒可以乘机煽惑。其四则是我们那时没有政治训练，迷误宣传不能为民众所看破。可是现在这些错误都改正过来了。我们现在有了'剿匪'的宣传处，进'剿'部队多设有兵站，'剿匪'部队之军饷，则按预算八成实数发给，毫无拖欠……目前我们要用步步为营的策略，逐渐地把他们肃清，让他们无从施其散兵战,然后好让我们来聚而歼之。"

在这次国民会议上,何应钦所提的"重振民族精神,竭诚拥护政府,坚固自身组织,改进教育方针,提高国民生活"诸端,"为扑灭'共匪'之奋斗方针,经大会予以审查,决议通过,为此后'剿匪戡乱'之基本方策"。可见,何应钦这篇东西,在国民政府"反共"反人民的决策中,堪称具有历史意义的文献!

由于受了何应钦报告的启迪和鼓舞,与会者无不欣欣然有喜色。5月16日,国民会议就发表宣言,声称:"国民政府已具'剿灭赤匪'之决心,赣鄂等省,大军云集,务求于最短期间,绝其根株,覆其巢穴。"

毛泽东、朱德仿佛有意选择了歼敌时机,好给何应钦和国民政府一记响亮的耳光似的。就在5月16日这天,国民党第五路军公秉藩的第二十八师和第四十七师的王冠英旅,由富田向东固迫近,有如一字长蛇在山间小道蠕动。突然间,隐蔽在白云山上的红军猛虎一般扑下来,杀向敌人。仅一昼夜激战,第二十八师大部分被歼,留守富田的一部也遭红军围攻,王冠英旅同遭灭顶。5月17日,正是南京国民会议闭幕的日子。公秉藩覆师的消息,成了红军送给这个会的一份"贺礼"。

何应钦在南京信誓旦旦,大话既出,覆水难收。其实,他心中未必不清楚,共产党和红军就那么好对付?两次东征和北伐战争的胜利,如果没有共产党员带头冲锋陷阵,他不可能被人称为"常胜将军"。四一二"反共""清党"以来,蒋介石大张旗鼓地开始了"剿共",结果并没有将共产党"剿"灭。这些,他想得通,但万万没想到红军的耳光扇得这么快而狠,几乎使他无地自容。他是刚刚骂过鲁涤平太笨,而自己现在却又步其后尘,上了红军诱敌深入的当。

从5月16日的白云山战役开始,何应钦苦心部署的八百里战线迅速崩溃,接二连三的败讯传来:北撤的郭华宗第四十三师大部分、西援的高树勋第二十七师一个旅、据守广昌的胡祖玉第五师、在建宁的刘和鼎第五十六师等部,先后被红军集中优势兵力,各个击破。

前后15天，红军由西向东，从富田到建宁，转战七百里，连打五个胜仗，横扫何应钦的八百里战线，摧毁敌人工事四五百里，打垮敌军13个师，歼敌三万余人，缴枪二万余支，真个痛快淋漓！这次反"围剿"的领导者和指挥者毛泽东，禁不住澎湃的激情，写下了《渔家傲·反第二次大"围剿"》的诗篇：

白云山头云欲立，白云山下呼声急，枯木朽株齐努力。

枪林逼，飞将军自重霄入。

七百里驱十五日，赣水苍茫闽山碧，横扫千军如卷席。

有人泣，为营步步嗟何及！

谁在泣？是蒋介石、何应钦和那帮一心"剿共"的人。何应钦把这次失败的原因，简单地归结为个别纵队的急进所致。言下之意，他的指挥及战略战术并无不当。他不能也不愿承认国民党军和自己在军事上有不如红军的地方，更意识不到从军事角度来看自己所犯的错误。

何应钦指挥的各军，内部矛盾重重。参加这次"围剿"的部队，均非蒋介石的嫡系，各有派别，互相猜忌，且对蒋介石使用"杂牌军"与红军互相消耗的阴谋，充满疑惧。因而"协同一致，相互应援"，不过是何应钦尚未描画出来的蓝图。在何应钦的战术指导思想中，是以占领中央革命根据地为主，而对如何发挥自己的优势兵力寻求红军主力决战的意识极为模糊；他的进击战略单位是"师"，而并未形成足以对付红军主力各个击破策略的更大的作战单位。虽然规定了"分进合击，互相策应"的方针，而下达给各路军的任务，却没有明确的"合击"目标，更不能临时组织起"合击"的力量。结果，他的各路大军只有"分进"，并无"合击"。何应钦对付得天时地利人和的红军，不敢像棉湖、惠州那样，亲临前线指挥，而是凭无线电往返遥控。当时的通讯联络设备，实难应付突发性的意外变故，以至于指挥系统失灵。何应钦在国民会议上吹嘘的兵站、补给如何切实，事实上，在苏区军民实行"坚壁清野，封锁消息"的万山丛中,劳师袭远,一二十万国民党军的补给主要靠从白区输送,兵站系统在交通困难的山区并未建立完整。因而,既得不到相应的补给,又常遭红军和赤卫队的袭扰;越是深入苏区,战线就越长,自行补给愈困难,疲惫愈甚,终成强弩之末。更有一点是何应钦做梦也想不到的,在黄埔军校时就一直追随他的贵州瓮安人冷少农,竟然是周恩来秘密发展的中国共产党地下特工。冷在何应钦的南昌行营担任机要科长,何所制订的军事计划,都通过冷少农传递给中国共产党方面。军未动而密先泄,何应钦岂有胜算?

(三)

对于第二次"围剿"的惨败,虽然蒋介石当着何应钦的面,一连骂了几个"娘希皮",但却并没有如南京国民会议通过的《限期肃清"赤匪"案》所规定的那样,对"'围剿'不力、意存观望(之)军事长官,应严加惩处"而责罚何应钦。因为何应钦确实既费尽心力,又躬与其役。

对疏者严、亲者宽,是蒋介石建筑在对他个人忠诚和对他人权力制约基础上的统驭之道。何应钦的惨败并没有使他中央军的嫡系有毫毛之损。丢掉三万多"杂牌军",焉知不是好事?另一方面,蒋介石不顾国民党内部有增无已的反蒋派的拆台,刚刚操纵国民会议的表决机器,通过了《中华民国训政时期约法》,又当选为国民政府主席,获得不是大总统的大总统权力,心情正佳,使何应钦减少了难堪。不唯如此,6月5日,蒋介石还任命何应钦兼空军司令,以示嘉奖。不久,蒋介石又亲自到南昌,与何应钦共同策划第三次"围剿",对"杂牌军"多少含有"使胜不如使败"的意思。

当蒋介石、何应钦得知红军乘胜继续向赣闽边境发展苏区时,除令参加第二次"围剿"的驻赣、闽各军仍分区扼守外,开始掏出血本,增调中央军嫡系第六、第九、第十、第十四等师入赣,使第三次"围剿"的兵力递加至30万。蒋介石自任"剿赤"军总司令,以何应钦为前敌总司令兼左翼集团军总司令官。

这一次，蒋介石亲自出马，又许下了无人敢要他兑现的诺言：三个月内消灭红军。他请来了德、日、英等国的军事顾问随军策划。其所制定的战略方针是："厚集兵力，分路围攻，长驱直入，先求击破红军主力，捣毁红军根据地，然后再逐渐清剿。"

7月初，蒋介石"剿赤"军分兵两路，何应钦的左翼集团军共七个师从南丰方向，陈铭枢的右翼集团军共六个师从吉安方向，展开钳形攻势。何应钦指挥的第一、第二路进击军开始时判断红军主力可能在广昌、宁都、石城地区，因此便向这一带猛扑；扑空之后，又估计红军主力可能在宁都西北，又狼奔豕突地杀向龙冈、小布一带，企图驱赶红军主力于赣江之滨进行聚歼。红军采用了"避敌主力，击其虚弱，乘退追击"的战术，使赵观涛、陈诚非但摸不清红军主力的踪影，自己反被拖得疲惫不堪。当时，亲受其苦的第六师参谋长樊松甫等，曾听到"剿赤"军内流传着这样的话："累死陈诚，拖死赵观涛。"陈诚、罗卓英等将领，在国民党军中，被非嫡系的"杂牌军"将领们称为既穿"黄马褂"（黄埔）又戴"绿帽子"（陆大）的双料亲信，不特武器装备精良、军饷丰厚，确实因善于"养精蓄锐"而较有战斗力。

7月31日，何应钦终于发现了红军主力正由兴国的老营盘北进，当即判断红军必然会经过沙村进攻固陂、富田，北占泰和、吉安。于是，命令赵观涛的第一路进击军赶到兴国，陈诚的第二路进击军赶到固陂、富田。而属右翼集团军的第三路进击军上官云相也驱军向莲塘疾进，其第一军团率先到达崇贤圩。何应钦正高兴红军主力终于落入其包围圈时，红军却突然掉头折回高兴圩，乘间由兴国、崇贤圩之间敌左、右两翼的空隙中，悄然向东而去。上官云相好不容易经九昼夜强行军，走了200多公里赶到莲塘，分六处布防，不意反被红军反包围，于8月6日遭到红军主力袭击，战至8日，终于被红军各个歼灭。何应钦得知上官云相被围，急令第一路进击军赴援，但红军主力已转趋黄陂。何应钦又命正在这一带"清剿"的第八师毛炳文迅速集结部队防堵。未待第八师收缩完毕，8月11日，又遭红军猛烈围攻。何应钦慌了手脚，急调总预备队第十师由临川驰援。待第十师进击黄陂时，第八师几乎已被全歼，仅余溃兵800余人，逃向广昌，而红军主力却又不知去向。

蒋介石亲征受挫，气不打一处来。8月17日，向何应钦等下达了"以东固为中心，纵横二十五里一律毁平，格杀无余"的电令，实行惨绝人寰的大屠杀。

黄陂大捷后，红军主力又从敌军的结合部安然撤到枫边、方太地区休整。

正值蒋介石第三次"围剿"又遭惨败时，9月3日，在广州举起反蒋旗帜的国民党地方实力派陈济棠、李宗仁、白崇禧出兵湖南，迫使蒋介石下令"围剿"部队撤退。休整了半个月的红军乘敌撤退之际，在老营盘又将蒋鼎文的一个独立旅歼灭，韩德勤的第五十二师也在方石岭被全歼。

经过三次反"围剿"战争的胜利，苏区正规红军发展到10万人，赤卫队和地方游击队也达10多万人。赣南、闽西的中央革命根据地连成了一片，拥有人口300多万。1931年11月，在瑞金成立了以毛泽东为主席的中央工农民主政府。

对于蒋介石、何应钦指挥的第三次"围剿"，红军第一方面军总司令部参谋处在1931年9月21日发出的《第三次战争胜利捷报》中写道：

> ……国民党军阀蒋介石自本年5月间，所派第一名走狗何应钦，带领二十多万白军，第二次进攻红军和苏区，被工农红军将他完全打败之后，又调兵遣将，亲自出马，带了二十三个师，两个独立旅……总共人马三十多万，又来一个更毒辣的进攻红军和苏区。自7月1日各路白军开始向我们总攻到现在，经过两个半月的时间，我们打了四个大胜仗，白军残部已全线退却。

第三次"围剿"尚未完全结束，日本帝国主义发动了九一八事变，何应钦不得不中止他的"围剿"。面对日本帝国主义的侵略，蒋介石仍集中兵力"剿共"与应付国民党反蒋派的纷扰。1932年4月，第四次"围剿"发动前夕，蒋介石调何应钦任赣粤闽边区"剿匪"总司令。国民党的军政部部长何应钦不去谋划抗日，却坐镇东南继续"剿共"，既可为蒋介石在江西继续"反共"反人民的"围剿"筑起一道屏藩，同时又可从侧背牵制粤桂倒蒋联军，自以为又下了"以一当二"的妙棋。

何应钦两次"围剿"，两次惨败。从军事上看，败就败在毛泽东总结并运用自如的"敌进我退，敌驻我扰，敌疲我打，敌退我追"的十六字诀上。当然，潜伏在他身边的红色特工冷少农给中国共产党提供的情报，几乎使何无密可保。直至1932年顾顺章叛变，冷少农暴露，何应钦才如梦初醒。兴许，何应钦会从战略战术上悟出失败的某些道理，但"反共"反人民的内战最终必败的根本原因，即便有一天他能悟出一二，也不肯承认并引为鉴戒。于是，只能像古人所说的那样："秦人不暇自哀，而后人哀之；后人哀之而不鉴之，亦使后人而复哀后人也。"

何应钦 全传

Biography of He Yingqin

第六章

"安内"为王前驱
"攘外"对日妥协

替中央入主华北　代少帅坐镇北平

（一）

　　九一八事变之后，何应钦同蒋介石一样，立即陷入和战两难、进退失据的境地。他俩都痛恨日本的侵略，也有北上抗日的打算，但慑于日本的军事力量，怯于对日作战，寄希望于国际制裁，幻想日本就此住手，待我"自强"之后，再与暴日作战。9月28日，何应钦发表《告诫全国军人书》。认为日本发动九一八事变，"固已撕破其文明国家之面具；而我国人受此荒谬绝伦之横逆，尤不能不五内震惊，毅然奋起也。我中国军人于此非常之变，处此至艰之境，唯有以忍辱负重之苦衷，秉刚毅沉着之劲气，奋破釜沉舟之决心。以尽保国卫民之天职……日本军阀此次悍然蠢动，不顾国际信义，破坏东亚和平，其所恃者，唯在武力。且知我国防未修，匪患未靖，水灾未平，故敌乘我之危，抵我之隙，以逞其大陆政策之野心。我同胞一方面自应服从政府之指导，静候国际公道之解决，一方面尤应恪守军人之天职，妥筹实力自卫之准备……自今以往，我军人应痛彻觉悟，泯畛域之见，去门户之私，戒骄奢之习，绝贪婪之念，廉取予，明赏罚，重学术，勤操练，擐甲执戈，卧薪尝胆，奉民族精神为瑰宝，视国家主义如神圣，侮我者即吾仇雠，侵我者即吾死敌……"

　　日本的侵略，激起了中国人民抗日救亡的热情。从9月24日起，上海、南京、杭州、北平、徐州等地的学生先后到南京请愿，要求国民政府迅速出兵东北，收复失地。愤激的学生冲进国民党中央党部和国民政府外交部。外交部部长王正廷避而不见学生，被学生冲进办公室将头部打伤。12月4日，北平学生示威团到达南京，游行示威，呼喊"反对政府出卖东三省""打倒卖国政府"等口号。南京军警奉命采取镇压措施，拘捕学生百余人。南京国民政府的镇压措施，进一步激起了全国学生的反对。济南、北平、上海等地的车站，聚集了大批等待去南京的学生。蒋介石多次接见学生，唇焦舌燥地解释现在还不能抵抗的理由，并将学生运动的兴起视为"一时之兴奋"，"不惟于国无益，而且徒速其亡"。何应钦也认为当务之急是"妥筹实务自卫之准备"。何、蒋都认为学生运动是共产党在背后所主使，深感困扰与头痛。上海当局见南京政府已经动手镇压，遂采取绑架学生的手段，企图阻止他们赴南京请愿。事态在进一步恶化。

12月9日，上海各校学生5000多人赴市政府请愿，要求惩办市公安局长及参与绑架学生的市党部工作人员，释放被绑架的学生。下午，300余名学生到上海市党部请愿，因无人接见，一怒之下将市党部办公室捣毁。类似事件在全国不少城市发生。10日，蒋介石与何应钦等有关人员会商对付办法。学生毕竟出于爱国情殷，故不少人内心寄予同情，因而多数与会者主张以和缓办法应付，以免激成大变。蒋介石主张发"雷霆天怒"，除实行逮捕外，必要时可采取更厉害的办法，言下之意可开枪镇压。当晚，又继续会商镇压办法。蒋介石几次望着何应钦，希望他能支持自己的意见，并且有具体的一套镇压办法。虑事周全，时时以"诸葛一生唯谨慎"自诫，知自己无决策之权，故暂以随大流的态度应付的何应钦，对待已经激怒了的蒋介石，推说他这军政部部长不能因学生而调动军队，又不能指挥警察、宪兵。若要镇压，尚需军、警、宪三家会商办法。言下之意，他是不愿独自担待这一激起天怒人怨的担子的。蒋介石因为多数人不同意镇压，虽对何应钦一肚子不满，却忍住未发一言。当夜，蒋在日记中发泄了对何应钦的不满："敬之到紧要关头，彼必毫不负责，而且怨恨无权，此最可恨之事也。"

当时，汪精卫、孙科、邹鲁、陈济棠、李宗仁等已在广州另立国民政府，与南京对峙，以示对蒋介石独裁专权、软禁胡汉民的反抗，并逼蒋下野。蒋介石意识到国民党内这种分裂局面不能再继续下去，主张与粤方和解，但粤方不予理会，非要蒋下野不可。蒋无可奈何，又一次以退为进，考虑再次"下野"，以求宁粤和解。11月，国民党虽然召开了四全大会，宁粤之争仍未解决。12月12日，经过与智囊及亲信的反复磋商，蒋介石开会商量他的"下野"问题。李石曾、吴稚晖、戴季陶、吴铁城不主张蒋下野，而何应钦以为蒋这次是真想下野，以求宁粤和解，便与陈铭枢一道，希望蒋介石尽快下野。12月15日，国民党中常会决议通过，以林森继任国民政府主席，陈铭枢代理行政院长，宣告蒋再次"下野"。刚刚弥合一些的何、蒋关系，又因何应钦对蒋的旨意领悟不透而再度拉开裂口。不过，在此之前，蒋介石已委任他为驻赣绥靖主任，去对付他们视为"腹心之患"的红军，以此表明蒋对他"反共"方面十分信任，而于"政治"之迟钝犹豫的处置。

（二）

1932年12月中旬的一天，何应钦正在赣粤闽边区继续"围剿"红军，以图争回些此前屡遭失败的面子的时候，蒋介石突然召他到南昌行营。江西，是何应钦一生中心怀余悸的地方。他担心蒋介石又要他参加第四次"围剿"，有些忐忑不安，不料蒋介石却对他谈到日军进攻热河的问题。蒋介石说："余今剖视倭奴心肝，洞若观火，今日唯有牺牲一切，与之周旋，只求保全本党主义，维持政府威信。然非至最后关头及确有把握可以得到相当价值，且必可保存党国之时，则不作无益之牺牲。"无需蒋介石多谈，何应钦已意会到蒋有意调其北上。但蒋仍反复强调："'剿除'长江流域之'赤匪'，整理政治，为余之中心；如至不得已时，亦必先肃清'赣匪'以后，乃得牺牲个人以解决东北。——此余深思熟虑千百回而决定之方针也。国人知我心否，吾亦不暇计焉！"何应钦明白将来北上的担子，并不比在南方"剿共"轻松，却频频领首，表示完全领会蒋的意图。

蒋介石要何应钦北上与日本实现妥协，减少他"剿共"的后顾之忧。因为自九一八事变以后，东北各地人民纷纷组织抗日义勇军，打击日伪汉奸。国民党东北军的一些爱国官兵，也冲破蒋介石不准抵抗的禁令，揭起抗日的旗帜。1931年内，东北各地的义勇军总数已达十几万人。1932年3月9日，在日本侵略者卵翼之下，成立了伪满洲国。汉奸傀儡政权的出笼，更激起东北人民和全国人民的抗日热潮，东北各地的义勇军迅速发展至二三十万人。

南京国民政府虽然不承认伪满洲国，但蒋介石认为东北义勇军的斗争，势必招致日本侵略军的报复。当时，已有要何应钦去解决这部分义勇军的意图。但何应钦那时正忙于协助蒋介石策划第四次"围剿"，哪能分身？不料，9月15日，日本政府正式承认伪满洲国，使东北三省成了日本的"合法"殖民地。关东军乘蒋介石无意"攘外"，专心"安内"之时，为维持伪满政权的统治秩序和实现对华北的侵略，一边集中力量围攻和分化瓦解东北的抗日义勇军，一边积极策划对热河的占领。

东北各地的义勇军，成分比较复杂，内部又不统一，在蒋介石、何应钦心目中，也是属于"土匪"之流，因而国民政府对之也是采取禁止和破坏的态度。

1932年"一·二八"十九路军淞沪抗战的枪声，更进一步激发起全国人民，特别是蒙羞退入关内和热河的东北军的抗日热情。张学良被东北军将士"打回老家去""收复失地"的热情所激励，公开向蒋介石要求抗日，部分东北军也开进热河。当时兼任热河省主席的东北军将领汤玉麟迫于各方压力，不得不收敛起亲日伪的态度，也表示反对伪满政权，主张抗日。但蒋介石最急需的不是抗日，而是在英、美帝国主义的"调停"下，以《淞沪停战协定》为护符，继续其"攘外必先安内"的基本国策，"主张一面对日妥协，一面加强和列强各国的友好，首要的是谋求国内统一"。为此，1932年9月1日成立了国民政府军事委员会北平分会，专事与日本侵略军妥协，冀以"缓和华北局势"，任命张学良兼代北平军分会委员长，而委员长由蒋介石自任，为"统一"华北又进了一步。但是，张学良对执行蒋介石的命令只是表面应付，对抗日的要求却越来越强烈，令蒋介石十分失望。于是，蒋才决定派自己的心腹何应钦北上。

1933年1月3日，早就视热河为"满洲国"的国土，长城是"满洲国"的国界，"对热河的肃正是满洲国内部问题"的日本关东军，悍然出兵侵占了山海关，迈出了进占热河、窥伺华北的第一步。何应钦北上"统一"华北的时机已经来到。

何应钦已私下得到蒋介石的军政部部长兼代北平军分会委员长的任命，但却缺少主要助手。蒋介石要何应钦自己提出几个人选。何知道蒋介石最反感他所亲信的人培植自己的私人势力，心中虽有知己与得力臂助，却不说出，反而毕恭毕敬地向蒋表示：委员长知应钦才力浅薄，定会派得力之人辅佐。其实，蒋介石心中也早已有了人选。

2月中旬的一天，蒋介石召见内政部部长黄绍竑，要他到北平去。黄以为要他单独去与张学良共事，知热河战事朝夕在变，此行无异火中取栗，神情犹豫。蒋介石见此，已猜中八九，笑着说，到北平军分会去做参谋团团长，"敬之同去，他以后要在那里主持，你不但要在军事上帮帮敬之的忙，尤其在政治上要帮帮他"。黄绍竑体会这是蒋介石对自己的重用，并不是要他去分担热河失陷的责任。何应钦与黄绍竑私交甚好，知黄为人老成练达，也满心高兴。

2月23日，日本关东军第六师团、第八师团、第十四混成旅团在日伪军张海鹏、丁强等部配合下，分北、中、南三路向热河发起进攻。

热河吃紧之时，为了表示国民政府对热河抗战和长城防御的重视，蒋介石曾于2月12日派财政部部长兼代行政院院长宋子文赴北平，鼓舞士气，并与英、美驻北平公使接触。日军大举进攻热河后，蒋介石又电令何应钦迅即北上："此时成败关键，在使汉卿（张学良）赴热河。请兄务于今日晚乘车北行。"蒋本人也作出必要时大驾北上，以助何应钦一臂之力的姿态。何应钦接电后，便与黄绍竑、军政部厅厅长王伦、参谋部厅厅长熊斌等一行，于2月28日乘专列北上。

热河是华北与东北之间的缓冲地，无论对国民党军还是对日本侵略军，都是进可资为桥梁、退可资为屏障的战略必争之地。何应钦在极度矛盾之中向北平前进。他虽恨日本的侵略，希望保住热河；但蒋介石却希望他与日军妥协，甚至不惜一切代价，维持"党国"利益，分明是暗示他只要日军不再向华北前进，不惜以丧失热河为代价，换取蒋介石对华北的"统一"。

（三）

对何应钦的到来，张学良已有不祥的预感，干脆以身体不好为借口，未到车站迎接。何应钦、黄绍竑到达北平的当天下午，便屈尊去顺城王府会见张学良，听取关于热河战况及长城防务的报告，摸摸张学良的底。张学良神情委顿，但表示对守住热河很有把握。然而，负责热河军政全权的汤玉麟，在日军进攻面前不战而退，20万国民党军全线动摇，不到10天，日军就推进约500公里。3月3日下午，汤玉麟从前线抽调汽车，载上鸦片和财物，自称赴前线督战，逃至热河西部的滦平。日军得报，便派出128人组成的"挺身队"，漏夜疾进，于4日进入承德，不费一枪一弹就控制了全城。同一天，赤峰、平泉相继失陷，日军已进迫滦平。消息传到北平，何应钦匆匆往见张学良，询问下一步的打算。对汤玉麟的临阵率部脱逃，张学良十分震怒，立即下达通缉令，并向何应钦表示：将率王以哲等军去恢复热河，与日本侵略军拼到底。但热河全境，不几日已全陷敌手。

因蒋介石早有将热河置于弃地，以便用何应钦取代张学良，故对热河的作战只是表面应付一下。热河失陷以后，每一小时的日子，都增加着张学良心灵上的重负。舆论的压力、何应钦的存在和自己内心的痛楚，使张学良决定引咎辞职。

3月8日下午五时，蒋介石在宋子文的陪同下到达石家庄，在他的专列上召见了何应钦和黄绍竑，听取二人对东北军情况及张学良去留问题的意见。何、黄面陈了三点：一、如果继续让张学良干下去，不但全国舆论难平，而且北方的军队如阎锡山部、宋哲元部、商震、孙殿英等部也都不满。中央军既不可能大批北调,今后华北、西北防务仍要仰仗这些部队。二、张学良虽然表示要率领未曾与日军作过战的东北军去收复热河,与日本鬼子拼到底,但他的精神状况和体力均不胜任;而且中央也不希望他去拼,拼了更坏大局。三、准许张学良辞职下野,对东北军也不必多所顾虑。3月9日,蒋介石电召张学良到保定会面。张学良在蒋介石的专列里"会谈",只有宋子文在座,而何应钦、黄绍竑则呆在自己的车厢里,不曾露面。"会谈"了一个多钟头,只见张学良垂头丧气地离开蒋介石的车厢。蒋介石又一次达到了舍车保帅、临阵换马的目的。有口难辩的张学良下舟落水,接受蒋介石的建议出洋游历。

3月11日,张学良在北平通电下野。次日,何应钦被特任为兼代北平军分会委员长,全权控制了平、津及华北的军政,蒋介石也就放心地南下江西继续"剿共"去了。临行之前,又电令何应钦,务须执行"一面抵抗,一面交涉"的既定国策,以"抵抗"应付全国人民高涨的抗日要求,以"交涉"而谋求对日妥协,解除"剿共"的后顾之忧。

在何应钦当上北平军分会代委员长以后,为了配合华北的"中央化",蒋介石派了何的老部下刘健群到北平,秘密发展特务组织复兴社。

刘健群也是贵州人,曾当过何应钦的机要秘书。1931年,他为迎合蒋介石,写了一本《改组国民党的刍议》的小册子,主张国民党应仿效意大利法西斯头子墨索里尼的黑衫党,一切惟"领袖"之命是从,因而博得蒋介石赏识。次年,蒋介石命令贺衷寒、康泽在南京成立的特务组织复兴社,便是根据刘健群的建议而来。刘健群则当上了国民党中央军事委员会政训处处长,主持国民党军队的政工工作。刘健群到北平军分会后,成了何应钦"反共"的得力干将。他的复兴社在北平军分会起初挂名"华北抗日宣传总队",刘任总队长。后改政训处,刘任处长。这一组织,在长城抗战初期,一边宣传抗日,一边从事特务活动,但其主要任务是向驻华北的各军队派遣特务政工人员,向各级主管军官灌输"一个党、一个主义、一个领袖、一个敌人",即灌输效忠国民党、效忠三民主义、效忠蒋介石、反对共产党的思想。政训处的这种特务宣传一直渗透到华北各大、中学校的训育主任和军训教官的工作中。1934年，刘健群回南京任复兴社的书记后，政训处处长由曾扩情继任。

当时与何应钦一同来到北平的，还有中央宪兵第三团的特务武装和中央军第二、第二十五师。政训处和宪兵三团是何应钦镇压共产党人和爱国青年、实现"攘外必先安内"国策，使华北完全"中央化"的左膀右臂。

（四）

在国民党军政界中，何应钦私下被人叫做"何婆婆"，除了含有嫌他办事为考虑周全而优柔寡断的贬意外，大多是因他的涵养好，待人谦和，称赞他有婆婆心肠。他的这副婆婆心肠，施之于同事、下属犹可，可施之于敌人，便令人齿寒了。

何应钦在北平时，发生一起日本特务大闹居仁堂的事，而他竟能"忍辱负重"到令人惊讶的地步。由于长城一线正在作战，北平城内也不能不有所警戒。一次，日本驻北平武官酒井隆违反中国驻军的戒严令，在东城区苏州胡同一带东游西窜，受到中国哨兵的盘诘。次日，酒井隆带上两名全副武装的日本士兵闯到新华门，声言要到居仁堂面见何应钦提抗议。宪兵遵章要求酒井隆单独进去，两名日本士兵不得入内。酒井隆不答应，大闹起来，并且毫无羞耻地当众解开裤子，对着居仁堂外的照壁撒尿。宪兵只好进去请示，何应钦竟然同意让日本士兵与酒井隆进到居仁堂。当酒井隆向何应钦提所谓"抗议"时，两名日本武装士兵紧跟左右，根本没把眼前这位国民政府军政部部长兼代北平军分会委员长放在眼中。何应钦的自尊心受到前所未有的伤害，对这种毫无外交礼仪的粗野举动提出抗议。酒井知道理亏，但却狡辩，谎称昨夜中国哨兵要他下跪，并想用大刀砍他。他在北平的生命没有保障，所以不能不带武装随行。他说他本想采取自由行动，但念及与何应钦是士官学校的同学，是老相识，才来当面抗议。何应钦听了酒井这些胡诌，不仅不抗议，反而一迭连声地道歉解释，使酒井欣欣然而去。事后，何应钦下令北平中国军警，应对主要是日本人的外国人要客气，要礼貌。

热河失陷以后，确保长城一线的安全，无论对于国民政府和中国人民，还是对于日本侵略者，都是稳定现状，以利将来进取的战略要求。何应钦判断，日军将从山海关方向进攻关内，所以集中兵力于滦河以东，并在宁河、宝坻一线征集民夫，挖了些土壕，连通讯网也未架设，就权充作防御阵地了。从热河败退下来的东北军和临时北调的中央军两个师，加上万里长城，便是何应钦据以向日军交涉和抵抗的资本。他确实希望能守住独石口、古北口、喜峰口、冷口等重要关隘，阻止日军进入关内；他更希望的是交涉谈判成功，日军就此停止前进。

当时，进攻长城一线的日军计二个师团、三个旅团及三个骑兵联队，由关东军司令官武滕信义指挥。而何应钦手下可供调动的兵力，计27个步兵师、六个骑后师、三个骑兵旅及一些炮兵、工兵部队。如果真正坚决抵抗，是完全能够打败日军的进攻，并进而收复热河的。但何应钦并不把自己的主要力量放在抗战上，蒋介石也没有要求他这样做。因此，日军能够从容地集结力量，攻击长城各口。守卫长城的国民党军队，确实用自己的血肉筑起了一道民族自卫的"长城"。如西北军的宋哲元部在喜峰口，商震部在冷口，黄杰、关麟征部在古北口，都英勇地抗击了侵略者，与日军进行"拉锯式的反复攻击"，使"关东军陷于苦战之中"。喜峰口战役，日军遭受重创，国民党军阵地失而复得。

长城抗战的捷报传来，全国人心为之振奋。何应钦、蒋介石既欣慰又忧虑，担心如此坚持下去，影响与日本达成长期妥协，也牵掣在江西的"剿共"。3月23日，蒋介石秘密到达北平，告诉何应钦由于江西"剿共"用兵既多且急，要他只以现有兵力，进行消耗式的抵抗，不能再希望增加援兵。这样一来，只能断送长城抗战了。3月30日，亲日的汪精卫从国外"游历"半年后归来，再次出任国民政府行政院院长。蒋汪合作内阁的成立，更加速了何应钦从对日有限抵抗向消极防御、积极交涉的转变。

4月中旬，正值长城抗战紧张之时，日本军方和何应钦都同时开展了以英国公使蓝浦森为桥梁的谋求停战的活动。日军此次希望停战，是因为在长城各口受到国民党军队的顽强抵抗，企图以政治手段来实现军事手段所不易达到的目的；而何应钦谋求停战，从根本上说是他到北平的主要目的，从最直接的动因上说，则是贯彻蒋介石4月12日在南昌军事整理会议上所作的名为"长期不断的抵抗"，实际是坐等国际形势变化的"一线希望"的指示，为最终的被迫抗日赢得时间。

但蓝浦森的调停还没正式开始便已收场，停战不成，平、津危急。蒋介石也着急起来，一日之内两次电示何应钦"固守北平"。

重交涉轻抵抗　断送长城抗战

正当何应钦亟谋北平防务之际，仿佛演戏一般，关东军突然掉头撤向关外。如此奇事，使何应钦坠入云里雾中。天津《大公报》推测日军兵力不足，加以恐招致国际干涉，所以中止进攻平、津。国民政府的宣传自然是说由于他们"抵抗"所致，何应钦也乐于默认这份侥幸之功。其实，这种被国际国内视为谜一般的撤退，就连突然奉命撤回的关东军师团以下指挥官也莫名其妙。直到第二次世界大战结束以后，才揭开这突然撤退的秘密，原来是日本侵略者内部军部与特务机关之间的谋略与战略之争，使得陆军部不得不密电关东军："如不立即撤兵，将奉敕令下达撤退命令。"于是，骄横的关东军军部于4月19日紧急下令前线部队："一律返回长城一线。"

日军的暂时撤退，使北平和南京都弥漫起希望停战的云霞。蒋介石为表示国民政府不打算与日军决战之诚意，又于4月25日致电何应钦，实行有限防御，谋求真正的停战。

何应钦本来应该而且可以向长城一线增兵，但他谨遵蒋令，致令长城各口的国民党守军只能进行被动的消耗性防御。这种做法，就连何应钦所信任的中央军黄杰、关麟征也深受其害。2月底，黄杰率部在洛阳集结后，士兵们连御寒的装备都来不及准备，就足穿草鞋赶往长城，接替古北口的南天门防务。一连两个多月，在日军飞机、大炮的轰击下，国民党军士兵只能用从北平随身携来的铁棍，在长城脚下的岩山上，寻找泥土裸露之处，捣出一些临时掩体，躲避日军飞机和重火器的轰炸、扫射。待日军冲锋时，再起而射击。至于非中央军的其他部队，其守卫阵地的艰苦情状更可想见。就是在这样困难的境况下，国民党军队终于在古北口东南越过长城反攻，将占据兴隆县的日军包围，稍需时日，即可将该部日军全歼。

然而，何应钦却于此时通过军政部次长陈仪，与日本驻上海武官根本博进行停战接洽。4月29日，何令陈仪转告根本博："可以进行停战接洽"，为表示其停战的诚意，同时将驻守南天门的国民党军队后撤，下令解除兴隆县的包围。这种无异于叛卖的行径，反而刺激了日本关东军"决战"的胃口，也促使日本国内对关东军是否向华北推进的争执得以解决。何应钦也由初到任时的被动妥协，转向主动妥协。

由于北平军分会发往各处的电报，均被板垣征四郎所主持的天津日本特务机关破译；而何应钦的一举一动，又为日本驻北平武官永津佐比重的情报系统获悉。因此，蒋介石、何应钦虽口喊抵抗，实则急于乞降的内心活动日军了如指掌，致使何应钦被日方任意摆弄，而自己反以为能"肆应折冲"，蒋介石也赞赏何为他抛一己之毁誉，换取一时苟安。

5月7日，关东军第六师团由山海关出发，进犯抚宁，开始了所谓"关内作战"。就在这一天，被板垣征四郎收买的汉奸张敬尧，企图在北平策动军警叛乱，建立傀儡政权，事泄被杀。5月9日，日军攻陷抚宁、卢龙。长城冷口以东的中国守军将受夹击。何应钦下令放弃长城各口阵地，全线后撤，守卫平、津。5月14日，日军攻下滦县。18日，汉奸石友三在滦县宣布"独立"。20日，北平日本公使馆卫兵被一爱国青年刺杀。天津日军援引《辛丑条约》，声称"出兵防卫"，派出炮、步兵共600人进驻北平。24日，日军逼近宁河，平、津朝不保夕。至此，曾经振奋人心的长城抗战完全失败，仅守卫古北口的中国军队的三个师，就有三分之二的将士喋血沙场，有的团仅剩六人生还！但中国军队仍坚守在长城一线，只要一声令下，依旧可以奋起抗争。

参与策划九一八事变的板垣征四郎。

长城抗战一开始，国民政府又重演了上海停战的故事，谋求英、美帝国主义出面斡旋，寄希望于国联的仲裁与支持。由于英、美在华北的利益不似上海那样集中且大，也就不像"调停"淞沪战事那么卖劲，只要求日方维护《辛丑条约》，承认门户开放、利益均沾，不在秦皇岛附近开战就行。尽管国民政府"反复向国联提出申诉，但国联仅作出了不承认满洲国的决定，根本不考虑华北问题"，后来日本干脆退出国联，于是蒋介石谋求维持现状的希望就全寄托于何应钦的与日本交涉上了。

当时，在何应钦身边的德国总顾问费尔采，不过只具备一般的战略见解，对国民党军队的实际情况根本不了解，充其量是让日本人知道何应钦身边有一个德国顾问而已。因此，蒋介石不得不起用与日本交涉有经验的黄郛到北平，协助何应钦对日交涉停战。黄郛清末留学日本，与蒋介石为振武学校同期同学，后毕业于日本陆军测量部修技所，曾当过国民政府的外交部部长，较之何应钦，有更多的外交谈判经验。

5月3日，南京成立了所谓"行政院驻平政务整理委员会"，任命黄郛为委员长，并以此作为与日本交涉的窗口，意在向日本表示，包括河北、山东、山西、察哈尔、绥远五省及北平、青岛两市在内的地区"特殊化"的第一步，

"冀能运用其他手段，以试探弭兵息争之可能性"。这个委员会由国民政府要员及华北地区各方面人物共22人组成，其中有交通部部长、何应钦的内兄王伯群。黄郛一上任，就在南京、上海、北平之间与英、美和日本方面的人物接触，谋求疏通对日谈判的渠道。

5月22日午夜，黄郛的秘书李择一接到日本大使馆海军武官藤原喜代间的电话，要黄郛立即不带任何人前往面谈。黄郛电话告知何应钦有"停战"希望之后，便只身前往藤原住所。那里除了藤原本人外，还有日本公使馆武官永津佐比重、书记官中山详一。永津向黄郛提出了停战条件，黄郛一听，感到条件相当屈辱苛刻，便与之讨价还价。藤原、永津、中山轮番对黄郛施行"疲劳轰炸"，迫于日本关东军和华北驻屯军咄咄逼人的军事压力，直到23日清晨七点半钟，黄郛不得不接受下列四项条件：

一、中国军撤退至延庆、昌平、高丽营、顺义、通州、香河、宝坻、林亭口、宁河以南以西，今后不得有一切挑战行为。

二、日军亦不越过上述之线进击。

三、军事委员会北平分会何代理委员长应钦派正式任命之停战全权大员往密云，对日本高级指挥官表示停战之意。

四、以上正式约定后，定某日某时作关于停战成文之协定。

黄郛离开藤原住所，立即赶往居仁堂会见何应钦，向他说明同永津等人交涉的经过和内容。何应钦看这四项条件，要害在使国民党军队撤离山海关以南约200公里的地区，锁紧眉头，转着圈子不吭声。黄郛表示，只要何应钦同意，他可以马上电话通知日方停止攻击。

何应钦立即邀集黄绍竑、张群、熊斌等人会商。有人主张"坚守北平"，有人提议"退守保定"，争执不下。后来，熊斌提出："北平为文化古都，必须保全，倘轻易放弃，责任太大。似宜忍辱负重，姑且派员试行接触。" 这一意见符合何应钦历来宁可自己忍气吞声，也绝不敢公开拂逆蒋介石旨意的处事心态，众意也认可。何应钦一边叫黄郛转告藤原表示"同意"，一边亲笔写了一封信由黄郛出示永津。

在南京城里，汪精卫收到何应钦请示的密电后，23日、24日，连续举行国防会议，商讨停战对策。有的说屈辱太甚，可战；有的说战无把握，应和。于是在"可战可和两面肆应"的原则下作了决定。汪精卫指示何应钦："与日方洽商停战，以不用文字规定为原则。如万不得已，只可作为军事协定，不涉政治。"当时的北平军分会，已陷于为人鱼肉的境地，哪还能完全遵循南京的指示？何应钦心中清楚，战争时期，军事与政治不过是为实现同一目的的两种手段，此中有彼，彼中有此，汪精卫也是在概念上作文章。

何应钦知道，连汪精卫也要听蒋介石的，如此棘手的问题，还得要蒋表态。因此，于24日向正在庐山的蒋介石作了汇报。他说："熟权利害轻重，与其放弃平、津，使傀儡得资以组织伪政府，陷华北于万劫不复，何若协商停战，保守华北，徐图休养生息，以固党国之根基，较为利多害少……遵照汪院长迭电指示之意旨，由应钦答复日代办，对其所提四项条件，完全接受……职等为党国，为地方人民着想，唯有牺牲个人，以求顾全大局，是非毁誉，所不计也。"

蒋介石接电后，不无犹豫，但也立即回电，虽担心"停战而形诸文字，总以为不妥……甚或东北三省及热河字样亦必杂见其中，无异割让之承认"。不过"事已至此，委曲求全，原非得已，中正自当负责"。但是，蒋介石在当天的日记中写道："余前既电告，只要不使片纸只字落倭手，不派军使进入其哨线，为有形之交涉，则余皆可尽心力而为之。今闻竟接受其要求矣！前途交涉，艰难必多。惟敢毅然承当此任，其心苦矣，亦甚可嘉！故余复电：仍由余负责，勿使其为难。"蒋介石理解何应钦的苦衷，何应钦当时虽不得见蒋的这则日记，但也深信委员长会毅力维持、承担在国民党内部的责任。何、蒋之间的隐衷，可谓"词中有誓两心知"！

签订《塘沽协定》　陷入妥协深渊

（一）

日军于5月24日迫近顺义、通州、香河，北平已处于三面被围之中。日军用飞机在北平上空飞来飞去示威。何应钦眼见北平的失陷已经不可避免，准备将北平军分会撤到长辛店以南办公，然后再按日方要求派军使进行谈判。何应钦未等黄绍竑等人到齐，便已安排当夜11点钟在西便门跑马场小车站上火车。当日傍晚，黄郛、黄绍竑、张群、李择一、王伦等人聚在一起，商量撤离问题。有人提出撤退是否获得蒋介石许可时，何应钦以"时机太紧急，来不及请示"作答。的确，当时北平和蒋介石在庐山牯岭的长途电话还不通，要打电话也来不及了。但何应钦到底不踏实，要各人发表意见。黄郛已从日本驻北平武官处得到许诺，只要何应钦派军使向关东军要求停战，日军即可停止进攻，以外交方式结束战斗，并限定25日深夜两点前给予答复，否则，日军将向北平发起进攻。黄郛、张群、李择一主张不撤，立即派军使谈判。参谋王伦却主张既不撤，也不谈判，坚守北平，并要求何应钦立即下令调炮兵到天安门、中华门，向东交民巷轰击，先肃清北平城内的日本驻军，然后不管他是日本人、英国人、美国人，一概把他们轰完，横竖不过是丢了一个北平，谁叫你英、美同日本站在一起呢？王伦这番愤激的话，自然遭到众人的反对。何应钦仍倾向于先撤退。最后是政治上比较老成的黄绍竑的意见为大多数人支持。黄绍竑认为，谈判是得到中央许可的，而撤退未得蒋介石同意，万一他怪罪下来，谁能吃罪得起呢？最后，何应钦才决定先让黄郛与日本驻北平武官处取得联系，选派军使并商量与关东军谈判问题。

充当这样的军使去乞求停战，聪明人都知道将落千古骂名，谁肯主动？何应钦认为军使的人选，除具有相当官阶、精通日语之外，还得考虑到威仪观瞻。经过众人苦苦相劝，毕业于日本陆军大学，精通日语、相貌魁伟的军分会作战处上校处长徐祖贻才勉强接受这军使的差事。

其实，经过这些时日的周旋，日本已"得知中国方面的意向，接受停战的气氛已经形成"。但由于中国军民的抵抗并未完全停止，日军迫近北平，主要是"给中国当局以平津告急的危机感，在这样的现实背景下，才能求得有利的停战交涉"。何应钦等人确实为日本关东军和中国驻屯军这种内外呼应，夺取平、津的架势所吓倒，入了日本人的圈套。

5月25日凌晨五点多钟，徐祖贻在日本使馆武官的监护下，独自前往密云会见关东军第八师团长西义一。所谓"谈判"，不过是徐祖贻无条件地在永津中佐所出示的"关东军司令官意志"的备忘录上签字而已。

当日中午12时许，徐祖贻回到居仁堂，向何应钦报告了谈判经过及备忘录内容。何应钦得知日军已暂停军事行动的消息，才放弃撤退军分会办公地点的打算。

五天的期限，是日军给予何应钦与蒋介石和国民政府进行磋商的时间。尽管南京国防会议已定下谈判的基调："以不用文字规定为原则，如万不得已，只可作为军事协定，不涉政治，其条件须经中央核准。" 但就目前形势估计，不形诸文字已不可能。因此，何应钦除电告南京、南昌，继续向汪精卫、蒋介石请示外，还着人迅速南下，向蒋介石面陈详情。黄绍竑当日下午便启程赴南昌，在庐山见到蒋介石，作了详细的汇报，并代何应钦面请"越权专擅"的处分。蒋介石不但没有一句责备，反而连声称赞道："好！好！你们处理得对。以后的问题我另有电报给敬之。" 在正式谈判开始之前，汪精卫曾亲赴庐山与蒋介石共同商量如何应付谈判。蒋介石给何应钦的指示，对何一味妥协的"孤诣苦心，众意均已谅解"，"唯盼文字斟酌，打磨干净，不可有影射，纵属同一意义，而用语必须堂皇"。而汪精卫给何应钦的指示，均有"弟等自当共负责任"、"倘因此而招国人之不谅，反对者之乘间抵隙，弟必奋身以当其冲"等语。唯一对何应钦的限制，便是原则上要按南京国防会议的精神，呈国民党中央核准。

5月28日，北平军分会中将总参议熊斌被何应钦等软缠硬磨，勉强同意充当类似签订《马关条约》的李鸿章的角色，担任何应钦的"最高全权代表"，率领随员赴天津，准备进行谈判。

5月29日，何应钦以机字第708号训令指示熊斌："查停战协定，应遵中央电令，（一）限于军事，不涉政治，（二）不可有放弃长城以北领土之类似文句，除此之外，着即负责进行。"在此之前，何应钦还私下对熊斌许诺了个人交换条件，熊斌日后成为军政部次长，与此不无关系。

5月30日，完全按照日方的安排，熊斌与关东军副参谋长冈村宁次在塘沽日本陆军运输部派出所开始了谈判。冈村宁次的随员有喜多诚一大佐、永津佐比重中佐等六人，翻译、记录、参列员等也全由日军充当。熊斌虽是"全权代表"，却不敢擅自决定任何有违国民政府所规定范围的事，签字与否，得由何应钦定夺，甚至协定的每句话、每个字都经过何应钦的斟酌推敲。谈判从5月30日开始，直到31日下午五时，虽有争执，最终仍按日方的全部条款签字生效。这个协定，便是丧权辱国的《塘沽协定》。

在谈判过程中，国民政府已明确指示何应钦妥协的范围，要求不要出现违反上述范围的"疑似文字"，且签字前须经国防会议核准。但实际的结果既超出已定妥协范围，事实上承认了日本侵略者占领东北三省和热河的"合法"性，并把察北、冀东的大片国土也拱手送给了日本。从此，日军打开了通向平、津和进一步侵占整个华北的门户。

（二）

《塘沽协定》签字以后，激起了举国一致的唾骂和愤怒。

6月1日，中国共产党发表了《为反对国民党出卖平津华北宣言》，反对《塘沽协定》，揭露国民政府对工农红军的猖狂进攻和对日本侵略者投降妥协的卖国罪行。上海的爱国民主力量曾准备发动罢工、罢市、罢课，反对《塘沽协定》。上海各大学的教授会发表宣言，痛斥何应钦可耻的城下之盟。

在国民党内部，因《塘沽协定》的签订，也引起了一片反对之声和激烈的争执。冯玉祥等人在张家口组织察哈尔民众抗日同盟军，公开反对对日妥协的《塘沽协定》，主张坚决抗战。还在协定未正式签订之前，被蒋介石调到福建去"剿共"的第十九路军将领蒋光鼐、蔡廷锴，于5月25日在福州通电，痛斥国民政府局部停战，呼吁全面抗日。《塘沽协定》签字后，第十九路军的爱国官兵的抗日要求更加强烈。在华北的东北军、西北军部分爱国将领，也通电反对协定。

在国民政府中，为《塘沽协定》也引起了一场争执。在6月2日的国防会议上，有人强烈反对《塘沽协定》，指责何应钦，认为他一是未经中央核准即行签字，并马上生效；二是协定中有"长城线"字样，等于承认"长城线"是伪满洲国的"国界"，让日本侵占东北和热河"合法"化。汪精卫因有电在先，力排众议，为何应钦的"擅权"承担责任。蒋介石因《塘沽协定》的签订，又掌握了"攘外必先安内"的机会，早就给何应钦撑腰壮胆。南京的国防会议最后只得勉强通过，予以追认。

为了解决军事协定后的一系列政治遗留问题，根据日本外相内田康哉的指令，驻北平公使馆与关东军联合，进一步向何应钦施加压力，迫使国民政府在法律上和行动上公开承认伪满洲国。

1933年7月3日至5日，何应钦、黄郛的代表雷寿荣、殷同等与日本方面的冈村宁次、喜多诚一、茂川大尉及伪军丁强部的代表李际春在大连辽东饭店秘密洽商。国民党方面提出要伪军丁强部撤离华北东北部，日伪方面则要求恢复奉天与北平之间的铁路通车。由于双方在伪满洲国的问题上未取得一致意见，谈判失败。这就是日方所宣传的"大连会议"。

经过北平军分会、驻平政务整理委员会与日军的秘密接洽，9月16日，何应钦、黄郛的代表玉棋飞赴长春，面见冈村宁次，就华北与东北通邮、通车等事进行私下接触。何应钦之所以选择玉棋为代表，是因为冈村宁次是玉棋在日本陆军士官学校留学时的区队长，何以为利用这种私交，能讨点政治上的便宜。但冈村宁次的态度仍一丝不变，坚持把伪满洲国看成一个"国家"。10月初，冈村派喜多诚一到北平，与何应钦等秘密面商，决定召开"北平会议"。

11月6日，冈村宁次一行乘专机到达北平，从7日至9日，与何应钦、黄郛等就国民政府与伪满洲国恢复邮政、电讯以及航空交通等问题再次举行谈判。关东军方面仍要求将伪满政权当作一个"国家"来考虑，而何应钦及其代表则坚持满洲是中国被称为东北的三个行省，是中国领土的一部分，因而，在通车、通邮的形式上或面子上很难取得一致意见。鉴于何应钦、黄郛及其代表殷同已经同意采取适当形式通车、通邮，冈村宁次便拿出最后通牒式的一手，威胁道：无论谈判成功与否，他10日非离开北平不可。何应钦无法，只好致电南京请示，冈村宁次也致电长春军部请示，以便能寻求双方都可接受的"形式"。

8日夜，冈村宁次收到由长春发来的修正协议方案的训电，顿时触发了他的灵感。他忆起8月间在日本叶山上奏时，天皇对他训示中的一句话："日本人和中国人都是好计较形式的国民"；由此又联想到殷同曾屡次向他谈及，而他却总视若耳旁风的一句忠告："像您这样的中国通，难道连中国人爱面子也不明白吗？"于是，始将原从奉天直达北平的通车要求，改为从奉天或从北平开出的列车，至山海关都必须下车后再换车。何应钦等人的"面子"得到了照顾，双方总算达成了协议。9日夜，在日本驻北平公使馆举行的宴会上，何应钦也收到南京发来的电报，同意修改后的条款。

通过前述的"大连会议"和"北平会议"，日本迫使国民政府承认伪满洲国的阴谋基本实现。有关铁路通车的问题，又经过反复讨价还价，到1934年7月1日，奉天到北平的直达列车也开通了。何应钦和国民政府一度不敢揭开的遮羞布便完全撕掉了。

《塘沽协定》，是何应钦兼代北平军分会委员长后送给日本侵略者的一份代价昂贵的"礼物"，当然也符合蒋介石内心"以和日掩护外交"，"韬光养晦乃为国家唯一自处之要道"。

逼走冯玉祥　杀害吉鸿昌

（一）

热河失陷以后，辗转撤退到察哈尔省的各种名目的抗日义勇军、抗日救国军，总数不下十余万人。察哈尔原本地瘠民贫，自顾不暇，一下子涌入这么多军人，加上流亡机关和难民，仅吃、喝二事，就足以使全省陷于混乱。日本侵略军早就对抗日义勇军恨之入骨，必欲消灭，无奈噬脐不及，便转而对北平军分会施加压力，希望假国民政府之手，瓦解这些抗日武装。

何应钦面对如此众多要求抗日的地方武装力量，如能加以组织武装，便可增强长城抗战的实力，然而，何应钦认为这些部队形同土匪，既不收容，也不准他们参加抗日，"任其自生自灭"，使他们陷于无衣无食、无所作为的窘境。这些抗日武装在得知冯玉祥在张家口筹组民众抗日同盟军后，便先后前往投效。

何应钦得知冯玉祥公开树立起抗日的大旗，宣言、通电谴责国民政府卖国误国的不抵抗主义后，认为"老冯这个家伙野心很大，抗战不过是用来掩护的名词，以后如何发展，如何收拾，很成问题"，因此一开始就采取防范、反对的态度。他以"统一"华北军政为名，要冯不得自立武装，并劝冯听从蒋介石的吩咐，到南京去"共策大计"，企图调虎离山，将抗日同盟军扼杀于襁褓之中。

1933年4月下旬，正是长城抗战艰难之时，方振武的部队响应冯玉祥的号召，由山西南部徒步开抵河北邯郸，准备支援长城抗战。何应钦不仅拒绝方振武有关拨给火车、迅速运载部队北上的要求，反而命令方部在邯郸候命，不得擅自前进。方振武不听，径率部队步行到定县。何应钦既慌且怒，急派黄绍竑赴定县，诱骗方振武服从改编、听其指挥，才允许参加抗日。何应钦此举，既想阻止后方军队自动支援长城抗战，又从旁瓦解冯玉祥筹组中的抗日同盟军。方振武严辞拒绝了何应钦的要求，不顾禁令，继续步行北上，到达徐水满城附近。何应钦恼羞成怒，借口"统一军令"，制止其自由行动，下令将所有在察哈尔、河北境内的抗日义勇军、救国军之类有"排日"举动的武装力量一律取消，将其中有战斗力的部队改编为"国军"，听从北平军分会调遣。但是，方振武的部队除鲍刚一部外，依然冲破阻挠，艰苦跋涉，到达张家口，加入了抗日同盟军。

为了争取更多的国民党武装力量加入抗日同盟军，冯玉祥曾派张允荣为代表，与驻在察东赤城、龙关一带的孙殿英部联络，共商联合抗日的步骤及方法。不料何应钦得知此事，遂派遣北平军分会政训处处长、复兴社特务刘健群和国民党军统特务头子戴笠前去拉拢孙殿英，以察哈尔省主席为饵，诱使孙殿英用武力威胁冯玉祥离开察省。孙碍于与冯的旧交，又允诺与冯联合抗日，难以骤然下手，但从此对冯仅以空言敷衍搪塞，无所行动。与此同时，在张家口已向冯玉祥表示一致抗日的冯占海，也因何应钦通过其舅父、时任国民党第二方面军总指挥兼第六军团总指挥的张作相说项，使他转而依附何应钦，疏远冯玉祥。

（二）

1933年5月26日，冯玉祥在张家口通电就任察哈尔民众抗日同盟军总司令，当时已有队伍八万余人。何应钦秉承蒋介石的旨意，诬蔑冯玉祥主张抗日是宣传赤化，组织抗日同盟军是假借抗日之名，谋夺宋哲元的地盘。

6月初，伪军张海鹏部在日军的策划下，分两路进犯察哈尔，进攻抗日同盟军。6月8日，伪军攻陷康保，威胁张北，张家口震动。冯玉祥积极部署防御反击。何应钦闻讯后，先后数次派人劝冯"取消抗日同盟军名义，停止抗日军事行动"，"万勿以抗日再招来第二个《塘沽协定》"，遭到冯玉祥等人的严正驳斥。何应钦见劝说无效，一方面致电阎锡山，商讨"引而不发"的对付之策，叫阎频频调动晋军孙楚、赵承绶等部，表示不唯不与冯合作，似将有所举措；另一方面，委派庞炳勋为察省"剿匪"总司令，开向平绥路。与军事上掣肘和迫近相配合，北平军分会开动宣传机器，将此次日伪军进犯察省，归咎于冯玉祥的抗日。

6月20日，发展至十多万人的抗日同盟军兵分三路，在吉鸿昌、方振武等指挥下，先后克复被日伪军占领的康保、宝昌、沽源，并乘势向日军重兵盘踞的多伦推进。抗日同盟军的胜利，迫使一部分伪军倒戈参加抗日。全国各爱国抗日组织纷纷致电抗日同盟军，支持收复多伦。但何应钦除催促庞炳勋向张家口施加军事压力外，又召见冯玉祥派驻北平的代表孟宪章，要孟转告冯：即日结束军事行动，通电取消抗日同盟军，让出张家口给宋哲元，速到南京去就任全国林垦督办之职。岂知冯玉祥连理都不理。

7月7日，抗日同盟军向日军骑兵第四旅团及炮兵共2000余人防守的多伦发动总攻。多伦是察哈尔和绥远间的战略重镇及贸易集散地，日军拼死防守。激战至12日凌晨，吉鸿昌袒臂挥刀，指挥同盟军战士分三路冲锋。事前化装成日伪军的同盟军数十人，潜入城中，应时而起，里应外合，终于将多伦攻克。至此，察哈尔境内的日伪军完全被驱逐出境。

抗日同盟军的行动，得到全国人民的支持和同情。中国共产党领导下的平绥铁路工人组织交通团，积极配合抗日同盟军的战斗。

多伦收复后，上海各界抗日联合会、北平各界抗日联合会、华北青年抗日同盟会，以及江苏、广东、福建、湖北、天津和西南各省的抗日救国团体，竞相致电祝贺，但何应钦却坚持要冯玉祥停止抗日，解散同盟军。

7月18日，国民党军队的铁甲车开过下花园，抗日同盟军为阻其前进，遂将辛庄子铁桥拆毁。何应钦认为冯玉祥此举已明显表示"反抗中央"，可以对冯以武力解决。到7月20日，进攻张家口的国民党军队已达11个整师约12万人。何应钦命令庞炳勋、关麟征、冯钦哉各部于怀来、延庆集结，由庞任总指挥，拟分三路进逼张家口。此时，首鼠两端的孙殿英部仍驻在沙城一带，横亘于抗日同盟军与庞炳勋等部之间，不利于何应钦的"讨伐"，何便以青海西区屯垦督办和50万元收买孙殿英，使其率部离开沙城西去，为庞炳勋等让道。

当何应钦调兵遣将之时，日军驻北平武官柴山面见何应钦，毫无根据地胡 227

说多伦属于《塘沽协定》中中国军队不得越过之限，抗日同盟军收复多伦，有违停战协定，国民政府如不采取措施，关东军将向察哈尔实行反击。日军向何应钦施加压力的同时，也向冯玉祥提出了让出多伦的备忘录，并限三日之内答复。冯玉祥反要求日军让出热河。此时的国民政府也助纣为虐，中伤抗日同盟军，说"多伦没有日本人，哪里能打仗呢"？汪精卫竟发表通电，说多伦的收复，"非取自日本军之手，乃取自伪军之手"，并要求抗日同盟军向国民政府"交还政权"。何应钦也跟着汪精卫等人散布同样的谣言。

冯玉祥处此抗日既获罪于国民政府，又受日本侵略者威迫之中，愤而通电全国，并向主张反蒋抗日的李济深、陈铭枢、陈济棠、胡汉民、白崇禧等西南地方实力派呼吁声援。蒋介石迫于各方压力，命何应钦暂缓进攻。何又派马伯援赴张家口游说，要冯和平解决，服从"中央"。7月28日，蒋介石、汪精卫对抗日同盟军下了最后通牒。冯玉祥于30日通电答复说："吾人抗日，诚为有罪，而克复多伦，则万罪在不赦……如'中央'严禁抗日，抗日即无异于反抗政府，则不但军事可以收束，即科我以应得之罪，亦所甘心！"

此时，何应钦调集进攻抗日同盟军的部队已增至16个师，并有两队战斗机和八列铁甲车相配合；何应钦还下令切断张家口的交通，实行全面封锁，并命令庞炳勋首先发起进攻。不料，这种煮豆燃萁的做法，立即遭到宋哲元、冯治安等将领的反对。庞炳勋部的旅长陈春荣也当着其他将领的面，认为冯玉祥抗日，别的且不说，就是凭中国人的良心和人格也不能打。庞炳勋扣押了陈春荣，但其部下一些将领反对同室操戈，私下派人联络，愿随冯玉祥抗日。何应钦见前锋临阵倒戈，急令庞部后撤，以第八十七师王敬玖部接防。

面对军心不稳，又要冒天下之大不韪，何应钦也不敢再下"讨伐"令。他派遣特务分子从抗日同盟军内部，对张人杰、李忠义和邓文等部进行分化瓦解。邓文因与何应钦勾结事泄，被部下杀死，同盟军内部开始产生矛盾。8月中旬，日伪军与何应钦所派遣的国民党军同时加紧对抗日同盟军的进逼，冯玉祥召集将领会议，会上争论激烈，同盟军之间产生裂痕。冯玉祥又遭国民党特务

恐吓，愤而离职，想使何应钦的"讨伐"失去借口，以保全抗日
同盟军大部分不愿离散，他们在吉鸿昌等人的领导下，把抗日同盟军改名为抗
日讨贼军，坚持"外抗暴日，内除国贼"的行动纲领，分兵北进滦东，继续抗
日。

<h2 style="text-align:center">（三）</h2>

何应钦认为冯已离职，抗日同盟军名义已取消，扬言察事已解决，冯玉祥
既无发号施令的名义，便不足为虑。唯有共产党在察省活动颇力，势成隐患。
9月8日，何应钦派殷同与日伪军商量联合"围剿"吉鸿昌率领的抗日讨贼军。9
月中旬，当吉鸿昌、宣侠父、方振武等人率部行进至小汤山一带时，日伪军从
北，何应钦调集的商震、关麟征、庞炳勋等部分别从东、南、西三面，共同合
击抗日讨贼军，日本飞机亦跟踪侦察、轰炸。至9月底，这支抗日武装终因弹尽
粮绝、伤亡惨重而失败。吉鸿昌被迫转入地下，在平、津一带继续从事抗日活
动，方振武被迫流亡国外。

吉鸿昌在平、津一带组织中国人民反法西斯大同盟，继续从事抗日，并于
1934年春加入了中国共产党，使何应钦深感不安。蒋介石为了抓住吉鸿昌这个
抗日讨贼军中的头号共产党，便命戴笠派人到北平，配合北平军分会政训处的
复兴社特务进行搜捕。1934年11月，特务郑介民及在何应钦手下当政训处挂名
科员的特务卢起勋一道，勾结帝国主义分子，在天津法租界内的国民饭店将吉
鸿昌刺伤后逮捕，并引渡到北平，交由何应钦亲自审讯。吉鸿昌大义凛然，痛
斥蒋介石、何应钦无耻卖国的罪行。最后，何应钦悍然下令将吉鸿昌处死。

<h2 style="text-align:center">达成《何梅协定》 留下历史公案</h2>

<h3 style="text-align:center">（一）</h3>

《塘沽协定》签订以后，蒋介石、汪精卫不再重弹"一面抵抗，一面交

涉"的老调,而高唱"治本莫要于充实国力,治标莫急于清除共产党",拼命谋求英、美的财政支持,疯狂对中央红军进行第五次"围剿"。而主持北平军分会的何应钦,面对日本侵略者的步步凌逼,更抱着"即使有碍主权,亦无不以大事化小事,小事化无事之方针",以图保持现状。但一只脚已跨进华北门槛的日本侵略者,另一只脚也随即抬了起来。日本军部制定了1934年对华政策的基本方针,要通过政治、军事、经济的方式,使中国成为以日本为中心,日本、伪满洲国和国民政府"友好合作"的追随者,达到永久霸占中国之目的。由此而决定的策略是:迫使国民政府"打开中日关系的诚意";对华北则使其脱离国民政府而"特殊化";对反蒋抗日的地方实力派则继续促使其与国民政府对立。为实现上述侵略意图,日本侵略者借口中国军民违反《塘沽协定》,有排日、抗日、反对伪满政权的行动,并不断制造事端,企图在华北建立第二个伪满洲国。1934年底至1935年初的察东事件,何应钦为日军对华北的侵略又多撕开一条口子。

《塘沽协定》规定日军"概归还至长城之线",因而长城线也大概成了中、日驻军的分界线。但古老的万里长城,并非一条直线的边墙,它经历了若干朝代的改建扩建,有的地方数层重叠,在华北与东北之间,依山形地貌蜿蜒曲折于河北、察哈尔和热河三省。三省辖区,犬牙交错,相互楔入比比皆是,察哈尔、河北的若干县,实际位于长城之外。于是,日本侵略者硬指这些地区属于热河省,是伪满洲国的辖地。

1935年1月19日,日本驻北平公使馆武官高桥坦通知何应钦,要北平军分会命令宋哲元部撤出小厂、东栅子、长梁、乌泥河一带,否则,日军将以武力解决。何应钦害怕日军借此进占沽源、独石口等更多的地方,直接威胁张家口以北及平绥,于次日趁宋哲元在北平的机会,要宋哲元即日将驻小厂之骑兵连撤至长城以内,东栅子步兵连撤至独石口附近,在长城以外应竭力避免冲突,长梁、乌泥河及其他处所凡日方认为有抗日反伪满倾向的组织、机关,一律撤至后方。

正当宋哲元遵照何应钦的指示向日军作让步交涉时，日军于24日进攻东栅子的国民党守军，并派飞机轰炸独石口。高桥坦乘机向何应钦提出，由驻热河的日军与宋哲元谈判，要求今后中国方面不得反对伪满政权，并声言为确保属伪满洲国国境的"长城线"，要设置一缓冲地带，禁止国民党驻军，禁止设置军事设施，只准警察维持秩序。这些无理要求，实质上是要中国放弃长城以南的大片土地。何应钦明知是横蛮要挟，但表示可以接受，并命宋哲元派员谈判。

2月2日，宋部第三十七师参谋长张樾亭与日军第七师团第十三旅团长谷实夫在大滩会谈，不仅完全接受日方的无理要求，并表示"察东事件，原出于误会"，主动将国民党军队缴获汉奸伪军的枪支弹药如数奉还。这就是出卖察东国土给日本的"大滩口约"。这种以口头承诺，实际上履行的谈判方式，不啻给了进退失据的何应钦以思想的启迪，为尔后《何梅协定》的谈判，提供了一次试验性的先例。

（二）

察东事件的处理，使日本从何应钦身上进一步看准了国民政府的妥协程度随日方压力的增减而同步运转的轨迹。于是，日本一面企图将军事缓冲区域扩大至察哈尔、河北全省，一面以保护伪满政权的安全为理由，使冀、察"特殊化"扩大至整个华北"特殊化"，于是，日军又制造和挑起了华北事件。

华北事件的导火线是天津两个报社汉奸社长被杀和日军"追剿"孙永勤部义勇军的事件。

1935年5月初，天津日租界一天之内接连发生《国权报》社长胡恩溥和《振报》社长白逾桓被人暗杀事件。日军一口咬定案件发生在日租界，凶手显然是国民党特务，是中国当局有计划的排日举动，是对日本驻屯军的挑战。于是，日军和日本便衣特务剑拔弩张，企图在天津制造事端。其实，胡、白两人，都是日本特务机关豢养的汉奸报人，专门利用报纸向中国人宣传亲日，白逾桓还兼任伪满洲国"中央通讯社"记者。白被杀时，身上携有致关东军司令官的密函。在第二次世界大战结束以后对战犯的审判中，才揭露了这两起暗杀事件的真相。原来，策划杀死胡、白的，就是那位曾经大闹居仁堂何应钦官邸、时任中国驻屯军参谋长的酒井隆。而5月11日，日本驻北平公使馆武官高桥坦会见何应钦，反诬河北省政府、天津市政府知情，暗杀事件与国民党特务组织复兴社有关，提出无理质问。

日本制造胡、白暗杀事件的同时，加紧进攻在热河南部抗击日军的孙永勤部义勇军，迫使孙部越长城南下，进入所谓军事缓冲区域。孙永勤曾要求河北遵化县县长何孝怡补给弹药，以便继续抗日，但遭到拒绝。日军却借口遵化县县长庇护义勇军，违反《塘沽协定》，有碍关东军"剿"灭孙部。

5月29日，酒井隆、高桥坦分别代表中国驻屯军和关东军前往居仁堂会见何应钦，提出照会，认定上述两事是对日本和伪满洲国的"扰乱行为"，如这类事件再利用平、津为根据地，日军将把"停战区域"扩大至平、津，且将再发生八国联军侵华和九一八事变之类的问题，亦未可知。为此，酒井隆提出：

一、于学忠为扰乱日满之实行者，中国政府应自动撤调。

二、宪兵三团、河北省党部、天津市党部、北平军分会政训处、蓝衣社，应撤退。

三、将中央军他移。

日本方面提出上述三项要求，目的是"贯彻对华北工作的既定方针，逐步地彻底地驱逐旧东北系及中央系势力"。

何应钦曾有将河北省政府迁保定的打算，便试探性地向于学忠提议，于回答说："天津是中国的地方，不能因日寇威胁，即行迁走。如果迁至保定以后，日寇再威胁，岂不要把河北省政府迁到河北以外的地方去？"问得何应钦讷讷半晌，无辞以对，才暂时将迁保定之事搁置下来。

日本嫉恨于学忠部驻华北，却也投合了蒋介石的私心。东北军驻在华北，有碍蒋介石使华北"中央化"的实施。他利用何应钦配合日本侵略者，外挤里推，将于学忠及东北军调走。

至于酒井隆所提出的应撤退的宪兵三团、政训处、蓝衣社，虽与抗日有关，但主要是镇压共产党人和爱国力量的特务工具。国民党的河北省党部、天津市党部及中央军在华北，与上述特务组织一起，既是北平军分会存在的支柱，又一度在长城抗战激烈时有过不同的抗日倾向和抗日行动，为日军所嫉恨。日军要撵走北平军分会，为华北"特殊化"扫清道路，也必须使南京国民政府的一切下属机构和武装力量离开华北。

在酒井隆、高桥坦向何应钦施加政治压力的同时，日军第四师团的四个联队、工兵一个大队正向华北开进，扬言一切均已准备完毕，随时可以动作。若中国政府不理其要求，日军即自由行动。何应钦明知这类花招是企图不战而得平、津，却心忧毫无抗争准备，无力与日军讨价还价。倘因态度强硬一点，惹起事端，牵制了正在黔、川"追剿"红军的蒋介石之手，必将里外不是人，只得再"持隐忍态度"，电告南京批准，自动将军分会政训处处长曾扩情和宪兵三团团长蒋孝先、副团长丁昌等免职。

日军并不因何应钦有所表示而足愿。5月30日，驻天津的日军竟开至河北省政府门前示威滋事。日本飞机也频频出动，在平、津上空低飞盘旋。何应钦已得南京国民政府授予的全权承担对日妥协的任务，为了迫使于学忠辞职，在一天中的一个小时之内，与于学忠通话两次，又命其办公厅主任鲍文樾同于通话一次，逼其辞职，但碰了于学忠的橡皮钉子。蒋介石为帮助何应钦实现对日本的承诺，免去于学忠省主席职务，假意征求张学良的意见。待张回电拒绝以后，蒋却以通讯电路出了故障，未收到张的回电为由，要何应钦径自决定。5月31日，何应钦决定河北省政府移驻保定，随后，撤换了河北省主席于学忠和天津市市长张廷谔，命令天津市党部停止活动。

6月4日，酒井隆、高桥坦再次会见何应钦。何将他5月31日的决定告知他俩，并保证一切反日团体均可取缔，但酒井隆、高桥坦仍不满意，悻悻而去。

（三）

6月8日，日本驻南京使馆首席武官矶谷廉介来到天津，参加由华北驻屯军司令官梅津美治郎召开的扩大军事会议，商讨所谓"华北驻屯军最后手段之决议"。关东军参谋长及驻华北日军的重要头目均参加了会议。"最后决定以武力为背景，采取强硬态度"，迫使何应钦答应已提出的各项要求和实现"在全国取缔排日行为，解散各种排日团体"的目的。为配合这一行动，日方已先期命令驻华北的陆、海、空军及特务机构以加强战备为中心，实施对平、津和华北的军事压迫。

6月9日，酒井隆、高桥坦第三次会见何应钦，提出最后通牒式的四点要求：

一、取消河北省内一切国民党党部。

二、中央军五十九军应撤离河北，并将全部撤离日期，告知日方。

三、第二师、第二十五师他调。

四、禁止全国的排日活动。

何应钦当即表示，前三条属自己的职权范围，完全接受；第四条，须向南京国民政府请示后，于12日答复。

当时，蒋介石正在成都指挥"围剿"长征的红军。为商讨如何应付日方的办法，何应钦与蒋介石之间的电讯往复，日必十数起。蒋介石为脱卸妥协之责，最后电示何应钦两点：一、不得以他或他的代表的名义进行交涉。二、不可留下书面的承诺。

未等至6月12日，何应钦便迫不及待地于10日下午五时三十分，第四次会见高桥坦，口头答复同意日方要求，高桥坦得此答复，满意而去。

6月11日，南京国民政府公布了《敦睦邻邦令》，声称："凡我国民对于友邦务敦睦谊，不得有排斥及挑拨恶感之言论行为，尤不得以此目的组织任何团体，以妨国交……如有违背，定予严惩。"

就在这一天，高桥坦通过军分会办公厅组组长朱式勤向何应钦送达了一份由梅津美治郎署名的备忘录，要求何应钦签字盖章承认。备忘录全文如下：

觉　书

一、中国方面对于日本军曾经承认实行之事项如下：

（一）于学忠及张廷谔一派之罢免；

（二）蒋孝先、丁昌、曾扩情、何一飞之罢免；

（三）宪兵第三团之撤去；

（四）军分会政治训练处及北平军事杂志社之解散；

（五）日本方面所谓蓝衣社、复兴社等有害于中、日两国国交之秘密机关之取缔，并不容许其存在；

（六）河北省内一切党部之撤退，励志社北平支部之撤废；

（七）第五十一军撤退河北省外；

（八）第二十五师撤退河北省外，第二十五师学生训练班之解散；

（九）中国内一般排外排日之禁止。

二、关于以上诸项之实行，并承认下记附带事项：

（一）与日本方面约定之事项，完全须在约定之期限内实行，更有使中、日关系不良之人员及机关，勿使重新进入；

（二）任命省市等职员时，希望容纳日本方面之希望，选用不使中日关系成为不良之人物；

（三）关于约定事项之实施，日本方面采取监视及纠察之手段。

此致

何应钦阁下

昭和十年六月九日

华北驻屯军司令官梅津美治郎

日方这种步步深入的逼迫，使何应钦陷于无法解脱的困境。他命朱式勤转告高桥坦，这次事件纯系口头交涉，现在我方已自动办理完毕，不能再书面答复。高桥坦只得离去。

何应钦知道高桥坦还要来纠缠，便先电告蒋介石、汪精卫后，于13日由北平乘火车回南京，想一走了之，回避对日方作书面答复。

果然，何应钦前脚走，高桥坦后脚就跟上来，再次到军分会要求何应钦在备忘录上签字。何应钦途中得到电报，于15日交南京国防会议议决，对高桥坦仍然拒绝。

6月21日，何应钦在南京又接到北平军分会电报，谓日方仍要书面作答，只是改变了一下方式，由高桥坦送来一份梅津美治郎为何应钦代拟的"通知稿"，稿称："六月九日由酒井隆参谋长所提出之约定事项，并关于实施此等事项之附事项，均承诺之。并自动的期其实现，特此通知。"要求何应钦签字后送交日方。何应钦不敢擅自决定，只得候国民政府研究。这种拖拉战术，并不能使日方放弃索取文字凭证的要求，因为这一凭证，不是为已经实现了的交涉条款，而是为今后扩大侵略、制造事端先获依据。

通过在北平、南京两地反复讨价还价，最后日方放弃对"附带事项"出具书面承诺的要求，而何应钦也同意出一书面通知。于是由何应钦从南京电示北平军分会办公厅，7月6日给日方一打字油印书面通知：

　　径启者，六月九日酒井参谋长所提各事项，均承诺之。并自主的期其遂行，特此通知。

此致

梅津司令官阁下

何应钦

（民国）二十四年七月六日

梅津备忘录中所提出的"中国方面对于日本军曾经承认实行之事项"九条，连同何应钦的这封复函，便是人们通常认为的"何梅协定"。这一特殊方式所达成的妥协，使中国丧失了对河北和察哈尔的大部分主权。日军自《塘沽协定》签字以后所要求的大致达到了目的。

（四）

自何应钦与梅津美治郎的代理人之间长达月余的反复交涉结束以后，何应钦和国民政府受到中国人民及一切爱国者的强烈谴责，而《何梅协定》的有无问题也一直争论不休。

在日军侵华期间，日本始终宣称有《何梅协定》，尤其是在抗日战争爆发以前，日军一再利用这一协定作为侵略华北的口实。

何、梅交涉一结束，反对之声随之沸腾。蒋介石也曾致电何应钦存问事实真相，其中有："言忍让则当……不为任何之胁诱所摇夺；言牺牲尤当知委曲求全之必要，勿因避免疑谤，或为求谅一时，而逞其意气，以求孤注一掷。"蒋介石之所以存问，可见他也担心何应钦做得不高明，留下什么书面凭证。当他得知仅是一打字通知后，才算放心。

1935年12月9日，北平爆发了由中国共产党领导的反对华北自治、要求团结抗日的学生爱国运动。次年，蒋介石召见全国中等以上学校校长及学生代表训话，拍着胸脯担保："绝对没有这个《何梅协定》。这件事是怎么讲起来的呢？就是日本向何部长提出要求中国撤退河北境内的中央部队，并撤销所有平、津、冀、察党部的特务机关；何部长回一封极简单的信答复他说：这些事不待你要求，我们中国已经自动办好了。信中只说这几句话而已；但是，他拿了这封信就无中生有，张大其词，说是成立了什么《何梅协定》。"蒋介石这种对自己也是对何应钦妥协行径的祖护，曾经使何应钦感激而泪下，益坚其忠心报主之志。

何应钦自己始终矢口否认签订了《何梅协定》。1936年6月3日，因上海

《大公报》社论中出现《何梅协定》字样，何应钦十分惊恐，特致函该报总经理胡霖、总主笔张季鸾，自辩道："河北事件之发生，中、日双方，自始至终，均系口头交涉，至于交涉之问题，当时均已完全解决完了，此外并未签订任何协定。" 并在许多场合声明始终未与梅津谋面，7月6日的打字复函，"并未签字或盖章"。以后，凡有机会，他都忘不了声明绝无《何梅协定》。

1977年12月，何应钦在台湾的《近代中国》季刊发表了一篇《河北事件中绝无所谓〈何梅协定〉》的大块文章，随后又在不少书刊中转载或翻印，旁征博引，叙述事情的经过，证明他没有签订《何梅协定》，也不存在《何梅协定》。

自何应钦与梅津之间的交涉、谈判结束起，中国人民和国民党中的爱国力量均认为存在卖国的《何梅协定》，并且立即掀起了反对包括《何梅协定》在内的国民党出卖华北乃至中国主权的抗议高潮。1936年12月19日，西安《解放日报》以《丧权辱国之何应钦梅津协定》为题，全文披露了上述何梅谈判的日方备忘录及何应钦复函的全部内容。之后，《何梅协定》在中国人民的心目中，几乎成了"卖国"一词的同义语。

此后，关于"何梅协定"之有无，以及如何看待这一事件，无论是中国大陆，还是台湾、香港，乃至美国、日本的学者，曾一度歧义纷呈。在1991年笔者发表《〈塘沽协议〉与〈何梅协定〉之辨析》一文以前，由于事件真相及过程未全部弄清，在几乎所有的史著和历史教科书中，都认为何应钦与梅津美治郎签订了《何梅协定》。人们因《何梅协定》而对何应钦的诟骂甚至多于蒋介石。郭桐在《何应钦的中年与晚年》中写道："何应钦是《何梅协定》南京方面的签字人，受到全国人民的诟骂。实则这个臭名是蒋介石推给他的。何应钦是奉蒋介石之命行事，当然他自己也甘被蒋介石所利用。"此一论述中除了仍认为有《何梅协定》，并肯定何是"南京方面的签字人"等成说外，对何、蒋在这一历史公案中所应承担的责任的区分，倒也合情合理。

助推"华北自治" 镇压学生运动

（一）

1935年6月，何应钦因"河北事件"与日本侵略者正进行何梅交涉时，日本侵略者又制造了"张北事件"。

6月5日，日军驻多伦特务机关士兵四人，身着便服，乘汽车赴张家口。是日下午五时许，途经张北县城门时，被驻当地的第二十九军宋哲元的赵登禹师稽查队盘查。这四个特务士兵态度蛮横，形迹可疑，被哨兵带往该师军法处。军法处长亲自询问这四个特务士兵的来历去向，他们有恃无恐，仅出示日本驻多伦特务机关身份证，拒绝搜查和回答问题。为弄清事实真相，军法处将他们暂时拘留，次日上午一时即予以释放。事后，日方认为有辱日本军人尊严，便由联络官松井向察哈尔省主席兼第二十九军军长宋哲元提出抗议，并无理要求：要宋哲元、赵登禹亲自赔礼道歉；军法处处长免职；惩办肇事官兵。宋、赵以中国驻军在自己驻地上执行正当勤务，有权盘查形迹可疑之人，对松井的抗议不予理会。日方以此为借口，企图向察、绥扩大侵略。日本特务机关长土肥原贤二一边与中国军事当局交涉，一边令日伪军向中国驻军射击挑衅。

当时，何应钦为回避高桥坦的纠缠，已返回南京。不待土肥原正面提出要求，汪精卫主持的国民政府行政院于6月18日决定，将宋哲元免职他调，由察省民政厅长秦德纯暂代省长。何应钦则以北平军分会名义，令宋哲元将赵登禹的第一三二师调往察南之阳原、蔚县，另派部队接替张北防务。

然而，土肥原得寸进尺，又提出第二十九军由原防悉数撤至察南；解散察哈尔省一切国民政府的党、政、宪、特机关，并限于两周内办完；察省地方当局道歉并处罚有关人员等无理要求。土肥原还要求一定要给予书面答复。

秦德纯哪敢擅作主张，忙不迭地函电请示。于是，北平与南京、秦德纯与何应钦之间，"函电往还，日无暇暑"。

6月23日夜，土肥原径自闯入秦德纯在北平的私邸，声言以私人名义"拜访"，除重提以前的五点要求外，还另外加上一个"特别"条件，要秦德纯"援助日本特务机关在察哈尔之活动"。并威胁说："秦将军，你知道外交的后盾是什么？"大有秦不作答，日军即"自由行动"之意。秦德纯早有何应钦的指令，"何者可以让步，何者应予拒绝，何者不妨见诸文字，何者止于口头承诺"。日方的条件如此苛刻，土肥原出言如此不逊，使秦德纯气得当场吐血，卧倒在沙发上。

国民政府得知土肥原威逼秦德纯的情况后，唯恐已现"改善曙光"的中日关系重新紧张，便指示秦德纯继续交涉谈判，以作缓冲。土肥原坚持非有书面答复不可，非要秦德纯签字不行。秦只得按其要求草拟书面答复文件，往复请示国民政府及何应钦。何、秦绞尽脑汁，在文字上进行打磨。如日军要求在察省内"合法行动"，改为"合乎条约之行动"；日方不同意，再改为"正当的行为"等，双方处于僵持状态。

6月27日，汉奸白坚武在日军的唆使下，纠集叛军、土匪和日本浪人300余人，在丰台暴动，冲向永定门，企图攻打北平，制造混乱。就在这一天，秦德纯终于按日方的要求，签订了《秦土协定》，进一步向侵略者奉送了察哈尔省的主权。

（二）

1935年8月1日，中国共产党中央发表了《为抗日救国告全体同胞书》，即有名的《八一宣言》。这是中国共产党倡导的抗日民族统一战线的起点。

同年10月，中国共产党中央和工农红军第一方面军经过两万五千里长征，胜利突破蒋介石的围追堵截，到达陕北。中国共产党中央向党内发出的《中央为目前反日讨蒋的秘密指示信》中，提出"统一战线是抗日反蒋的总策略"。

1935年8月以后，华北的局势，连蒋介石也不得不承认比九一八事变时屈辱更甚。接替梅津美治郎担任华北驻屯军司令官的多田骏、新任关东军副参谋长板垣征四郎与升为奉天特务机关长的土肥原贤二，共同形成了所谓"支那通"三人小组，以武力威胁为后盾，推行"华北自治"，企图不流血而轻易制造第二个"满洲国"。

就当时的情况看，何梅交涉造成国民党中央军已调离，河北、察哈尔、绥远、山东和山西五省完全由国民党的地方军和杂牌军所割据。黄郛虽为"华北政务整理委员会"的长官，名义上是华北最高行政首脑，但他没有军权，不能调动任何一支军队。8月29日，国民政府只得撤销这名存实亡的华北政整会。何应钦主持的北平军分会便成了国民政府在华北的唯一代表机关。日本侵略者认为，"华北自治"的第一步是挤走北平军分会；"最理想的是由既不倾向满洲，也不倾向（国民党）中央的人掌握华北政权"。宋哲元是日本心目中理想的人选之一。然后，使华北五省成为"第二个东北"，成立"华北国"。于是，在日本的策动下，汉奸、流氓、地痞、白面客之类的一伙人，公开发动了一场群魔乱舞的"华北自治"运动。

在此之前，日军已经准备了寻衅滋事的借口。8月4日，日本驻唐山守备队队长温井光少佐遭人用手榴弹袭击未遂，日军便指为"中国方面有组织之抗日行动"。10月22日，汉奸武宜亭、安厚斋等在香河暴动，占据县政府，赶跑县长，宣布"自治"。10月29日，高桥坦与华北驻屯军参谋中井增太郎就温井光事件向兼河北省主席的商震提出向日方道歉；逮捕凶手；劝告国民政府撤废北平军分会；免除北平市市长袁良；嗣后不准再有策动反对日满之机关进入华北等无理要求。当时，何应钦正在南京出席国民党四届六中全会和五届全国代表大会。为不使日本"有所借口"，何应钦同意将袁良于11月3日免职。

11月4日，国民政府突然宣布实行法币政策，规定白银国有与现银集中上海。这表明其外交政策的天平，在英、美一方又增添了一个砝码。日本侵略者更加紧了"华北自治"的步伐。土肥原威逼当时事实上已总摄华北军政的宋哲元，限他于11月20日在北平召集五省首脑会议，宣布成立"华北五省自治政府"，否则，日军便要武力夺取河北、山东。与此相配合，日本特务机关加紧在平、津、张、保定、济南等地的策反谋叛活动。何应钦身在南京，心在华北，担心旦夕之间，华北"独立"，他两年多来为蒋介石所建立的"统一"华北之功，就会烟消云散，说不定还会惹出类似《何梅协定》的麻烦。

在讨得蒋介石示下之后，何应钦首先致电阎锡山，要他安稳山西，然后分电商震、韩复榘、肖振瀛等，要他们"务必坚拒赴平与会"。嗣后又致电宋哲元和秦德纯，认为"所谓'自治'也者，纯是土肥原等少数人之阴谋，并非日本政府之本意"，要他们静候中央与日方外交解决，并严防共产党及爱国学生的抗日活动。

11月23日，在天津日租界的一家旅馆中，国民党河北省滦榆区行政督察专员殷汝耕向土肥原举起盛满代替香槟的日本酒，一饮而尽，甘当汉奸，投靠了日本。次日，殷汝耕宣布成立"冀东防共自治委员会"，使冀东22县脱离国民政府"独立"，充当了"华北自治"的始作俑者。11月25日，在天津，一群汉奸、流氓在日本特务策动下，示威游行，要求国民党天津市政府"还政于民"，肆行捣乱。北平及河北一些城镇，汉奸、痞棍，自称"民众"代表，招摇过市，狂呼乱叫，要成立"华北民众自治促进会"。11月26日，蒋介石和南京国民政府竟然明令撤销北平军分会，新设冀察绥靖公署，任命宋哲元为主任，代替何应钦总理华北军政。

北平军分会在日军的压力下撤销了，何应钦兼代的北平军分会委员长也随之卸职。将近三年的对日妥协，似乎未获饕餮般的日本侵略者的谅解，颇使何应钦烦忧。对日军来说，妥协远不够，他们所要的是降日当汉奸，但在何应钦"忠君报国"的传统价值观念中，是耻于当汉奸的。国民政府对何应钦主持北平军分会的评价是：

……以最大之耐心及容忍，与强敌折冲谈判；计由达成冀东停战，到阻止华北自治，前后为时逾三年，中经察东、河北、张北等无数次棘手事件，俱能化险为夷，使华北五省主权，保持完整，江西五次"围剿"，顺利结束；此皆何上将执行对日持久任务之绩效。

应该说，这三年，是蒋介石有"知人之明"，何应钦有"谋国之忠、甘下地狱"的妥协屈辱的三年！而它也奠筑了蒋、何关系的又一级新台阶。

（三）

华北危急，神州震荡。11月1日，平津十校学生发表《为抗日救国争自由宣言》，向国民党四届六中全会要求爱国的自由。在中国共产党北平临时市委的领导下，一场空前的学生抗日救亡运动行将爆发。

此时此刻，在南京城里，"为谋打开局面"，蒋介石正与何应钦作推心置腹的长谈。蒋介石对何应钦说：华北"已经很少挽救的希望"，不过，因为"大家认定必得竭其所能"，只好辛苦你北上。至于结果如何，均由你到北平后，"再斟酌情势，负责办理"。何应钦明白，此时北上，也只能表示确已"竭其所能"而已。11月30日夜，何应钦从南京即将启程北上，蒋介石既是为自己祈祷，似乎也是为基督教教友何应钦祝福："凡事皆主于上帝，由我信心而生耐心，耐心而获成全也！"他还再三叮嘱何应钦："无论有效无效，必须不顾一切，直到北平。"尽管南京和华北都有人阻挡或劝说何应钦不要北上，但何应钦受命于蒋介石，怎敢不"直到北平"呢？

12月3日，何应钦以总缆兵符的军政部部长身份到达北平。宋哲元以为来了"救星"，虽不似蒋介石想象中的"勇气倍增"，但至少可以松一口气了。日军知道何应钦抵达北平，便派遣15架飞机在北平上空低飞盘旋，有时就在何应钦的行馆居仁堂上悠来闲往，并撒下汉奸殷汝耕具名的传单，要求"响应自治"。何应钦当然不会"响应"，只遵照国民政府中央政治会议和蒋介石已经定下的妥协"范围"，提出处理华北问题的妥协原则。

12月6日，平、津15所学校联合发出通电，针对何应钦的"原则"，明确提出反对"防共自治",呼吁政府动员抵抗日本侵略。北平学联决定发动本市学生进行反对华北自治、反对成立冀察政务委员会、反对日本侵略的大请愿。

12月9日,北平学生蓄久必发的抗日怒火,终于像火山一样爆发了。北平各大、中学校的爱国学生,涌向街头,冒着刺骨的寒风,从四面八方,汇聚天安门,涌到曾是北平军分会驻地的新华门外,向何应钦请愿。新华门紧闭,门前排列着荷枪实弹的军警,杀气腾腾。愤怒的学生们振臂高呼:"打倒日本帝国主义!""反对华北五省自治!""收复东北失地!""打倒汉奸卖国贼!""武装保卫华北!""立即停止内战!"这些代表了整个中华民族心声的口号,划破了笼罩在北平古城上空的浓云密雾。请愿学生公推中国大学的董毓华、东北大学的宋黎、师范大学的陈泽云等人为代表,要求面见何应钦,提出六项要求:

一、反对华北自治及其类似组织;

二、反对一切中日间的秘密交涉,立即公布应付目前危机的外交政策;

三、保障人民言论、集会、出版自由;

四、停止内战,立刻准备对外的自卫战争;

五、不得任意逮捕人民;

六、立即释放被捕学生。

何应钦懂得"三十六计,走为上",自然不会坐困在这如火药桶般的北平城内。

何应钦原来准备在12月16日成立冀察政务委员会。12月10日,北平学生一致罢课。12月16日,学生冲破反动军警的阻挠和镇压,先后齐聚天桥、前门举行市民大会,通过了停止内战,一致对外;誓死反对冀察政务委员会;反对卖国外交;不得任意逮捕和屠杀学生等九项议案。反动军警挥舞皮鞭、棍棒,对爱国学生大打出手,逮捕30余人,打伤学生400余人。但原定于这天出笼的冀察政务委员会难产了。

西安事变主战遭疑　救蒋脱险有功获奖

（一）

在中国共产党倡导的抗日民族统一战线政策和"逼蒋抗日"口号的感召下，在全国人民抗日救亡运动蓬勃高涨的推动下，在广大东北军、西北军爱国官兵的支持下，出于抗日爱国的赤忱，国民党爱国将领张学良、杨虎城两将军于1936年12月12日凌晨，扣留了正在西安督师"剿共"的蒋介石，发动了震惊中外的西安事变。

西安事变的发生，使南京国民党内部的左派、中间派和顽固派因各自的利害关系和出发点不同，迅速形成以何应钦为首，以戴季陶、吴稚晖、居正等人为骨干的"讨伐派"；以宋美龄、孔祥熙为首，得到冯玉祥等人支持的"和平解决派"。

事变发生的当天清晨，在南京的何应钦便得知了这一消息，他大吃一惊，但很快镇静下来，派人请考试院院长戴季陶、国民党中央政治会议委员吴稚晖和军政部次长熊斌等人到他家，分析形势，商讨对策。熊斌原是冯玉祥的部下，他认为军事委员会的委员长蒋介石被扣，主持军事者自然应是副委员长冯玉祥，便提出可否先告知冯玉祥。何应钦心目中，从来都视冯玉祥为摆设，因而以"暂可不必"回绝了。就在这次非正式的碰头会上，何应钦已将武力解决西安事变的基调定下，同时分派人进行游说和采取应急措施。

冯玉祥直到中午12时，才接到国民党中央政治委员会委员兼军事委员会委员李烈钧的电话，得知西安之变。稍后，鹿钟麟又到冯家相告，但均不知详情。下午二时，冯玉祥想找李烈钧询问究竟，扑了个空，便径直闯到立法院院长孙科的住处。孙科这才从冯的口中知道蒋介石被扣的消息，惊得半晌闭不拢嘴。总参谋长程潜、军事委员会办公厅主任朱培德虽已知西安之变，但派人四处找不到何应钦，只听说何已与人开会研究了情况。冯玉祥估计何应钦必在弄鬼，甚为不满，当众发牢骚："我和协和（李烈钧）、哲生（孙科）均无所闻，不知是何理由？"

当晚八时，在冯玉祥的办公处，国民党中央监察委员会常委张继和鹿钟麟、张之江、石敬亭等人聚在一起，与冯玉祥商讨应付办法，个个都对何应钦的诡秘态度表示不满。张继打了好几处电话，才在家中找到何应钦，向他询问西安事变的经过，并告之冯玉祥似已动气。何应钦不耐烦地在电话中回答："一时说不清，我马上派人来面呈。"不一会儿，熊斌奉何应钦之命，手持张学良、杨虎城12日发出的通电，赶到冯玉祥官邸。冯玉祥展读通电，知张、杨之举，意在逼蒋抗日，心中的重负才稍减。但对何应钦迟迟不通报详情，仍大为光火，决定亲自去找何应钦。他一边迈步出门，一边吼道："如此重大事件，欲一手遮尽天下人之耳目，岂可得乎？！"当冯玉祥闯进何应钦家中时，李烈钧、戴季陶、朱培德、叶楚伧（国民党中央执行委员会常委、秘书长）、汪精卫的老婆陈璧君、陈公博（国民党中央政治委员会委员）等许多要人已在座。一些人是奉何应钦之请而来，一些人是不请自来，都想知道西安的详情。

冯玉祥等人并不知道，何应钦所采取的第一个步骤，就是以真相不明为理由，对冯玉祥等可能同情张、杨的人和尚不知情的国民党要员们，将事变真相暂时秘而不宣。同时，又以军事需要，严格新闻检查为由，切断南京与西北的一切通讯和交通，封锁消息，使西北的报纸和张、杨的宣言到不了南京。西安电台日夜广播，说明扣蒋真相及抗日要求，统统被南京强有力的电波干扰所淹没。南京城里如捅了马蜂窝，谣言一个接一个散布出来。什么红军占领了西安，"洗劫"全城；整个东北军和西北军都变成了土匪，到处发生抢劫；张学良要求蒋委员长付赎金八万元……人们真假难辨，人心惶惶。

冯玉祥进到何应钦家，见人们争论正烈，就近找空位坐下。他见何应钦以少有的激动，力主诉诸武力，讨伐张、杨，以维党纪国法。李烈钧则认为当务之急是以保蒋安全为要，不赞成武力解决。戴季陶、叶楚伧、朱培德支持何应钦，而陈璧君、陈公博却出人意料地支持李烈钧。在谈到军队调动指挥权的时候，有主张归何应钦的，有推程潜的，有说冯玉祥的。何应钦身为国民党军事委员会五常委之一兼军政部部长，自度非己莫属，但此刻却缄口不语。戴季陶早与何应钦灵犀相通，极力主张军事应归何应钦，似有不让别人再争下去之意。冯玉祥忍不住了，站起来顶撞戴季陶，说："不成，参谋总长是军令机关，而军事委员会尚有办公厅主任！"言下之意，除程潜、朱培德外，尚有我副委员长，岂能轮到你何应钦！何应钦依然正襟危坐，任戴季陶与冯玉祥唇枪舌剑。戴、冯一直争执了一个钟头，还没个结果。有人提出这是闲谈，不算数，应速到中央党部召开临时紧急会议才是。

在中央党部的会上，何应钦这才让与会者传阅了张、杨的通电全文。这份通电，给和平解决派提供了根据，他们认为张、杨捉蒋，是为了抗日，且保证蒋介石安全，眼下应讨论如何答复"八大主张"，怎可讨论加兵西安？何应钦咬定死理，先声夺人，反复强调张学良、杨虎城劫持最高统帅，目无党纪国法，形同叛逆，不"讨伐"不足以张法纪！几乎不容反对意见陈述完毕，就将别人的话头打断。加上戴季陶、吴稚晖、叶楚伧等人支持何应钦，"讨伐派"明显占了上风。会议从深夜十二时一直开到13日凌晨三时，双方仍各执一说。虽然谁也拿不出一套众人认可的扭转时局、救蒋脱险的方案，但何应钦仍操纵会议，初步决定："张学良撤职查办，军队归何应钦调遣。"会后，在何应钦的催促下，以国民政府名义发出了对张学良褫职严办令：张学良"劫持统帅"，"以身负剿匪重职之人，行同匪寇"；"以身为军人，竟冒犯长官，实属违纪荡法"；"应先褫夺本兼各职，交军事委员会严办；所部军队交军事委员会直接指挥"。这一突发性事件，使代蒋介石执掌兵柄的何应钦成了南京城里的轴心。

<h2 style="text-align:center">（二）</h2>

在上海的宋美龄，得知蒋介石被扣留的消息后，犹如晴天霹雳，顿觉天旋

地转。清醒之后，亦不知所措，执意要姐夫孔祥熙陪她星夜驰赴南京。

身为行政院副院长的孔祥熙，自然要冷静得多。当他在上海私邸得知西安事变的消息及张、杨通电后，即致电张学良，以比较缓和的口气，劝张"总宜委婉相商"，不要"反为仇者所快"，并表示对张的"爱国之切，必有不得已之苦衷"而予以理解，以图稳住张、杨。

13日清晨七时，宋美龄在孔祥熙陪同下，带着蒋介石的顾问澳大利亚人端纳从上海赶到南京。当她得知何应钦主张"讨伐"西安，便使着性子大骂何应钦"不是东西"！她不顾前来迎接的人向她问候，径直命司机驱车进了中央军校。宋美龄要军校教育长张治中设法阻止何应钦蛮干，要不惜代价，保护蒋介石的安全。在到南京的几小时中，宋美龄、孔祥熙已经得悉英、美两国驻华大使的态度。因为日本对中国得寸进尺的侵略，已经直接触犯了英美集团的在华权益，如果西安事变导致蒋介石政权的垮台，国民政府为对日妥协派所把持，英美在华利益将受到更大的威胁。因此，英美集团力主和平解决，以便国民政府依然控制在亲英美派的手中，即便为此要抗日，也是可以支持的。这就壮了宋美龄的胆。下午，她命张治中专门登门拜会冯玉祥，表示孔祥熙、宋美龄均希望和平解决，请冯玉祥出面镇一镇何应钦。冯玉祥、张治中同情张、杨联共抗日的主张，也主张和平解决西安事变。

13日下午三时，由国民党中央执行委员会常委、司法院院长居正任主席，在中央党部召开国民党中央常务委员会和中央政治会议联席会议。会上先由何应钦报告当前军事情况。他谈到张、杨把"剿共"变成联共，东北军、西北军公然与中央军为敌。西安事变之后，洛阳一带的中央军已向潼关移动。日本派军用飞机侦察陕西，西安城外仍有小战。西安东、西两门紧闭，唯南、北两门虽重兵把守，仍可通行。必须乘张、杨部署未定之前，抢先发动攻击，救出蒋介石。紧接着，外交部部长张群报告与日本大使川樾会谈情况，谓日本持冷静态度，不予干预。程潜报告国防情况，强调对日本已有准备。当国民政府主席林森发言，反对"讨伐"张杨、扩大事态时，何应钦再次起立发言，强调明令申讨之必要和刻不容缓。戴季陶接过何应钦的话头，集中矛头攻击东北军、西北军已经倒向共产党，并造谣说张、杨已经会见毛泽东，才有劫持领袖之叛举，以煽动与会者支持"讨伐"张、杨。孔祥熙等人则不以为然，认为日本正准备扩大侵略，在中国共产党方面亦表示统一于中央、一致抗日的形势下，张学良主张联共抗日，可以商量，国民政府也应反省。目前，与西安电讯不通，据说杨虎城的态度未明，且拟派端纳飞往西安联络，虚实未卜，不宜贸然出兵"讨伐"，应力主缓和。吴稚晖一跃而起，指责张学良是"表面抗日"，只有蒋委员长才是"真抗日的"，"为介石安全，须火速运兵去"。支持何应钦的人又吵嚷不停。双方针锋相对，弄得居正莫衷一是。

宋美龄以航空委员兼蒋委员长夫人的资格与会。她先央求何应钦，说：张、杨要求的不过"抗日"二字，可寻别的途径解决，何必一定大动干戈。见何应钦寸步不让，又退一步要求何应钦，至少得救出蒋介石以后，才能发兵"讨伐"。何应钦冲着她一再宣称为维护国民政府威信，应立即出兵"讨伐"。宋美龄没有退路，只好打出王牌："今日若遽用武力，确将危及委员长生命。""委员长之安全，实与国家之生命有不可分离之联系。"要大家"各自检束与忍耐，勿使和平绝望；更请于推进军事讨伐之前，先尽力救委员长之脱险"。何应钦见不能制止她，气急之下不禁失声骂道："你女人家懂得什么？只知道救丈夫而已！国家的事，不要你管！"宋美龄见何应钦如此专横跋扈，便声泪俱下地回嘴道："你这样做，太辜负蒋先生了！"并声明自己"决非朝夕萦怀于丈夫安全的妇人"。还低声悻悻地骂道："以后我要你这个姓何的瞧瞧，到底是女人家懂得什么，还是你这个臭男人懂得什么！"

孔祥熙在会上与何应钦等据理力争，会后却大施其"政略"。他以代行政院长的身份，分别给兰州的于学忠、北平的宋哲元、济南的韩复榘、开封的商震、青岛的沈鸿烈、山西的阎锡山以及杨虎城的师长冯钦哉等人去电，要他们"一致拥护中央既定国策，完成国家之统一"，"一本中央之意旨为一致之进行"。孔还委阎锡山以"营救全权"，对张、杨"尚希责以大义，动以私情，挽已倒之狂澜，拯国家于万劫，悬崖勒马，共济危难"，企图孤立张、杨，对西安施加压力。果然，阎锡山以为挟天子令诸侯，可东山再起，愿效驰驱。而冯钦哉也被拉拢，回电愿听差遣。这对尔后西北的形势确实产生了一些不利的影响。

12月14日，居正利用主持中央党部纪念周的机会，介绍了张学良的出身、经历，将失去东北的责任归咎于他。认为张本属中央曲予矜全冀图后效之人，竟然犯上作乱，投降中国共产党，非予明令"讨伐"不足儆后。他还在会上鼓动黄埔系的将官们，要像蒋介石当年上永丰舰一样，不等谁的命令，马上去打！经他一煽动，一批黄埔系少壮派军人果然激愤异常，大有不待何应钦下令，就驱军前往之势。纪念周结束后，何应钦、吴稚晖、戴季陶与孔祥熙、冯玉祥之间，又展开了一场舌战。何应钦一派不仅主张打，而且主张马上打，指出当前既须防共产党，又须防"准共产党"（指主张联共抗日者）。孔祥熙派也反唇相讥，毫不退让，双方闹得不可开交。

（三）

12月12日凌晨，张、杨捉蒋成功，即请中国共产党派驻东北军的联络员刘鼎向驻保安的中国共产党中央发电，要求速派代表团，请周恩来赴西安共商抗日救亡大计。中国共产党中央初获西安捉蒋消息的一刹那，是多么的欣喜和振奋，但革命理智和抗日的大局闸住了报仇感情的潮水，由毛泽东主持，彻夜召开了紧急会议，作出五项决定，以利抗日和成立革命的国防政府。13日召开政治局扩大会，最后把自己的方针归结为"又要反蒋又不反蒋"和"又要政府又不要政府"，实际上推动"要求罢免蒋介石，交人民公审"的做法。然而，南京主战派的决定和收听到来自莫斯科的消息竟然是公开指责张、杨，这使中国共产党中央不得不谨慎行事，停止宣传蒋的罪恶和要求审判蒋，转而以第三者姿态，呼吁并着力于推进事变的和平解决。

12月17日，由周恩来、叶剑英、秦邦宪等人组成的代表团乘张学良的专机到达西安。当天晚上，周恩来即与张学良会谈，分析了当前国际国内的形势，指出了杀蒋、放蒋将可能导致的两种前途，表明中国共产党中央对西安事变的态度，以实际的赞助和支援，使张、杨的抗日要求能够彻底实现。周恩来的精辟分析和中国共产党不计私怨一心为国的实际行动，使张学良心悦诚服。次日，周恩来又与杨虎城会谈，向他阐释从"反蒋抗日"转向"联蒋抗日"的意义，解除他的许多疑虑。

12月19日，鉴于蒋介石的态度有所松动，中国共产党中央正确地提出"反对新的内战，主张南京与西安间在团结抗日的基础上，和平解决"。同时，公开发表了《中华苏维埃中央政府及中国共产党中央对西安事变通电》，提出了解决问题的具体意见，把全国人民和各派爱国民主力量对西安事变的支持引导到实现全民族团结抗日的轨道上。

（四）

宋美龄与何应钦争吵后，一些黄埔系将领派代表见宋美龄，要她拿主意。宋美龄于是召集部分黄埔系将领开会，要他们保持冷静，在事变真相未明之前，切勿遽加断定，勿伤感情；要他们在人们怨恨愤怒之时，勿再以语言或行动火上浇油。她说："委员长抚爱诸生如子弟，目前遭此事变，正为诸生敬谨遵行师训之时。"使这些将领冷静了许多。

宋美龄还设法沟通宁陕的对话，要孔祥熙给张学良打电报，请张指定电台一处，以便随时联系。随后，她打电报给张学良，说她准备派端纳前往西安，探明情况，居中调解。端纳曾当过张学良的顾问，与张私交较好，他认为张学良不可能搞"兵变"，不可能杀蒋，并反对何应钦进攻西安。由于怕何应钦阻止自己去西安，13日中午，端纳秘密离开南京先赴洛阳等候消息。13日夜晚，宋美龄收到张学良的电报，欢迎端纳前往。

14日上午，端纳带着宋美龄、孔祥熙托付的秘密使命抵达西安，会见了蒋介石。他向蒋递交了宋美龄的亲笔信，信中说南京是"戏中有戏"，并建议蒋亲自下令何应钦停战。端纳也要蒋清醒地看到，以何应钦为首的讨伐派，"此刻决心利用西安事变，借机派步兵、炮兵和轰炸机进攻这座城市。何的追随者将以解救委员长为借口炸死他，为他们自己和日本夺取权力……政府军已经向西安进发"，要蒋令何停止进攻。

其实，当时何应钦虽在异常激愤之中，却也清醒地知道，即使蒋介石有不测，他也不可能"龙袍加身"。他深知，蒋介石通过多年的阴谋权术，集国民党党、政、军大权于一身，国民党中的元老派和实力派人物仍时时想分噬其权，弄得蒋不得宁日。论资历、声望、实力，何应钦均无法与汪精卫、胡汉民甚至李宗仁、阎锡山之流相比。自入黄埔军校以来，在权力角逐中，他拥蒋则升，抑蒋则降，多少有自知之明。再说，国民政府已明确孔祥熙代行政院院长，居正代中央常务委员会主席，蒋介石的国民党军事委员会委员长之职，因有冯玉祥这副委员长在旁，连暂代之名也没有给何应钦，而由五常委中在南京的冯玉祥、何应钦、朱培德三人共同协商，军队则归何应钦指挥调遣。这样的格局已十分明显，即使蒋介石死了，他的权力也是要分而享之的，怎会全部落在何应钦身上？何应钦自追随蒋介石以来，还没有治党和主持政务的经历和经验，充其量能取代蒋介石掌军，成为黄埔系的唯一首领。

正是自度还不能一手控制国民党的中枢，何应钦这才未雨绸缪，急于准备物色一个既有名望而又志向相投的合作者，必要时由其主持党、政，这个人便是国民党中亲日的汪精卫。当时汪正在德国养病。12月14日，何应钦即致电汪精卫，欢迎他回国，"主持中枢大计"。汪接电后，立即复电："事变突起，至为痛心，遵即力疾启程。"汪在德国立即求见希特勒，欣喜若狂地表示：德国、日本如能支持他回国执政，他愿代表中国加入德日轴心集团。希特勒在与日本通气后，向汪表示将与日本一道，支持汪精卫、何应钦组织亲日政府。当时正在中国的德国军事顾问团团长法肯豪森，秉承希特勒的旨意，反对西安联共抗日，积极怂恿何应钦"讨伐"张、杨。邀请汪精卫归国，是何应钦在权力竞争中老成持重、不显露锋芒的一着。表面来看，一旦蒋介石死后，国民政府的首脑非汪莫属。汪能上台，功劳也少不了他一份，自己无疑会在新的权力分配中捞到更大的好处。如果蒋能够安然归来，宋美龄等人不理解他救蒋的一片苦衷，反要告他的刁状，说他之主战，是企图置蒋于死地，然后取而代之。他也可以抬出已电请汪精卫回国主持中枢一事，表白自己并无取代蒋的野心。

12月16日上午九时，在国民党中央党部召开的第二十三次政治会议上，何应钦等人更火上浇油，一致主战、主快，主张一直围到西安城下。尽管冯玉祥、孔祥熙百般反对，但"讨伐派"咄咄逼人，寸步不让。孔祥熙只得退而求其次，主张即令"讨伐"，也应从缓，宜采取"军事政治，同时并举"的策略。何应钦对此，无以反驳。孔祥熙因为已代理行政院院长，自然要从"政治"上设法，至于"军事"，当然他无处插手。于是，两派终于达成妥协，通过了如下协议：一、推何应钦为讨逆总司令，迅速指挥中央军进攻西安。二、由国民政府下令"讨伐"张、杨。三、推于右任为"西北宣慰使"，北上进行孤立张、杨的分化瓦解活动。 何应钦生平第一次也是最后一次撇开蒋介石掌握了国民党的军事大权。会后，何应钦即任命刘峙、顾祝同分任讨逆军东、西路集团军司令，举行所谓"白衣誓师"，扬言将"督率三军，指日西上"，"扫荡叛逆"。何应钦共调动了十几个师的兵力，正面沿陇海路两侧，进攻西安。侧面分别由潼关开进商洛，夺取蓝田；由天水向宝鸡、凤翔推进；由宁夏吴忠堡向固原、平凉一带移动。总预备队在潼关附近集结。为配合陆军行动，何应钦命令大批飞机，从洛阳机场起飞，轰炸西安。由于宋美龄等人害怕"玉石俱焚"，坚决反对直接轰炸西安，以免将蒋介石炸死。何应钦也手下留情，改令空军只轰炸渭南、富平、三原县城和赤水车站，进抵西安近郊示威即可。

在轰炸渭南县城和赤水车站时，国民党飞机炸毁房屋千余间，死伤居民数百人。中央军的先头部队也进抵华县，与杨虎城的西北军发生战斗。东北军、西北军广大将士，已做好以死相拼的准备。红军也准备必要时加入保卫西北抗日统一战线的斗争。大规模内战确已到了一触即发的地步。

12月17日，在国民党中央常务委员会上，何应钦鼓动"讨伐"派再次围攻孔祥熙。黄埔系和中央军中的一部分人，特别是黄埔系中的一批青年将官，更以"讨伐"来表示自己对黄埔系和领袖的忠诚，斥责孔祥熙的"无能"，要求"血洗西安"。而国民政府财政部部长、宋美龄的三兄宋子文为求得事变和平解决，要求允许他以私人名义赴西安，面见蒋介石和张、杨。这一要求遭到何应钦等主战派的反对，何应钦对宋子文说："宋部长不应冒险前往西安，阁下对中国财政的贡献为世界所瞩目，如果阁下被西安叛乱者关进监狱，这对中国将是一个巨大损失。"

何应钦之所以力主"讨伐"，主要是为了武力救蒋，当然，后果则很可能是置蒋于死地。从军事为政治服务的策略上说，应视为南京政府的当然之举，无可厚非。论中央军与东北军、西北军的实力，优劣之势十分明显。值此民族生死存亡的关头，张、杨和红军都反对自相残杀，势必为防止内战而释蒋；更何况张、杨的通电中已向全国乃至全世界昭示了武力诤谏，对蒋"保其安全"。何应钦的"讨伐"之举，虽大张其势，但飞机也只轰炸了渭南等地，并未直炸西安，陆军也未大进。可见，他并非没有顾忌。

蒋介石是深知何应钦与自己之间这种难以解脱的依附关系的，何虽有打算，未必就如宋美龄和端纳猜测的那般浅薄。端纳到来之前，他也极希望何应钦能给张、杨一点厉害尝尝，但又怕受池鱼之殃。经不住宋美龄的要求，加以确实探得张、杨并不想整死他，出于自身安危计，不愿中央军此时轰炸西安。同时，张学良也屡次要蒋介石下手谕停止轰炸，否则……后果自然难以逆料。于是，蒋介石在17日给何应钦下达手令，说："敬之吾兄：闻昨日空军在渭南轰炸，望即令停止。以近情观察，中（即蒋介石）于本星期六（十九日）前可以回京，故星期六以前，万不可冲突，并即停止轰炸为要。"为确保这道手谕尽快送达何应钦之手，经张、杨同意，让随蒋介石一道被扣押的蒋鼎文携带乘专机前往南京。

18日上午，蒋鼎文到达南京，面见何应钦，出示了蒋介石的手谕。同时，蒋鼎文还让冯玉祥也看了这道手谕。于是，国民政府决定18日至22日期间，暂停轰炸；南京与西安均停止军事行动。这一道手谕，增强了宋美龄等人救蒋脱险的信心。宋子文再次向何应钦提出飞往西安面蒋的请求。何应钦正为被迫中止"讨伐"而生气，愤怒地命令宋子文不要插手这件事。宋子文也不示弱，冷冷地顶撞何应钦道："我是以不担任公职的平民前往，不是军人！"言下之意，你何应钦管不了我。在宋美龄的劝说下，何应钦才勉强同意让宋子文去西安。但会议的决议上必须注明，派宋子文以私人名义赴西安了解情况。虽然进攻西安的中央军的军事行动并未完全停止，但"讨伐"不得不迟滞下来。据宋美龄回忆说："宋子文力排群议，最后请以私人资格前往。我等主张，政府虽不能与叛变者直接谈判以自贬威信，亦应准许我等作劝导叛变者之工作。"而在场的孔祥熙有如下记载："何敬之部长既得学良巧（18日）电与蒋公手谕，乃于皓日（19）与居（正）孙（科）两院长、叶楚伧、宋子文、王宠惠、蒋夫人诸人会商于余寓，决定二项：一、准宋委员子文以私人资格即日飞赴西安，营救蒋公；二、准许至12月22日（养日）暂行停止轰炸，但张杨部队在此期不得向南移动……此两项决议，即于当日通饬前线将领执行，并由子文当日飞陕告知张杨。"

这一天，何应钦收到张学良的来电，提出"放蒋问题，尚待商榷"，"在此期间，最好避免军事行动。弟部初未前进，而贵部已西入潼关，肆行轰炸，果谁动干戈耶？谁起内战耶？兄部如尽撤潼关以东，弟部自可停止移动。否则，彼此军人，谁有不明此中关键也哉？！"阅毕电文，何应钦并不以为然。因为蒋介石的停战手谕，只允三天为期，目的在迫使张、杨尽快放他。南京国民政府已明令至22日前暂停轰炸。期限一到，无论蒋介石回来与否，他的大规模"讨伐"仍将继续。

何应钦并非利令智昏，他也不是只懂军事、不懂政略的人。此刻的形势变化，使他必须往孔祥熙的政略上插上一只脚，以求万全。他也要借阎锡山以牵制张、杨，孤立西安。如阎锡山果然从中斡旋，能将蒋介石移至太原，也少不了自己的一份功劳。他便与孔祥熙商量，起草了一封致阎的信，派时任贵州省政府委员而尚未赴任的四弟何辑五，请冯玉祥等要人签名。先后在此信上签名的有孙科、何应钦、叶楚伧、王宠惠、孔祥熙、居正、冯玉祥等人。信中说："环顾国中能深识此事之症结，熟权公私中之两宜者，无如先生。务乞即日向汉卿慨切劝导，即日送介公到太原。"并委阎以"全权处理"的重任。同时派黄绍竑（时任湖北省政府主席）赴晋面商。

到12月19日，张、杨仍无释蒋之意，蒋介石又产生了被扣之初总以为死神已降临的恐怖感。当国民党空军轰炸渭南时，他确实害怕，但得知周恩来所率领的中国共产党中央代表团力主释蒋，要和平解决此事，感到张、杨确实无意置他于死地，于是他认为何应钦的"讨伐"并非没有价值。他见到宋子文后，私下指示道："此时非迅速进兵，不能救国家脱离危险。"还交代应如何如何进兵方能大收实效。他反复告诫宋子文："照余之计划，五日内可围攻西安，则余乃安全，虽危亦无所惧。"宋子文于21日返回南京后，即以蒋介石之意密告何应钦。何应钦遂又将停战日期再延长四天。届时仍不得要领，东、西两路"讨逆"军将按蒋介石的计划合围西安，逼迫张、杨就范，同时严防蒋介石被转移出西安。

何应钦在西安事变中一反平日忍让、谦和之态，表现出异常的急切、焦躁，竟对宋美龄也敢那般粗暴，除了他反对国共合作抗日的顽固立场外，还有幕后那令他生畏的日本帝国主义的威胁要挟。12月13日清晨，当西安事变的消息传至东京时，日本当局先是颇为震动，继而惊喜莫名，表面上决定"目前应止于静观事态之演变，而避免积极行动"的方针，暗中却积极怂恿何应钦挑起内战，以便坐收渔人之利。日本侵略者还通过韩复榘、宋哲元等人，主张杀蒋。但是，自蒋介石令何应钦停战后，日本方面对是坚持"讨伐"还是政治解决至为关切。有田外相于19日邀国民政府驻日大使许世英谈话，声称如果南京政府在抗日联共条件下与张、杨妥协，"日本决强硬反对"。日本首相广田弘毅竟在枢密院会议上报告说，如果南京政府"与张学良以容共为妥协条件，日本则断然抨击"。面对日本的外交压力，何应钦要外交部部长张群设法解释，一再声明他将以"讨伐""反共"的决策处理一切。在国民政府已明令暂停军事行动以后，何应钦在约见日本驻华大使川樾时，仍向日本表示"讨伐"行动将按计划进行，决不停止。

和平解决的希望虽然在增大，但内战的乌云并未消散。

（五）

12月21日，正在西安夜以继日说服张、杨和东北军、西北军将领的周恩来等人，收到中国共产党中央书记处关于和平解决西安事变的电报。中国共产党中央分析了当前局势，指示："我们与西安策略应扶助左派，争取中间派，打倒右派，变内战为抗战。"并指示与蒋介石直接谈判及谈判步骤、要领。其中提出了南京政府实行初步改组，排除亲日派；取消何应钦等之权力；停止"讨伐"，承认西安之抗日军；保障民主权利；停止"剿共"并与红军联合抗日等六项条件。这些条件得到了张、杨的支持。

由于西安释蒋之事仍未谈妥，宋美龄执意要飞西安。张学良来电反对："如果内战不停，不宜来谈，因无法提供保护。"何应钦更恐吓道：西安已经是"充满血与火的赤色世界"。南京也有人提醒宋美龄，"倘赴西安，不独不能晤委员长，且将被囚作质，丧尽尊严"。宋美龄对这一切全然不顾，敢去冒风险，因为她确信中国共产党和张、杨不会杀蒋。用她自己的话来说："我认为西安的形势是，端纳先生已打好了基础，子文盖起了墙壁，只有等我去铺房顶了。"于是，宋美龄、宋子文和戴笠一行于22日到达西安，表示愿意在张、杨通电的"八大主张"基础上进行谈判。蒋介石提出他不出面，由宋氏兄妹代表；谈判所商定的条件，由他以"领袖人格"担保，不作任何书面签字。经过周恩来等人在蒋介石与张、杨之间的疏通，23日，谈判正式开始。周恩来代表中国共产党中央提出经张、杨同意的和平解决西安事变的六项主张。经过两天谈判，双方达成九项协议，其中包括"先将何应钦、张群、张嘉璈、蒋鼎义、吴鼎昌、陈绍宽赶走"，"组织过渡政府"的内容。蒋介石还表示："今后我绝不"反共"。这样，西安事变终于比较圆满地和平解决。

自宋美龄等飞到西安以后，何应钦从西安方面所获得的情报都不利于他再下令"讨伐"。尽管居正等人催促何应钦赶快出兵，但他感到大势骤变，按兵不动。

24日，蒋鼎文自西安飞抵洛阳，电告何应钦，张学良已向部队下达护送蒋介石返南京的命令，蒋介石也命令何应钦撤兵。何已冷静下来，下令进至陕甘的中央军后撤一公里，脱离接触。

25日下午五时一刻，蒋介石乘坐的飞机颤抖着在洛阳机场降落。不久，南京的何应钦就接到洛阳电话，谓蒋介石已安抵洛阳。不知是泄了气还是释了重负，他感到从未有过的疲乏。他随即拨通了李烈钧家中的电话，告知正在那里恭候西安消息的冯玉祥、张继等人。

26日，是蒋介石返回南京的日子。何应钦为警卫戒严工作煞费苦心。清晨，即由宪兵司令部、首都警察厅、航空委员会、宪兵学校等派出大批军警宪特，沿新街口至中山东路、黄埔路，以及由明故宫机场至光华门外，三步一哨，五步一岗，戒备森严，机场四周及各进出口，更是宪警密布。为表示对蒋介石这位童子军总会长的欢迎，在机场内及进场口均派定童子军执勤。

上午十一时，何应钦等军政要人先后驱车前往机场等候。为防止意外，连"各文武官员及各国团体代表入场，均检阅证章及名片，警备至为周密"。十二时十五分，当蒋介石所乘的蓉克斯飞机出现在大教场上空时，何应钦等在机场迎接的国民党要员们，按官位大小排成一列，并推国民政府主席林森为代表前往致词。不料蒋介石乘坐的飞机于十二时二十分着陆时，迎接的官员立即前拥后挤，顿时乱了套，林森等只得随人潮前趋。当身着蓝色绸袍的蒋介石一出现在舷梯口时，何应钦便以救蒋第一功臣的身份，"首趋机前致敬"，蒋介石也对他回报以特别的笑容。而被推为代表致词的林森不知何故，竟痴呆呆地站立原地不动，直到别人提醒他时，林森才挤上前去致以慰问。但蒋介石只微微躬身作答，显出腰部痛楚之状。至于何应钦与宋美龄之间曾经发生过的一切，时过境迁，彼此虽有芥蒂，但都因高兴而表现出大度的宽容。未等国民党各大员看清"蒙难"之后委员长的尊容，蒋介石即偕宋美龄钻进汽车，驶出机场。蒋介石安全抵达黄埔路官邸后，何应钦才下令南京警备司令部解除戒严。27日，国民政府在南京明故宫机场举行隆重的"庆祝蒋委员长回京大会"，据报载有20万人参加。当南京市市长马超俊宣布大会开始，并致了欢迎词后，人们以为一直未露面的蒋委员长就会出现，岂料，竟是由何应钦代表蒋介石致答词。何应钦运足中气，抑扬顿挫地照念了一遍早已拟定的答词：

今天蒙全市同志同胞的盛意，举行这个盛大的集会，对中正慰勉有加，中正非常感愧！在这半个月内……中正身体上虽受十多日的痛苦，精神上因感受全国一致严正的表示，觉得无限安慰，无限兴奋。中正驭人无方，弭乱乏术……此次负疚归来，哪里还敢接受全国人民逾分的奖饰，惟望共同振起为国家为民族的精神，遵依已定之国策，努力进行。今天中正因腰酸腿痛，不便步履，不克亲自到会，敬托何应钦同志代表向各位致谢。祝各位健康。

这是蒋介石乃至国民政府对何应钦在"西安事变"中"营救领袖措施得宜"所给予的殊荣。

12月29日，在国民党中常会和中政会上，何应钦以"张学良亲来都门"，提出讨逆军事应即停止，即日撤销讨逆总司令及讨逆总司令部，所有未尽事宜，交由军政部办理等项，得以通过。

Biography of
He Yingqin

何应钦
全传（下）

熊宗仁 著

团结出版社

何 应 钦 全传

Biography of He Yingqin

第七章

兼并异己　护院管家

西北"善后" 川康"整军"

（一）

西安事变半月之内迅速得以和平解决，成了中国由长期内战向国内和平的转折点。整个中国的政治大气候进一步朝着有利于国共合作、团结抗战的方向发展，何应钦才不得不在"反共"和对日妥协两方面有所收敛。

1936年12月28日，针对蒋介石两天前在洛阳所发表的《对张杨的训词》中的声明，毛泽东在《关于蒋介石的声明的声明》中，肯定"蒋介石氏在西安接受张学良杨虎城二将军和西北人民的抗日的要求，首先命令进行内战的军队撤离陕甘两省，这是蒋介石氏转变其十年错误政策的开始"。同时又指出，"这对于指挥内战、制造分裂、并欲在这次事变中置蒋于死地的日本帝国主义和中国讨伐派的阴谋，给了一个打击"。毛泽东这里所说的"中国的讨伐派"，便是以何应钦为代表的黄埔系军事集团。毛泽东在声明中还强烈要求蒋介石不打折扣地履行他因之而获释的全部条件，真正"言必信，行必果"，"将全部救亡条件切实兑现"。蒋介石的"折扣"，有的是他自己公开背信弃义，有的则是通过何应钦去把他的许诺收回。12月29日国民党中央常委会和中央政治委员会，便是这种"折扣"立竿见影的表现。蒋介石虚情假意地请求辞去行政院长和军事委员会委员长，而经过与会者们真心也罢、违心也罢的一番慰留，他依然独揽着大权，一方面偕夫人宋美龄回奉化度假疗养，另一方面把张学良终身软禁，逼迫杨虎城辞职，而且还授权何应钦解决西北"善后"——瓦解东北军、西北军和迫害参与西安事变的主要人员。

何应钦是蒋介石手中一张得心应手的听用牌，需要对日妥协时，他会全心全意对日亲善，而一旦需要亲英美时，他也会讨得英美的欢心。因此，蒋介石决不会因共产党和中国人民对何应钦鸣鼓而攻之，便不敢放手使用他。

蒋介石在对日、对共产党、对地方实力派的态度确因西安事变发生某些变化的同时，他内心世界的真实情况却反映在他1937年2月5日的日记中。他认为当前的五项方针是："一、对内避免内战，然一遇内乱，则不放弃'戡乱'安内之责任。二、政治、军事仍应渐进，由近及远，预定三年至五年内为统一时间。三、不说排日，而说抗战。四、加强军队之训练。五、分省物色品行方正之人才。" 蒋介石五条方针中的第二、第四、第五项特别是第二项的主要执行者，便是何应钦。

2月15日，国民党五届三中全会开幕，旨在讨论西安事变的处理及以后的对内对外政策。在会议期间，国民党各派政治力量展开了激烈的斗争。当汪精卫提出旨在反对国共合作、继续坚持内战之政治决议草案时，除何应钦等少数人极力赞同外，许多国民党领导人物均一致抨击。2月21日，全会通过了《关于根绝"赤祸"之决议案》，表明国民党并未从根本上改变其一贯的"溶共"、"反共"、灭共"方针，但较之以往，在内政上，有了停止"剿共"内战，实际接受中国共产党提议的内容；在外交上，表示"如果让步超出了限度，只有出于抗战之一途"。这次会议，是国民党从"剿共"内战到联共抗日的重要转变。"抗战"二字也是第一次出现于国民党最高会议之决议案上。

在整个国民党五届三中全会期间，何应钦除了举手通过所有会议决议之外，在他身上连这种被动的转变也看不到。他在这一个阶段直至抗日战争爆发，依然继续执行蒋介石在西安事变前即已确定的瓦解东北军、西北军和使地方实力派武装"国军化"的计划。

（二）

何应钦、蒋介石处理西北"善后"的目的是十分明确的，即破坏业已形成的东北军、西北军、红军"三位一体"的抗日统一战线局面，用分化与威胁手段夺取张、杨两军，以孤立红军。何应钦秉承蒋介石的旨意，由顾祝同出面赴陕处理"善后"及改编事宜，同时派大军以演习为名，再度向西安进逼，形成军事压力。

1937年1月5日，何应钦公布了所谓"整理陕、甘军事办法"，在西北军政和人事上作了如下安排：

一、以顾祝同为西安行营主任，承军事委员会之命，综理陕、甘、青、宁军事。

二、以王树常为甘肃绥靖主任。

三、以杨虎城为西安绥靖主任，冯钦哉为第二十七路总指挥。杨虎城、于学忠自请处分，从宽撤职留任，戴罪图功。

同时还指定了东北军、西北军及中央军各部的驻地及饷粮供给办法。潼关、朝邑、渭南、西安、咸阳、宝鸡以达天水一带战略要地和物产稍丰饶之区，全为中央军驻地。

何应钦制定的以瓦解西北抗日力量为主旨的"陕、甘善后问题"分为甲乙两案。甲案为：

一、东北军全部调往甘肃。

二、第十七路军各部仍驻陕西原防，归绥靖主任杨虎城指挥。该路得酌留若干部队在西安，以便利行使绥靖主任之职权。

（附记）陕西绥靖主任公署或移设三原亦可。

三、自潼关至宝鸡沿铁路各县，归中央军驻扎（铁路线各县以外，得由十七路部队驻扎）。

乙案为：

一、东北军全部调驻豫皖两省，可先令由西荆公路集中南阳、襄樊、信阳一带。

二、以王树常（或由汉卿另保一人）任安徽省政府主席。

三、调于学忠任安徽绥靖主任，统率驻在豫鄂皖之东北军。

四、调杨虎城为甘肃省政府主席，仍兼十七路总指挥。第十七路军全部调驻甘肃。

何应钦"整理陕、甘军事办法"的公布，证明了杨虎城对蒋介石的估计基本正确。以民族利益至上、不计个人安危及东北军命运的张学良，遭到终身软禁，使何应钦比较顺利地实现其办理陕甘"善后"，整治东北军和西北军。张学良被囚，东北军广大将士愤怒已极，要求打到南京去，救出少帅。杨虎城等高级将领鉴于中央军十个师又一个教导总队已奉何应钦之命向潼关、华阴、华县一带"筑垒布阵，积极挑战之形势；更复时时截断电话，始终阻碍通车，以致群情激愤，万众忧疑。是殆欲以武力造急性之内战，而以封锁作慢性之迫胁"，遂联名发表通电，谓："乃正当蒋委员长休沐还乡，张副司令留京未返之际，中央军队匪惟未遵令东还，反而大量西进……虎城等欲求对内和平而不得，欲求对外抗日而不能，亦唯有起而周旋，至死无悔。"原已和缓的西北局势，再度紧张起来。对东北军、西北军的抗议和准备反抗，何应钦反诬为周恩来"参加变乱之主持"，中国共产党"挟其边区政府特殊化方案，要挟杨虎城"所致。为避免战乱重开，张学良不得不忍痛于1月7日致电蒋介石，说："良有不得已而欲言者，夫以汤止沸，沸愈不止，去其火则止矣。陕甘问题，良十分忧心，非只虑陕甘，所虑者大局形势，以及内乱之延长、对外问题耳。"而蒋介石复电却大耍诓骗恐吓之术，要求张学良致函杨虎城及西北各将领，"勉以切实服从中央命令，不可再错到底"，否则，即以"抗命"制裁。

1月8日，蒋介石、何应钦密令顾祝同，战事应充分准备，但不要轻易发动，最好以军事威胁为手段，而达到政治解决之目的。万一非开战不可，须于开战后10日内即克复西安，速战速决，以免战事迁延扩大。至于何时开战，何应钦、顾祝同均无专擅之权，要由蒋介石核定。

中央军步步紧逼，东北军、西北军将士怒不可遏。杨虎城的代表李志刚、米春霖、阎宝航等在西安、洛阳、南京间往返奔波，不得要领。东北军内部对军事解决，抑或政治解决意见颇不一致。何应钦又命顾祝同暗中支持东北军师长檀自新与杨虎城等对抗，并拉拢西北军师长冯钦哉，以图分化瓦解。西北形势错综复杂。此时，外间又纷传中央军将于1月15日发起总攻。四川的刘湘，广西的李宗仁、白崇禧本来对张、杨就抱支持、同情态度，15日这天，联名通电，支持杨虎城、于学忠等，要求何应钦对陕甘"善后"停止军事进攻，作政治解决。

1月16日，杨虎城派鲍文樾、米春霖、李志刚三人为代表，携带东北军、西北军关于解决陕甘军事问题的建议方案面见何应钦，要求去溪口会蒋介石，犯颜谏呈。鲍文樾曾任北平军分会办公厅主任，与何应钦相处近三年，深知何不过是蒋介石的喉舌与手臂，纵然在他面前效申包胥之哭秦廷，也只能使何动情，而问题的解决还要蒋介石一句话，因此，连携带来的方案也不愿给何应钦看，使何大不自在。据当时在场的陈布雷记录，鲍之方案"本不肯示何部长，经要求始出示之"。

何应钦看了这一方案，条款虽多，总的要求不外三个方面：一、为维持国民政府的威信，杨虎城、于学忠、孙蔚如等服从军政部命令，且将西安事变后成立的临时组织一律取消，恢复事变前之常态。二、绥靖主任和行营主任并存，张学良任陕甘绥靖主任，杨虎城为副主任，驻西安；西北行营主任顾祝同，驻洛阳；或只设行营，以张学良任行营主任，杨虎城为副，或者张为主任，顾祝同、杨虎城副之。三、军事善后问题，潼关、华阴一带酌留中央军驻扎；陕甘其他各地由东北军、西北军和红军分驻。东北军、西北军服从蒋介石指挥，但用人及行政、训练事宜，由各本部全权负责办理。同时，要求蒋介石命令何应钦停止中央军前进及其他一切军事行动。这个方案，显然触犯了蒋介石绝不肯放虎归山的大忌，且明显有违何应钦的"整军"原则，但他不置可否，两手一摊，说："看蒋先生怎么说吧。"鲍文樾生气地抓过方案，顶撞道："本来就不打算给你看，我找委员长去！"

鲍文樾一走，何应钦立即给溪口挂电话，向蒋介石汇报，说鲍今日大约由南京赴杭州，明日可到溪口，并说："鲍等力言所携之方案乃贡献意见，绝不作提出条件。""问题中心乃重在要张汉卿回去，故鲍等来不甚关重要，而委座如何责成张汉卿挽回此局，乃为关键。"何应钦还向蒋报告了刘湘、李宗仁、白崇禧的通电，认为"如不能不用兵，则应召集各省派驻在京之代表谈话一次，告以必须用兵之理由"。由此可见何应钦为蒋介石考虑得是何等周到。

1月19日，蒋介石致函何应钦，称赞其处理陕甘军事之方案，又因华北日本侵略者对西安事变后国民党转向联共抗日而频施压力，恨何应钦不能有分身之法或三头六臂，所有棘手之事均能代蒋完成。蒋介石的原函称：

> 敬之吾兄勋鉴：兄等建议极同意，拟回京时面详。此时所难者，以兄赴平，不能常川驻京，故难得负责代理之人，是以军事非躬亲不可。然长此不特坏事，而且心神亦不宜也。此次离京之前，对于整军方案及手续，未得确定，故心犹在京未归……

中央军虽做好了向西安进攻的准备，但东北军、西北军和红军士气更旺，加以全国舆论皆反对再启内战，蒋介石、何应钦确实犹豫复犹豫，始终不敢下达进攻命令。张学良曾几次给杨虎城和东北军、西北军各将领函电，痛切表示：凡有利于国者，弟任何牺牲，在所不惜，亦希望西北各位，以自己之牺牲，顾全国家民族之大局。杨虎城等一忍再忍，规劝各将领，作极不情愿之让步，但东北军中的一部分少壮派将领，对蒋介石的背信弃义和张学良不能回陕，义愤填膺，不肯让步。

蒋介石从1月25日至30日的六天中，除27日一天外，每天都与何应钦保持一次电话联系。何应钦按蒋介石的指示，先后给顾祝同、杨虎城等下达命令，坚持按他的解决陕甘问题的甲案执行。对于东北军、西北军的要求只作些微让步。为了欺骗东北军广大将士，对他们最为关切的张学良的命运问题，蒋介石在电话里曾教何应钦撒一个弥天大谎："张汉卿名义，必待其部队移防完毕后方能呈请，此时如果再请求发表，不惟无益，适增国民之反响，徒戾汉卿而已。" 在杨虎城、于学忠等初步表示接受甲案移防后，何应钦为再增加压力，按蒋介石的指令扬言，以1月27日正午作为开始撤退的最后时限，如东北军继续作梗，27日午后仍不撤退，则即为"和平破裂"，中央军可先对东北军前沿阵地实施轰炸。随后，何应钦派出侦察飞机，中央军也开始向前推进。

迫于种种压力，更为了贯彻与张学良共同发动西安事变的初衷，1月30日，杨虎城下令东北军、西北军开始撤离，形势方告缓解。

不料，2月2日，西安发生了"二二事变"。事变的主要发动者之一孙铭九，原是张学良的侍从参谋、卫队营长，华清池捉蒋便是由他亲自指挥，西安事变后任抗日先锋总队总队长、卫队团团长。他与东北军中的一批少壮派军官认为蒋介石欺人太甚，委曲既不能求全，只有争之以兵。2日下午，他们分头向杨虎城、于学忠、何柱国、王以哲等请愿，要求收回成命，提出：一、反对国民政府；二、立即下令向中央军攻击；三、决不撤退及接受任何条件。遭到拒绝后，孙铭九等于下午二时在西安戒严，并发表通电，主张"三位一体，抗战到底"；坚持张学良返陕要求；绝对铲除汉奸，贯彻八项主张；公推于学忠为统帅、鲍文樾为参谋团主任、马占山为骑兵指挥官；与西安城共存亡，决不撤退。由于东北军的主要负责人之一、抗日援绥军第一军团副军团长王以哲始终主张政治解决，被盛怒之下的孙铭九开枪打死。同时被打死的还有东北军的蒋斌、徐方等将领。

"二二事变"是由于何应钦等逼迫过甚而引起的东北军的内部冲突，恰又被何应钦所利用。何于2月4日电令于学忠将孙铭九、应德田等主要人物严拿查办，东北军内更形混乱。最早沟通红军与东北军联系的第一〇五师一旅旅长高福源被该师师长刘多荃枪杀，孙铭九等人只得离开西安。

"二二事变"发生的同时，先已被何应钦收买而倒向国民政府的骑兵第十师师长檀自新、第一〇六师师长沈克联名通电，与西安方面脱离关系。

从1月30日至2月5日，张、杨的部队被迫撤往指定地点。宋希濂、樊松甫指挥的中央军于7日进驻西安。同日，杨虎城撤往三原。次日，顾祝同及西安行营的人马也到达西安。至此，蒋介石在西安事变前就处心积虑要以"整军"名义瓦解东北军的阴谋，终于经何应钦的几度努力而完成。

（三）

何应钦心领神会、运用自如地贯彻执行蒋介石关于"统一"的"由近及远"的方针，在将威胁最大、反抗最力的张、杨部队"统一"以后，便把"整军"的目标转向蒋介石早就想"统一"进自己囊中的四川实力派刘湘身上。

刘湘，字甫澄，与何应钦算得上是民国初年西南军阀营垒中的同伴。1935年蒋介石委任刘湘为四川"剿匪"总司令兼四川省政府主席以后，蒋一方面借刘湘堵截红军，一方面自己坐镇成都，企图重演贵州"片言释兵权"，解决贵州军阀王家烈的故事。但殷鉴在前，刘湘加意防范，而且川军实力雄厚，蒋的阴谋未能得逞。但从此也就开始了蒋介石与刘湘争夺四川统治权的斗争。

刘湘在西安事变和平解决的过程中，深深敬佩共产党为民族利益而捐弃宿怨的伟大胸怀，思想有所转变。在国民党五届三中全会上，刘湘大声疾呼"集中人才，精诚团结，解放言论，发扬民气"，使何应钦、蒋介石大感不安。在何应钦处理陕甘"善后"中，刘湘又与李宗仁、白崇禧通电，实是"反对中央"用兵。因此，解决刘湘和川康地方武装已刻不容缓。

解决刘湘，不能按处理张、杨的办法；解决川康各军，亦无借口临之以兵威，再作政治解决。何应钦只好重新抬出"整军""统一"的大帽子压人，然后再设法诱君入瓮。对这种无异于兼并异己的"统一"，何应钦积累经验已历有年所，自然可以总结出一套经验和理论来。

按照何应钦的逻辑推理，"整军"既如此重要，"整"到你刘湘，你不服"整"，便是"反对国家民族复兴"；"整"到你红军，你不愿"整"，就是"国家民族"的敌人。于是，一切不服"整"者，统在"剿"灭之列。这一逻辑从四一二"清党""反共"开始，一直延续到抗日战争。

（四）

何应钦对川康的"整军"行动，实际开始于1937年5月。他以军政部部长名义，向刘湘等川军将领发出实施"整军"的命令。但刘湘等久经军阀混战，胸中丘壑并不亚于何应钦。于是，刘湘主动派代表刘航琛到南京，于6月8日当面邀请何应钦入川主持川康"整军"大计。川军各军长邓锡侯、杨森、刘文辉、李家钰、王缵绪、唐式遵等唯恐趋奉不及，惹恼了何应钦，"整军"时吃亏，便争先恐后，姑顺其意，致电何应钦，表示"拥护"之诚。

6月中旬，蒋介石电刘湘即派全权代表到南京，有事相商。刘湘知道这是"整军"要动手了，便派出省政府秘书长、人称"智囊"的邓汉祥前往。行前，刘、邓二人谈妥，无论蒋出什么题目，都抱定一个"拖"字，总以避免直接冲突为妙。

果然，邓汉祥到南京后，蒋介石直截了当地提出，四川的兵太多，要缩编；刘甫澄身体多病，兼管军民两政，力有不逮，中央拟派人去当省主席，刘湘专负绥靖之责好了。邓早有应对之方，在坚决拥护的大前提下，以川政特殊、川军派系林立、川民厌战厌乱等为词，与蒋条分缕析。蒋虽不耐烦，但毫不松口。邓见机会已到，便提出：委员长日理万机，不便多麻烦，具体实施办法，不如指定一人，使汉祥能多有陈述的时间。蒋毫不犹豫就叫邓去找何应钦谈。

邓汉祥何以故意要摆脱蒋而去找何应钦施展其"拖"的战术呢？邓汉祥是贵州盘县（今盘县特区）人，盘县与兴义接壤，故与何有同乡之情；邓在贵州陆军小学时，只比何应钦低一届，与何又有同学之谊；1919年至1920年，邓汉祥在黔军总司令部任高等顾问，与何更添同事之交。且邓对何的个性也十分了解，何虑事周详，但顾虑甚多；虽唯蒋的马首是瞻，但一般不愿与意见相左的熟人翻脸结怨，所以邓愿与何打交道。

邓见何后，先入为主，向何提出："缩编军队和军民分治两件事，何不分作两个步骤办理？如果同时并行，难免不逼得狗急跳墙。先缩编军队，过一些时再提出分治来，同样可以达到中央的愿望，这是一件大事，望同蒋先生熟商之。"何应钦果然同意了邓的意见，向蒋介石建议。蒋再召见邓汉祥时，便不再提军民分治之事。

何应钦所拟定的川康"整军"方案是：

一、川康军队以军（或独立师旅）为单位，直隶于中央，由军事委员会直接指挥。但为绥靖之必要，川康绥靖主任得呈准军事委员会委员长，指拨军队，归其指挥。

二、川康军队之整编，依照整军原则，其要领是：

1. 军队数量，依照原有军费范围内，划一整编，并求质量之逐渐充实。

2. 各师编制，以（民国）二十六年颁订之编制为准。

3. 整编之前，各部队须停止补充兵额。

三、军队经理，以中央经理为原则，其方法是：

1. 给与，以现有经费，能照国难饷章发给为原则。

2. 经理机关，暂由经理处掌理，嗣后设置军需局，统筹办理。

3. 各军经费由行营直接拨给。

4. 各军服装费，应由原有经费内提出，划拨中央统一制发。

四、关于人事事项，依照陆军人事法规办理，直属军事委员会 ……

这个方案共计11项18款，要害是军队数量要压缩；统由蒋介石指挥调遣；团长以上军官由中央委任；经费统归中央管理；军工事业全由中央接办。当时川军共8个军，辖26个师，9个独立旅，总计步兵171个团，比日本全国军队还多两倍以上。按蒋介石1935年入川时的指令，各军交出防区，一律缩编三分之一。何应钦将这一方案电知刘湘，刘当然不愿接受，但又不能公开反对。

6月29日，国民政府行政院正式任命何应钦为川康军事整理委员会主任委员，顾祝同、刘湘为副主任委员。川军各军长及重要之独立师长及中央军驻川之周浑元、李蕴珩两个军长共计19人为委员。

何应钦与顾祝同启程赴渝前，电告刘湘，务于7月6日到渝赴会。7月3日，何、顾先到庐山牯岭见蒋介石，再度领会要旨后，于5日到达重庆。为了稳住川军之心，何应钦即发表谈话，表示对四川建设及川军对"党国"之贡献，非常敬佩，希望川军袍泽认清"整军"意义，协力赞助，使"整军"迅速完成。

刘湘在成都接获何应钦的电报后，正拟整装启程，不料其部下有三个旅长跪在地上痛哭劝阻，认为刘到重庆万一被何应钦扣留，岂不自投罗网？刘才感到防何之心不可无，遂找邓汉祥密商。邓对刘说，设身处地为蒋介石着想，认为叫何应钦扣留你，但扣不住你的几十万大军，此为下策；而上策是"用绳子勒死你"，先缩编你的军队，再军民分治，最后调你到南京去当个部长，岂不又体面又省事？不过，为防万一，邓汉祥建议自己乘飞机去迎何，刘湘乘汽车前往璧山。俟何到渝后，窥其态度，如无异象，再秘密到璧山接刘。届时如何应钦果有恶意，刘则以旧疾复发为借口折返成都。

邓汉祥在重庆见到何应钦，便开门见山，逼何显示真意。邓说："此间谣言甚多。"何问什么谣言？邓回答："不外说，整军就是整刘甫澄。""蒋先生的把戏很多，无风不起浪啊！"何尽量解释，慨然道："我是贵州人，如果蒋真要下手整刘甫澄，我肯来当刽子手，同四川人结不解之仇吗？"何说这番话时，态度自然，而且真个动了旧情，邓才放下心来，当夜到璧山接刘湘。

7月6日，川康"整军"会议在重庆行营大礼堂开幕。何应钦再次发挥他关于"整军"与"统一""救国"之类的宏论，然后才抛出他的具体"整军"方案。到会的人，谁都明白，四川各军至少要缩减十分之二三；用人权归中央；军饷每月还要由军政部派员点名发放。如是一来，川军将领手中的大权统统都要交给何应钦带回去了。但大家都怕惹事，挨何应钦的头一刀，第四十七军军长李家钰灵机一动，在表示拥护后，便把话锋一转，说他在前方同红军打仗，刘湘就在后面改编他的军队，他想不通这是什么道理？何应钦生怕此类话题拉扯开来，各军争相效法，岂不把苦诉到蒋介石头上？于是立即制止道：我们这个会议有一定范围，李军长的话是横生枝节，出乎范围以外了。要大家只讨论如何"整军"。

7月7日，日本侵略军挑起了卢沟桥事变，举国震惊。7日、8日、9日三天，何应钦连续接到时任国防委员会委员、交通部部长的俞飞鹏等人由南京发来的密电，了解到卢沟桥的战况及事态进展，心情十分沉重。特别是8日收到蒋介石的密电，令他火速回南京组编军队，准备抵抗。次日，何应钦神色黯然，匆匆飞返南京。

8月12日，蒋介石在南京召开国防会议，国民党各省主要军政负责人都前往参加。对于川康"整军"蒋仍不肯罢手，专门写有一信，要何应钦、顾祝同与刘湘商议如何执行，同时考虑川军出川抗战问题。何应钦找到邓汉祥，说蒋先生对整军会议案认为必须贯彻执行，意甚坚决。邓认为当前抗战是急务，不应再谈"整军"之事。何哪里肯依？最后，邓汉祥直接找到蒋介石，认为如果因贯彻执行"整军"方案，几十万川军调不出来怎么办？这话果然提醒了蒋介石，只好答应先将刘湘和川军调出来再说。后委刘湘为第七战区司令长官，率川军30万出川抗战。蒋介石似乎对刘湘特别看重，要他去守南京。一听这话，刘湘急得胃溃疡复发，只得停留汉口治疗，他知道，万一南京失守，蒋一定会把责任推给他，他实在担待不起。乘刘湘在汉口就医时，蒋介石、何应钦委陈诚任第七战区副司令长官，并把刘湘兼任的集团军总司令让给已投靠蒋、何的川军军长唐式遵接任，刘湘的兵权就这样被削去了。

30万川军将士出川抗战，因为没有服从何应钦的"现代化""国军化"，处处遭到黄埔嫡系的排斥、掣肘，但他们仍英勇地为打败日本侵略者立下了不朽的功勋。

事后，人们说：何应钦代表蒋介石进行的川康"整军"，就是整刘甫澄、整川军，不无一定道理。

被迫抗日　边战边和

（一）

七七事变是日本帝国主义向中国发动全面侵略战争的开始，从此，中国人民进入艰苦的八年抗战时期。

7月10日，何应钦由重庆乘飞机返南京，"心情十分沉重"，与各将领机场握别，默默无言。他意识到这是日本"唯欲征服支那，必先征服满蒙；如欲征服世界，必先征服支那"侵略方针的必然环节，只不过它来得太突然。把抗日仅仅视作国民党军之事的何应钦，忧心忡忡的焦点是他准备未周时，日军以七七事变作为全面侵华的开端。何应钦就任军政部长后，鉴于日本侵略者发动九一八事变、一·二八事变以来的步步进逼，即制定了1934年至1938年整军备战的五年计划。这个五年计划的目标是抵御日本侵略，也是一个国家军政主持者例行公务中的题中之义。就任军政部部长以来，何应钦的主要精力放在"剿共"，翦除或战胜反蒋的地方实力派，巩固蒋介石通过阴谋和武力而实现的中国的统一；加以国民政府受财力的限制，而日本侵略军又时时寻衅滋事，并在何应钦、蒋介石等极不愿开战之时制造了七七事变，那拟议中的五年计划远未实现。当时从中日双方兵力比较上，日本的海空军无论在数量上和质量上均占明显优势。但中国陆军（指国民党军）在开战前预定第一线之初期使用兵力，总计有步兵80个师又九个独立旅，骑兵九个师，炮兵两个旅又16个独立团，其他各特种部队尚不计算在内，中国陆军所能投入的总兵力显然占据绝对优势。

七七事变发生时，支配何应钦行动的中枢神经——蒋介石正在庐山避暑并举办训练团，训练国民党各军的中、上级军官和各省市党部委员、县长、专员及部分中学校长，以统一他们对抗战的思想。他得知卢沟桥事变的消息后，立即停办训练团，转而召开高级军政人员的谈话会，研究卢事处置方案及抗战问题。蒋命何应钦径直飞返南京，主持研讨对事变的应变措施和准备对日作战。

7月10日到达南京的当天，何应钦便召开军事会议，"对津浦线、陇海线一带驻军下达了待机动员令。对津浦线方面的军事负责人、第一军军长胡宗南特发出重要指令。此外，河南的中央军也势将进入山西"。次日，平汉线方面的中国军队便开始逐次北上。第五十三军万福麟部由保定向涿县、琉璃河方面，商震部由彰德、顺德（今邢台）方面向石家庄、保定之间，刘峙部由开封、郑州方面向卫辉（今新乡）、顺德方面移动。

霸占中国，是日本侵略者的既定国策，自九一八事变以来一直都在推行。但何时变局部侵略为全面战争，制造卢沟桥事变的中国驻屯军和支持它的关东军以及日本国内的大多数战争狂人，与作战部部长石原为代表的一部分人的看法存在分歧。中国驻屯军和关东军的头目从九一八事变以来与中国当局打交道的经验中，得出一个错误的估计，认为只要从军事上给中国猛烈一击，中国政府就会完全屈服，因而力主以七七事变为契机，毕其功于一役，对中国全面使用武力，

抗战时期，任军事委员会总参谋长的何应钦。

这种观点在日本国内成为指导战争决策的主导力量。而以石原为代表的少数人，根据日军实力和侵华战争的准备情况以及对苏联的战略劣势，坚持"不扩大方针"，主张继续以政治手段，实现华北的"特殊化"，进而推动全面战争时机的成熟。石原认为，"此时如发生战争，势将无法控制"。因为"一旦开战，必将酿成全面战争，而且成为长期战争，不能进行决战"。石原还看出中国政府"也有希望避免战争迹象"。当日军内部围绕是否扩大对华侵略而激烈争论时，石原的所谓"不扩大"方针，恰又成了欺骗舆论的烟幕，为日军赢得向中国紧急增派军队、完成国内战争动员的宝贵时间。同时，也助长了何应钦和平解决的幻想。

七七事变一发生，一方面蒋介石虽指示负责华北军政的冀察政务委员会委员长兼第二十九军军长宋哲元："宛平城应固守勿退，并须全体动员，以备事态扩大。"但另一方面蒋介石一直在力图避免事态扩大。7月27日，蒋介石在庐山谈话中，虽有中国已临到"最后关头"，"如果战端一开，就是地不分南北，年无分老幼，无论何人，皆有守土抗战之责任"等决心抵抗的内容，但同时仍希望通过和平的外交方法解决。他说："在和平根本绝望之前一秒钟，我们还是希望和平的，希望由和平的外交方法，谋求卢事的解决。"这"最后关头"的"应战"，而不是"求战"，也是"逼不得已的办法"。蒋介石在明确表示中国政府准备抵抗侵略的态度时，又流露希望通过和平的外交途径解决事变的矛盾心态，这也是包括何应钦在内的国民党军事决策人物的共同倾向。它正好为日军所利用。

（二）

从7月11日至8月12日，何应钦逐日在自己的军政部官邸大厅召集国民政府军事机关主要长官、幕僚及有关人员参加的会议，共开了33次。这33次会议，对卢沟桥事变后的华北局势和抗战初期正面战场的失利，都产生了举足轻重的影响，从中也反映出何应钦虽转向较积极抵抗，却又矛盾的心情。会议除汇报各方面情报，了解与战备各有关事宜，商讨和执行各部队之调遣外，平、津失陷前，主要研究如何处置卢沟桥事变及部署华北的抵抗；平、津失陷后，转而研究全面抗战的方针、谋略与部署。在得到蒋介石"不挑战必抗战"的指示以后，何应钦实际已将七七事变作为全面抗战的起点，下令国民党军严阵以待，并积极向华北调遣部队。这在"部队准备案"中可以概见，内容为：

1. 照军委会办公厅副主任刘光所拟部队调动案，另加检讨修正。

2. 王东原的第十五师先令开武汉待命。

3. 第一次使用于前线的部队，不可全用已经整编的师，应将稍差的部队夹用。

4. 令各边区主任，就目前各边区情况，可以抽调若干部队，迅速具报，以便统筹计划。

5. 令各部队奉到命令后几小时可以出动，速具报备查。

6. 令各省保安团队，演习维护后方交通之勤务。

7. 津浦路北上列车，应不露痕迹，将车辆逐渐南移。

8. 可通知粤、桂、川等省部队准备，必要时抽调部队北上，其正在整编者迅速整编。

9. 必要时发动绥东之战争及察北伪军之反正。

10. 必要时令"第三者"（指中国共产党领导的抗日军队）出绥东进内蒙，以扰敌之侧背。

同时，会议也反映了何应钦希望事态不要扩大，最好以和平的方式解决的一厢情愿，即"以忍耐求和平"。在7月13日的第三次会上，确定的"外交谋略"是："探其意向，如确有诚意，亦可与之谈判。"

当南京与庐山之间函电交驰，既不绝和平之想，又积极备战时，7月11日晚，宋哲元派出的代表张自忠等，在不明国民政府意图，又未摸清日军已在进行扩大侵略事态活动的情况下，出于缓兵考虑，就卢沟桥事变已签字承认了日方提出的以下条件：

一、道歉并惩办此次事变的责任者；

二、取缔共产党、蓝衣社激烈分子排日抗日等运动；

三、永定河以东、西山以西（南北约100公里，东西50余公里）地方不驻中国军队。

对宋哲元此举，何应钦是持反对态度的。他在7月14日召开的第四次会上说："委座有电到外交部，嘱发表声明书。顷研究甚久，但觉颇难着笔，因据外交界确实消息，11日晚，宋已签字，承认日方条件。中央尚不知底蕴，仍在调兵遣将，准备抗战，是中央与地方太不连系，故发表宣言其难措辞。"经研究后，要钱大钧将此意报请蒋介石核示。上下为难的何应钦，只好将发表声明的皮球又踢给了蒋介石。

在这天的会上，讨论关于谋略与外交方针时，发生了争执。

军委会办公厅主任徐永昌13日会见日军某部科长后，鉴于何应钦对宋哲元接受日方条件持反对态度，曾致函何，认为日军"要求尚不甚奢，似有和平之望"。又因何应钦拟定的加强国防的五年计划尚未完成，备战不周，为迎合何的"尚须一年或半年之准备"的设想，提出"以努力忍耐为宜"，"维持和平以达我由忍耐求准备之目的，我固有利；即无结果，我又何尝不可，以求和平不得，益重日人之暴，而博世界之同情耶……总之，今日之事宜以小屈求大伸"。徐永昌"以小屈求大伸"的主张，与何应钦的打算基本一致，但何应钦曾有签订《塘沽协定》和何、梅谈判的体验，又以他惯常的谨小慎微，未作态度鲜明的表白。徐永昌在当晚的会上又重申："现在我准备未周，开战难操胜算，必在此最困苦关头，能忍耐度过。如日方真如其宣传，确不欲事态扩大，则我似应抓住其意向，表示可以妥协，最好由中央给予宋明轩（宋哲元）以妥协标准，使其便于商谈。"

参谋总长程潜支持徐永昌的意见。训练总监唐生智同意军事准备必须抓紧，但对妥协缓兵力持异议。何应钦处于两难境地，宋哲元的难处，何应钦饱尝过；而任其妥协，日军在他任北平军分会委员长时未能全盘实现的冀察"特殊化"，必将成为现实；取强硬态度，确实准备未周。

自卢沟桥事变发生后，侵华日军在亟谋扩大事态的同时，又试图通过政治手段，达到轻易占领华北，重演"九一八"的目的。7月11日，在东京首相官邸举行的五相会议上，决定从日本本土派遣三个师团，朝鲜一个师团，关东军二个旅团，增援华北。7月12日，东京日本军部又命香月清司代替卧病中的田代皖一郎为中国驻屯军司令官。香月到任后，十分蛮横地认为，中国军队若干师，均等于日军一师；中国军队师长以上，不知有国家，只知有个人。13日，日武官大诚户求见何应钦，遭何拒绝。香月派员向宋哲元提出在何应钦看来无异于华北"特殊化"的七项无理要求，作为11日停战条件的补充，谓之"停战细目"。宋哲元的代表也原则上签字同意。17日，日武官大诚户又正式求见何应钦，何只派军政部次长曹浩森代见。大诚户向曹提交了日军的书面意见，威胁中国政府，如中国军队和飞机北上，则日本将"适当处置"，由此引起之事端，应由中国负其责任。何应钦除令抄报外交部和蒋介石外，采取"置之不理"的态度。

正当何应钦等人研究来，讨论去，总下不了奋起反击的决心时，日军参谋本部在"不扩大"的烟幕下，已制定了《对华作战计划大纲》，中国驻屯军也于7月15日拟定了对华北的作战计划。蒋介石在事变发生后即认识到"不是偶然的"，何应钦也认为是"日军按照计划"发动的，但却又采取忍让方针，幻想"以小屈求大伸"，争取国际同情的态度，结果在日军发起大规模进攻时丧失了主动权。

（三）

把对日宣战提到了议事日程，在何应钦主持军政以来，是处理中日关系的重大转折。在处理国民党与中国共产党的关系上，出于国共合作大趋势的不可逆转，何应钦也从过去一味"反共"、"剿"共，转变为利用共产党。

七七事变发生后，7月8日，中国共产党中央就向全国发出了《中国共产党为日军进攻卢沟桥通电》，指出"平津危急！华北危急！中华民族危急！只有全民族实行抗战，才是我们的出路！我们要求立刻给进攻的日军以坚决的反攻，并立刻准备应付新的大事变。全国上下应该立刻放弃任何与日寇和平苟安的希望与估计"。毛泽东、朱德、周恩来等九人联名致电蒋介石，请其严令第二十九军奋勇抵抗，平津不能丧失，并本国民党三中全会御亡抗战之旨实行全国总动员，保卫平津，保卫华北，收复失地。红军将士愿在其领导之下，为国家效命，与敌周旋，以达保地卫国之目的。9日，彭德怀、贺龙、刘伯承、林彪暨全体红军亦致电蒋介石，表示全体红军愿即改名为国民革命军，并请授名为"抗日先锋"，与日本侵略者决一死战。中国共产党及其领导下的红军抗日救国的赤诚，可昭天地日月，但在何应钦等人看来，仍将中国共产党和红军视为敌与我之间的"第三者"，"必要时"才令其对日作战。

7月15日，参加蒋介石庐山谈话会的中国共产党中央代表周恩来、秦邦宪、林伯渠向蒋介石递交了《中国共产党中央为公布国共合作宣言》，提出发动全民族抗战，收复失地，恢复领土主权；实行民权政治，制定宪法和救国方针；改善人民生活等三项基本政治纲领，在此基础上，中国共产党中央作出委曲求全、共赴国难的四项保证，但蒋介石将这份宣言束之高阁。

17日，蒋介石在庐山发表了对卢沟桥事变的强硬讲话，提出了"弱国外交最低限度"的四点立场："一、任何解决，不得侵害中国主权与领土完整。二、冀察行政组织，不容任何不合法之改变。三、中央政府所派地方官吏，冀察政务委员会委员长宋哲元等，不能任人要求撤换。四、第二十九军现在所驻地区，不能受任何的约束。"尽管讲话中仍幻想以妥协求和平，但这毕竟是人民盼望的中国政府的正式表态，全国人心为蒋介石承认中华民族已到牺牲的"最后关头"而受到鼓舞，特别是平津一带，抗日呼声更加高涨。蒋介石只字未提国共合作之事，何应钦从中已揣摸定蒋介石对中国共产党的态度，深信目前的联共抗日，不过是利用共产党为自己火中取栗，借日军之手削弱共产党。

19日，何应钦一改此前拒绝接见任何日方代表的做法，在军政部接见了日本驻华武官喜多诚一，如叙旧般地与居心叵测的喜多"交换"关于卢沟桥事变的意见。

喜多声言："中日局势，已至最后阶段，希望撤退军队；否则局势有扩大之虞。"何应钦则答称："目前紧张情形，全系日方派遣大批陆军、空军所造成，我方自始希望和平解决，并无扩大之意。但鉴于日方调派大军于河北省，不能不有所准备；此种准备，全系出于自卫，并无挑战之意。中国军队均是国军，无所谓中央军与其他军。中国政府在中国领土内调动军队，系属当然之事；但如日本能将新增之军队撤退，中国方面亦可考虑作同样之行动。总而言之，事态之扩大与否，在日方而不在中国也。"中国在自己之一行省上驻军之多少，反要以日军驻军之多少为转移，已经够低三下四的了，然而，何应钦更以老朋友的身份晓以共同的利害："如果不幸发生战事，则战争的结果，中国与日本必两败俱伤，日本亦绝无好处。"何应钦还叮嘱喜多将他的上述预言记在日记上，"以待嗣后之验证"。值此国家、民族命运危在旦夕之时，何应钦头脑中那盘根错节的"反共"信念并不因局势变化而稍有改易。

为了国共合作抗日正式确立，中国共产党中央的代表与蒋介石反复会谈，蒋认为似乎未到"必要时"，依然不愿公布国共合作的宣言。但他却颇乐意接受何应钦的建议，当7月30日平津相继沦入敌手后，于8月初下达手令，"令朱、毛秘密由察北向热河挺进"。但还是拒绝给予中国共产党和红军以合法的地位。

8月12日，何应钦与黄绍竑、白崇禧就红军参加抗战问题，曾商讨过一个分解红军、乘机瓦解陕甘宁边区的计划。何应钦认为，红军全部"最好集结长安，用火车输送至前方，或以一部使用于山东泰山山地，一部使用于平汉路以西山地，一部使用于察省"。

当晚，在第三十二次会议后，何应钦要各署、司长先行退席，举行了范围更小的秘密会议，讨论连日来中国共产党代表周恩来等人要求国民党立即发表关于国共合作的宣言等问题。国民党方面主张红军三个师的经管教育直属行营，三个师的参谋长和红军政治部主任，均由国民党指派。中国共产党方面拒绝了上述要求，但在坚持红军的指挥系统不准国民党插入一个人的原则下，对红军统帅机关名义问题暂作让步。在这次会上，何应钦等人再次研究了红军出兵抗日的路线问题。人事方面，决定派三个参谋长到红军三个师中，先称联络参谋。对于红军补充子弹问题，要求红军先将武器种类、口径造册呈报，再酌予补充。中国共产党的宣言暂缓发表。至于对中国共产党所发有"国共合作"之语的通电，亦不发表。正是何应钦等的作梗，致使国共合作的宣言迟迟不能发表。8月22日，中国共产党中央发表《抗日救国十大纲领》，国民政府军事委员会也正式发布命令，将红军改编为国民革命军第八路军。八路军东渡黄河，开赴山西抗日前线。但国共合作的宣言迟至9月22日才正式发表。

（四）

随着形势的日趋紧张，何应钦主持召开的会议除研究军政、军令、外交、宣传、后勤等事项外，又加进了具体的战略、战术问题。会上所作出的决定和战略指导思想，对国民党军初期正面战场的失利有直接的关系。

七七事变促进了西安事变后初步形成的全国团结抗战局面的发展。国民党各地方实力派，不同程度地表现了以国家、民族利益为重的抗日要求，桂、粤、川、滇、晋等各军政当局先后发表听候国民政府调遣，参加抗日的通电。这对何应钦思想的转变起了推动作用。对日军提出的各种要求，何应钦命令有关部门："我不可承认，尤不可有书面答复，只可口头答复。"较之他主持北平军分会时的有求必应，既是从自动的妥协到被动的反抗的一种进步，又是他往日口头交涉经验的运用。

从7月26日开始，日军已准备充分；而国民党军队仍在消极被动的"挨打主义"的备战中等待中央的命令。日军首先攻占了平津间的廊房车站。27日，日军在北平外围同时向我驻军发起猛烈攻击，第二十九军将士奋起抵抗，副军长佟麟阁、第一三二师师长赵登禹及数千官兵壮烈牺牲。宋哲元和秦德纯于28日夜退出北平，翌日到达保定，北平就此沦陷。28日夜，日军同时在天津发动攻势，第三十八师及保安队均有顽强的抵抗，但30日，天津也失陷。可以说，何应钦及蒋介石消极防御、幻想事态不扩大的指导思想是导致平津迅速沦陷的主要原因。在何应钦召集的第十一次会上，有人在研究战法时，就提出"屡战屡败，屡败屡战"的"战法"。这种在战与败之间循环的思想，使平津的中国守军失去了战略主动。当时有报刊一针见血地提出：由于"日本完成了缓兵计"，"平津在'屡战屡和'的局势下沦陷"。

平津的失陷，打破了国民党军统帅部希望战争局部化的幻想。8月6日，国民政府在南京召开国防会议，中国共产党和红军代表朱德、周恩来、叶剑英等出席。会上决定"全面抗战"，并"采用持久消耗战略"。

8月12日，国民政府在孙中山陵园举行会议，议决以军事委员会为抗战的最高统帅部，下设军令、军政、经济、政略、宣传、组训等部，何应钦继续任军政部部长。同时决定国民党中央政治会议与国防会议合并召开，改称国防最高会议。

8月13日，日军进攻上海，企图一举攻占南京，以便南北配合，迫使中国政府屈服，实现其三个月至六个月内灭亡中国的迷梦。上海是英美各国在华利益高度集中的地方，也是以蒋介石为代表的国民党统治的中心。日军对上海的进攻，不仅使以英美为代表的各国与日本的矛盾顿形复杂，也触动了蒋介石集团的神经中枢，直接威胁到国民党政权的存亡，或者投降，或者抗战，折中取巧的苟安之路是不存在的。在全国抗日怒潮的推动下，国民政府于14日发表了《自卫抗战声明书》，宣告："中国决不放弃领土之任何部分，遇有侵略，唯有实行天赋之自卫权以应之。"

从七七卢沟桥事变到"八一三"，中国当局终于真正从思想到行动上走向了全面抗战。何应钦也随之从九一八事变以来的妥协、动摇、幻想，过渡到较积极地主张抗战。

备战不周　军事溃败

（一）

1937年9月23日，蒋介石发表了为公布国共两党合作宣言的谈话，承认了中国共产党的合法地位和国共合作抗日，这标志着第二次国共合作的抗日民族统一战线正式形成。但是，由于这个统一战线始终没有形成国共两党所共同承认和正式公布的政治纲领，去代替国民党一党专政的统治政策，"国民党对待民众的一套，还是十年来的一套"，"没有起变化"；"而内战停止了，全国的抗日战争起来了，这是从西安事变以来中国政局的极大变化"。国共合作抗日的"极大变化"和国民党"没有起变化"的国内统治政策的矛盾，一方面导致了统一战线中长期的纠纷、摩擦，甚至武装冲突；同时也形成了国共两党在共同对日抗战的前提下，两个政权、两种军队和基本区分为两个战场的局面。这种已经变化了的和尚未变化的客观矛盾，必然在何应钦的思想和行动中反映出来。相对于一些爱国的国民党高级将领来说，何应钦对"变化了的"更感不适应，而对那"没有起变化"的则是抱住不放。

何应钦对指挥作战似已荒疏，而久膺军政部部长之任，对全国的军政事务及其相关方面，比任何国民党高级军事长官都熟悉。因此，在七七事变以后，他实际上担负了国民党军政工作重心由内战轨道转向抗日轨道的总设计和总管的任务。他在主持主要军事机关33次会议的基础上，参与制定了南京国民政府大本营的《国军战争指导方案》《国军作战指导计划》等关于正面战场初期防御作战及影响八年抗战的指导方针，明确"为求我中华民族之永久生存及国家主权领土之完整，对于侵犯我主权领土与企图毁灭我民族生存之敌国倭寇，决以武力解决之"的抗日的基本国策，并确认了"大本营对于作战指导，以达成

‘持久战’为基本主旨"的战略原则。与此同时，在7月22日成立的国家总动员设计委员会中，何应钦担任了主任委员，主持统一筹划关于粮食统制、资源统制、交通统制、民众组织与训练、各地卫生机关及人员材料的统制、金融财政的筹划等项工作。这是一项繁杂棘手、难收成效的苦差。实际结果虽与计划目标相去甚远，但在战争失利、举国混乱的情况下，何应钦以极大的耐性，在一定程度上沟通了国民政府的军政部、资源委员会、实业部、财政部、经济委员会、交通部、铁道部等有关方面的联系，保障了军需，确也体现了他在处理公共关系方面的协调能力。

抗战初期正面战场的许多重大战役，他是决策人物之一。在全面抗战开始后的第一大战役，同时也是八年抗战中"牺牲最大、战斗最惨"的淞沪战役中，日军先后投入的兵力不下30万人，大炮300余门、战车300辆、飞机200架、兵舰数十艘。中国军队投入的战斗兵员50余师、70余万人，基本上是国民党军的精华，主要由蒋介石亲自指挥。十周的血战，无论政治上军事上都表现了中国抗战的决心。英国《泰晤士报》社论曾评论说："此次两军作战，华方伤亡固极惨重，但十周之英勇抵抗，已足造成中国堪称军事国家之荣誉，此乃前所未闻者……一般所认为不能保持一日之阵地，彼等竟守之十周之久，此种奇迹，自属难能可贵。上海一隅之抵抗，对于整个中国均有极大影响。"然而，这种奇迹几乎是以数十万将士的血肉之躯来填日军的火海，许多无谓的牺牲本可以避免而竟然发生。何应钦在三个方面应承担责任：

一是何应钦未尽军政部部长之责，给中国军队配备攻坚的重武器。而日军在上海的据点，多为钢筋水泥建城。据进攻日军司令部的张治中报告，该部仅有三门榴弹炮，一门因射击激烈，膛线受损；一门膛炸；一门不能射击，自然不能克敌。当时中国军队也有攻坚武器，关键是何应钦和蒋介石都没有想到配给作战部队。11月20日蒋介石在日记中检讨说："绪战第一星期，不能用全力消灭沪上日军。何部长未能将所有巷战及攻击武器发给使用。待余想到战力与平射炮，催促使用，则已过其时，敌正式陆军，已在虬江码头与吴松登陆矣。

敬之误事误国，实非浅甚少。"

二是不敢拂逆蒋介石之意，阻止或至少提醒蒋不要一意孤行，未尽参谋之责。蒋介石亲自指挥淞沪之战，既不知己，也不知彼；既不善将将，也不善将兵，徒逞"要把敌人赶下黄浦江去"的意气。何应钦明知坚持死守不设防的三角地带，我陆上的优势尽被敌海、空军及重火器所压制，难以施展，中国军队守卫的地带距离何应钦苦心经营起来的吴（江）福（山）线和锡澄线（江阴、无锡、海盐）尚有50余公里。从政治上考虑，抵抗是必要的，但到一定时候就应该主动撤至事先已构筑好的国防线工事据守，以消耗敌人，迟滞其前进。何应钦既害怕蒋的不容人置喙的专断，并且还迎合这种为做给英美集团看而不惜自杀似的虚骄。直到日军从杭州湾登陆成功，合围之势将成，前线事实上已崩溃的被动时刻，才下令全线撤退。

三是何应钦自就任军政部部长以来，便着手实施1934年至1938年的整军备战的五年计划，其中花了大量人力、物力、财力，修筑了他曾引以为得意并在策划淞沪会战时为凭恃的吴福、锡澄国防线。为准备淞沪抗战，亦耗费巨资在上海外围构筑工事。这些工事由于承包商与经办人的通同作弊，质量极差，有的几与水沟无异，不少国民党军士兵便是泡在水沟式的工事中与日军拼死作战。何应钦多年备战，整顿和加强江海防要塞的结果，对杭州湾这个在东战场具有重要意义的地方，竟疏忽到如此的地步："在全公亭只有某师的一连炮兵，在金山卫只有一些壮丁。""在当时只要抽调一师或者一团的兵力"驻守这两处，"敌人便无法实现它的战术"。这种连消极防御也够不上的失误，是何应钦通盘备战计划中不应有的疏忽。战前曾计划抵抗到一定时候，全线撤至吴福、锡澄线继续抵抗。这道国防线全是钢筋混凝土构筑，还修建了不少半永久性的工事。由于事前工事守备部队与作战部队未取得联络，作战部队未获工事位置图，更无人充当向导，仓皇撤退时，数十万大军竟越过了这条国防线；有的部队到达国防线停下，却找不到工事的钥匙，空望其门而不得人，只好白白放弃。日军跟踪追击，未遇抵抗，不出数周，便自东西两面合围南京。

（二）

淞沪会战失败以后，蒋介石曾命令何应钦、陈诚和德国总顾问法肯豪森等研究南京究竟守不守的问题。研究结果，一致认为"不能守"。当何应钦等人将不能守的意见及具体原因呈报蒋介石以后，遂决定放弃南京，并命令陈诚、顾祝同等率嫡系主力赴皖南整补和部署下期防御。然而不久，蒋介石突发奇想，"以主力守南京，以一部退皖南"。11月17日至18日两天中，蒋介石接连召开了三次高级幕僚会议，以统一守南京的认识。会议参加者有何应钦、李宗仁、白崇禧、唐生智、徐永昌、刘斐、谷正伦、王俊和法肯豪森等人。在第一次会上，首先由大本营作战组组长刘斐介绍何应钦等人参加研究的初步意见：淞沪会战失败后，日军挟其海、空和重武器的优势，分三路形成对南京的立体包围。我军在会战中遭受重大损失，撤退下来的部队亟须较长时间的整补，目前情况下，南京无论如何是守不住的。根据对日抗战是持久性的消耗战的原则，应避免与强敌在南京进行决战，更不宜强争一城一地之得失。但南京是我国首都所在，不做任何抵抗就放弃，当然不行。顶多用18个团，做象征性的防御，适当抵抗后即主动撤退。刘斐的意见，与何应钦最初的意见是一致的。何应钦本着在关键时刻慎言缓行的原则，少开尊口，多纳人言，特别是尽量揣摸蒋介石的心理，再作表态。蒋介石曾说过："南京守城，非守与不守的问题，而是固守的时间问题。在敌军火力优势，长江得自由航行之情势下，欲期保持，颇属难能，故只可希望较短时间之防守。" 这与刘斐的意见并不抵牾，因此白崇禧等率先支持刘斐的意见。接着李宗仁、法肯豪森也主张自动放弃南京，保存实力。何应钦表态时，却以似是而非的言词，表示他模棱两可的态度："从战略上和部队实力上看，确实不宜再战；但从国际影响、军心民心上看，又不能不战。"蒋介石接过何应钦的话头，肯定刘斐的看法很对，南京为国际观瞻所系，守是应该守一下，至于如何守法，再考虑。

第二次会上，多数人主张不守南京，或只以少量部队作象征性防守。只有唐生智力排众议，主张固守，"掩护前方部队的休整和后方部队的集中，以阻止和延缓敌人的进攻"。唐还大声疾呼:"现在敌人已迫近首都,首都是国父陵寝所在地。值此大敌当前,在南京如不牺牲一两员大将,我们不特对不起总理在天之灵,更对不起我们的最高统帅。本人主张死守南京,和敌人拼到底!"蒋介石肯定地说:"孟潇(唐生智字孟潇)的意见很对,值得考虑,我们再研究研究吧!"何应钦连连点头,不知是同意唐生智的固守南京,还是赞成蒋介石的再研究研究。

18日晚的最后一次会上,唐生智再次坚持南京非固守不可,蒋介石也明确肯定他的主张。一时间,所有持反对意见的人都不再吭声。蒋的目光转向何应钦、徐永昌,似在征询意见,二人皆异口同声地说:"没有意见,一切以委员长的意旨为意旨。"蒋又问:"谁负责固守南京为好?"何应钦早已失去东征讨陈时自动请缨的豪气,也没有蒋冯阎桂之间混战时那样的劲头,闷不做声。唐生智又自告奋勇,保证"临危不乱,临难不苟"。蒋介石十分高兴,说:"孟潇兄既有这样义愤,我看我们应死守南京,就请孟潇兄筹划防务,担任南京卫戍总司令。"最后,蒋望着何应钦说:"就这么办,有什么要准备的,马上办,可让孟潇兄先行视事,命令随即发表。"何应钦很诧异蒋的朝令夕改,但脸上并不露声色,唯唯点头。

12月5日,日军开始向南京外围进攻。唐生智坚决指挥抵抗。9日,日军司令官命飞机在南京上空撒下《投降劝告书》,幻想诱降唐生智。唐严令以更猛烈的炮火回答敌人,并下达"与阵地共存亡"、"决不许轻弃寸地"的命令。在日军的进攻下,南京十分危急。11日晚,蒋介石给唐生智连发两电,命令:"如情势不能持久时,可相机撤退,以图整理,而期反攻。"但唐仍坚守至12日21时才撤离南京。13日,敌军攻占南京,随之而开始了惨绝人寰的南京大屠杀。

(三)

南京保卫战和放弃南京,早在何应钦的计划之中。7月29日,在讨论卢沟桥事变第十九次会议上，何应钦便指示："南京市百余万人口，战时甚感不便，亦可先将妇孺迁移他处。此事虽不免使人民有恐慌，但终久必归实现，故可着手办理，尤其机关职员之眷属，尤宜先秘密移动。" 嗣经军委会召集各有关院、部秘密会商，拟具方案，请蒋介石核准施行。战前的转移固然必要，但统筹全盘的何应钦对由此出现的大混乱估计不足，亦无力改变，于是出现了"如此可叹的官员逃亡——看成重要的是私物，公物则听其造化，各机关、代表争执谁应先逃命"的局面。当时一个目睹战前已出现的这种混乱情况的人写道："下关各码头堆着千千万万的箱笼，没有秩序，没有区分，没有适当的管理，这一部，那一署，通通挤在江岸上。公物固然有些，而其中最大部分，都是官吏私人的家具和行李，成包的箱柜不用说大小悉搬，似乎还顾虑内地物资缺乏，钢床沙发亦在急运之列……各码头都有不少的桌椅、澡盆、梳妆台……" 未战而乱的南京，战时的混乱更可想见。12日下午五时，唐生智下达的撤退命令中，又给十多万大军指定了同一条路线，从新街口到挹江门的道路全被军队堵塞，造成互相践踏。"守城某师，又守住挹江门不让别的部队退出，开枪阻止，秩序更乱，即使出了挹江门，淹死在江里的又很多，而敌人的军舰却又在此时通过江阴封锁线，到达江心。致我退却部队，陷于极端溃乱状态"。 何应钦对南京这种溃乱的撤退也如实地承认道："唯原系破釜沉舟，准备死守，初无撤退之计划，故仅向东方突围之第六十六军安全转移浙皖边区，其余小部分突出重围外，大部均与城共存亡，壮烈牺牲。"

何应钦升官　韩复榘丧命

（一）

1938年1月10日，国民政府国防最高会议通过决议，为适应作战需要，改组军事委员会，设置参谋总长为委员长之幕僚长，指导军委会所属各部、会、厅，襄助蒋介石处理军委会一切事务。何应钦被特任为参谋总长兼军政部部长，仍兼第四战区司令长官，"集作战、后勤重任于一身"。他"除积极将作战行动扩展至日军后方外，对于长期抗战重要措施，更作完整之规则"。这是他军政生涯的巅峰。然而，这种过分集中的权位，产生的结果是名实不符。他大事做不了主，中事由各职能部门处理，小事有幕僚们代劳。

何应钦就任参谋总长前后，国民政府的处境似乎越来越艰难：南京失陷，日本侵略集团内部的强硬派抬头。12月4日，日本操纵的以汉奸王克敏为头子的"华北临时政府"出笼。同日，日本首相近卫文麿公开声明："国民政府已经不成其为一个政府了。"何应钦及整个国民党统治集团曾寄予莫大希望的德国大使陶德曼牵线的调停活动，成功的希望更加渺茫。1938年1月16日，近卫发表了一个更强硬的声明，声称"不以国民政府为对手"。日外相广田弘毅已通知德国，日中间的谈判已无此必要了。前后几个月讨价还价的陶德曼的调停，除了进一步暴露日本的侵略野心，为国民政府赢得一些国际同情之外，几乎未获任何益处。陶德曼的调停宣告失败，中国驻日大使许世英也应召归国。和谈幻想的破灭，相应地强化了国民政府抗日的决心。日军下一步的目标，是南北夹攻徐州，而国民政府则千方百计诱敌北上，延迟敌军进攻武汉的时间，以获得充裕的准备，完成持久战的部署。因此，在津浦线上与敌人的战斗就十分重要。

何应钦就任参谋总长后，在部署津浦路北段保卫战时，便遇到了韩复榘对抗日态度模棱两可，毫无战意，且已有抗命行动的处置问题。此前，韩复榘在山西吃紧时，已违反军委会的命令，未向德州、沧州出击，以牵制日军，而是不战先退；继而又拒绝划入第六战区，归冯玉祥指挥。最后军委会迁就了他，改将其所统辖的第三集团军划归李宗仁的第五战区战斗序列，任命他当副司令长官兼第三集团军总司令。韩之举动，一方面是对抗日战争的胜利缺乏信心，始终以保存实力为要；另一方面，是对蒋介石兼并异己一直心怀不满，对替蒋食人肥己的何应钦也看不起。西安事变发生后，他出于对蒋的怨恨曾发电支持张、杨，对此，蒋介石耿耿于怀。日军占领平、津，沿津浦路南下时，韩曾密派代表，与日军接洽，希图妥协，幻想日军不犯山东。无奈日军要韩正式宣布山东独立，公开充当汉奸。由于双方立场距离太远，韩也不敢公开投敌，因而未能达成协议。日军并未因此收回诱饵，在南京陷落以前，迟迟不渡黄河，与韩复榘隔河对峙，以期其投降。后来，在抗战形势的影响下，他对胜利似乎有了些信心，但这信心却是保存实力，等待欧战和世界大战的爆发。

抗日战争中的李宗仁。

12月23日，日军由青城、济阳间渡过黄河，韩复榘未等敌至，便于24日放弃济南。27日，日军攻陷济南后，绕袭泰安。韩未战而逃，致泰安失陷。韩将两个军集结于鲁西单县、城武、曹县一带，仅以小部沿运河扼守。韩已躲入第一战区的地域，军委会令其"重入泰安，并以泰山为根据地，指挥地方团队打游击"。韩接命令后，仍将公私辎重物品由津浦、陇海路转平汉路停于漯河，显然违反了军委会关于"各战区守土有责，不得退入其他战区"的命令。李宗仁曾劝其重回泰安，韩不唯不听，反而回电武汉说："南京失守，何有泰安？"又说："全面抗战，何分彼此？"李宗仁见其执迷不悟，"特将韩屡次抗命、未战先走的情况电告军委会"。蒋接电后，在汉口召集何应钦、白崇禧、陈诚等会议。何应钦认为："若让韩自由进退而不加以制裁，则民心士气必将受到严重影响，应依军法严办，以收杀一儆百之效。"同时，军委会已获悉韩与刘湘有密电往还，暗中组织"三角同盟"，其主角是韩复榘，第二角是川军头目刘湘，另一角是原西北军的宋哲元。韩的如意设想是：刘湘派川军封镇蒋介石入川之路；他自己率部撤至南阳、襄樊、汉中一带；宋哲元部撤至潼关以西。韩、宋两部击蒋背后，形成三军夹攻蒋的形势，然后通电联合倒蒋。

此事一泄于宋哲元与他的参谋长张越亭的密报；二泄于刘湘的副军长范绍曾。由于范与特务头子戴笠的合作，韩、刘之间来往密电全被军委会掌握。众议均主张将韩处以极刑。蒋介石勃然大怒，更联想到西安事变时，韩复榘发出"马电"，支持张、杨扣留自己，自然主张尽早杀掉韩。随即，何应钦等人为蒋策划了拘捕韩复榘的方案。

（二）

1月11日，蒋介石在开封南关袁家大楼客厅召开第一、五战区高级将领会议，诱韩出席。在刘峙的协助下，将韩逮捕，秘密押送武汉军法执行总监部关押候审。

1月19日，蒋介石派何应钦为高等军法会审审判长，以鹿钟麟、何成浚为副审判长，对韩复榘进行审判。

1月20日傍晚，何应钦携带查获的刘湘与韩联合反蒋的密电稿到汉口万国医院，看望因病住院的刘湘。何见到刘湘后说："韩复榘已被关押了！"刘警觉地问："为什么？"何应钦"叭"的一声将密电稿掷于桌上，说："你看这是什么！"刘湘惊骇不已，知事已泄露，且兵权已下，难免一死，何走后约10分钟，刘湘便大口吐血不止，昏迷不醒，抢救无效，旋即死去。

1月22日下午二时，何应钦主持军法执行总监部对韩进行审判。韩复榘坐在何应钦面前，精神委顿，面色苍白。当何应钦问韩，为何"不遵命令，擅自撤退"？韩大叫大嚷，反问何应钦，南京、上海、平津失守，何以不追究责任？他明知刘峙是何应钦的心腹，又是协助蒋介石诱捕他的主角，便嚷道："刘经扶（刘峙字经扶）也是日军未到，先行丢掉保定、石家庄南逃，何以无罪？"言语间还夹带着一些粗俗不堪的诟骂。何应钦以刘峙、唐生智等均系奉命撤退作答。何又问："政府三令五申禁鸦片，你为什么还要贩卖烟土？"韩答："那是宋明轩老早送给我的1000两，家里女人存着的。"何又问："山东民团枪支，你为何擅自收编？"韩答："那也许是民团指挥张骧伍、孙则让、赵明远他们办的吧。"何还问："你有两个老婆，为何还娶日本女人？"韩愕然说："那是沈鸿烈、葛光庭他们与我开玩笑，叫个日本条子，逢场作戏。"整个审判显而易见是为了达到政治上的目的，本无需繁复周到的程序，何应钦便照着经蒋介石亲自审阅过的判决宣布："韩复榘以不遵委员长电饬出师应援德州及进击沧州，牵制敌军之命令，复擅自放弃济南，撤退泰安，又复于鲁南前线，节节败退"等罪名，判处死刑。对韩与刘湘密谋反蒋一节，恐影响军心，贻人以离间之口实，审判中何应钦讳莫如深，未予披露。

1月24日晚七时，两名特务到关押韩的二楼囚室对他说："何部长请你谈话，请跟我们走。"韩信以为真，跟来人下至楼梯半腰，看见院子里已布满荷枪实弹的军警，方才大梦初醒，知死期已至。便说："我脚上的鞋小，有些挤脚，我回去换双鞋再去。"就在他回头上楼刚要迈步的一瞬间，特务们从其背后向他头部开了枪。韩一回头，说了声："打我……"话未说下去，连串的枪弹已将他打倒，计头部中两弹，身中五弹，当场毙命。

韩复榘被"明正典刑"，国人皆曰"可杀"。杀了官至集团军总司令的韩复榘，在全线崩溃的国民党军将领中引起的主要反响，诚如李宗仁所言："使抗战阵营中精神为之一振。"

（三）

1938年4月6日晚，台儿庄歼敌两万余的胜利消息传到武汉，何应钦兴奋不已。这是抗战以来正面战场所取得的空前胜利。一则因台儿庄大捷是国民党军所取得的，二则也与他这新任的参谋总长运筹帷幄有关，因此何应钦的激动远远胜过年前八路军取得平型关大捷之时。4月8日，他以参谋总长的名义通电三军，内有"此次台儿庄之役，获致空前之胜利，实赖我忠勇将士之奋斗，断敌归路，陷敌于绝境，粉碎敌人打通津浦之迷梦，尚希努力，复我河山"等语。

台儿庄的胜利，对于类似何应钦这样信心不足者，暂时起了强心剂的作用，但同时也促使国民党内部某些"速胜论"思想有所抬头，忽视了日军准备已久的对徐州的进攻。国民党军队虽也有徐州会战的一定准备，但在日军对徐州的包围态势初步形成的时候，5月15日，为避免在不利形势下的决战，国民党军队突围转移。19日，日军占徐州后，即沿陇海路向豫东进攻，开封、新郑接连失守。为阻止日军进占郑州，何应钦参与了蒋介石所决定的花园口决堤放水的策划。黄河决堤泛滥，虽然暂时阻断了豫东日军进犯中原之路，但豫、皖两省3000多平方公里的土地一片汪洋，数十万人民死于洪水或流离失所。日军因此改变战略，调豫东日军南下，开始了中夺武汉、南取广州、北围五台的疯狂进攻。

日军对武汉外围的进攻，自6月中旬开始。当时，日军利用控制津浦、陇海两线之便，分兵五路进攻武汉：一路截断平汉铁路；一路向黄陂进逼武汉；一路循江北公路西进浠水，攻击武汉；一路与江北西进之日军相呼应，图谋截断粤汉线上中国军队的联络；一路由南浔线进窥南昌，企图截断浙赣路。上述五路中的任何一路获得进展，皆可陷当时政治、经济、军事中枢的武汉于困难之局。

与此同时，日军积极谋取广州，企图进一步从政治上、军事上给中国政府以打击，控扼国民政府的海外通道和经济公路，迫其投降，以免日军在长期战争的泥淖中越陷越深。担负通盘筹划"保卫大武汉"作战的何应钦，调集了100多个师的部队，在武汉外围的九宫、幕阜、庐山、大别山等山脉配置重兵，并调集空军主力，封锁长江，阻止日舰西侵。为了加强武汉的防卫，成立了以陈诚为司令长官的第九战区。陈诚和顾祝同同时在南京保卫战时撤至皖南休整。1938年春，陈诚的嫡系第十八军在皖南作战后，转至湘鄂地区，其所属之第六十七师留置皖南，归第三战区司令长官顾祝同指挥。顾的大将王敬玖、俞济时皆垂涎第六十七师的精良装备，欲据为己有，于是，顾与陈诚为第六十七师的归属问题，曾有过一番激烈的斗争。陈诚与顾祝同发生矛盾后，便迁怒于何应钦，怀疑顾之所为，有何应钦支持。其时，陈在武汉红极一时，先后奉命兼任政治部部长、湖北省主席、航空委员会委员、中训团主任委员、三青团书记长、中训团教育长等职，并与初露锋芒的蒋经国建立起深厚的感情，未将何应钦放在眼中，不免明里暗里与何应钦产生不愉快。

主军政有功有弊　论抗战且战且退

（一）

武汉会战的前夕，由于德、意、日三国订立了轴心同盟，希特勒电召以法肯豪森为总顾问的德国军事顾问团返国。何应钦送走了德国顾问不久，意外地获悉切列潘诺夫将重返中国，担任蒋介石的顾问。当时，苏联希望中国牵制日军，保其远东的安全，对国民政府的抗战给予了远比给中国共产党更切实际的支持。何应钦忘记了"四一二"前后他把切列潘诺夫当敌人看待的不愉快的往事，与切列潘诺夫的友谊之火再度点燃。

切列潘诺夫到达武汉的当天，何应钦因巡视防务外出，特派武汉空防司令代表他前去迎接。何巡视归来，便去拜会切列潘诺夫，当晚还邀请他到家中做客。因为是老相识，在座的几位又都是何的亲戚，彼此便不怎么拘束。因武汉常常遭受日军空袭，切列潘诺夫便问王文湘，有空袭警报时她怎么办，是跑进外国租界，还是躲进防空洞里？顾问认为他们的防空洞离何应钦的家较近，便邀请王文湘等人，如果躲警报时，可到他们的防空洞去。这一热情友好的表示，引来了王文湘一连串对何应钦的埋怨，仿佛是认为何应钦无能，未给她提供安全和舒适的环境。特别使王文湘来气的是，何应钦没有给她搞一辆汽车，使她什么事情都感到不便。何应钦根本不申辩，任夫人埋怨。当时，由于燃料奇缺，除了蒋介石本人外，当权者谁也没有为自己的家眷备有专车。何应钦在日常生活中的表现，远比他在官场中的廉洁更让人信服。王文湘的埋怨，使顾问意外地看到何应钦生活上依然保持着黄埔军校时期那种稳慎严谨的作风。

切列潘诺夫到达武汉不久，便对国民政府军事委员会的状况有了一个约略但却是实质性的了解。特别是第一次参加军事委员会的工作会议，对何应钦在统帅部的作用便得出了大体正确的估价。军委会开会时，何应钦和蒋介石为了表示对苏联顾问的尊重，在座次的安排上，一如当年在黄埔军校研究军事训练的会议一样，蒋介石在右，何应钦在左，切列潘诺夫居中。中国共产党和八路军的代表周恩来以军委会政治部副主任的身份也参加了会议。令切列潘诺夫奇怪的是，作为军委会副委员长的冯玉祥不仅没有参加这次会议，以后也没有一次被邀请到会。

会上报告作战计划的是年轻、精力充沛的作战厅厅长刘斐。刘在谈话过程中，蒋介石不时插话，或同意刘的主张，或提出某些修改补充。别的人很少吱声，何应钦的表示仅有低声的"同意"或点头赞成。切列潘诺夫对刘斐提出的作战计划发表了一些不同的见解，当然未必全部正确，但蒋介石没有反对，而是叫何应钦召集小范围的会议，详细听取苏联顾问的设想，对已经拟订好的武汉防御计划进行补充修改。

在何应钦主持的小会上，除切列潘诺夫外，还有陈诚、刘斐和情报厅厅长徐培根等人。刘斐详细解释了事实上代表何应钦全部主张的防御计划后，切列潘诺夫针对该计划的弱点一再重申，在日军没有发动进攻的地方，中国军队不应消极驻守，而应当转入进攻，突入敌后，在敌之侧翼活动。在敌军准备密集进攻的地方，只应作出准备进攻的样子，并不断地派出侦察部队去扰袭敌人，这样，在主要方向集结的80个师，无须大规模重新部署，只要避免过于密集地层层设防，而把半数以上部署在长江南北两岸，以便反攻时可以机动地插入敌之侧翼和后方。何应钦虽是会议的主持人，但似乎心不在焉，对刘斐的意见和切列潘诺夫的补充修正都没有提出任何实质性的建议。盛气凌人的陈诚，虽然看不起何应钦待人接物及作战时的"小器"，但也没提出什么新鲜东西。何应钦、陈诚都清楚，任何计划的可否，全在蒋介石的一句话，过分认真似无必要。

通过开会和日常的工作，切列潘诺夫看出来了："军事委员会纯粹是徒有虚名的机构，何应钦身兼二职……但实际上，他与作战和军训（后勤除外）方面的问题毫不相干。"他还感觉到，何应钦可以利用身兼军政部部长和参谋总长之便，"毫不掩饰地待在办公室里躲避征战了"。在军委会中，何应钦不过是蒋介石的大管家。武汉保卫战从8月初开始，到10月25日武汉陷落为止，历时三个月。中日双方在数千里的战场上进行激战，国民党陆、海、空军官兵与日军进行了十分英勇的战斗，也取得了一些胜利，造成日军伤亡达10万人以上。外报评论中国抗战前途时，《士米斯报》谓："无论何国都不能征服中国"；《德臣西报》说："中国胜利希望已经确定"；《华盛顿明星报》称："日阀扬言使中国永久屈服不过为狂妄之梦想"。的确，武汉保卫战又一次说明，坚持抗战便能陷日军于困境之中。

武汉保卫战中具体战役的胜利，与何应钦无缘，但总的战略指导计划及战略部署他都参与制定。战后陈诚总结武汉会战的教训时，暗中流露出对何应钦的指责。他说：武汉会战这种持久战消耗战的一定成功，却也暴露了最高指导计划"变更频繁"，使部队有"不能追随之苦"；而且"处处追随敌人，时时作试探性之处置"，以致原定8月底撤退的计划，改为九一八、9月底、"双十节"，直到10月20日，仍未决定。及至决定撤退时，又陷于溃退；以无训练之部队参战，致影响战斗全局；对装备优良之敌，未充分诱至山地决战等。陈诚所言，虽不能完全由何应钦负责，但确实说中了何应钦在指导作战上的某些通病，如优柔寡断、无定见和无主见，以及整编后的部队和未整编过的部队优劣杂用所带来的消极后果。

在武汉危急之时，兼任第四战区司令长官的何应钦，也负有两广方面的作战任务，可供使用的总兵力除特种兵及要塞守备部队外，共有九个步兵师又两个步兵旅，而日军在大亚湾登陆后，竟未遇顽强抵抗，于10月21日占领广州。何既兼任第四战区司令长官，却又不在广州坐镇，两广防务由副司令长官余汉谋主持。何应钦"克尽维护广东安全"的功劳，也仅仅能举出"负责后方补给线之维护"，"使若干军品得以自广九与粤汉铁路内运"这么一点。因此，导致华南政治、经济、文化中心广州几乎是在不设防的情况下沦陷。当时的报纸反省广州失陷的原因有三点：首先，"军事上防务空虚"，当地军队"被调一空"；其次，"外表轰轰烈烈，口头慷慨激昂"，实质的内容"完全是纸老虎"；最后，不发动民众，"在过去一年多以来，所有广州乃至广东全省的民众运动，主要完全是空洞的宣传"等。对此，负责两广守土抗战的何应钦是难辞其咎的。

（二）

何应钦虽兼任参谋总长，但他的主要精力和工作重点却放在军政后勤方面。在武汉会战以前，他从未到过前线，在武汉会战中也没有去过。这一点，连蒋介石都露出了不满。武汉会战失败以后的一次国防最高会议上，蒋介石几次不太坚决地建议何应钦沿着从长江到黄河的战线去巡视一番。不论从军事上讲，还是从政治上来看，这样做都是很有必要的。何应钦虽然很不情愿，也只好同意。

如果说，何应钦集作战、后勤于一身，使他力有不逮，不能到战场上去深入掌握情况以改进战争指导计划情有可原，那么，他所专注的开会、作报告以及军政后勤等方面的工作应该卓有成效。经过蒋介石的磨砺及同日本人打交道所取得的经验，何应钦变得更八面周全、不急不躁，蒋介石之使用他，几乎可以说有如臂之使指了。1938年11月25日，蒋介石为检讨一年多抗战的得失，策定战略相持阶段的方针，召开了第一次南岳军事会议，对整军、建军以及一切应注意事项均详细研究与决定。会议开始的当天，蒋介石赴长沙会见英国大使，开始"远东慕尼黑"的前奏。因此，军事会开幕就由何应钦主持。何应钦宣读了蒋介石的开会词，这篇开会词没有别的内容，几乎就是切列潘诺夫关于武汉会战的总结。何应钦在各种场合的讲话、指示，差不多都是千篇一律地重复阐述蒋介石的某种思想、某个计划，或展示幕僚们准备妥帖的各种计划、方案、资料，很少发挥自己独到的见解，这是他多年来渐臻成熟的伴君之术。

在1939年1月召开的国民党五届五中全会以前，何应钦尽管对抗日战争最终将取得胜利的信心并不很足，但决定国民党抗战政策的主流，是已经形成的广泛统一战线，是国共之间相对的团结，何应钦思想和行动的主流也都是抗战，而不是妥协。他所负责的工作中的种种弊端，既源于他思想中的积习，也是国民党统治的痼疾所致。何应钦在抗战初期思想上的积极面，反映在他的许多报告、讲话中。1939年1月，他在国民党中央纪念周上所作的《坚定抗战必胜建国必成的信念》的讲话中说：

> 敌人对我作战，原期在三个月至多半年的时间，将我战斗力完全消灭，但现在已一年半了，不但不能将我国的战力消灭，而其自身的损失，也大大超乎预料之外，已经使敌国人民乃至军人发生了怀疑和恐惧，敌人的精神上已经受到极大的打击……以日本的国力，现在已经感到困难，若战事不能结束，终究必会自行崩溃……又就军事上来说，敌人愈益深入，今后在交通线不便的地方，和我军作战，其重火器如战车重炮等，已不能发挥多大效力，后方补给，也将感受极大的困难，作战地形上，也是于敌不利的。同时我们在敌人后方的运动战、游击战，随时随地，可以袭击敌人。简单的说……敌人始终是要失败的。
>
> 再就我们自己方面来说，全国一致团结对外，和全国将士牺牲奋斗的精神，确实已经建立了胜利的基础。我们的抗战，早已决定为长期抗战，我们初期的失败，是早在预料中的……只要全国军人能够加倍努力，切实苦干，我们的战力，必定是永远不竭，愈战愈强，最后胜利的获得，一定是属于我们的。

抗日战争开始以来，何应钦对正面战场的作战，也做了不少不乏实绩的工作。1936年起，何应钦即开始在全国试行征兵制度，以杜绝或减少沿袭以往的募兵制的弊端。但到七七事变时，实行的省区仅及有三分之一。1938年1月3日，何应钦主持拟订了《统一兵员征募及补充方案》，到1938年底，国统区普遍实施了义务兵役制，各省先后建立了军管区、师管区、团管区的征兵网络。这年5月，何应钦还根据蒋介石关于"拟将兵役以外之各县地方民众武力，确定其更番退役之期限（或即定为三个月）并分别规定各省三年之内各应训练完成之人数，以及干部训练之办法"的指示，拟具了"国民兵役"方案，作为树立民兵制度的参考。这两项制度，皆为中国军事史之首创。到1938年底，全国共征得壮丁270余万人，直接补充到各部队的达201万人。为弥补应征人员的缺额，许多省实行了不脱产的普遍军事训练，由县长负责，对居民实行150小时的军事训练，一定程度上缓解了兵员缺乏的矛盾。

从抗战开始到1939年中，国民党军的战时补充办法也大有改进。抗战开始时，军队一般补充办法是：就地对前方遭受重大伤亡的部队实行改编，团改营，师改团，并继续留在前方；编余的军官则调往大后方建立新的军队；这些新部队从补充后备队中补充兵员，缺额则由各部队自行招募，在后方训练四个月或更多一些时间，便开赴前线。由于整团整营的新兵直接补充到部队中去，不留一些干部接收新招募的士兵，这既延长了部队恢复力量的过程，也使一些参战部队完全由年轻的、未经战斗实践的士兵组成，影响了部队的战斗力。在武汉会战时期，逐步建立起兵员补充制度，有些师能一次两次地撤到后方去补充兵员，然后重新参战，使会战能较长时间坚持下来。武汉会战以后，已建立了正规的补充部队。到1939年7月，全国共建立550个补充团和70个补充营，经过训练的兵员总数将近100万。

民众武装和壮丁训练工作，虽为兵员补充提供了一定基础，但往往由于国民党统治机器依然是旧的，真正实行起来就被扭曲得面目全非。

如"用集中武装来消灭民众武装，就是正规军大量地收缴地方的武器"；以"收编式的武装代替人民的武装"，即"花费国家巨额的金钱，来收买土匪及地痞流氓等草莽英雄，改编成游击队义勇队等"，便认为已经完成了武装民众的工作；如"警察式的武装民众，各地通过保甲系统，集中有枪壮丁，成立地方政府的武装民众"，而"一般人民还是两手空空，没有被各色各样的武器所武装起来"；如以"土劣武装压倒民众武装"，豪绅地主借"武装民众"扩充"原有的武装组织……保护自己的财产安全"，或竟"携带地方团队，去欢迎敌军光临，诱骗并压迫村民替敌人效劳"；如"派系的武装超过人民大众的武装"等，形成了"用武装民众来消灭民众武装，用工作来取消工作"的状况。

在壮丁训练上，也出现了"有钱有势的人乐得优游豁免"，而"强迫执行'壮丁'的苦差都搬到贫苦的农民身上"，"壮丁有十分之三四是小孩子，他们是代替他父亲或伯父来受训的"，"很少注意政治训练，使得壮丁在抗战的认识上依然模糊着"等，因此一般群众害怕"抽壮丁"，一听到"壮丁"训练，就毛发直竖。

对于军队的粮食补给问题，早在1935年，何应钦即饬军政部开始调查各省农产品种类及产量，责成各省筹设战时仓库。1936年，军政部又成立粮秣实验场，制造战时携带的口粮。抗战初期，部队以就地采购为原则。嗣后，由于战区扩大，战地采购困难，何应钦除责成有关机关及专家研战时副食品、口粮携带品种外，并饬有关部门于1938年4月拟订各战区粮食管理大纲，共33条，是为中国战时粮食管理法规的首创。

在何应钦所拟订的1934年至1938年整军备战的五年计划中，就有关于各级各类军事学校建设的内容。到1938年底，已有参谋总部军事学院、陆军大学及工兵、炮兵、通讯兵、装甲坦克兵、高炮、骑兵、空军，以及军政、技术等学校，并开设了参谋、炮兵、反坦克、航空机械师等进修班，依据战时需要和受训学员的程度，分别训练八个月到一年半。预计1939年内，各种军校毕业的军官总数可达四万人，基本上可满足国民党军的干部需要。同时，由于缺乏受过中等教育的军官，军政部不得不降低对文化程度的要求，让一些军士进军校或进修班，从而在客观上改善了国民党军官的构成。

此外，在抗日战争初期，何应钦主持制定并实行了"国难薪制"；在军队的人事管理及教育训练方面，也围绕战时特点予以改进；在加强国防工事及战时交通与通讯设施，强化防空及民防力量，发展国防工业等方面，亦有一定成效。

（三）

早在抗日战争爆发前，日本侵略者冈村宁次等就对国民政府发出了"中日联合反共"的召唤。抗日战争爆发以后，冈村宁次曾提醒日本当权者们："中国事变爆发以来，中国共产党高唱彻底抗日，共军力量正逐渐扩大，其真正目的，显然是和苏联共同赤化世界。既然如此，我认为，我们日本人此际则应高瞻远瞩认真考虑中国共产党的现状及其与中国国民党的关系等问题。" 日本帝国主义对国共合作抗日局面的形成和发展，对苏联援助中国的抗战，是极端害怕的，必欲利用国民党内顽固派的力量，达到消灭中共的目的。

七七事变发生以来，何应钦几乎没有放弃过与日本妥协的意图。他参加了1937年12月6日上午在汉口中央银行召开的国防最高会议第五十四次常务委员会，会议由汪精卫主持。会上讨论了由陶德曼充当牵线人的国民政府与日本的停战谈判计划。

1938年2月，蒋介石等派外交部亚洲司日本科科长董道宁赴日，策划对日妥协。董不仅带回了日本发表的近卫声明"是想迅速地导致对华的和平"的消息，还带回了日本陆军参谋本部第八课课长影佐祯昭给何应钦和张群的信，信中略谓"董道宁来日，传达贵国政府之诚意，大为感动；希望继起有人，以解日本朝野之惑"。主宰何应钦行动的不是他自己的意愿，而是蒋介石的意旨。日本因为台儿庄大捷的打击而动怒，未能满足何应钦、蒋介石所开出的"恢复卢沟桥事变以前的状态"的条件，妥协投降暂时搁浅。

1938年3月，何应钦与蒋介石共同筹划了"空袭日本投纸弹"的中国空军对日本本土的远征行动计划。4月19日下午三时二十三分，有二架马丁式B10轰炸机由汉口起飞，驾驶长机的是中国空军第十四队队长徐焕升。飞机上载着的不是炸弹，而是20万张传单。传单上写着："中日两国有同文同种、唇齿相依的亲密关系，应该互相合作，以维持亚洲和全世界的自由和平；日本军阀发动的侵略战争，最后会使中日两国两败俱伤，希望日本国民唤醒军阀放弃进一步侵华迷梦，迅速撤回日本本土。"这两架飞机于20日凌晨二时四十五分到达九州上空，向长崎、福冈、久留米、佐贺等城市及一些地区撒下传单。返回时又避开了从上海、杭州起飞的日军飞机的拦截，于中午时分在汉口安全降落。何应钦兴奋不已，亲自到机场迎接徐焕升等六名凯旋的飞行员，并在飞机下与他们合影留念。这一鼓舞民心士气的"人道飞行"，也是向日本朝野示威，打破了日军以为日本本土三岛断无人能侵入的狂语。

在抗日战争期间，特别是武汉、广州沦陷以前，日本为配合其军事攻势，巩固和扩大侵略战果，不时通过各种渠道，施放和平烟幕，布下多条诱和线路，以政治谋略同军事打击相辅相成，削弱中国的抵抗。八年抗战期间，中日双方通过各种渠道和各种形式所秘密进行的谋和交涉，不下20次，而以1938年至1940年间为一高潮。如单以抗战初期的谋和而言，又多集中于1938年6月中旬至11月中的武汉会战前后。

日本政府对国民政府所采取的诱和阴谋，多冠以"工作"的称呼。如1938年6月至12月间，通过高宗武，以引诱汪精卫出席和谈为中心的"渡边工作"（渡边为高宗武的代号）；1938年10月起，由土肥原贤二特务机关所策动的说服原北洋军阀头目吴佩孚建设"中央政府军队"的"吴佩孚工作"；1940年3月至10月间与自称宋子良（实为军统特务）谈判的"桐工作"。日本政府给予"吴佩孚工作"以"竹工作"的代号，给予由和知鹰二大佐策动西南地方实力派将领和谈以"兰工作"的代号，加上影佐祯昭等人对汪精卫的"梅工作"，形成了梅、竹、兰三大诱和路线。就国民政府而言，上述种种谋和交涉，不排除属于搜集情报性质的试探性活动，但更多的是幻想日本侵略者放下屠刀，立地成佛。更有如汪精卫之流的汉奸卖国贼，正是通过这"工作"那"工作"，成为民族败类的。

上述各种谋和活动，大多已为人们所熟知，且所涉及的中国方面的人物，都不是最高层。而被称为"萧振瀛工作"的秘密谋和，却是由蒋介石、何应钦直接指导和参与的，至今仍鲜为人知。要不是台湾"原'总统府'机要室档案"（通称大溪档案）解密，以《蒋中正个人档案》之名，移存台湾"国史馆"供学者查阅研究，何应钦、蒋介石通过萧振瀛与和知鹰二进行谋和的秘密，不知要尘封到何年何月。

据东京远东国际军事法庭审理日本战犯时，和知鹰二出庭作证的供词称：和知鹰二原系日本华北驻屯军的高级参谋，在日军侵华过程中，多次负责与国民政府方面交涉，颇有实绩。1938年3月，调返东京，在参谋本部专负"为结束事变，与蒋政权接触折冲"的特别任务。是年6月，奉命赴香港，试图通过战前在华北认识的萧振瀛，打通与蒋介石、何应钦的交涉渠道。按和知鹰二的说法，所谓"萧振瀛工作"系由日方主动。

曾经为萧振瀛抄录文件而间接得知隐秘的施乐渠回忆说：当时，他任中央银行专员，派驻香港，萧振瀛请他帮忙整理文件。武汉沦陷前两个月，何应钦的顾问雷嗣尚，携带蒋介石与何应钦的密谕，奉命赴香港找避居该地的萧振瀛，要萧接洽谋和。当时，和知鹰二寓居澳门，战前与萧在华北相识，其华人翻译何以之与萧系同乡。萧于是偕何以之赴澳门洽商，和知基于专负诱和使命，表示愿努力促成。萧打通了这条线路后，便托雷嗣尚转汉口回报。蒋介石考量情势后，立命萧返汉口，面授机宜。蒋亲拟一份谈判原则交给萧，萧返港后便据此与和知谈判。

上面所谈的蒋、何的"密谕"，已在台湾所藏《蒋中正个人档案》中找到。它是1938年10月8日由何应钦记录的蒋的《面训要点》，是何应钦交由雷嗣尚转达给萧振瀛的，内容共六点：

（1）对方如确有诚意，应在10月18日前完成一切手续，否则不再续谈；

（2）我方绝对不要停战，更不害怕汉口失守，尽所有力量支持长期抗战。此层应使对方彻底认识；

（3）直接谈判是指此次事件之解决而言，并非永久受此限制。但对方如不质询此点，我方不必自动说明；

（4）此次谈判，系对方主动，我方诚意与之商洽。对方不得故意歪曲事实，散播不利于我方之宣传，否则认为对方毫无诚意；

（5）停战协定系两国政府间之协定，不可作为前线军与军间之协定；

（6）谈判重点应集中于恢复七七事变前原状，若对方能做到此层，以后双方定能开诚合作。

和知鹰二唯恐身份暴露，化名"村原雄"来到香港。萧振瀛在向何应钦、蒋介石的报告中说明，和知系奉日本首相近卫文麿、陆相板垣征四郎、参谋本部次长多田骏之命而来。当时，日本已放弃广田弘毅任外相时所发出的不以蒋介石政权为对手的声明，改造后的内阁由宇垣一成任外相，积极寻求与中国政府要员接触，展开谋和交涉，从"不再以国民政府为对手"，转而采取"国民政府中心论"的工作策略。从1938年6月至9月间，宇垣所主导的对华谋和交涉主要有三条明确的途径和对象：其一，为行政院长孔祥熙，由乔辅三、马伯援分别代表孔祥熙与日方的中村丰一、萱野长知，以香港为基地。其二，为国民党副总裁汪精卫，由日方驻上海无任公使谷正之通过意大利驻华大使柯莱作媒介，由交通部次长彭学沛与意大利驻汉口领事居间传递消息。其三，为国防最高会议秘书长张群，通过汉口《大公报》的张季鸾，与日方《朝日新闻》社编辑顾问神尾茂进行交涉。宇垣对日本军部所从事的"萧振瀛工作"并不了解。当宇垣对孔祥熙的谋和陷于僵局时，军部对何应钦、蒋介石的谋和工作在紧密地进行。但双方都相互要求保守秘密。萧振瀛报告蒋介石、何应钦时，便指出："此次会谈，双方约定，纯以私人立场交换意见，互守秘密。万一不成，绝不发生任何不利影响。"所以关于"萧振瀛工作"的情况，蒋介石、何应钦的著述中缄口不谈，外间更不得而知。

萧振瀛与和知鹰二的会谈，分两阶段进行。第一阶段自9月27日至9月28日，两天共会谈五次。第二阶段，自10月15日至20日，每日至少会谈一次。

由蒋介石主导、何应钦具体操作的"萧振瀛工作"发起于日军进攻武汉的紧急关头，是日方以和平烟幕掩护其军事行动的故伎重施。而何、蒋伸出谋和触角，也是缓兵之计，当然不乏借会谈探听日军华南登陆消息的因素。何应钦秉承蒋介石之意，故意提出明知日方不可能接受的谋和方案，如恢复七七事变以前状态，取消南北伪组织、停战撤兵等，既有幻想，也有试探。唯一使人不用怀疑其"诚意"的，是国民党在国共合作抗日的前提下，依然坚持"反共"的立场。何应钦在"反共"这一点上，与日本侵略者毫无二致，这又是"萧振瀛工作"档案史料所作的如山铁证。

第八章

积极"反共" 苦撑待变

皖南事变　豆萁相煎

（一）

抗日战争是中华民族解放运动中一个极其重要的发展阶段。这个阶段各种矛盾的发展变化，给国民党统治集团，也给何应钦提供了改弦更张的历史选择：为有效地抗日，必须容纳、联合共产党。在抗日战争初期，何应钦被迫选择了前者，但他在抗日的同时，也希望假日本人之手，"削弱共产党力量五分之二"。1938年3月29日，他在国民党临时全国代表大会上所做的军事报告中曾说："要抗战，就必须在一个政府，一个领袖与一个主义的领导之下。" 这是要共产党取消陕甘宁边区政府，要八路军、新四军绝对服从"一个领袖"蒋介石的指挥。至于"一个主义"，并不是中国共产党所拥护，一切真诚爱国的国民党人士所赞同的孙中山的"联俄、联共、扶助农工"的三民主义，而是名为三民主义，实际是法西斯专制独裁主义。他虽然为抗战做了一些有益的事情，但在抗日与对日妥协之间总是游移不定和缺乏信心。这一点，切列潘诺夫有深切的感受："从我们最后一次见面至今一晃十年了，何应钦外貌的变化并不甚大，只是我觉得他好似有些委靡不振。他使人感到，他对于人民的力量，对于顺利地摆脱军事困境是没有信心的。显然，深藏在他内心的念头是：打下去是徒劳无益的，应当寻求与日本妥协的途径……简而言之，如果一切取决于他，那他就会跟日本进行任何交易。"切列潘诺夫的这种判断，也许有先入为主的成分，但何应钦却用行动证明了苏联顾问的判断不乏预见性。

随着抗日战争相持阶段的到来，日本帝国主义对国民党由军事进攻为主，政治诱降为辅，转变为以军事进攻为辅，政治诱降为主，迅速促成以汪精卫为首的一伙投降派显露原形，公开叛国投敌。同时，也煽动起以何应钦为首的顽固派从联共抗日转向反共抗日。1939年1月召开的国民党五届五中全会，虽然仍通过了继续联共抗日的方针，但这次会议通过的决议中，标志着国民党的政策已由抗战开始时比较积极的联共抗日转向在继续抗日中积极反共。1939年中，蒋介石秘密颁发了一系列防共反共的文件，如《"共党"问题处置办法》《异党问题处置办法》《处理异党实施办法》《沦陷区防范"共党"活动办法草案》《运用保甲组织防止异党活动办法》等。1939年12月至1940年3月，国民党发动的第一次反共高潮被击退以后，何应钦进一步走上反共的第一线，成了制造皖南事变的元凶祸首之一。

（二）

1939年12月，何应钦参与策划了第一次"反共"高潮，命包围陕甘宁边区的胡宗南侵占淳化、杨邑、正宁、宁县、锡原等五座县城，并企图进攻延安。同时，又命令在晋西北的阎锡山集中六个军的兵力，进攻中国共产党领导的抗日决死队。1940年3月，又命令朱怀冰等部国民党军，三路进攻太行山区八路军总部。中国共产党在政治上揭露了国民党顽固派的反共投降阴谋，军事上执行"人不犯我，我不犯人；人若犯我，我必犯人"的自卫原则，奋起反击，打退了胡宗南的进攻，解放了绥德等五县，使陕甘宁边区和晋绥解放区连成一片；在晋西，抗日决死队给予阎锡山部以重创后，转移到晋西北和太岳山区，正式编入八路军；在太行山区，八路军消灭了朱怀冰的三个师。这样，蒋介石、何应钦等发动的第一次"反共"高潮被打破。

蒋介石感到对已经迅速发展壮大的共产党及其所领导的八路军、新四军，如以武力制裁，颇多困难，暂时放弃了"武力制裁"的手段，企图以谈判的方式，达到"溶共""限共""灭共"的目的。因此，蒋派出何应钦、白崇禧与中国共产党代表周恩来、叶剑英在重庆举行两党谈判。

谈判一开始，中国共产党方面即提出"六月提案"，主要内容是：

保证各抗日党派存在的合法权利；

在陕甘宁边区二十三县设立边区政府，直属行政院，以林祖涵为政府主席；

八路军扩编为三军九师，其所属游击队应给予各战区所属游击队同样待遇；

增编新四军至七个支队；

划定中国共产党领导的抗日军队与国民党军之作战疆界。

何应钦与白崇禧几经讨论，并得蒋介石认可后，拟具了与中国共产党"六月提案"相对应的答复，转交周恩来。这便是"七月提案"，其主要内容如下：

党派问题，待宪法公布时再论；

划陕甘宁边区中十五县为陕北行政区，设陕北行政公署为行政机关，暂属行政院，归省政府指导；

共产党军作战区域：调八路军及新四军全部至河北省，且将新四军列入冀察边区战斗序列；除令八路军大部及新四军全部移驻河北省外，并将八路军余部留驻山西北部，列入第二战区序列；

共产党军于奉命后一个月内，必须移驻河北省；

八路军除现在之三军六个师，三个补充团外，并增加补充团（师团之组织为二个旅四个团之整理师）；

共产党军绝对服从中央命令，并一律定期解散一切之游击队。

国民党的"七月提案"与中国共产党的"六月提案"差距太大，根本没有共同的基础，谈判未获进展。7月16日，何应钦对中国共产党施加压力，向周恩来、叶剑英提交了一份"八月提案"，即所谓的"中央提示案"。其主要内容是：

划陕甘宁边区辖十八县，改称"陕北行政区"，暂隶行政院，但归陕西省政府指导；

划定八路军及新四军作战地境。将冀察战区取消，其冀察两省及鲁省黄河以北，并入第二战区，仍以阎锡山为司令长官，以朱德为副司令长官，秉承军事委员会命令，指挥作战；八路军及新四军于奉命后一个月内，全部开到前条规定地区之内；

八路军准编为三军六个师，三个补充团，另再增二个补充团。新四军准编为二个师。

何应钦与蒋介石所炮制的"中央提示案"的实质，正如周恩来所指出的那样："那时谈判有四件事：党的合法，边区的承认，军队的增加，还有作战地区划分。中心是在第四条。他就是想把我们赶到黄河以北，不要新四军在长江以南。那个时候有几个'北'：山东是鲁北，山西是晋北，还有一个黄河以北。他是想把我们都往北送，这真是'投界有北'。那我们就不干，所以发生了严重的争论。他毫无让步。我们作了一点让步，答应皖南部队退到长江以北，也是一个'北'，叫作江北。但是他还不干……他坚持《中央提示案》。"

中国共产党中央为了顾全大局，又提出了关于"调整游击区域及游击部队办法"的三点建议，何应钦不仅不予考虑，反诬之为中国共产党"反是为非，以对抗中央"。谈判陷入僵局，蒋介石、何应钦重新祭起"围剿"的法宝，发动第二次反共高潮。

这一次"反共"高潮的重点由华北移到了华中。何应钦有他的一套盘算：首先，华中新四军力量比华北八路军薄弱，当时华北八路军有五万人，而华中的新四军只有二万人；其次，国民党在华中的力量比较强，既有顾祝同、汤恩伯、韩德勤等部几十万嫡系部队，还有名目繁多的"杂牌军"，力量大大超过华中的新四军；再次，华中是华北、华南、华西连接的枢纽，是江浙财阀的老巢，也是国民党统治最基本的地区，同时更是国共两党争夺的主要地区，战略位置远比华北重要。在华中，苏北地区不仅人稠物丰，而且是华中与华北、新四军与八路军联系的要津，如能在苏北驱逐共产党的力量，便可隔断八路军与新四军的联系，便于各个击破。因此，何应钦选择苏北作为第二次反共高潮的突破口。

在蒋介石、何应钦指使下发动的苏北战争，还在何应钦与周恩来等谈判时即已开始。当时由鲁苏战区副总司令、江苏省主席韩德勤指挥的16万国民党军，以为吃掉陈毅等部七千余人新四军易如反掌，不料郭村、姜堰、黄桥几次战斗，韩德勤所部都吃了败仗。

此时，蒋介石、何应钦均已意识到："共党三年来由三万扩大到50万，再一两年定不止100万，那时哪还有国民党活路？"特别是1940年中国共产党在华北地区的兵力不断增加，黄桥之役韩德勤部严重受挫，共产党在华中的军事力量竟然渐占优势，蒋介石、何应钦便决定破釜沉舟，要武力"解决"皖南的新四军。

（三）

1940年10月19日，何应钦、白崇禧联名致电八路军正、副总司令朱德、彭德怀和新四军军长叶挺。因为这一天是"韵目代日表"中的"皓日"，这份电报便被称为标志第二次反共高潮开始的皓电。

皓电把抗战以来国共两军摩擦的根源归咎于八路军、新四军，诬指八路军、新四军"对敌寇则不战而自退，对友军则越境以相侵。对商定后提示之方案，则延宕不遵，而以非法越轨，视为常事"。并声称："综观过去，陕、甘、冀、察、晋、绥、鲁、苏、皖等地，历次不幸事件，及所谓人多饷少之妄说，其症结所在，皆缘于第十八集团军（即八路军）及新四军所属部队，一不守战区范围，自由行动；二不遵编制数量，自由扩充；三不服从命令，破坏系统；四不打敌人，专事吞并友军。以上四端，实为所谓摩擦事件发生之根本，亦即第十八集团军及新四军非法行动之事实……兹奉谕将经过会商并奉核定之中央提示案，正式抄达。关于第十八集团军及新四军之各部队，限于也到一个月内，全部开到中央提示案第三问题所规定之作战地境内；并对本问题所示其他各项规定，切实遵行，静候中央颁发对于执行提示案其他各问题之命令。至副主任委员周恩来所提调整游击区及游击队办法三种，其第一、第三两种，决难照办，其第二种，应俟开到规定地境后，再行酌办，特并附达……"

何、白皓电无异于发动内战的"檄文"。

在重庆与何应钦面对面进行针锋相对斗争的周恩来，于11月2日就关于皓电的对策，向中国共产党中央所作的报告中指出："蒋介石在处于德、意、日和英美以及苏联这三个阵线的争夺之中。他一身兼做戴高乐、贝当、基玛尔最能左右逢源。他自己躲在成都，让夫人宋美龄及英美派拉英美，让朱家骅、桂永清拉德意，让亲日派同日本和谈，让孙科、冯玉祥亲苏，让何应钦、白崇禧反共，蒋介石居中选择，并以反共为轴心来运用。"

何应钦将皓电铅印散发以后，在国民党内部和各阶层人士中引起了不同的但却是十分强烈的反响。

冯玉祥向周恩来说，为对付何应钦19日的电，应该立即复电。何、白必将呈送蒋介石，文章要做得委婉，不带发气，表面上服从他的命令，实际上可实行自己的办法。冯甚至替中国共产党将复电内容都想好了。他说："开头可表示服从，说力量扩大，为的抗战，其训练不力，致起摩擦。现当加紧训练，唯饷缺弹尽，虽明知中央财困弹少，为抗战需要，不得不求中央扩军、增饷、发弹，以利抗战。末后更提出抗日条件，做积极表示。"他说此电到后，可即送各方以争取影响。他便约孙科会见蒋介石，加以调解，以此延宕时间，限制"剿共"战争爆发。但冯又劝中国共产党无论如何不要与蒋分裂，要软硬两用，表面让步，实际自干，实行一个出其不意的举动，"一个电报满期，再来一电延期"。

孙科和于右任都希望中国共产党能让步，以缓和局势。

白崇禧虽与何应钦合作反共，但却向人打听中国共产党能否让步，与何应钦的顽固反共似有不同。

张群也向章伯钧探听国共问题有何方法调解，章因尚不知中国共产党的态度，无法对答。

南洋华侨代表宋渊源等，都极力想办法调停敷衍，要何应钦再与中国共产党代表谈谈。何应钦回答他们，中国共产党是不会谈的。

沈钧儒等主张发动反对内战，实行反攻的运动等。

许多人担心内战重起，但均同情中国共产党，对何应钦之所为不满。经过反复考虑，中国共产党中央决定对蒋介石、何应钦的进攻提出斗争方案，要华中新四军自己做好准备，在国统区亦做好制止分裂活动的准备。同时，决定在蒋介石、何应钦没有动兵以前，一切对外表示均持缓和态度。为此，中国共产党方面决定以朱德、彭德怀、叶挺、项英名义，回电答复何、白。11月9日（佳日），这封称为佳电的答复送达何应钦之手。

佳电慷慨陈词，阐述了关于八路军、新四军的行动问题，"莫不以遵循国策服从命令坚持抗战为唯一之任务"；关于防地问题，"对于江南正规部队，德等正拟苦心说服，劝其顾全大局，遵令北移。仍恳中央宽以限期，以求解释深入，不致激生他故"。"对于江北部队，则暂时拟请免调"；关于编制问题，"现有50万之众，领4.5万人之饷，虽有巧妇，难以为炊，故不得不要求民众协助"，"请中央允予扩充编制"，"如提示案内所示，职军闻之，实深庆幸。兹所求者，则请早日实行，并请对扩编数额，酌予增加"；关于补给问题，"职军已14个月未蒙发给颗弹片药，有一枪仅余四发五发子弹者，有一伤仅敷一两次药物者，于是作战则专凭肉搏，负伤则听其自然"，因此，"不得不上达聪听，以求于艰难之中，获涓埃之助"；关于边区问题，"陕甘宁边区二十三县一案，悬而未决者四年于兹"，而国民党军20余万，筑起五道封锁线，扣留暗杀前往边区的青年和中国共产党往来人员，因此"恳请中央，对于悬案则予解决，对于封锁则予制止"；关于团结抗战之大计问题，"亦请中央对于时局趋向，明示方针，拒绝国际之阴谋，裁抑国内之反动，而于联合剿共内战投降之说，予以驳斥，以安全国军民之心，复望改良政治，肃清贪污，调整民生，实行主义，俾抗战重心置于自力更生基础之上"等。

何应钦曾一再诬称"共军第十八集团军与新四军成立后，素质低劣，战力薄弱，中央为顾惜该军起见，在抗战初期，并未负予正规战斗任务，而共军竟借此避免与敌作战，保存实力，抑且自由行动，专事袭击友军，以扩大其实力"。此种谎言，无法抹杀八路军、新四军抗战三年来的辉煌战绩。

与《佳电》发出的同时，中国共产党中央还制定了对付国民党反共势力进攻的全面政策和方针："决对皖南取让步政策（即北移），对华中取自卫政策，而在全国则发动大规模的反投降、反内战运动，用以争取中间势力，打击何应钦亲日派的阴谋挑衅，缓和蒋介石之反共进军，拖延抗日与国共合作时间，争取我在全国之有理有利地位。"

本来，蒋介石、何应钦与桂系之间是有矛盾的，但他们在限共、反共的问题上却能串通一气，调兵、停饷，制造内战空气。

12月8日（齐日），何应钦、白崇禧向朱、彭、叶、项发出特急代电，即齐电，重弹皓电老调。翌日，何应钦又下达所谓"展限令"，"规定凡黄河以南之第十八集团军部队，限12月底前移至黄河以北；在江南之新四军，限12月底前移至长江以北，至30年（1941年）1月30日以前，移至黄河以北，共同对日作战"。

何应钦所发出的齐电及"展限令"，为第二次反共高潮进一步制造了舆论。紧跟其后，国民党的一些宣传机器，跟着皓电、齐电的调子，要求政府严令制裁所谓"不服军令之军队"，为反共高潮推波助澜。

（四）

自皓电发出以后，何应钦便加紧制定、施行围歼新四军皖南部队的计划。1940年11月14日，何应钦指示国民党军令部拟订了《黄河以南剿灭"共匪"作战计划》，12月3日，何应钦向军令部长徐永昌提示"解决"皖南新四军的作战部署。

次日，徐永昌根据何应钦的上述指示，向蒋介石提出"解决"皖南新四军的作战方案，请蒋签发。蒋批示："照办。"徐于12月10日对顾祝同下达了如下密令："（一）查苏北'匪伪'不断进攻韩部，为使该军江南部队，不致直接参加对韩部之攻击，应不准其由镇江北渡，只准其由江南原地北渡，或由该长官另规定路线亦可。（二）该战区对江南'匪部'，应按照前定计划，妥为部署并准备，如发现江北'匪伪'竟敢进攻兴化，或至限期（本年12月31日）该军不遵命北渡，应立即将其解决。"

据苏联驻华大使馆武官崔可大回忆，12月中旬，何应钦就核准了李品仙歼灭从皖南渡江的新四军的计划，接着又在12月19日签署了消灭新四军的命令。其实，还在这道密令下达之前，何应钦、顾祝同都早已蓄谋要消灭皖南的新四军。

1941年1月4日夜，新四军驻皖南部队及军部共8000余人，在军长叶挺、副军长项英的率领下，分成三个纵队，在"别了，三年的皖南"的悲壮歌声中，冒雨踏上东进北上的征程。虽然新四军皖南军部只比蒋介石所下达的12月31日前转移北渡的命令晚四天，但没有预料到在他们的前面，国民党军的八万之众，在泾县茂林周围的崇山峻岭地带布下袋形的阵地，只等一声令下，便对新四军实施合围。

12月25日，蒋介石与周恩来见面时，仍"以极感情的神情"告周："你们一定要照那个办法，开到河北，不然我无法命令部下。苏北事情太闹大了，现在谁听说了都反对你们。""我难道愿意内战吗，愿意弄塌台吗？现在八路新四还不都是我的部下？我为什么要自相残杀？""只要你们肯开过河北，我担保至1月底绝不进兵。"岂料，言犹在耳，1月6日，国民党军首先打响了罪恶的第一枪。新四军被迫奋起自卫。紧接着，国民党军以绝对优势的兵力，从不同的地段向新四军三个纵队实施合击。新四军英勇反击，打退了国民党军发动的第一次总攻击。

事变发生以后，中国共产党中央所在地延安，周恩来所在地重庆，刘少奇所在地盐城同叶挺所在地的茂林地区，通过电台频频联系，作出决策和指挥。

何应钦也彻夜不眠，等待皖南的报告和部署封锁消息。

1月10日，皖南围歼新四军的罪恶行动已经进行了四昼夜，何应钦对国民政府军委会中同情共产党或不愿发生反共内战的人还一律保密。当时出任军委会政治部长的张治中感觉近日来空气异样，便悄悄地向何应钦进言："对共产党问题，应有冷静之考虑，慎重之措施，勿任有成见而好冲动者为无计划无限制之发展。"何应钦表示同意。11日，在国防最高会议上，何应钦居然面对国民党统治集团的核心人物们施放烟幕说，新四军的情形很好，根据下边的报告已准备开拔，不过还有些小的困难，他已下令顾长官就地解决。

11日，周恩来在重庆收到皖南新四军告急密电后，立即向国民党谈判代表张冲提出抗议，并分别向何应钦、白崇禧、顾祝同提出谴责，并直接写信给蒋介石，要他立即下令撤围、让路。

12日，蒋介石、何应钦又给顾祝同、上官云相下达密令，要他们务必生擒叶、项。顾和上官奉命后，迅速向顽强抵抗突围的皖南新四军发起第二次总攻击。13日，又接连发动第三次总攻击。同一天，何应钦以急电致国民党各部队，谓"连日来各战区'剿匪'军颇为顺利，'匪首'叶挺、项英均先后被擒……各部队须严为戒备，勿为'匪'乘"。何应钦为鼓动反共，不惜向部下谎称叶、项均被擒。

13日这天，刘少奇、陈毅请示中国共产党中央同意，准备在苏北包围韩德勤，在山东包围沈鸿烈，作为对蒋介石、何应钦围攻新四军的答复。中国共产党中央紧急动员全党干部向各方揭发国民党顽固派阻击新四军的阴谋，并向蒋、何、白抗议。

周恩来、叶剑英连日来为制止事态恶化，奔走于各有关人士之间。13日，他俩向国民政府军委会军令部次长刘为章交涉：立即停止对新四军的围攻。

刘为章遵照何应钦的指令，欺骗周、叶，谎称他今天便可答复，并说蒋介石已令侍从室主任贺耀祖用电话直接告诉顾祝同，只要新四军确实北渡，就应予帮助，不必为难，等等，并说此次冲突，"因估计双方都在严密戒备情况下，自然容易发生误会"。

刘为章同周恩来、叶剑英谈话后，便驱车到了何应钦家中，商量如何答复的问题。随即便用何应钦家中的电话告知周恩来，竟说：

"本日谈话后，我即报告委座。委座答复说：（一）关于茂林方面不要继续打的问题，我昨夜（12日夜）已由贺下了命令，此事不成问题。（二）新四军今后所走路线，可走苏北，但须执行两条件：部队过江后，不得打韩德勤；过江后不得盘踞，须遵命继续到河北去。"刘还说将要他当晚即用电话再向顾转达一次蒋的意见，并要周、叶也立即告知皖南新四军。手段的卑鄙已经暴露了目的的卑鄙，但何应钦还企图遮掩下去，以实现预定的全歼计划。

1月14日，周恩来命重庆《新华日报》发表消息，用"新四军"代表新四军，希望将皖南事变发生的消息透露出去。何应钦等人已下令加强新闻检查，勿使皖南事变的一言一事泄露出去。国民党新闻检查官将《新华日报》文中的"国民党反动派重重包围"改为"敌寇重重包围"，令人啼笑皆非。

新四军皖南部队经过浴血奋战，终因众寡不敌，弹尽粮绝，除1000余人突出重围外，其余大部分壮烈牺牲或被俘。叶挺在与国民党军谈判时被扣留后遭囚禁，项英和副参谋长周子昆在突围中惨遭反动分子杀害，政治部主任袁国平身负重伤，不愿被俘，饮弹自尽。

15日上午十时半，何应钦在其办公室召集临时会议，研究皖南善后处置办法。当时军令部提出两个方案：一是明令撤销新四军番号；二是不撤销其番号，任其渡江北上，以观其动态如何，再作处置。有人主张前者，何应钦说："好！"张治中赞同第二方案，并陈述了理由。何应钦说："有道理！"当白崇禧主张以第一方案报请蒋介石批准即可，遭到张治中反驳时，白大动肝火，斥责张治中身为政治部部长，竟说出此等话语。而何则不作左右祖，假装息事宁人，宣布散会。其实，何早与蒋商量，定下了使新四军不复存在的腹案，但仍要走走过场，才能以军委会名义下达撤销新四军番号的命令。

1月17日，周恩来获悉国民政府军委会将把撤销新四军番号的命令公开发表的消息后，当晚又向张冲提出严重抗议，并要张冲接通何应钦家中的电话。

何在电话里装腔作势。周恩来怒斥道："你们的行动，使亲者痛、仇者快，你们做了日寇想做而做不到的事，你何应钦是中华民族的千古罪人！"深夜，周恩来激愤难平，悲痛不已，挥笔写下了："为江南死难者志哀！""千古奇冤，江南一叶；同室操戈，相煎何急"的挽词和挽诗，巧妙地避开国民党新闻检察官的检查，在次日的《新华日报》上发表。他还连夜组织人撰写《新四军皖南部队惨被围歼的真相》的重要文章，亲自修改，19日以传单的形式散发到重庆各处，最先把事变的真相公之于众，使何应钦等人在一手制造了千古奇冤之后又想一手遮天的打算落空。

17日，经蒋介石签署的所谓《国民政府军事委员会通令》中，诬称新四军"……违抗命令，不遵调遣……蓄意扰乱战局，破坏抗日阵地，阴谋不轨……危害民族……为敌作伥，着将国民革命军新编第四军番号即予撤销，该军军长叶挺着即革职，交军法审判，依法惩治，副军长项英着即通令各军严缉归案讯办……"同一天发表的国民政府军委会发言人的谈话，亦颠倒是非，混淆黑白，对新四军恣意栽诬，并援引叛徒、新四军原参谋处处长赵凌波的供词，为国民党顽固派制造皖南事变百般狡辩，同时又宣称"此次事件完全为整饬军纪问题"，似不涉党派、政治问题，以淆乱视听。

蒋介石在这天的日记中写道：若不"严处"新四军，"则以后国权旁落，比抗倭失败尤恶"。又说："此事对内、对外与敌对国皆可发生有效而良好之反响也。"

（五）

皖南事变和"一·一七"反动命令的确产生了巨大但完全出乎蒋介石、何应钦意料的反响。

中国共产党中央发动全党和根据地军民，政治上对蒋介石、何应钦发起大反攻，并要求逮捕何应钦等事变祸首，交付国法审判，强烈要求坚持抗战，坚持团结，坚持进步，驱逐亲日派头子何应钦。中国共产党中央发言人的谈话中，除提出一系列义正词严而有理、有利、有节的主张外，明确要求惩办皖南事变的祸首何应钦、顾祝同、上官云相三人。1月20日，为对抗"一·一七"反动命令，中国共产党中央革命军事委员会任命陈毅为新四军代军长，张云逸为副军长，刘少奇为政治委员，赖传珠为参谋长，邓子恢为政治部主任，重建新四军军部。

新四军扩编为七个师，一个独立旅，全军共九万余人。

"一·一七"反动命令公布以后，不仅许多爱国进步人士和海外爱国侨胞与根据地军民一致声讨、谴责蒋介石、何应钦，连国民党当权集团中的许多人也不赞成挑起反共内战、自相残杀的做法。冯玉祥大骂何应钦搞阴谋，并说："新四军抗战有功，妇孺皆知，此次被政府消灭，政府方面实没有办法挽回人民的反对。"于右任愤慨地说何应钦欺骗了他。孙科则对今后两党关系表示忧虑。而曾经与何应钦一起并直接负责同中国共产党代表谈判的张冲，表示何应钦及国民政府如此不讲信义，他"无办法，没脸见人"。第一战区司令长官卫立煌屡次向八路军代表表示不愿意内战，愿尽力推动局势好转。许多国民党将领也表示对蒋、何不满。

在国际舆论上，苏联率先反对蒋介石、何应钦的做法，英、美两国政府也都对蒋介石施加压力，日本侵略者则幸灾乐祸。

面对国内、国际一派谴责之声，1月27日，何应钦在国民政府纪念周上强装镇定，发表演说，重复皓电、齐电的内容，还声称"制裁新四军是为了整饬军纪，加强抗战"。

何应钦又一次扮演了秦桧式的角色。中国共产党并没有被吓倒，被压服，敢于同他、同蒋介石的反动命令和"反共"军事行动进行针锋相对的斗争。新四军不仅没有被消灭，反而名正言顺地不受蒋介石的指挥，一下子扩编至九万人；全国最大多数的中间派及进步人士、海外华侨都站在中国共产党一边，纷起责难；使何应钦无法理解的是，蒋介石的亲信如陈诚、汤恩伯、张治中、卫立煌等也不赞成他的这一行动；苏、英、美也居然同唱一个调，向蒋介石施加压力。更使他大惑不解的是，日本侵略者配合他发动反共战争，夹攻皖南新四军余部后，反过来即对华中参加"剿共"的国民党军进行"扫荡"。1月下旬，乘国民党军集中精力于华中"剿共"之时，日军大举进攻河南。

蒋介石在1月30日日记中这样写道："解决新四军案，撤销其番号，此为国民革命过程中之大事，其性质或甚于民国十五年三月二十日中山舰事件也。"

参谋总长困惑矛盾　军需后勤黑暗腐败

（一）

抗日战争开始以来，何应钦也曾有过比较积极的抗日行动，更希望抗日战争能取得胜利，但他的出发点因囿于党派之见，与中国共产党和中国人民并不完全一致。作为交战的一方，没有人希望自己失败，何应钦也不例外，何况每一次胜败都与他个人的荣辱相关；作为与共产党有严重分歧的国民党政策的制定者之一，他把党派的利益放在高于国家和民族利益之上。不应怀疑何应钦希望中日两国和两个民族和睦相处，但他面对制造两国和两个民族历史悲剧的日本侵略者，却幻想委曲求全，以屈辱妥协使侵略者放下屠刀，立地成佛；更严重的是，他在反对中国共产党和世界社会主义运动上，与日本侵略者从思想到行动都显示了某些一致性。这就是抗日战争及以后何应钦在中日关系中所演角色的可悲之处。

在武汉失陷以后，国民党军的抗日较之前一阶段，显得消极、被动，但毕竟还在支撑着正面战场的抗战局面。何应钦参与了不少战役的指导，主持制定、实施了一些有利于国民党军战斗力恢复和提高的措施。但由于他始终执行错误的片面抗战路线，几乎从未放弃过"溶共""限共""反共"的政策，极大地抵消了他那些努力所应产生的积极作用。他公开谴责汪精卫集团的叛国罪行，有时候却与汪伪的行动不谋而合甚至为消灭共产党而与汪伪同流合污。他向别人灌输过抗战必胜的信念，也宣传过宁为玉碎、不为瓦全的节操，但他的反共活动、对日妥协行为，却使他言行不一。

1939年，遵照军委会长沙、南岳、西安等军事会议的精神，国民党军在何应钦的具体主持下，进行了战略部署和指挥系统的调整，重新划分了全国战区，仍把八路军、新四军划入国民革命军的战斗序列。在1939年内，根据统帅部安排，各战区对所辖部队进行了轮流整训，基本上完成了国民党军在相持阶段战略态势的调整，地面部队达到446万余人，对正面战场的相对稳定起了作用。

何应钦在国民党五届五中全会上所作的军事报告中，还阐述了战略相持阶段国民党军的战略战术，他说："在战略上，乃决定发动全面战。"在作战方针的实施上，"不但在第一线须阻止日军西进，在后方地区，须培养我军战斗力，且进一步将沦陷地区，一律划为战区，增加军队，组训民众发动游击战，一致抗战，务使敌人对其后方发生严重顾虑，不得不变后方为前方，而分兵防御。于是敌第一线之兵力，自然减少，又因交通随时被我截断，补给不利，其战斗力，亦自然衰杀"。为适应战略需要，"决定游击战术与正规战术并重，且使其能得巧妙之配合"。

1939年，八路军、新四军在敌后战场牵制大量日军的时候，何应钦参与策划了南昌战役、随枣战役和第一次长沙会战。在南昌战役中，国民党军队损失惨重，未能夺回被日军侵占的南昌。在随枣战役中，日军受到第五战区国民党军队的积极抵抗，日军虽一度攻占随县、枣阳，终被国民党军队克复。9月中旬至10月上旬，日军倾十万之众，兵分三路进犯长沙。国民党军队也进行了顽强的抵抗，挫败了日军攻占长沙的企图。何应钦说日军死伤数万人，日军承认损失3500多人。国民党军队的损失为日军的一倍。日方估计中国军队有12个师遭受重创。

1939年底，国民党军各部队大体完成了何应钦所规定的两期整训，战斗力得到一定恢复。根据蒋介石10月29日在第二次南岳军事会议上所作的"我军应乘虚蹈进，积极前进，反守为攻，转静为动"的指示，何应钦参与指挥发动了战略上带有速胜论指导思想的"冬季攻势"。在华南，国民党军队反攻南宁，争夺昆仑关；在华北，反攻包头，收复五原；在华中，亦主动向日军进攻。这是国民党军在战略相持阶段于正面战场所发动的唯一较大规模的、积极的进攻性行动，对打击日军、稳定正面战场的战线起了一定作用。在"冬季攻势"

中，确也不同程度表现了经过实施何应钦的补充、整训计划后，国民党军作战能力有所增强，也反映了国民党军虽有所消沉但仍然坚持抗战的意志。对此，日军第十一军司令官冈村宁次也不得不承认："摧毁敌之抗战意志是难上加难。依靠建立及加强新政权、进行宣传谋略、阻止和断绝第三国援蒋等，虽然是必要的，但若不配合战略进攻，以上办法之效果是非常缓慢的。"但何应钦企图通过这些战役的局部"反攻"，达到立即进入战略反攻的愿望不可能实现。虽然重创了敌人，自身也遭受重大损失。

何应钦在抗日与反共问题上所陷入的困惑，在他所著的《日军侵华八年抗战史》中，多处反映出来。对中国共产党领导的敌后战场的战绩，何应钦本不愿承认，却又不能不承认，于是只好采取模糊概念，借以抹杀八路军在"抗战第二期第一阶段"的成功，或竟含混其词而归入国民党军的名下。他说："山西方面，自我军游击战奏功后，敌军最感痛苦，并喻为盲肠，尤其中条、太行、吕梁各山岳地带，遍布我军，晋省之敌位于狭长之交通线上，随时随地在我军威胁之下，并不断的受我袭击。""河北方面，自第二期抗战开始以来，我游击队异常活跃，·（民国）二十八年二月，敌由各方抽调兵力，集结于津浦、平汉两线，围攻冀中地区，但其结果，则彼来我往，彼去我来，徒见敌军疲劳，并消耗兵力而已"。山东方面，"我游击队之活动依然遍布于山东全省，敌军毫无办法"。何应钦将中国共产党领导的军队称为"我军""我游击队"，半掩半露地承认国共合作抗日的事实，但他对共产党的成见太深，始终未能迈出公开承认共产党领导抗战的这道门槛。

（二）

1940年，日本企图把迅速解决"中国事变"作为其主要的战略目标。为配合汪精卫向蒋介石劝降、燕京大学校长司徒雷登兜售的"和平计划"及日本特务机关的"桐工作"计划等一系列政治诱降及"和平谈判"，日军继续对国民党施加军事压力，这主要就是发动宜昌战役和对重庆的轰炸。

在5、6月间所进行的宜昌战役中，中国军队对日军进行了猛烈的抵抗，自身也遭受重大损失。与此同时，日军陆海空航空队协同，从6月上旬开始，对重庆、成都等地进行了战略轰炸。这一时期，有人说何应钦是"躲在重庆挨炸"。这年的1月至7月，何应钦都在重庆，整天作报告、开会，一次也没有到过前线。日军对重庆的轰炸，证明了何应钦所主持实施的防空计划的实际效果微乎其微，连陪都尚且在日机的轰炸下损失惨重，其他地方的空防能力更可想而知了。

1941年6月5日，日机分批对重庆进行轰炸，市民如潮水般涌入公共防空隧道，洞内几近饱和。由于空袭时间持续很长，防空司令部竟锁闭所有大门，不准市民在敌机轰炸的间隙出洞呼吸新鲜空气。加之天气热，又没有打开通风设备，以致发生窒息现象，引起洞内严重骚乱。人们争先恐后拥向洞口处，互相挤踏、撕扯，以致因窒息和挤踏而死的市民达万余人。这一重庆防空大隧道惨案，与1938年的黄河花园口决堤和随后的长沙大火并称为抗日战争中国民党制造的"三大惨案"。一时间民愤汹起，蒋介石也怪罪下来。何应钦曾以防空诸勤务为军政部的政绩之一，惨案发生以后，他顿觉脸上无光。

抗日战争中的何应钦，是蒋介石在国际间投机而得心应手的一张牌，他可以依据蒋介石制定的政策或策略的变化而改变自己的面目。妥协派头目和反共祸首的面目，是众人所熟知的，而何应钦代表蒋介石与德国法西斯之间的联系，却鲜为人知。在德国军事顾问团未离华前，何应钦直接与之接触，从他们那里听取有关如何"抗日"的指导；这些顾问走后，何应钦又通过德国驻华武官传递信息。1941年6月，希特勒背信弃义进攻苏联，国民政府被迫对德绝交，以此应付英、美、苏和中国人民。此时，何应钦曾代表国民政府向希特勒表示绝交不绝情。据新华社1941年7月24日重庆电称："蒋介石亲信党徒于德国外交官从中国撤退时，竟大摆筵宴，欢宴德代办及海通社驻渝记者多人。出面请客者有何应钦及其亲德派头子朱家骅等。席间宾主各作何语，没有人知道，但根据接近何应钦及其亲德派者称：何等认德必胜，日亦必胜，英美苏必败……为讨好希特勒起见，设此欢宴，以为将来复交亲德余地。亲德方面人员亦放出空气，谓德方面条件，为德军打到中亚细亚时，担负修筑一条铁路通至甘肃，扶助中国实行法西斯制度；中国方面，全面计划有待于德胜苏败与日本攻苏，故目前须积极发动反共反苏 。"这则消息与何应钦当时四方观望、八面讨好、一心反共的活动是相吻合的。

（三）

在抗日战争中，何应钦在军政部部长任上所施行的对国民党军来说关系最大的措施，一为征兵制度，一为"军需独立"。

征兵制度的实施，如前所述，一开始弊端便显露无遗。虽然全国征兵网络的形成有助于缓解战斗兵员的缺乏，但日益显现而又无法杜绝的弊端，"例如官兵未受严格训练，军纪废弛，战斗力薄弱。因军队伤亡奇重，中央兵役司到处派员抓兵，阗间骚然。新兵未经训练，即仓促开赴前线应战，无异驱羊以喂虎口。粮饷待遇既微，致士兵恒苦营养不良，骨瘦如柴。医生、药品均极缺乏；受伤患病官兵境遇之惨，有不忍言者"。上述国民党军的一般性状况，移至军管区、师管区和团管区下的壮丁处，其情形更成倍地严重。

1940年3月，何应钦在重庆召开的全国第三次兵役会议上所作的报告，大体承认了兵役制度方面存在的缺陷和弊端。

一、人事方面，各级管区司令部、各补充兵训练处，存在着委用职员不管他有能力无能力，只要与司令、处长、本人有关系就随便委派。二、经费方面，各部处常常吵嚷经费困难，而军政部兵役署对于各部处应领经费，从未积压欠发。有的部处领去以后，总是辗转折扣，久延不发。三、征拨方面，常常发生保甲长拉买顶替的事情，而管区补训处，也存在卖放强拉的弊病。四、法令方面，有的军管区，对军令对颁布的法令，也随着订一个类似的单行办法颁行。下级奉到这些法规，无所适从，结果只好把它束之高阁。

上述何应钦已承认的，恐怕只是荦荦大端，事实上存在的征兵中的弊端及对人民的危害，远不止此四方面。何应钦在3月26日兵役会议闭幕式上的报告，归纳为十个方面的弊端："一、管区主管官，不能切实与行政官合作；二、军官大队不考收在乡军官；三、兵役宣传的缺点；四、优待征属的缺点；五、考查检举的缺点；六、征募新兵的缺点；七、关于训练的缺点；八、关于补充的缺点；九、国民兵团的缺点；十、经理会计的缺点。以上十项，为兵役方面的普遍毛病。"而且越往后弊害愈甚，一直沿袭至国民党政权在大陆的覆亡。

"军需独立"制度，肇端于1938年11月南岳军事会议提出的军需制度的改革，目的在改善军需后勤保障工作，缓和国民党军各部队之间、官兵之间、上下级之间因供给不公引起的种种矛盾，以适应抗战的需要。会后，何应钦即先后在重庆、西安、桂林大批训练军需人员，以期分期实施军需制度的改革。他认为，"军需职司军队的衣食住行，为军队之命脉，有了良好的军需管理，才能练成强力的军队"。良好合理的军需管理，在他看来，一要恪遵预算制度，二要会计出纳分掌，三要按时登记账簿，四要按期造报计算，五是注重物品经理。至于合格的军需人员个人品质的修养，何应钦要求除了要有所谓"坚定志气""革命精神""科学精神""坚固恒心"之外，还要实行蒋介石所提倡的"新生活"即"战时生活"，恪守"礼义廉耻"等。

1942年1月上旬，何应钦以改善国民党官兵生活为目的，宣布自该月起，全国各部队、各军事机关、各军事学校官兵，所有主食，一律改发实物；同时，以第十四军、第三十军、第四十二军及第八十六军试行"军需独立"制度。稍后，又应陈诚的请求，在其统辖的第六战区普遍实行。6月11日，由蒋介石下令在国民党全军推广。实施"军需独立"的部队，原师的军需处一律撤销，改以军为经理单位，"金钱军粮均有预算，有计算，每月月底结算对上报销，对下公布"，以期杜积弊而渐臻"制度合理"。按何应钦的设想，"每年节省军费少则数亿元，多则十余亿元，粮饷物品节省亦不在少，所有节省之金钱物品均移作充实装备及改善待遇之用。且由于军需独立之实施，经理业务负责有人，部队长减轻繁累，可专心于部队之训练指挥，保持其高尚纯洁之人格，较之节省若干财物其意义尤为重大"。

何应钦手订的《军需独立守则》规定："各部队之军需业务，直辖于军政部，其主办军需人员，承军政部之命，执行职务，并依法受所在部队主官之指挥监督，各单位军需人员之任免、升调、考核、奖惩，由军政部依法办理，其有不称职或渎职者，各单位主官得报请军政部调免或惩处之。"

"军需独立"制度的推行，是否"一扫过去委任经理制度之种种积弊，使军需业务渐臻合法合理，尤为划时期的大事"呢？由于战争的影响，加之国民党反动的国内政策所造成的物力、财力上的巨大困难，远不是枝节的改革能扭转大局的。据何应钦的统计，从1937年7月至1945年8月，物价上涨1640倍，而国民党军官兵的薪饷增加幅度为：上将月薪由240元增至5万元，增加208.3倍；而二等兵月饷由7元增至900元，仅增加128.6倍。二者之间的差距由战前的34.3倍扩大为55.5倍。"中将至准尉，上士至一等兵所增倍数，大致相若"。"军需独立"既无法抑制这种扶摇直上的物价暴涨，从而改善官兵的生活，也没有缩小国民党军官兵之间生活上的过大差距，更不能消除国民党军内部与时俱增的腐败和行贿受贿现象。

（四）

由军政部所直接负责的军需后勤系统的腐败黑暗，便是国民党政权的一个缩影。

抗日战争中一直官居战区司令长官的李宗仁曾痛切地指陈国民党军需后勤方面存在的种种弊端。他说："在大敌当前之时，并肩作战的友军，有的食丰履厚，武器精良，气焰凌人，有的却面有饥色，器械窳劣。""在武器、弹药、被服、粮饷等各方面，中央军得到无限制的补充，杂牌军则被克扣"。此种情形发展到抗战后期更糟不可言。有些杂牌军队因久无补充，部队长官不得不向何应钦甚至蒋介石诉说衷曲。何应钦自称是"过路财神"，既不敢逾越规定，又不敢做主。蒋介石表面上故作矜恤，温语有加，亲下手令，或叫何应钦划拨，或令兵站补充。如果没有何应钦的批示或侍从室的电话，即令属正当补充，兵站的官员们也会以库存已尽，让你遥遥无期地等待下去。于是，有些部队长官探悉个中内幕，为保存部队实力，避免被何应钦的"整军"所淘汰或为黄埔嫡系所兼并，便勾结侍从室和兵站官员，实行贿赂，则武器弹药便可源源而来。军队要作战，武器损失、弹药消耗自属正常，但却须向上级机关官员行贿才可以得到补充，实在是千古未有但却不是个别的怪现象。

这种贿赂公行的局面，便是何应钦主持下的抗战末期军事行政的特色。何应钦身为军政部最高长官，在国民党官场素称"廉洁可风"，他究竟有否从中渔利，尚无实据。但据与他共过事且了解内情的李仲公说：何应钦的"豪华别墅仍遍布于南京、上海、无锡、贵阳、重庆各地。至于他的存款有多少，虽非外人所得详知（据我所知，他的上海房产和国内国外银行存款，都是用他的五弟何纵炎的户名代替的），但只举跟他几十年一直做军需处处长的杜忱到解放前两年告老回贵州已成了百万富翁这一件事来作旁证，也便可以推想"。抗日战争胜利后，国民政府还都南京，某报曾披载"国府要人财产比较表"，曾把何应钦之名列为仅次于宋子文的第二名，弄得他啼笑皆非。何应钦虽不能与"四大家族"相埒，但在一般报人心目中，也属于党国阔人之列。

国民党军军需后勤中的总体腐败状况，当然不能完全归咎于何应钦及其所制定的军需后勤法规自身，乃是国民党军队的本质所决定。而何应钦、蒋介石以权术为核心的统驭之道，更助长了各种腐败现象的滋生。无可否认，何应钦所制订的包括"军需独立"制度在内的一套军政法规制度，在国民党军的建设中起过一定作用，而且在中国历代军政制度的演变过程中，这些制度的建立与实施也不无实际意义。

远征军入缅苦战　史迪威擅权被逐

（一）

　　1941年，是世界政治波谲云诡的一年，也是世界战争席卷全球的多事之秋。日军大举南进的战略，推动美英进一步向国民政府靠拢，他们为自身利益计，不能不从东方慕尼黑的迷梦中醒悟过来。美国政府通过对中国的"租借法案"，决定对中国加强军事物资的供应。英国过去为讨好日本，一度封闭滇缅公路，断绝了中国唯一的获取盟国军援的陆上国际交通线。现在，英国开始改变对中国的态度，以重开滇缅公路，表示对中国抗战的支持。中英两国为确保滇缅公路交通正常，多次由何应钦主持磋商，还作出了组织中国军事考察团

孙立人毕业自美国弗吉尼亚军校，在"二战"中多次为盟军解围，被誉为"东方的隆美尔"。

赴缅甸的决定。考察团最初只拟议考察缅甸，随后因受印度和马来亚政府的邀请，才决定赴印度、马来亚进行参观。因此，考察团的名称定为"中国赴缅、印、马军事考察团"。

组织代表团赴国外考察参观，引起了国民党军事机关的一阵躁动，不少人暗中活动，寻找门道，以便跻身其中。对于国民党军政官员来说，这种出国机会，既是日后晋升的一种资历，又可借机与英国军界发生联系，不少人都心向往之。毕业于美国西点军校的孙立人，当时任财政部缉私署税警团团长，自恃与英美关系密切，本人也才华横溢，一向看不起何应钦。他极想加入考察团，以光大前程。孙明知蒋介石把选人组团之权委予何应钦，却不愿走何的正门，而是通过财政部部长孔祥熙，写信到侍从室，希望安排他随团考察。本来，负责缉私的税警团派员考察缅甸，防止利用滇缅路进行国际走私也属正当，但何应钦嫉恨孙立人目中无人，对孙走孔祥熙之路干涉组团之事颇为不快，干脆以税警人员不宜参加军事考察为由，将孙立人拒之门外。经过多次会议，才定下由军委会办公厅、军政部、军令部、后方勤务部、海军司令部、空军司令部、

陆军大学、第五军及国民政府外交部等九单位，共计14人组成考察团。团长商震，副团长林蔚。团员中有何应钦的表弟，当时在军委会办公厅任职，随团担任事务。

考察团组成后，由于成员的官阶，远比与之打交道的英国驻印、缅官员的军阶高，为了交游接谈时不失身份，何应钦请示蒋介石后，临时采取削足适履的办法，除商震、林蔚二人按原官阶佩戴着军服外，其余有军籍的10人，均降低一级佩戴官阶，着军服。外交部的郑康祺和军委会办公厅的刘耀汉则着西装，既壮观瞻，也便于与对方打交道。

1941年2月初考察团出发，先后在缅、印、马三国进行了三个月的考察参观，不仅对滇缅公路的地形、运输状况作了调查，还对英军在东南亚的军事设施、军事技术、战争准备等状况有所了解。考察团沿途介绍了中国抗日战争的形势，对中英军事合作的可能性进行了一些探讨。考察团所提供的报告，对尔后何应钦组织远征军入缅作战，为保卫滇缅路的国防运输及新辟中印公路都起了一定作用。

为了配合考察团在东南亚的活动，何应钦公开向国际上寻求援助。4月6日，他在重庆国际广播电台对英美各国发表演讲，"分析敌我实力之消长，指出敌军已陷泥淖，无法自拔；重申我国抗战到底之决心，并吁请友邦大量援助，打击暴日，以建设自由民主之大同世界"。5月1日，经中英协商，滇缅公路管理委员会成立。何应钦对其严加督饬，要求迅速打开滇缅交通，接运美援物资。紧接其后，中美签订租借协定，盼望已久的美援陆续运入。到年底，滇缅路的运力由每月4000吨增至1.5万吨，这对于中国的抗战可以说是杯水车薪，但其政治上的影响则远远大于其实际的作用。加之这年8月1日，以陈纳德为总指挥的美空军飞虎队成立，受中国统帅部管辖，担负中国西南的空防，使何应钦余悸大减。10月9日，由麦克鲁少将率领的美国军事代表团抵渝，担负中美军事联络任务。美国的这一系列表示，使何应钦成为国民党政权在军事方面与英、美打交道的主要人物之一。

12月8日，日军制造了珍珠港事件，太平洋战争爆发。何应钦"苦撑待变"盼望已久的美国与日本之间的战争终于打起来了。与日本开战已四年多的国民政府，于9日正式对日宣战，并与德意处于战争状态。何应钦主张中国军队除在大陆施行局部出击，牵制日军兵力，使其不能抽身南进外，应准备派遣军队出国，与英美盟军协同作战，并借以打通国际通路，获取新式装备，整军建军，准备反攻。这明显看出，何应钦对抗战胜利的信心有所增强。

12月23日，中、美、英三国军事代表在重庆举行会议，讨论三国在远东地区实行陆海空最有效的协调行动。何应钦为中方代表。美国代表除麦克鲁之外，还有刚刚抵渝的勃兰德将军。英国方面除在华军事代表团团长丹尼斯将军外，还有驻印英军总司令魏菲尔将军。会上，何应钦说，中国抗战四年多来，元气大伤，如无切实的援助，中国将不能配合盟军作战。主持会议的蒋介石附议何应钦，提出只要美援物资运抵中国后，中国军队即可开赴缅甸作战。习惯凌驾于东方国家之上的魏菲尔，极端蔑视中国军队，不久前曾擅自扣押了美国援华的150辆卡车和一船弹药，现在又口出狂言，挖苦蒋介石道："如由贵国军队解放缅甸，实在是英国人的耻辱。我们只要请贵国能惠允拨借美援物资就可以了。"早对魏菲尔截留美援物资愤懑不已的何应钦被其态度的傲慢所激怒，未待蒋介石开口，就气愤地说："把运到缅甸的援助中国的物资全部退还美国，停止中、英、缅合作！"一向对盟友温良恭俭让的何应钦，如此大动肝火，却也令魏菲尔等人吃惊。八万中国军队入缅作战的价值远远大于150辆卡车和一船弹药，魏菲尔自然能权衡利弊，只好同意归还被扣物资，以促成中国军队尽快入缅。这次会上，通过了"远东联合军事行动计划"，并商定盟军代表每星期四可参加中国统帅部召开的军事会议，切实取得联络。至此，中美英三国联合对日作战才正式提上议事日程。

太平洋战争初期的轻易获胜，既助长了日本侵略军的骄横，也使日军统帅部意识到，不解决中国的战争，就不能全力以赴对付英美，势必陷于更大的战略被动。因此，侵华日军"突然掀起了对重庆以武力处理的趋势"。英、美在战争初期的失利，迫使其放弃"先欧后亚论"或"欧洲中心论"，开始关注中国战场，希望蒋介石政府坚决抗战，在中国拖住尽可能多的日军；同时为支持中国的抗战，也采取了一些较切实的措施。

1942年元旦，中、苏、美、英等26国在华盛顿发表反侵略共同宣言，声明对德意日联合作战，绝不单独媾和。1月3日，同盟国宣布，以蒋介石为中国战区最高统帅，负责指挥包括越南、泰国在内的全部盟军，同时，要求中国军队开赴缅甸，协助英军作战。当天，何应钦代表中国统帅部宣布，中国军队即开赴缅甸协防。很快，中国远征军组成，美国方面派史迪威将军来华，担任中国战区参谋长。

约瑟夫·华伦·史迪威于1942年3月至1944年10月任美国驻华军事全权代表、中国战区统帅部参谋长。他曾在中国住过12个年头，足迹遍及大半个中国，对中国的状况有一定了解，故有人戏称他为"20世纪的马可·波罗"。在1937年至1939年任美国驻华大使馆陆军武官参赞期间，他对蒋介石、何应钦统率下的国民党军队的腐败就有所了解。他最看不起何应钦，认为何"只效忠蒋（介石）"，"他的职责就是操纵各种不同势力和控制物资军饷，以保持军队对蒋的效忠"，身为军政部长和参谋总长，却没有多少"西方意义上的现代军事知识"。同何应钦开会，"仿佛是隔着一堵外交礼仪的墙"，"只有含糊其辞的谈话和饮茶"。

所谓"史迪威事件"，是指1944年7月，鉴于汤恩伯统率的中国军队在河南抵抗日军的"一号作战"攻势时一触即溃，史迪威产生了改造并代替蒋介石、何应钦指挥中国军队，并调动中共军队，以提高中国军队抵抗日军的能力，尽可能拖住和消耗日军的想法。美国总统罗斯福也同意史迪威的看法，并函件要求蒋介石，"原则上可同意由一位美国能干之将领统率国军，但史氏不宜"。一个半月后，罗斯福再出面逼蒋"从速移交军权"。蒋一怒而以"史氏性格不合"而要求撤换史迪威。罗斯福知"逼蒋太过"，乃以"史氏虽不宜统率中国全军，何妨使之继续领导在滇、缅一带作战之远征军"作为折中，蒋仍不同意，坚持撤换史迪威。10月18日，史迪威被令返美，引起美国官方，尤其是军方的哗然以及中美关系的一系列摩擦。这便是"史迪威事件"。在史迪威看来，何应钦是"史迪威事件"的"祸根"。

（二）

其实，何应钦不可能充当"史迪威事件"的祸根，他只是一根导火线和一种催化剂。

太平洋战争时期，美国对华政策有两大矛盾：一是美国对华短期目标即军事目标和长期目标即政治经济目标之间的矛盾。美国希望中国积极有效地抗日，成为远东打败日本的基地，这是短期目标。同时，美国也希望中国成为亚洲抗衡共产主义和反苏势力的主要堡垒，成为美国巨大的经济市场，这是长期目标。二是美国实现战略目标的手段，与当时中国的现实是基本相背并难以协调的。美国希望战时以蒋介石为领导，联合中国各种抗日力量进行积极的卓有成效的抗战，并由此确立蒋介石集团对中国的有效控制；战后，依靠蒋介石集团，使中国成为美国统治远东的得力工具。但是，美国这一美妙的设想，完全脱离了中国的现实。蒋介石集团在抗日战争中的表现，与美国战时对华政策所要达到的直接军事目标很难一致。史迪威来华后，很快就发现，蒋介石、何应钦"调遣了数十万最精锐的部队"，包围封锁陕甘宁边区，"专心致力于煽起分裂和内战"，"蒋指望美国替他打败日本"，"蒋和国民党今天的基本考虑不是这场抗击日本的战争，而是为国内权力的继续斗争，消灭共产党的愿望和几乎确凿无疑的内战之必然"。美国要么能使国民党当权集团更有效地抗日，停止反共；要么放弃它对中国的长期战略目标。事实上这两者都办不到。因此，美国的对华政策便陷入了无法调适的矛盾之中。

在美国政府的官员中，史迪威对此感受最深切，因此他要求调整对华政策的呼声也最迫切而强烈。史迪威认为，美国应该改变过去对蒋介石政府无条件援助的做法，而代之以有条件的援助。这个条件就是积极抗日，由此而产生了史蒋之间的一系列冲突；又因为蒋介石所实行的对中国抗战能量内耗的政策，大多是由何应钦参与决策并具体执行的，何应钦也就成了这起冲突的是非之人。史蒋、史何矛盾的核心，实际上就是对日作战基本战略方针的分歧。

这种分歧具体表现在史迪威要求蒋介石不要暗中操纵、扰乱，以便他有效地指挥国民党军对日作战；史迪威要求改造国民党军，建议精简合并现有的师，清除缺乏能力的高级司令官，其中包括撤掉何应钦，授予前线总司令以指挥全权，提高中国军队的战斗效率和用美国武器代替何应钦实施的体制改革；史迪威深恶痛绝国民党把美国军援物资在街上公开盗卖，或隐藏起来准备打内战，要求把美援物资有效地使用到对日作战上。史迪威确信中国共产党领导的军队在真正积极地抗日，但却装备低劣，还要遭受国民党的种种压迫。他曾向蒋介石、何应钦施加压力，希望他们停止反共，给中国共产党一些美国军事物资，甚而至于曾要求指挥共产党武装力量共同对日作战。这样，史迪威与蒋介石、何应钦之间的矛盾就无法调和了。

在美国军界素有"醋性子乔（尖酸的家伙之意）"的诨名的史迪威，因蒋介石剃了光头，脑袋中间有一道棱，形似花生，暗地里蔑称蒋介石为"花生米"，而把何应钦、陈诚等嫡系将领称为"一篮子花生"。这种轻侮，自然种下了何应钦与史迪威之间的不快。

1942年3月3日，史迪威到达重庆的当天，在为他举行的欢迎宴会上，宋美龄笑吟吟地一边挽着蒋介石，一边挽着史迪威，仪态万方，不时发出咯咯的笑声，把年近花甲的史迪威也给迷住了。本来该成为宴会主角之一的何应钦却被冷落了。他认为蒋夫人的过分热情有失检点，更为史迪威的目空一切感到不是滋味。当何应钦与他握手时，他像对小孩那般从上往下对何微笑，丝毫没有对中国军队的参谋总长兼军政部部长表现出应有的尊重。更令何应钦难以忍受的是，史迪威高傲地宣称自己来华的六项使命：美国总统的代表、驻华美军司令官、驻华美空军指挥官、对华租借物资监理官、滇缅公路监理官、中国战区参谋长。何应钦的头上，平添了一个主子，使他将处于两头受气、双方讨好的境地。

3月5日，史迪威与何应钦又见面了。他发觉何变得非常之可爱，并不像麦克鲁所说的那样。何举止彬彬有礼，脸上总是挂着微笑。但凡提到蒋介石，他总是习惯地有一种庄严崇敬的神情，只是没有像通常那样有立正致敬的动作。何应钦向史迪威介绍了中国军队的情况，宣称自己手下有300万军队，可以让他指挥八万人的远征军。史迪威眼看着这位面孔圆圆、油光水滑、精力充沛的何应钦将军，真想说："请你分一点油水给你的士兵们吧！"但他没说，只是向何建议，由他来对30个师进行整训，首先是改善卫生状况，增加食物，按时发饷和提供武器装备。何应钦满口应承，但数次叮嘱史迪威，应争取更多的美援物资，以改善中国军队的装备。

3月11日，蒋介石在重庆市郊的黄山别墅宴请史迪威。陪客中除了何应钦外，还有商震、俞大维、李宗仁、白崇禧。宴会后，史迪威耐着性子听了"花生米"关于以"谨慎"为核心的战略计划。何应钦则详细加以解释。他说：蒋委员长准备把他最精锐的第五军、第六军作为远征军交给史迪威指挥，军长杜聿明和甘丽初均已接到命令。防御时需以三个中国师对一个日本师，进攻时则以五个中国师对一个日本师，而且部队要形成纵深梯次配置，即把几个师之间的距离拉开七八十公里，即使一个师被打垮了，其他师则可以保存下来。这与史迪威集中主力，主动进攻的原则正好相反。

中国远征军由第五军、第六军和第六十六军编成，于1942年2月由滇西出发，进行第一次入缅作战。首次出国作战，即显示了中国军队的战斗力和作战意志。在同古保卫战中，戴安澜将军指挥第二〇〇师官兵，使日军遭受了南进以来的第一次重创。在仁安羌大捷中，新三十八师师长孙立人以不满千人的兵力，击溃数倍于我之敌军，解救出九千余名被围困的英军，从日军手中夺回仁安羌油田，创造了轰动中外的一个奇迹。何应钦因参与"指导"是役而得意一时。但总的来说，第一次入缅作战，"因时间仓促，未能及时集中，无法发动攻势，自始至终均呈被动之态势"。加之中国军队又受气候、地形等复杂条件限制，而作战时，英军置中国军队于死地而不顾，放弃阵地逃往印度，中国远征军的处境极度艰难。

史迪威到了缅甸以后才发现，杜聿明、甘丽初根本不听他的指挥。杜聿明甚至向驻缅英军军官说：史迪威将军只是一个顾问而已。他发觉自己受了蒋介石和何应钦的愚弄。不过，他还是尽其所能指挥远征军作战。

远征军由于组建后未经过严格的训练，武器装备也落后，无法组织大规模的攻势。加之中国军队的高级指挥官们，直接听命于重庆，使史迪威的指挥不灵。当远征军因气候不适，地形复杂，许多人已被疟疾、痢疾、蚊虫、蚂蟥、饥饿、疲劳等弄得要死不活的时候，驻缅英军却置协调作战的中国军队于不顾，擅自放弃阵地，逃往印度，使中国军队处于孤立无援的绝境。史迪威当即下令第五、第六军所属各部队也撤往印度。但杜聿明却听从何应钦的命令，率领第五军向中国边境撤退。在野人山的原始森林中，第五军迷失了方向。总兵力共4.2万人的第五军，在战斗中死伤的只有7300人，而在撤退中死伤者，则达14700人，第二〇〇师师长戴安澜便是在撤退途中牺牲的。听从了史迪威命令的一些部队，撤往印度，有的胡奔乱窜，又退回滇西。入缅作战时共约十万人的兵力，最后集结到印度和滇西的，不足四万人。史迪威因此大骂"花生米"和他的"一篮子花生"都是"微不足道的小人物"。而何应钦则指责史迪威"专横独断"，"要兵不要官"。其实，第五军遭到如此惨重的损失，何应钦也难辞其咎。他组织"中国赴缅、印、马军事考察团"时，竟没能从缅甸得到一幅较精确的军用地图。杜聿明也是考察团的成员，未能留意今后作战的需要，以致入缅作战时的军用地图极不准确。撤往印度兰姆珈训练基地约两个师的中国远征军，改称驻印军，由史迪威负责训练。

远征军中那些由于蒋介石、何应钦朝令夕改，暗中遥控而不知何去何从的幸存者，穿过地狱般的热带雨林到达印度时，境况惨不忍睹。他们衣衫褴褛，有的仅有一块破布遮住下身；个个都饿得半死，有的据说还靠吃了刚刚倒下的同伴尸体上的肉才活了下来；他们的枪支破锈不堪，如果不是为防遇上敌人或野兽，或者当作拐杖，谁也不会扛着这破玩意儿；蚂蟥叮咬或残留在皮下的蚂蟥吸盘所引起的皮肤溃烂，流淌着恶臭的脓血。史迪威命令这些人先到医院接受治疗，每日饱食三餐，接种预防霍乱、伤寒和天花的疫苗。几个月后，这批士兵平均体重增加了十多斤。体力恢复以后，从军装、钢盔、皮鞋、背包到武器，一律换成美式装备。

驻印军两个师的人数太少，不足以形成反攻的力量。史迪威多次往返重庆，说服蒋介石、何应钦，尽快空运兵员到印度。按史迪威的计划，他要在印度训练两个齐装满员的师、三个炮兵团和其他后勤保障分队组成的部队，还打算为中国今后组建30个师，培训1500名教官。这样，他要求在今后两年之内，在兰姆珈训练出5.3万人左右。蒋介石像哄小孩子一样，一会儿答应空运五万人，一会儿又减半，最后答应多少，连他自己也记不清了。具体经办的何应钦似乎把答应空运多少人当作他对史迪威的恩赐，使史迪威大为光火。这时候，他想起了共产党。缅甸战役失败后，史迪威一度考虑让共产党部队以每一个连配备20名的比例来加强正在滇西集结的远征军。但当这一消息传到何应钦耳中时，何大发雷霆，并叫驻滇西远征军的参谋长萧毅肃警告史迪威："绝对不行！按百分之二十的比例配备'共党'，不要两个星期就会把整个连变成共产党的部队！"史迪威明白了，何应钦仇恨共产党超过仇恨日本人，如不把他撤下来，对国民党军的整顿将无法进行。

史迪威自己在昆明看到，也从各种渠道了解到，军政部每月都要向撒在各地的300个师的军队发饷，但这些军队的平均缺额是40%，而指挥官却按满额领取军饷。曾经被史迪威看中，要他取代何应钦的"小委员长"陈诚，也靠吃空额发了大财。当官的还公开盗卖美援物资。在昆明黑市上，美援物资，从药品到半吨卡车，样样都可买到。陈纳德的第十四航空队也报告："国民党囤积航空汽油，然后再高价卖给我们的飞机。"当然，美国人也乘机大捞油水，有一架飞机一天竟加了八次汽油，共700加仑，但它实际只飞行了四小时。美国援华人员走私黄金、磺胺药物、外币、口香糖，甚至由中国军官拉皮条，用美国飞机偷运妓女。据陆军刑事调查局的调查员一个时期掌握的这类案件，就达300多起。航空队队长陈纳德被史迪威叫去臭骂了一顿。何应钦眼看着大量美援物资不是被盗卖，就是被军政部囤积起来，准备打内战，他竟然不采取任何措施，而且还百般掩护。

对中国军队中普遍存在的腐败无能现象，史迪威准备了充足的材料，向蒋、何汇报，要求枪毙第六军军长甘丽初、二名师长和一名团长，以树立他的指挥权威。他私下向蒋介石、宋美龄建议，要撤换包括何应钦在内的高级将领。宋美龄作为朋友，也私下许诺将撤掉何应钦，但蒋介石却纵容何应钦去阻挠史迪威任何与共产党建立联系和直接动用中国共产党军队的意图。

更令蒋、何震怒的，是史迪威把一切都捅给了美国政府，并公然提出要将一部分援华物资分配给共产党。因为他知道共产党的军队真正在抗日，据说八路军已发展到了50万人。一次，他当着蒋介石和何应钦的面，半开玩笑半认真地说："如果你们同意，我将带领共产党的军队去进行夺回缅甸的战役。"何应钦缺乏幽默感，实话直说："那么我与阁下将成为敌人！"蒋介石为了缓和气氛，笑着说："那我愿服从史迪威将军的命令！"自此以后，"醋性子乔"与"花生米"和以何应钦为首的"一篮子花生"间的矛盾日益尖锐。

（三）

由于史迪威的报告和多方面的情报，使罗斯福总统和他的同事们了解到国民党内部的贪污腐败。1942年10月，罗斯福派遣温德尔·威尔基为特使，到中国视察。当威尔基到达重庆时，受到蒋介石夫妇和何应钦等国民党要人的热情接待。史迪威也专程由印度赶到重庆迎接威尔基。为了让特使看到蒋介石、何应钦想要他看到的东西，并接受他们的观点，何应钦把访问的日程安排得让威尔基透不过气来，什么宴会、欢迎仪式、会见、午餐会、参观、检阅，并把威尔基安排在重庆国宾馆下榻，而不让他住进美国大使馆。重庆市的警察拆毁了市内的贫民窟；把成百上千的乞丐赶到城外；禁止破烂的小店在访问期间开门营业；街道上到处是彩旗和欢迎的标语；学生们排成队摇旗欢呼；当局命令居民到警察局去购买美国和中国国旗……整个重庆在蒋介石、何应钦导演下，疯狂地大搞了一场装饰门面的闹剧。

何应钦在军政部军人俱乐部为威尔基举行了一个有蒋介石夫妇出席的鸡尾酒会。在酒会上，何应钦建议："特使先生应该去西安附近的黄河弯曲处的前线看看，美援物资在抗日中发挥了多大的作用。"史迪威清楚地知道，那是一个专供外国人参观的敌占区边缘的前线地区，参观者都必须由专人陪同。他当着满满一屋子中国高级官员，毫不掩饰地带着讥诮大声地说："威尔基先生当然应该去看一看，他不应该错失良机。那是中国最大的市场。日本人和中国人在那里互相交换他们各自需要从对方得到的一切商品。"弄得何应钦很狼狈。

威尔基不懂得史迪威的弦外之音。他在蒋介石的次子蒋纬国的陪同下，到黄河边的"前线"去参观。在那里，他激动地用望远镜看到了日军大炮的炮管。参观结束后，蒋纬国走进火车餐车，怀里抱着日本骑兵军刀和几瓶上等法国酒，说是"突击队"夜里过河去缴获的战利品。何应钦经常安排一些外国记者到这类"前线"去参观成堆的日军枪支、钢盔和其他装备。有位美国新闻记者告诉过史迪威，为了证实这些战利品是为了让他们报道而不断地从一个"前线"搬到另一个"前线"，他在一顶钢盔上刻下了自己名字的缩写，数月后，他又在另一次参观中发现了这只钢盔。

由于何应钦的精心安排，加之蒋夫人令人倾倒的魅力，威尔基没有接受史迪威的任何建议，反倒接受了蒋介石、何应钦对他弄虚作假的欺骗。史迪威扫兴地返回印度，率先指挥驻印军向缅甸进攻。原拟驻滇西的远征军理应同时发动怒江攻势，但何应钦以准备不周、装备不齐为理由，迟迟不发动。

1943年5月，英、美两国在华盛顿举行参谋会议，在中国无人出席的情况下，会议一致认为中缅形势已成为全球性问题，并决定中国驻印军与集结滇西的中国远征军应迅速夹击缅北。8月，罗斯福、丘吉尔在加拿大魁北克举行会谈，决定迅速打通由印度通往中国的陆路交通线，给予中国物资援助，以便在中国战场牵制更多的日军。

1943年10月，中国驻印军由列多进入缅甸作战，揭开了中国远征军第二次入缅作战的序幕。罗斯福曾致电蒋介石，要求中国远征军迅速向缅北挺进，但蒋介石迟迟不下命令。次年1月，日军发动了打通大陆交通线的"一号攻势"即豫湘桂战役，蒋介石、何应钦便以确保云、贵、川和在华美空军基地的安全为借口，认为目前中国战区的防卫若不适当加强，自云南发动攻势则不可能。尽管史迪威已使中国驻印军开始了入缅作战，而远征军仍在云南观望。罗斯福先后发了五封电报，仍不见中国军队行动，史迪威的参谋赫恩少将只得向何应钦表示：鉴于中国远征军迟迟未发起攻势，已向美国陆军部建议，将分配给云南中国军队的空运分配额734吨物资，转运给美国驻华空军；并且已拟取消向中国国营航空公司贷与飞机的合同，并收回迄今已贷与的飞机。在美方的压力下，蒋介石才令何应钦与美军举行联席会议，商讨反攻缅甸的问题。

1944年4月14日，何应钦以军政部部长兼参谋总长的身份，当着美军赫恩少将和远征军参谋长多恩准将的面，宣读并签署了《怒江攻势命令》，表示中国方面的决心，并请求美国履行前此所应允的一切援华诺言，同时，还要多恩向美国政府转告，为实行怒江攻势，请美国分担下述任务："一、进攻怒江时，以渡船使五万中国军渡江。二、实施空中掩护。三、使美军炮兵协助。四、负责对云南军的补给。"

何应钦再次组编的远征军，先以陈诚为司令长官，后因陈诚生病，改由卫立煌接任。下辖霍揆彰、宋希

何应钦与张群的合影。

濂两个集团军及何应钦的侄子何绍周的第八军及其他特种部队，定员为十余万人。

5月11日，中国远征军开始强渡怒江，投入第二次入缅作战。远征军入缅以后，与中国驻印军密切配合，收复缅北大小城镇50余处，挺进2400余公里，歼敌3.1万余人，有力地配合了盟军反攻缅北的行动。远征军顽强的作战能力，使日军深感震惊。到1945年1月27日，中国驻印军与中国远征军胜利会师于畹町附近的芒市，中印公路全线打通，滇缅公路也重新为我控制，中国的国际交通线畅通，获得了必要的外援，彻底粉碎了德日会师中东的企图。但是，在缅甸指挥中国军队作战的过程中，史迪威独断专行，"要兵不要官"，根本不向蒋介石请示，亦不给何应钦打招呼，便随意行使指挥权。这不仅加深了史蒋、史何之间的矛盾，也伤害了中国军官起码的自尊心，他们对史迪威也采取"不合作"态度，直接听命于重庆，史迪威的指挥更加不灵。所幸作战中官兵奋勇，才弥补了指挥系统的混乱。

（四）

1943年至1944年间，何应钦与盟军之间的关系还维持着一种表面的热络。为促进盟军与中国军队的合作，美国总统和英王多次向代表中国军队的何应钦授勋。英王乔治六世先后向何应钦颁赠了二级军师荣誉会员巴斯顿骑士勋章、KCB勋章。国民政府为提高何应钦在与盟军交往中的声誉和奖励他的勋劳，也先后向他颁赠一等

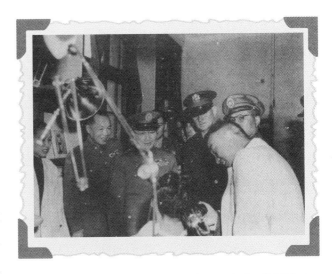

20世纪40年代，何应钦陪同来访的美军将领探访医护室的伤患。

复兴勋章、青天白日勋章、一等卿云勋章和一等景星勋章。

然而，长期与何应钦、蒋介石打交道的史迪威，越来越清楚地看出何应钦坚持积极反共方针和对日作战指挥上的无能。在向蒋介石要求全部中国军队指挥权的同时，也要求何应钦从参谋总长的位子退下来，以便他可以指挥包括中国共产党军队在内的全部中国军队。

1944年，随着世界反法西斯战争决定性胜利的来临，美国政府进一步认识到，要打败日本陆军，只有靠中国；在中国，中国共产党是一支深得人民支持的强大的军事政治力量。为使八路军、新四军配合美军作战，尤其是配合美军在中国沿海登陆，一部分美国当权者甚至主张与中国共产党合作。史迪威便是其中的代表人物。

1944年7月7日，蒋介石刚收到罗斯福祝贺中国抗战七周年的电报不久，又忽接罗斯福的另一电报，使蒋介石、何应钦立即由喜而震怒。蒋介石在当天的日记中透露了罗斯福后一封来电的内容：罗斯福"即以中国战局危急，欲派史迪威在我直属之下指挥中国全部军队，并以一切租借物资置于史支配之下，言明共产党军队亦在其内；是其必欲干涉中国之心，昭然若揭矣！"为了达到赶走史迪威的目的，蒋、何不仅给史加上"干涉中国内政"的罪名，还强调"如美方坚持迁就史迪威，甚或竟以停止援助手段逼使界予统率权，则应断然予以拒绝，并不管美国给不给予援助而单独抗战到底"。

美蒋之间的这种争执持续了一段时间以后，罗斯福等美国当权者便从自身对华政策的矛盾中醒悟过来：共产党势力的强大，将使美国变中国为它称霸世界的远东基地的长远目标不能实现；同意或容忍史迪威的做法，必将失去蒋介石及其手下的何应钦等一班人。况且，在远东战胜日本已成了不可逆转的大趋势，美国在华的短期目标应该为长远目标服务了。同时，蒋介石也在与共产党的长期较量中意识到，要一下子从军事上"解决"中国共产党是办不到的，暂时公开宣称共产党问题是"政治问题"，应该"政治"解决。这与美国企图通过扶植蒋介石同时控制国民党和共产党的构想有了某种合拍。史迪威与蒋介石矛盾的激化，他的承认和利用中国共产党及其武装力量的主张，于美国对华长远目标的实现是不利的。因此，罗斯福便一反对史迪威的支持，采取牺牲史迪威而抓住蒋介石的新政策。于是，派遣总统特使赫尔利来华，调和史蒋矛盾，必要时撤换史迪威。美国政府态度的这种转变，有利于蒋介石、何应钦等驱逐史迪威。

10月19日，史迪威在缅甸前线收到罗斯福总统召他回国的命令，他的中国战区参谋长的职务，改由亲蒋的艾伯特·魏德迈接替。

当时，美国《纽约时报》和《时代周刊》曾发表文章，称"史之被撤换，象征着那垂死的、反民主之政权之胜利"。

松山之役全歼日军　黔南事变敌撤而胜

（一）

1944年初，美军占领马绍尔群岛，日军在太平洋上的交通线有被切断的危险，日本本土的防卫也受到中美空军的重大威胁。为了打通纵贯中国南北大陆的交通线，摧毁中美空军在华中、华南的基地，援助孤悬在缅、泰、越地区的日军，并保住必要时由大陆经朝鲜撤退的通道，日本中国派遣军总部制定了以打通大陆交通线为主要目标的"一号作战大纲"，发动了豫湘桂战役。面对50多万日军的"一号攻势"，国民党正面战场出现了抗日战争以来第二次战略性大溃败。何应钦所企望的胜利会因盟军参战而唾手可得的幻想也随之破灭。

在缅北战役中，日军在中、美、英、印联军的打击下一蹶不振。中国远征军发起的强渡怒江，反攻腾冲、龙陵之战，从5月10日至6月中旬还算顺利，但6月中旬后，适值滇西雨季，淫雨连绵，人马行动困难，加之后方补给不继，中国军队的攻击一度中止。这使得在豫湘溃败、沮丧惶惑阴影笼罩中的国民党军，又增添了新的忧虑。

1942年夏，日军占领缅甸后侵入滇西，占领龙陵、腾冲、松山地区。为控扼滇缅公路，截断盟国援华的国际交通线，日军在松山滚龙坡一带修筑了极其坚固的工事，号称"松山防线"，由其精锐第五十六旅团固守。日军曾扬言："中国军队不死亡几十万人，休想攻下松山。"

1944年夏秋间，为配合缅北攻势，远征军又恢复了滇西攻势。其时，日军正准备桂柳作战。入侵滇西日军宣称将与桂柳作战的日军会师昆明。

松山是中印公路的必经之地，且控制着腾冲、龙陵间的咽喉惠通桥。日军的工事，多用直径二三十厘米的大树两层作盖材，上覆积土一米以上，其坚固程度不亚于钢筋混凝土。加以全部工事伪装极好，用飞机轰炸，难寻目标；用重炮攻击，也难奏效。蒋介石、何应钦命令宋希濂的第十一集团军攻打松山防线。但宋部一连猛攻20多天，伤亡惨重，未能攻下。蒋介石急了，对着何应钦发火，要他调第八军接替宋部继续攻打。

第八军的军长是何应钦的亲侄子何绍周。该军是以贵州军队为基干组建的，副军长李弥是云南人，参谋长梁筱斋，第八十二师师长王伯勋、副师长王景渊等都是贵州人。由于与何应钦沾亲带故，虽不是嫡系精锐，武器装备却较好，亦有一定的作战能力。

何绍周一如宋希濂，对松山防线采取轮番强攻，但一周过去，仍无多大进展。蒋介石又当着何应钦等人面骂娘了。他声色俱厉地要何应钦电告何绍周，再限一周若攻不下松山，"将对第八军师长以上军官以贻误战机论处，捆送重庆，交军事法庭按军法处理"。蒋又亲自向远征军司令官卫立煌下达了同样的电令。何绍周接获这道电令，紧急召开军、师长会议，商讨攻克松山防线的办法。第八十二师师长王伯勋是在何应钦的鼓励下任师参谋长时考取陆军大学的。毕业时，何应钦特托何绍周转赠王一件呢子披风，以示激励。在会上，王伯勋想起了在陆大时工兵教官的讲课，受到启发，建议采用"近迫"作业和"对壕"作业，装填大量炸药，将敌军工事炸毁。何绍周采纳了这项建议，并命令副师长王景渊指挥第八十二师、曾元三的第二四四团配合第八军工兵营共同执行。

接受掘地道任务的官兵在炮火的掩护下，在松山顶上日军堡垒附近直下约30米处，掘成两条地道，构成两间炸药室，装进约七吨半的TNT炸药。9月7日，炸药被引爆，整个松山顶在轰隆隆的巨响中全被掀翻。坚守松山的日军全被炸死，有的尸首残段被抛出数十米之外。同一天，松山防线上的滚龙坡碉堡，也被第八军使用美军提供的火焰喷射器所摧毁。至此，负隅顽抗的松山防守日军第五十六旅团的3000多人，全被歼灭。当天晚上，第八军官兵收听到日本东京的广播："松山防线'玉碎'，五十六旅团全员战死……"至此，"松山至龙陵间公路，完全打通，补给更为灵活……盟军飞机，更为活跃，重炮兵亦得向前推进，火力较前大增，对日军据点可予以破坏"。

何应钦获悉何绍周终于如期攻克松山的喜讯，立即向蒋介石报捷，并亲自在重庆中央电台发表讲话，说："日军吹嘘的攻不破的松山防线，被我第八军摧毁了，日军五十六旅团全部被歼。从此，扫除了滇、缅国际交通线上的最大障碍……"

第八军的这次胜利，对何应钦来说不亚于他自己的胜利。事后，第八军副师长以上的军官个个都得到晋升。

（二）

1944年10月27日，日军发动桂（林）柳（州）会战，打败了第四战区司令长官张发奎的部队，于11月10日先后占领桂林、柳州。桂柳失陷，西南门户洞开。

为了扭转中国正面战场的被动态势，整编一批美械装备的新军，配合盟军作战，蒋介石任命何应钦为中国战区中国陆军总司令，并命其亲赴黔桂前线，阻止日军北上的进攻。但何应钦却并未到黔桂前线督战，依然滞留重庆。原因是他兼任了十四年又九个月的军政部部长一职，被与他钩心斗角多年、弄权手腕较他更胜一筹的陈诚取代，名义上还是何应钦自动请求辞职。个中滋味，非何应钦难以体会。

不知历史是捉弄何应钦还是成全何应钦，几乎与他被任命为陆军总司令的同时，日本侵略军也将他的对手加朋友冈村宁次提升为中国派遣军的总司令官。冈村仿佛是有意识使何应钦难堪，在日军攻下南宁，与中越边界的日军会师以后，日军第十一军的第三、第十三师团一部掉头北进，攻入贵州，以试验冈村宁次提出的"出击四川"，使用驮马进攻的机动距离。何应钦顿时慌了手脚。

仵豫湘桂战役一开始就在河南战场采取逃跑主义的汤恩伯，在日军进攻贵州前夕终于姗姗来到贵州，尽管受到贵州人民自发的热烈的劳军运动欢迎，但他却向新闻界也是对何应钦声言："要作战先要解决三个问题：一为交通，二为难胞，三为粮食。"何应钦纵然是千手观音，也无法在开战前为汤司令解决战时这三大难题。于是，汤恩伯一二十万大军屯兵黔境，旧戏新做，并不直趋黔桂边界御敌，而是在贵阳、都匀间的马场坪，"以逸待劳"，摆出与日军"决战"的样子，守株待兔。汤恩伯内心害怕"因败而引敌追入"，这又与何应钦御敌于黔边不谋而合。然而，完全占据优势的汤恩伯始终未主动出击，只是御而不战，作跃如之势。

日军轻装部队六七千余人，分作两路，左翼沿黔桂铁路北犯，11月30日占领贵州独山的上、下司，12月2日进占独山，然后续进至米郎坡一带；右翼于11月28日进入黔境，陷荔波后北上，连下三合、八寨，前锋直逼都匀附近的姬家桥。日军心理战之广播说，左右两翼会师马场坪后，将攻贵阳，取遵义，直捣重庆。

日军掉头北进时，蒋介石指示何应钦，必要时放弃贵阳，退守乌江上游的鸭池河。接替史迪威任中国战区参谋长的魏德迈也向蒋介石、何应钦进言：如果贵阳失守，美国为了自身和全局的利益，将不得不舍弃重庆而重点保卫中国战区唯一的补给基地——昆明，国民政府应有再迁都的准备。迁往哪里？有的主张成都，有的主张西昌。英、美领事也向国民政府转达本国从重庆撤离侨民的要求。国民党大员中神通广大者，已纷纷搭乘美军飞机远走高飞。有人曾估计，此时已混乱不堪的重庆，只需敌人空降一个连，便可令国民政府因自相骚扰而倒台。六神无主的蒋介石，病笃乱投医，紧急召见何应钦，告以"黔省战况，危急殊甚，非我二人之一前往督师反攻，无以稳定战局"。向来对左右驱使自如的蒋介石，很少有这种与部下"民主协商"的举动令，何应钦大为感动，即使是斧钺加身，他也会自动请往。就在日军"无血占领"独山的当天，何应钦仅带几名幕僚赶到了贵阳。蒋介石在日军进攻贵州的问题上，效狡兔三窟之法：要何应钦负责军事，能反攻更好，不能反攻御一御，争取时间迁都也行；而在何应钦之前，蒋介石已指示先期入黔的谷正纲、张道藩等贵州籍大员，一方面"与日军冈村宁次作进一步妥协谈判"，同时鼓动、安定颓丧、混乱至极的民心士气，准备"黔省万一不幸，而沦于敌手的时候，即为对敌作游击战的基础"。

冈村宁次新官上任，便任所部单兵独进，一举"攻陷黔南重镇独山，陪都震动"；而国民政府"后方确无有力部队可以增援，贵阳已陷混乱状态"。在这严峻的形势面前，何应钦连夜拟订了黔南作战的总方针："确保黔边，屏障陪都，相机击破敌人。"他与汤恩伯和贵阳警备司令宋思一等初步拟订的贵阳防御计划概要如下：

1. 以乌江北岸迤盘江西岸沿线为主要阵地，固守北线，以阻止敌人前进，保卫重庆安全。

2. 以贵阳为据点，布置前进阵地，掩护主阵地。

3. 在马场坪设立阻击敌人的前进抵抗线，以消耗敌人的战斗力，迟滞其前进，巩固贵阳的部署。

4. 以黔桂边境的南丹一带为主要掩护据点，组成掩护阵地，以保证后方部署的安全。

5. 以精锐一部，入桂林一带机动作战，以迟滞敌人的进犯。

12月4日，何应钦在南明堂召集贵州省各要人会议，商讨对策。会上研究的重点不是如何对日作战，而是动员贵阳撤退，实行所谓"焦土抗战"。何应钦在会后指定一美军军官会同贵阳警备司令宋思一先行计划，"准备在必要时，破坏电厂、纸厂、电报设备、各种军事仓库及主要桥梁"。所幸数日后，战局突变，日军南撤，贵阳才免遭毁灭。

12月5日，出乎何应钦的意料之外，"一夜之间，战事起了戏剧性的急变，敌人就和前进时的速度一样向南退却"。何应钦同贵州省主席吴鼎昌在电话中互相道贺。何对吴说："这是主席的洪福齐天。"吴则答道："全靠总长的神机妙算！"日军开始撤退，何应钦早已下达的对敌"反攻"的命令才得以执行。当天，孙元良部由都匀尾随南撤日军的脚踵，占领八寨。次日，中国军队在日军撤空之后，收复三合。独山之日军从5日至7日后撤。8日，中国军队才进入独山，9日收复荔波。10日，侵入黔境的日军全部退出贵州。于是，何应钦、汤恩伯造出了所谓"黔南大捷"的舆论。汤恩伯的司令部编印了《黔南大捷》的小册子，吹嘘这是他"机动战略"的胜利。何应钦则在《八年抗战之经过》一书中，说这是因为他适时到贵阳，"产生了安定振奋效果"的结果。

坐镇昆明　准备反攻

（一）

1944年12月25日，何应钦的中国陆军总司令部在昆明成立，统一负西南各战区各部队作战、指挥及整训之责。何的总司令部下辖28个军、86个师及其他特种部队。其中有36个师因中印公路通车，可望全由美械装备并获得充足的炮兵火力。这既是何应钦赖以向日军反攻的生力军，也是他日后对付共产党的预备队。

为了实施中美英等国所制定的以昆明为基地，以反攻桂柳为开端，攻克广州，将日军拦腰斩断的"阿尔发计划"，何应钦将所辖部队分编为四个方面军，加紧战备。

12月28日，国民政府行政院训令贵州省政府，自即日起，贵州省的党、政亦归何应钦指导。自抗日战争开始以来，何应钦是第一次直接指挥如此庞大的军队（尽管只是名义上，事实上主要是训练），而且兼理其家乡的党政，使他在贵州人心目中更可引以为骄傲。

时序进入1945年，无论任何人都能看出，中国人民抗日战争最后胜利的日子已经为期不远了。这有限的时日，给予了何应钦表现自己的机会。

当时，中印公路因日军仍占据畹町，急待打通，以利美国军援物资输入。蒋介石限令何应钦要滇西部队第十一集团军总司令黄杰务必于圣诞节前，收复畹町，但因日军顽强抵抗而僵持不下。蒋介石电催何应钦前往督战。何赶至芒市的指挥部，对黄杰说："委员长要我来此相助，我就住在芒市，等目睹收复畹町，升起国旗后，再回昆明。"此后，何每日除与黄杰到第一线视察敌情、听取战报外，多在芒市近郊打猎，从不干涉黄杰的指挥。黄杰反而放心大胆地指挥。果然，何应钦这种"无为而帅"的办法收到实效，将士用命，终于在1945年1月20日克复畹町，歼灭了侵入我云南省境内的全部日军。至此，由缅甸密支那至云南腾冲的公路畅通，再经龙陵、保山，汽车便可直达昆明。同时，由于畹町的攻克，远征军便可与驻印军会师，中印公路与滇缅路联成一体。畹町对于今后的反攻和中国军队后勤补给上的意义十分重大。

2月底，中国远征军和驻印军会师芒市（今潞西）后，何应钦令远征军停止攻势，在国内整补，准备反攻两广。驻印军仍与英军协同作战。何应钦与麦克鲁一道飞抵缅北战场，亲自体验了缅甸丛林战的极端艰苦。由于前线补给十分困难，又随时可能遭遇日军，战地指挥官生怕何应钦等人发生意外，力劝其先返后方。何表示愿与士兵同甘共苦，并称："必须目睹攻下腊戍，再回后方。"驻印军官兵在恶劣环境下苦战，终于在3月7日攻克腊戍，并乘胜追歼残敌，连下细胞、猛岩等地。3月30日，中、印军会师乔姆克。驻印军终于洗雪了第一次入缅作战失利之耻，何应钦亦以临阵督师而载入史册。

1945年4月初，日军为减轻中美空军的威胁，发动了湘西会战，企图摧毁芷江机场。这是冈村宁次就任中国派遣军总司令官以来第一次发动的较大攻势。日军出动了四个师团的兵力和135架飞机，分途进犯湘西，战况至为激烈。4月10日，何应钦与中美将领十余人，前往战斗最激烈的江口东南的青岩视察。日军被击退以后，何应钦发觉日军仅一个连与中国军队一个团作战，日军死亡仅十余人，而中国军队损失近200人。他徒步跋涉七八公里至山顶，召集驻守该阵地的团、营、连长训话，要他们认真研究日军阵地的构筑法，以减少伤亡。何应钦自己也巡视了双方的阵地，却没有找出什么明显的差别。当他们从阵地返回山下时，突然碰上山下必经的那条河涨水，临时用原木搭起的便桥摇摇欲坠。当何应钦走到第二截时，前一截原木已被洪水冲走。如此走过五截，冲去五截。只剩最后两截即可安抵对岸，他正迈步时，两截原木全被洪水冲走，何应钦也被冲入河中。所幸河边水浅，未被激流卷走。在侍卫人员的搀扶下，好不容易顺着倾斜的桥桩爬上岸去。

（二）

1945年4月下旬，何应钦指挥第二、第三方面军，分别向侵占广西的日军发起"攻势作战"。第二方面军从4月27日开始，向南宁方向进攻，经过整整一个月的战斗，南宁始告克复。之后，又连克思乐、明江。7月3日克复龙州、凭祥，将日军逐出国境之外。5月初旬，第三方面军开始向河池、德胜、宜山等地发起反攻，双方争夺甚烈。6月27日，克复柳州，即分三路围攻桂林之日军。7月28日，终将桂林夺回。反攻桂柳之战，是整个抗日战争时期何应钦直接指挥的可称为胜利的战役。

广西战场获胜后，何应钦即按"阿尔发计划"，调遣中国战区内所有陆、空军，拟在秋季对华南日军予以猛烈攻击，"以遮断在华敌军与越南及其以南地区之陆上交通线，并夺取中国西南海岸之港口，以增加中国战区陆、空军之物资供应"。中国陆军总司令部也由昆明推进至柳州，何应钦设前进指挥所于南宁。

1945年7月17日至8月2日，苏美英三国首脑为处置战败了的德国和解决战后欧洲及其他地区的问题，在柏林郊外的波茨坦举行会议。7月26日，三国首脑斯大林、杜鲁门和丘吉尔讨论了结束对日作战的条件和有关对日本战败后的处置方针，并通过了《波茨坦公告》。当时由于苏联尚未对日作战，没有在公告上签字。于是，这项公告便以英、美、中三国共同宣言的形式发表。苏联出兵中国东北地区后，也在宣言上签了字。《波茨坦公告》严正警告日本政府"立即宣布所有武装部队无条件投降"，否则，"日本即将迅速完全毁灭"。在这项宣言的鼓舞下，何应钦开始了向广东的反攻。他命令张发奎的部队由梧州以西，汤恩伯的部队由贺县附近，而沿湘桂铁路前进的部队已抵达全州，其余后续兵团也开始向前推进。按计划，何应钦拟于8月中旬开始对广州的作战。

8月8日，苏联对日宣战，150多万苏联红军越过国境，向关东军发动猛烈攻击。8月9日，毛泽东发表《对日寇的最后一战》，中国抗日军民立即对日军展开了全面的战略大反攻。这一天，美国继8月6日在日本广岛投下第一颗原子弹后，又在长崎投下第二颗原子弹。美国的这一举动，虽在军事战略上并未给日军以重大杀伤，而造成了数十万和平居民的无谓牺牲，但在心理上却使日本统治集团垂死挣扎的决心被进一步瓦解。

芷江洽降　南京受降

（一）

1945年8月10日，中国陆军总司令部南宁指挥所监听国际广播的电台收听到日本愿意接受《波茨坦公告》的消息。当时，正在广西紧张部署反攻雷州半岛的何应钦将信将疑，这一消息不久便从蒋介石的"未灰亥令一亨电"中得到证实。

南宁群众通宵达旦狂欢，何应钦在这虽是预料之中但却是突然来临的胜利面前，既惊喜且慌乱。这以后的一段时间，他可称得上中国少有的忙人之一。指挥所内的全体幕僚，都为传达何应钦要各方面军和战区司令长官准备接受日本投降的命令而忙碌着。

8月12日，何应钦参加了第二方面军胜利庆祝大会后，便飞往昆明。他和蒋介石在抗战后期，都把精锐部队置于西南、西北，对广州、长沙、武汉、南昌、九江、安庆、南京、上海、杭州、徐州、郑州、洛阳、青岛、济南、北平、天津、山海关、承德、赤峰、多伦、古北口、张家口、归绥、包头、大同、太原、石家庄27处战略要点，尚不能在日军解除武装的同时，"即能完全掌握之，以期构成受降及恢复治安之有利态势"。因此，何应钦受降计划的方案，"其主要着眼，一反过去成例，不先占领敌军指挥机关，只暂保持其建制，使其担任联络传达，并扩大其联络范围（按台湾及越北与日本驻华海军原不归冈村宁次之指挥，亦一并归入联络），使冈村宁次在统一联络状况之下，始终能有秩序的接收并奉行我最高统帅及陆军总部之命令实施投降"。但是，要实现这一方案的关键，是需要美国立即提供大批飞机、军舰，短期内尽快将大批国民党军运抵各敌占区及敌后。何在昆明就此紧急问题与美军作战司令兼他的顾问麦克鲁初步交换了意见。次日，又偕麦克鲁等人飞往重庆，参加中美最高幕僚会议，研究中国战区接受日军投降诸问题。会后，何应钦主持拟定了正式接受日军投降计划并所辖各部队受降和控制要点，防止中国共产党抗日武装力量受降的兵力调动计划，经蒋介石核准后，由军令部发表。

8月15日，在日本天皇向全国广播无条件投降诏书前一小时，蒋介石亲往重庆中央广播电台，发表《抗战胜利对全国军民及世界人士广播演说》，"希望这是世界最后的战争，同时禁止对日本人施以报复，强调人道——'不念旧恶'及'与人为善'"。这便是所谓"以德报怨"宣言。同日，何应钦被军委会特派，代表蒋介石全权接受日本投降。

也是这一天，蒋介石急电在南京的冈村宁次，向其提出无条件投降的六条，主要内容是要冈村通令所属日军停止一切军事行动，并派代表至江西玉山接受何应钦关于投降的命令；在日军军事行动停止后，可暂时保留其武装及装备，并保持现有态势，维持所在地之秩序及交通；将所有飞机及船舰留在现地。长江以内船只，集中宜昌、沙市，听候何应钦的命令。冈村接电后，于17日复电，拟派其参谋副长今井武夫至玉山，接受何应钦之指示。

从8月16日开始，何应钦与中美高级幕僚们，夜以继日地召开各种会议，对于"国军"垄断受降实施计划进行详细研究。蒋介石给何应钦下达了有关受降的12条任务，强调"在办理接受敌军投降期间，秉承本委员长之指示，调动部队，占领中国战区内各军事、政治、经济、交通要点及要港，构成处理敌军及恢复全盘秩序之有利态势"；"对非经政府指定之受降部队，如有擅自接受敌军投降，企图扰乱我受降计划者，得呈请本委员长下令惩罚之"；日军"如对非指定之部队而擅自向其投降或让防，或于投降期间不遵我军命令实施者，得由陆军总司令下令以武力制裁之，并对不遵命之敌部队队长及敌军最高指挥官直接予以处置"等。

原定日军接受何应钦指示投降方案的地点在江西玉山，后因玉山机场跑道被大雨损坏，不能使用，便改令今井武夫于8月21日至湖南芷江接受命令。

（二）

自日本天皇宣布投降诏书以来，冈村宁次的总司令部里，一直沉浸在恸哭与悲哀之中。有人闹着要剖腹尽忠，有人则主张拼死一战。当得知蒋介石"以德报怨"的宣言及何应钦有关指令的大概后，浮动的人心才稍稍安定下来。

8月20日，按何应钦的指令，今井武夫乘坐冈村宁次的座机由南京飞抵武汉。21日上午十时，这架MC型运输机机尾上拖着两条各长三米的红色布条，作为中美空军及地面防空部队识别的标志，向芷江飞去。飞到洞庭湖上空时，今井武夫等才将机内因"疏忽"而留下的一挺机关枪投入湖中。当这架飞机接近常德上空时，按预先规定，六架美军的P-54战斗机从云端突然逼近，围绕今井的座机翻飞示威。今井武夫与参谋桥岛芳雄、前川国雄及翻译木村辰田等一行八人，在美机的监视下，怀着恐惧与惶惑的心情，到达芷江机场。在数千名中美士兵围观下，今井等人走下飞机，向前来引导的中国军官出示了证件后，在宪兵的监护下，分乘两辆吉普车前往临时住所。临时住所木板平房的板壁上，涂着巨大的白十字标志。何应钦动用了一个营的宪兵担任警戒，不准群众接近。但这些宪兵给今井等人的印象，"与其说他们是包围着我们加以监视，不如说他们是在外围护卫我们"。

稍事休息后，今井等人又乘车前往临时住地四公里外的会谈地点。坐在美式野战敞篷车上，一座座庆祝胜利的牌坊从今井等人眼前掠过。一群群醉意未消的中美官兵用食指和中指做成表示胜利的"V"字，向他们投去嘲笑和鄙夷……

会谈地点是一座中型的礼堂。今井等四人在早已安排好的长方桌前依次坐下。出乎他们意外，对面坐着的不是何应钦，而是他的代表——总司令部参谋长萧毅肃、副参谋长冷欣及中国战区美军参谋长巴特勒和翻译王武。周围除中外各国的100多名记者外，还有从各地赶来的何应钦手下的高级将领汤恩伯、张发奎、卢汉、王耀武、杜聿明、吴奇伟、廖耀湘、郑洞国、张雪中等人。

第一次公开的会谈，只不过是何应钦安排的一种形式，实质性的问题全安排在以后的三天内，在秘密接触中具体洽商。会谈开始时，萧毅肃向今井等人宣布自己是代表何应钦与日方代表谈判，并向日方代表介绍了中国方面参加会谈的人员。当萧毅肃要今井出示代表身份证时，今井告诉中国派遣军尚未接到大本营的正式命令，难以派出正式代表，

抗战胜利后，杜聿明（右）摄于南京。

他此行不过是担任联络任务，因此没有携带身份证明，仅将冈村宁次派其前来联络的命令副本权充身份证明。萧将8月21日何应钦发给冈村的中国陆军总司令部的第一号备忘录交给今井，翻译人员用中、英、日语朗读了备忘录原文。

何应钦在备忘录中宣称："本人以中国战区中国陆军总司令之地位，奉中国战区最高统帅特级上将蒋中正之命令，接受在中华民国（辽宁、吉林、黑龙江三省除外）、'台湾'及越南北纬16度以北之地区内日本高级指挥官及全部陆、海、空军与其补（辅）助部队之投降。"要求日本驻华最高指挥官冈村宁次自接受本备忘录之时起，立即执行何应钦的一切规定，向其所部下达相应之命令。

今井面呈了收据后，萧毅肃又向他传达了何应钦预定派冷欣随今井之后赴南京设立前进指挥所，并要求冈村配合空运国民党军到南京、上海、北平等地。双方还就今后使用无线电联络方式等问题作出决定，会谈即告结束。

从当天夜里到23日今井等返南京前，只有受何应钦特别命令的人，才能到今井的住地与其会面。先后奉命前去与今井会谈的人，有何应钦的副参谋长蔡文治、钮先铭、冷欣、王武等人。这些人都曾留学日本士官学校，精通日语，唯一缺乏的是战胜国代表应有的威严和气质。他们均接受了何应钦"以德报怨"的训示，表现出过分的谦恭。因此，"与其说他们是对待敌国的败将，不如说好像是对待朋友一样。特别是钮先铭少将，他的言行甚至于流露出要警惕不引起败军使节的负

1945年8月21日，日军代表今井武夫（右二）一行飞抵湖南芷江，向中国军队代表洽谈日军投降事宜。

辱自杀"。冷欣和美军巴特勒准将与今井会谈时，要求提供中、美战俘名册及情况，警告日方如对俘虏有不法待遇，必遭严厉报复。冷欣因何应钦命他率先前往南京设立前进指挥所，竟要求日方对其人身安全提供书面保证。这使今井觉得："一位战胜国的高级将校向战败国使节要求保证安全，既无意义又不自然，总不免有滑稽之感。"冷欣还传达了何应钦的指令，要求日方对军需物资及仓库等严加保管，除冷欣之外绝对不允许任何人接收。特别强调，坚决要求日方对于"命令系统以外"的干扰，要严加拒绝。今井武夫自然明白，何应钦所指的"命令系统以外"，主要是指中国共产党领导的抗日武装力量。

8月23日上午，何应钦命钮先铭向今井武夫送去另外五份备忘录。其中的两份备忘录谈到关于目前在马尼拉与美军进行协议的日军代表扬言：中国方面因为国共两党争执，治安不稳，日本人生命财产安全受到威胁。这是对中国国家的严重侮辱。必须注意今后不得再发生同样情况。关于日军之中尚有不肯向国民党军队投降而采取挑战姿态的，应即速制止其行动，并作出调查报告。对此，今井表示拒绝接受。事后，何应钦竟也宽容地把它们撤回去了。钮先铭还告知今井，日军投降正式签字地点改在南京，要他转告冈村宁次，对何应钦在南京的安全，要作"万全之准备"及"周到之接待"。

当日上午十一时半，何应钦在宿舍会见了今井武夫，他对今井等不辞辛苦远道来到芷江加以慰问，再次要求转交上述备忘录，并告知今井，新决定8月26日至30日，将空运一部分国民党军队到南

1945年8月23日，今井武夫等人离去后的傍晚，何应钦等人庆祝芷江受降顺利完成合影留念。照片自左至右为王耀武、卢汉、张发奎、何应钦、汤恩伯、杜聿明、萧毅肃、柏德诺。

京，希望日军加以协助。会见完毕，今井一行连同中国军队的先遣人员一道，乘坐那架拖着两条红尾巴的飞机，飞回南京。

今井等人在芷江期间，何应钦派出负责接待的将校官员所佩戴的官价标志，都奉命降低两三级，以便同日方使者的军衔大体平衡。

8月24日，何应钦收到了冈村宁次的复电。

次日，何应钦分电各方面军、各战区，规定各地区受降主官、受降地点及日军代表投降部队长姓名、投降部队集中地点等。八路军、新四军及华南抗日纵队完全被何应钦排除在受降部队之外。同日，何应钦又致电冈村，令其转饬所部，不得向中国共产党领导的抗日武装接洽或向其投降。并告知冈村，他已令冷欣担任南京前进指挥所主任。嗣接冈村复电，谓何应钦前后所示各项，均已筹备完竣，欢迎冷欣前去。

8月27日，冷欣与何应钦总部前进指挥所全体人员启程赴宁。冷欣等人到达后，冈村宁次先是托病不见。待冷欣等住定后，今井武夫才代冈村要求冷欣作一次秘密谈话，希望不要让美国人参加。冈村特意在南京有名的福昌饭店设宴，款待冷欣一行。之后，冷欣以探病为名，只偕医官、翻译各一人直诣冈村住所。冷欣向冈村转达了何应钦的问候和要求，要冈村令所部日军在任何情况下必须确保南京、上海、北平、天津、青岛、武汉、广州、香港八大城市不发生"问题"。冈村十分清楚，如

1945年8月23日，何应钦与中美军事幕僚同仁在芷江欢宴前合影。芷江受降之后，副参谋长冷欣等人将不再返回重庆，而是飞往南京设立前进指挥所。

果让共产党受降，等于自己走上绞刑架，而向何应钦指定的国民党军受降，则有可能从死神手中获得再生。于是，对何应钦所有要求，都全部允诺，并请求冷欣转达何应钦，日军在遣返时准许携带武器，直到乘船地点；请允许指挥官携带指挥刀返回日本……

在侵华日军投降签字仪式举行前的一段时间，何应钦飞遍了各方面军、各战区主官所在地，向他们面授受降机宜，并督饬各部队迅即向原日军占领区和解放区推进。同时，何应钦总共向冈村宁次发出了23号备忘录，除指令受降事项外，一再要冈村必须向他所指定的国民党军投降，拒绝中国共产党提出的一切受降要求。

（三）

中国人有一种传统的观念：从一至十的各个数字中，最崇尚九，以为天地之至数，始于一而终于九，逢九即为大吉大利。蒋介石将日本投降签字仪式的时间定在9月9日上午九时，寓意"三九良辰"。

何应钦能获主持受降大典的殊荣，是他平生出尽风头的极巅。9月7日，何应钦的参谋王武到冈村的住处，秘密地告诉冈村，在举行投降典礼的时候，可以佩带指挥刀，但必须在礼堂内将指挥刀呈缴何应钦，否则就不带刀。带与不带，可由冈村自己选择。冈村当然愿当"不带刀的将军"，而不愿成为呈缴指挥刀的败将。

9月8日，何应钦由芷江飞往南京。对他抵宁时的情况，国民党中央通讯社曾作过如下报道："……上午十时左右，各机关、团体、学校代表即陆续整队赴明故宫机场迎候，自动参加之民众尤为踊跃。机场警卫由我鸿翔部队与日本宪兵共同担任，秩序井然，惟铁丝网外民众群集，咸欲一瞻何氏英姿……何总司令所乘为'美龄'号双引擎座机，由战斗机九架保护，于十二时五分飞临首都上空，一时万人翘首欢呼，鼓掌之声不绝……六分钟后，专机降落。何总司令旋即下机，由邓朴、陈宗旭两小姐分别代表南京全体市民献花，并献'日月重光'锦旗。贾传芬小姐代表南京特别市党部献'党国干城'锦旗。何氏笑容可掬，手持鲜花，为中外摄影记者数十人包围，拍摄影片，历五分钟，乃徐步走过欢迎行列，点首答礼，而后登车，由第一战区空军司令孙桐岗驾吉普车前导，径赴中央军校内中国陆军总部前进指挥所……天真可爱之小学生，挥旗跳跃，热情奔逸，着实感人泪下。今日欢迎何总司令民众，在三万以上。" 在欢迎的人群前面，有各盟国军代表及国民党在南京搞接收的谷正纲、贺衷寒、马超俊等人。冈村宁次偕今井武夫等日军高级将领，也另成一行，肃立欢迎。冈村宁次在当天的日记中写了他率队欢迎何应钦时的心情："如今向这位亲密友人何应钦投降，这是一段微妙的奇缘。"

9月9日，受降典礼在中央陆军军官学校大礼堂举行。场内四周墙上，张满了红、白、蓝三色布，以遮掩战争期间留下的斑驳污痕，并悬挂着中、美、英、苏四国国旗和大大的"和平"两字，还有一个象征胜利的"V"字。正面墙上挂着孙中山的巨幅画像，对面墙上挂着蒋介石、斯大林、杜鲁门和丘吉尔的像。观礼的中外记者、盟国的军官及来宾等达千人，早已静候在侧面来宾席上。上午八时五十一分，何应钦率领参加受降的军官顾祝同、陈绍宽、萧毅肃、张廷孟等入场，各依次坐定。八时五十二分，冈村宁次、今井武夫、福田良三、谏山春树、三泽昌雄、小笠原清等投降官在王俊引导下，先至规定地点立定，向何应钦作45度的一鞠躬。何欠了欠身子，像是站了起来似的作为还礼，冈村等才依各所在位置坐下。

尽管何应钦的态度庄重安详，希望从目光的交换中给老朋友冈村宁次

1945年9月9日，冈村宁次代表日本军方签署了投降书。这是冈村宁次在投降仪式结束后，步出会场的一刻。

以安慰。但这种场合的会面是冈村宁次做梦也想不到的。他一进入会场，就试用日本白隐禅师夜船闲话的内观法，安心定神，心中默念着"坐禅如在桥上，把往来行人当作深山树木"一语，尽量不正视何应钦的目光，努力使自己镇静下来。

八点五十三分，何应钦宣布中外记者摄影摄像五分钟。聚光灯和镁光灯不停地闪亮，受降仪式的会场、受降与投降席位上的各位均在电影胶片和照相底片上留下了具有历史意义的一瞬。何应钦一生所获得的荣耀，在这里达到峰极。他的兴奋、激动、宽容等感情神经，都因无可言喻的满足而颤抖。

八点五十八分，何应钦请冈村宁次呈交证明文件，冈村的参谋总长小林浅三郎向何应钦呈交了文件，何微笑着收下，检视后留下。

九时正，最激动人心的时刻来到了。

萧毅肃代表何应钦将日军投降书中文本两份交给冈村宁次。

冈村起立，低头用双手接受后，由其参谋总长小林研墨，他一面匆匆翻阅降书，一面握笔含毫，在两份降书上分别签字，毫无犹豫踌躇之状。签字后，复从右衣袋中取出圆形水晶图章，盖于其签名之下。由于冈村的手似有些颤抖，所盖印鉴，略微向右倾斜。他的签名，笔迹颇娟秀，大约因小林参谋总长的手也在颤抖，所磨之墨稍淡。这一切，都未逃过电影机和照相机的镜头。小林将这两份降书复交呈何应钦并敬礼，何应钦本不该起立还礼，仅单手接过降书即可。但出乎众人意外，何竟微笑起立答礼，双手接过降书。观礼的盟军代表们交头接耳，负责受降仪式筹备组副组长夏禄敏等在场的人也认为，"何应钦没有必要站起来

1945年9月9日，日军总参谋长小林浅三郎向何应钦呈递降书。

用双手接受降书，坐着用一只手接过来就行了"。何应钦在日军的投降书上签字盖章后，由萧毅肃以其中的一份交给冈村。之后，何应钦将中国战区最高统帅蒋介石的第一号命令及领受证仍交由萧毅肃转达冈村。冈村在领受证上签字后，再由小林呈送何应钦。

整个受降仪式，只进行了20分钟。坐在受降主持人席位上的何应钦及坐在他对面投降代表人席位上的冈村宁次，成了人们注目的焦点。仪式结束后，冈村一行七人起立，仍由王俊引导，退至规定位置，向何应钦再次鞠躬，何又情不自禁地起身还礼。

冈村等被宪兵押解至休息室后，何应钦发表了即席广播讲话：

敬告全国同胞及全世界人士：中国战区日军投降签字已于本日上午九时在南京顺利完成，这是中国历史上最有意义的一个日子；这也是八年抗战艰苦奋斗的结果。东亚及全世界人类和平与繁荣，亦从此辟一新的纪元。

本人诚恳希望我全国同胞自省自觉，深切了解今日为我国家复兴之机会，一致精诚团结，在蒋主席领导之下，奋发努力，使复兴大业迅速进展；更切盼世界和平自此永奠其基础，以进于世界大同的境域！

讲话完毕，全场掌声雷动。嗣由鲍静安将上述讲话译成英语，全场再次热烈鼓掌。这掌声，是对中国人民浴血奋战胜利的祝贺，也是对光明的中国前途的祷祝。

1945年9月9日，中国战区受降仪式在南京举行。何应钦作为中国军方代表接受了日本军方代表冈村宁次签署的投降书。

垄断战果　联日"反共"

（一）

人们发现了何应钦有一种特殊的"化敌为友"和化友为敌的本领。但他的"化敌为友"，不是在战争开始之前，也不是在战争之中，而是在敌人已被打败以后，为了联合虽已失败但并没有认输服罪的敌人，反对为胜利而舍生忘死的同胞弟兄才表现出来。

冈村宁次确实也没辜负何应钦的一往情深。日本已经正式宣布无条件投降的第三天，即8月18日，冈村就拟具了《和平后对华处理纲要》的扶蒋反共意见书，上奏日本当权者，其中强调要加强对国民党政权的支持，他说：为了"将来帝国之飞跃及东亚之复兴"，"首先是促进重庆中央政权的统一，以此协助中国的复兴建设。至于渝、延之间的关系，本来须由中国本身处理，但延安方面如有抗日侮日之行为，则应断然予以讨伐"；"应向中国移交的武器、弹药、军需品等，根据统帅命令按指定时间、地点，完全彻底交付中国方面，为充实中央政权的武力作出贡献"。

9月10日上午八时三十分，何应钦召见冈村宁次，向他面交了中国战区中国陆军总司令部军字第一号命令。

冈村非常感激何应钦的"宽容敦厚"，恳切地向何表示"绝对服从，遵照命令实施"。何应钦对冈村说："我知道你的责任非常重大，因为日本在中国战区内，一百数十万官兵及数十万侨民，其生命之保障及一切善后问题之解决，责任均在你肩上，所以希望你今后善能自处……"对冈村要求准许日军携带少量自卫武器的问题，何应钦说："我认为在安全地区，可以不必留自卫武器，在有借用自卫武器必要地方，可以借给少数之步枪。"何还说，日军的存粮用完后，"我方当随时拨给"；对日在华技术人员，"拟斟酌情形，予以征用"。最后，何应钦还要求冈村，日军一切武器、器材，"必须完整缴交我指定之部队长官，切勿损坏、散失及落于'匪'手"。冈村宁次心领神会何应钦所指的"有借用自卫武器必要地方"及"匪"所指为何，表示在中国大陆之日军武器，完全缴交中国中央政府，绝不交于其他任何地方部队。

10月21日，何应钦邀冈村宁次前往会谈。日方仅冈村一人，何应钦方面有萧毅肃、钮先铭、王武共四人。何应钦用日语向冈村问候，冈村则用瘪脚的中国话作答。会谈在旧友重逢的和睦气氛中开始，重点研究接收问题。会谈结束，何应钦命取出甜酒，众人干杯畅叙达两小时。后经过何应钦的推荐，1945年12月23日上午，蒋介石在黄埔路官邸接见了冈村宁次，聘请他为国防部高级军事顾问，名副其实成了何应钦的助手。

1946年4月18日，冈村命延原大佐向何应钦的部下转交了秘密研究文件四五十件。何应钦极为感动。何为此会见冈村，密嘱他写一篇对中国军队坦率的评论，还答应不予发表并为其保密。4月23日，冈村开始带病起草《从敌对立场看中国军队》的文章。在这篇文章中，冈村自恃"相当通晓中国内情，又屡与中国军队交战，对其缺点也有充分了解……又愿为改善中国军队略申己见，故直言不讳，加以批判"。5月13日，此文脱稿。经前侵华日军总司令部作战主任宫崎参谋以上各幕僚传阅、补充、校阅后，冈村缮正了三份。5月18日，冈村偕翻译冈田，携文稿两份至何应钦公馆，面交何应钦。何翻阅后，颇感兴趣，并询问了与之有关的各种问题。冈村的这篇文章，因涉及中、日军方诸多机密，他也因后怕而将留底的一份暗自销毁。交给何应钦的两份，据何应钦透露，看过该文的仅他自己、蒋介石及另外他不愿透露姓名的一个人。此文究竟写些什么，迄今未曾披露。

在国民党内部，对确定战犯的范围的争论，也反映了并非所有国民党当权人物都同意蒋介石的"以德报怨"及何应钦的做法。蒋介石主张确定战犯范围以最小限度为宜。在日军高级将领中，有人传说将被定为战犯的有17人，又有人说有150人。被视为"与其说是亲日毋宁说是爱日"的汤恩伯，单独向冈村透露，说他曾"力言战犯只以某某（未举其名）一人为代表即可"。据冈村宁次的总联络部（后改联络班）掌握，由何应钦亲自指认的战犯只有一人，那就是曾经大闹北平军分会办公处居仁堂，对何应钦态度傲慢而遭其嫉恨的前日本驻北平武官酒井隆。酒井隆后来直接参与了许多战争犯罪，被判死刑固然死有余辜，但他惹恼了何应钦，却是他得不到赦免的重要原因。

有一次，广州军事法庭判处日本战犯40人死刑。冈村宁次等人认为"过分"，便向国防部恳求从轻。于是何应钦将被告全部移交上海军事法庭重审，结果40人全判无罪返国。

何应钦一开始就主张对战犯从宽，并以有利于今后"反共"需要作判决原则。经过冈村宁次等人的疏通，许多战犯被无端减刑并遣返回国，最终逃脱了正义的审判及惩罚。冈村为战犯疏通的渠道有两条：一条是经国防部联络军官吴文华——战犯处理委员会负责人曹士徵——何应钦；另一条是经龙良佐——汤恩伯——蒋介石。由于有这两条线起决定作用，不管中国共产党中央及各民主爱国力量如何抗议，国民政府内政、司法、外交等有关官员主张依法严惩，都没有起作用。到1949年1月末，据上海军事法庭发表的数字，共受理战犯案2200余件，判处死刑的145件，有期、无期徒刑的400余件，其余的无罪遣返。又据日本厚生省调查战犯处死及在狱中死亡者共192人。送回日本服刑的全部战犯，到1952年8月5日，台湾当局与日本签订的所谓"日华和约"正式生效，仅存的88名与中国有关的战犯，无论服刑时间长短，均全部获释。

（二）

自日本宣布无条件投降起，"重庆政府内部广泛兴起中日合作的风气"。其风源是蒋介石的"以德报怨"的精神；其风向所指，是中国共产党和中国人民；利用此"风"作浪者，便是何应钦。

为了反对国民党垄断受降权，保卫人民浴血抗战的胜利果实，1945年8月10日至11日两天，中国共产党延安总部以朱德总司令的名义，连续发布第一号至第七号作战命令，命令各解放区抗日武装部队依照《波茨坦公告》的规定，向附近城镇及交通要道的日伪军发出最后通牒，限期向人民抗日军队投降。同时，为了配合苏军作战，解放区各抗日军队积极发起全面反攻，迫使敌伪无条件投降。

但是，8月10日，国民政府军事委员会却发布了一道"命令"，要八路军及一切抗日军队"应就原地驻防待命，其在各战区作战地境之部队，并应接受各战区司令长官之管辖，勿擅自行动"。

8月15日，中国解放区抗日军总司令朱德命令冈村宁次投降，要求他下令其所指挥的一切部队，"停止一切军事行动，听候中国解放区八路军、新四军及华南抗日纵队的命令，向我方投降，除被国民政府的军队所包围的部分外"。命令还要求冈村下令华北、华东、鄂豫两省及广东的日军，分别按指定地点接受聂荣臻、陈毅、李先念和曾生的命令；所有上述地区除被国民党军队包围的日军外，"应暂时保存一切武器、资料，静候我军受降，不得接受八路军、新四军及华南抗日纵队以外之命令"。

8月13日和16日，朱德总司令、彭德怀副司令两次致电蒋介石，坚决拒绝其错误命令，并提出公正解决国共两党军队受降办法：凡被解放区军队所包围的敌伪军由解放区军队受降；而国民党军队则接受被其所包围的敌伪军的投降。并对蒋介石、何应钦企图挑起内战的阴谋提出严重警告。

8月25日，中国共产党中央发表《关于目前时局的宣言》，提出和平、民主、团结的政治口号，努力避免和坚决反对内战。但是，由于美国海空军的帮助，远在大后方的国民党大批人员、武器、装备接连不断地被运送到东北、华北、华中、华南及上海、北平、南京、天津、武汉、广州等主要城市。美国政府还发出通令，指定蒋介石唯一享有在中国的受降权利。

在抗日战争大反攻的阶段中，中国共产党领导的抗日武装共毙伤俘虏敌伪军35万多人，收复了张家口、邯郸、邢台、焦作、菏泽、烟台、威海、密县、保安等中小城市250余座，并一度进逼和包围许多大中城市，切断了北宁、平绥、津浦、平汉、正太、同蒲、陇海、胶济、广九等铁路交通；共收复国土31.5万多平方公里，解放人民1800多万，使各战略区基本连成一片，打破了被

南京光复后，在灵古寺致祭完后的蒋介石和何应钦等将官在寺前合影。

日军包围分割的状态。

当国民党军队尚未空运至各大城市以前，蒋介石、何应钦、戴笠等尽量利用汉奸、伪军来"保卫"胜利的丑剧层出迭现。据合众社电讯报道，蒋介石新委任的南京市市长马超俊向记者宣称："我现在可以很骄傲地告诉你，我的部下在那里作了'艰苦'的工作，一周以前，这还是秘密，而现在你可以发表了……陈公博向最高统帅部建议，他负责保卫南京、上海、杭州三角地区，并就我在这地区的36万军队负责保证将国都与上海并杭州完整地归还到政府的手里，在我政权下的100万军队，正等着你改编的命令。"一夜之间，大批的汉奸、卖国贼和傀儡官员，纷纷想办法"光荣地"转到重庆方面，或改头换面，充当何应钦接收的先遣军。

8月14日，苏联政府与国民政府正式签订了《中苏友好同盟条约》。苏联保证不援助中国共产党及其所领导的人民军队，在道义上、物质上和军事上支持国民政府。三个月后苏军从东北撤退，将东北交给国民政府接管。这样，无形中又增强了蒋介石集团垄断受降的"合法性"。

8月23日，何应钦派人向今井武夫提出受降补充事项，要今井转告冈村宁次：

　　甲、中国境内之"非法武装组织"，擅自向日军追求收缴武器，在蒋委员长或何总司令指定之国军接收前，应负责作有效之防卫。

　　乙、根据现有"股匪"攻开封、天津、郑州等地，该地日军对于现有各该地之庞炳勋、门致中等部，采取旁观态度，未事防卫。关于此事，目前应特别注意，并应依中字第四号备忘录，迅即将指定之日军，集中于上述"股匪"进攻之地方及其他各地，作有效之防卫。如果各地或中字第四号备忘录所列之其他各地，在蒋委员长或何总司令指定之国军接收前，为"股匪"所占领，日军应负责任，并应由日军将其收复，再交还我接收部队。

　　何应钦这里所说的"股匪"，便是中国共产党领导的人民抗日军队。他要日军保护伪军，鼓励日伪军抗拒八路军、新四军和华南抗日纵队收复失地，接受日军投降。并且，何应钦还要日军"收复"已被抗日军队占领的地区。

　　8月27日，冷欣秘密会见冈村宁次，冈村请冷欣向蒋介石、何应钦转达他的一个"反共"建议。据事后冷欣在重庆对好友庞镜塘透露："冈村首先声称他害的病并不严重，主要是借此可以避开美国人来谈谈他对中国政府（指国民党反动政府）的一个重要建议，也是表示他投降后对中国应有的'忠诚'。"冈村认为，"中国的对日抗战是结束了，但今后难题尚多，主要的就是'剿共'的问题。这是中国的心腹之患。我既受到天皇的命令投降了中国，我就应该忠实地找机会为中国政府效劳。现在我们驻在中国的完整部队还有一百几十万人，装备都是齐全的，趁现在尚未实行遣散，用来打共产党，当能发挥一定的力量……因此，我考虑结果，决定向中国政府提出建议，希望得到采纳。但事不宜迟，恐怕稍延时日，军心一经涣散，战斗能力就不保险，要大大削弱了"。冷欣密报何应钦，何向蒋报告后，蒋命冷欣飞重庆面告，蒋对冷欣深为嘉许。因冈村的建议，正投合蒋介石内心所隐藏的日益膨胀的思想：对于已经获得抗战胜利的中华民国来说，"苏联和中国共产党乃是新国耻的根源"。但由于美方驻重庆人员的反对，中国共产党和各爱国民主力量努力争取国内的和平、民主、团结，毛泽东亲赴重庆与蒋介石谈判，冈村宁次这一建议才未能实行。

日本宣布投降后，何应钦即"饬各地伪军在原地待命戴罪立功"。对全国68万余伪军的指挥系统委与处理运用诸问题，"均由陆军总司令部统筹办理"。何应钦对伪军分别采取了拨补、资遣、整编的办法，除郝鹏举的三个师一度被迫起义，孙良诚所属的一个军三个师在盐城、高邮被新四军缴械，李守信的三个师被苏军解除武装外，其余大多被何应钦改编为"自新军"。

10月上旬，蒋介石曾几次饬令何应钦，谓："逮捕汉奸消息及逮捕条例，概勿发表，必须由本委员长批准后，方得正式公布。"又令："以后关于逮捕汉奸之案件，准令戴副局长（戴笠——笔者）负责主持，另派有关人员会同检查办理，以归统一，而免分歧。"于是，何应钦通令自奉到本电之时起，各地拘捕汉奸统由军统特务头目戴笠指派各方面军、各战区司令长官部专人负责，"今后关于拘捕汉奸之情形及名单，一律不许发表"，"各战区司令长官及各方面军司令官，在此受降尚未完毕时期，应切实检扣有关汉奸之新闻"。同时还规定，已捕获或今后捕获之汉奸一律呈报陆军总部汇呈蒋介石核示办理。这些命令，便是过去奉命投敌的"曲线救国"者的护身符，同时，也是为蒋伪合流开的绿灯。

日军正式投降前，冈村宁次所辖兵力，计华北方面军约30万人，第六方面军约35万人，第六军及第十三军，共约34万人，第二十三军约10万人，以上四地区连同作战地区内的航空人员，共约兵力109万人。受降后加入台湾第十方面军约17万人，及驻越南北纬16度以北地区之第三十八军约3万人，总共日军兵力约130万人。据国民党方面所公布的材料，国民党垄断受降的日军约124万人，接收各种枪支77.5万余支，各种火炮12万多门，各种车辆1.6万余辆。

由国民党受降的这124万日军，在何应钦的庇护下，统统成了"未受俘虏待遇的中国派遣军"。按照国际惯例，战败的军队被缴械，军官与士兵应分别拘集，受战俘待遇。由于何应钦鼎力所赐，这些投降后的日军不是俘虏，而是"徒手官兵"，即没有武装的军人，并保留原建制，由何应钦委派冈村宁次以联络部长官的名义，名正言顺地发号施令。此外，何应钦还恩准日军俘虏每人可以携带30公斤行李。何应钦为了遣返日俘日侨，曾下令调配船舶30万吨，这占当时中国船舶运力的80%；同时，增配火车，甚至停止国内的民用运输。从1945年11月起至1946年7月止，在10个月内使200万日俘日侨全部遣返完毕。这在当时，是何应钦所创造的一个"以德报怨"的"奇迹"。

第九章

体面引退　妄整残局

总管宠将争斗　权力怪圈调整

（一）

1946年元月，英国政府邀请中国政府派员参加组织联合国安全理事会军事参谋团，这是中国以五强之一的身份跻身国际政治舞台的机会。按规定，当由参加国之参谋总长或其代表组成。于是，蒋介石决定何应钦以参谋总长、一级上将的身份前往，但何所主持的接受日军投降诸事未竣，遂临时由国民党军事委员会办公厅主任二级上将商震先行代表何应钦前往英国。

何应钦是蒋介石的嫡系、黄埔系的第二号人物，这从未有人产生过疑问，但蒋介石的嫡系却是一个多层次的权力怪圈，蒋介石正是巧妙地利用这一权力怪圈的魔力，不断排斥打击异己，吸收造就心腹。尽管这权力怪圈有多层次的复杂结构，但却能因蒋介石的不同需要而时时处于一种不断调整和变化之中。处于怪圈核心的人物，必须具备两个起码的条件：一是死心塌地地为蒋介石卖命，从不产生二心和异动的；二是籍隶浙江，最好是奉化的。何应钦似乎不完全具备上述两个条件，但因其反共的坚决，对蒋忠诚，超然于CC系、政学系、复兴社之上，于公于私方面都能表现出独特的素质，也成了这权力怪圈的核心。何有时又因同伙的推操挤压而被排除于怪圈核心。当蒋经国的"太子派"势力在抗日战争期间开始崛起并与陈诚的"土木系"（以第十一师、第十八军为基础）结合起来以后，这一权力怪圈内部各层次之间的撞击变动更趋复杂化。

在国民党军中，蒋介石嫡系中的陈诚、汤恩伯、胡宗南均系浙江人，而且对蒋绝对忠诚，与地方实力派和"杂牌军"势不两立，因而始终处于权力怪圈的最里层。蒋介石耍弄这一怪圈的规律是：每当圈外的人物与圈内的人物，或者外圈的人物与内圈的人物发生矛盾时，蒋介石不问青红皂白，总要想方设法、或迟或速使圈内或内圈的人占便宜，圈外或外圈的人物即便暂时得益，终归是要加倍吐出的。因此，追名逐利者无不竞相入于圈内。入了圈的人，又无不竞相由较外的层次挤入较内的层次，其代价无非是对蒋介石的忠诚加肯卖命。

何应钦曾经与蒋介石有生死之交，且亦步亦趋而入了怪圈的核心，但自1927年蒋介石第一次下野前后，何应钦表现不佳，被蒋踹了一脚。加以何应钦原属西南军阀系统，虽因失势才归依蒋介石，除对贵州地方势力保持着"一朝被蛇咬，十年怕井绳"的反感外，与滇、川、湘、桂、粤的国民党地方实力派，都有一种先天感情上的联系。也许是吸取了在黔军时"害人终害己"、谋人终为人所谋的某些教训，在蒋介石以武力兼并异己、嫡系吞食非嫡系时，何应钦虽也十分卖力，但往往由于手段不够干脆利索或流露过物伤其类的恻隐，被蒋介石怀疑他与一些地方实力派存在某种暧昧关系。因此，何应钦在这权力怪圈中的地位，便要依蒋介石的需要和其他核心人物的好恶，时而靠里，时而靠外。

由于何应钦这种微妙的处境，使得他手下的"四大金刚"——顾祝同、刘峙、钱大钧、蒋鼎文虽然都是得到蒋介石赏识的"党国"干才，但因被陈诚、汤恩伯等视为"何系人物"，常受些有苦难言的窝囊气。陈诚、汤恩伯之所以成为蒋介石的心腹，早期均得助于何应钦的提拔重用。岂知他们有了第一大靠山以后，便日渐不把何应钦放在眼里，"何系人物"便常骂陈诚、汤恩伯"忘了本"。

何应钦每一次升迁浮沉，全赖局势环境之需要，更以蒋介石的意志为依归。自己不敢有什么预谋或者主动钻营，可说全系被动，更无所谓派系组织。何应钦对部下使用的原则是："委员长的干部就是我的干部，他的学生就是我的学生。"对在他手下任职的幕僚，其擢升晋级，都有几分克制，以示不为

373

己谋或亲者严、疏者宽，这种惯例，至老死而未有改变。何应钦主持国民党军政部近15年，可谓人事、军饷、物资三权集于一身，但他却不似陈诚那般专擅。抗日战争期间，国民党官兵的军饷发"国难薪"，以八折计算，不少军官多有不满，以为军政部的大小官员必定个个是"肥猪"。而在何应钦的严格约束下，手下属员不敢胡作非为，甚至除了薪饷外，不敢妄取。抗日战争胜利以后，国民党军实行"复员整军"，复员军官15万人，士兵100万人，并将58个军整编为师，编余军官分别由中央训练团和省训练团负责收容处理。陈诚取代何应钦任军政部部长后，在"复员整编"时，自然将他视为何应钦派的官佐"复员"。如何应钦时任军务司司长的王文宣，在何应钦手下并未发得"国难财"，只好回到贵阳卖旧衣服、摆地摊，维持生活。总务厅长陈启之，在杭州死后，无钱买棺木，还是由曾当过军长的刘尚志出钱出力，为之埋葬。这与后来国民党军联勤总部中的腐败状况相比，自然不可同日而语。尤其对他周围的贵州人，何更为避嫌，格外注意，全由蒋介石的指示来决定使用。故新中国成立前不少贵州籍的国民党官员对何应钦啧有烦言，认为他无人情味，缺桑梓情，既未提拔重用贵州籍人士，也未给贵州的公益事业以大力赞助。他们不知，这正是何应钦克己对蒋的作风，也是他在宦海风波中能不没顶的处事驭人之道。

（二）

对何应钦来说，在蒋介石嫡系的权力圈内部倾轧中，最先发生、对他打击最烈的莫过于陈诚。

陈诚，字辞修，浙江青田人。因其父字希文，故"何系人物"私下称他为"希文儿"。陈毕业于保定军校第八期炮科。黄埔军校创办时，陈诚以粤军连长追随团长邓演达入校，被任命为候差的"特别官佐"。因得蒋介石赏识，对上司何应钦颇谦恭，又有初露端倪的"五抓"作风和"五用"方法，算得上青年干才，由黄埔第二期炮兵队区队长、第三期炮兵队队长、教导团炮兵营营长而成了何应钦这个黄埔系"老团长"的得力部属。在东征棉湖、惠州两役中，他都在何应钦手下亲自指挥炮兵进攻，故一时有"神炮"之谓。陈诚在四一二"反共""清党"后，当上第二十一师师长，次年即调任南京警备司令。陈因蒋介石第一次下野前后表现了对"领袖"的无限忠诚，在何应钦与蒋介石的关系中插进了一只脚。加之其妻谭祥是谭延闿的女儿，留美学生，经宋美龄牵线而成姻缘，谭祥遂认蒋介石为干爹，陈诚也就成了蒋介石的"干驸马"。在蒋介石心目中，陈诚无疑比何应钦更可靠。

1928年冬，何应钦替蒋介石完成了第二次北伐的使命后，打着"整编"的幌子，开始以吞并地方武装来扩充嫡系实力。何应钦将由曹万顺率领投降蒋介石的原福建军阀周荫人的残部第十七军，与陈诚的南京警备司令部的两个警卫团合编为第十一师。蒋介石的本意是由陈诚当师长，何应钦却泥于成规，予以反对，认为"陈的资历太浅，够不上和顾祝同、蒋鼎文等为伍"，只能当副师长，师长仍应由曹万顺当。"蒋无奈，只得改变原案"。陈诚闻讯后，气得由南京跑到上海，拒不就职。蒋介石只好特派一随从副官将陈诚召回南京面谈，向陈交底，当副师长只是暂时的过渡，并特许他处理第十一师的人事和经理，陈才应命到芜湖就职。何应钦由于"秉公持平"，未谙蒋介石私心，从此得罪了陈诚。

1929年，何应钦主持武汉行营期间，第十一师驻扎宜昌。陈诚支持前警卫团团长萧乾，拒绝服从师长曹万顺人事方面的命令，并要萧乾分别向何应钦、蒋介石告状。何应钦认为错在萧乾，而蒋介石却不理睬谁是谁非，乘机提出将曹万顺调任新编第一师师长，由陈诚继任第十一师师长。善于揣摸蒋介石意图的何应钦又忽视了蒋、陈之间的特殊关系，曾援引将官晋升的有关规定，认为陈诚当副师长不到一年，即便因特殊原因晋升师长，也不宜升任原师师长，企图说服蒋介石改变主意。无奈蒋意不容再拂逆，何应钦只好妥协，任命陈诚为第十一师师长。陈诚便是凭借蒋介石"五大主力"之一的第十一师作为登龙发祥之地，开始与何应钦明争暗斗。

1930年5月，蒋冯阎中原混战爆发。陈诚的第十一师扼守归德附近的阵地，归属刘峙的第二集团军指挥。由于冯玉祥的炮队十分厉害，猛轰之时，弹如雨下；复加以大刀队冲锋，呐喊如雷，寒光夺魄，使蒋军闻之丧胆。但陈诚下令，寸步不让，有临阵脱逃者，军法从事。某次，团长刘天铎所守阵地被冯军冲垮，刘亦随残部后退。陈诚立即下令将刘天铎押到司令部。陈明知故问："刘峙是你什么人？"刘答："我叔父！"陈说："刘总指挥要我们打胜仗，而你却临阵脱逃，打了败仗。你说该怎么办？"刘天铎只得央求道："请师长开恩！"司令部的参谋们知刘天铎系刘峙的侄儿，刘峙又是何应钦的亲信，纷纷向陈诚求情。陈斥退众人，厉声说道："莫说是刘总指挥的侄儿，就是何部长的亲儿子，临阵脱逃，我也照样枪毙！"随即喝令："来人！"遂将刘天铎枪毙在司令部门前。移时，何应钦果然来电话，要陈诚将刘天铎移送总指挥部军法处，交刘总指挥发落。陈答："刘团长的仗打得太坏，我已将他枪毙，公文立马送出。"何应钦事后知道事情的经过，只是摇头苦笑，奈何不得。

1930年，蒋冯阎中原大战结束后，陈诚因在攻克济南、郑州等城时，既确有战功，又善弄手腕，被蒋介石升任第十八军军长。

1931年，蒋介石对中央红军发动第三次"围剿"时，陈诚的第十八军被编入何应钦左翼集团军的战斗序列。第三次"围剿"失败以后，陈诚便对与之并肩"剿共"的"杂牌军"动了觊觎之心。在揣摸蒋介石心理和替蒋介石扩充嫡系实力的问题上，何应钦较之陈诚，反应既迟钝，行动也难免有"何婆婆"的"妇人之仁"。陈诚把第三次"围剿"的惨败，归咎于"杂牌军"的"成事不足，败事有余"，要像兼并曹万顺那般，加以"彻底改造"。陈诚的打算得到蒋介石默许后，便于1932年春首先向第四十三师开刀。郭华宗的第四十三师，系由孙传芳的旧部改编。陈诚将郭华宗部包围以后，以十多万元现洋将郭打发，硬将第四十三师归入第十八军建制。这年秋，川军系统的第五十九师张英部驻防永丰。改编后驻防乐安的第四十三师被红军包围，陈诚亲率第十一、十四两师由抚河方向增援乐安。但红军打了一仗，即迅速转移，第十一师、十四师扑空后，转向永丰，将川军张英部包围，逼其缴械改编。何应钦适任赣粤闽边区"剿匪"总司令，张英遂用无线电话向何报告，何答："绝无其事，不要误会！"张说："兵已围城，听命吗？抵抗吗？"何无言以对。陈诚又将张英部吞并。

1938年，蒋介石授意蒋经国组织三民主义青年团，陈诚当上了中央团部书记长，成了"太子派"与蒋介石之间联系的一根纽带，开始得陇望蜀，谋夺何应钦的军政部部长。由于程潜、李宗仁、白崇禧等人反对，陈诚未能迅速得手。

蒋经国筹组青年军时，陈诚终于找到了向何应钦下手的一个机会：军政部兵役署署长、四川人程泽润，办理兵役有贪污舞弊之嫌。陈诚、蒋经国双双在蒋介石面前共诋之。一次，蒋经国亲自驾车，与蒋介石一道秘密巡察兵役署所管之新兵营地，果见乌七八糟，夜里连电灯都没一盏。回官邸后即召何应钦、程泽润面斥。蒋介石以手杖触及程之额头，命限期加以整顿，并命何应钦组织人彻查程的账目。不久，程过生日，设宴唱戏，大肆铺张，而其舞弊之事亦为陈诚、蒋经国坐实，密报蒋介石。蒋遂下令将程泽润逮捕，交军法执行总监部判处死刑。陈诚据此攻击何应钦，纵容属员贪污舞弊。何应钦曾请辞军政部长职。蒋介石先是压着不批，隔了一段时间，蒋介石不表态，陈诚的希望终究仍然是希望。

蒋介石在何应钦的辞呈上批示："辞修如何？"何知陈诚从中弄鬼，便将辞呈按下不报，并对亲信的黄埔系将领表示："将来继任军政部长的，以胡宗南为宜。"胡宗南虽是蒋介石的亲信将领，又是黄埔一期学生，但资历浅，真个要当军政部部长，尚需时日。

（三）

何应钦虽抱定不在蒋介石身边培植自己的私人势力的想法，但对陈诚的飞扬跋扈，也不能不支持自己的亲信有所反应。原跟随陈诚在第十一师当团长的关麟征，因看不起陈诚，遭到排挤，被明升暗降当了一个"杂牌军"的旅长。

关一气之下，便专走何应钦的路子，迅速升任第九集团军总司令。

1943年，关麟征的第九集团军驻扎昆明，指挥驻滇的部分国民党军。而陈诚基干部队之一、黄维的第五十四军偏偏又被何应钦编入第九集团军作战序列，受关统辖。当时有人向军事委员会驻昆明参谋团的林蔚控告第五十四军军长黄维贪污，将军队空额挪作别用。吃空额虽被何应钦悬为禁例，但并非只第五十四军有。关麟征抓住这个机会，极力将事态扩大，派人到第五十四军清查人数后，向何应钦报告。何签呈蒋介石将黄维撤职。关麟征立即派自己的陕西同乡、五十二军军长张耀明去接任第五十四军军长，并进一步采取调换军官、打破原建制等方式，企图兼并第五十四军。第五十四军的军官们，因在陈诚的庇护下，既有各种优惠，升迁也容易，不愿归并到关麟征之下，便由师长傅正模发起，全军军官依次签名，分别向林蔚和蒋介石呼吁，并通过各种渠道向已发表任援缅远征军司令长官的陈诚诉苦、告状。而关麟征也不示弱，迭电何应钦、蒋介石，要求严办傅正模，以资镇压，维护军令。蒋介石明白，关麟征与第五十四军的矛盾，实际是何应钦与陈诚的矛盾，此时的陈、何，都身膺重任，可谓手心手背都是肉，无法左右袒护，只好行折中之法，两面应付：撤了傅正模的职，以敷衍何、关；将第五十四军改归宋希濂指挥，张耀明仍回第五十二军当军长，关麟征安插进第五十四军的军官各回原部队任职，为陈诚保存了实力。

何应钦在与陈诚的明争暗斗中，除去蒋介石支持与否外，何确实有三个方面不如陈：一是"陈和何应钦、刘峙等所不同者，是陈无论在军事上、政治上、党务上都拉拢、纠集了一批党羽"，为其摇旗呐喊、抬轿子吹喇叭；二是陈诚"一切活动，首先是抓兵权和极力发展他个人的军队……如何应钦、刘峙等人，一旦离开军师长职务，当上高级指挥官以后，即不再过问部队的琐事，与原来所辖的部队脱离了联系，从而也就不能再随心所欲地加以控制，因此他们没有坚实的基础"；三是"许多国民党的军人都认为跟陈诚比跟何应钦强，因为陈用人能负责到底，而何则往往一幕终场后，就弃置不管，任其离散"。

这三点，也许便是何应钦虽受陈诚等攻击暂时失势一时，却是蒋介石所喜欢的。因此，何应钦虽会暂时丧权，却没有因此失宠。这是在何应钦与蒋介石的特殊关系中，失势与失宠不能画等号的道理。何应钦也已经悟出：失势兴许是暂时的，由于失势后对蒋忠心不改，在新职务上更加勤勉，将会重新得势；而失宠于蒋介石，将永远被打入冷宫。

1944年，豫湘桂大溃败以后，蒋介石终于在处理何应钦与陈诚争夺军政部部长的斗争上找到了一个两全其美的方法。盟军中国战区陆军总司令部筹建时，蒋介石便要何应钦让出军政部部长给陈诚，畀何以中国战区陆军总司令，仍兼参谋总长。在世界反法西斯战争和中国抗日战争胜利反攻在即的时候，中国战区陆军总司令将直接配合盟军指挥军队作战，又可以参谋总长的身份制约陈诚，似乎更有实权；即便没有这样的交换条件，蒋介石要收回这私囊中的军政部部长，何应钦也不敢不给。蒋既能予之，也必能夺之。何在卸任军政部部长之前，抓紧裁、并、缩一些机构，意在减少军政部的实权。蒋介石也确实是一个好驭手，他掌握了使何应钦、陈诚都能死命拉车的技巧。当何吃了亏时，蒋便给他一些补偿；而当陈感到委屈时，蒋又给陈一点甜头。蒋手中的鞭子抽打在何应钦身上时，便是对陈诚的抚慰；反之，则又是激励何应钦。让陈诚取代何应钦，既是对美帝军援的反应，又是对陈诚忠诚的奖赏；用何应钦主持日军投降的盛典，是对今后联日"反共"和对替自己背了卖国罪名的何应钦的抚慰。这种平衡术，绝非暂时的权宜之计，而是蒋介石对何应钦屡试不爽的统帅之道的重要组成部分。

但是，按国民党军中深知内情者的说法，蒋介石在何、陈的矛盾中，是偏向陈诚的。何应钦有时会被陈诚之类的人挤出权力怪圈的核心，但对非嫡系特别是与蒋介石若即若离的地方实力派，他永远都是以权力怪圈核心人物的面目出现。抗日战争胜利后，帮助蒋介石解决龙云，便是何应钦充分显示其嫡系地位而又是他处事优柔寡断、留有余地特点的一例。

（四）

1945年春夏间，滇缅公路即通常所说的"史迪威公路"通车以后，蒋介石

蒋介石与龙云。

在美帝国主义的支持下，打出"统一抗战，安定后方"的幌子，决心明用行政命令，暗以武力解决，剥夺昆明行营主任兼中国战区陆军副总司令龙云的一切军政权力。

在何应钦看来，龙云主政云南以来，已成了"土皇帝"，早在自己"统一军政"时就该"统一"掉的。不料在围堵长征红军时，龙云为防止国民党中央军"假途灭虢"，重蹈贵州军阀王家烈的覆辙，虽派孙渡纵队在滇川黔边防堵红军，而又尽量避免与红军主力作战。同时，龙云又在云南全省加强戒备，意不在红军而在蒋。龙云既有对红军消极避战在前，又继以协助汪精卫等人出逃投敌之事，更为众所周知，且事后仍与汪伪政权有密使往还，对汪精卫十分钦佩，对蒋介石却貌合神离。当日军的"一号攻势"南下柳州、西进独山时，龙云公开对杜聿明等人说：抗战该到和的时候了。而何应钦当时极力主战——因为日军已是强弩之末，直接促使蒋介石下决心。最能调动何应钦解决龙云的积极性的原因，是抗战开始以后，昆明的爱国民主运动在中国共产党云南地方组织的领导下蓬勃开展。龙云"也有意开放一些民主运动，并与民盟等一些民主人士以至中国共产党地下党人往来结交，借以自重"。第八军军长何绍周赴缅甸作战前后，驻扎昆明期间，便已发现昆明已成"民主堡垒"，与龙云容纳民主人士和中国共产党人士不无关系。这既为蒋所嫉恨，亦不为何所容。如果不解决龙云，这"统一的自由民主的"蒋家王朝，岂不金瓯不全？何、蒋都一个心思要搞掉龙云，所不同者，蒋介石力主快刀斩乱麻，以武力完成；何应钦则主张和平去龙。蒋介石见何应钦对"劝说"龙云离开昆明蛮有把握，也信以为真，不过为稳妥起见，仍部署文、武两手齐上。

武力解决龙云的任务，已秘密交给了驻云南的第五集团军总司令杜聿明，而"劝说"龙云交出省政和兵权的任务却给了何应钦。

何应钦与龙云确有一些私交。早年何应钦在昆明遇刺时，龙云任滇军第五军军长兼滇中镇守使，对失势落魄的何应钦待之以礼。中国战区陆军总司令部驻昆明，龙云对何应钦的所求均尽力满足。何应钦自以为大批中央军、美军驻在云南，龙云是无招架之功的，因此认为"劝龙自动辞职是可能的，龙不会顽固恋栈，这样解决，免得动武"。他与杜聿明商量，共同动员龙云让位。杜虽已做好了动武的安排，但不战而屈人之兵，自然是上策，以免日后他何应钦、蒋介石均当好人，唯独自己当恶人，岂会反对？从1945年5月至7月，何应钦不仅效张仪使楚，连哄带诈，劝龙云自动辞职，而且还通过龙云的亲信卢汉等人从旁婉转讽喻。不料龙云冥顽不化，死活不肯辞职，也不去重庆与蒋照面。何应钦三个月的苦口婆心付诸东流。

性情暴躁的蒋介石可忍耐不了何应钦这种黏黏糊糊的做法，干脆撇开何应钦，要杜聿明找美军配合，尽快将龙云的武装搞掉，迫使龙云饮下罚酒。恰值日本宣布无条件投降，杜聿明便打发卢汉率领龙云的精锐第一方面军赴河内接受日军投降。何应钦尚在南京处理受降善后，9月底，蒋介石亲自坐镇西昌指挥，杜聿明在美军的配合下，以迅雷不及掩耳的速度，解除了龙云的武装，仅留下守卫五华山龙云官邸的警卫部队，并加以围困。同时，蒋介石又下令免去龙云的云南省主席及各兼职，调任国民政府军事参议院院长，并限令龙云于10月4日前赴重庆报到。蒋介石还特意派了专机在昆明候驾。龙云虽意识到大势已去，但仍要摆空架子，不肯毫无条件便甩手离去，他住在五华山官邸，始终不与杜聿明谈判。

蒋介石恐怕这样拖下去夜长梦多，但又深知抗战刚刚胜利，就要龙云爽快地吞服武力解决这剂苦药，他未必肯答应。于是，又派素有"武甘草"雅号的何应钦去进行调和工作。

10月2日,何应钦飞往河内,威逼利诱正在那里接受日军投降的卢汉,以云南省主席为条件,要卢汉不率部返滇"勤王"。事已至此,卢汉愿与不愿都得接受既成事实。

10月2日,何应钦由河内飞抵昆明。刚下飞机见到前来迎候的杜聿明,便用训斥的口吻说:"叫你们不要胡闹,现在闹出事来,弄得骑虎难下,又要我来做善后……"语气中对说服龙云颇有信心。可是,何应钦到机场空军司令部给龙云打电话,龙连电话都不接,并拒绝何应钦上五华山。何应钦碰了一鼻子灰,十分尴尬,自我解嘲地说:"龙云是这样一个不明大义的混蛋,幸亏你们用武力解除了他的武装,不然真要造反。蒋先生还是有先见之明。"

何应钦一贯被蒋介石当作鹰犬驱使,而有时却又被比他更得蒋赏识的鹰犬当作猎物——这就是何应钦在蒋介石权力怪圈中所处的地位。

军参团内空论道　联合国里长见识

(一)

日本投降以后,美国的对华政策,已从一定程度上支持中国的抗战,维持中国战场,阻止日本征服中国这一军事战略目标,逐渐转向使中国成为稳定亚洲、抗衡苏联的主要力量,并把中国变成美国的商品、资本市场和原料产地。为实现这一战略转变,美国制定了扶持蒋介石政府,统一中国,稳定亚洲的方案。马歇尔衔命来华,就带来了美国政府给蒋介石开的一剂药方:"利用蒋介石在美国扶植下膨胀起来的军事、经济实力,使中国共产党在联合政府的约束下得不到发展;同时,蒋介石应实行改革、争取民心,扩大政府的政治基础,逐渐削弱中国共产党的力量和影响,直至最终确立蒋在中国的统治权。"

当英国政府向国民政府发出组织联合国安理会军事参谋团的邀请时,蒋介石和何应钦正野心勃勃,妄图借《双十协定》和由马歇尔担任的调停为掩护,准备发动全面内战,企图五个月内消灭共产党。而美国当时在华的急务,是幻想建立一个以国民党为中心、共产党和其他民主党派处于从属地位的联合政府和一个安定的中国，并不是要一个动乱和内战的中国，因为动乱和内战将直接导致蒋介石政府的垮台。美国政府把国民政府当作在亚洲扼制共产主义运动的重要工具来玩弄，但由于外交上、舆论上的种种不便，无法让被玩弄者尽知个中秘密。何应钦自然不知道他将要去学习"中美一体化"反苏"反共"的学问。

临出国前，何应钦曾先后赴台湾及西安、北平、沈阳、长春等地视察军政，为蒋介石全面发动内战再助一臂之力。尤其是在台湾视察的五天中，他跑遍了台北、基隆、新竹、台中、彰化、嘉义、台南、高雄等地。6月11日，在台湾各界的欢迎宴会上，何应钦发表演说，在抨击了日本统治台湾50年在军事、政治、经济、教育、文化诸方面的殖民化政策之后，认为"日人在台经营及施行之政策，深值警惕"。所谓"警惕"，便是要加以借鉴及学习，因为"日人为求餍足它的榨取与剥削，50年来对于台湾的开发，确尽了很大的努力，而且获得很好的成绩"。他对台湾同胞始终未忘祖国表示了赞扬和慰问，认为"日本征服了台湾50年，但并没有征服我们台胞的心"，"这种不屈服的精神，实在足以感佩"。对于陈仪主持接受台湾日军投降的工作，他也给予了赞扬。认为陈仪在美军的协助下，以一万多国民党军接受20万日军的投降及政权接收、遣返日俘及30万日侨的工作，虽"未能做到尽如人意"，但可以说"应付得宜"，"顺利进行"。为了使台湾成为国民政府的"模范区"，何应钦希望台湾同胞与政府间"切实通力合作"，完成建设"新台湾"的大业。

对于何应钦的左迁，1946年7月19日的美国《纽约民气日报》社论，既是对他的赞誉，也隐隐为他抱不平："日寇侵入中华，八年之间，将军佐总裁，外对强敌，内防心腹之患，任劳任怨，鞠躬尽瘁，虽外受敌国之离间，盟邦之嫉视；内受敌党之明攻、群小之暗算，未尝一变平生尽忠党国之宿志，退而无一愤怒不平之言，一派忠贞正大之气……"

何应钦这种受贬而不改初志、释权而无有艾怨的精神，是经过多次"淬火"、锤炼的结果，成了他与蒋介石关系的润滑剂。这种冷热之间的强烈反差，又每每成为蒋介石对他的考验。

（二）

联合国安全理事会军事参谋团，是根据联合国宪章第四十七条的规定，由安理会的中、美、英、法、苏五个常任理事国的参谋总长或其代表组成。旨在对于安理会维持国际和平及安全之军事需要问题，对于受该会所支配的联合国军的组成、使用及统率问题，以及对现有军备的管制及可能的军备缩减等问题，提供参考意见。

何应钦除了任军事参谋团团长之外，同时兼任中国驻美军事代表团团长，这后一组织，是1942年春太平洋战争爆发以后，中国即派代表团驻华盛顿，办理与美军事当局接洽对日作战有关事宜的机构。日本投降以后，驻美军事代表团的任务，则是加强蒋介石政府与美国政府的联系，谋求美国对蒋介石打内战提供更多的军事和经济援助。

军事参谋团初期会议在伦敦召开，由商震代何应钦任中国代表团团长，团员有陆军中将孙立人、陆军少将赵桂森和龚作人、海军少将周应聪、空军代表黄泞扬、陆军上校衣得复及驻英军事代表团团长陆军中将桂永清、驻苏武官陆军少将郭德权等。1946年2月下旬，因联合国安理会移设纽约，各代表团亦随之迁美。

何应钦启程赴美前，美国为蒋介石装备了45个师，美国军舰和飞机已将国民党军54万人运送到进攻解放区的第一线，美国还为国民党训练了陆、海、空军及特务、交通警察等军事人员15万人。蒋介石已经调动了160余万军队向解放区进攻。同时，美国国会通过了《军事援华法案》，美国政府批准了《美蒋秘密军事协定》，将大批的美式武器和军用物资源源不断运给蒋介石。

1946年6月26日，蒋介石悍然撕毁停战协定和政协决议，以30万军队分四路向中原解放区大举进攻。全面内战爆发。

7月4日，何应钦由南京乘"凯旋"号专车赴上海。临行前，孙科、戴季陶设宴为何应钦饯行。身为蒋介石反共股肱的何应钦，自以为正是大有用武之时远涉重洋离去，不免涌起"西出阳关"的忧思。到达上海后，何应钦即对记者发表了简短的讲话，对国际国内问题均表乐观，并高唱"团结"、"和平"、"统一"，企图冲淡全面内战的火药味。

7月12日，何应钦一行搭乘美国军用飞机绕道日本赴美。下午四时抵达东京，六时即往访驻日美军统帅麦克阿瑟，向其转交了蒋介石的亲笔信，晤谈约一小时。在14日何应钦致蒋介石的信中，透露了他与麦克阿瑟谈话的内容：麦表示他"45年来即为中国之友，今后将更加关切中国之局势，并将一切力量，帮助中国"，"将努力防止日本共产主义之发展"。唯一使麦克阿瑟遗憾的，是蒋介石对世界反共事业"贡献极大，惜乎世人多犹不解也"。言下之意，何应钦此次赴美，应负起向世界宣扬蒋介石反共功绩的使命。

在日本逗留的几天，使何应钦领略了春种秋收的喜悦。一些因何应钦"以德报怨"政策安抵故土的侵华日军人员，听说何将军光临，均想一睹风采，有一些人还致函表示对他的感激之情。一个名叫黑木清行的致函何应钦，说："鄙等在贵国托贵国政府的福，过了舒服日子"，希望为两国"亲善"工作而有心"报万恩"。读来虽不甚通顺，但由衷的感激溢于纸上，轻松了何应钦抑郁的心情。

7月15日，何应钦抵达美国旧金山，至8月1日到军事参谋团视事，期间备受国民党驻美各机构及反共人士的欢迎与赞誉。有的称何应钦之于蒋介石，犹如杰弗逊、汉密尔之于华盛顿；有的说何应钦是"中国陆军之保姆"，"当今赵子龙"；有的则称颂他"温文儒雅、治军严、处事慎、待人诚、持己严，对豪华奢侈贪污洽利，恨之入骨"等。这大抵符合何应钦在国民党营垒中的正面形象。但也有使何应钦大扫颜面的人在。7月22日，商震在纽约帝国大厦彩虹厅举行酒会，介绍何应钦与有关中美人士会面，彼此杯觥交错、握手言欢正烈之时，传来阵阵嘈杂的"反对何应钦"之类的口号声，令宴饮者惊诧莫名。原来，是"国际共产党徒数十人"，手执"何阴谋制造战争"的标语，"在帝国大厦门外，徘徊游行，凡45分钟，其中有中国人13名，其余均系外国人，后因警察干涉，始告散去"。当时，美《工人日报》记者问何应钦："将军对此有何感想？"素来缺少幽默感的何应钦灵感突来，答称："余之姓名，在贵国恐仅有五角大厦少数将领知晓，经此番宣传，料于明日在贵国各报必为头条新闻，余之姓名，恐无人不晓。因此，本人对此，深表感谢。"何应钦有如此机敏的应对，实属少见。

这一反何的插曲，虽令他不快，但也愈使其感到此行结成国际"反共"联盟之紧迫与必要。最使何应钦感到荣耀的，是自近代中国与西方列强接触以来，在外交上均处于不利地位，而他此时此地，却能以平等地位与西方诸国折冲论辩，共商国际军事问题，似乎是中国外交史上的伟大转折。其实，何应钦这种感觉，犹如五光十色的肥皂泡。当时的联合国，不过是美国的代名词，何应钦这中国代表团团长，也只是追随美国起着彼呼此应的作用罢了。不过在初膺此任的何应钦心目中，联合国不仅代表了所有会员国，甚至代表了全人类，他是殚精竭虑，真想有一番作为的。

在美国的一年又八个月时间，何应钦广泛拜会了上自杜鲁门总统、艾森豪威尔陆军参谋长、陆军部部长柏德森等，下至一般文武官员及知识界人士，并在会议之暇，到各处考察访问，先后去了美国费城东海岸海军基地、学校及工厂；长岛附近的布鲁克林海军造舰厂；匹茨堡、底特律的钢铁企业及汽车制造厂；美国西点军校、通讯兵学校、装甲兵学校、步兵学校；马里兰州的米德堡美国陆军退役总站、德克萨斯州美空军训练中心；田纳西水库及田纳西河谷管理局、新泽西标准炼油厂等。

他一踏上美国国土，犹如《红楼梦》中的刘姥姥进大观园，所见皆令他惊叹佩服，自惭形秽。昔日的"乡巴佬"，经过几十年官场与洋场的熏沐陶冶，倒也不会像刘姥姥那般洋相百出，但心境恐亦不相上下。这里摘录8月8日他致国内各军政长官、各省主席等的信，可见他对美国生活的观感："……到美两旬，对于美国情形，尚不能有深刻之研究；唯观感所及，觉美国真为一富强康乐之国家，国民生活均甚安适，不仅生活水准较高，且一般均甚平衡，城市乡村生活，亦无多大之轩轾，即合理之生活，人人皆能享受……例如交通路口之红绿灯，全系机械自动控制，车行至红绿灯处，虽前面并无车辆横过，亦停车待绿灯开启时始前行，故各街口完全无交通警察，而车行井井有序。又如地道车入口处并无收票人员，乘客自动纳费五分于所设箱内后，入内乘车，而并无瞒漏者。"此外，对美国人"星期日则大半驱车郊外，度其快乐之假期"；美军部队或军事机关，"均设有军官俱乐部及士兵俱乐部"，"使官兵身心愉快，精神有所寄托"等，赞不绝口。

他对美国的军事教育体系，感触良深，尤其对西点军校所标榜的"西点之理想""西点之尊严""西点之责任""西点之训练"与"军事领袖之资格"，印象更深。他认为美国军事教育有两点值得国民党效法：一是陆军军事学校，有一职责分明、训练良好之严整系统，由基础学校、专科学校、参谋学校、陆军大学和国防研究院，组成由低向高的梯次结构；二是各军事学校重要职务，多调用战时功绩显赫之指挥官担任。

再经过一些时日，他对美国社会的认识，似乎开始由微观感觉上升到了宏观的理性高度。何应钦1946年10月12日致张道藩、谷正纲、马星樵、刘健群等人函中，总结了美国社会进步的原因有五：一为官吏服务之精神，二为国民守法之精神，三为工业发达，四为交通便利，五为教育普及。以此反观中国，则五者均不如人。就何应钦之立场及洞察力，只能得出如上观其表而不能究其里的结论，也是无可非议。但从中人们会发现，他往昔对日友善的立场，随物换星移，正在转变为对美亲善。

（三）

8月1日，何应钦到军事参谋团中国代表团上任，即宣布了该团的工作方针：一、驻外武官不兼本团团员；二、将代表团原设有的团长办公室及五个组共六个单位，缩编为总务、编译、参谋三组，并明定分工，各司其职。上任伊始，就体现了他崇俭、务实的工作作风。何应钦还亲手制订了代表团的六项工作计划："其努力目标为：加强中、美两国军事关系，使美国朝野了解中国共产党之邪恶与阴谋；考察各国尤其美国军事、国防各项建设，以为我国建军建国之参考；协同美、英以全力支持联合国，使成为具有实际效用之国际组织；在联合国中联络民主国家，遏止共党侵略之扩张；使一切新武器，在联合国管制下成为国际化；并期使各国真实合作，建立有效之国际武力。"

从8月7日军事参谋团第十五次会议起，何应钦开始出席。其后各次会议，均与美、英、法、苏四国代表团团长轮流担任主席，各主持会议一月。各次会议的主题，都是研讨联合国军的组织。这一问题，范围既广，性质极其复杂，在世界历史上尚无先例可循，加以美国从中操纵，何应钦与英、法代表团团长附和，致使苏联代表团的某些正确议案遭到否决，形成没完没了的争论。

这一争论，一直持续到1947年4月28日。最后，只好矛盾上交，将两种对立的认派原则同时提供给安理会采择。

7月31日，何应钦致函蒋介石，报告一年来中国代表团工作概况。其中述及会议议案时有如下两段：

……国际上之会议，因利害与外交关系，对于每一问题，争论极烈，常因一句一字之增减修改，辩论达数小时。而必须各就立场，陈述有力之理由，并反驳对方之意见。军参团英、美、法、苏各代表，均属能言善辩，尤以苏联代表所具立场，辄与四国不同，故每次开会，无异极激烈之辩论会。职是之故，一年来虽所商得结果者，仅有联合国军组织基本原则41条，而其中尚有16条未经获得一致同意……

本团所租办公地点，系在长岛，距纽约中心区约25英里，开会地点在纽约。本团人员除开会外，平时甚少至纽约。各员生活均甚简束，办公余暇，多研读英文，或从事健身运动，故精神甚为振奋。

到1947年底，关于联合国军认派原则之争，仍无结果。至于各会员国对联合国军的供应、基地及该军队之驻地、后勤，使用后撤退之时间、地点问题，苏联皆与其他四国持绝对相反意见。当然，苏联有自己的打算，而国民政府与美、英、法又结成联盟，以扼制共产主义和反苏为共同目标，冰炭岂能相容？直至1948年3月23日，何应钦离开纽约，议案仍然悬而未决。

（四）

何应钦出使联合国的一年多，正是国内两种命运决战的关键时刻。

蒋介石虽然发动了全面内战，但由于中国共产党采取了政治上团结一切可以团结的力量，建立广泛的民族民主革命统一战线；军事上集中优势兵力，各个歼灭敌人的正确方针，历史并没有按蒋介石幻想的方向发展。

远在美国的何应钦，虽未直接置身中国这一光明与黑暗、民主与独裁、革命与反革命的大决战，但他却在美国、墨西哥、加拿大等足迹所到之处，不失时机地为蒋介石的反共内战进行助攻，制造谎言，企图争取更多的美援和国际反共势力的同情。

1946年11月，蒋介石以为他对解放区进攻的暂时得手，是"对日战争胜利以来军事形势的最高峰"，11月15日，蒋介石不顾中国共产党和各民主党派的反对，悍然召开了国民党一党包办的"国民大会"。会上，除国民党复兴社、CC系之间争权夺利、相互辱骂，甚至扭打之外，还高唱"政治民主化""军队国家化"，通过了所谓"中华民国宪法"。蒋介石通过"国大"，"把独裁'合法'化，把内战'合法'化，把分裂'合法'化，把出卖国家与人民利益'合法'化"。

11月22日，何应钦访问墨西哥，接受该国政府颁赠的一等武功勋章。次日，他对旅墨侨胞作了一通演讲，俨然是蒋介石在"国大"上的腔调，他认为国内的战争，并非内战，而是"共党的军事叛乱"，"政府对此问题，只希望两点：一是军队国家化，希望中国共产党将其拥有的军队，编为国家军队。一是政治民主化，希望中国共产党以纯粹政党的姿态，来参加政府的合作"。他这里所说的"军队国家化"，就是要消灭人民解放军；"政治民主化"，就是蒋介石的独裁化。

何、蒋之间，简直是声应气求。

由美国出钱出枪、蒋介石政府出人出力的中国内战既然打了起来，国民党军既然在战略进攻上已经得势，美国的"调停"也就没有必要了。杜鲁门总统继表示停止向蒋介石再供应剩余军火之后，又于1946年12月18日声明"不干涉中国内政"。专负"调停"国共争端的特使马歇尔将军，也于1947年1月8日，丢下"和平障碍在国共两党"的声明后，返回白宫就任国务卿去了。美国的故作姿态，不仅使蒋介石恼怒，也使何应钦焦灼。

2月3日，何应钦赴华盛顿拜访马歇尔，"恳挚说明"：共产党"决非一如自己所称之'土地改革者'，而实为苏俄共产主义之帮凶，其叛乱目标，实在夺取中国政权，并将进而与美国为敌，如果与其谈判和平，实无异与虎谋皮"。

2月10日，何应钦为了"打击共党在美宣传问题"，致函陈诚、陈果夫、吴铁城、陈立夫等人，信中多少正视了国民党面临的现实，看出蒋介石政府之失去人心，主要在于农民问题。他还借鉴了西欧一些国家对付共产党的办法，给病入膏肓的国民党开了一剂新近才学到的加有"民主"、"土地政策及农民福利"等味药的处方，以图国民党起死回生。

何应钦此举，是针对美国出版了怀德所著《中国风云》一书而发，认为怀德的书在以下两点为中国共产党渲染：一是谓中国共产党与他国共党不同，且不受莫斯科之指挥。二是中国共产党为中国唯一之民主力量，其设施完全为多数农民谋福利……中国共产党在其区域内所行之土地改革，业已成功，"致大多数美人"，均受"蒙蔽"。经过多年与中国共产党打交道的何应钦认为："中国共产党赖以发展者，一为武力，一为思想，一为政策，而其最足利用者，则为目前经济状况下不安定人心。故今日解决中国共产党问题，仅赖军事力量，只系治标办法，实恐不足。必须同时从思想及政策两方面作有力之斗争。弟认为目前亟须注意者，须针对其所施于农民之政策，尤其土地政策及农民福利等，以改进我之措施……"他还主张效法英国的"大企业国有"、荷兰的"社会财富均衡"两法，对付中国共产党。

他在这封信中提出的某些对国民党"恨铁不成钢"的批评，不能说没有见地，差不多已触及中国问题的要害农民问题。

凡为多数人民谋福利之事可能办到者，政府率先研究妥善后，即断然行之。如关于土地政策及佃农之福利问题，政府似宜迅集专家，根据总理遗教，详加研究，制定一种有伸缩性之原则，交各省斟酌情形，制定适合各该省之办法，切实施行（重要在能切实施行），如此，则一般农民因已获福利，亦不致为共党所煽惑。此邦舆论，多谓平均地权，原为国民党良好政策，但国民政府竟不敢实施，而任共产党施行此项政策，以争取占中国人口85%强之农民。《纽约时报》及《先锋论坛报》且批评《中国之命运》一书中，对于土地政策，未提出具体之办法，故弟觉关于土地政策及农民福利问题，似有迅速研究有效办法，积极实施之必要。又宪法既已公布，必须切实施行，以博民主国家之同情，而打击中国共产党对本党一党专政及不民主之恶意宣传。思想方面，似可仿各国道德重整会办法……以打击共党之唯物思想。至对外宣传方面……只须我有改进之事实表现，亦即可以对抗其虚伪之宣传。总之，吾人必须同时以武力打击其武力，以思想打击其思想，以政策打击其政策，齐头并进，然后可期有速效。

何应钦确实不是一位有头脑的政治家，且不说国民党不能照他的办法办，即使照办，剥夺了地主的土地，不也就失去了国民党统治的主要阶级基础？仅此一点，便足以致其死命。

不知是否是对他上述"直谏"的反应，还是本已如此，4月2日，何应钦收到蒋介石来电，谓总统府战略顾问委员会于4月1日成立，任命他为主任，未到任前，暂由龙云代理。这似乎意味着蒋介石将永远把何应钦束之高阁了。

1947年5月，蒋介石所发动的全面内战势头不妙，不仅遭到全国人民的一致反对，而且在国际上也引起一片对国民政府的责难之声。恰在这一时候，《联合国世界》杂志也来火上浇油，发表谴责国民党统治的文章。5月8日，何应钦写信给属国民党内"夫人派"的行政院新闻局局长董显光和国民党中政会秘书长陈立夫，说这家杂志销路甚广，但有关中国的消息，"仅见有共党或其外围分子投稿"，要他们引起重视，并建议由国民党组织人向这家杂志撰稿，以抵消共产党的影响。然而，陈立夫也是会踢球的高手。6月6日，陈复函何应钦，承认国民党海外宣传"用力殊嫌不足"，对国外舆论，既未注意争取，又未有计划地予以矫正，并谓他已转告宣传部，组织规划，设法驳斥。但陈话锋一转，认为"倘能组织在美同志，以及同情吾人之美方人士，分向各报章杂志投稿，纠正视听，成效必有可观。窃意以为，如以先生德望，就在美之便，指示小理，收效尤易宏益"，并说所需材料，将由国民党中宣部陆续供给。此事谈何容易，空口白话，要掩盖确凿事实，决非易事，且美国毕竟不是国民党的一统天下，新闻界似是刁难何应钦等人，要求所发文章，既须有确切事实叙入，且要附上相应照片，才肯刊登，岂能任其信口雌黄，悉由尊便？何应钦万般无奈，6月20日又写信给陈立夫，索要所谓驳斥共党的材料，而陈始终没有给何寄来任何材料。

1947年7月，解放军主力在外线发起反攻，粉碎了国民党军对陕甘宁边区和山东解放区的重点进攻。打了一年的内战下来，国民党军已由430万人减少到370万，而解放军则由120万发展到近200万，并开始转入战略反攻。这一转折，成了何应钦所依附的蒋介石20年反革命统治由发展到灭亡的转折，也是一百多年来帝国主义在中国的统治由发展到灭亡的转折。这样的形势，连远隔重洋的何应钦也明显地感觉到了。

1947年10月，《中国人民解放军宣言》响亮地发出了"打倒蒋介石，解放全中国"的号召，提出了中国共产党成立民主联合政府的基本政治纲领。人民解放战争一步一步走向胜利，蒋家王朝已面临总崩溃的前夜。急思为蒋介石效力的何应钦非但未看到国内重新启用他的任何迹象，反于11月15日得到蒋介石手令，要何应钦兼任团长的中国驻美军事代表团即日结束。这是蒋在内战中一败涂地，迁怒于杜鲁门未全力支持，所以赌气要一耍脾气。因为这个代表团是协调中美对日作战而设的，日本投降后，本应撤销，蒋介石选在这种时候撤销，对杜鲁门倒没什么，而对何应钦，不啻又是一次权力斜坡上的下滑。尽管如此，何应钦多年培育起来的深沉涵养和弹性极大的自控能力，充分显示了功底。他除遵命之外，依然勤奋工作。

爬上总统宝座，过一过袁大总统那样的瘾，是蒋介石多年的夙愿。因此，他下令于1948年3月29日召开"行宪国大"。在国内竞选"国大"代表的风潮中，贵州省主席杨森、贵阳市市长何辑五等从中努力，把何应钦选为贵阳市出席"行宪国大"的代表。或许国内已有何应钦将复出长军政的风传，不断有人写信向何本人探听口风，更有一位戢翼翘先生，来信大拍何应钦的马屁。信中写道："目前共产主义，汹涌澎湃，势焰日涨……现在国内正办理各项选举，渐臻成熟，将来副座一席，非有如兄之资望勋业并隆者莫属，甚盼有所准备，见论实行。如需协助之处，自当竭尽绵薄，促其成功也。"

无奈何应钦既未得蒋片言只字的许诺，手中又无一兵一卒之权，虽有心反共，却无力回天，且已有在海外专注于"道德重整"，以遣余年的准备，岂敢妄图副总统的非分，以"报国不在职位"的话，婉拒了戢先生的盛意。

当时，随何应钦在军参团的蒋鼎文也极力怂恿何应钦参与竞选副总统，并表示自愿先行回国筹划。其时又恰巧接到其弟何辑五由贵阳寄来的信。信中告知他为何应钦竞选国大代表，已经用去若干万元。何应钦读到此信，不免对部属说：选一国大代表尚且要用这么多的钱，我哪有财力去竞选副总统？遂急告蒋鼎文，竞选之事作罢。据说国内不少拥戴何应钦之人也都跃跃欲试，替他拉选票。连李宗仁也曾向外界表示："假如敬公中途不放弃竞选，我将取消我之活动也。"就何应钦内心来说，何尝不想竞选副总统！

正当何应钦对前途茫然之时，3月5日，忽接蒋介石来电："何团长敬之兄：兄如可抽暇，请于本月底回国一行，为盼！中正手启。" 3月21日，又接到蒋的手令："敬之兄：请回国一谈。"

两道金牌，显与"行宪国大"和内战前途有关。但对何应钦个人的前途如何，从蒋的手令中无法猜度。是去赶"行宪国大"的庙会，还是另有新任？何应钦及其周围的幕僚们都曾为之祈祷上苍，愿这两道手令都是耶稣的福音。

3月23日，何应钦匆匆启程归国。

波谷底浮出　危难中受命

（一）

1948年4月1日，何应钦风尘仆仆地从美国赶来，在南京黄埔路官邸晋见了蒋介石。分别一年多，气氛自然热烈亲切，但蒋介石仅仅停留在一般的垂询、嘉勉，而何应钦急切要知道的是他下一步将何去何从。蒋介石并未透露任何确定的打算，便催促何应钦去报到参加已于3月29日开幕的"行宪国大"。此前，无论在美国还是回国以来的两天，都有人建议何应钦参加副总统竞选。他未必就真不想，只是蒋介石没有明令或暗示，他不会贸然去参加角逐而自讨没趣。

4月2日，选举主席团，何应钦成了85员之一。有一点他是十分明白的，蒋要他回国，是要在选举总统时为自己添加一点声势，此外，也与蒋军在内战中每况愈下有关。

美国政府虽然认定蒋介石是扶不起的阿斗，表面声言不再"卷入"中国的内部事务，但目前找不到比蒋介石更好的人选，还是要给即将当总统的蒋介石撑腰壮胆，因此，美国国会选择了时机，于4月3日通过4.63亿美元的"1948年援华法案"（6月19日减为四亿美元）。这就给"行宪国大"注入了一针兴奋剂。出使美国的何应钦无形中也似乎多了一分光彩。为了不破坏由于美援到来而鼓荡起的欢欣，蒋介石在9日作施政报告时，便故意将真情隐瞒，说什么"自从'剿匪'战争展开以来，国军确实损失了17个师……约为（兵力）总数的10%，而这几个月来已完成了八成的补充"；"我必定在三个月到六个月以内，肃清在黄河以南集结的'匪'部"。有人相信，有人不信，有人信疑掺半，何应钦属于不信者之一。

5月1日，这场选与不选都是蒋介石当总统的"行宪国大"，虽有选举副总统时李宗仁、孙科之间相互攻讦的闹剧，还是一致通过了"全国动员戡乱案"，草草宣布结束了。参加为时一个月的"行宪国大"，何应钦唯一的收获，便是陈诚的塌台，这预示着他被蒋介石冷落的日子即将结束。但是，他个人复权希望的曙光在国民党军日暮途穷时升起，却也令他有回光返照的惶恐。

1947年冬至1948年春，陈诚以参谋总长兼东北行辕主任，仅仅在使"国军"中的嫡系部队美军化方面有所表现，在与解放军的作战方面，虽有"太子"蒋经国同到东北，准备创造奇迹，不料却一败涂地。内战打了不到两年，国民党军的家当已输掉大半，不少人把责任归咎于陈诚，纷起责难。1948年，在蒋经国控制的中央训练团党政训练班的联欢会上，就有人公开要求撤惩陈诚，更有人要求蒋介石效仿诸葛亮"挥泪斩马谡"。在"行宪国大"期间，涉及军事问题时，此类呼声也一再响起。在何应钦的自我感觉中，对陈诚的贬斥，便是对他的褒扬。在一些黄埔系将领和不少"杂牌军"将领中，汹涌起怀旧忆往的感慨，揭开了何应钦复出的序幕。

在何应钦与蒋介石的关系中，"龙"将升腾，就须"云"托。每当蒋介石在军事方面出现重大转折时，都会关照到何应钦。当然，这种关照，有时是赐福，使何应钦在大局已定时轻易获得功勋荣誉；有时是嫁祸或冷落，让何应钦在艰难竭蹶之中扭转颓势或叫他让道，暂时作为牺牲去稳定蒋介石的权力怪圈。现在，国民政府面临的不仅是军事的逆转，而是全面的逆转。蒋介石预感到与解放军战略决战的时刻即将来临，而陈诚既不能肩此重任，真正能作战的白崇禧却又是李宗仁的心腹，宁肯打败仗，也不能把兵权全畀予他。因此，人望、协调能力均在陈诚之上，而本事、实力略逊于白崇禧，既是蒋介石的心腹，又与桂系集团私交颇好的何应钦，自然是国防部部长最理想的人选。

5月31日，经国民政府行政院院长翁文灏提请，蒋介石立即发布特任令，发表何应钦为行政院政务委员兼国防部部长，同时以顾祝同接替参谋总长。国民党军与解放军相比，优劣之势早已易位，何应钦适于此时接任国防部部长，"其责任之重大，可想而知"。是赐福，是嫁祸？何应钦未必能肯定。然而，就是这种时候，蒋介石仍将权力制约之术一以贯之，不肯改动早已验证不利军令统一的权力构架。在未正式任命何应钦之前，蒋介石对国防部修订组织基本原则作了"一项新指示"："参谋总长对军令事宜，以奉总统之命令行之；对军政事宜，以部长之命令行之。"何应钦对此，不仅奉命唯谨，还要言不由衷地大加赞扬，称道蒋介石这一规定，既使职权划分显得更为清楚，又为国防部健全的新制度提供了改善的基础。好在何应钦、顾祝同均为蒋介石权力怪圈中的重要人物，在历次反共战争中配合默契，交情也好；过去都是陈诚的老上司，且都受过陈诚的气，彼此大有"王于兴师"，"与子同袍""与子同仇"之慨，确实会比白崇禧与陈诚主持军事时少些内耗。

何应钦在美国期间，已对白宫和五角大楼留下堪与共事的印象，而且对美国政府内部的弃蒋与援蒋之争的内幕多少有所知晓。对于蒋介石，美国相信，"还没有一位比他更有才干的人能来取代他的地位"，支持蒋介石掌权的一派仍占上风。美国政府幻想以美元促改革，以"改革加美援"使蒋政权有所救药。能否取得美国的支持，是何应钦能否比白崇禧、陈诚有所表现的至关重要的一环。因此，6月1日，上任伊始，何应钦就向美国记者发表谈话，投美国之所好，就国防部的改革谈三点计划："（一）改善官兵生活，（二）畀予指挥将领赏罚之全权，（三）选拔优秀人才。"何应钦这三点改革计划，既是新官上任的"三把火"，又直接间接地烧燎到国民党军事系统的病痛之处。表面看来，这改革之火是针对蒋介石任用陈诚而喷吐，但实在是为了蒋家王朝的根本利益不得已而为之。何应钦既认为是良药，就顾不得蒋介石喜甜怕苦的胃口。

1948年，国民政府国防部部长何应钦在国防部楼下自助餐厅进餐。

6月30日，何应钦

对国防部官佐训话时，又以改革者的姿态，就国防部当前的主要任务表白自己一番振作气象的决心。他宣称："在'戡乱'时期，国防部任务非常重大，最主要的就是如何能把国家现有的人力、财力与物力，一点儿不浪费，有效的充分运用到戡乱军事上去。" 这又是对名为白崇禧，实为陈诚操纵的国防部的抨击。

一贯逆来顺受、宽容大度的何应钦，何以在"党国"危急存亡之秋，会一反怯懦而勇敢起来？这是由何应钦线性认识的直觉错误所致。他以为军事形势如此糟糕，全是蒋介石私而忘"公"，重用嫡系中的无能之辈，而对非嫡系中的英才俊杰，虽予高位，却难得权力怪圈圣光的普照。这种不满情绪超过了他谦和性格的弹性限度，便发出了甘冒权力得而复失风险的诤谏。知何者为何心忧，不知何者谓何何求？当蒋介石失去对大陆的统治以后，才渐渐体会到何应钦所表现的也是一种忠诚。何对蒋这种建立在反共基础上的忠诚，当然绝不仅仅只表现在间接对蒋的指责，小小的拆台之下，却有大力的补苴罅漏。他上任后，即向蒋介石提出三点挽救败局的建议：一是增设若干绥靖区，加强对地方的控制。绥靖区长官有任用与撤换地方行政长官的权力，以实行"党政军一元化"。二是从9月1日起，撤销整编军师旅番号，原整编师长恢复军长、整编旅长恢复师长职，以振士气。三是加强兵团组建，一个兵团最少指挥三个军以上，以三个有力之兵团，对付人民解放军的一个野战军，使战略上无可挽回的劣势在战役中变为优势。 这三点对策，虽得蒋介石首肯，并部分地得以实施，但战争的进程决不是国民党一厢情愿就能左右的。

（二）

1948年7月27日至8月2日，蒋介石在南京召集了一次重要的大型军事会议。会议的参加者有各地区"剿总"总司令、各兵团司令、国防部各厅署长及几个重要的军长共120余人。

这次大型军事会议的重点是研究战略防御的方针，并准备撤退东北、确保华中。国民党军企图收缩战线，集中兵力，依托战略要点的坚固阵地进行坚守防御，同时组织强大的兵团进行机动作战，以攻为守，扭转败局。

在会议第一天的开幕式上，蒋介石把两年来的军事惨败，完全归咎于许多战场指挥官的贪污腐化、贪生怕死、指挥无能，并警告与会者说："现在'共匪'势力日益强大，'匪'势日益猖獗，如果大家再不觉悟，再不努力，到明年这个时候能不能再在这里开会都成问题。万一共党控制了中国，则吾辈将死无葬身之地。"在这一点上，蒋介石倒不失先见之明。

白崇禧的长篇发言一语中的。他说：时至今日，我们应有勇气承认在"戡乱"中遭到的一连串的失利，而不能自欺欺人，讳败为胜……回顾战后"剿共"军事开始的时候，我们实力以5∶1的绝对优势超过共军。何以不到两年，战略上的主动，就从政府方面转到共军手中？类似的发言何止一二，这给何应钦壮了胆，犹如点燃了炸药包的引线。

会议进行到第三天，由何应钦作全面的军事报告。报告把内战的责任转嫁给共产党，然后对各个战场国共双方的态势进行说明。他吹嘘7月初以来，国民党军以攻为守，进行"黄泛区会战，'匪'伤亡惨重……"但他吹嘘的这种"胜利"，对于中央党部那些政客也许产生了兴奋的效应，而对眼前这群亲历战阵、富于直接体验的国民党军高级将领，却再也引不起共鸣了。

何应钦还在报告中公布了国民党方面所掌握的两年来作战损耗的数字：兵员死伤、被俘、失踪总数共300余万人；步枪100万支、轻重机枪共约7万挺、山炮野炮重炮共1000余门、迫击炮小炮共1.5万余门；还有战车、装甲车、汽车以及大批的通讯器材和大量的各种弹药。

何应钦的报告一结束，整个国防部大礼堂就开了锅，大家交头接耳、议论纷纷。有的认为共产党在江西时，只有那么一点力量，打了十几年，尚且解决不了，现在发展成这样大的力量，这个仗还怎么打下去；有的公开指责已被蒋介石暂时冷藏起来的陈诚，认为陈辞修（诚）可恶又可厌，这个仗是他极力主张打的，还胡说什么三个月五个月就解决共军主力，结果弄得一败涂地，他应完全负责任；有的认为国民政府的命运与美国息息相关，美国怎能坐视不救……许多人嘴里不敢说，心里埋怨的却是蒋介石。悲观、疑虑、愤懑充满了整个会场。

这一天，蒋介石没有到会，他习惯于别人听他的报告、训话，却不愿坐在台上听别人的报告。但他却派了职务仅是装甲兵司令部上校参谋长的次子蒋纬国参加会议。同时，蒋还派了他的两个侍从秘书轮流到会，认真记录每个人发言的内容和观察会场的情况。何应钦报告的内容和会场的气氛，自然当天就汇报到了蒋介石那里。据参加会议的侍从秘书之一的曹圣芬事后说："当我们共同把会场情形和何部长报告内容向总统报告时，先生（指蒋介石）气得满脸红胀，连胡子都翘起来了，两手撑着腰在室内走了许久。"

据会议参加者宋希濂事后分析，何应钦之所以把那些令人沮丧的数字公布出来，其用意有二："第一，两年来对人民解放军作战失败得这样惨重，表明他是不负任何责任的；因为军队指挥权和军政大权这两年来都是由陈诚掌握着。第二，1944年蒋介石和陈诚迫使何应钦交出军政部部长，其后又派他到美国纽约去充当派驻联合国的军事代表团团长，既无实权，又无事做，何应钦是极不甘心的。他这样的报告，实际上就是对蒋介石和陈诚的泄愤和报复。"

何应钦敢于泄愤和报复，无异于摸了老虎屁股，其胆量的来由，可以从1948年6月11日美国驻华大使司徒雷登致国务卿马歇尔的报告中得到一部分注释。据该报告称，司徒雷登的私人秘书傅泾波说："他近来仔细地观察委员长，觉察到他明显地衰老了。委员长虽然仍很注意那些重要环节，但他不能如同过去那样迅速地作出决断。他日益不能觉察他的指示是否得到贯彻，且越益健忘。据傅说，在他看来委员长已变成一个疲乏的老人，而不能有效地承担他的职责，还正日益失去威信。"何应钦的勇气，正来源于他也看出蒋介石因"衰老""疲乏""健忘"而失去往日的"决断"，"不能有效地承担他的职责"，并且"日益失去威信"。

蒋介石对何应钦如此"泄愤和报复"的反应，确实也反证了傅泾波的观察并非虚妄的错觉。

7月30日，即何应钦报告的第二天，蒋介石身着戎装，胸前除佩戴着实质上等于他自己发给自己的青天白日勋章外，还挂上了美国总统杜鲁门赠给他的勋章，闪闪发光。他走上讲台，脸孔绷得紧紧的，眼光横扫会场。这一番亮相，是在向何应钦及与会者表明，他是军队的最高统帅，只能听他的。许多人以为蒋介石一定会雷霆大作，不料，他的讲话虽有锋芒暗刺何应钦，却显然是压住了火气，警告中流露出无可奈何的哀恳。他说："我自黄埔建军20多年以来，经过许多艰难险阻……终能化险为夷，渡过种种难关。自对'共匪'作战两年来，军事上遭受了挫折，这是不容讳言的事实。但今天最重要的是我们大家同心同德，共济时艰，抱定'有敌无我''有我无敌'的决心，激励士气，来挽救危机争取胜利，而不是互相埋怨，互相倾轧。尤其我们这些高级负责人，更应坚定信心，处在危疑震撼之际，更宜力持镇静，绝不可有丝毫悲观失败的情绪和论调，以致影响士气，影响全局……"但何应钦端坐主席台上，若无其事地聆听着蒋介石的教训，丝毫没有激动和不安的表情，倒真正有点身处"危疑震撼之际"而"力持镇静"的大将风度。

会议的最后一天，通过决定，裁并绥靖区，减少机关，扩大机动兵团，在长江以南迅速编练第二线兵团；为集中兵力确保华中，破坏人民解放军的秋季攻势，决定坚决保持三角（即徐州、汉口、西安）、四边（即陇海路、兖州之南的津浦路、郑州以南之平汉路、宝鸡至成都公路）、十三点（即开封、郑州、济南、商丘、南阳、襄阳和樊城、确山、信阳、汉中、安康、钟祥、宜昌、合肥）、东西呼应，阻止人民解放军南下。然而，并没有制订出更具体的实施计划。

这次军事会议之后，何应钦忙于召开各种会议，贯彻"戡乱建国"国策。虽然对战争进程缺乏信心，但"反共"的态度却很坚决。

（三）

9月16日至24日，解放军攻克济南，揭开了战略决战的序幕。从9月底开始，到10月底，蒋介石亲自在东北、华北之间飞来飞去，妄图阻挡解放军发动的辽沈战役的强大攻势。何应钦在南京就成了蒋介石的代表。

10月10日，何应钦在南京发表所谓《告全国同胞书》，奢谈"军民团结一致，'剿匪'作战"；"投资生产事业及国营公营事业"，"拥护财政经济紧急处分令"，要国统区人民把裤带勒紧再勒紧，以推行蒋介石所发动的"勤俭建国运动"，并声称这是"'戡乱'建国所必须共信共行的神圣法则"。当何应钦喊过"确保'戡乱'的胜利与建国的成功"之后，辽沈战役的大势已定。

10月15日，人民解放军攻克锦州，东北的大门已被关上。毛泽东所设计的在东北"关门打狗"的方案已经实现，对关内的卫立煌集团，也无异于瓮中捉鳖。何应钦眼见东北会战已近尾声，知道保卫首都南京这一中心问题，已经迫在眉睫了。

10月22日，何应钦与顾祝同一起，召集刘斐、萧毅肃、郭汝瑰等国防部、总参谋部的主要负责人研究中原作战计划。而当时统率中原地区国民党军的将领是徐州"剿总"司令刘峙、华中"剿总"司令白崇禧。徐州自古就是逐鹿中原者的必争之地，理应派一员得力干将防守。何应钦任国防部部长后，既为了表示与桂系的合作，又是从战略的全局考虑，即向蒋介石建议以白崇禧统一指挥华中、徐州两个"剿总"的全部兵力。

何应钦深知辽沈战役一旦结束后，中原将是解放军进攻的主要目标。他又在会上提出由白崇禧统一指挥之议。他根据解放军中原野战军主力向禹县移动的情报，判断解放军或者将进攻郑州，或者将与华东野战军协同进攻徐州"剿总"辖区，因此，主张刘峙应放弃陇海线上各大城市，集中兵力于徐州外围。华中"剿总"以黄维的第十二兵团所辖之四个军进出周家口附近，以策应刘峙或白崇禧作战。何应钦作出决定后，即令国防部第三厅厅长郭汝瑰于23日飞往北平，向蒋介石请示。郭临行之前，顾祝同唯恐蒋介石不同意何应钦这一决策，再三交代郭汝瑰，务必说明要白崇禧统一指挥是暂时的，俟会战结束，华中"剿总"和徐州"剿总"仍分区负责。蒋介石刚刚打发杜聿明去沈阳，代替向解放军投诚的东北"剿总"副司令郑洞国去作危城中的垂死挣扎，并且对众多黄埔系将领"拒不服从命令，懦怯怕匪"的状况痛心疾首。此种时候，只要有人肯为他卖命，他也不能不表示信之任之。蒋介石爽快地同意何应钦的决定，还加上自己的具体指示，临阵之前给白崇禧加封"国防部指挥所主任"的头衔，并慷慨许诺："不要暂时指挥，就叫他（白崇禧）统一指挥下去好了。"

得了蒋介石的恩准，何应钦于24日电告白崇禧，通知关于统一指挥的决定，并于即日以蒋介石的名义，向各有关部队下达了作战指令。他以为白崇禧会乐于负起全权，指挥华中、徐州两个"剿总"的国民党军，挡住解放军即将发动的淮海战役的攻势。可是，刚被蒋介石无故撤了国防部部长职，气得一个月不到武汉就任华中"剿总"的白崇禧，岂肯为了"国防部指挥所主任"的封赏，就轻易把本钱白扔出去？因而，对何采取敷衍的态度。何应钦和蒋介石的如意算盘落空了。

何应钦一面部署抵抗，一面为蒋家王朝安排后事。在这关键时刻，蒋介石虽对他有气，但总把他视为心腹。25日，何应钦奉蒋介石之命，飞抵台北，主持台湾省从日寇铁蹄下光复三周年纪念大会。他以"台湾要作模范省"为题，大谈台湾在"戡乱建国"中的重要作用，意在安抚因受黄埔系排挤欺压，被充军到台湾任编练司令，训练新兵的孙立人。

27日，何应钦召集在台北国民党各级军官训话后，又匆匆飞回南京。

29日，辽沈战役已告尾声。蒋介石"御驾亲征"，而47万"国军精锐"被歼。何应钦更感到与解放军在徐州、蚌埠之间的决战已迫在眉睫，南京的安危将受到直接威胁。为保卫首都，国民党临时拼凑了一个"南京市民众自卫总队"。何应钦代表蒋介石，检阅了这支部队，以为凭它就可以安定人心。

不待在北平的蒋介石返回南京，何应钦便在国防部召开作战会议，提出"守江必守淮"的主张。但是，对守淮有两种不同意见：第一种意见，主张徐州"剿总"除以一至二个军坚守徐州外，所有陇海线上的城市完全放弃，集中主力于徐州、蚌埠之间津浦路两侧，作攻势防御。无论解放军由平汉路、津浦路或取道苏北南下，均集中全力寻其主力决战。为配合徐州方面的作战，华中"剿总"之黄维兵团向周家口进击。第二种意见，主张退守淮河南岸，凭河川防御。

争论结果，何应钦和大多数与会者均认为退守淮河，即便守得住，则今后不便于向平汉路或苏北方面机动，并且将为解放军打通陇海路后，提供向东西两翼伸延兵力的便利，国民党军将更加被动。因此，决定采取第一方案，并当即电令刘峙，必要时可令刘汝明部放弃商丘。

30日，白崇禧由汉口到南京，满口同意统一指挥，并采纳了何应钦上述守淮决定。但时隔一夜，31日上午再次开会时，白崇禧突然变卦，坚决不肯统一指挥徐州、华中两个"剿总"。无论何应钦怎样央求，白崇禧执意不从。何应钦只以为白崇禧为丢掉国防部部长仍耿耿于怀，且殷鉴不远，何苦去当替罪羊。其实，白崇禧之变卦，是听了郭汝瑰关于徐州"剿总"兵力部署情况后才决定的。

原来，杜聿明到徐州"剿总"充当刘峙的副总司令后，为支援济南作战，按照蒋介石的指示，把华东地区的兵力编为三个兵团，以第二兵团邱清泉集结商丘，黄伯韬的第七兵团集结新安，李弥的第十三兵团集结宿县固镇。后来，李弥兵团又北上徐州。白崇禧认为，徐州"剿总"如此部署兵力，像一字形地把部队摊开在陇海线上，而津浦线南面纵深配备不够，一旦会战展开，想把主力南移很难。现在时间短促，他想重新部署，已经缓不济急。如果将来他不能将主力撤出徐州保卫淮南，蒋介石一定会把责任推在他身上，故对何应钦的推荐来了个临阵卸责。后来淮海战役的结果，果不出白崇禧所料，何应钦未能料白崇禧之所料，却误以为是李宗仁从中作梗，白崇禧依然负气。

此时的国民党统治区，反蒋爱国民主运动如火如荼，国民党的军心、政情的全面崩溃在即。蒋介石在11月5日的日记中写道："最近军事与经济形势，皆濒险恶之境，一般知识人士，尤以左派教授及报章评论，对政府诋毁污蔑，无所不至。盖人心之动摇怨恨，从来未有如今日之甚者。"事到如今，蒋介石尚不自省，反将造成此一局面的原因推给共产党。他在日记中继续写道："然此为'共匪'造谣中伤之一贯阴谋，以期毁灭余个人之威信，不意今竟深入我党政军干部之中。所谓浸润之谮，其由来渐矣，非一朝一夕之故也。唯此一毒素，实较任何武器尤厉。"蒋介石所痛心疾首的事情，其中也包括何应钦态度的变化和白崇禧的临战抗命。

11月2日，平津形势不妙，蒋介石电召张治中、傅作义秘密到南京，4日下午在国防部召开军事会议。参加者有蒋介石、何应钦、张治中、傅作义、林蔚、刘斐等人。何应钦的"战况报告显得那么低调，一片悲观失望的情绪充满了会场"。会后，蒋邀大家一起去吃晚饭。进蒋的客厅大门的时候，张治中一定要让别人先走，并对傅作义说："你们主战的请先走，我们主和的在后头。"饭后仍继续谈平津问题。何应钦主张撤退平津兵力，全部南下，或部分撤到察绥，部分南下。傅双眉紧锁，焦虑不安。蒋问他的意见，傅连说："很困难，很困难！"张也不吭声，蒋只好叫大家回去想想，明天再谈。次日，蒋找张治中，表示坚决战到底，并试探张是否愿当行政院副院长兼国防部部长，张拒绝了。

11月6日，人民解放军在以徐州为中心，东起海州，西到商丘，北抵临城，南达淮河的广大地区，对国民党军发动了世界战争史上罕见的巨大战役——淮海战役。蒋军在这一地区共集结80万兵力，解放军参战的部队也达60万。解放军攻势之猛，大出何应钦的意料。此时，蒋介石才意识到以刘峙担任徐州方面的指挥大任，殊属大谬。

11月12日，国民党中央政治委员会秘书长，蒋介石几乎所有文告、讲词的代笔人陈布雷在南京服安眠药自杀。蒋介石"文胆"的破裂，是蒋家王朝树倒猢狲散的先兆，多少有些"武胆"的何应钦，也感到"大厦倾""灯将尽"，须早退步抽身。

11月26日，吵嚷有时日的翁文灏内阁总辞职，何应钦亦不顾蒋介石及一些黄埔系将领的"挽留"，辞去行政院政务委员兼国防部部长职务。在参加完28

日关于徐州主力南下援助被围的黄维兵团的军事会议后，何应钦见杜聿明既无救黄维的信心，自己也有向徐州以西逃跑的意图后，抱着"大厦之倾，独木难支"的痛苦，离开南京，住进上海江湾陆军医院，割治早已发作的痔疮去了。

罔顾民族大义　释放头号战犯

（一）

何应钦辞职前后，正是他所领导的国防部战犯处理委员会为开释冈村宁次在军事法庭内外紧张活动之际。侵华日军总司令官冈村宁次是何应钦的第一号日本朋友，何早已有搭救冈村一命的打算。

何应钦是在进行塘沽停战协定谈判时正式以国民政府代表的身份与冈村宁次打交道的。冈村给他留下的印象是通情达理，甚愿中日联合反共的知己与同志，双方大有相见恨晚之慨。

抗日战争爆发以后，冈村历任第二师团师团长、第十一军司令官、军事参议官、华北方面军司令官、第六方面军司令官，1944年11月26日，接任中国派遣军总司令官。他的全部军事生涯几乎都与中国有关，并且与蒋介石、何应钦、陈诚、汤恩伯、阎锡山等既是战争中的敌人，又是反共事业上的朋友，而与何应钦更堪称志趣相投的故交。

日本投降后，冈村宁次得何应钦的荫庇，一夜之间变成了"中国战区日本官兵善后联络部长官"并暗中兼有国民党军事顾问的职责。日俘日侨遣返工作结束后，冈村又改任日本战犯与国民党当局的"联络班长"，几乎未被监禁而过着备受优待的自由生活。

日本宣布无条件投降之日，冈村就自忖身为日军侵华总司令官，并直接或连带犯有严重战争罪行，将被定为战犯无疑，且死刑也在所难免，但何应钦不顾国际、国内的一片反对，委其以协助受降、维持治安和帮助遣返等重任。

1945年11月，中国共产党在延安公布的战犯名单中，根据冈村宁次所犯罪行，将他列为侵华日军中的第一号战犯。但是，国民党当局却迟迟不确认冈村的战犯身份。不唯如此，何应钦还煞费苦心，竭力将冈村从战犯名单中抹掉，并最终使他获得无罪释放。先是国民党当局控制的报纸，根本不转发延安公布战犯名单的消息，只有南京一些外文报纸予以转载，以致冈村等被定为战犯的消息不为国统区的许多人和日本国内所知道。之后，何应钦派员向冈村通风报信，为其提供"表现"的机会。在组织国防部战犯处理委员会时，又挑选了国防部次长秦德纯等一批亲日的军政官员来负责，寻找律师为冈村辩护，甚至制造借口阻止冈村到东京远东国际军事法庭作证。

开初，迫于中国共产党和中国人民以及苏美英等盟国方面的压力，何应钦还不能不考虑冈村宁次日后要作为战犯处理的问题。由他主持制定的关于确认战犯的条件上，特别注重战争中日军的暴行，其中尤以松井石根、谷寿夫等指挥的南京大屠杀，酒井隆在广东以及日军在长沙、徐州等会战中的暴行为主。由于冈村与这些暴行无直接关系，甚至可不负连带罪责，便构成了为其开脱的前提。为了敷衍中国共产党和中国人民，12月1日，何应钦在重庆接见记者时，假意宣称：冈村宁次将与原中国派遣军司令部人员同时归国，由盟军进行审判。次日，共同社据此报道，冈村将作为战犯遣返。冈村的罪行，纯是侵华所犯，理应接受中国政府和中国人民的审判，以任何理由的遣返都只会有利于冈村的开脱。不久，重庆、南京、上海等地的一些报纸又援引外电消息，说何应钦曾在谈话中表示，冈村将作为战犯予以逮捕。这些消息，将暗中窃喜有生还希望的冈村，又一次推入死刑的恐惧之中。

1946年2月12日，中国战区陆军总司令部的参谋钮先铭、曹士澂和王武三人会见冈村，传达何应钦的口信，"最近中国报纸刊载何应钦谈称：冈村大将将作为战犯予以逮捕的消息与事实不符。需予更正。并指出：战犯系由政府决定，与总司令部无干，但对努力配合接收工作者，总司令将建议政府不以战犯论处"。

1946年4月下旬，何应钦成立中国战区中国陆军总司令部战犯拘留所，成立军事法庭，并任命原江苏省法院院长担任庭长，对在押战犯进行审判。何应钦对新闻界宣布已收押之战犯，有酒井隆等十余人，避而不谈冈村宁次。

此后，关于冈村宁次是否定为战犯的问题，在国民政府与何应钦的中国陆军总司令部之间，曾秘密地举行过多次讨论。争执的核心并不是冈村是否战犯，而是纠缠在考虑舆论和国际关系以及反共上的利弊，如何定罪量刑的问题。在4月22日的一次会上，何应钦曾列举许多"理由"，为冈村免罪。主持会议的蒋介石虽然同意，但担心遭到国内外的反对，提醒何应钦不要仅从法律上看问题，要多从政治策略方面考虑，研究妥善处理的办法。

当何应钦已结束中国战区中国陆军总司令的工作，并解除参谋总长职务，被特任为联合国安理会军参团中国代表团团长以后，他仍对冈村的处理问题施加影响，力争从宽。在1946年6月25日的战犯审理会上，何应钦赞同新成立的国防部二厅所提出的任命冈村为总联络班长的建议，让其留驻南京，并提醒新任国防部部长白崇禧，冈村在战争结束后"功绩显著"，应予宽大处理，这对将来对付共产党、建立日本与国民政府之间的关系均属有利。平时专爱当众挑剔何应钦的参谋总长陈诚，也附和何应钦的主张，建议从宽。陈诚还拟具书面意见，呈送蒋介石，认为对冈村作战犯处理的问题暂且不论，为回避国际间的责难，应采取等待时机的办法。

由于国民党当权集团对冈村明目张胆的庇护，国内外的责难纷起。9月，国民党战犯处理委员会负责人在回答中外记者提出的何时拘留冈村的问题时，竟然作出如下解答：冈村本系日本战犯，但自日本投降以来，在"维持南京治安""协助我政府接收以及受降工作上"，成绩显著。目下正作联络班长，工作尚未结束。何时对其拘留审理，委员会现正研究中"。以后，国民党当局又估计如让冈村归国，其被苏美等盟国指控为战犯的可能性极大，故内定让冈村仍继续留住中国，等候时机。

11月23日，远东国际军事法庭要求冈村回东京出庭作证，但国民党当局竟以冈村的联络工作未了，健康亦有问题，予以拒绝。中国共产党方面和爱国民主人士对冈村问题多次提出抗议、质询，国民党中宣部、国防部、战犯处理委员会和军事法庭均敷衍搪塞。当远东国际军事法庭将冈村宁次列入战犯名单后，国民党仍对他继续保护，给予优待。此时，恰遇冈村肺结核病发作，国防部二厅一边安排冈村秘密转上海治疗，一边散布冈村已被囚禁在上海高境庙监狱的消息，继续欺骗国内外舆论。冈村在上海的住所极其秘密，陈诚特别训令淞沪警备司令部对其进行"监护"，派出便衣日夜担任警戒，并延聘日本医生中山高志为其治疗，拟在冈村病愈后对其作一走过场的审判。

（二）

1948年3月，何应钦结束了联合国军参团的使命，回国就国防部部长职后，对冈村的审判问题便由他直接过问。

3月5日，美军桑普拉斯上校由东京飞抵南京，向何应钦呈交了远东国际军事法庭签署的对冈村宁次的拘捕令。次日，何应钦主持召开了国防部专题紧急会议，商讨应付之策。何说："冈村将军对我们是有恩的。两年前，他如果让共产党受降，我们不会有今天。所以，我们要尽量拖延时间，拖到6月或者年底，再将冈村将军送回日本，那时，远东国际军事法庭已经解散，就不会再有人过问此事了。眼下，我看对外我们就说冈村将军现正患重病，等病好后，方可回国。"

3月9日，桑普拉斯又求见何应钦，希望能面见冈村宁次，意在核实所谓冈村重病的虚实。何应钦故意言过其实，说冈村患开放性肺结核，隔离治疗，若要会面，难免被传染。为了让桑普拉斯回东京复命，何应钦出具了一份国防部的证明，从而回避了远东国际军事法庭对冈村的审判。

7月1日，何应钦向军事法庭庭长石美瑜发出训令，而将训令的副本派员转达冈村本人。训令内容略称：冈村宁次病已痊愈，对该俘的战俘嫌疑部分，应立即开始审理；审理依据规定进行，情况随时报告。

7月8日，国防部二厅联络官吴文华奉何应钦之命会见冈村，传达何应钦对审判冈村的安排，拟在东京国际军事法庭结束之前，对其进行审理，并透露了何应钦发训令的真意及其对冈村的慰问之语。吴说：训令中所谓病已痊愈，乃是为了病中可拖延审理，法庭将根据病情斟酌行事。何应钦建议冈村速向法庭出示疾病诊断书，争取主动；蒋介石也同意开始审判，并已指示要从轻处理；作为战犯理应拘押于战犯监狱，但因为病中需疗养，以移住京沪医院为宜；关于保释问题，届时法庭当有指示。

7月12日上午十时半，冈村在松冈和翻译刘季坪的陪同下，首次接受审判。检察官作了约一小时的法庭调查之后，庭长石美瑜和检察官与刘季坪展开了一场激烈的争论。石美瑜等坚持认为，冈村现已成为被告，其健康状况良好，应即移住战犯监狱监禁。但刘以冈村目前的寓所，是国防部所指定，除非何应钦部长指示，断不能擅自离去。双方争执不下，最后请示何应钦，由国防部和法庭协商，准予申请保释。冈村的保释书，竟由国防部二厅联络官吴文华奉命代拟，由翻译刘季坪缮正。军事法庭坚持要依法由它所派的中国医生对冈村的病情进行诊断后，才能准予保释。随后，军事法庭派出的京沪医院院长对冈村诊断，认为身体状况尚好，不符保释规定，拒绝为其作保。最后由战犯的辩护律师作保，法庭才同意保释。

8月2日，法庭向冈村送交了起诉书。起诉书中只提及他在总司令官任内应对第二十三军、第二十七师团、第一一六师团、第一六四师团和第八十九旅团等所属兵团的官兵所犯罪行"负连带责任"。次日，京沪各报均刊出起诉书的全文，并报道遣返工作虽已完成，但冈村患肺病正在疗养中，现病已稍愈，即将开庭审理。迫于强大的舆论压力，经石美瑜再三向何应钦提议，冈村才暂时转移至高境庙战犯监狱。但他一人单室独居，接受医生治疗和收受营养品均可自由，同狱外居住无异。

负责审理冈村宁次案件的庭长石美瑜等人，出于民族自尊心和对头号战犯的爱国义愤，收集了大量民众举报材料，夜以继日地进行细致的调查取证工作，希望能在审判中伸张正义。

8月14日，冈村接受公开审判之前的预审。为应付23日的公开审判，何应钦指示国防部二厅委托当时被称为"第一流律师"的江一平、杨鹏与专职战犯辩护律师钱龙生三人为冈村辩护。

8月22日，受到当局指使的战犯监狱典狱长孙介君探视冈村，通过翻译斋藤弼州，与冈村作了如下的密谈：

> 先生前在《塘沽协定》时和在停战投降时，均未采取对中国不利的措施，中国有识之士均甚嘉许。
>
> 蒋总统本无意使先生受审，然考虑国内外的影响，不得不如此。但决不会处以极刑。至于无期也好，十年也好，结果都一样，请安心受审。在受审时，对中国民众所受灾难，要以表示痛心为宜。判决后可根据病情请求保释监外疗养，无论是审理和入狱只是形式而已。

8月23日，拖延已久的对战犯冈村宁次的公开审判终于开庭。许多人抱着公理伸张有日的心情，期待着这次审判。参观旁听者达千余人，其中还有外国使团的代表，上海塘沽路市参议会大厅座无虚席。被告冈村和他的证人落合、菱田、船引、梨冈四个兵团长一道出庭。审判进行了整整一天。一切均按规定，宣读起诉书，对被告及证人庭审，质问证人，宣读有罪论证，律师辩护。但听其全部内容，特别是听了大胆得使被告内心激动、听众瞠目结舌的辩护以后，具有审判常识者便不难得出结论：这是一次愚弄人民群众、欺骗国际舆论而进行的公开展览。审判持续到下午六时三十分，庭长宣布庭审结束，改日再审。

其实，在庭审休息中，石美瑜曾接到来自国防部的一个电话，指令他将冈村宁次案件暂缓判决。原来当日中午，国防部接到其驻远东国际军事法庭办事处电话，因冈村宁次案件未决，该法庭一时不会解散。蒋介石、何应钦本想通过这次象征性审判，宣布冈村无罪、恢复其自由。岂料形势不允，故何应钦命石美瑜只审不判，容后另议。

8月24日，典狱长孙介君又前往冈村的住室进行慰问，并透露说："对先生的公审判决的时机政府内部有两种意见，外交部方面主张等待国际上对其他方面的战犯判决后，斟酌情况再作判决为宜；而国防部方面则主张从速判决。因此，只得请示蒋总统才能决定。下次公审可能是继续辩论，是否立即判决尚未定。"

孙典狱长离去后，国防部军法局的徐局长又奉何应钦之命前往监狱视察，问候冈村的病情。

（三）

1948年11月，国民党军在淮海战役中败讯频传，翁文灏内阁吵嚷总辞职。何应钦的国防部部长势难恋栈，他更抓紧时间妥善安排冈村的问题。

11月13日，冈村向国防部提出入院治疗的申请又获批准，审判因此宣布推迟30天。

冈村入院后，何应钦召集秦德纯、曹士徵及司法行政部部长、军法局局长及石美瑜等讨论对冈村的判决问题。会上，何、曹主张无罪，但司法行政部部长则主张应参照舆论并与东京国际军事法庭量刑一致，以判处无期徒刑为宜。石美瑜则主张判处有期徒刑七年。三种意见各有其理，最后只好报请蒋介石裁夺。

此刻，蒋介石最宠信的将领汤恩伯，主动与何应钦配合，在蒋面前替冈村求情，力主对冈村应判无罪。当何应钦、陈诚等人在蒋介石心目中的分量减轻之时，炙手可热的汤恩伯坚决主张无罪释放冈村，原因是汤恩伯与冈村之间有一段20多年未报的恩情。汤恩伯1924年至1926年间在日本士官学校读书期间，"由于汤之学业成绩欠佳，结业时校方留级一年。汤闻信后急得要命。不知怎的，又如期毕业。后来得知是冈村从中帮忙所致。汤对此铭心刻骨难忘"。汤恩伯多年来图报冈村无门，值此生死莫测关头，出头搭救，以了却多年私愿。汤的报恩之情固然是促其出面的因素之一，但并不是决定的因素，关键是他的动机与何应钦的完全一致，且投合了蒋介石反共的政治需要。正如《汤恩伯札记摘要》中所供认的那样："民国三十七年，对冈村宁次大将进行审判时，正值华北局势恶化，共产党对此审判也极为注意。在国防部战犯处理委员会审议本案时，行政院及司法部的代表委员均主张判处死刑或无期徒刑。我从反共的见地出发，主张宣判无罪，并要求主任委员、国防部副部长秦德纯，特别是何应钦部长出席参加审议，结果我的意见获得胜利，并经蒋总统批准。" 汤恩伯面请蒋介石无罪开释冈村获得首肯，事为何应钦得知，他立即前往面蒋补充道：对冈村决定无罪，但必须考虑舆论及国际关系，不能立即宣判无罪，应徐图善策以待时机。

11月26日，何应钦辞去国防部部长，到了上海。

1949年1月，蒋介石在反共内战中已经一败涂地，被迫再次玩弄以退为进的把戏，宣布下野，由李宗仁代总统，与中国共产党进行和谈。中国共产党中央将逮捕审讯冈村宁次等日本战犯作为国共和谈的条件之一。然而，蒋介石、何应钦虽然暂时下台了，但仍操纵着对冈村宁次的判决。

1月26日，对冈村宁次进行第二次，也是最后一次公开审判。此次"公审"，事前并未宣布，只在审判开始的当日，报纸才发表消息。出席旁听的只有特许的新闻记者20余人，实际上玩弄了一次"公开"的秘密审判。冈村早已学会了一套对付审判的"良好表现"，依然不替自己作任何申辩，一切概由辩护律师钱龙生为其申辩。审判临近结束时，庭长石美瑜再次问冈村有何最后陈述，冈村当即表示："对法庭审判无任何意见。但对由于日本官兵的罪行给多数中国国民造成物质、精神上的灾难表示歉意，同时对因病推迟审判造成工作困难，表示感谢。" 这也许是冈村的由衷之语，但它却是何应钦等导演早已为他定下的台词。

下午四时，未待石美瑜宣读完《国防部审判战犯军事法庭判决（民国37年度战审字第28号）》，旁听席上的记者们已被"冈村宁次无罪"的判决书主文所激怒，当场叫嚷抗议。石美瑜勉强念完判决，慌忙退进庭长室，不料记者们又涌进室内提出抗议和质询，法庭上一片混乱。死里逃生的冈村原打算亲自向石美瑜等人致谢，但不得其门而入。在一片混乱中，法庭副官唯恐冈村在群情激愤之下出现意外，便凑近冈村身旁耳语道：快乘此混乱时机从后门走脱为妙。冈村顿时醒悟过来，急忙从后门溜出法庭，与陪伴其受审的松冈徒步返回寓所。

1月28日，毛泽东代表中国共产党中央发表严正声明，要求国民党当局必须立即将冈村宁次重新逮捕监禁。全国舆论一致抗议。上海市内到处都出现了"不许把日本战犯运走"的标语。国民党当局对此的回答，是勾结美帝国主义，秘密将冈村宁次连同其他日本战犯共260名送回日本，帮助他们逃脱了中国人民正义的审判。

临阵换马　组阁拒和

（一）

何应钦挂冠而去，躲进了战争时期军人最好的避风港——医院。虽经中将名军医张先林施行了割痔手术，但因痼疾颇深，疗养尚需时日。治疗身病固属不虚，但疗养心疾亦属必要。何应钦以超乎常人的耐性，在战局江河日下，国民党政权朝不保夕的时候，居然一住院就是两个月。

在住院期间，无论是作为基督徒的虔诚忏悔，还是作为屏息敛翼待飞前的韬晦，他都有充裕的时间回首往事。早在八年抗战结束，他被解除兵权出使联合国军参团前夕，因获得主持日军投降盛典的殊荣，曾有风头出尽、急流勇退的闪念。他产生过有如滑铁卢战役胜利后，英军统帅威灵顿那样的思想："希望此为余最后之一战。"当然，何应钦不是希望从此刀枪入库、马放南山，而是借此远离战场，以保全胜利将军的荣誉。如果蒋介石从那以后真正能将他忘却，何应钦或许不会有今天大败亏输之后的辞职。对并非全由他个人导致的这种失败，何应钦是不甘心的，有如吞食了铅块，坠得心痛。所幸有夫人王文湘和女儿何丽珠陪伴解颐，才使他平静地等待着、观察着国民党政权屈指可数的时日。

在何应钦住院期间，确实有"山中方一日，世上已千年"般的巨变。

何应钦看到美蒋之间的关系，跌入抗日战争胜利以来的最低谷。蒋介石无论施以"夫人外交"，还是亲自乞贷，都遇到美国政府的白眼。何应钦已能看出，美国政府企图抛弃蒋介石而支持李宗仁的态度日益明朗化，并且已开始付诸行动。

蒋介石1949年元旦文告发表后，司徒雷登更加紧谋划去掉蒋介石，代之以李宗仁，实行以"划江而治"为目的的所谓和平谈判。而当时苏联也劝告中国共产党"沿着长江停止进军"。何应钦认为既有美国的支持，又有国民党尚存的江南、西北的一半可战之兵，对李宗仁的"划江而治"颇感兴趣。

自何应钦辞去国防部部长以后，直到12月22日，孙科内阁成立，才由徐永昌接任国防部部长。这届"新政府的唯一目标为继续与共产党作战"。两天之后，手中仍拥有几十万军队的华中"剿总"司令白崇禧自武汉给蒋介石发出"亥敬电"，主张12月25日，"相机将真正谋和诚意转知美国，请美、英、苏出面调停，共同斡旋和平"；"由民意机关向双方呼吁和平，恢复和平谈判，双方军队在原地停止军事行动，听候和平谈判解决"。以委婉的语气，逼蒋下台，使桂系身价陡涨。就在白崇禧发难倒蒋的同一天，中国共产党中央公布了《头等战犯名单》，蒋介石自然名列魁首。之后，国民党湖北省参议会也通过致蒋电，要他"恢复和谈"。12月30日，白崇禧再发通电主和。紧

1948年5月，李宗仁当选副总统后与陈立夫及其他国民党干部的合影。

跟着，长沙绥靖主任程潜、河南省主席张轸直截了当通电要求"总统毅然下野"。在国民党内部，"非蒋总统下野，美援不来"，"非蒋总统下野，则和谈不能进行"，"蒋总统下野愈快愈好"之类的呼声，迅速弥漫和高涨起来。早有此念的美国政府，对蒋落井下石，通过司徒雷登迫蒋"引退"，由副总统李宗仁呼吁举行和平谈判。蒋介石迫不得已，通过1949年的元旦文告，抛出了投石问路的求和声明，提出要在保存法统，保存宪法和保存国民党军队等条件下与中国共产党"和谈"，以此争得喘息时间，卷土重来。对于蒋介石的《元旦文告》，连美国大使司徒雷登也不屑一顾，认为它是"以一种掌权者的自命不凡的口气与反叛者交谈，从而忽视了残酷的现实"。

继新华社元旦发表毛泽东撰写的新年献词《将革命进行到底》之后，为了揭露蒋介石利用和平谈判来保存反革命实力的阴谋，1月5日，毛泽东又为新华社撰写了《评战犯求和》一文，痛斥了蒋介石元旦发表的求和声明。1月14日，毛泽东发表关于时局的声明，提出了中国共产党愿意和南京国民党政府及其他任何国民党地方政府和军事集团在八项条件的基础上，进行和平谈判。

在人民解放战争胜利进程的强大军事攻势和中国共产党、各爱国民主力量及全国人民的巨大政治压力下，蒋介石在向美、英、法等帝国主义求告吃了闭门羹后，在国民党内部以李宗仁、白崇禧为首的军事集团及其他主和派人士的压迫下，于1949年1月21日，以"因故不能视事"的名义，宣告"引退"，由南京的台上，退居浙江奉化溪口幕后指挥，把总统职务交由副总统李宗仁"代理"。这一切，对不担任实职的何应钦而言既失望又是希望。

在1948年12月25日中国共产党权威人士所宣布的头等战犯名单中，何应钦名列蒋介石、李宗仁、陈诚、白崇禧之后，位居第五。在1949年1月28日，毛泽东以中国共产党发言人发表严正声明，严正警告南京政府，要求南京政府必须立即动手逮捕日本战犯冈村宁次和以蒋介石为首的一批内战战犯，其中，何应钦名列蒋介石、宋子文、陈诚之后，位居第四。

1月22日，先后到达解放区的各民主党派、人民团体的代表人物及其他民主人士共55人联合发表《我们对于时局的意见》，表示支持毛泽东提出的八项和平谈判条件，反对国民党反动派的假和平阴谋，表示愿在中国共产党的领导下，团结一致，将革命进行到底。这55人中，有的曾与何应钦共过事，有的是何应钦的部下，这对冥顽的何应钦又是一大刺激。紧接着，李宗仁令行政院施行所谓七项"和平措施"，一定程度作出和平的姿态。紧接着，各民主党派都先后发表支持中国共产党和平谈判主张的声明。

许多东西的价值，是在你得而复失之后才真正能认识到。蒋介石在何应钦从身边暂时离去以后，环顾左右，在嫡系将领中，矢志效忠者虽不乏人，但像何应钦这样，反共之志既未动摇，而又能为实力基本保存完整的李宗仁、白崇禧桂系军事集团所推崇和接纳的人，确实罕有。无怨无悔的忍耐、甘于孤寂的等待，再一次使何应钦赢得了蒋介石的青睐。

蒋介石决定"引退"之时，预想今后无论与共产党是战是和，都必须有自己的心腹代理人与李宗仁共同走上前台，绝不能让桂系集团"专美"而独来独往。所以，他又想到起用善调和而又无碍其他"药物"效用的"武甘草"何应钦。为此，蒋介石派张群到医院与何应钦面谈，并送上自己的亲笔信。信中写道：

敬之吾兄勋鉴：贵恙谅已痊可，局势艰难，如可尽其一分心力，还需共同撑持，以冀补救万一。中以为只要各党能团结一致，则尚有收拾之可能，并无不可为之理。尚望吾兄力疾晋京，无论为公为私，对上对下，皆应积极负责，勉尽天职也。余托岳军兄面达，不赘。顺颂愈安！中正手启。

此时此刻，远不是当年可任蒋招之即来、挥之即去的形势了。何应钦虽表示唯蒋命是从，但以伤病未痊愈，尚须疗养作答，使张群扫兴而去。

2月5日，国民政府行政院院长孙科，因宿仇新怨，以代总统李宗仁发表关于愿以中国共产党所提八项和平条件进行谈判的声明，有违"党国"根本利益，尤其是中国共产党要求惩治日本战犯和国内战犯的要求，绝对不能接受等为由，与李宗仁分庭抗礼，将行政院、中央党部等迁往广州。蒋介石在溪口以"在野地位"遥控指挥，"代总统"李宗仁在南京穷于应付，国防部在上海无所事事，整个国民政府陷于四分五裂、土崩瓦解的境地。经过李宗仁的一再吁请，何应钦等从中转圜，直到2月28日，孙科才与行政院的人员回到南京办公，但国民党中央党部在CC系的控制下，依然留在广州。

<h2 style="text-align:center;">（二）</h2>

1949年2月14日，上海"和平使者团"颜惠庆、邵力子、章士钊、江庸、黄启汉等16人受李宗仁的委托，以私人资格飞抵北平，与中国共产党方面商谈国事。同时，李宗仁派程思远乘专机去上海迎何应钦入京，被何婉拒。22日，"和平使者团"到中国共产党中央所在地河北省平山县西柏坡村，受到中国共产党领导人毛泽东、周恩来的接见。

其时，何应钦尚在医院，但已开始与闻政事。国民政府指定他与孙科、张群、吴忠信、朱家骅、邵力子、张治中、吴铁城、刘斐、钟天心10人研究及起草国民政府的和谈方案。

当李宗仁、蒋介石都因各自所需，催促何应钦出院晋京之时，孙科因"分裂政府"，为国民党大多数立法委员投了不信任票，被迫向李宗仁提出辞呈。李一时拉不下面子，私下把辞呈退还给孙，但孙科又于3月7日再次向李递交辞呈，态度坚决，李只得接受。由谁来接替行政院长的空缺呢？李宗仁错误地认为蒋介石大势已去，众叛亲离，不难对付。为了取得军事上的实力和分化蒋的中央系，李宗仁又犯了一个错误，竟然选择蒋介石嫡系中最不敢冒犯蒋，而且反共如蒋一般坚决的何应钦。他认为只有何应钦，既孚众望，又能合作，更不致被蒋介石所否决。于是，李宗仁派白崇禧和总统侍从室秘书长吴忠信到上海，把亲笔信转交何应钦，请其出任行政院院长，不意遭到何应钦的断然拒绝。李宗仁无法，只好亲自出马，希望何应钦在他处境艰难时助一臂之力，勉任艰巨，但何仍表示不敢从命。李宗仁既无力晓之以理义，只好动之以私情，对何重谈1927年蒋介石第一次下野时，两人在南京合作的往事。李宗仁情词恳切地说："敬之老弟，历史正在重演，蒋先生又辞职了，南京再度垂危，当你以前的同事孤独的时候你能无动于衷吗？"果然，在与同事间私交上颇重感情的何应钦深有触动，情发于中，表示愿意帮忙，但理阻于外，又表示如果没有蒋介石的赞同，他是不敢做任何事情的。李宗仁立即叫吴忠信往溪口挂电话，向蒋介石请示敦促何应钦出任新职的问题。蒋介石的回答是："让德邻弟自己安排一切，我是退休的人，能说什么呢？"这种绵里藏针的回答，对李宗仁无异于迎面拨一瓢冷水，也使何应钦如芒刺在背，不寒而栗。何应钦只好对李宗仁说："艰困甚多，如勉膺重任，实亦无补时艰"，恳请李宗仁允许他远离政界。其实，蒋介石的主要矛头是对准逼他再次下野的李宗仁，对何应钦则是欲予之而故夺之。

3月8日，何应钦匆匆出院，即偕夫人和女儿直赴杭州。浙江省主席周嵒亲往车站迎接，一直将何一行送往西湖葛岭山麓汤恩伯的寓所。原来，3月12日是何应钦的60大寿。

蒋介石在李宗仁请何应钦组阁时有意折腾，是要李宗仁明白"退休老人"退而不休，尚能左右大局；又暗示何应钦勿忘前事，懂得这行政院院长，名是李宗仁任命，实是蒋某人的恩赐。

但李宗仁并不罢手，他亲自打电话到溪口，向蒋介石提出几个可当行政院院长的继任人选，其中自然特别推崇何应钦。当时，被蒋视为亲信的西北军政长官兼新疆省主席张治中适在溪口，他摸透了蒋的脾气与为人，知道蒋对何应钦与李宗仁的关系不甚放心，由何应钦组阁会使外间人看破蒋从中操纵的企图，不如叫何专任反共军事，更能发挥作用。蒋介石对张治中说："为什么一定要提和我有关系的人来做院长？""院长应该让别人来做，何任副院长兼国防部长好了。"蒋介石还认为，在准备和谈期间，何应钦任行政院长颇有不便，甚至发生不良影响；现在是备战求和，仍然以整饬军事为重，何应钦不应分心；何在目前继孙组阁，反会增加李宗仁的分量，似不相宜。张治中遂打电话至杭州与何应钦商量。何对组阁表示犹豫，至于对蒋有意让他任副院长兼国防部长，何说："院长我都不愿做，我还做副院长？"张治中又听出何应钦话中的潜台词，再回过头来劝蒋："你要不同意由何敬之来组阁，内阁组不成，李又要抱怨你，把责任推给你了。而且你希望何任副院长兼国防部部长，何是一定不会干的。"蒋介石仍不吭声。李宗仁指名要何应钦，何虽再三推辞，意在非院长不干，而且非要蒋介石亲自敦请。张治中在何、蒋、李三方穿针引线，唇焦舌敝，而此时，蒋介石权力怪圈中的另一重要人物吴忠信又携带李宗仁致蒋介石的亲笔函到达。张治中、吴忠信为蒋分析了由何应钦组阁对蒋的利大于弊以后，加以李宗仁一日几番电话催问，蒋介石总算过场走完，答应让何应钦去干。

10日，张治中将要回南京，蒋介石写了一封亲笔信，要张带至杭州面交何应钦。11日，张治中到南京邀约顾祝同、白崇禧带着蒋介石的亲笔信，到杭州向何应钦祝寿、劝驾。蒋介石亦派专人向何应钦送去亲笔题写的寿轴：

敬之同志六秩大庆

安危同仗　甘苦共尝

中正敬祝

蒋介石致何应钦的亲笔信写道：

敬之吾兄勋鉴：礼卿、文白二兄来奉，关于大局与个人之出处，均已详讨甚切。中以为只要于革命前途有益，使旧属官兵有所依托，而不致散乱，以保全革命硕果之基础，则兄应毅然应命，更不必论职位之尊卑，与个人之得失。此为中对革命责任之基本观念，亦望吾兄能以中之意志为意志，承当此艰危之局势也。余托礼卿、文白二兄面详一切，恕不赘述。顺颂时祉！中正手启。

蒋介石所赠寿轴中的"安危同仗，甘苦共尝"八个字，既是往昔何蒋关系的真实写照，更有为今后的深意藏焉。蒋介石信中"亦望吾兄能以中之意志为意志"一句，把蒋之所以要何应钦任行政院院长的目的和盘托出。

何应钦阅罢来信，再三思虑，时衡全局，"以为分属党员及革命军人，倘能如总裁所示，使旧属有所依托，拯斯民于水火，则个人毁誉荣辱，当作不计；虽临危受命，成败尚未可期，然决心不受'共匪'威迫欺骗，维护法统，阻止'共匪'颠覆国家之阴谋，事如有济，则可稍尽革命军人之天职，以慰总裁之厚望"。

3月12日，李宗仁向立法院提请批准何应钦任行政院院长。付诸表决时，发出选票240张，209票同意，30票反对，1票作废。

新任获得通过以后，何应钦"避寿"也结束。3月13日，他由杭抵沪。到沪后即在上海银行四楼与留沪的国民党中央委员举行座谈，会后又接见记者，感激谦逊一番之后，表示要以"团结革新"之精神，谋政治之改革与和平之实现。

何应钦继孙科担任行政院院长，颇获一些人的看好。白崇禧是向李宗仁推荐何应钦最早也最有力的人物。因白担任北伐东路军前敌总指挥时，与何应钦合作得不错，故对何寄予厚望。时人对何应钦的新内阁也不无好评。一个国民党的中常委曾向何应钦致贺词说："希望你与李、白团结奋斗，重演'龙潭战役'的盛绩。"

（三）

国民政府在高唱"和平"的时候，却把制造内战的主要战犯之一何应钦推出来担任行政院长，这本身就是对中国共产党提出的实现和平的八项条件的无视。对此，中国共产党方面通过3月16日新华社的广播，予以严词抨击和警告。与中国共产党的态度相反，南京城中惶惶不可终日的国民党的权贵们，多数人对何应钦的"革新作风"寄予莫大的希望。一时间，无论是新闻界，还是国民政府内部，对何应钦的新内阁如何与共产党实现和谈，几乎倾注了所有的关注。何应钦的表态虽然言词上与蒋介石元旦文告的用语有别，但他并不敢跳出蒋介石划定的框框。因此，他直言不讳地对国民党监察院的委员们宣称，他此次组阁是"跳火坑"。

久历戎行的何应钦，谈军事，无论胜败，总可以说清甲乙丙丁，而当行政院长，总理全局，且以"经济"为"最重要之课题"，无论如何说不出子丑寅卯。这是他所说的"跳火坑"的一层含义；而另一层，也是最主要的那层含义，便是在蒋家王朝弥留之际，做一个陪葬的忠臣。对此，他与他的同事们纵能意会言传，都要讳莫如深。

如何选择新内阁的人选，是何应钦、李宗仁最棘手的问题。因为那时，许多有识之士，即使不公开站在共产党一边，都力避卷入国民党的政界风云中去；即使想扶助李宗仁或浑水摸鱼的人，也还要顾忌到蒋介石能否允许他们倒向桂系集团。因此，要想找到两厢情愿的合适人选来拼凑何应钦内阁，确实有诸多困难。特别是财政部，前部长徐堪既已辞职，不再回来。何应钦和李宗仁商量，想把这个职位给上海滩有名的银行家陈光甫或者张公权，但陈、张均婉言谢绝。于是，何、李又转请陈光甫、张公权代为推荐一人。陈、张认为国民党中央银行的总裁刘攻芸堪当此任，因刘是蒋介石完全信任的人，何应钦又很了解他。果然与刘一谈便妥，总算找到人来分担这"经济"的包袱。何应钦当时并不知道，而陈光甫、张公权兴许有所风闻，蒋介石在"引退"之前，已于1月10日，秘密派蒋经国去上海，命令俞鸿钧将中央银行现金转移到台湾。1月16日，蒋介石又召见俞鸿钧、席德懋，下令中央、中国两银行，将外汇化整为零，存入私人户头，以免将来遭到共产党接收。蒋介石这釜底抽薪的一招，原意是作撤往台湾的准备，并给李宗仁制造财政上的陷阱，虽不是有意，但却把自己的亲信送进了死胡同。

何应钦、李宗仁正在物色、敦请尚空缺的人选时，偏偏总统侍从室秘书长吴忠信又来拆台，坚请辞职。何应钦不愿就任时，吴忠信还殷勤忙碌，四处游说，而何应钦刚走马上任，他却要溜号，自然又是溪口那边另有指示，只得照准。总统府的秘书长，绝非南郭先生之流可勉暂承乏，眼前的人物，只有卸任不久的翁文灏博士最理想，但按旧中国官场的传统，能上不能下，况且要昔日的行政院长屈就总统府秘书长，未免贬损过甚。岂料，李宗仁一找翁文灏谈，翁即表示："我能为国为民做什么事情，我一定毫不犹豫地去做，国家濒临灭亡，我怎么可以把这个职位看做是对我个人的侮辱呢？"

翁文灏这书呆子气的拳拳之诚，既被何应钦所辜负，又遭到蒋介石的嫉恨和辱骂。蒋专门派人当面辱骂翁"忘恩负义"，谓蒋介石一退休，你就去投降桂系！而刘攻芸事后也被蒋介石骂为"已经投降桂系的反动派"。

3月22日，何应钦所拼凑起来的蒋家王朝最后一届内阁总算出台了。

3月24日，何应钦正式就职，并主持召开第一次行政院会议，讨论和谈问题和部署在西南、西北各省及台湾、澎湖、海南岛等地编练新军、整饬军事，做好与解放军长期作战的准备。会上，推定张治中、邵力子、黄绍竑、章士钊、李蒸五人为国民政府的和谈代表。

26日，中国共产党中央通过新华社广播，决定派周恩来、林伯渠、林彪、叶剑英、李维汉为和平谈判代表（4月1日加派聂荣臻为和平谈判代表，齐燕铭为秘书长），周恩来为首席代表，按照毛泽东1月14日对时局的声明及其所提八项条件为基础，与南京方面的代表团于4月1日开始在北平举行谈判。

在中国共产党通知和谈地点及时间前，何应钦曾就如何谈判，主持召开讨四次会议。参加者除张治中、邵力子、章士钊、李蒸外，还有翁文灏、彭昭贤、贺耀祖、黄少谷等，黄绍竑是临赴北平前夕才赶到。经过四次反复研究，何应钦依据蒋介石的意志，确定了一个"原则性限度"，并将其写成一个腹案，作为代表团到北平商谈的依据。

此外，何应钦还令国防部拟订了"国共停战协定最低限度之要求"，其"限度"与中国共产党所提八项条件相距甚远，认真对照，即不难发现何应钦与蒋介石利用和谈，重整军备，再行反扑的意图。

29日，何应钦主持临时院务会，正式将和谈代表团定名为"政府和平商谈代表团"，以张治中为首席代表，代表为邵力子、章士钊、黄绍竑、李蒸、刘斐，秘书长为卢郁文。

30日，何应钦在立法院发表《行政院施政方针》的演讲，其具体施政方针为政治、军事、财政金融、经济交通四大部分，总计37条，洋洋洒洒，似有"革新"之风撩拨听者之心，但细心领会报告前言所列举的种种亟待改造的弊端，便会发现那37条措施只是一纸具文，无济于事。

31日晚，李宗仁在总统府设宴给张治中为首的和谈代表团饯行。席间，李宗仁再次向和谈代表们表示"只能成功，不能失败"，"不管怎样也要和下来"。宴饮后在办公室召开了两个小时的重要军事会议，何应钦、白崇禧、顾祝同等12人与会，临时商讨加强长江防务部署、新疆部队东调和10个美械师的分配问题。一谈美械装备，白崇禧张口就要四个师，而顾祝同一个也不给，白借机大发牢骚，看似对准顾祝同，实际是骂何应钦、蒋介石。白说："过去许多武器，能打仗的部队不发，不能打仗的部队倒发了，结果都送给了共产党。现在局面弄到了这个地步，你还想操纵把持吗？"顾祝同也不甘示弱，双方脸红脖子粗地对骂起来，均极失态。何应钦明知白崇禧指桑骂槐，却笑眯眯地当和事佬，劝两人不要争吵，说此事待他研究一下，请示李代总统后再决定，才算将这场争吵平息下去。

4月1日，蒋介石为操纵和谈，要南京组成一个中央"和谈最高指导委员会"，委员为李宗仁、何应钦、于右任、居正、童冠贤、吴铁城、张群、孙科、朱家骅、吴忠信、徐永昌11人。在此之前，蒋介石虽表示，"今后和谈大计，应由李代总统与何院长负责主持"，但同时又补充一句，"本人甚愿以在野身份，尽力支持"。蒋介石的意志，均由何应钦去体现。

而何应钦说得更直率，认为谈判的关键之点，是双方代表应以蒋总统元旦文告所列六项原则及中国共产党1月14日声明所列八项条件为和谈之基础。

蒋介石的六项原则与毛泽东的八项条件，针锋相对。何应钦要和谈代表以"六项"加"八项"为基础，司马昭之心，路人皆知。

张治中等抵北平后，两日一电，向何应钦报告和谈进展。

4月6日，何应钦飞赴广州，向国民党中央常务委员会报告和谈情况，并对当前如何利用和谈扩军备战、改革政治进行讨论。何应钦撇开李宗仁，一日之间，开会三次。

在以"备战而谋和"方面，何应钦向与会者通报说：已饬令国防部设置14个编练司令部，负责编练国民党新军。妄图使目前仅存的100多万正规军扩充为350万—500万人。至于大陆上储备的黄金、白银及流动资产、工业设施以及海军司令部、空军司令部也都已经和正在向台湾抢运或搬迁。据粗略估计，抢运至台湾的黄金、银元、美钞等，价值达五亿美元上下。如此积极乐观的备战，进一步助长了国民党内部将反共战争继续下去的反动逆流。

4月7日，李宗仁致电毛泽东，表示"决心谋和"，要"与贵党携手，并与各民主人士共负努力建设新中国之使命"。次日，毛泽东即复电，指出实现八项原则，要"以是否有利于中国人民解放事业之推进，是否有利于用和平方法解决国内问题"为标准。战犯问题，在此标准下，中国共产党准备采取宽大的政策。

然而，对中国共产党所表示的和平诚意与让步，何应钦向蒋介石当面请示机宜后，采取扩大双方原有距离的办法，使和谈僵持下去。10日，何应钦与李宗仁召集"和谈最高指导委员会"开会。在李宗仁的机要秘书梁升俊的会议记录上记载："于何应钦氏报告面蒋的经过及陈述蒋氏的态度后，一致同意拒绝中国共产党的条件，但仍与中国共产党商谈，主张一、就地停战；二、国共划江而治。对中国共产党和平渡江占领京、沪的要求，断然拒绝。"这一记载，已勾画出何应钦在和谈中所扮演的角色，再加上何应钦前述那些备战措施，和谈的结果便不言而喻了。

金陵春梦破　羊城旧侣疏

（一）

4月1日十时半，国民政府的和谈代表团离开南京飞往北平。三个小时后，国民政府指使反动军警特务对给这个代表团送行的要求真正和平的6000爱国学生行凶。据国民党中央社消息，迄至2日黄昏止，学生已死1人、伤11人、轻伤88人。而另据法新社2日报道，学生死2人，12名濒于死亡，55名重伤，50余人失踪，并有数名学生被捆起来投入河中。

南京惨案这血写的事实，把何应钦等人骗人的和谈"诚意"冲刷得一干二净。4月3日，新华社在《南京惨案与和平谈判》的社论中指出，南京惨案更进一步说明了李宗仁、何应钦政府的和平"诚意"是什么。自这届政府上台以来，"做了一件确实有利于和平谈判的事情没有呢？没有，一件也没有"。李宗仁、何应钦等人，"一个战争罪犯的毫毛也没有损伤过，但是逮捕和屠杀争取真正和平的人民的事情，却仍然在全国民党统治区层出不穷，南京惨案达到了这一时期公开残杀人民的顶点"。李宗仁、何应钦、白崇禧等人，"自己就是战争罪犯，犯犯相护，他们是至今也不想与蒋介石等穷凶极恶的战争罪犯们决裂的。"中国共产党中央重申："要实现真正和平的全部八项条件，首先是其中惩办战争罪犯的第一条，决不容许任何的修改……李宗仁、何应钦政府及其张治中代表团对于战争罪犯究竟采取什么态度，就是他们有无和平诚意的一块试金石。"

在和谈问题上，何应钦与李宗仁是略有区别的。李宗仁对和谈的"诚意"似乎比何应钦要多一些，但他把心思和努力集中到如何"划江而治"和寻求美国为首的帝国主义集团的援助上，以便真正取蒋而代之。诚如张治中所言："实在说，李的主和虽然目的在倒蒋，要是不问动机如何，他到底是想和的，可惜溺于一派一系的私利和个人的权位，无定见，无担当，到了重要关头，不能作出勇敢果断的行动。" 而何应钦的"诚意"并不止于与共产党"划江而治"，而是要想在"划江而治"的基础上，恢复昔日国民党对全国的一统天下。

蒋介石虽在溪口，貌似野鹤闲云，却有七部电台与外间保持密切联系。他可以越过李宗仁、何应钦任意撤调封疆大吏；参谋总长顾祝同要调一兵一卒，都得向溪口请示。对蒋介石这种垂帘听政的太后作风，"当时不特党内元老于右任、居正等痛心疾首，就是蒋先生数十年的心腹何应钦、张治中、邵力子也看不顺眼"，他们往往"气愤填膺而形于颜色"。但何应钦心头口头虽然不满，却不敢在行动上有丝毫拂逆蒋意。一旦他冷静之后，而李宗仁还在大骂蒋介石，何应钦反过来劝说李宗仁，说："蒋先生的作风一向如此，难道你不知道吗？在现在这种风雨飘摇的局面之下，和蒋先生闹翻了，事情将更不好办。"对何应钦这种前后判若两人的矛盾言行，李宗仁深感诧异。但何应钦私下据实告诉李宗仁说："他在南京早有特务跟踪，他稍有不慎，即有杀身之祸！" 说得李宗仁也不寒而栗。因为有人也曾经警告过他，就是你这代总统身边的侍卫，也全是蒋先生的人；只要蒋先生需要，随时可置你于死地。何应钦、李宗仁认为，要避免蒋介石在背后掣肘，唯一的办法是动员他出国。他们曾经请张治中等人委婉相劝，晓以利弊，但都是白费口舌。因此只能听之任之，尽人事而听天命了。

4月13日，中国共产党代表团与国民政府代表团在北平故宫举行正式会议。中国共产党首席代表周恩来将经过与各方磋商拟订的《国内和平协定（草案）》8条24款正式提交国民政府代表团，双方就此阐明了各自的立场与意见。

15日，在国共双方举行的第二次正式会谈上，中国共产党代表团将《国内和平协定（最后修正案）》8条24款交付国民政府代表团。国民政府代表团表示可以接受。中国共产党代表团限定国民政府于4月20日以前表明态度。

16日，黄绍竑及国民政府代表团顾问屈武返回南京，向李宗仁、何应钦请示签字问题。在国民政府"和谈最高指导委员会"获得8条24款的最后修正案文本后，紧急开会磋商。对一连几天的磋商，事后蒋介石有如下态度："在北平交涉中业已取屈服态度的张治中等人，乃要求李宗仁予以接受。李宗仁也正要表示这个态度时，行政院院长何应钦等坚决反对，故于20日予以拒绝，'和谈'遂致决裂。"果然，何应钦又一次不辜负蒋介石要他以自己的意志为意志的希望。

和平谈判最终破裂的原因，固然是国民政府原本就没有诚意接受中国共产党中央提出的八项条件，而何应钦充当了国民政府内以蒋介石为首的那股特别顽固的反动势力的主要代言人。在重大的历史转折关头，何应钦又一次为了蒋介石集团和个人的私利，甘戴举国口诛笔伐的历史罪责。

4月20日，已经是国民政府表明态度的最后期限了。国民政府"和谈最高指导委员会"最后集会通过答复中国共产党中央的电文，并由力主拒绝的何应钦向立法院"分析"中国共产党代表团所提交的《国内和平协定（最后修正案）》，并报告答复中国共产党电文之内容。

何应钦认为，"此项《和平协定方案》，充满了征服与接收的姿态，毫无对等谈判意味"。他向立法院所作的"分析"，可概括为六点："第一，这个共方所提出的国内和平协定，根本不是一个和平协定，而是一个'军事管理方案'；第二，就精神上说，根本不是和平的精神，更不是双方平等协商的精神。如果说是降书，比我们当年向日本提出的受降文件苛刻得多；第三，对国民政府理所当然要承担的破坏政协决议、停战协定和发动全面内战的责任，何应钦认为，'就政府的负担说，实在也担当不下来'；第四，对依据民主原则改编一切反动军队，对人民解放军的军事管制、军事独占是对付征服异族的方式、'报复的方式'，因而'不能接受'；第五，关于军队的改编，当然十分严重……共军不仅一点也不改编，同时政府所属陆、海、空、宪警、地方武力，以及一切军事机构、学校、工厂、后勤单位，均一律改编为共军；第六，所谓由政治协商会议成立联合政府，我政府也是毫无地位……政府在未来政治上，可以说丝毫没有地位。"

何应钦与李宗仁两人联名致国民政府代表团并转中国共产党代表团之电文中，对《国内和平协定（最后修正案）》全盘否定。该电文说："综观中国共产党所提之协定全文，其基本精神所在，不啻为征服者对被征服者之处置……竟甚于敌国受降之形势，且复限期答复，形同最后通牒，则又视为和谈之开端为战争之前夕。"企图再度延缓解放军的渡江行动。

当这份电报送达中国共产党代表团手中时，和平谈判即宣告彻底破裂。

（二）

1949年4月20日午夜至21日，早已把立足点放在谈判破裂，用战斗方法渡过长江天堑的人民解放军第二、第三野战军的百万雄师，在西起九江东北之湖口、东至江阴长达500余公里的战线上，强渡长江，彻底摧毁了国民党军苦心经营了三个半月的长江防线。

21日，毛泽东、朱德向人民解放军发布《向全国进军的命令》。

同时又指出，"在人民解放军包围南京之后，如果南京李宗仁政府尚未逃散，并愿意于国内和平协定上签字，我们再一次给该政府以签字的机会"。

同一天，何应钦、李宗仁召集顾祝同等高级将领会商今后战略。与会诸人莫不慨叹。慨叹何为？据李宗仁说："因众人皆清楚，蒋先生如不暗中掣肘，局势不会一糟至此。"

4月22日，蒋介石在杭州召开紧急军事会议，何应钦、李宗仁、白崇禧、顾祝同等一帮高级将领分乘三架飞机前往杭州，蒋介石早已焦急地在笕桥航校等待。

当李宗仁向蒋表示，和谈既已告失败，请蒋总统复职。蒋当即表示：此次会议不涉人事变动，只为求内部团结，共同反共。会上决定在国民党中央常务委员会下设"非常委员会"，凡政府重大决策，先由"非常委员会"通过，再由政府执行。于是，蒋介石公开抛弃"引退"外衣，直接以国民党"总裁"身份，凌驾于政府之上。他要亲自指挥与共产党的"最后一战"。什么代总统、行政院长，名正言顺都得听他指挥了。在这次会上，还形成了四项决定：一、关于共党问题，政府今后唯有坚决作战；二、在政治方面，联合全国"民主自由人士"，共同奋斗；三、在军事方面，由行政院院长何应钦兼任国防部部长，统一陆、海、空军之指挥；四、采取紧急有效部署，总统府和行政院必须立即迁往广州，以加强国民党内之团结及党与政府之联系。但凡涉及代总统及政府方面的具体权力方面事情，只要李宗仁一启齿，蒋介石都顺着他的意思，满口应承，完全支持，并支持到底。何应钦、李宗仁原已准备好的一肚子牢骚、计划、建议都只得吞回肚里。李宗仁到底拉不下情面，何应钦却因蒋又再次表示对他的重用，名义上有了统一指挥三军之权，仿佛西方的战时总统一般，哪能再有异词？

当夜，何应钦返回南京，命新闻局发表公报，把和谈破裂的责任全推给共产党，安排各部尽速完成向广州撤退事宜。深夜，四郊炮声隆隆，枪声密集。何应钦乘车返回斗鸡闸4号，叫司机在南京的主要街道绕行一遍，以示告别。往昔的夫子庙、花牌楼、新街口，目迷五色的繁华景象已无影无踪，除了呼啸而过的军用车辆和巡逻士兵之外，行人寥寥无几。从鼓楼到挹江门的新区，过去车水马龙，那些鳞次栉比的洋楼别墅，早已十室九空，偶尔有几洞窗口的窗帘里隐隐透出昏暗的灯光……

23日上午八时，在越来越近的枪炮轰鸣声中，何应钦匆匆登上飞机，前往上海。飞机从南京上空飞过，尽管长江如练，城阙依旧，但何应钦两眼茫然，眼空无物，从内心发出"别时容易见时难"的万千感慨。

（三）

1949年4月23日，就在何应钦的座机离去后八小时，人民解放军攻占了南京。黄埔路国民政府总统府门楼上的"青天白日满地红"的旗帜被降了下来，鲜艳的红旗在欢呼声中升起来了。盘踞在南京整整22年的蒋家王朝宣告灭亡。

在这苍黄翻覆的历史性时刻，何应钦、蒋介石、顾祝同、汤恩伯、周至柔、桂永清、陈大庆等在上海举行军事会议，研究如何集中现有兵力保卫上海。昨日在杭州，蒋介石宣布改组国防部，不仅让何应钦统一指挥三军，而且将过去奉"总统"之命执行军令的参谋总长归属为"国防部长之幕僚长"，似乎何应钦有职也有权了。但"蒋总裁"正准备由幕后走到前台，汤恩伯也没有把何应钦放在眼中，对淞沪防务依然秉承蒋介石之意，我行我素。因此，何应钦实际上对军事无从插手，权充所谓"政府发言人"。他这时发表了一份书面谈话：

> ……共产党此次乘政府对争取和平，要求停战作最后呼吁之际，发动总攻，大举渡江南犯，致狄港、江阴、扬中等地相继弃守，首都陷入钳形攻势之中。我驻守首都大军，一时处于被动地位，无法发挥高度之战斗力量。我统帅部估计军事形势，当前尚非适宜决战阶段，不能不自动从首都作战略之撤退。且政府原早迁广州，部署停当，政府各机关驻京办事处自宜一律结束，重回我革命策源地，为国家之独立，人民之自由，继续奋斗……

上海有蒋介石坐镇，45万坚守孤岛的国民党军又是汤恩伯的禁脔，何应钦自感多余，于23日南下广州，去主持尚属于他的"行政院"。

李宗仁意识到与蒋介石公开摊牌，要他不再干预政治、军事、财政和人事，使自己尽心尽力挽狂澜于既倒……决难做到，就是蒋真肯放手，李也毫无把握，他离开南京后径飞桂林。在桂林，他陷于是做"降将军"还是做"断头将军"的两难抉择之中，不愿到广州视事。

何应钦飞回广州，下榻之所尚未安顿，便紧急召开了"行政院"第五十六次会议。为了给先后撤至广州的阁员们鼓劲充气，何应钦重复着他在离开上海时对报界发表的书面谈话，把国共和谈破裂的责任转嫁到共产党身上，并声言南京的失守，纯属主动的战略撤退。

何应钦主持的这次"行政院"会议的收获，是通过了两项实属多余的决议：一、撤销以张治中为首席代表的南京国民政府和平商谈代表团。其实，张治中、邵力子、章士钊、黄绍竑、李蒸、刘斐、卢郁文等该代表团的成员，均已弃暗投明，留在北平，愿在中国共产党中央领导之下，共同建设新中国。之所以明令撤销，是何应钦借以表示，今后上述诸人的一切活动，均与他的"政府"无关了。二、尚在国民党军所控制的区域，一律停止对解放区的邮电汇兑。这道命令，似乎是给何应钦的五弟何纵炎下达的。当时何纵炎在广州任国民政府邮政总局副局长兼储金汇业局局长，由于邮政总局局长霍锡祥辞职未获批准，称病在家，何纵炎事实上行使了局长的权力，冻结向解放区的邮电汇兑，除表明政府与中国共产党势不两立之外，实际目的是尽量减少金钱流散，以解决政府财政的断炊之虞。

这两项决议虽无补于时艰，但毕竟还是退踞广州的"国民政府"仍以"正统"自居的政治表态，也是何应钦尚存权力的佐证。

何应钦独自在广州，虽撑起"政府"的门面，却几乎陷于当年南明永历皇帝朱由榔由广西流落到贵州安龙时，"除扈从之外，无一兵一卒为王所有"的那种窘境。

身处覆巢之下，蒋介石依然故我。4月27日，他在上海以国民党总裁身份，发表文告，幻想乞求"友邦"神来之手，让22年前的历史重演，并硬撑面皮，自欺欺人地说："十一年前南京撤守，政府西迁，乃是我们政府长期抗日战争的起点；今日南京撤守，政府南移，更成为我们中国反共斗争唯一的转机。"在这篇文告中，蒋介石左一个"中正愿以在野之身，追随我爱国军民之后，拥护李代总统暨何院长领导作战，奋斗到底"，右一个"所望我全国军民，一致接受李代总统的领导，全体将士，绝对服从何兼部长的指挥……达到成功的境域"。这种意在言外的表态，何应钦也明白，是蒋介石要正式出山前的序曲。

（四）

南京解放以后，本已激化了的蒋介石与李宗仁之间的矛盾更加表面化。李宗仁闲居桂林，与拥兵华中的白崇禧谋划如何保存桂系精锐，另谋出路。蒋介石却以国民党总裁的身份，指挥着汤恩伯、顾祝同、胡宗南等嫡系部队，妄想将政府南移，固守西南、西北、华中，绝路中寻一转机。他虽然号召国民党军官兵和政府职员，"一致接受李代总统领导"，"绝对服从何兼部长的指挥"，但实际上他对内心想与共产党谋和的李宗仁必欲除之而后快，对何应钦这位心腹干将反共的能耐和对他的忠诚已大加怀疑。但攻于权术、心计的蒋介石，一方面仍要顾及"法理"，既不能骤然罢黜"代总统"李宗仁，还想利用桂系的数十万军队为他作最后的一拼；另一方面，面对"赤焰滔天，挽救乏术，人心迷惘，莫可穷极，甚至敌骑未至，疆吏电降"的乱局，何应钦这位"武甘草"似能起一些调和功能。犹如甘草不能单独治疗顽症痼疾一样，无一兵一卒可资调遣、无一官一员可供驱使的何应钦，纵然费尽移山心力，也只能徒举空拳替蒋介石呐喊。

擅长夤缘时会，随机应变，常常脚踏两只船而能左右逢源的阎锡山，在国民党江河日下、四分五裂之时，毅然在蒋介石的授意下，充当调和蒋介石、李宗仁、何应钦三巨头之间矛盾的说客，企图拉拢国民党各派系，支持残局。他两次飞往上海，向躲在太康号兵舰上随时可以逃跑的蒋介石请示机宜，又两次飞到桂林向李宗仁劝驾，希望总裁、"代总统"能负起统驭、督导之责，帮助何应钦，挽救国民党山崩地裂般的政治、军事、经济和社会危机。

何应钦深知李宗仁为人宽厚、顾全大局、好合作，在国民党各地方实力派中最孚信望，如能请其坐镇广州，指挥白崇禧手中的几十万精锐，号召云、贵、川、康，这小半壁江山尚可撑持些时日。况且，何应钦之所以临危组阁，跳下了火坑，导源于李宗仁的推荐。于是，何应钦函电如飞雪般发给李宗仁，希望他能这时出面，一起共度时艰，但李宗仁却不置一词。5月2日，何应钦只好央求阎锡山、居正、李文范偕同桂系实权在握的白崇禧亲赴桂林，并带去何应钦给李宗仁的一封亲笔密函，迎劝李到广州视事。李宗仁阅罢何应钦情切意深且旨趣与己相投的信后，向阎锡山说，只要满足了他的条件，他立即恢复视事。阎表示他尽力周旋。

李宗仁向蒋介石提出六点要求：一、关于军政人事，"代总统"有权予以调整。二、移存台湾的金银、外币，应由政府运回大陆，以应军政开支。三、移存台湾的美援军火，应由政府运回大陆，分发各部队使用。四、所有军队，一律听从国防部调遣。五、国民党中央的决策，只能作为建议，不能强制执行。六、拟请蒋先生出国考察，并设法争取外援。这六项要求，虽由李宗仁之口提出，实际上表达的是何应钦与李宗仁的共同意愿。

上述六项要求，以《李代总统同居正、阎锡山、李文范三委员谈话记录》的公文形式，作为李宗仁回广州主政的先决条件。阎锡山自告奋勇，亲自携带此件前往上海面呈蒋介石，居正等人同时将内容电告何应钦。何应钦阅后，心虽纳之，对外却面显难色，不置可否。他深知与蒋争权，无异于与虎谋皮，但情急势紧之中，只能出此下策。

5月4日，阎锡山的专机抵达上海，在太康号兵舰上与蒋介石作了三次长谈，听取了蒋对李、何的要求。素以狡诈而在国民党派系斗争中旋伏旋起的阎锡山十分惊讶，对李宗仁这般无理的要挟，蒋介石表态之爽快、态度之真切实在令人感动。蒋说："完全同意，一切权力交出。"并拍着胸脯表示：五年之内亦不复过问政治。当然，最后却又补充了一句：请李宗仁姑念他此时此境已无颜面见友邦人士，望能准其以在野身份居留台湾。

为了表示自己的诚意，蒋介石亲自下令用专机将他的答复送往广州面交何应钦，其中有"德邻兄凡有垂询，无不竭诚以答"之句。蒋还委托阎锡山、朱家骅、陈济棠三人再次赴桂林敦请李宗仁速返广州。蒋介石有如此令人感动之举，李宗仁还能说什么呢？他虽多次领教了蒋的反复无常、朝三暮四，这次再也找不到托词，又碍于何应钦这位老朋友的苦苦央求，只好勉为其难，于5月7日飞抵广州，与何应钦共同作"最后五分钟的努力"。

当何应钦以为有了蒋介石不再掣肘的许诺，又得李宗仁回广州主政的依靠，可以有所作为时，解放军的前锋已深入福建境内，追击国民党溃军的速度一昼夜高达100公里，而国民党军逃跑的速度亦与之相当。面对解放军排山倒海般的攻势，何应钦的精锐之师，不是被全歼，便是缴械投降；不是临阵倒戈，便是落荒而逃。身兼国防部部长的何应钦虽三申军令，坚守待援，但前方将领置若罔闻，依旧全力向南逃命，而且边退边电催军火接济和催发欠饷。何应钦几次向蒋介石去电告急，希望火速由台湾运来一些黄金、白银，以解燃眉之急。然而告急电如石沉大海，音讯杳然。

5月10日，何应钦列席立法院会议，并在大会后的秘密会议上，向有关立法委员报告与中国共产党谈判破裂的经过及政府撤退广州的经过，以推卸责任。他在秘密报告中特别郑重声明："和谈破裂系由于共党毫无诚意，并下总攻令，大举渡江，所以共党对和谈破裂应负完全责任。"为了表白他出任行政院院长兼国防部长以来，所作所为莫不"益励忠贞，悉力以赴，绝不敢瞻顾徘徊，稍卸其应负的责任"，他不厌其烦地重复和谈的经过、江防崩溃的情形，尤其是如数家珍地报告他主持实施的政府迁穗及南京大撤退的功劳。

就组织实施大撤退而言，何应钦真可谓全力以赴了。从解放军突破国民党军千里江防之时起，到23日的20多个小时内，何应钦指挥调动飞机32架次，运出"党国"要员11300余人；调集火车三列，载运700余人到上海。自24日至27日止，又使用飞机51架次，飞台北、重庆、广州，共撤退1349人；动用"景兴"、"秋瑾"两艘轮船，载运人员2250名及政府各种各类办公物资安抵广州；"永兴"号轮船亦载人1200名到台北，等等。

为了让这些已如惊弓之鸟的立法委员吃定心丸，何应钦在报告他们最为关心的军事形势时，不着边际，故弄玄虚。他说："国军今后的具体的军事计划，不便宣布，但原则上可以奉告，即坚决执行持久作战，以争取最后之胜利。"

其实，何应钦心里十分清楚，李宗仁、白崇禧的防御计划，蒋介石根本不屑一顾。他与顾祝同等提出的"守长江而不守上海"，因与蒋介石、汤恩伯的"守上海而不守长江"的意图针锋相对而被否决。蒋介石是习惯于几千里以外凭想象指挥前线的将领，他这个国防部部长有职无权，补天乏术。但他也有自己的金蝉脱壳之计：他向那些立法委员，也等于向世人介绍了被他自己认为是"自杀政策"的上海防卫的意义及情况，认为上海在军事、政治、外交、经济等方面的关系太大，必须竭力固守，非至已无战略价值时，不能考虑撤退。

已经进退失据的何应钦，那矛盾惶遽的心情无论如何是掩饰不住的。他在报告的结束语中说道："应钦痛感事与愿违，本应退避贤路，唯念当前局势，严重已极，国家民族之命运，已在存亡绝续之交，政局不可动荡，军心应有重心，应钦以身许国，势逼处此，不得不牺牲一己，继续勉任艰巨。现在李代总统已于前日莅临政府所在地之广州，贵院暨监察院亦均已在穗集会，对于救亡图存之大计，必有贤明之决策，应钦遵循有自，当可减少过失，共赴事功。只要我们能办到'一德一心，群策群力'八个字，并且求改革，求进步，不动摇，不屈服，最后的胜利，必定是我们的。"

眼前的财政危机，何应钦就是有三头六臂，也无法缓解。蒋介石虽有"无不竭诚"之类的许诺，而李宗仁的六项要求中关于财政金融的要求十分具体而明确，《谈话记录》是这样写的："中央金融、企业等机构，概由行政院主管部会监督，任何人不得从中操纵，中央银行运台存储之银元、金钞，须一律交出，支付军政费用。"然而，多次电催，未见分文运来。深知蒋介石为人言而无信却常对蒋抱有幻想的何应钦，于捉襟见肘的拮据之时，竟然请行政院副院长朱家骅两度飞到台北，面见蒋介石，希望能调用一点储存于台湾的银元、黄金或美元，以安定金融，并应急需，岂料蒋介石竟断然拒绝。

5月16日，为了解决急如星火的军粮、金融、地方财政等难题，何应钦电召国民党尚能控制地区的各省政府主席、财政厅厅长、田赋粮食管理处处长、省参议会议长赴广州开会，商讨挽救对策。应到会的不少人，都借故不到。开会时，何应钦所提各项应急措施都难以得到多数人附议。尤其是为了筹措军饷和军粮，他提议恢复抗日战争时期在国统区所实行的"征实征借"政策。何应钦做梦也没想到，带头反对他的竟然是他家乡的守土长官、担任过国民政府粮食部部长的贵州省政府主席谷正伦。紧跟其后，贵州省财政厅厅长潘锡元、省议会副议长杜叔玑及贵州田赋粮食管理处处长谢伯元等，并联合四川省政府主席王陵基一起反对，致使何应钦的提议未获通过。此时的何应钦，真的是叫天天不应，叫地地不灵了。

5月19日至20日，李宗仁出面召集参谋总长顾祝同、西南军政长官张群、华中军政长官白崇禧、海南特别区行政长官陈济棠、台湾军政长官陈诚、陆军总司令张发奎、联勤总司令郭忏、广东省政府主席薛岳、广西省政府主席黄旭初及谷正伦、王陵基以及西北军政长官胡宗南的代表刘任等人再次召开会议。会上，不管何应钦如何晓以党国存亡利害，如何动以部属朋友之情，谈到要钱要粮，与会者都说自己是"泥菩萨过河，自身难保"，何能普济时艰？商量来商量去，终无结果。

何应钦又找来财政部部长刘攻芸、中央银行总裁徐堪、被称作"航运大王"的太平洋轮船公司经理卢作孚和掌握川康银行总管理处的刘航琛等财界和运输业的首脑，让他们充当说客，使那些执迷不悟的军政首脑、参议会议长有所醒悟。然而，依然是白费唇舌。何应钦就商于五弟何纵炎，想将他手中所支配的储金汇业局的公款100余万美元挪出应急。何纵炎虽想助兄一臂之力，但没有蒋介石的指示，他也不敢挪用。何应钦在财政上已无路可走了。

至于军事方面，在李宗仁抵穗视事以后，何应钦即配合白崇禧拟具计划，意欲将国民党军自宁夏、甘肃、陕西至鄂北、湘北、赣南、粤东、闽西一线作通盘的重新调整部署，以便与解放军持久作战，等待美援的到来。

解放军全方位的攻势压迫于外，蒋介石掣肘于内，国民党军的嫡系都想保存实力，跟随蒋介石退保台湾。何应钦计划中的这一字长蛇阵便出现了薄弱环节和裂隙。按照何应钦的计划，拟把江西划归华中军政长官白崇禧指挥。然而蒋介石的私心作怪，偏令何应钦另成立一个"东南军政长官公署"，由远驻台北的陈诚任军政长官，并把江西划归其指挥。对于江西战场的国民党军，陈诚虽鞭长莫及，但同样远在台北的蒋介石却可以任意遥控。当解放军突破长江防线、疾速南进时，皖南一带几成真空。解放军自浙西、赣东南下，浙赣路即将被截断。何应钦、白崇禧分别以国防部部长和华中军政长官的名义同时致电驻上饶一带的胡琏兵团，令其如上饶不守，可相机撤往赣江上游地区，与白崇禧所部会同据险防守。何应钦还通电各军政长官，令胡琏兵团拨归白崇禧指挥。然而胡琏所部两个军约五万之众，却直接奉蒋介石之命，不战而取道杭州、汀州，直退广东的潮州、汕头，尽可能保存实力。原驻青岛的刘安琪兵团，不听何应钦令其北上的命令，径直撤退到海南岛。原驻河南的张轸兵团撤往湘北后，便开始酝酿起义。5月17日，当武汉被攻克后，张轸兵团起义，加入解放军第四野战军序列，回戈反击白崇禧，迫使白崇禧将华中长官公署迁至长沙。而驻守湖南的程潜所部也已开始有起义的迹象。

在何应钦的计划中，蒋介石的嫡系宋希濂部十余万人，武器精良，左可凭借湘西大山，右可依靠八百里洞庭湖，以迟滞解放军的攻势。当何应钦下令要其死守湘西至岳阳一线时，宋竟置军令于不顾，擅自将部队撤至鄂、川边界的恩施一带，致使芷江、常德一线门户洞开，白崇禧所部将有被解放军包围之虞。何应钦只得再次通过长途电话下达命令，要宋希濂务须遵令率部迅速赶至指定防区，不料宋在电话中同何顶起牛来。何指责宋违抗军令，宋则说他撤往恩施是奉了蒋介石的命令。

何说："恩施一带并无共军，你去那里实无必要！常德一带异常空虚，你如不来，湖南战事就不可收拾，你到恩施也是绝路。"

宋说："我管不了许多，总裁叫我怎么办，就怎么办！"

何说："我是行政院院长兼国防部部长，负责指挥全国军队，你必须服从我的命令！"

宋听了大吼起来："我就不知道什么行政院院长、国防部部长！"说毕，将电话挂断了。

一向以韧、忍二性而著称的何应钦，被宋希濂的傲慢无理气得面孔发紫、浑身颤抖。他面对李宗仁说道："这成什么体统，这成什么体统！我有生以来也未受过这种侮辱！"

何应钦的军事计划，就国民党军内部来说，首挫于胡琏的南撤，再坏于宋希濂的抗命，三由于程潜、陈明仁密谋起义，根本无法抵挡解放军的席卷之势。原企图仰赖作为广州政府屏障的华中战区的彻底瓦解，不过是时间的问题了。

何应钦在行政院主持召开的解决政治、经济、军粮、军饷问题的一揽子会议不得要领，军事上的指挥因蒋介石的作怪而无法实现，财政上的巨头们人人作壁上观。何应钦明白，与其坐待军事上一败再败，经济全面崩溃、政治散摊烂架而当替罪羊，不如乘早辞职避祸。

（五）

5月7日夜，何应钦既负气又焦虑地连夜草就辞呈，次日一早便递交给李宗仁。

何应钦在辞呈中感激李宗仁约他组阁的厚意殷眷，历数了他所提出的挽救时局的国民党的团结问题、和谈问题、经济问题、军队革新问题、立法院问题、外交问题等，除立法院这一空洞无物的改革建议获得全体立法委员的支持外，其余实际问题，事实与他的愿望有天壤之别。他痛心地申述道："乃事实演变，未符理想，而财政问题，又复困难万端，无法解决。全国官兵公教人员之生活，不能有合理之维持，民众疾苦，愈益加深，长此以往，恐将陷于万劫不复境地。钦虽努力以赴，终感补苴无术，心中隐痛，莫可名言，唯有恳请辞去行政院长职务，以免贻误将来。"

李宗仁虽体谅他的苦衷，但仍诚挚挽留。就个人关系而言，何应钦与他最易相处，何应钦一走，他更是孤掌难鸣。广州的国民党中央立法委员、监察委员们也群起挽留吁恳，要何打消辞意。

何应钦虽然感动，但辞意益坚，几乎是声泪俱下，以极沉痛的语调对李宗仁说："德公如要我继续干下去，我只有两条路可走：一就是逃亡，二就是自杀！"话已说绝，于公谊私情，李宗仁都不能再强人所难了。

5月30日，李宗仁在事先征得了居正愿继任行政院长的许诺后，遂向国民党中央常务委员会提议，接受何应钦内阁全体总辞职。

大厦将倾，独木难支。何应钦辞职的隐衷是显而易见的，但蒋介石及其支持者悉透过于李宗仁，李宗仁又全推给蒋介石。何应钦虽委婉曲折地有所倾吐，但言犹未尽，既不敢得罪蒋介石，又不愿归咎于李宗仁。

何应钦在解放军的政治、军事的沉重打击下，被蒋介石、李宗仁的斗法逼下了台。而李宗仁所提名的行政院院长的继任人居正却遭到CC系和黄埔系的反对，立法院也不支持，结果被选掉了。此时李宗仁如梦初醒，才意识到阎锡山如此卖劲地周旋于蒋、李、何之间，并非无所图，而蒋的旨意一度由阎宣达，足见蒋早有成竹，于是提名阎锡山继任行政院院长。6月2日再度举行选举时，以200票赞成、50票反对获得通过。

阎锡山成为继何应钦之后"跳火坑"的败军之将。从心理上说，起初他确实感激蒋介石终于让他过了一下内阁首长的官瘾，不多久，他就体会到这"战时内阁"的处境，连何应钦内阁也不如。用他自己的话来说：东山的土地爷到西山就不灵了。

何应钦卸任之后，身子闲了，心却更乱，他以不能为党国力挽狂澜而深感惶恐。自组阁以来，国民党内部对他的功过是非评说就不一致。他扪心自问，自己是按照蒋介石1949年3月12日敦促他组阁的亲笔函的旨意去办的，无时不以蒋介石的意志为意志。在反共的意志之下，以何应钦稳健的性格和四平八稳的处事风格，他永远也摸不准性格多变，几乎让人以为没有固定性格的蒋介石的"意志"，反而贻人以他与李宗仁私交尚属不错，可能又一次助李反蒋的口实，使他无法自辩。

蒋介石明令下野的何应钦必须火速到台湾，并随时为他备有专机相送。何应钦眼见许多追随蒋介石多年的国民党要人在此危难之际竞相"自我放逐"，或逃亡海外或滞留香港。曾任台湾省主席的魏道明被陈诚取代以后，逃亡到巴西；政学系的要人熊式辉和曾任驻美大使的沈剑虹也都不顾蒋介石的盛情邀请，滞留香港；国民党中最有钱的宋子文更是退步抽身早，在蒋介石尚未退守台湾前，即辞去广东省长一职，去美国当金融家去了；孔祥熙于1948年同蒋介石闹翻了脸，负气到美国经营他自己的银行；非嫡系的张发奎、龙云等国民党高级将领，更怕去台后遭蒋介石暗算，索性举家迁居香港，望定风向后再作打算。更有许多何应钦所熟悉的国民党要人，如鸟兽散，踪迹难觅。

非嫡系者视何应钦为蒋介石的嫡系；真嫡系者又与何应钦有种种隔膜。蒋介石对待何应钦，爱则加诸膝，恶则投诸渊。何应钦思前想后，还是听从蒋的召唤，飞到台湾。一者表明自己对"党国"确实忠贞不贰，二者愿为重建台湾反共基地再竭绵薄之力。

正值寿终正寝的国民政府还在利用西南一隅，在重庆、成都作垂死挣扎之时，何应钦虽五内俱焚，可疲惫不堪的身子却得了宽闲。东方明珠的香港，令世人向往，何应钦也不例外。当时，许多由大陆赴台或移居国外的达官贵人，多以香港为中转地。已经卸任后的何应钦也乘尚未赴台之暇，渡海到香港观光。他在大陆时，虽不事张扬，出行时轻车简从，但随处都感到他的显赫威仪带给别人的红眼钦羡，到了香港，虽不乏要人朋友相伴，却像置身异国他乡，满街灯红酒绿、珠光宝气，触目却尽皆陌路之人。他不似某些国民党要人腰缠万贯，到香港的花花世界是来享受纸醉金迷、抢购套购的，他只不过是散心解闷而已。尽管是落魄之人，威仪依旧，尤其是胡须，必须每日剃得干干净净。他用的剃须刀是美国货，但剃须刷子虽也是舶来品，因年代久了，早已脱毛，需要更换。一日，他携随从副官着便装到一外国人开的百货公司购买獾毛剃须刷子，看到货架上摆着这种刷子，副官便叫那一脸傲气的混血儿售货员小姐，请其拿一把来看看。谁知这位售货员小姐看他俩西装陈旧，便摆出一副爱理不理的样子，似乎是说：谅你们买不起，何必多此一举，但又不得不拿给他俩看一看。副官哪受得了这等白眼，故意掏出一张1000元的港币给她找钱。她当时很窘，找不出钱来，不得不到大柜台上去掉换零钱。副官便对她说："你以为我们买不起吗？现在你连钱都找不出来！"这位售货员小姐满脸通红，连话也说不出来。站在一旁的何应钦始终没说一句话，离开柜台后才说："你给她的教训很对！"

当解放军挥师南下，直逼广州之时，何应钦才乘专机不无留恋与感慨地告别大陆，向茫茫海天中的台湾岛飞去。

第十章

元老不寂寞 将星有余光

蛰居避祸　投石问路

（一）

1949年的台湾，地理位置极有利于国民党政权的偏安困守。早在日本占领时期，台湾已打下了较坚实的工业、交通基础，丰富的自然资源已得到初步开发。美国在蒋介石败逃之际，一度想撒手不管，但对美国来说，台湾的战略地位又不容忽视。蒋介石退保台湾前后，始终没有放弃争取美援的努力。蒋介石离开大陆时曾说过："只要有了台湾，共产党奈我何！"

何应钦辞职以后，国民党中央委员会和国民政府仍然在广州。从政治上考虑，蒋介石不能不过问，但对何应钦个人，他却无暇顾及了。何应钦举家迁台后，处于上不沾天、下不着地的境况，连找一套像样的私邸也无人过问。所幸何应钦得势之时，对部属虽无金钱、权力的赏赐，但宽厚谦和，颇得部属的好感。当时任台湾警备总司令的钮先铭，念及老上司的好处，遂将自己使用的原产权归台湾省物资局的一幢小楼让给何应钦居住。这幢位于台北牯岭街上的不甚起眼的小楼，虽无官邸的气派，也无别墅的优雅，但在当时的台北，也算得上安居乐业之所了。

久历戎行、宦海风波的何应钦一旦无权，亦无人过问，虽自称"闭门思过"，但心气难平，常是铁马金戈入梦来。何应钦青少年时代养成的"退后一步天地宽"的思想，常在逆境中帮他排忧解难。此时的他，当然不愿与自己明里暗里较量过的红得发紫的陈诚相比，这种比较会令他心灰意冷，无地自容，唯一的心理平衡是冷眼旁观自己的后继者阎锡山如何坐在火山口上支撑残局。

何应钦下台，阎锡山继任，都是蒋介石、李宗仁矛盾激化的结果。当国民党残余势力行将在大陆灭亡之际，蒋、李矛盾发展到公开决裂的地步。蒋介石令国民政府迁重庆，幻想借抗战时的陪都沾一点胜利的灵气，等待第三次世界大战爆发，李宗仁却拒绝随政府迁渝，径自由广州到南宁。当蒋介石请他赴渝共筹全局保卫大西南时，李宗仁却在南宁公开宣称即将赴美治病，把"中枢军政事宜"交阎锡山负责，不久便去了香港。蒋介石又派居正、朱家骅、洪兰友、郑彦棻四人，带上他的亲笔函赴香港劝驾，还特意嘱何应钦从旁规劝，要李宗仁赴渝。尽管蒋介石再次信誓旦旦地表示，将以"充分权力"交给李宗仁掌握，何应钦对李宗仁犹恐避之不及，岂敢再次沾上？于是推说自己与李宗仁嫌隙已深，不便介入。不管蒋介石怎么许诺，殷鉴在前，李宗仁岂肯再上当受骗。阎锡山一日数电相催，反倒促使李宗仁一走了之。12月5日，李宗仁毅然离港赴美，把一个被蒋介石搞烂了的摊子交还给蒋介石。

阎锡山在国民政府迁渝后，虽面见蒋介石，得到尚方宝剑，但仍如何应钦一样，只是"行政院"长兼"国防部"长。表面上，他比何应钦"完成总体战"与解放军对抗到底的决心大，但他所遭遇的困难，又远较何应钦更甚。阎锡山在重庆立足未稳，解放军的第二野战军已由湘黔边出贵州，进占川东、川南，威逼重庆。国民政府于11月26日迁至成都。李宗仁已托付阎全权处理中枢军政事宜，蒋介石也积极为他调兵遣将，但他所梦想的一鸣惊人的"大西南保卫战"只不过是纸上空文。

在这些煎熬人心的日子里，身处台湾的何应钦每天将所搜集到的战报汇总，独自为"大西南保卫战"设计各种方案，替双方的指挥者调动兵马，总结得失。当时的西南局势，远比何应钦想象的更糟。胡宗南的三个兵团已被解放军所包围，云南的卢汉、川康的刘文辉、邓锡侯、潘文华也都正在酝酿起义。蒋介石曾亲往成都部署，也无法理顺这纷乱如麻的局面。

12月5日，何应钦收到台湾当局发给的一份请柬，邀他于12月7日参加"总统府"的挂牌仪式。他明白，国民党在大陆的抵抗已经完全失败。

在12月7日台湾当局的"总统府"挂牌仪式上，何应钦与所有参加者一样，并不是怀着对新生儿洗礼的欢欣，而是怀着对一位死者入殓的悲哀去应景。在昔日台湾总督府的门前，"中华民国总统府"的新招牌虽赫然显目，但既没有"总统"，也没有"代总统"露面，越发使这挂牌仪式显得不伦不类了。

12月8日，台北各报正式宣布国民党中央和"国民政府"迁台办公。但仍在部署善后的蒋介石和儿子蒋经国直到12月10日才由成都凤凰山机场登机升空，怀着怆然悲戚之情，俯视着云层下的大陆河山，向孤岛台湾飞去。蒋介石、阎锡山的失败，对何应钦反倒是一种宽慰和解脱，说明国民党在大陆的失败，"非战之罪，在天意也"！

客观上替何应钦临危组阁少有建树推卸责任，也可以冲淡蒋介石、李宗仁、何应钦三角矛盾的重大事件，是美国政府公开宣布抛弃蒋介石。

1950年1月5日，杜鲁门总统在白宫的记者招待会上，公开了美国政府的对台政策。他说："美国此时不想在台湾获取特别权利或建立军事基地。""美国也不利用其武力以干涉现在台湾的局势。""美国并不采取足以涉及中国内战的途径。同样，美国政府也不供给军援与军事顾问于台湾的中国军队。"与杜鲁门讲话的同时，美国还宣布自台湾撤侨。美国政府驻台北总领事馆的最高级的武官，只是一位随时准备奉命撤退的中校。美国的宣言及行动，犹如地震一般，使台湾岛上的国民党要人们人人自危，为了稳固动荡的政局和人心，蒋介石频频召集会议，也想到了赋闲在家的何应钦，要他献计献策，团结部属，动员武装保卫台湾。

何应钦本已无心亦无能过问政事，一旦蒙蒋介石眷顾，又不免雄心复萌，但这点火星却被当头一瓢冷水浇熄。他无意间从亲信处得知蒋介石始终对他存有戒心。就在前不久南京解放前夕，张君劢向蒋介石进言，希望蒋能改以往放职不放权、给名不给实的作风，将军事指挥权真正交给何应钦。不料蒋介石却冷冰冰地对张君劢说："你不识敬之的为人。"张虽不明白此话的全部含义，但自知造次，连说："是的，是的！"

此时，何应钦听到这一信息，顿时矮了一截。他害怕已崛起的蒋经国不了解当时的情况，以此更加冷落他，因而，对台湾时局的变化格外敏感，格外小心，只要有机会，他就要表白自己与蒋介石从来就亲密无间的关系。就在美国总统杜鲁门公开对华政策的次日，台湾陷于一片惶恐的时候，美国《新闻观察》报记者坦斯瑞前往寓所访问何应钦，探询这位国民党军界元老对目前军事、政治有何见解。何应钦虽心急火燎，但却故作坦然、超然地说："中国有句老话，不在其位，不谋其政。关于军政的权衡，瞬息万变，完全要以综合时序发展的各要素，给予当机适宜的处断。本人久荒膺命，斯项事务已非余所应问。"坦斯瑞深知这位久历宦海风云的老将是有意回避当时最为敏感的问题，转而探询其个人今后的打算。洞明世事的何应钦依然给他以恬淡洒脱的回答："我是国民一分子，在国民应尽义务方面，当然不能后人，所以就我内心的衷愿说，从政时冀不负为国家公仆，现在只希望无忝为一个自由中国的公民。"何应钦的此番表白，与其说是讲给坦斯瑞听的，不如说是向蒋介石表白自己无意重当权臣的心迹。

（二）

由于李宗仁移居美国，又未宣布放弃"代总统"之职，这就给蒋介石的复出制造了"法律"上的障碍。1950年12月12日，国民党"监察院"为了替蒋的"复职"制造"法理"上的依据，提请台湾"国民大会"弹劾李宗仁。何应钦是大陆时期由贵州省选举的"国大代表"，自然要在"国民大会"上有所贡献，对弹劾李宗仁案，他心虽有异词，但不能不表现出比别的人更积极的态度。2月23日，何应钦参加了蒋介石主持的国民党中常会，战战兢兢地听取蒋介石大骂李宗仁的报告。蒋指责李"既不辞职，亦不表示退意，仍以代总统而向美求援。如求援不遂，即居留国外不返，而置党国存亡于不顾"，"其所作所为，实卑劣无耻极矣"！

1955年，何应钦在纪念棉湖战役30周年会议上致词，左为陈诚，右为白崇禧。

面对余怒难平的蒋介石，何应钦恭敬如仪地起立发言，请议决蒋总裁早日恢复行使"总统"职权，并谴责李宗仁的不忠不义。次日，台湾当局"立法院"开会，虽不足法定人数，但与会的331名"立法委员"一致通过决议，电请蒋介石"俯顺舆情"，恢复视事。

在所有过场走完之后，蒋介石既不理会台湾国民党内对他复任"总统"的褒贬，也不理睬在美国的李宗仁的抨击，更不顾及依台湾当局"宪法"可以代行"总统"职权的"行政院院长"阎锡山的不悦，于1950年3月1日正式复出登台。何应钦应邀参加了蒋介石的"就职"仪式。看着身穿戎装的蒋介石挥舞军帽，向拥戴他的民众致意时，何应钦心中涌起一阵阵说不出滋味的激动。蒋在他的《复职文告》中宣称："生死荣辱早已置之度外"，"当此危急存亡之日……已无推诿之可能"，"期共奋勉，以光复大陆，重建三民主义新中国"。蒋介石这一复出的气球，并没能使笼罩在台湾岛上的惶惶不可终日的气氛安定下来。

1925年3月13日，是第一次东征中最关键的棉湖之战取得决定性胜利的日子，也是何应钦与蒋介石结下生死之交的纪念日。1950年3月13日，何应钦与蒋介石这对因反共而心心相印的老搭档在台北此唱彼和，为沮丧的军心士气鼓劲。

何应钦主持了纪念棉湖之役25周年酒会，当年参加过棉湖之役的陈诚、顾祝同、钱大钧、蒋鼎文等黄埔系的将领出席了酒会。自从退到台湾后，何应钦是首次春风得意，他举杯为黄埔精神干杯，并发表了《棉湖之战感言》的演说。他在回顾了在蒋介石领导之下各位袍泽的当年之勇后，转入了应时的正题，他说："今天革命事业虽已遭受顿挫，而我们现存的军事力量，则千百倍于（民国）14年东征时期。只要我们能够接受过去的教训，效法总理的两大决策，一方面改造我们的党，强化革命阵营；一方面实行军事革新，恢复冒险犯难的大无畏精神，从棉湖之战看当前反共抗俄战争，我们的前途是光明的，我们的革命事业，最后一定成功。"

同一天，蒋介石发表了《复职的使命与目的》，宗旨自然是给由大陆来的官兵部属鼓劲。他说："我每一次复职时所预定的目标，亦无不按计划完成……现在是第三次复职了，这一次复职以后，我们革命的目标，是恢复中华民国，消灭共产国际……我相信我们一定可以完成我第三次复职的使命。" 蒋介石没有发现他这篇文章的矛盾之处：既然"中华民国"尚未"恢复"，他怎么竟当起这"中华民国"的"总统"来了？

作为对何应钦支持自己"复职"的回报，蒋介石把"总统府战略顾问委员会"主任的职务，从"代主任"龙云身上转送给了何应钦。

所谓的"总统府战略顾问委员会"，名义上是蒋介石的最高军事咨询机构，实际上是安置被罢黜了的资深军事首脑的一座冷庙。这一机构成立于1947年4月1日，当时蒋介石就已决定将主任的头衔给何应钦，但何应钦当时正在美国担任联合国安理会军事参谋团中国代表团团长，无法分身履任。于是，主任这一职务便由被蒋介石以军事手段夺了兵权的龙云暂代。1948年何应钦由美国离任归国，因东北战场惨败，亟须有人收拾，所以蒋介石也未提及这一任命。

"战略顾问委员会"虽说没有什么实权，但既有"顾问"之名，官样文章就少不了，日常行政事务更因委员个个都资深年迈而显得人少事多。何应钦多方物色一办公室主任，作为自己的助手甚至代行代拆者。他想到了贵州安顺人韩文源。韩与何既有乡谊，又是他的部属、学生，曾追随他多年，文韬武略、应上对下、办事风格均为何所赏识。于是，何派人去找韩，可一连三次均不见踪影。原来，韩文源被杨森等人邀约，到台南游山玩水去了。韩回到台北后，知何应钦官邸已三次派人来找，便立即赶赴牯岭街公馆。何告诉韩，蒋介石催促他务必在5月1日就任"战略顾问委员会"主任职，请韩任办公室主任。韩因在大陆时曾在郑州指挥军队与人民解放军作战三年，自认为"每一战役都很清楚，稳操胜算，但结果统帅部直接越级指挥，每每与敌人机会，战场总司令碍手碍脚，眼见失败而无法挽回"，从大陆败退后窝了一肚子的气，便对何应钦说："我在海南岛下飞机后，把军衣都烧了，不想再当军人！"何只好对其抚慰有加，并说："军衣烧了，拿我的去穿。"如此亲切厚爱，韩不看佛面也要看僧面，不敢再说，又重新穿上军装，随何应钦去上任了。

1950年5月1日，何应钦正式就任台湾"总统府战略顾问委员会"主任，他领导下的机构更是蒋介石安抚军队老将的"特级冷衙门"。其时，曾经代理主任的龙云，早在中华人民共

1950年，何应钦被任命为"战略顾问委员会"主任时与全体委员合影。

何应钦在"战略顾问委员会"办公室。

和国成立不久，即由香港赴北京，就任中央人民政府委员、人民革命军事委员会委员兼西南军政委员会副主席。蒋介石所给予何应钦的职务，不过是龙云早已弃如敝履的东西。但对于在官场中尚无立锥之地的何应钦，毕竟算是有了公职。

为了表达对蒋介石的知遇之恩，何应钦借6月16日主持黄埔军校建校26周年之机，发表演说：要全体黄埔同学，"坚定必胜信念"，"实行战时生活"，"贯彻大会决议"，"以内心的真诚和不怕牺牲的力行，信守誓言，服从领袖，重振黄埔精神，发挥革命团体力量，完成反共抗俄使命"。

改造中失势　顾委里获宠

（一）

1950年6月25日，朝鲜战争爆发，给似乎冷却了的美台关系以死灰复燃的机会。次日，杜鲁门宣布出兵朝鲜，同时，为了配合美军在朝鲜半岛的军事行动，美国第七舰队开进了台湾海峡。随着朝鲜战争的扩大，美国虽不满于蒋介石集团的腐败，却不能不再度正视台湾在军事地理上的重要地位，必要时准备启用全球战略中远东的这艘"永不沉没的航空母舰"。于是，美国开始改变对台湾的态度，曾经笼罩在孤岛上的被遗弃的悲哀孤独开始消散。

何应钦认为这是重新获得美国支持，实现反共抗俄的良机。美国的第七舰队游弋在台湾海峡，无异于替台湾增强了海上防卫，阻碍了人民解放军向台湾发动进攻。台湾当局在惊惧中镇定下来。

为了摆脱败退台湾之初内外交困、危机四伏的困境，也为了清除异己，重振反共的"革命"精神，维护国民党在台湾的统治，蒋介石发动了改造国民党的运动。

国民党改造的措施及程序，首先是停止国民党第六届中央执行委员会、中央监察委员会行使职权，授权蒋介石推选15—25人组成中央改造委员会，代行其职权，同时，成立中央评议委员会，负责监理改造工作。

为了表示对这次事关"党国"存亡和自己命运的"改造运动"的竭诚拥护，7月10日，何应钦在纪念北伐誓师24周年大会上发表演说，除重提他过去在蒋介石领导之下，率领东路北伐军进攻福建取得永定、松口之役的胜利外，特别阐述了彻底改造国民党的重要意义。他说："蒋'总统'要我们对过去在大陆的失败，反省自责，改正我们的错误，特别是本党彻底改造。今天参加纪念的各位，大多数是本党的同志，我们大家如果仔细检讨一下，一定可以知道过去北伐的成功，绝不是纯军事的成功；今天'剿匪'的失败，也绝不是纯军事的失败。我们站在本党的立场，应该坦白承认，这是我们本党的失败，也是本党全体党员的失败。本来，关于本党改造问题，自去年7月，蒋'总统'将本党改造方案提交常委会后，曾经颁发各地党部督率党内同志研讨，再将意见汇交中常会。到现在止，已经整整一年，尚未见诸实施……我以为今天来谈改造本党，应该不再是理论问题，而是实施问题。因此我希望这个改造方案，能早日见诸实施。"

为了在国民党的改造运动中率先垂范，何应钦以他在生活上一贯严谨、不尚奢侈的作风，像当年奉行蒋介石所提倡的"新生活运动"一样，号召在台湾的军政人员中实行"战时生活"。他不仅自己做到节俭、勤奋、遵纪，当然客观环境也迫使他必须这么做，而且还四处宣传他的这种主张。他说："所谓战时生活，从我个人的解释，不仅是指节约消费而言，我以为战时生活，应该进一步的适合于战争需要，即是生活的条件与战争的条件要趋一致。现在我们在台湾，可以说已经到了反共抗俄的最后的堡垒。我们固然要力改过去浪费、奢侈、怠惰、骄纵、弛缓、松懈、推延的习惯，同时更要勤劳、热烈、乐观、锻炼、学习、负责任、守纪律，以随时完成我们的战斗准备……去争取我们未交锋以前的胜利。"

过"战时生活"，对何应钦本人倒无所谓，因为在他一生的处世哲学和养生之道中就特别注重"勤""俭"二字。去台湾以后，他依然保持早睡早起，饮食清淡，不嗜烟、酒，热心体育运动的良好生活习惯。但对其他许多人来说，要一下子从国民党统治大陆时期所过的灯红酒绿、醉生梦死的生活中改变过来，的确要经过一番痛苦的改造。

7月26日，蒋介石宣布陈诚、谷正纲、蒋经国、张其昀等16人为中央改造委员，何应钦、吴稚晖、居正、于右任等25人为中央评议委员。

从1950年8月至1952年10月，在台湾开展了国民党的改造运动。按照蒋介石的说法，"国民党不彻底改造，将有亡党危机"。而且，蒋介石认为国民党在大陆失败的主要原因应归咎于国民党自身的失败。何应钦更从组阁拒和、负隅顽抗到被迫辞职的短短几个月中深切体会到，国民党派系分歧、利害摩擦，形同散沙，终致不堪一击。而且，他还意识到，自己既属"改造"对象，因为他曾与李宗仁合作，被一些人误解有"毁弃革命领袖"之嫌，同时，他又必须充当"改造"别人的工具，以表明自己没有"曲解三民主义"，"毁弃革命领袖"。当然，作为改造运动的发动者、主持者，蒋介石之所以要改造自己手中的国民党这个玩物，主要原因有三：一是反省既往，湔雪错误，改正作风，强固领导；二是摆脱派系倾轧的旋涡，涤除人事纠纷的积习，清除异己；三是开脱自己的罪责，把党务失败的责任推卸到主管党务的陈果夫、陈立夫兄弟头上，寻找替罪羊。何应钦暗自庆幸，自己虽有偏袒桂系之嫌，却无结党营私之事，不管从什么角度来考察，他还是蒋介石的亲信，而且与党务毫不沾边。所谓改造运动，大抵只能冶炼其心，无伤其身，所以他渐渐放开胆子，投入这一运动，并切实负起监督之责。

一年一度的9月9日，是何应钦最引以为自豪的日子。想当年，他代表蒋介石在南京主持了举世瞩目的对日受降大典。五年后的这天，他借纪念抗战胜利之机，在台北的中央电台发表了《从抗战胜利展望反共抗俄战争前途》的演说，认为抗日战争的胜利表明，"正义与真理终必战胜强权与暴力"，如以这个认识来从事"反共抗俄"战争，前途一定是"光明"的。他论述这前途"光明"的道理时说："今天我们反共抗俄的战争，就国家的立场言，是为独立自由而战；就人类言，是为正义和平而战；就个人言，是为理性而战。""换句话说，反共抗俄战争，是全人类的思想战、主义战、生活战，没有国家民族的界限，只有自由奴役的分野。就我们中国来说，不论在大陆，在海外，凡和我们持共同反共抗俄信念的，就是黄帝的子孙，反之，就是汉奸卖国贼。"

何应钦挥舞起蒋介石铸造的"反共抗俄"这把毒剑，企图割断中华民族的历史渊源，以是否赞同"反共抗俄"来作为划分是否炎黄子孙的界限，足见其对国民党的改造运动是如何竭忠尽智了。

1950年11月，台湾当局国民党的改造运动正步步深入。中国人民志愿军入朝参战，减少了解放军直接进攻台湾的可能性。何应钦工作的重心，又从鼓吹备战转到国民党的改造上来，并获得了蒋介石给予的一种殊荣：当国民党台湾当局直属"立法委员"党部和"监察委员"党部改造委员会就职时，何应钦奉命以评议委员资格前去监督。他身着崭新的戎装，以标准的军人风仪登上主席台，带领那帮新当选的改造委员们宣誓，并不厌其烦地重复宣讲那已经数不清重复过多少遍的改造运动的目的，要宣誓效忠者坚信，只要改造成功，"反共抗俄"就会胜利。他要求这两个中央直属的党部，通过改造而成为全台湾的模范党部。他要求各改造委员"加强思想领导"，"充实反攻准备"，"恪遵总裁训示，保证改造成功"。

何应钦所支持的国民党的改造运动，在某种意义上可以说是蒋氏父子"清理门户"、争取台湾政局稳定的重大举措。初步改造的结果，是新的权力格局的形成。国民党内的反对派和其他派系统统被挤出了决策圈，包括何应钦在内的国民党统治大陆时期的军政显要人物阎锡山、孙科、白崇禧、翁文灏等没有一个再与权力结缘，而国民党内原有的以陈立夫、陈果夫兄弟为首的CC系，因主持党务不力，导致全党涣散，以致惨败而成了蒋介石大张挞伐的替罪羊；以孔祥熙、宋子文为首的孔宋系，因孔、宋二人早已退步抽身去美国当了大亨而不复存在；以张群、吴鼎昌、吴铁城等为首的政学系，因吴鼎昌1949年病逝于香港，张群、吴铁城都已当上"总统府"资政，遂自行瓦解；而以李宗仁、白崇禧为首的桂系，在大陆时期是常与蒋介石、何应钦为首的中央系即黄埔系相抗衡的一股政治、军事力量，由于李宗仁去了美国，又遭弹劾而成了台湾权贵们的众矢之的，白崇禧虽然随蒋介石去了台湾，但多年的隔膜和摩擦，使蒋、白之间疑忌丛生，在新的权力分配中，不知是蒋介石出于前嫌未释，还是考虑到白崇禧的资历、才识，将他与"五虎上将"之一的顾祝同都安排为"总统府战略顾问委员会"的副主任，成了何应钦的助手，形成了去台以后何应钦与桂系又一次合作的戏剧性安排。至于在大陆上曾经多多少少在政治上产生过影响的国民党内的其他派系，更被改造运动排斥于权力之外，台湾当局的国民党政权真正成了"清一色"。在这新的权力分配中，年方不惑的蒋经国可以无所顾忌地进入决策圈内。他是"总政治部"主任兼台湾情治机构的负责人，又是台湾"青年救国团"的头儿。到国民党七大时，蒋经国便当上了中央常务委员，事实上掌握了台湾党、政、军的实权。蒋氏父子的权力过渡在改造运动时就奠定了平稳的基础。

（二）

何应钦去台后，仍与咄咄逼人的陈诚有些过不去。去台后，陈诚抓兵、抓人、抓事、抓权、抓机会的"五抓"和用心、用力、用人、用势、用诡术的"五用"，依然本性难移，使他在同何应钦的明争暗斗中获胜。何应钦看不起陈诚，但陈诚却同时得蒋氏父子的信任，通过改造运动正步入权力的峰巅。他担任"行政院院长"，主持"土地改革"，声名大噪，对何应钦是一种刺激。向能忍让的何应钦对陈诚的得势，没有表示出丝毫的醋意和妒忌，而是处处支持陈诚，谦恭谨慎，反而博得了心高气傲的陈诚和以蒋经国为首的太子党的敬重。何应钦的为人更获称道。

1954年，蒋介石对国民党的"改造"接近尾声，何应钦也逐渐树立起自己的新形象。在国民党建党60周年之际，何应钦又为蒋介石的"改造"大唱赞歌。他说，国民党在大陆的失败，原因固然是苏联支持中国共产党的结果，"然而我们深自反省，何尝又不是我们本身革命精神的不能坚持，本党优良传统的失坠……总裁看出这一次革命失败的原因所在，故决心从事党的改造工作，由党的改造达到党的重建"。他还断言："每经过一次失败，党便有一次改组，革命事业也跟着必然能有一次新的开展。"这次的"改造"，便是"总裁重建本党以完成反攻复国大业的愿望"。

台湾当局国民党的改造运动结束后，何应钦晚年命运的蓝图也被蒋介石设计出来了。他被挤出了台湾当局国民党中央委员会，只是没有决策权的台湾当局"中央评议委员会"的委员，政治上他大大贬值了。作为国民党军的元老和黄埔系的第二号首脑，他虽然有了一项虚光耀目的台湾当局"总统府战略顾问委员会"主任的荣衔，实际上与台湾的军事决策毫不沾边。昔日国民党军的"福将"之星，被蒋介石高高地悬在冷宫之中，再也不能对外闪耀诱人的权力之光了。但他毕竟是蒋的心腹，去台以后确实表现了"从一而终"的绝对忠诚。必要的时候，蒋介石对他仍然是要利用，因而也要表示尊重的。何应钦虽然失势了，但没有失宠。

在"总统府战略顾问委员会"主任的任上，何应钦确实能为台湾决策机构"国家安全会议"献计献策，也能安抚手下那些曾经为蒋家王朝拼死卖命却落得坐冷板凳的顾问们。随着年龄的老迈和台湾政局的稳定，这些顾问过了时的战略谋划对台湾当局的作用也日益减少。

1972年7月7日，由于要精简机构，整个"总统府战略顾问委员会"就被裁撤了。但一直到8月12日，台湾《联合报》才正式对外披露："蒋介石总统府直辖的'国家安全会议'，人事要简化，组成人员中，本来列有战略委员会主任、副主任，简化后把这项规定删改了。" 主任何应钦、副主任顾祝同（白崇禧已于1966年死去）既然已被排斥于"国家安全会议"之外，他俩也都识相，表示因年老申请"自退"。

于是，自愿也罢，不自愿也罢，1973年台北出版的所谓"中华民国年鉴"

便没有了"总统府战略顾问委员会"主任何应钦、副主任顾祝同的名字了。何应钦的头衔便简化成"总统府"陆军一级上将战略顾问。

何应钦任"战略顾问委员会"主任的20多年间，究竟"顾问"了些什么呢？据台湾当局"国防部"史政编译局对他任职期间的评价是："除襄助枢机外，更以其迭访欧美所见，发表高瞻远瞩之精辟言论，对建设台湾成三民主义模范省，贡献至巨。"

（三）

由于何应钦在争权夺利中较有自知之明和"宠辱皆忘"的雅量，蒋介石在阵脚稳定后，却也能顾及何应钦的面子，使他感到荣宠依然。如1954年5月，蒋介石的第一届"总统"任期届满，依照"宪法"规定，应于一个月前选出第二届"总统"，因此，便召开了被台湾舆论讥为"万年国大"的选举。"总统"一职，没有人敢同蒋介石竞选，但"副总统"一职，蒋早已圈定了陈诚，但却要虚晃一枪，问何应钦愿否竞选"副总统"？何应钦早看透蒋的心思，连忙婉谢，蒋乃顺理成章地向中央委员会推荐陈诚为"副总统"候选人。从此，这位曾被何应钦视为逞能而又无能的"希文儿"就一直连任"副总统"到死。

1964年，台湾当局进行第四届"总统"选举，因陈诚患肝癌医治无效而死去，"副总统"的继任人便成了这场政治闹剧的核心。台湾舆论界一直认为"副总统"人选，无非何应钦、张群、孙科这三人中之一人。因为"宪法"中关于"副总统"地位之规定，属备补性质。

如遇"宪法"上所规定的"总统"不能行使职权时，须由"副总统"继任或代行其职，因此，"副总统"候选人的"才干"和"德行"必须是对称的，至代行或代理"总统"时，方能应付局面，安定人心，维护"法统"与"国本"。环顾全岛，具备此种条件者，非何、张、孙三人莫属。但在人事安排上总是扑朔迷离、让人莫测高深的蒋介石，在3月7日召开的国民党九届三中全会的开幕词中透露，希望国民党要尽一切可能来奖掖新进人才，只有新的人才，踵武相接，才可以使"党国"的事业充满生机与活力。按此意思，何应钦等元老自然不是"新进"，无需再作候选人了，但蒋介石话锋一转，接着说道：新领导层中，也需要"德才兼备，对国家人民有贡献的老同志"，才能孚众望，担重任。这是单指他自己呢，还是别有所指？谁也摸不透。其实，蒋介石这么说，是想让这些"老同志"作为他标榜的"政治民主"的装饰和选举时的陪衬。蒋介石在这次会议的闭幕词中又暗示，"副总统"候选人的年龄宜在60—70岁之间，这无疑是明说"副总统"人选应在何、张、孙之外去物色，因为当时的何应钦已75岁，张群76岁，孙科也已73岁。

当确定"副总统"候选人时，为了使自己心目中"新进"与"老同志"之间能和衷共济，也能平衡舆论，蒋介石私下召见张群，希望他能做"副总统"的候选人。张群并不糊涂，赶紧推说年事已高，建议"副总统"选70岁以下的人为宜。对于名为心腹，实又不甚放心，但可像面团一样任蒋捏扁搓圆的何应钦，蒋介石索性不再征求他的意见了，径直授意"中央社"同时发表张群、孙科、何应钦、严家淦四张照片备用。当时的严家淦刚进60岁，既属"新进"，又不会妨碍蒋经国子承父业。这虽是强拉上何应钦等人作为严家淦的陪衬，但也表示在蒋介石和一般台湾权贵心目中，并没有忘记何应钦等人的资历、能力也堪作为"副总统"。这种荣耀无疑也是一种感情上的安慰与笼络，也正是他忠心耿耿为蒋介石效命几十年所修炼出的"正果"。

童子军还魂　老司令发威

（一）

1950年1月，一封来自童子军国际办事处的信函辗转送达何应钦手上。这是一纸给各国童子军总会的通告，其中特别提到了何应钦所领导的"中国童子军"。通告说："中国童子军训练15年来，似具备军事预备训练之浓厚特质，已有一年余与本会失去联络，现在因不敢断定其训练之宗旨、原则、制度及方法，是否继续维持，故决定暂行停止承认其会员之资格，以至情况明了后，再行考虑恢复其承认。"

这最后通牒式的公告，既是警告，却也是启示。"中国童子军总会"与童子军国际办事处失去联络的一年多，正是中国发生翻天覆地变化的一年多，也是何应钦人生旅途巨大转折的一年多。何应钦虽然是"中国童子军"的总司令，但他哪有闲心去履行职责，于是才造成与国际办事处中断联络的事情发生。在一般人看来，何应钦在权力的搏斗中，已是一匹疲惫得不堪驰驱的驽马，事实上他仍然精力充沛，对蒋介石忠心不改，反共之志也愈老弥坚，大有伏枥老骥之慨。这份通告，使他脑中闪现了一幅恢复"中国童子军"的蓝图。

童子军运动是近代资产阶级对儿童进行社会军事教育的产物。

1929年底，国民政府为了强化自己对全国儿童的影响，决定成立中国童子军总司令部，统一对全国儿童进行军事训练，并任命何应钦为总司令。当时，何应钦正马不停蹄地为蒋介石平息各反蒋地方实力派的反抗，无暇履任。

1930年1月8日，何应钦顶风冒雪，亲率蒋介石的嫡系在驻马店一举打败反蒋的唐生智，迫使唐部缴械投降，接受改编。为了庆祝讨唐战役的胜利，1月10日，何应钦宣布就任中国童子军总司令。何应钦戴上童子军的圆形礼帽，穿上为他特制的童子军制服，系上领巾，亲自对武汉地区的童子军进行训练检阅。

1934年，为适应国民政府"统一"全国的政治需要，适逢童子军国际局要求各会员国成立童子军总会，于是在南京成立了中国童子军总会，由蒋介石任总会长，何应钦任副总会长兼总司令，表示中国童子军也服从蒋委员长的统一领导。当时，中国童子军总会发布命令，在全国推行童子军训练，所有初中均设童子军课，推行童子军管理。但由于蒋介石并没有真正"统一"全国，童子军运动自然不可能普及开来。

抗日战争爆发以后，国统区的童子军运动借助抗日救亡运动和国民政府对民众进行战时组训而得以活跃，成为对儿童进行军事教育训练的一种组织形式，但实绩并不大。

抗日战争胜利以后，随着国民党日益走向独裁和反动，童子军运动也成了何应钦替蒋介石推行反共奴化教育的工具。何应钦在积极投身反共内战时，因为童子军对于挽救垂危的国民党的统治完全丧失了作用，所以何应钦便不再兼顾它了。

收到童子军国际办事处的通告后，何应钦才意识到自己仍然是"中国童子军总会"副会长兼总司令，这一职位，蒋介石既没有免除，也无人与他争抢，于是，他决定在台湾恢复"中国童子军"，以配合国民党总结统治失败的教训，作为加强对学校控制的措施。当时，台湾当局认为在大陆失败的诸多原因中，国统区的学生运动成为反蒋民主运动的主流是一个重要原因。蒋介石也曾痛切地指出："最重要的又最值得研究的是教育问题……只因多年教育的失败，所以造成此次全面失败的主因。"至于"政治、经济、军事各方面的失败只是一面和一时的，唯有教育的失败则影响巨大，且非短时间所能补救"。因此，在国民党改造运动开始之前，台湾就开始了对教育的整顿，强化对学校的控制和对学生的军事训练管理。整顿教育，自应从儿童教育抓起。何应钦恢复童子军运动的打算，正好配合了台湾当局对教育的整顿。

何应钦请示总会长蒋介石同意，又获得台湾当局"教育部"的支持后，便以台湾当局"中国童子军总会"名义致函童子军国际办事处，说明童子军运动在中国发展的状况，委婉地申诉了与国际办事处失去联络，并非由于对童子军事业的轻视，实在是因国共两党在政治、军事斗争中，国民党节节失利而心有余力不足所致。信中表示，他自己和"总会长"蒋介石都极愿在台湾重振童子军，恳求国际办事处仍承认"中国童子军"的会员资格。

童子军国际办事处本身就不是一个健全的国际组织，加之当时国际帝国主义孤立中华人民共和国，仍与台湾保持"外交"关系，在收到何应钦的信后，便做出决定，取消暂停承认"中国童子军"会员资格的决定。何应钦既争得了台湾童子军取得"中国童子军"的名义，又使其继续作为童子军国际组织的一员，还替无所事事的自己找到了一份虽无实惠却也荣耀的差事，多少能慰藉失势后的寂寞。

（二）

1950年9月19日，何应钦在台北主持召开了台湾当局"中国童子军全国理事会"第五届第一次会议，使已经夭折了的童子军运动在台湾复活。在这次会议召开前，台湾尚无童子军的组织，会后才决定在全台湾成立童子军，并在11月1日召开了台湾省第一次童子军大会。从此以后，台湾的童子军既是台湾省的童子军，也是"中国童子军"，何应钦这20年一贯制的老司令又重现"风采"。

有鉴于过去的疏忽和失职，何应钦对今后如何改进台湾童子军的教育训练，设想了一些原则：（1）童子军的领导人，必须具有高尚品格；（2）童子军的团体不能过分庞大；（3）童子军教育的目的，在于补充学校教育的不足；（4）童子军的活动，该利用儿童的休闲时间等。为了使"中国童子军"在台湾岛上起死回生，并实现"总会长"蒋介石所训示的要"与世界各国的童子军并驾齐驱"的目标，何应钦对今后台湾童子军工作提出两点意见："第一，是童子军的名义，应力求名实相符"。因过去滥用童子军名义，"甚至世界童子军人士认为我们没有一个真正名实相符的童子军团。关于这一点，我们现在如果作遽然的变更，事实上必遭遇很多的困难。我个人的意见，主张目前初级中学的童子军组

1956年10月31日，任台湾童子军"总司令"的何应钦为蒋介石70岁生日祝寿，举行童子军露营活动。

织和他们的童子军一般训练，都暂维现状，另在各初级中学内，设一童子军实践团。这个团的编制、训练、制服、徽章等，一定要完全依照中国童子军法规的规定，确实施行；凡没有加入这个实践团的童子军，最好不用领巾，改用领带，或领巾领带都不用，以便与真正的童子军有所区别。在这个实践团里，所有童子军，一定要依照世界童子军的标准，严格要求，务使每个童子军，在道德素养和行为上都能有充分高尚的表现才好。""第二，要延揽专门人才，对有关童子军教育的各种书刊，应该大量编印，一方面对社会作广大宣传，使社会人士，认识童子军教育的真义和它的特质，来共同协助其发展；另一方面充实童子军教育的资料，提高童子军教育的水准。同时，应该改用以品德为重的设计，培养优良的领导人才，这不妨仿效欧美各国已经行之有效的办法。"他还具体要求仿效欧美建立"童子军教育保健营场"，用野外露营之类的实际生活以培养童子军骨干。此外，诸如尽量避免流于形式的集体宣誓；童子军运动须广泛向社会推进，但又不可速成；以台湾为童子军运动的实验场，取得"经验"，待"反攻复国"之后，在大陆推而广之等，何应钦都有所筹划和建议。何应钦办事的缜密和思前想后的风格，于此可见一斑。

1952年2月25日，是"中国童子军总会"成立25周年纪念日。何应钦在台北举行了一个隆重的纪念会，凡建立了童子军的学校均组队参加，既庆祝童子军运动的"中兴"，也使台湾的童子军运动与"反攻大陆""反共抗俄"这些连他自己也未必相信能获成功的渺茫希望联系起来，并为之培养人才。

1958年，童子军国际办事处更名为国际局，由伦敦迁移到加拿大的多伦多办公。台湾的童子军运动一度"中兴"之后，并未随着台湾政局的相对稳定、经济开始复苏而掀起高潮，只不过作为儿童课外活动的一种形式偶尔热闹一番。

何应钦重操童子军的旧业，虽于实事无补，但有虚声可扬。

每逢"中国童子军"成立的纪念日或外国童子军组织访问台湾这类场合，他便能以老司令的资格出台亮相，发表一通演说，借以证实童子军组织的存在。

从1957年开始，每隔两年就要举行一次童子军远东区的国际会议。何应钦曾先后派出台湾童子军代表团参加在菲律宾、缅甸、泰国和马来西亚举行的第一至第四届远东区国际会议。1966年10月，世界童子军远东区的国际会议在台北举行，何应钦作为东道主，再次扮演了当年在重庆迷惑美国特使威尔基的角色，调动台北童子军，组成规模可观的仪仗队，表演了各种童子军的训练项目，展示了十多年苦心经营的成就。由于何应钦的资历、声望都是别国童子军代表团团长望尘莫及的，人人都对他尊崇有加，而他更以老前辈的身份，对各国童子军运动提出一些既冠冕堂皇，又根本不可能实现的远大目标。他说：

> 我们要找出一些有效的方法，来停止人类的纷争，消弭所有存在世界上的偏见和矛盾，使我们能够生活在一个充满希望、友谊和博爱的世界当中。只有在我们下一代的心灵里，播种下仁爱的种子，这个目的才能达成，这正是我们童子军工作者在过去六十年来所做的，今后我们仍然将继续努力地做下去。

然而，何应钦的所作所为，与他所推崇的目标相反，他把台湾童子军运动也纳入了"反共抗俄"的政治轨道，他希望别人在儿童心灵里播种仁爱，而他自己却在台湾儿童的心田里撒播对共产党的仇恨和疑惧。

1966年11月15日，为了贯彻远东区第五届国际会议精神，何应钦借题发挥，针对大陆的"文化大革命"大加抨击，并特别在高雄的澄清湖畔举行台湾童子军第六次全省大露营，各项活动的主题都离不开"复兴中华文化"。他企图把童子军这种西方介绍来的儿童教育训练方式尽可能台湾化和政治化。他解释这次大露营活动为什么以"复兴中华文化"为主题时说："文化复兴的含义，是要发扬我们固有的优良文化传统，来加速我们国家的现代化；是要使我们优秀的中华民族，也在世界上抬起头来，和世界其他优秀民族共同负责，使全人类都能懂得幸福的生活和辉煌的发展。"他希望台湾童子军运动能配合台湾当局发动的针对大陆"文化大革命"的"中华文化复兴运动"，并"承担起先锋队的任务"。

随着大陆"文化大革命"的结束，台湾童子军参与的"复兴中华文化"的喧腾也偃旗息鼓。何应钦附加给童子军运动的"反共"的政治动力，对一般的儿童是没有多大吸引力的，但台湾各地童子军集会、训练、露营一度成风，确实得何应钦倡导主持之力。有人讥讽道："如今难统胡子兵，委屈训练童子军。"

随着世界资本主义的发展，童子军运动的思想体系和训练方式日益显得陈旧落后，加之国际形势的复杂多变，何应钦有了更加繁剧的工作，童子军运动便不值得他再倾注大量心力了。

"道德重整"　四处碰壁

（一）

"机遇"这命运的精灵，在替何应钦制造不少辉煌荣耀的同时，也替他制造了许多悲剧和历史的笑柄。古代哲人老子所说的"祸福相倚"，在何应钦的一生中屡屡应验。

当何应钦注定要在台湾坐一辈子政治冷板凳的时候，幸运之神的手指又轻轻叩响了他久已寂寞的窗棂。

1955年5月20日，海外飞鸿向何应钦传来了美国"世界道德重整运动"负责人土乔的一个信息："世界道德重整运动"一个约150人的代表团，在美国的麦金诺岛开完会以后，将应邀赴日本、菲律宾、锡兰、巴基斯坦、伊朗等国访问。这个"世界道德重整运动"对台湾的状况极为关切，对致力于反共的何将军钦慕已久，希望他能与台湾当局联系，邀请这个代表团在访问日本之后，顺道在台湾作四天访问，以扩大这一运动对台湾的影响。

这封信使何应钦无比激动，令他回忆起出使联合国安理会军参团时，与"世界道德重整运动"创始人卜克曼举行会谈、相互投缘的那段美好回忆。

1947年1月3日，在联合国安理会军事参谋团会议上，正被联合国军如何组建的马拉松式的谈判弄得唇焦舌敝的何应钦，收到"世界道德重整运动"创始人、美国宾夕法尼亚州的神学博士佛兰克·卜克曼的邀请，赴加拿大尼亚加拉出席该组织的一次国际性会议。何应钦原本将此次赴会当作松弛神经的观光旅游，不料在会上却被这一组织的宗旨和纲领所打动，倾心相与了。

所谓"世界道德重整运动"是什么样的组织呢？这个简称为"MRA"的团体，就何应钦当时的认识来说，是卜克曼这位持独身主义而又以反共为职志的先生偶然受上帝的启示而创立的。1938年初夏，卜克曼旅居德国东部的小城福劳顿斯特时，怀抱《圣经》独自在黑松林中散步，虔诚地祈求上帝挽救人类的命运。于是上帝"显灵"，他在冥冥之中得到启示："人类必须彻底净化个人生活，才能挽救厄运，以绝对的道德生活标准来战胜物质主义和共产主义的威胁。" 1938年6月4日，卜克曼在伦敦东区创立了一个国际性的"世界道德重整运动"来实践这一启示。这一运动宣称将以实现"四大目标"来免遭"赤化"厄运，以"道德"的智慧和力量，打击并摧毁唯物主义思想。它的"四大目标"就是"绝对的诚实，绝对的纯洁，绝对的无私，绝对的仁爱"。就是这四个以反对共产主义为目标的绝对不可能存在的"绝对"深深地打动了何应钦的心。他大有卜克曼"先获我心"之慨，就兴之所至、慷慨激昂地在会上作了《消除误解建立信心》的演讲。他认为"MRA"的"四大目标"，"与我们中国固有的道德，可以说旨趣是完全一致的……也与我们中国孔子所说：'修身、齐家、治国、平天下'的道理，是极其相似的。而这一切，也正是中国共产党企图彻底推翻的东西"。

何应钦与"世界道德重运动"发起人卜克曼合影。

何应钦对"MRA"的推崇和他坚决的反共态度，在1947年1月尼亚加拉的会议上博得了与会反共人士的喝彩，何应钦将军的名气也在"MRA"中鹊起。

此后，何应钦在美国又参加了麦金诺岛和弗吉尼亚州举行的两次"MRA"的国际大会，发表了崇尚道德可挽救一切和以道德反共的演讲。

1948年3月，何应钦奉蒋介石之命回国后，便集中精力参与指挥数百万国民党军与共产党打内战，一心想用枪炮去挽回败局，暂时忘却了用"道德"的力量去消灭共产党及其共产主义学说，但卜克曼却始终没有忘记利用何应钦在中国推行自己的政治宗教。退居台湾以后，何应钦又开始与"MRA"有所交往。1951年2月，何应钦旅日期间，应日本"道德重整会"负责人栗山的邀请，在小田原"道德重整"中心发表了《中日道德合作》的演讲，希望与日本右翼势力在思想上进一步结盟，利用"道德"战胜共产党。1953年夏，何应钦因治疗眼疾赴菲律宾，又应当地"道德重整"会的邀请，发表演讲。

这次土乔来信要求访台，何应钦认为既可扩大自己的政治影响，又是将代表团拉拢过来从事"反共抗俄"的"一支国际友军"的好机会，便将土乔的来函及自己的建议呈交"副总统"陈诚转蒋介石核示。蒋介石夫妇对卜克曼及其所从事的事业不甚了解，何应钦便把卜克曼创立"MRA"的经过及其宗旨详细地向蒋介石夫妇作了说明，还特别介绍了卜克曼与中国的关系。他说：卜克曼中年时曾两次到中国访问，并在庐山上潜心研究过辜鸿铭翻译成英文的《大学》《中庸》，受儒家思想的影响很深，坚信人类只要笃信上帝与孔子，就能把被共产党颠倒了的世界再颠倒过来。作为虔诚的基督徒和被共产党赶到海岛上终日抱恨的蒋介石夫妇，听了何应钦的介绍后十分高兴，认为"MRA"不仅与"反共抗俄"的目标相符，也与他们曾经提倡的"新生活运动"相通，表示欢迎这个访问团到台湾。

6月18日，何应钦在台北举行记者招待会，并以"介绍民主自由国家一个新的意识形态"为题发表文章，说明"MRA"的宗旨与概况。

6月20日，何应钦又以"在发展中的一支国际友军"为题，著文在台北各报介绍"世界道德重整运动"，他要人们相信："在我们今日反共战争中，无疑的，世界道德重整运动，是我们一支有力的国际友军。"

6月22日，"MRA"访问团一行188人，分三批由东京抵达台北。这个访问团有来自20多个国家的资产阶级政治家、国会议员、财团负责人及反共人士，还有鼓吹"道德重整运动"的歌剧《永恒之岛》的演职人员。当晚，何应钦在空军新生社设宴欢迎访问团全体成员，并请他们观看评剧。

次日，何应钦陪同蒋介石夫妇在台北宾馆接见了访问团。蒋介石在致词中谓诸位嘉宾的翩然莅临，使他深感"吾道不孤"。宋美龄笑容可掬地与访问团的头面人物一一握手，一会儿用"国语"寒暄，一会儿用英语问候，并赞扬他们都是"为上帝工作的人"，"MRA"无疑"是对人类的伟大贡献"。何应钦听后也大受感动和启发，决心在台湾致力于这项"上帝"所喜欢的运动。

1956年7月，何应钦获台湾当局批准，率领台湾"道德重整"代表团赴瑞士柯峰参加"MRA"的国际大会，在西欧和北欧诸国游历了三个月后才返台。回台后，何应钦除了在台湾当局"立法院"报告他的欧游观感之外，还应《自由谈》杂志之约，发表《欧游杂记》，畅谈他对18个国家游览的观感。虽不是文人的何应钦，却以散文笔调，写出热带亚洲的风情，古都罗马的神奇，瑞士这个世界公园的绮丽，莱茵河流域的风光，北欧诸国的社会经济情况，"花都"巴黎的繁华，马德里法西斯的精神，里斯本的明媚和饶有情趣的民俗，

何应钦出访欧洲。

古希腊文明的辉煌以及奥斯曼王朝的故乡土耳其、西亚各国的衣食住行……读了这篇游记，谁人不羡慕何应钦所从事的"道德重整"呢？

1957年，何应钦不仅率代表团参加了在菲律宾碧瑶举行的"MRA"第一届亚洲区域会议，还应卜克曼之邀，于7月间赴美国参加在麦金诺岛举行的"MRA"国际会议。在这次会上，卜克曼慨然向台湾当局发出邀请，要台湾选派100名优秀青年前往麦金诺岛参加大会并接受生活训练，这100人往返的机票，均由"MRA"赠送。台湾当局遂从蒋经国主持的"青年救国团"中挑选100人，成立"中华民国"代表团，由沈铸任团长，李焕为主任秘书，前往麦金诺岛。这一下，何应钦的声势大增。

这个青年代表团结束了在麦金诺岛的训练以后，在返回台湾前，在美国各大城市演出民族歌舞及反共的歌曲，颂扬"道德重整"。此后，但凡"MRA"的国际会议或区域性会议，几乎都是何应钦率领台湾代表团参加，也无需任何人册封，何应钦顺理成章地成了台湾"道德重整"的领袖。在麦金诺岛会议厅中悬挂的"道德重整"领导人物的巨幅油画中，身着戎装的何应钦站立在第一排的左起第一位。他自己也俨然以"中国道德重整会"的旗手而招摇于世。

（二）

由土乔所率领的"MRA"访问团在台湾所受到的高规格的接待，刺激了要把"MRA"推进到世界各地的卜克曼，他于1956年初到台湾访问，与何应钦畅谈了以"道德重整"来"反共抗俄"是如何重要和有效。卜克曼访台的高潮，自然是会见蒋介石夫妇。在与蒋介石的接触中，卜克曼感受不到蒋介石是一个基督徒，谈起"反共抗俄"，便显得情绪激昂，是一个介乎中国人与外国人之间的捉摸不定的人物。他曾听西方人将蒋介石比作拿破仑和希特勒，但他觉得并不像。至于那位曾经使马歇尔认为是"他所遭遇的对手中"的"最有力的鼓吹者的蒋夫人"，这位持独身主义的卜克曼博士也被她的风韵才华迷住了。谈起基督教教义和中西文化，她口齿伶俐，如吐珠玑。而相形之下，何应钦则显得笨嘴笨舌、木手木脚。当他们起身闲聊、准备合影留念之时，卜克曼想起了美国记者杰克·贝尔登的文章中所描绘的宋美龄："她眼睛如点漆，清澈澄明，好似夜半的池塘；她牙齿是口语建筑的视觉上的交响曲；她的手好像是在夏天微风中摆动的荷叶。"明白她可以成为视觉观赏的艺术，但不可能成为他所标榜的"四个绝对"的实践者。相反，何应钦的严谨稳沉，才是卜克曼所欣赏的。台湾的"道德重整"要发展，并不能依靠当权的蒋介石和他的夫人，只能靠自己的好朋友何应钦。

蒋介石对卜克曼的赏识，利用和应付的成分要大于依靠和信任。但不善于演戏的何应钦误以为蒋介石对"MRA"会高度重视，为他推进这一事业提供人力、物力和资金的保证。在送走了卜克曼之后，何应钦乘兴建议蒋介石在台北建立"道德重整"中心。无奈蒋虽欣赏"MRA"的反共宗旨，可引为奥援，但深知要反对气势磅礴的国际共产主义运动，绝非那对玩政治的人来说不屑一顾的"道德"力量所能奏效。蒋介石对何应钦政治上的执着但缺乏敏感早已领教，乘机教训他，要实现"反共抗俄"目标，主要靠积累起足够强大的政治的、军事的、经济的"综合国力"，"道德"方面的反共宣传，虽不可或缺，终究是"偏师"而非主力。为了不扫何应钦的兴，蒋介石勉强同意由何应钦牵头成立一民间性质的台湾"世界道德重整联谊会"，让何应钦当会长。

联谊会虽然立起了门户，但在经费上得不到官方的保证，主要靠向各有关人士化缘来维持开支，但它毕竟成了何应钦从事反共活动和社会交往、国际交往的一块领地。

政治上失意、军事上失权的何应钦，从"道德重整"中寻找到一种全新的精神寄托。这种精神寄托能巧妙地将他基督徒的宗教信仰、狂热的反共政治信仰和脱俗的个人生活作风上的相对清廉俭朴融会贯通，而且迎合了台湾当局不断变换口号的反共政治需要。这种主观精神追求与客观现实的需要如此吻合，个人所崇奉的生活道德向社会政治道德的转换，使曾经一度黯然了的何应钦不仅在台湾，而且在世界反共营垒中重新折射出一抹微光。

1958年6月4日，适逢卜克曼80岁诞辰，又是他创立"MRA"20周年，何应钦和世界上35个国家和地区的"道德重整"人士约1000人络绎不绝地飞往"MRA"在美国的活动基地麦金诺岛，向这位反共"上帝"的化身祝寿，并交流各自国家和地区"道德重整"的心得体会。

何应钦所接触到的35个国家和地区"道德重整"会的负责人中，经他统计，出生或生长在中国的，竟有20人以上，与中国有一定血缘关系或曾经学习过中国文化的，那自然就更多了。这是历史的阴差阳错，还是中国传统文化中确实流传着"MRA"所标榜的"四个绝对"的因果？在何应钦看来，自然是前世注定的因果，所以他犹如修行者顿悟得出这样的结论："MRA"所提倡的"四个绝对"与"实践方法"，"与我们固有的道德精神一相比较，毫无疑义，我们更可以获得一个结论，那就是这些道德标准与实践方法，和我们古圣先贤所讲人生哲学的道理，是几乎完全一致的。因此，我们如果说，卜克曼博士之所以倡导这个运动，受了中国固有道德精神的影响极大；甚或就说这个运动的一切主张与实践方法，大部分是以中国文化为其渊源，我想这种说法是并不为过的"。

（三）

在世界上社会主义和资本主义两大阵营对峙的年代，当中国共产党在探索中国的社会主义现代化过程中出现失误和遭受挫折的时候，何应钦为配合台湾当局发动的"反攻复国"的政治攻势，把"道德重整"活动搞得异常活跃，出现了他和台湾当局都自以为辉煌的状况。

1960年8月，"MRA"在瑞士柯峰总部召开大会。何应钦每到这总部，就如同得到上帝的荫庇，感受到自身价值的充分体现。他和卜克曼像亲兄弟一般商讨如何把"MRA"向全球扩展。

1961年夏天的柯峰，聚集在那里从事"道德重整"的各国和各地区的老少男女的热情，远比盛夏的温度更高，"MRA"总部内外，充满了一片反共的喧嚣。电影、戏剧、歌曲等艺术形式，都变成了"MRA"反共的武器。台湾派出了以何应钦为首席代表、董显光为代表、胡轨为代表兼团长的"道德重整"代表团。何应钦一行50余人抵达柯峰后，立即被那里升腾弥漫的反共声浪所感染。在反共戏剧大汇演中，何应钦等人观看了南美的《鹰》剧、日本的《虎》剧、印度的《象》剧以后，既有愧疚又受启发，认为龙的形象和寓意正好代表中国，何不编演一出《龙》剧，加入这反共戏剧的大汇演中？他找自己的副手董显光商量，董立即表示赞同。董显光被台湾称为蒋介石的喉舌，曾担任过台湾广播公司总经理兼台湾《中央日报》董事长，文采韬略远在何应钦之上。于是，何应钦、董显光、胡轨、王素珍等人凑在一起，共同构思，最后推定应酬较少而又有编剧特长的王素珍执笔，完成使何应钦扬名一时的《龙》剧初稿。何应钦聘请加拿大籍的雷诺担任导演。雷诺阅读剧本后，又根据西方人对于话剧的欣赏习惯，提出了修改意见，最后定型成两幕十场的剧本。

这部由何应钦主持编演的《龙》剧，采用了全面歪曲、篡改历史的手段，恣意对中国共产党及其领导下的人民革命进行诬蔑，达到诋毁新中国、吹捧台湾的自欺欺人的目的。《龙》剧显然谈不上什么艺术性，但它的政治价值和所引发的轰动效应却超出了何应钦的预期。据说自国民党退守台湾以来，当局曾想方设法诋毁共产党，但宣传效果均不大满意。在台湾当局看来，"《龙》剧承担了这个工作，同时《龙》剧也为观众指出了一条非常清楚的道路，改变腐败和没有目的的生活，是击败共产党最有效的方法之一"。

1961年，何应钦率台湾《龙》剧在欧洲巡演，并亲自上台参与演出的剧照。

《龙》剧的首演，仿佛是卜克曼和他所从事的"MRA"的回光返照，更是对这位反共"上帝"的宠儿的绝妙讽刺。演出的次日，"MRA"总部便宣布，83岁的卜克曼死去了。这位面对十字架就会说"我信仰你，永不后退"的"勇士"，这位借基督教的博爱精神散布仇恨的反共狂人，这位经常对人叨念"耶稣为我舍了生命，我能为他做些什么"的神学家，临终时却悲观地留下遗言："为什么不让上帝领导的人来治理世界？"

何应钦为《龙》剧赴各国演出四处募捐。有了资金作后盾，何应钦俨然以卜克曼的继承者自居，率领着包括《龙》剧剧组在内的来自35个国家和地区的400多人，组成了"MRA"的"国际部队"，开始作巡回演出。

每到一地，何应钦都身着四星上将的戎装，走在台湾的"青天白日"旗下，充当这支国际部队司令官。紧跟在他身后的，是举着34个国家旗帜的国旗队，其后便是由蒋经国主持的"青年救国团"中选出来的《龙》剧剧组人员。他们全都是台湾显要人士的子女，用何应钦的话来说，是一伙一贯"娇生惯养的少爷小姐"。剧组之后，便是充当保镖的各国"道德重整"的信徒们。这支队伍选择在通衢闹市游行一番，散发传单，招徕人群，宣扬以"道德重整"来反对共产主义，向围观的人群分发《龙》剧的入场券。不过，大多数围观者是看热闹，而前往观看《龙》剧演出的人，则是被当地"道德重整"的人士免费送票请来的。这些人或出于拥护反共，或出于礼貌和盛情难却，或单纯为了满足好奇心前来观剧。

何应钦怎么也预料不到，他的北欧之行会每况愈下。

在挪威演出第一场时，当地一些青年向台上和观众席中扔小白鼠，一时秩序混乱，演出受到影响，使何应钦大为扫兴。以后演出时，何应钦便动用了他的"国际部队"的人充当保镖，在每个进出口和舞台前后都布置人站岗，第二场总算平安演完。不料，第三天演出时，幕刚开启，还没容何应钦登台讲话，台下便响起了一片《国际歌》声。何应钦见状十分心虚，不敢上台致介绍词，只好请本是国民党军上校的周中勋改穿西服替他出台作剧情介绍。何应钦躲在后台不敢露面，还找了"国际部队"中几位人高马大的青年在远近侍卫。当《龙》剧演至何应钦认为观众应该感动甚至哭泣处时，台下的观众席上竟然响起一片口哨声、踏脚声、喝倒彩声。继而，台下秩序大乱，演出被迫停止。当地的"道德重整"人士更紧张得要命，赶忙请来警察，帮助维持秩序，疏散观众。

在丹麦首都哥本哈根演出时，正好是1962年的元旦。演出刚至一半，台下忽然喧声四起，秩序大乱。舞台周围的保镖与起身抗议的观众发生冲突。"接着叫喊声、踏脚声，完全遮盖了台词的声音，同时传单纷飞，上面画着两根长骨头和一个骷髅头，标题是：'道德重整滚出丹麦去！道德重整是纳粹死灰复燃！'楼上栏杆上，也挂出了大幅的白布标语，上面写着：'何应钦是中国的艾克曼！''何应钦是杀人凶手'！"在丹麦的第三场演出，情况更令何应钦沮丧。事前，在舞台附近及所有的出入口，都由丹麦的"道德重整"会派出了身强力壮的人把守，但演出时舞台上仍遭到臭气弹的袭击，一片乌烟瘴气，以示《龙》剧臭不可闻。事后，何应钦把丹麦观众的这些自发性抗议，说成是北欧共产党有组织的活动，他担心还会有更大的灾难降临，未待预定的演出计划完成，就在"极端秘密"的情况下，连夜收拾行装，天不亮就赶火车离开丹麦到达联邦德国。

在联邦德国访问演出期间，何应钦享受到"国宾"的待遇。联邦德国国防部为何应钦举行了鸣礼炮、升"国旗"、奏"国歌"和检阅三军仪仗队的欢迎仪式。《龙》剧在波恩等地演出的间隙，何应钦

1962年，何应钦夫妇与于右任在台北观看《龙》剧汇报演出。

会见了联邦德国三军总司令福奇上将。更令何应钦感到荣耀的是联邦德国总理欧哈德接见了他，与他共同商讨当前反共情势及该国与台湾的关系。

何应钦一行在欧洲出尽了风头也丢尽了丑。为了给何应钦等人打气，蒋介石、宋美龄特函电慰勉，台湾当局"国民大会"致电祝贺，"立法院"则由"立法委员"等190人联名致函表示敬意。自到台湾以后，何应钦是第一次获得这么多当权者的这么高的赞誉。

1962年2月8日，离开台湾达半年之久的何应钦"载誉"回到台北。蒋介石夫妇在台湾"总统府"宴请这位"劳苦功高"的老将。何应钦专拣好听的向蒋汇报，而蒋对何的努力慰勉有加。

从1961年8月至1962年6月底的近一年时间里，何应钦率领《龙》剧剧组先后在瑞士、挪威、瑞典、丹麦、联邦德国和美国演出185场。据何应钦统计，直接观众约35万人，电视观众在2000万人以上，他们所散发的传单有700万份，真可谓"勋绩崇隆"。

（四）

蒋介石对何应钦是既用又疑，有放有收，总不让他的才干和忠诚得以发挥到极致。这也是蒋介石的用人驭势之术。

正当何应钦在美国处处受到礼遇，俨然是台湾官方的代表，又是参观海军基地、火箭基地，又是举行记者招待会、庆祝宴会之时，蒋介石将他召回台湾。

在卜克曼逝世后，彼得·霍德华事实上成了"MRA"领袖。他原先以为何应钦和剧组的全体成员，都是受了"上帝"的感召，志愿为"道德重整"献身，殊不知他们全都奉命于台湾当局，带有"官派"性质，令他大为不解。何应钦返回台北不久，《龙》剧剧组便奉命集体返台，这更使"MRA"总部诧异，并为他们花费在《龙》剧上的大笔美金感到吃亏上当。何应钦虽一再解释所谓"受命于政府"是"误会"，但怎能让"MRA"总部相信呢？

何应钦在"道德重整"和"中华文化复兴运动"中，发表了不少关于"文化"的讲话和文章。如果剔除其中对大陆和共产主义的极端敌视、极端的偏见和极端的短视，不因迭遭惨败的强烈报复心理而急功近利，从而把"文化"与"政治"等同起来，那么，他对文化的某些观点，却也不乏独到的见地。如早在1951年6月5日，他在东京日华文化协会发表的《东西文化与世界新文化之关系》中，就曾这样说过："文化不是一种装饰品或应酬品，而浸透于各个人的生活态度与感情，以形成一个国家民族的精神与性格，文化的真诚合作，是人与人、国与国间精神性格的融和统一，才能超出于经济政治的现实利害的计较之上。"他还说："东方有东方的生活历史，所以东方有东方文化的特别成就，不能用'落后'两字一概抹煞，今日不是文化由西向东的问题，而是东方人如何发挥东方文化的真价使其与西方文化取得合理的融和，以创造世界更高的新文化的时候。"其中的某些观点，确有一些理论价值，在近些年来的东西方文化比较研究中仍能寻得见类似观点的影子。

1965年12月15日，何应钦在东京日本大学接受名誉法学博士学位时，发表了《中日关系与王道文化》的演讲，他认为在世界的文化体系中，东方文化是"王道文化"，"这种文化的本质是仁义道德，用这种仁义道德的文化，是感化人，是要人怀德，不要人畏威"，而西方文化是"霸道文化"，它的特质，是"重物质，尚功利，因此发展的结果，往往形成一种以飞机大炮为中心，以武力征服为手段的侵略行动"。他还认为，"我们中华民族几千年来，屡遭异族的侵略，仍然能屹立于东亚，正是由于这种王道文化的传统，所以能历久"。以"王道文化"和"霸道文化"来区分东、西方文化固然失之偏颇，何应钦的"剿共"内战、日本帝国主义侵略中国的战争，哪有什么"王道文化"的影子？中华民族久被侵略而不亡，屡遭劫难而不衰，并不是由于用"仁义道德"去"感化"了侵略者，而是针锋相对地浴血奋斗才赢得了胜利。

何应钦对"道德重整"如此顶礼膜拜，20世纪70年代以前，也许从反共的政治需要上考虑得要多一些，到后来，他所憧憬的""反共抗俄""反攻复国"越来越渺茫，特别是中国共产党十一届三中全会以后，中华人民共和国的社会主义建设走出了曲折坎坷的峡谷，改革开放所取得的举世瞩目的辉煌成就，已使何应钦往日的诋毁之词再无置喙余地。于是，他也从把"MRA"当作反共工具，转到把它当作自我修身养性的信条及类似宗教理想的追求上来，从政治需要转向精神需要。这也反映了何应钦和"MRA"都在应时而变。

1981年，已经92岁高龄的何应钦，作为"MRA"所推崇的老一辈名人，像朝圣者一般虔诚，最后一次到曾使他充满活力和幻想的瑞士柯峰，参加门庭冷落的"MRA"会议，以图用夏天的回忆来冲淡冬天的寒冷。

"国民外交"　水月镜花

（一）

国民党政权退守台湾之初，"对外关系"在台湾当局的各种关系中占有极其重要的地位。何应钦在政治、军事上失势后难以为蒋介石效力，但在拓展台湾的"对外关系"上却充当了极为重要的角色。

国民党政权退踞台湾之初，"对外关系"依附于美国在亚洲对中华人民共和国的封锁围堵政策。它的"法统"和"对外关系"都建立在美国支持它作为"中国政府"的基础之上，并以"美台共同防御条约"和台湾仍占据着中国在联合国的合法席位为支柱。随着新中国的日益强盛，台湾当局事实上早就有了终将被国际社会所孤立的预感。因此，以依附美国为基础，争取日本的支持及"外交"承认，就成了台湾"对外关系"的两大命脉。同美国人打交道，究非何应钦所长，而与日本朝野来往，何应钦却是得天独厚，轻车熟路。为了寻求国际社会对台湾的承认与支持，何应钦利用他自己的优势，在相当长的一段时间内，为维持台湾当局仍代表"中国政府"的地位，拼命拉住日本，将其视为举足轻重的一个筹码。

何应钦已被摒除于台湾新的权力结构之外，不能给予他任何官方的名义开展对日"外交"活动，只能让他以私人资格或利用"MRA"的名义发展台日关系。这种名为私人或民间实则官方意志的做法，便是在台湾当局不断调整的"外交"政策中始终占有一席地位的"国民外交"。它较之官方的"外交"，具有更大的灵活性和应变力，也是台湾当局维持其统治的一种革新尝试。何应钦是堪称有"首创"之功的扛大梁之人。

1951年1月4日，何应钦以"私人资格"访问日本，乘便替夫人诊治癌症。

既属"私人资格"，台湾当局自不便有所张扬，日本官方和民间的反应当然也不可能热烈，这使何应钦在日本度过了一段受冷落的日子。对于关心中国国民党命运的日本人来说，何应钦毕竟是知名度仅次于蒋介石的人物，他的访日，迟早会激起政治上的波澜。而首先掀起欢迎何应钦访日热潮的人，便是得了何应钦救命之恩的前侵华日军总司令官冈村宁次大将。

逃脱了审判回到日本后的冈村宁次，成了日本前军界人物组成的战友会副会长，继续从事反共活动，对救命恩人何应钦的到来，自然要诚心报答。

何应钦夫妇抵达日本的消息传到冈村耳中时，冈村激动得彻夜未眠。当得知日本朝野对何应钦访日态度冷淡，使何感到难堪，便不由得愤从中来，联络起战友会中的一批人，要认真感激这位救命恩人，迫使日本朝野重视何应钦的访问。冈村说，何应钦将军首次访日，而"我政府及国民，却未能公开表示谢忱，以酬厚意；尽管我们是一个战败后的国家，仍属遗憾之至"。

1月16日，冈村宁次偕同抗日战争结束时在南京的日军陆、海军及大使馆的代表，以日军战友会的名义举行感谢会并设宴款待何应钦。冈村宁次在席间致词说："何将军在我国被称为对日本了解最深的友人，多年的亲日态度，早为日本国民所周知，但本人仍然不能不忆起被日本世人所知的事情，来证明何将军之如何爱护日本。"使冈村宁次感触最深，也是何应钦曾引以为荣的事情，是在原侵华日军高级将领中所流传的所谓何应钦的"预言"。冈村说："记得十六七年前，当满洲事变方殷之时，何将军曾向本人及同事，屡次说明这样的话：'中日两国一旦扩大冲突的范围，而且超过现在的程度，则中国共产党必将乘机激增势力，此事固成为中国将来的祸根，而日本亦势必蒙受其祸。因此，中日两国必须防止武力冲突，使不致超过现在的范围以上……'不幸的是，何将军此项预言，竟尔言中。眼前'赤浪'滔滔，正袭来日本，无论日本政治或思想，似乎都在动摇。"当然，最令冈村感激涕零的，是何应钦对他个人及侵华日军处理过程中的"恩德"。

冈村说："蒋介石'总统'阁下，在战争结束的那一天，发表'对于日本人，应以德报怨'的著名声明……而事实上担任接收及遣返200万日本军民的处置者，实在是当时任总司令的何应钦将军。经常想到在旅外的500万军民中，占着200万在中国的日本同胞，所以能于短短的两年间，差不多平安的，甚至允许携带私人的物品及铺盖返国，是多亏了谁？再想到南洋各区域的遣返状况，及现在依然被羁留在西伯利亚与中国共产党地区的数十万同胞，我们日本国民，从当时的中国领袖——尤其是何将军，获得极深刻的印象。"致词中，冈村宁次激动得声泪俱下，何应钦感动得热泪盈眶。这对老朋友吃着日本菜，喝着日本酒，重温了一番昔日的友情。

由于冈村宁次等人的鼓动和牵线搭桥，何应钦此番对日本的访问开始升温。一些日本政界、经济界、文化界负责人，均将何应钦的私人访问当作代表台湾当局谋求台日关系进入新阶段的阶梯，纷纷举行招待会、演讲会。何应钦开始穿针引线，谋求日本与台湾当局签订"和平条约"，以维持台蒋"中华民国"仍代表"中国政府"的虚假状况。

2月14日，在"日华文化协会"举行的欢迎何应钦的酒会上，冈村宁次起立致词，感谢何应钦对他的大恩厚德，中途过于激动，竟致痛哭失声，讲不下去，许多曾受过何应钦庇护的前日军将领，也热泪涟涟。

1952年9月，何应钦收到一本日本出版的名为《话》的杂志。这本杂志上刊登了冈村宁次写的《徒手官兵》的文章，对何应钦在处理日本投降及遣返日俘日侨中的宽大政策感激不尽。何应钦读着冈村这些歌功颂德的文字，心底洋溢着春种秋收的喜悦。

1955年7月，何应钦又陪同夫人前往东京诊治癌症，顺便治疗自己的倒睫眼疾，预计在日本将逗留三个月。岂料一去竟达半年多，直到次年3月才返回台北。在日期间，除了治病之外，依然没忘记从事"国民外交"，谋求日本对台湾的更大支持。

（二）

早在1951年何应钦第一次访问日本期间，他就利用战时与日本要人的交往和在日本政界、军界中的一贯亲善的形象，为缔结台湾当局与日本的"和平条约"而奔走呼号。

1951年1月19日，日本记者协会举行招待会，何应钦以"中日合作与远东之集体安全保障"为题，发表演讲。他的演讲内容主要有三：

一是主张日本应与台湾当局合作反共。他说："中日两国，同文同种，在地理上及文化传统上无法隔离，过去由于日本一部分军阀以及野心政客领导的错误，以及造成中日两国八年的大战，结果两败俱伤。所以战争结束之后，我国政府便以蒋'总统'所主张的'不念旧恶，以德报怨'的原则为今后对日外交准绳，希望以后和平如初，携手合作，小之共同解决两国间的困难，大之则为东亚建立和平，以挽救世界目前的危机。"

二是何应钦主张签订"远东公约"，以对抗中华人民共和国、苏联。他说："当前世界大势，斯大林已整个统制了共产集团的行动与意志……斯大林的最终目的是奴役全球，称霸世界，但欲奴役全球，必须控制亚洲，因为亚洲漏洞最多。"为挽救亚洲所谓危机，他主张中国台湾、日本、韩国、菲律宾、新西兰、澳洲应从速成立一项"远东公约"，"从军事、经济、文化的合作，在美国的领导下成为一个共同战斗体，以击溃共产集团的侵略"。

三是鼓吹"反攻大陆"。何应钦认为"我'国民政府'必将反攻大陆，摧毁中国共产党政权"。

在这次访日期间，何应钦接见了日本政治评论家山浦贯一，进行了两个多小时的谈话。这次谈话的主要内容由山浦贯一整理后，全文发表在东京《帝王》杂志1951年5月号上。在这次长谈中，何应钦除了对山浦讲述他当年如何贯彻蒋介石的"以德报怨"宣言外，企图通过山浦，警告日本政府和人民，不可再容忍共产主义。山浦与何应钦有这样的共识，认为日本侵略中国，给共产党以发展壮大的机会而深感抱歉。何应钦自然表现了"宰相肚里能撑船"的大度宽容。他说："日本人今天能充分反省这一点，我们也不咎既往，愿意今后携手合作，以共谋亚洲的重建。"何应钦还危言耸听，告诫山浦："共产集团究竟如何的可怕，这在我参与国共斗争20余年的经验中，知之甚详。一旦日本卸除一切防御，则亚洲对共产集团的防线，得陷于崩溃。"他还认为蒋介石在开罗会议上主张保持日本的天皇制度，其真意是担心"一旦废除天皇制，则实行共产革命，这种条件是再好不过的了"。而"日本如果真被赤化……落入苏俄手中，则世界上民主国家集团与共产集团的比重，势必发生极大的改变"。他要山浦对"共产集团"，"宁可神经过敏一些"。何应钦为了恐吓像山浦贯一这类对新中国真实情况知之不多甚或一无所知的人，涂抹了一幅大陆的"地狱图"，造谣说什么中国共产党"要在中国民众四亿人中杀死一亿以上的人，以解决粮食问题"等。他同时还编造了一个台湾陆、海、空军精锐70万人，"正待机光荣的作本土登陆"的计划，并制造了一个子虚乌有的神话："自中国共产党介入韩战以来，大陆上160余万反共游击军，也正开始积极的活动。"他对山浦的讲述，目的是要山浦相信，并通过山浦去影响更多的人相信，只有日本与台湾当局携手反共，才是唯一的出路。山浦作为一个政治评论家，对何应钦所说的一切，大约是疑信参半。

在何应钦即将结束对日本的"私人"访问之前，他露出了此行的庐山真面目，把早在1947年便有所酝酿的"对日和约"的问题重新提出。

（三）

1951年7月2日，何应钦偕夫人回到台北。他在机场接见记者时宣称："日本大多数民众，均愿与蒋'总统'领导之'自由中国'政府签订和约，渠等并希望吾人能早日'光复大陆'。"他说："此行最大成就，在于'中、日两国'关系上，已开拓一条良好途径。""对日和约，可望于本年9月签订"。

返台次日，何应钦晋见蒋介石，向他报告访日观感及情况。蒋介石认真听取了何应钦关于日本战后经济复兴的经过、日本各政党的情况、日本共产党的组织及活动、中国共产党在日本的宣传工作、日本朝野对台湾当局的态度以及台湾当局对日工作的重要性、缔结"台日和约"的可能性等方面的汇报后，不住点头称赞，并留何应钦与他共进晚餐，祝贺他投石问路的成功。

1952年2月，日本政府派遣以河田烈为首的议和代表团赴台签订和约。从2月20日至4月28日，共举行了三次正式会议，18次非正式会议，终于炮制出一份"台日和约"。何应钦作为这一条约的主要牵线人之一，因不担任公职而不能参与正式谈判，但却与河田烈保持密切往来，被邀请出席4月28日的签字仪式。

"台日和约"的主要内容如下：日本放弃台湾、澎湖列岛及西沙群岛之一切权利；日本承认台湾及澎湖列岛之居民系"中华民国"之民众；1941年12月9日以前中国与日本缔结之一切条约均归无效；台湾当局与日本相互间之关系，愿遵联合国宪章第二条之各项原则；台湾当局愿尽速商定一切关于民用航空、运输、规范或限制捕鱼及保存开发公海渔业之协定。

这一"条约"公然违背国际关系准则，又是在排除中华人民共和国的情况下签订的，理所当然地遭到中国人民的反对，但何应钦对此却欣喜万分，认为他多年为之奔走呼号的目标实现了。更令他身心畅快的是，"台日和约"的签订，宣布了他在太平洋战争爆发以前与日本签订的《塘沽协定》以及人们通常所说的《何梅协定》等一系列丧权辱国条约均归无效，似乎可减轻他多年的心病。

1952年7月13日，何应钦与台湾当局"总统府"秘书长张群共同邀约邵毓麟、黄朝琴等人，商讨筹组"中日文化经济协会"。这一组织产生的动因，是何应钦等人企图通过"民间外交"，进一步推进台日文化经济的合作。还在"台日和约"谈判期间，何应钦就与对方代表团成员大竹、绪方也分别就加强日、台民间交流，成立有关组织进行磋商，何应钦主张不必要将经济、文化分开，可合并一起，相辅相成，于是就孕育了"中日文化经济协会"的构想。

7月29日，"中日文化经济协会"举行成立大会，张群当选为临时主席，何应钦当选为常务理事。大会通过了该会的章程，规定该会的任务是："研究中日两国文化、教育、经济情形及人民生活状态"；"收集、交换、翻译与刊行关于学术理论、文艺创作及经济研究之图书刊物"；"介绍与交换教授及技术人员"；"举办旅行、考察、讲学"；"举办各种展览会、交谊会"；"其他有关沟通中、日文化及发展两国经济事项"。从此以后，何应钦又多了一项社会兼职。几年后，他担任了"中日文化经济协会"的主任理事。这一组织成了他毕生推进台日关系的工具，尤其是中日邦交正常化、日本与台湾当局"断交"以后，更是如此。当然，这一组织的许多非政治性或政治色彩不浓的活动，对于促进台湾地区与日本之间文化经济关系的发展，确曾起了不小的积极作用，它的成绩，自然也是何应钦晚年的慰藉和劳绩的一部分。

由于何应钦以台湾民间或官方的方式，在推动着台日关系发展方面立下汗马功劳，不仅台湾当局把他当作对日关系中应打的一张王牌，连日本当局也对他另眼相看。1965年12月10日，日本裕仁天皇亲自书写赠勋文，颁赠何应钦一等旭日大绶勋章，以表彰他对战后增进日、台关系的"巨大贡献"。次日，日本外相椎名悦三郎代表天皇，将一枚金光灿烂的旭日大勋章挂在何应钦的胸前。

随着中日邦交正常化，这枚勋章便成了何应钦替台湾当局推行"国民外交"、维持台日正常"外交"关系的一个句号。

"反攻"惨败 "外交"雪崩

（一）

从20世纪50年代初起，台湾当局为了稳定军心、人心，开出了"反攻大陆"的空头支票。何应钦在每年的元旦、3月13日棉湖战役纪念日、6月16日黄埔军校校庆、双十节、10月30日蒋介石的生日和其他场合的演讲、致词，都跟着蒋介石高唱"反攻大陆"。尤其是"台日条约"的签订，艾森豪威尔入主白宫，当上总统，又以坚持反共的杜勒斯出任国务卿，使中断了几年的台、美关系得以改善之后更是这样。

1953年，美国派蓝钦为驻台湾"大使"，并与台湾当局签订了"共同防御条约"。"条约"声称坚决维持台湾的现实地位，防御澎湖地区，反对中华人民共和国对"台湾"的所谓"共产主义颠覆和侵略"。台、美双方将以"自助及互助之方式"，"抵抗武装攻击"及"共产颠覆"。这个"条约"对梦想"反攻大陆"的何应钦及台湾当局来说，不啻是兴奋剂和定心丸。然而台、美关系的"蜜月"却被中国人民解放军解放一江山岛、大陈岛和南麂山列岛的胜利击破了。身为"战略顾问委员会"主任的何应钦虽在作战上没有决策权和指挥权，但在造舆论冲淡一江山岛等岛屿的丢失所造成的阴影，改变台湾民众"反攻无望"的情绪等方面，却是竭尽忠悃。何应钦率领他手下的顾问们前往金门、马祖视察、慰问，宣称"誓死保卫金门、马祖"，扬言中国共产党无进攻金门的能力，以稳定惶恐不安的人心。然而，当国共两党军队发生激烈的金马之战的时候，何应钦却在周游列国，热衷于"道德重整"，希望在意识形态领域和国际舆论方面配合蒋介石的"反攻复国"计划。

1962年3月，蒋介石在《告青年书》中充满自信地说："我们已掌握了'复国'之钥，进而要打开铁幕之门的时刻到了。"紧接着，台湾当局紧锣密鼓地实行总动员，准备与中国共产党决一死战。何应钦也与夫人一道去美国领导他的《龙》剧

何应钦作为蒋介石特使访问韩国时向朴正熙递交"国书"。

和"国际部队",以意识形态的"反共"助蒋一臂之力。何应钦与夫人途经东京时,受到日本前首相岸信介等人的欢迎。岸信介告诉何应钦:我们一定全力支持你,并预言这一年将是"维护世界自由与民主人士之决定年"。

何应钦返台后,蒋介石派他作为台湾当局"总统"特使,率领"国防部"情报参谋次长罗英德中将及"联络局"副局长温哈熊上校前往汉城,参加韩国独立17周年庆典。

1962年8月12日,何应钦到达韩国的当天下午,韩国代大统领朴正熙及外交部部长崔德新即接见了他。特别令何应钦兴奋的是,崔德新竟是他当年的部将,而崔的前任外交部部长金弘一,则是他任贵州陆军讲武学校校长时的学生。

何应钦在汉城金浦机场的讲话和欢迎晚宴的致词都宣称,台、韩两"国"乃兄弟之邦,"反共复国,休戚相关,自须加强合作,团结互助,庶期达成拯救'两国'被共产党所奴役的同胞之共同目标"。8月17日,韩国政府向何应钦颁赠了文化勋章,朴正熙还设午宴欢迎何应钦。何应钦致答词时不仅称颂朴正熙在政治改革、经济复兴、国际交往中的功绩,以及他个人"至大至刚有人格,爱人如自己的精神",还鼓动韩国朝野的反共情绪。

何应钦回台后,于9月7日向蒋介石呈递了书面访韩报告书,报告中称:"韩国一般有识之士,认为'中、韩关系'休戚与共,不可分割,此等人士如朴正熙本人,陆军参谋总长金钟五上将、现任外交部部长崔德新、前任外交部部长金弘一、前空军参谋总长金信等。他们认为'中、韩两国',除在历史、地理、文化上有密切关系外,目前'中、韩两国'的处境,也极端相似,我'国'有中国共产党窃踞大陆,韩国有北韩'傀儡政权','中韩两国'反共的目标完全一致,'中韩两国'都接受外援,而'两国'的反共行动,都受到外来的牵制。他们认为我'国'是反共的先进'国',对反共具有丰富的经验,因此应向我'国'学习反共的经验,效法我'国'的反共体制与精神,大致言之,革命政府内的稳健人士,都持有这种看法。"何应钦自知无权参与"反攻大陆"的军事冒险,选择了在无形的反共战线表达自己的意志。台湾当局为了声明反攻在即,于1963年5

月中旬的一天，金门防卫司令刘安琪还特邀何应钦和"国防会议"秘书长顾祝同等，由台湾空军副总司令徐焕升陪同，在中国人民解放军停止炮击的时候，前往金门视察部队及防务。台湾当局对何应钦等老将视察金门大肆渲染。其实，这不过是制造一种烟幕。何应钦等人在金门走马观花一阵之后，当天晚上便悄然返回台北。

（二）

与台湾当局窜犯大陆的彻底失败相反，中华人民共和国的国际地位犹如旭日东升，不少国家一直在为恢复中华人民共和国在联合国的合法权利而不懈努力，台湾当局也预感到赖在联合国的日子不多了。1963年5月6日，为了应付急剧变化的国际形势，经过台湾当局批准，由何应钦代替朱骝先为台湾当局"中华民国联合国同志会"会长。按照何应钦的解释，这个同志会"当前工作的重点，是配合'国策'运用'国民外交'途径，发动'国际'民间力量制裁共产侵略者，以期达成'光复大陆'、建立永久和平的使命"。

梧桐一叶落，愁人更畏秋。就在何应钦当上台湾当局"联合国同志会"会长后数月，8月20日，日本政府批准以分期付款方式，向中华人民共和国出售成套尼龙生产设备。神经已经十分脆弱的何应钦敏锐地感到，日本政府此举，"无异直接资助中国共产党，势将严重危害自由世界之安全"，并以会长名义，奉劝日本要"重视道义"，积极采取步骤，以挽回对台湾当局造成的损失，并表示支持台湾当局对此事的"严正立场"。

好戏连轴，祸不单行。紧跟着日本政府向恢复日中邦交试探性的迈步之后，11月10日，联合国秘书长在美国联合国同志会举行的一次会议上发表演说时强调：他怀疑无限期地忽视中华人民共和国，特别是在处理影响世界和平与安全的问题时，是否明智，或甚至是否可能。何应钦闻讯后，立即发表声明，认为联合国秘书长的此番言论是"公开祖共言论"，不仅违背了联合国原则和联大决议，而且是其个人服务国际公职的不忠实行为，他为此而"至感骇异"。

自此之后，风声鹤唳，但凡国际上任何有助于中华人民共和国的事情发生，何应钦不是以台湾当局"联合国同志会"会长的身份发表声明，便是以台湾当局"国民大会代表联谊会"主席团主席的资格讲话，大加反对。

1966年，第二十一届联合国大会即将开始辩论中国代表权问题前夕，鉴于此时非昔日，恢复中华人民共和国在联合国中的合法地位的呼声已经势不可当的形势，何应钦发表声明，呼吁联合国大会"坚拒中国共产党入会"。他耸人听闻地预言，如果中华人民共和国进入联合国，"则联合国宪章的基本精神，必为之破坏无遗"，"联合国组织必将会分崩瓦解"。不过，在这份声明中，何应钦坚持台湾当局的一贯立场，坚持反对某些国家在联大辩论中国代表权问题时提出"两个中国"的谬论，表明他认为台湾与大陆是不可分割的一个整体。

早在20世纪60年代末，美国的有识之士就开始呼吁打开和中国关系的大门，停止对华战争政策，转而寻求新的和平政策。尼克松入主白宫后，采取了"一种微妙的外交小步舞"，传达他对改善美中关系的信号，如准许美国人购买非以商业为目的大陆非战略性物资的贸易；恢复中美华沙会谈等。中华人民共和国也以高超的外交艺术对美国的行动作出反应。美国乒乓球队应邀访华，使白色的小球推动了"地球的旋转"。1971年夏，美国国务卿基辛格秘密访问北京后，宣布尼克松将访华，拉开了台湾当局"国民外交"大雪崩的序幕。

1971年9月21日，第二十六届联大在纽约开幕，何应钦似乎有了某种不祥的预感。当天，他以台湾当局"联合国同志会"会长身份致电本届联大主席马立克及各会员国，除重弹老调外，认为"本届联大对所谓'中国代表权'问题之辩论与决定，将为联合国前途安危关键之所系，呈请坚决阻止牵'匪'入会之阴谋"。他已经为维持台湾当局窃踞中国在联大的席位而心力交瘁。10月24日晚，就在联合国即将表决中国代表权问题的前一天，何应钦以台湾当局"联合国同志会"的名义举行了一系列盛大活动，台湾当局"副总统"严家淦、驻台的"外交使节"、美军驻台将领、联合国驻台人员及所谓"民意代表"千余人参加了酒会。在台北市艺术馆还同时举办"联合国创立经过展览"，介绍联合国发起与创立的经过及台湾当局对联合国的"贡献"、中国共产党"破坏"联合国的"罪行"、台湾当局"维护"联合国宪章的努力等，开动各种宣传机器，企图影响联大表决的结果。

"青山遮不住，毕竟东流去"，经过一周的辩论后，10月25日晚，联大就阿尔巴尼亚等23国提出的"恢复中华人民共和国在联合国组织中的合法席位问题"进行表决，结果以76票赞成、35票反对、17票弃权、3票缺席的压倒多数获得通过，同时决定立即将台湾当局的代表从联合国的一切机构中驱除出去。美国傻眼了，何应钦彻夜未眠。台湾当局参加联大的"代表团团长"、"外交部部长"周书楷在辩论过程中已知大势不妙，在表决前悄悄地退出了会场。

26日，蒋介石发表《为联合国通过非法决议告"全国"同胞书》，认为联合国已成为"罪恶的渊薮"，"我们'国家'的命运不操在联合国，而操在自己手中"，"我们将不惜任何牺牲，从事不屈不挠的斗争，绝对不动摇、不妥协"！

27日，紧随蒋介石之后，何应钦召开台湾当局"联合国同志会"的临时理监事会议，谴责联合国"排我纳匪"。他在声明中说："联大此举无异引狼入室，自毁前途，势将导致此一世界组织的瓦解与世界局势的混乱。"他还引用蒋介石的"在暴风雨来袭时，不畏却，不失望，不自欺，形势险恶，我们愈坚强，愈奋发"的话，自欺欺人地宣称台湾当局还能"突破难关，克服困厄，扭转形势，创造机运"。然而，流水落花春去也，台湾当局的"外交"大雪崩以铺天盖地之势迅速蔓延开去。仅数月间，就有20多个国家与台湾当局"断交"，承认中华人民共和国政府是中国唯一合法的政府。台湾当局的驻外"大使"纷纷下旗返台。舆论界称台湾当局"外交部"为"绝交部"，时任"外交部部长"的周书楷也公开哀叹自己对外几乎无"交"可"交"了。蒋介石、何应钦等人最终不得不承认联大驱蒋是国民党"迁台以来的最大挫折"。

一波未平，一波又起。1972年2月21日，美国总统尼克松访华，开始了"改变世界的一周"，2月28日，尼克松与周恩来在上海签字发表的《中美联合公报》中，四次提到"中美关系正常化"，并说："美国认识到，在台湾海峡两边的所有中国人都认为只有一个中国，台湾是中国的一部分，中华人民共和国政府是中国的唯一合法政府"。何应钦"国民外交"的后台支柱已不复存在，这比台湾当局从联合国被驱逐更令人沮丧。

面对台湾当局"外交"的两大柱石——维持在联合国的席位、维持同美国的"外交"关系都已折断的现实，何应钦采取了他在失败和挫折面前总能自我安慰、自我调适的办法，掩盖内心的痛苦。他对中美关系正常化在公开场合的表演，真够得上蒋介石所标榜的"庄敬自强，处变不惊"。他曾在台湾当局"中日文化经济协会"的会员代表大会上说，联大驱蒋、尼克松访华，"表面上我们在国际的地位，受到挫折，但由于我们民族文化根基深厚，与夫62年来的饱经忧患，特别是'总统'洞烛先机，及时给予我们睿智而有力的指示，所以我们能在漫天阴霾的局势中，彻底觉悟，由此产生大无畏的精神……化险为夷，重开我们'国家'的新机运，及早完成我们的反攻'复国'的任务"。此刻的何应钦口里虽仍叫嚷着"反攻复国"，但心中未必没有想起蒋介石1950年就在《军人魂》的讲话中所许诺的"一年准备，二年进攻，三年扫荡，五年成功"的空头支票，当然也不会忘记他曾重复过多少遍的"今年是反攻大陆的决定年，明年是反攻大陆的胜利年"的老调，明年复明年，明年何其多，其身待明年，万事皆已休了！

第十一章
修补反共思想　参与台岛建设

忆当年勇　感旧主恩

（一）

何应钦处理与蒋介石的关系求得功名利禄和维系主仆关系的平衡之术，曾令许多国民党官场中人为之折服。他的一个长处是别的国民党军政大员所望尘莫及的，那就是蒋介石给他什么位子他就掌什么权，一旦蒋收回这些权力，何应钦拍拍屁股就起身，连灰尘也不敢多带，更不消说结党营私了。到了台湾以后，他也不改初衷。晚年的他，自知势单力薄，对蒋的依附性、对部属的谦和、对上下左右的礼貌周全，更显得炉火纯青。

不知是何应钦自己的需要，还是蒋介石的需要，去台湾后的何应钦以其特殊的身份，经常在一些纪念性的场合，发表文章或演讲，俨然成了各种纪念日的"总发言人"。与其说是为自己寻找安慰，不如说是替蒋介石粉饰太平，抑或是双方愈合创伤的共同需要。除了台湾当局需要何应钦去装点门面的时候，他要说要写之外，每年的元旦献词、春节团拜、3月13日棉湖之战纪念、6月16日黄埔军校校庆、7月7日抗战纪念日、7月9日北伐誓师纪念日、9月9日受降纪念日、双十节、10月31日蒋介石生日等，以及名目繁多的酒会、茶会、招待会、各种团体的成立会、成立纪念会上，都能看到何应钦那老当益壮的身躯，听到他效忠蒋介石、坚持反共到底的旦旦信誓。他几乎成了"会议将军""礼仪总管"。被人称为"国民党陆军保姆"的何应钦，对台湾当局国民党军的军史文件展览陈列一向极为关注。每逢什么庆典时，"国军历史文物陈列馆"举行特展，何应钦都要亲临指导。展陈内容一旦有什么问题，他必不厌其烦地详为解说。何应钦在这些容易引起新闻界关注的场合频频露面和进行表演，除了表达自己对台湾当局的忠诚之外，也借此延续自己的政治生命，维持"党国"元老的尊荣。

在国民党的改造运动前后，台湾当局掀起了"效忠'总统'运动"。何应钦一改过去的迂缓迟钝，敏感地意识到，他晚年的境遇，并不取决于他对国民党、对台湾政权的作用如何，而是取决于蒋介石对他的好恶及信赖，或者说蒋介石对他需要到什么程度。在"效忠'总统'运动"中，何应钦是一个先行者，他似乎比别人对蒋介石的"英明伟大"有更透彻的认识。姑不论这认识出于理性加感情，还是情势所迫，他毕竟扮演了这一适合他身份的角色。

他经过几十年官场政坛的磨砺，又从反共的屡次失败之中，深信蒋介石曾说过的"没有我蒋中正，绝不会有何应钦"是至理名言。蒋介石说此话时，是针对何应钦一时头脑糊涂，跟随桂系逼蒋下野而言的，警告他既已委身，便不可朝秦暮楚。此话一出，当即令何应钦毛骨悚然，虚汗淋漓。20多年过去了，再回味此话，却又甘甜无尽，成了何应钦60大寿时蒋介石所颁寿轴上的"甘苦共尝，安危同仗"八个字的注释了。何应钦个人的历史确也证明了"没有蒋中正，决不会有何应钦"，反之，在某种程度上，又可作如是观："没有何应钦，未必有蒋介石"。何、蒋之间这种微妙的机缘，实在难解难分。不过历史的聚光灯总是把它的明亮集中到蒋介石身上，何应钦只得了一点余光的辉映。对这种习以为常但并不公正的情况，何应钦视为天理。

（二）

如果说去台湾以前，何应钦主要是以他的实践活动来帮助蒋介石塑造形象，那么去台湾以后的何应钦，则主要是以他的语言文字描绘蒋介石。

1952年2月8日，何应钦所发表的《"总统"行谊》的讲词，便是他描绘蒋介石形象浓墨重彩的开篇，也奠定了他在"效忠'总统'运动"中承担信神与造神双重任务的基础。何应钦的这篇东西，发表在蒋介石宣布要在台湾实行社会、经济、文化、政治四大总动员之时，目的诚如他自己在文中所说，"在这风雨飘摇、革命成败的关头，更要秉承领袖的意志，接受他的命令和指挥，以进行艰厄困苦的奋斗"。

当然，要把蒋介石从一个败军之魁首塑造为百战百胜的神明，绝非优美动听的文词所能奏效，还必须从历史的、现实的、理论的、实践的种种方面，作好铺垫粉饰。何应钦作为黄埔系第二号人物的经历和身份，有的是这种机会。一年一度的黄埔军校校庆日，何应钦都可以毫无牵强之感，尽情挥洒地塑造蒋介石的神像。

1953年6月16日，黄埔军校成立29周年，何应钦在《坚定革命军人信念完成反攻复国任务》的讲话中，把他对蒋介石的赞颂提高到系统的具有初步理论色彩的水平。他认为蒋介石不久前所说的"革命军人必要的信念，是主义、领袖、国家、责任和荣誉五者"，而这五者，便是黄埔军校建校的基础，是黄埔精神的源泉。何应钦对这五点作了具体阐释：

所谓"主义"，名义上仍然是孙中山提出的三民主义，实际上已经被台湾当局和何应钦等人在基本精神和本质内容上作了改变。民族主义是为其"反共抗俄"服务；而民权主义，则是围绕台湾的"全民政治""法治主义"来实行；民生主义，则是围绕"合作互助的科学建设"来推进。

所谓"领袖"，何应钦认为是源于孙中山而传之蒋介石。这种承袭关系既非偶然，也非世袭，而是由"主义"所决定的。"因为校长蒋'总统'接受了国父手创的主义，继承了国父革命志业，所以我们便将这个领袖的责任，放到他的肩上。"

所谓"国家"，怎么冠冕堂皇，都脱离不了蒋家天下，但何应钦把蒋介石的"国家观念"附会成孙中山救国救民的思想和事业。

所谓"责任"，何应钦认为便是"救国救民"的实践，也即是对蒋介石"国家观念"所应尽的义务。

所谓"荣誉"，何应钦解释为不怕死的"革命精神"，"是先烈的荣誉所寄，也正是革命军和本校荣誉的根源"。

1953年10月31日，蒋介石年满67岁。何应钦特发表《蒋"总统"的伟大人格》一文，除了叙述他与蒋介石共同参与并引以为骄傲的东征、北伐、"统一"和抗日战争中蒋介石所表现的"伟大人格"外，何应钦还特别强调，"近几十年来，我们革命历史、民族精神、国家存亡，已与蒋'总统'个人的人格，结合为一体"；"蒋'总统'不仅是一位军事天才，而且具有政治远见"，尤其是他的"反共远见，远非世界政治家所能企及"。何应钦早已领教了蒋介石匪夷所思的"伟大的人格"，但他仍然像迷信法力无边的神灵一样迷信蒋介石，不，他是因为害怕蒋介石才如此惶恐地奉蒋为神明。

1965年11月12日，是孙中山的百年诞辰，何应钦发表了《国父与本校》的长文，追述孙中山与黄埔军校创办的历史，其深义更在引发他与蒋介石的亲密，称颂蒋在创办黄埔军校时的功绩。在这篇文章中，何应钦还将80年的"国民革命"划分为两个时期：前40年是孙中山领导革命党人奋斗的时期；以黄埔军校创建为始的40年，则是以蒋介石领导黄埔军校历届师生和国民革命军奋斗的时期。可见，在他心目中，蒋介石至少与孙中山处于并列地位，而他则是这两人的主要助手和追随者了。1981年4月5日，何应钦又发表《蒋公对唯物辩证法的真知灼见》一文。

何应钦身为蒋介石所倚重的老将，不能在反共的第一线战死，已属不忠不烈。他获得了国民党军的终身军籍，但其地位不文不武，又武又文，既不能去战死，也不会谏死，只得怀抱愚忠，专唱"赞美诗"去"纬武经文"了。

1970年6月16日，黄埔军校建校46周年，何应钦便把别人作为寿礼赠送给他的一幅反映接受日军投降画面的油画转送给军校。当天，举行揭幕仪式。何应钦致词说，这幅签订降书的画，"是近百年来中日两国关系的总结算，也是我们军校同学牺牲奋斗的总代价，是我们'总统'卓越领导的成功，是我们中华民族永不灭亡的象征，是我们'中华民国'几百万三军将士和同胞们鲜血换来的光荣！我们要永远保存他，珍视他！"何应钦为什么要把别人送给自己的寿礼转送军校呢？他说："面对这幅光荣的图片……我今天要郑重地告诉各位，要在这危疑重重的局面之中，重新振奋我们的黄埔精神，亦就是'总统'昭示的牺牲精神、团结精神和负责精神，才能在将来的'反攻复国'的战争中，重振我们国民革命军的声威，重新写下我们军校同学光荣的战史！"

此后，年复一年的黄埔军校校庆，何应钦都要有所献词；年复一年的受降纪念日，他也会沉浸在往日辉煌的记忆之中，不厌其烦地重复别人早已听腻了的老调。天长日久，这类讲话，完全丧失了任何鼓舞人心的实际效用，只不过借纪念这些节日，使"同是天涯沦落人"的部属好友得以聚会而已。

对何应钦来说，他还有一个最高层次的社交场合，那就是例行不衰的国民党中央联合总理纪念周。他只要不离开台北或住进医院，是从来不缺席的。特别是他轮值担任主席的时候，除了对孙中山的崇敬外，更突出地表现他的名将威仪。1974年，何应钦已是86岁高龄，在一次中山堂举行的国民党中央联合总理纪念周会上，他任主席。过去每次例会，都有一位政府的首脑人物作专题报告，时间均在40分钟以上，这次也不例外。何应钦端坐在主席位置上，神采奕奕，全神贯注，腰杆挺得比会场上任何人都要直，令人不敢相信他已是年登耄耋。专题报告完毕之后，照例是由主席宣读党员守则。何应钦起立上前，中气十足、铿锵有力地宣读党员守则前言。由于他的腿部曾受过伤，再加上年老，不免有风寒宿疾，走路要靠手杖支撑。宣读党员守则时，手杖只能放置一旁。时间一久，渐感脚力不支，不免身体往一边倾斜摇晃。站在附近的司仪立刻上前准备搀扶，台下的听者也为他捏了一把汗。但何应钦拒绝了司仪的搀扶，威严地说："手杖拿来！"他从司仪手中接过手杖，立刻恢复了笔挺的立正姿势，带领出席纪念周的人员宣读党员的12条守则，犹如当年在黄埔军校领诵誓词一般。对早已熟读的党员守则，不少人不以为意，而对何应钦的表现，则人人动容，暗自敬佩。

不越雷池　拥戴新君

（一）

时间会改变某些积习，也会使某些积习愈益顽固。在国民党统治时期，何应钦之于蒋介石，犹如总管之于主人，虽然不无猜忌嫌隙，但总体上是信任放心的。到台湾以后，何应钦虽不能再充任当年的总管角色，以自己的心力、体能为蒋操劳，但可以用自己的口和笔，为蒋介石重塑金身。每逢与蒋介石或与自己有关的具有纪念性的日子，何应钦几乎都要发表演讲或文章，忆往怀旧，阐释经义。天长日久，这种习惯便成了自然，时间渐长，他也增长了不少的"理论"功力。他已不再是以自己的身体力行去实践蒋介石的理论，而是以自己的理论去弘扬蒋的精义。

1977年，蒋介石已成故人，何应钦还著文称颂《苏俄在中国》"是一部宝库"，认为蒋在其手著的这部书中"详细列举共党军事战略的诀窍和统战策略，尤其批判共党'和平共存''议会斗争'和'联合政府'等手段，直到现在，仍应为全世界反共人士共同研究的珍贵史料。尤其蒋公由经验累积而发出的名言，以及所作成的明确判断，更足资自由国家的注意与警惕！"晚年的何应钦以口笔代刀枪，为蒋介石的反共思想体系增砖添瓦，似乎想成为一个老有所成的"理论家"。其实，被认为"著述等身"的蒋介石，他的许多著作，如影响最大的《西安半月记》《苏俄在中国》《中国之命运》等，都是文学侍从之臣捉刀的。前者为陈布雷代笔，后二者为陶希圣捉刀。当然，其思想精髓自然是符合蒋之所思的。

何应钦追随蒋介石数十年之能宠辱皆不惊，终能荣宠双全，在于他有一般人所难以做到的盲从乖巧。并非何应钦没有独立的思考判断能力，而在于他的"独立"，必须以蒋介石的意志为转移，在某些事情上，只要与蒋介石的主意不符，他心虽有异思而不发异词，欲有所举措而不敢动手足。更为高明的是，何应钦可以采取回避之法，以免招惹麻烦。

台湾当局于1963年11月12日至22日召开国民党九大。会上研讨了"掌握'反共复国'机势"的方略，筹组"中华民国反共建国联盟"，通过蒋介石连任国民党总裁，陈诚连任副总裁，何应钦等144位资深党员任评议委员，完成了国民党最高权力机构的重组。

国民党九大以后，何应钦所承担的反共角色依然属于"动口不动手"。他深谙蒋介石在九大报告的精义而欲有所阐发。1964年元旦，他在国民党中央举行的团拜会上致词强调："我们在'总统'蒋公领导卜一定能克敌制胜"，并声称九大的决议和提示"是我们今后反攻'复国'，争取最后胜利的指标"，给与会者打气。2月13日，在台湾"中央军校"同学举行的春节联欢会上，何应钦又作为当然的主持人，把欢乐的联欢会变成政治的鼓动会。他在致词中又说："我们在校长蒋公的领导之下，必能在十年之内完成'复国建国'任务，以达成国父在四十年前创建黄埔军校的目的。"他并预言军校同学在今年之内，必"有一番特殊的成就"，为黄埔建校40周年献礼。然而，到6月16日黄埔建校40周年时，不唯军校，就是整个台湾当局在"反攻复国"方面都没有作出一丝一毫的实绩。"反攻"无望，反而更刺激了何应钦等人的乡情。就在这年，何应钦的老友、国民党元老于右任逝世了。临终前，他写了诗句：

> 葬我于高山之上兮，望我大陆；大陆不可见兮，只有痛哭！
> 葬我于高山之上兮，望我故乡；故乡不可见兮，永不能忘！

于右任代何应钦等人抒发了"反攻大陆"无望后激起的思乡之情。

蒋介石毕竟反共有术，欺骗有方，于1964年12月发起一场"毋忘在莒"的运动，使沉湎于"复国"迷梦中的"志士"们去演出田单复齐的故事。这个"毋忘在莒"运动的由来，是1952年蒋介石为了鼓励金门前线的官兵，在金门大武山上题写了"毋忘在莒"四个字，以便作为日后"反攻"胜利的纪念。十多年过去了，诺言许下千千万，"反攻复国"的行动一再遭受沉重打击。金门、马祖前线的官兵，在台湾当局的鼓动下，效仿2000多年前田单在莒县和即墨，纠合官兵，忍辱负重，牺牲奋斗，终于恢复齐国的精神，借助蒋介石的题词，首先倡导了"毋忘在莒"的"民族复兴"运动。为了响应这一运动，何应钦在1965年中央军校的春节团拜会上强调："要确立战胜敌人的观念；不断充实战争的准备；奋发'毋忘在莒'的运动，并弘扬校训'亲爱精诚'的精神，团结一致，效忠领袖，确立新观念，开拓新机运。" 在这年的黄埔校庆纪念会上，又重弹"反攻"旧调，为"毋忘在莒"运动增加点声势。

表面上轰轰烈烈的"毋忘在莒"运动，响应者寥寥无几。与何应钦等的意愿相反，台湾当局军方的徐廷泽、黄天明等驾机飞返大陆，投入人民解放军空军阵营，使台湾当局十分尴尬，更令台湾当局和何应钦震惊的是前国民政府代总统李宗仁，于1965年7月18日回到祖国的怀抱。何应钦与李宗仁曾经有过多年的交情，李宗仁归回后，受到毛泽东主席、周恩来总理及全国人民的欢迎，对何应钦的身心不能不有所触动，他不理解李宗仁何以会投奔共产党。这些日子，烦闷焦躁的何应钦于公务、交际之余，回到家中，凝望着张静江书赠他的"长剑一杯酒，危楼万里心"的对联，忧思万种。他虽有许多闲职、闲事可消磨时间，却无法排遣心中的忧愁，他自饮失败的苦酒，在忍让与等待中去发现和开拓新的"机运"。

尽管何应钦忠实而卖力地为台湾当局"反攻复国"事业效劳，但人们对他的信任却不断下降。"廉颇老矣，尚能饭否"？这种对何应钦不信任的情绪，在1966年2月召开的一届四次"国民大会"选举主席团时，达到了奇迹般的高峰。2月5日选举主席团时，秘书处公布的候选人名单共124名，然而有15人临时声明放弃竞选。何应钦自信胜券稳操，且一定会得绝大多数选票，因为这次会议，不过是蒋介石选择过渡人物，为蒋经国的全面接班铺路、搭桥。所谓"国民大会"主席团，充其量是铺路搭桥时的工具，或许只是一种"民主"的摆设。就是在这种不起什么实质作用的主席团的选举中，既暴露了选举人对"万年国大"的戏弄，也反映出选举人对何应钦等失去信任。开票结果，主持选举的"国大秘书长"谷正纲得100票，而何应钦虽然当选，却只得25票，比张群、薛岳都少了13票，而论资历、声望和为蒋介石立下的功劳，谷正纲、张群、薛岳都不能与何应钦相比。这种选票上的差距，不管是什么原因所造成的，都是台湾当局政治上层人心转移的某种反映。由此又引发一场会内会外的斗争，不少人替何应钦等抱屈，攻击谷正纲舞弊。何应钦却不愿卷入选票之争，向谷正纲祝贺，声称这也是旅台贵州籍同胞的光荣。这一插曲，因何应钦的"虚怀大度"而扭转了某些人对他的看法。人心的天平又再次向他倾斜。

（二）

1966年开始的"文化大革命"，使何应钦认为"反攻复国"的机运又来了。"文化大革命"十年间，他发表了许多文章，以蛊惑人心。

1966年9月9日，何应钦借受降21周年纪念，在台北"中央电台"的"中国自由之声"中发表对大陆军民同胞的广播讲话。他断定红卫兵运动是"使整个大陆面临一个新的毁灭性的斗争的开始"，为了配合"中华文化复兴运动"，他把抗日战争的胜利归结为"全靠了中华民族5000年历久而愈新的民族文化"，并说："由于我们这一文化的传统，使我们每一个中华儿女，人人都奋发忠恕的精神，不仅人人忠于国家，忠于民族，并且人人弘扬恕道，与全世界爱好和平的民族，共谋生存的发展。"他还鼓动大陆的军民同胞同他一道起来，维护"民族文化"。

1966年底，台湾当局发起了"中华文化复兴运动"，并规定每年11月12日孙中山的诞辰日为"中华文化复兴节"，宣称："实行三民主义，凭借传统人本精神与伦理观念，唤醒理性良知，消弭共产邪说，加强政治思想与经济反攻，再以全力进行致命打击。"

1967年3月20日，是何应钦与王文湘结婚50周年的金婚纪念日，许多人事前曾张罗要为他们举行盛大的庆祝宴会。何应钦却说要以实际行动响应"中华文化复兴运动"，说什么"国家"多难，个人之喜不足以庆祝，中国传统文化是讲求宁俭勿奢的。他只在家中以茶代酒，与夫人相互祝福。

（三）

1967年7月28日，台湾成立"中华文化复兴运动推行委员会发起大会"，由蒋介石任会长，孙科、王云五、陈立夫为副会长，谷凤翔为秘书长，在岛上设立了许多推行"文化复兴"的机构，整理出版了许多古籍，既以"反共"为中心，同时又反对全盘西化的台湾世风。何应钦在这场运动中只能敲敲边鼓。

正值台湾全岛"中华文化复兴运动"喊得震天响，但应者寥若晨星，实绩无多之时，何应钦在国民党中央评议委员会上重提改建台北圆山"忠烈祠"案，获得蒋介石的赞赏。

坐落在台北圆山公园内的"忠烈祠"，是台湾当局供奉为"党国"尽忠者享受牺牲香火之地，然而它却是日据时代的"护国神社"，建筑也是日本式的，虽经改造，但显得不伦不类。加之年久失修，实在有改建之必要。一些外国访台者或旅游者到此游览时，无不以崇祀"国殇"之所，竟是日式建筑而诧异。

何应钦的改建议案一提，蒋介石认为此举是"复兴文化"的题中之意，十分重视，批示道："何评议委员应钦建议改建台北圆山忠烈祠一节，应即行研究，迅予办理。"国民党中常会得了"御批"，也作出决定："交'行政院'主管同志切实研究办理。"有关方面研究的结果，认为圆山"忠烈

1967年，何应钦、张群等人以"积极发挥东方文化的伟大力量"发表演说。

祠"虽隶属台北地方管理，但事实上已代替"中央"的"忠烈祠"，实在有改建的必要，但工程浩大，经费需由"中央"、台湾省和台北市三方面共同筹措。蒋对"财政部"及"行政院"主计处之推诿搪塞极为不满，指示中常会："类似国家宗庙之兴建，以其旨在激发军民精神，自亦不可忽视……此次何敬之同志建议改建台北市忠烈祠，以消除日人神社遗迹，表彰国民革命精神，确有必要。""至其经费，可暂以三千万元为度"。蒋介石的批示，由秘书长谷凤翔函转何应钦。于是，台湾"行政院"组成改建委员会，并聘请何应钦为主任委员，主持改建工作。于是，在喧腾一时的"中华文化复兴运动"中，何应钦似乎有了一个实至名归的位子。

1969年3月15日，"忠烈祠"改建成功，正式命名为"国民革命忠烈祠"，耗资实为5010万元台币。建筑物计有大门楼、钟楼、鼓楼、山门、回廊、烈士祠、先贤祠、国民革命忠烈祠等，堪称蔚为壮观。祠内供奉了自民国建立以后，在讨袁、护法、东征、北伐、"剿共"、"讨逆"、抗战及所谓"戡乱"等役战死或所谓"成仁取义"者，其余非阵亡或殉职而有"功"者，则配祀附建的先贤祠内。这天，何应钦主持了竣工典礼，并率领参加典礼的文臣武将和台北各界代表，入祠向"忠烈""先贤"们敬礼致祭。自此以后，每年春秋二祭，定期举行，成为台湾的定制。

"忠烈祠"改建大功告竣，但"中华文化复兴运动"日渐冷落。这座庄严宏伟的"忠烈祠"，并没有起到原先预想的政治效果，倒是为美丽的圆山公园增添了一处新的景点。

台湾的"文化复兴"运动，给何应钦的思想造成一些变化。犹如春夏秋冬，因冷暖寒热需要更换衣装一样，随着政治气候的变化，何应钦对蒋介石的称谓也需要改变。除官方通行的"总统""总裁"之外，有依黄埔系旧例，称"校长"或"蒋先生"的；有称"先知先觉的导师""光辉的太阳""无际的大海""国家永恒的重心""反共先知""中流砥柱"，等等。为了适应"文化复兴"的需要，何应钦又把蒋介石称为"民族文化中兴的导师"。

1967年10月31日，是蒋介石的80岁生日，何应钦发表了《民族文化中兴的导师》一文，称蒋为"三民主义文化思想的传播人"，蒋的思想"击溃了共产邪说"，蒋"传播了中华民族的传统文化，发展三民主义的思想体系"。他号召台湾军民在这位"导师"的统率下，向大陆进军。

1974年，蒋介石87岁。当10月31日这个习惯由何应钦发表专文祝寿的日子到来之际，他似乎再也想不出什么新鲜名词给蒋介石编织桂冠了。但他并不放弃这种机会，不仅发表文章，还出版了专集为蒋祝寿。他把近年来替蒋歌功颂德的文章辑录成册，取名为《中国与世界前途》在台北出版，分赠有关人士，寓意蒋介石不仅属于中国，而且属于世界，蒋是决定中国命运和世界命运的"旷世伟人"。何应钦有感于"中华文化复兴运动"花开已花落，"道德重整"更是黄昏的一抹残晖，"反攻大陆"的几度机运皆成泡影，为了重振"反共"的心理防线，于10月31日发表《加强心理建设为蒋"总统"寿》的文章，表白自己对蒋的信赖、拥戴至死不渝，并呼吁岛上的人们要牢记"当前加强心理建设的要点：第一，要坚定我们的主义信仰；第二，要复兴我们的文化传统；第三，军人、党员要率先倡导。如此，我们才能达成'反共复国'的使命，以为我们对'总统'蒋公祝寿的献礼"。

（四）

1975年4月5日，正好是中国传统的清明节。人们都遵从祖宗流传下来的风俗，家人与亲朋好友约集一道，去祭扫祖墓，安慰新老亡灵。谁也料想不到，蒋介石这位在中华民国的历史上留下深深印迹的重要人物会在这天病情急剧恶化，于当夜十一时五十分离开了人世。据蒋经国的日记记述：其时，"风云异色"，雷声激荡，大雨倾盆。何应钦已经入睡，忽被电话铃声吵醒，迷糊中得知蒋介石逝世这一预料之中但又觉突然的消息。但他没有得到立即去士林官邸的通知，只好静候召唤。当何应钦应召去灵前时，一切均已安排就绪。

蒋介石弥留之际，宋美龄、蒋经国、严家淦、倪文亚等打开了一星期前由国民党中央副秘书长秦孝仪记下的遗嘱。在这份遗嘱中，他念念不忘的是"光复大陆国土，复兴民族文化，坚守民主阵容……"。宋美龄哽咽着，第一个在遗嘱上签了字。随后，蒋经国、台湾当局"副总统"严家淦、"立法院院长"倪文亚、"司法院院长"田炯锦、"考试院院长"杨功亮、"监察院院长"余俊贤等都颤抖着在遗嘱上签了自己的名字。

次日上午七时，国民党召开了紧急中央常务委员会，决定由严家淦"依法"继任"总统"，并由严家淦特派何应钦等21位"党国"大员、名流、宿耆组成治丧委员会。

4月16日，是蒋介石灵柩奉厝的日子。台北"国父纪念馆"中山堂前，三军仪仗队手持上了刺刀的步枪，肃立堂前，犹如雕塑一般纹丝不动，为蒋介石护灵。"国葬"仪式之后，何应钦木然地坐在送灵的车中，阵阵的哀乐和沿途送灵的人群，更搅乱了他早已杂乱的思绪，好不容易到了台北南部约60公里的树荫蔽日的"慈湖"行馆。这座民居式的典雅建筑，是1949年6月大陆撤退前夕，蒋介石去台巡视时落脚的地方，由于风景很像浙江奉化的溪口镇，所以蒋介石去台以后，便选择将慈湖畔的这座院落改建行馆。蒋介石的灵柩被安放在行馆的正厅中。就像生前在"总统"的"就职"典礼上一样，蒋介石穿着长袍马褂的大礼服，胸前佩戴着勋章，躺在黑色大理石的棺材中。何应钦等八位大员将国民党党旗覆盖在灵柩上，表示这位国民党首脑统治的终结。

移灵仪式结束以后，何应钦步入行馆的厢房，蒋介石的寝室仍保持着生前的原貌。蒋生病住院前，何应钦不止一次在这里聆听过蒋的训示，也进行过亲切的交谈。在座椅间的茶几上，何应钦看见了蒋介石生前用红铅笔在便笺上以行书体写的"能屈能伸"四个字。这四个字是当时蒋介石无可奈何心理的写照，也道出了何应钦饱尝人世沧桑和幻灭后的沉痛。此情此景，盈盈热泪不禁在何应钦眼里转动。他此刻忆起了移灵前按基督教仪式举行的追思礼拜上，周联华牧师证道时所说的："一位义人和信徒逝世之后，他的踪迹虽远，但人世的天空，仍有他的光所照耀。这种人，音容宛在，是永远不朽的，当他离去之时，他的身后还留下了许多代表他的人，来继续完成他的未竟之志。"何应钦便是代表蒋介石的人之一。

移灵的前一天，何应钦发表了《永远不能忘怀的几件事——追思故"总统"蒋公》一文。

他还撰写了一副挽联，敬献于蒋的灵前：

> 追随逾五十年，谊为部属，情若家人，两语忆亲题，安危同仗，甘苦共尝，弥感深知蒙重任；
>
> 哀思合亿兆众，世事方艰，大元顿远，全民勉奋起，团结自强，中兴复国，完成遗志慰公灵。

蒋介石死后，何应钦一直沉浸在对死者的怀念与尊崇中。在他的客厅中，悬挂着蒋介石生前亲笔题写有"敬之吾兄惠存"字样的照片。蒋介石在照片上笑容可掬，丝毫看不出反复无常和装腔作势。凝望着这帧照片，他的感觉似乎与宋美龄的感觉近似："现在独对一帧笑容满面之遗照，闭目作静祷，室中沉寂，耳际如闻謦咳，余感觉伊乃健在，并觉随时在我身边。"

（五）

在蒋介石死后的23天里，蒋经国通过娴熟的政治手腕，事实上已将台湾当局的党、政、军权集于一身，成了台湾岛上的头号人物。何应钦认为蒋经国头脑精明，气度超凡，其才智不逊于乃父，自然可子承父业、执掌中枢，他要把对蒋介石的忠诚转移到蒋经国身上。

1975年4月28日，在台湾国民党第十届中央委员会临时全体会议上，代"总统"严家淦顺风张帆，率先提名蒋经国为国民党主席，并不容反对者稍有余裕，以起立方式表决。会议修改了党章，宣布国民党党章中保留"总裁"一章，犹如"总理"的称谓是对孙中山的纪念一样，把"总裁"的名称，永远留给蒋介石独享。此议虽由别人先提，但正中何应钦下怀，他抢先附议："在当前形势瞬息万变、亚洲'赤祸'弥漫的时期，必须有迅速妥善的决定，以巩固国家与党的领导中心。""关于本党领导人的职称问题……本席赞同严常务委员等，以及中央委员刘季洪等的意见，应该定为本党中央委员会主席，总裁职称保留于党章之内，作为对总裁的永久崇敬与纪念"；"关于本党领导人的人选问题……本席拥护推荐蒋经国担任党中央委员会主席的提案。因为蒋同志具备了坚忍强毅的领导能力和充沛的革命精神，尤其是他这两年担任'行政院长'卓越的政绩，获得海内外'全国'同胞，以及'国际'友人的一致支持和赞佩。由蒋经国同志来领导本党，必能使党的力量坚实强大，'反共复国'的使命得以早日完成"。何应钦的这番拥戴，使蒋经国对尊敬的"何敬公"的感情又增进了几分。

蒋经国接班之初，何应钦身赝重任，忙完死人的纪念又操劳活人的继任。在1978年2月召开的台湾当局第一届"国民大会"第六次会议上，何应钦当选为主席团主席，主持了3月2日的第二次大会。他在当天的总结发言中为蒋经国当"总统"预为鼓吹，他强调"行政院院长"蒋经国施政报告的要点，是在"以坚忍刚毅面对一切事实挑战"，是强调政府"保卫中华文化，贯彻民主政治，积极充实'国防'，继续努力发展民生建设"的四大决心。他认为："蒋院长强调我们'稳扎稳打，实事求是，慎谋能断，力行奋斗，打开出路，迈向光明'。这正是'国家'在对'匪'作战的重要关头，最平实而且最负责任的做法，使我们对政府增加了无比的信赖，确信在如此坚定、勇敢、负责的政府努力下，必定能号召结合'中国'人民以及'国际'友人的力量，获得自由、民主、正义的胜利。"

3月21日，台湾当局举行"总统"选举。到会的"国大代表"1203人，蒋经国以1184票当选为第六届"总统"，谢东闵以941票当选为"副总统"。

何应钦根据当时的国际形势，曾向蒋经国呈具三条建议：

第一，"台湾"要重视日本在亚洲的关键性地位，加强与对台友好的日本政界人士的联络，尤其是要建立与日本青年国会议员的情谊，以促使台湾与日本关系的增进，开展进一步的合作。

第二，台湾当局应增强与韩国的"邦交"，在对抗苏联与中国共产党的共同需要下，强化台、韩间的双边防卫关系，进而促成东北亚以及亚太地区的共同安全体系。

第三，台湾当局要敦促美国发挥协调联系的功能，以苏联和中国共产党为目标，以实力排除来自苏联及中国大陆的"威胁"，为美国本身及亚太地区"自由国家"的共同利益，促成亚太地区"自由国家"对抗共产党的团结合作。

1979年，蒋经国发起成立"中华战略学会"，有鉴于世局之激变，"国步方艰"，希望能以战略研究达成"学术报国"目的。为了表示年轻一代对老一辈的尊重，蒋经国聘请何应钦担任学会的名誉副会长。

祝寿慰元老　颁勋抚将心

（一）

在蒋介石时代，每逢何应钦的大寿，蒋均有所表示。此中的原因，除了蒋与何的特殊关系外，蒋要借给何应钦庆寿，鞭策他为自己更好地效劳，同时也激励何的同僚和部属，像何那样矢志尽忠。

1939年4月2日，何应钦50大寿，鉴于抗战吃紧，陪都新迁，百废待举，何应钦不敢庆祝。但蒋介石没有忘记，挥毫写了一个"寿"字以示祝福。抬头是"敬之同志五十大庆"，落款是"蒋中正敬祝"。

1949年3月12日，何应钦届满花甲，已经"下野"的蒋介石在溪口写下了"安危同仗，甘苦共尝"意味深长的寿轴，让何应钦永生难忘。

1959年3月21日，何应钦进入古稀，时值台湾政局渐趋稳定，经济也开始起步，"反攻大陆"的鼓噪也随之高涨。蒋介石写下了"同舟共济"四字祝贺，上款写上"敬之同志七十大庆"，下款署"蒋中正敬祝"。蒋介石虽期许

"同舟共济"，但他却无所济于何应钦。大约有感于元老们被冷落，为何应钦70大寿题诗作画者特别多，也各有旨趣和弦外之音。

国民党元老于右任素来钦佩何应钦，为何应钦的70寿诞题诗一首相赠。诗中写道：

> 浩浩复肫肫，时贤莫比伦，
> 昔经北山下，道左一平民。
> 寿见降人祝，交因弟子亲。
> 中兴元老壮，乐道不忧贫。

附缀"敬之上将七十大庆于右任恭祝"。

以诗词祝寿者大有人在，但何应钦独偏爱这首，除了个人私交甚笃外，诗中道出了两桩鲜为人知的旧事。为了让别人明白此诗的旨趣，何应钦在事后作了一跋语，加以注释和谦谢：

> 钦既迁台之明年某日，自草山返台北，而车不能进，乃策杖行于榛莽间，为三原老人见我而载之归。越数岁，七十初度，承惠瑶章，颈联即志此事。腹联以日韩之谊相饰。"交因弟子亲"之句，由于韩使金弘一为钦长贵州讲武学校时及门。其时化名王雄，人鲜知者，三原遇钦素厚，此诗奖许过甚，览之滋愧。夫乐道安贫，固所凤励；然浩浩肫肫，钦曷敢妄企先贤哉！
> 己未春，应钦谨跋

作为何应钦的西南大同乡和志同道合的良友，张群也写了两首诗，一祝何应钦70初度，二祝何应钦、王文湘结婚52周年。第一首写道：

浩荡盘江漱涤深，云腾溥作九州霖。

七旬上寿开新纪，二月当春惬好音。

辅国久知须柱石，收京重待启山林。

郊垌小队看行猎，省识平生射虎心。

这首诗的末联宜"正面文章反面读"。其中明是称赞何应钦去台以后，打猎的兴趣仍不减当年，但时移境迁，当年打猎的乐趣在戎马倥偬之余寻求刺激和轻松，而去台以后的行猎，却是转移心中的烦忧，因厌苦党争政潮而寻求山林野趣的恬淡闲适。不过，论行猎的水平和实绩，在台湾的国民党要人中，何应钦的打猎队几乎可以与杨森的打猎队相伯仲。

张群的第二首诗写道：

结契苔岑笃不移，艰难军国共驱驰。

同列又联鸳鸯侣，双栖相贺凤凰枝。

每缘雪虐风饕候，益显松贞竹劲姿。

宾筵酬献多鸿藻，桃熟千年正此时。

这首诗中，道出了王文湘之为人妻，克尽妇道，与何应钦反共志同道合，为何应钦在官场中排忧解难的情况，认为这是他俩"双星并耀"的基础。

1969年3月31日，何应钦八十大寿，蒋介石又写了一个"寿"字相贺，所不同的是抬头为"敬之主任委员八秩大庆"，署名"蒋中正"，并加盖了一方印，更显慎重恭谨。"副总统"严家淦与张群、孙科等455位军政要员，请画家林克恭绘制了何应钦接受日军降书的油画，并为之作序，不仅意在旌表其功，更在激其奋发忠勇，为台湾的"中兴"再任驱驰。

何应钦一生坚持不写自传，据他自己说，没什么好写。其实，可写和值得写的东西太多太多。80大寿时，他写了《八十诞辰感言》，对外界关于他拒绝写自传的事谦虚至极地作了交代："我个人极平凡，过去三十多年，对于党国有一些贡献者，不外下面三点：第一，得蒋'总统'的信任；第二，将士用命，上下一心，精诚合作；第三，每担任一要职，必选优秀之幕僚相助。" 如照此三点写来，还有什么自传可写？不过，从上面总结的这三点中，可以看出"武甘草"的性味，上下左右、尊卑贵贱处处照应周全，无一遗漏。当然，何应钦坚持不写自传的原因，并非纯粹出于谦虚，而是有许多苦衷不能与外人道，不如任后人评说。

（二）

1979年3月11日，是何应钦的90大寿，台湾当局专门成立了"何应钦上将九秩华诞筹备委员会"，办理祝寿表功事宜。为了表彰这位对蒋氏父子鞠躬尽瘁、死而后已的元老，这天上午，蒋经国在"总统府"正厅中举行了隆重的授勋仪式，将台湾当局给军人的最高奖赏——"国光勋章"——奖给何应钦。这是一枚金质的八角形勋章，中心圆环中以蓝天、白云为背景，岩石上兀立着一只展翅欲飞的鹰。在勋章证书上，有如下文字：

> 兹以"总统府"战略顾问何陆军一级上将应钦追随国父与先"总统"蒋公，献身国民革命五十余年来，凡北伐、"剿匪"、抗战迄今"戡乱"，无役不从，殚精竭虑，保国卫民，或戮力疆场，指挥决胜，或运筹帷幄，克壮勋猷。特颁"国光勋章"，以表"国家"崇酬功勋之至意。

在这份证书上签名的有"总统"蒋经国、"行政院院长"孙运璇、"国防部部长"高魁元。

授勋之后，蒋经国亲自斟上半盏红色的香槟酒，向何应钦道贺。何应钦于受勋后发表声明："这项殊荣，首应归之最高统帅先"总统"蒋公的领导，次则应为我全军将士共享。"

下午，国民党中央委员会在台北三军军官俱乐部为何应钦举行祝寿茶会。

蒋经国未执掌大权的那些年，因何应钦与他的老师、挚友陈诚有嫌隙，对何显得有些怠慢。时光流逝，何应钦失势而陈诚腾升，嫌隙渐消。当了党主席和"总统"的蒋经国无论是公开场合还是私下相会，对何应钦都执晚辈礼。也许，精明的蒋经国从何应钦待人处世中奉行的"礼多人不怪，尊己先敬人"的态度中学到了广结人缘、和睦左右的诀窍。

蒋经国主持茶会并率先致词。这篇祝词从台湾当局的立场出发，对何应钦的一生作了概括，对某些重大历史事件中何应钦所起的作用虽奖誉过甚，但却能帮助人们了解何应钦在其中所起的作用，更可窥视致词者在当时国际形势下的特殊心态。他说：

今天欣逢我们敬爱的革命前辈何敬之先生九秩大寿，看到敬公精神健旺，体气康强，我们每一个人都感到非常欢欣。

敬公追随国父与先"总统"蒋公，献身国民革命，不仅在军事上、政治上贡献国家民族，勋绩崇隆，而且致力于促进民主宪政、文化复兴、道德重整、革命外交，事功德业，树立了国人一致仰望的风范。

敬公革命一生，实在和我们国民革命光荣奋斗的历程息息相关，密不可分；尤其是在东征、北伐、"剿匪"、抗战、"戡乱"时期，如棉湖之役，惠州之战，龙潭之胜，独山之克，没有一次不是激烈艰难的战斗，也没有一次不是敌众我寡、兵力悬殊的形势，但是敬公都能指挥若定，以寡击众，扭转战局，造成决定性的胜利。尤其是在本党"清党"的时候，敬公坚持反共，不稍妥协；而西安事变发生，敬公拥护领袖，号召忠义；日本侵华日急之际，敬公主持军务政务于华北，筹策肆应，完成抗日的战略政略部署；对日抗战期间，和胜利受降之后，出任参谋总长、国防部长和行政院长，整建军备，维持政务，可以说敬公都是受任于险恶之际，奉命于危难之间，坚持原则，砥柱中流。敬公的清怀亮节，真如岁寒不凋的松柏，愈受风霜，愈见刚毅，愈经冰雪，愈加劲挺。今天我们更明白的看到，敬公一生奋斗的精神和方向——对于革命主义的实践笃行，对于革命责任的全力贯彻，对于革命艰难的无畏无惧，不成不已；敬公的伟大志事和风范，实在使我们大家向慕景仰。今天我们以欢欣的心情，祝贺敬公嵩寿松柏长青，我们也以无比的信念，祝我们的"国家"民族生机蓬勃，中兴再盛。

　　作为寿星，何应钦随后致谢词。谢词中既突出了自己对蒋氏父子的无限忠诚，对上自"总统"下至士兵都有所照应，也恰如其分地陈述了自己的政见和情绪，又一次发挥了"武甘草"雅号所包含的调和百味的功能。他说：

　　……第一，应钦以为，"中华民国"建国大业的基础，确立于先"总统"蒋公的黄埔建军。从此国民革命不但有了真正的武力，而且在蒋公的英明领导之下，使这一武力与国民相结合，历经……各役，皆能克敌制胜，为历史写下一页页不朽的诗篇。因此，在国民革命光荣的过程中，一切成功，一切胜利，都应归之于先"总统"蒋公，任何后知后觉的革命同志，都难以望其涯际。

　　第二，应钦以为，我国军全体将士，在历次革命战役中，皆能秉承先"总统"蒋公的睿智领导，英勇战斗，克尽革命军人天职。东征时期的棉湖之战，教导团大破十倍于我的精悍之敌，巩固了革命的策源地。北伐时期的松口战役，东路军以寡击众，以迂回战击溃孙传芳的主力周荫人。龙潭战役，更在国家危难、中枢无主的险恶形势下，经七昼夜的浴血苦战，歼灭孙传芳渡江的七万之众，使我首都转危为安。汀泗桥、贺胜桥两大战役，由蒋公亲自指挥，大破吴佩孚的主力，使所谓十四省联军彻底溃败。"共匪"倡乱时期，盘踞湘、赣、鄂、皖各省，国军五次"围剿"，犁庭扫穴，经过两万五千多里的追击，终使"残匪"数千人逃窜延安，几乎全部就歼。抗战期间，上海会战，三个月的炽烈保卫战，三十万国军健儿的奋斗牺牲，完成了

我军战略部署，赢得了国际人士的一致崇敬。台儿庄、长沙、衡阳、随枣、

常德各次会战，都能以强烈的黄埔精神和战斗意志，击败装备优良的日军，获得辉煌的胜利。政府迁台时期，金门古宁头之役，粉碎了"共匪"渡海进犯的迷梦；尤其是"八二三"金门炮战，先"总统"蒋公亲临战地，蒋"总统"经国先生躬自督策，造成了革命战史上的重大战果，巩固了台、澎、金、马复兴基地。这些英勇的事迹，都是我全体三军将士抛头颅、洒热血共同创造的伟大成就。

第三，基于以上事实，应钦要特别说明，个人五十年来所担任的各项军职，都是蒙先"总统"蒋公特达之知之所赐；凡所作所为，都是秉承领袖的英明指示；在指挥各次攸关国家安危的重大战役中所获的战果，都是我三军将士牺牲奋斗得来。因此，一切荣誉，首应归之于统帅，次则应为全体三军将士所分享。今天，"总统"颁授的国光勋章，事实上应钦是代表我全体三军将士共同接受，而由三军将士分享这一份殊荣。

应钦今天已届九十，但时时谨记先"总统"蒋公在本党十届二中全会的训示，而永远保持奋发的精神与意志，以期无负领袖的期望。蒋公在那次全会中说："一个人的体气，不可能不随岁月而变易衰老，但一个人的精神识力，却当随着岁月而增长充沛，所以我年事虽高，却始终以行健自持，务令精神意志的光热不息，新学新知的源头活泼，而断不容其颓废滞钝……同志的年龄是自然增长的，但党的生命，却必须使之青春鼎盛……因此，特别要年长的同志，皆能以其经验智慧，对年轻同志加以启迪接引；尤其需要年轻的同志，以其活力潜能，扩大国民革命的成就，而日新其德，日进有功。应钦今天深感"总统"和各位的盛情，特别以先"总统"蒋公的训示自勉，更希望各位能与应钦共同勉励……

"中日文化经济协会"在寿典之后，集资台币25万元，将何应钦所珍藏的委任状、书信、照片、书画及90寿诞的图文编印成册，名之为《云龙契合集》，比喻他与蒋介石、蒋经国的关系如"祥云护龙"。何应钦为这本书画集所作的序言称："……于今九十年忽焉已至，时事尚艰，曷敢言寿？乃承中央集会致庆，复蒙蒋'总统'经国先生授勋，颁赐祝词，荣光稠叠，如沐春风。回忆曩值生日，屡奉先'总统'书赠题字，且有手函真迹指论国事，亦久所珍藏，此外尚有友好函札书画多件，兹谨裒为一集；以先'总统'手函给三原老人题跋，有'云龙契合'一语，爰取以名斯集。明明在上，济济云从，于以见与并世诸君子报国之踪也……"

序中所言之"三原老人"，即于右任。他为蒋介石促何应钦出掌行政院的亲笔函所题跋语为："敬之上将服膺主义，信仰领袖，当国家干城之寄，凡数十年来，未尝以私人得失为出处虑，拜命论道，义节弥彰。观此一函，益信云龙契合，事非偶然！"

《云龙契合集》问世后，何应钦便将它视为自己的"传记"了。这本书画集中所收藏的最早的委任状，是1917年2月黎元洪、段祺瑞委任他为贵州陆军暂编第四团团长时的，同年由贵州督军兼省长刘显世任命他为贵州陆军讲武学校校长的委任状，也收在其中。这些东西保存了半个多世纪，足见何应钦心性之精细。

蒋经国亲自为何应钦做寿，使他大受感动。他整理近年文稿时，以"蒋'总统'经国先生既膺重任，不遗葑菲，以钦顽躯尚健，每以力之可及之事，来相任使，钦虽云迈，又曷敢辞。于是遂多机缘，发为浅论，积时既久，乃复成帙。爰思以九十初度，印赠友好，借作纪念。稿既成，正思将何以名此集"，因得蒋经国所赠"松柏不凋于岁寒"寿轴，大喜过望，便以《岁寒松柏集》名之。

1984年4月，何应钦九十晋五，台湾当局专门成立了"何应钦上将九五寿诞丛书编辑委员会"，配合"国防部"史政编译局，编辑了资料性丛书11种共12册，由黎明文化事业有限公司出版，为其九五寿诞之厚礼。

如果说蒋介石时代所给予何应钦的最大荣誉，是主持中国战区受降大典，那么，蒋经国时代所给予他的最大荣宠便是九十和九五寿诞的祝贺。

难舍幻想　空唱统一

（一）

三民主义是伟大的革命先行者孙中山创立的政治思想学说。即使是在半殖民地半封建的中国，它的含义和实质也是随着孙中山革命实践的深入而逐步深化和发展的，最终成为中国资产阶级民主革命的政纲。何应钦1923年秋第一次晋见孙中山后，他的心里所崇奉的理想和主义与孙中山的三民主义尽管并不完全一致，但他却是明确要为三民主义奋斗的。初入黄埔军校的一段时间里，他也算得上身体力行实践孙中山"联俄、联共、扶助农工"的三民主义。

孙中山逝世之后，随着蒋介石的得势及其对中国统治的确立，国民党领导阶层仍然宣称继承总理遗志，完成孙中山的未竟事业，表面上继承、实践和发展三民主义，实则是在保持其基本形式及构架的幌子下，改变了它的基本精神和本质内容，尤其是1949年国民党退守台湾以后，这种情况更甚。

国民党统治时期，何应钦对国民党的三民主义不甚了了。到台湾以后，由于军事上无权，政治上失势，便有了较多的时间来研究三民主义。他经常在国民党中央评议委员会上评议党政、"国政"及民政，经常在各种重要纪念日和公众场合发表演说，因时就势地对台湾当局所信奉和实践的三民主义作一些理论解释和宣传，使他对三民主义有了较深的认识。尽管台湾当局所宣扬的三民主义具有指导思想、政治制度、政治思想这三种互相依存和相互联系的含义，但在何应钦的思想里、语言中、文字上，却成了一种超阶级的、永恒的、超越历史的东西。尽管他也把三民主义说成是"最高原则""指导思想"，但其最明白不过的含义，便是时时处处挂在嘴上、写在纸上的"反共抗俄"、"反攻复国"。

1957年10月10日，何应钦在台北出席台湾国民党七届八次中央委员会及中央评议委员会全体会议时，就提出了建设台湾为三民主义模范省的议案。按照何应钦所宣称的三民主义，名义上仍然是民族、民权、民生三个部分，但在他的议案中，认为只需做到以下四点，台湾便可成为"三民主义模范省"了。

第一，"加强社会中心教育"，"以求学校与社会融为一体，教育与生活打成一片，期使学生除求知学习外，同时需负起改革社会、道德、文化、经济之责任"。第二，"发展现代国民生活"。他主张"由政府指定银行贷款，兴建现代居民住宅，由都市逐渐向农村扩展，筹制适合国民需用现代交通工具，以改善国民生活"。第三，"促进国际观光事业"，这将对"国家收入、国际宣传与国民经济之发展，均有莫大之裨益"。为促进此项新兴事业，他主张要"加强主管督导机构，扩大民族文化建设，同时简化旅客检查手续"。第四，"扩大台北都市建设"。何应钦说："台北市现为'自由中国'临时'首都'所在，更为国际观瞻所系，实有扩建之必要，以能容纳150万人口为远景，将接近台北郊区之乡镇划入台北市建设范围，同时并应设法根本解决违章建筑。"

何应钦所说的上述四点，即使全部实现，也只能算作实践了孙中山三民主义中的民生主义的一部分。至于至关重要的三民主义所包含的政治内容，即争取中华民族的独立、自由、富强和给予人民享有民主、自由的权利等，则全然排除在外。由此可知，何应钦手绘的"三民主义模范省"的蓝图是何等的苍白和简单。

退守台湾以后，台湾当局确曾痛定思痛地进行了一定程度的反思，并总结了失败的教训。其中，何应钦认识尤深刻者，在于没有解决农民的土地问题，没有实行孙中山"耕者有其田"的主张。这一认识，萌生于1947年2月在联合国安理会军参团任中国代表团团长之时。

何应钦所产生的这种触及中国历朝历代治乱兴衰根源——农民问题的认识，终于在20世纪50年代初期，被台湾当局认为是一种"先见之明"。陈诚出任台湾省主席时就曾说过：共产党借土地改革，引起农民"叛乱"，致使大陆失色。国民党去台初期，土地问题十分尖锐，如不及时解决，将成为台湾社会不稳定的因素。为了缓和农民与地主、与台湾当局的矛盾，解决生存危机，国民党决定在台湾实行土地改革。这一政策的实行，何应钦既吹风于前，又积极支持于后。此后，何应钦便把他的这种解决农民土地问题、福利问题的主张，当作他实行三民主义的一项创意。

国民党去台后，利用日据时代的工业基础和从大陆撤退前夕偷运到台湾的大批黄金、白银和美元，又借助美国的援助，加以在经济社会的发展上采取了一系列较为明智的决策，使台湾的经济在20世纪70年代有了较大的发展。

从20世纪50年代到80年代，何应钦口中所表述的台湾当局对大陆的政治纲领和具体的政治口号，经历了一个从强硬、疯狂到较为冷静但仍顽固不化的过程。起初是叫嚷"反共抗俄"，50年代末和60年代初，则从"反攻大陆"改变为"反共复国"。但是，这些无法兑现的政治空头支票再也吸引不了台湾民众的时候，适值中国共产党十一届三中全会后，大陆调整对台政策，于是，便产生了台湾当局对大陆政策的调整，有了何应钦的"三民主义统一中国"。

中国共产党十一届三中全会以后，台湾回归、完成祖国和平统一大业再一次被提上了议事日程。中国大陆政治稳定、经济发展，对外开放日益扩大，中国共产党中央制定了和平统一祖国的新方针：一是采取和平方式实现祖国的完全统一；二是统一之后，台湾可以实行与大陆不同的政治制度。

1979年元旦，对于全世界都是一个难以忘怀和值得载入史册的日子。因为在1978年12月16日这天，中、美两国政府分别在北京和华盛顿同时发表联合公报，决定自1979年1月1日起建立外交关系。这给台湾国民党当局当头一棒。何应钦在1979年元旦这天团拜时不得不以《团结自强迎接国际逆流的挑战》为题，给情绪沮丧的与会者鼓气。他的这篇祝词，便是他日后发起"三民主义统一中国"的肇端。

<h2 style="text-align:center">（二）</h2>

1979年元旦，中华人民共和国全国人民代表大会常务委员会发表了《告台湾同胞书》，提出"实现中国的统一，是人心所向，大势所趋"；"时至今日，种种条件都对统一有利，可谓万事俱备，任何人都不应当拂逆民族的意志，违背历史的潮流"；"我们寄希望于1700万台湾人民，也寄希望于台湾当局。台湾当局一贯坚持一个中国的立场，反对'台湾独立'。这就是我们共同

的立场，合作的基础。我们一贯主张爱国一家。统一祖国，人人有责。希望台湾当局以民族利益为重，对实现祖国统一的事业作出宝贵的贡献"。

这份促进祖国和平统一的历史性文件还指出，我们"一定要考虑现实情况，完成祖国的统一大业，在解决统一问题时，尊重台湾的现状和台湾各界人士的意见，采取合情合理的政策和办法，不让台湾人民蒙受损失"。并建议国共两党进行商谈，结束海峡两岸的对峙状态，双方尽快实现通商、通航、通邮，以利两岸同胞的直接接触。当天，国防部长徐向前也宣布停止对大金门、小金门、大担、二担等岛屿的炮击。

来自祖国母亲的呼唤，激荡起台湾同胞思念祖国大陆的热潮，赢得了海内外炎黄子孙的响应，也冲击着台湾当局。

1979年1月30日，邓小平副总理在接见美国参众两院议员访华团时，首次公开提出了"一国两制"的构想。他说："我们不再用'解放台湾'这个提法了，只要台湾归回祖国，我们将尊重那里的现实和现行制度。"这一构想，使和平统一祖国的蓝图进一步具体化。

中华人民共和国全国人民代表大会常务委员会的《告台湾同胞书》发表后，台湾当局的反应是：坚决不与中国共产党进行任何形式的谈判。1月11日，台湾当局"行政院院长"孙运璇发表声明，称中国共产党是在玩弄"统战阴谋"，停止炮击和提倡"三通"是"迷惑世人"，"松弛台湾的战志"，是30年前国共和谈的"故伎重演"。

自中、美建交以后，美国和台湾当局都力求用"立法"关系来调整美台关系。1979年4月10日，经美国参众两院通过，卡特总统签署的美国《与台湾关系法》正式出台。美国以立法的方式，作出了保证台湾安全的承诺，制定了向台湾地区出售防御性武器的政策，规定了美台关系的"官方"性质。美国的这一做法，严重地干涉了中国内政，违反了中美建交原则。在这一背景之下，台湾当局也立即作出反应。在这年召开的国民党十一届四中全会上，何应钦听了蒋经国提出"三民主义统一中国"的口号后，欣喜万分，在中央评议委员会发言，赞同本次会议的中心议题为"加强三民主义策进光复大陆"。

1981年3月29日，国民党召开十二大，通过了《贯彻以三民主义"统一中国"案》。"三民主义统一中国"的口号正式明确为国民党的政治纲领。这在已经十分动荡的台湾岛上又激起了一阵阵冲击波，谈论统一的禁锢毕竟被国民党自己打破了。不少有识之士直截了当地要求台湾当局响应中华人民共和国全国人民代表大会的号召，与中国共产党进行谈判，并迅速实现台湾与大陆之间的通邮、通航和通商。

但台湾当局被"中华民国"的"法统"束缚死了，难以正视现实，顺应潮流。蒋经国在国民党十二大上宣称："本次大会的主题，在于肯定70年代乃是三民主义胜利的年代"，"因之大会的各个研究议题，都是环绕着以三民主义'统一中国'为中心"。宣称"三民主义统一中国"，是中国现代化和持久和平"唯一可行的道路"，并谓虽然谈论统一，但"反共复国的基本国策不改变"，"国体绝不改变"，"以三民主义'统一中国'的目标绝不改变"，与中国共产党"绝不谈判，绝不三通，不怕使用武力"，也"绝无利用苏联束制中国共产党的考虑"，同样反对任何"联匪制俄"的幻想。蒋经国所定的调子，犹如当年蒋介石所定的各种反共调子一样，何应钦是绝对不折不扣地执行的。

为了贯彻台湾国民党十二大的"三民主义'统一中国'案"，何应钦邀约了台北各界知名人物20余人，筹商召开一次研讨会。1981年11月21日，研讨会在圆山大饭店举行，参加者有200余人。何应钦作为这次"三民主义'统一中国'研讨会"的发起人和主持者，在会上致词。他首先对国民党的这一政治纲领作了大大超出其影响力所及范围的肯定："三民主义'统一中国'的号召，自提出以来，凡是有中国人的地方，都认为这是最符合中国人愿望的号召，在国际舆论上，也有不少的反映，认为这是一个合理的方向。不过，要完成这个任务，不只是某个地区、某一政党或某些方面的人士去推动，而是要所有中国人，共同来努力推动的工作。

当然，何应钦主持的"三民主义统一中国"研讨会的矛头，主要是针对中国共产党提出的台湾回归、祖国统一的国策，同时也想抑制七八十年代开始刮起的"台湾独立"和"两个中国"之风，把海外的"统一"论和岛上的"党外运动"统统归入国民党十二大的政治纲领的轨道。对此，何应钦也强调了"中国是必然要统一的，这是每一个中国人的愿望。今天全世界的人都了解，统一全中国可以保障世界和平"。但如何去实现统一呢？他又进入了台湾当局"法统"的怪圈，认为台湾的社会制度是"统一中国的蓝图"和"方向"，并自以为是地断言："三民主义统一全中国，已是人同此心、心同此理的救国途径。"他希望在此次的研讨会上，能找到"切实可行"的办法，以免海内外被中国共产党和平统一"混淆视听"，"扰乱我们的方向和信心"，防止台湾内部在如何统一的问题上出现"矛盾分歧"。

在这次研讨会上，何应钦还特意请来台湾的"大陆问题专家"张式琦、李廉，请他俩向与会者作了有关大陆形势及中国共产党统战策略的报告。这次会议的结果，是通过了何应钦等70人联名提出的成立"三民主义统一中国大同盟"的提案。

会议结束后，何应钦在人们的簇拥搀扶下，步出被誉为台湾"现代化的中国古典艺术厅"的圆山国际大饭店，他的心情好极了。正当何应钦精心描画有如暮色、灯光、星海在圆山下剑潭中形成的美轮美奂的"剑潭幻影"似的"统一"蓝图时，大陆对台湾的政策调整震动了世界。1982年2月，邓小平正式将解决台湾问题概括为"一国两制"，即"一个国家，两种制度"。这一构想在1985年的第六届全国人民代表大会上被明确为我国实现国家统一的坚定不移的国策。

（三）

"三民主义统一中国大同盟"是依照官方意志而采取"民办"方式成立的团体，台湾当局自然不遗余力地支持。至于发起者和参加者中，也不乏真正相信和真诚拥护的人，但众多的人士，却是由渴望祖国统一、民族振兴的真情所驱动，管他什么主义、什么方式，只要统一就行，因而支持何应钦成立"大同盟"。

经过一年多的酝酿，1982年8月28日，何应钦在台北的空军活动中心召开"三民主义统一中国大同盟"发起筹备会。到会者110人，推举何应钦、郭为藩、李廉、沈君山、倪抟九、周应龙等为代表，向台湾当局"内政部"申请成立。10月13日，台湾当局认为一切准备皆已就绪，便授意其"内政部"批准成立。

10月22日，在台湾最大、最宏伟的阳明山公园中山楼的"中华文化堂"内，举行了"三民主义统一中国大同盟"成立大会。何应钦以总主席的身份主持成立大会。他像当年主持各种阅兵式一样，精神抖擞，威仪堂堂，运足中气宣布："应钦现在郑重宣告，由'中华民国'各界人士发起，为'全国'同胞共同热烈响应的'三民主义统一中国大同盟'，今天在'中华民国中央政府'所在地台北市正式成立。"台下台上一片掌声，何应钦陶醉了。毕竟是93岁高龄的老人了，他戴着使中国变成以台湾为中心的、早已被时代否定了的"法统"的变色眼镜，忘记了台湾只是中国的一个部分，追随他的"台湾人士"根本无权代表中国人民这一常识。何应钦神气十足地站在讲台上，不时挥动手臂，仿佛令他心酸黯然的反共夙愿，随着这个惊世骇俗的"大同盟"的成立，就立即可以实现似的。会上通过了纲领、盟章，声称要把台湾当局建成"独立、民主、平等、自由、均富、进步、开放、和平"的"中国"，并提出了"统一中国"的六点主张等。

当然，这个大同盟的成立，何应钦也并非没有收获。他被推举为常务委员会的主任委员，领导着31个常委及计划、研究、联络三个工作委员会。这也是慰藉孤独老人的权力荣誉，比起"总统府战略顾问委员会"这座冷冷清清的衙门，更受当局重视，也为社会舆论所关注。这一天的台北各大报，"何应钦"三字所出现的频率，远比台湾当局"总统""行政院院长""副总统"这些人高得多。这个大同盟，也比昔日的"世界道德重整运动"好得多，毕竟有了一座设在台北市的会所；不似前者，吵嚷了若干年，竟连在台湾建立一个中心的

519

经费也没有。

（四）

何应钦有着一种执着得几乎让人无可奈何的禀性。他办事认真勤谨，只要是他崇奉的人需要他干的事，就是碰了南墙也不回头。这次，他真是拼了老命，决心利用这个大同盟推动一次反对台湾回归祖国、实现祖国和平统一的"波澜壮阔的历史性运动"。但没有轰轰烈烈的场面，死水微澜何以能"壮阔"得起来？何应钦又想出了一个由官方暗中主持推进，由他亲自出面组织的运动民众的活动。

11月12日凌晨，在台北南区仁爱路、光复南路和基隆路三街交接处的大型花园广场——中山公园"台北中山纪念馆"前的广场上，何应钦的"三民主义统一中国大同盟"发起了一个万余人参加的升旗典礼。台湾当局"行政院"院长孙运璇夫妇及台湾各机关首脑、各界名流都应邀前往助兴。何应钦像当年主持各种阅兵式那样，热情亢奋地主持了这场历时25分钟的升旗仪式。"台北中山纪念馆"前的喷泉周围和四方各长百米的台阶上，都站满了黑压压的人群。上午六时整，何应钦等屏息注目，在台湾当局"国歌"的旋律中，一面特制的"青天白日"旗升上杆顶。随后，为了表示虔诚和祈祝，何应钦率领与会的各方要人，缓步迈上"台北中山纪念馆"的层层台阶，步入长方形的纪念厅，集体向高达5.8米的孙中山坐姿铜像鞠躬致敬，以示他们是孙中山三民主义的忠实信徒。

何应钦确是抱定了"三民主义统一中国"的决心。他在一次会见访台的日本前众议院议长滩尾弘吉时发表了高见："世界人口中国占有12亿之多，这些中国人信仰三民主义或偏向共产主义，是左右世界和平与混乱之关键，我就是以三民主义统一中国为终生使命。"

1983年2月26日，由台湾当局"中华伦理教育学会"在台北体育馆举行一年一度的春季"全国联合祭祖大典"，鉴于何应钦在"复兴"中华文化上的努力和"三民主义统一中国"运动中的知名度，便请他担任总主祭。参加祭祖大典的为全台汉族各姓氏的代表及其他各族如满、蒙、藏、苗、瑶等族代表共五万人。正如《台湾风物志》中所说的那样："近年创始的'全国各族联合祭祖大典'等旧俗新风，也都表达了台湾同胞对我唐山的眷念之情 。"表明台湾同胞思乡回归心潮的涌动。但何应钦不能透视这类事物的本质，而是循着反共的惯性思维，设想着要在风光秀丽的阳明山筹建"中华民族大宗祠"，作为今后全台春秋祭祖盛典的固定场所。也许，何应钦在祭祖时所想的，便是那在祖国大陆可想而不可见的祖宗坟茔和亲人，并不全是支撑大同盟的烦琐事务。

自"三民主义统一中国大同盟"成立成来，何应钦为了扩大"大同盟"的影响，在1981年拟定了一个庞大的向大陆空飘反共宣传品的方案。他计划邀请学者、专家参与设计、撰写及编印《三民主义在台湾》的小册子100万册，由有关单位用飞机、气球等从1982年3月29日台湾的青年节这天起，分批向大陆空飘投放，企图以此蛊惑大陆的军心、民心。

这一计划乍看起来是一种便捷可行的宣传方式，但台湾当局却认为耗费人力、物力甚大，空飘又难以准确到达目的地，其效果未必如愿。有人甚至讥笑何应钦这种对三民主义的痴迷，是以己度人的臆想，且100万册对于广袤的大陆，犹如飘洒几片雪花，能起什么作用？因而这一空飘计划夭折了，不过何应钦对"三民主义统一中国"的一往情深，台湾当局是给予嘉勉的。

何应钦领导大同盟，"辛勤擘画，孜孜不倦……更复不惮繁剧，主持会议，发表演说及广播"。在他和他的追随者的鼓动之下，据该同盟的副秘书长倪抟九的统计，从1982年10月至1984年9月，除台湾之外，这个大同盟在海外的分支组织已达71个，另有四个洲的华侨社团已成立洲际性的组织，甚至"大陆地区也成立大同盟组织500余处"，不仅对社会主义的中国已"形成巨大震撼，且赢得国际间普遍重视"。轻信者自然对大同盟的前途充满希望；神经脆弱者，大约会对大陆成立500余处大同盟组织而惊讶失魄。

何应钦的大同盟在台湾岛上确曾掀起一阵阵热潮，奔走呼号者也不乏其人，要论"实绩"，是"不受时间、空间限制的，就是广播心战"。在何应钦的倡导下，台湾当局的"中央广播电台"，为了对大陆进行"广播心战"，"设备更新、电力加大……透过27个中波、短波的频率，作持续而密集的广播"。为配合大同盟的工作，台湾当局指示，将以"三民主义统一中国运动"为中心，制作特别节目，在各种节日及平时，向大陆广播。何应钦滴水不漏地记下他们开展"广播心战"的实绩，共播出稿件5401篇，计4748200字，播出总时数43570分钟。在开展"广播心战"中，何应钦身先士卒，以身作则。在1983年春节期间，他亲自前往台湾"中央电台"，向大陆发表广播讲话。

但是，好景毕竟不长，坚持"三不主义"和反对"三通"对台湾是极为不利的，能够正视现实并讲求实际的蒋经国首先松动了自己对大陆的防线。在何应钦逝世前，台湾当局被迫调整大陆政策。1987年7月14日，身患糖尿病而只能以轮椅代步的蒋经国宣布自15日零时起，解除自1949年5月19日由台湾省政府主席兼警备总司令陈诚署名颁布的"戒严令"。紧接着，又酝酿开放对大陆探亲，全面开放学术机构、进口大陆出版物，并将准许出版业有选择地翻印；明里仍禁止"三通"，而暗中的"三通"已是尽人皆知的事实了。台湾的"立法委员"中甚至有人公开要求当局宣布积极主动的"统一政策"，以取代消极被动的"三不政策"。在海内外所掀起的不可遏止的和平统一祖国的大潮冲击下，台湾当局开始了"两岸对峙30余年后突破性的转变"。何应钦已经在病榻上奄奄一息，他想阻挡这一转变，已无能为力；而要回心转意，推动这一转变，老天也不再假以时日了。

何应钦至死都坚持一厢情愿的、极不现实的"三民主义统一中国"，但在祖国统一的问题上，他始终是主张必须统一的，"中国必须统一""只有一个中国"，这是国共两党应该而且能够谈论统一的共同基础。他的"三民主义统一中国大同盟"的出现和一系列活动，尽管严重地阻碍两岸关系的改善，但对于遏制和反对台湾岛上和海外的"台独"、"两个中国"或"一中一台"的分裂祖国的政治暗潮，客观上又有一定作用。

推动岛内建设　寻求海外发展

（一）

素称宝岛的台湾，有优越的自然环境，为经济的发展提供了基础，也为人们的生产生活提供了良好的生态环境。

日本统治台湾的50年间，为掠夺岛上的资源和劳动力，在工农业上投入了较多资金和技术，交通、码头、电力、冶炼、造船、金属、机械、纺织、造纸等基本工业虽在战时有所破坏，但日本投降后，国民政府仍从日本人手中接收了775家具有一定规模的企业，为台湾经济的恢复和发展打下了基础。

国民党退守台湾时，从大陆正常或非正常移入台湾的大量资金、技术设备和人才，更为台湾经济的恢复和发展提供了必备的物质条件，也是何应钦相信台湾可以成为"反攻基地"的前提之一。

台湾在美国的全球战略体系中，是远东一艘"不沉的航空母舰"。从1951—1965年，美国给予台湾的军援、经援共45亿美元，其中经济援助约13.72亿美元，主要用于电力、运输、通讯等基本建设。美援占台湾全省每年投资的30%—50%左右。在相对稳定的战后国际环境中，美国的这种"输血"，使台湾经济的发展加快了一二十年。这也成了何应钦宣称可以"反攻大陆"的凭恃之一。

台湾当局为了解决生存与发展的危机，一到台湾便开始经济的恢复和调整，采取了一系列有利于经济恢复、发展的措施。如依农、轻、重为序的基本策略；进行土地改革，促进了农业生产的稳定发展；进行币制改革，抑制通货膨胀；采取高利率政策，减少货币的扩张对物价的影响；精简行政机构和人员，平衡财政收支；发展替代进口工业，工业消费品的自给能力大大增强，经济发展水平提高，劳动密集型的轻工业基础得以建立。经济发展速度确实较快，这便是何应钦叫嚷要把台湾的生活方式"搬到大陆去"的"理由"所在。

由于上述条件和措施，在20世纪60年代，台湾的经济出现了"黄金时代"。随着台湾经济的"起飞"，也暴露出其潜在、既在问题，如受制于或依附于国际市场；基础建设设施仍然落后；技术劳力缺乏、竞争能力差等，从而导致了70年代国际石油危机所引发的全面经济衰退。为了稳定和发展台湾经济，当局于1973年宣布进行"十项建设"。

"十项建设"的具体内容是：建立核能发电厂，兴建南北高速公路，建设北回铁路，西线铁路电气化，兴建台中港，兴建苏澳港，建设桃园国际机场，兴建高雄钢厂，兴建高雄造船厂，兴建林园第三套轻油裂解工厂。这"十项建设"从1974年1月开始实施，到1979年完成，总投资达52.32亿美元。在此期间，何应钦从台湾的"总体战略"考虑，对"十项建设"十分关注，多次视察，建议或陪同访台的外国人士前往参观。

"十项建设"的完成，对缓和台湾经济衰退，减少失业率，促进经济的复苏产生了一定的促进作用，为台湾的"工业升级"奠定了基础。

在"十项建设"即将完成的时候，1978年11月27日—12月6日，"行政院院长"孙运璇邀请台湾的"国军"一级上将组成"十项建设"参观团，由何应钦任团长，团员有顾祝同、高魁元、黄杰、王叔铭、彭孟缉、黎玉玺、赖名汤、刘安琪、刘玉章等九人，再次进行考察参观。

参观考察结束之后，何应钦汇集了各人的心得和建议，写成《参观"国家"十项建设成果建议书》，于12月11日呈交给蒋经国、孙运璇。

在这份建议书中，何应钦等人提出了12条建议，中心是维护或扩大现有设施及项目的利用率和成效，拓宽建设领域，以利经济进一步发展和对外交往及战时需要。

在参观南北高速公路时，何应钦等人认为它是台湾的观瞻所系，对沿途的自然景观遭到破坏十分可惜，又见沿途已竖起许多杂乱的广告牌，既有碍车辆行驶，又破坏了景观。尤其是听管理部门介绍，1978年1—9月，在这条高速公路上汽车抛锚者多达11000辆次，甚觉问题严重。于是建议："高速公路沿线应合理限制广告牌设置，以维护自然景观，确保行车安全；并应加强行车管理，禁止排气量不足、旧胎翻新的车辆，以及逾龄旧车、拼装汽车进入高速公路，以避免车辆抛锚及连环车祸的发生。"

对于桃园国际机场，何应钦等认为，应"配合桃园国际机场的营运量，亟应加辟国际航线，辅导民营事业充实其设备，汰换逾龄客机，以促进航空运输的整体发展，并充实航空工业的技术与设备，以强化高性能航空器的检修与维护功能"。

至于"台中港应从速开辟中日、中美定期航线，扩大港埠利用并促进其加速发展"。对于苏澳港，他们考察时深感"兰阳隧道宽度不足"，车辆双向行驶困难，"应于第三期工程中加辟第二隧道"；并策划在兰阳平原建立重工业及加工出口区，使此一港口的营运目标更为远大。

在西线电气化铁路的参观中，何应钦等乘坐在专列中，感到速度风驰电掣一般，车窗外的风景飞速晃过，确令老年人心悸神慌，为行车的安全担心。因而在他们的建议中强调要适当调节速度，以确保行车安全。北回铁路施工地段地质条件较差，路基的铺设较为困难，施工进度各段进展不一。他们希望尽快解决收尾工作中地质条件造成的困难，以保证如期全线通车。

在高雄钢厂参观时，何应钦等感觉到，应以该厂为龙头，带动一批民营企业从事加工工业，配合现代化钢厂的改革发展，发挥设备技术资源的整体功能。在参观台湾最大的高雄造船厂时，何应钦强调应贯彻台湾有关当局倡导的"国轮国造"的政策，加快大型客货轮的制造速度，使台湾的造船业有较快发展。

在参观林园第三套轻油裂解工厂后，何应钦等建议还应加速陆上及海上石油的勘探，并增加原油进口，在增加能源储备的同时，保证石化工业原料的供应充足。

面对全球性的能源紧缺，何应钦等建议应重新选址，增建核能发电厂。此外，建议书中还提出在西海岸增辟渔港三五处，形成环岛的渔港体系，一旦发生战争，稍加改造，西海岸的渔港即可作为军港使用；同时，在规划新建港口时，应注意公路交通及环境配套设施的整体规划，按照现代化城市的规格设计港埠城市建设，使之同时具备旅游观光的价值。

收到何应钦等10位上将的建议书后，蒋经国十分重视，并责成有关部门认真研究，予以采纳。他们的上述建议，有的已在台湾当局的考虑之中，有的对台湾继续实施"十二项建设"计划不无积极的作用。

"十二项建设"于1978年开始实施，到1984年完成，历时近六年，总投资78.54亿美元。其中四项是何应钦等人的建议书所涉及的"十项建议"的继续。其余八项是：新建东西横穿公路三条；延长南北高速公路；改善高雄、屏东地区交通条件；改善重要农田排水系统；修建台湾西岸海堤工程及全岛重要河川工程；设置农业机械化基金；开发新市镇及建立民居住宅；建立各县文化中心。其中有的项目，何应钦也曾在国民党中央评议委员会或其他单项建议中有所涉及。

（二）

何应钦名为一级上将战略顾问，他花在军事战略研究方面的精力，远不如花在"道德战""心理战"上的多；他用在台湾经济社会建设上的心思，也比用在军事上的多。他的确是一个闲不住的忙人，即使不在其位，也希望对其政有所谋。这并非是徒争虚名，实在是出于他干什么都希望有所作为，同时，也出于对蒋氏父子两代统治者的忠诚。当然，又可借劳动筋骨而转移失去权势和晚年失伴后的空虚。

晚年的何应钦，除去当局加封给他的"公职"之外，其社会兼职和荣誉头衔之多，恐怕在台湾也是数一数二的吧。他是台湾"中国童子军总会"的副会长兼总司令、"道德重整"联谊会的会长、"三民主义统一中国大同盟"的主任理事、"中日文化经济协会"会长、"中国红十字总会"会长、"中华民国联合国同志会"会长、台湾观光协会名誉会长、贵州同乡会荣誉理事长以及各种名目繁多的基金会、董事会、社团的负责人和大学的名誉博士等，还曾充当过"总统"特使、"陪同团团长"等角色。昔日军中的"武甘草"，似乎变成社会上的"文甘草"。什么人的婚礼，什么事情的剪彩，什么样的纪念活动，只要请到他参加，无不增添光彩。就连台湾的"党国"要人去世，只要何应钦参加覆盖党旗、"国旗"，死者的哀荣也添三分。

何应钦在履行"公务"和兼任社会职务中，大体公私一视同仁，所有他经办的事，都能倾注心力，善始善终。从事这些工作时，他有一个最大的特点，那就是无不与反共政治联系在一起。如他在参观考察台湾"十项建设"时，顺便参观了台湾国民党军的中正预备学校，发现该校的教育纲领中的"思想教育"部分，竟然未将"三民主义教育"与"反共思想教育"作必要的安排。事后他上书蒋经国，建议应在中正预备学校的"思想教育"中增设"三民主义教育"与"反共思想教育"两大主题，以加强军官后备队伍的思想训练。有鉴于中正预备学校实行封闭式的教育管理，社会上的一般人对之不甚了解，故青年学生报考该校者不多。他又建议，最好能定期开放中正预备学校，让军、公、教人员参观，提高其知名度，吸引他们鼓励子女报考该校。

1970年10月25日—12月6日，何应钦肩负着台湾当局赋予的特殊使命，前往尚与台湾当局保持着"外交"关系的南非共和国访问考察。在约翰内斯堡和开普敦访问期间，何应钦发现台湾当局驻南非的"大使馆"和"总领事馆"都人少事繁，尽管工作人员夙夜辛劳，工作实难以开展。他还发现由于南非实行种族隔离政策，西方国家对它也采取孤立政策。正是在这种被国际社会孤立的情势下，迫使南非发展与台湾的关系；但南非又害怕与台湾当局仍保持"外交"关系，会导致国际社会更强烈的反对。鉴于这种极其微妙的处境，何应钦返台后向当局汇报，建议对南非"应加强实际之工作，勿作过度之宣传，对于外电臆测有关'两国'各种关系进展之报道，应予更正者，必须及时说明或纠正"。他认为南非地处要冲，控扼南洋，战略地位极为重要，应防止共产党势力渗透。

在南非访问考察中，据台湾驻该国人员所提供的情况，何应钦对该国的经济状况有如下判断：南非的资源丰富，除石油外，均能自给，但其经济结构不健全，重工业亟待发展；出口的商品多为资源型产品，由外国加工后，再反输入该国以赚取高额利润。他建议台湾当局，应借助与南非多项互惠协定生效伊始的机会，积极加强与该国的经济技术合作，增加台湾对南非的出口贸易。何应钦还建议台湾应争取在南非的华侨及其后裔，培养其亲台意识。他认为其人数虽少，但不可忽视。在南非的华侨及其后裔，许多人只会讲英语和当地语言，对"国语"已渐废弃。此种语言障碍极不利于台湾对南非政策的推进。他建议：应择优派遣文化、体育、戏剧团体赴南非华侨居住地进行访问，激发他们对台湾的向往，并帮助当地华侨教育的复兴。何应钦还发现南非人酷爱橄榄球运动，一般华侨青年对此项运动的热情也极高。他认为台湾也应尽快发展橄榄球运动，然后组队到南非进行访问比赛，以增进台湾与南非的关系。

何应钦的南非之行，最得意之处是获得南非总统接见半小时。然而，最使他败兴和感到脸上无光者，是一些台湾游客到南非后，对当地的自然景观和人文景观均不感兴趣，只热衷于抢购物品，似给当地人产生台湾生活困难、物资匮乏的不良印象。而南非为与台湾当局建交，曾派一摄制组赴台拍摄一部反映台湾情况的纪录片，由于台湾有关当局的指导不力，致使该片极为零乱，给观众印象不佳；更使何应钦看后啼笑皆非者，影片中将台湾一些重要官员的名字都弄错了。因此，他建议当局今后应注重台湾形象的塑造和宣传。

1979年，已经90岁高龄的何应钦，获准赴瑞士柯峰，出席该年度的"世界道德重整"大会。他是怀着"最后的晚餐"那样的心情，前去与"MRA"的新老朋友告别的。临行之前，蒋经国特别接见了何应钦，让他权作"总统"的"宣恩使"，替台湾当局去巡视"驻外"人员，会见所到地华侨社团领导人及各国有关人士，争取外界对台湾的支持与理解。

在出席会议前后，何应钦访问了雅典、西柏林、汉堡、维也纳、巴黎、伦敦及哥本哈根等这些他曾经到过的地方。然而，今非昔比，由于中华人民共和国国际地位的提高，何应钦所代表的"中华民国"已普遍被国际社会否定，台湾在世界绝大多数国家和地区人们的心目中，只是中国的一个政治经济制度不同的组成部分。所以何应钦访问这些城市时，都只能与非官方的人士接洽，会见的也只能是一些民间组织，但他每次会见华侨时，都没有忘记代表"总统"蒋经国向他们进行"宣慰"。

（三）

1979年12月3日，在国民党中央评议委员会上，何应钦提出了《加速培养本党革命干部以应"国家"中兴大业需要案》。这项提案，缘于蒋经国在11月24日国民党建党85周年发表的讲话。蒋经国认为"一时的灾难是中兴事业一大考验"，要"中兴"需有"中兴的人才"，而"中兴人才"必须具备"中兴的气质与中兴的才识"。鉴于台湾岛上谈论"统一"之风渐起，蒋经国警告道："不要迷失自己的良知理性"，不要迷失对"党国"的"责任感"。这对反共之志老而弥坚的何应钦不啻是一种启示。因此，他在提案中建议：要健全国民党干部的培养制度；要更好地策定国民党的干部政策；要拟订培养国民党干部的计划；要改进国民党的用人制度及计划。使国民党的党员具备"才德、器识及牺牲精神"，使国民党的干部"适才适所"，"在反共复国的总目标下，发挥其才德器识"，以完成台湾的"中兴"大业。

1981年6、7月间，何应钦为扩展台湾民间在美国的关系，不顾年迈，到美国作了40天的旅行访问，此次访美的目的，除了旅游消闲外，是为了了解美国的潜力，借以判断它的前途，以期在中美关系正常化以后，寻求一种特殊方式，保持和发展台、美之间政治、经济、文化关系。

何应钦在公开或正规场合，无论衣着仪表、言谈举止，都严肃认真，一丝不苟，在生活中却平易近人，常常不经意地抖出些小幽默，表现他的人生历练与常人难有的风趣。访美期间，适值当年随他在联合国军事参谋团工作的上尉参谋温哈熊在美国的一个台湾机构供职，温便奉命全程陪同。在纽约访问时，何应钦想看由伊丽莎白·泰勒主演的话剧《小狐狸》。开演前，有两位女士坐在前座，其中一位转头向后，看着何应钦说："你一定是一位大官。"何反问道："你何以知道我是一位大官？"那女士说："我看你的仪态就是大官的样子。"何不置可否表示谢意。女士又问："请问你今年高寿？"何答道："39岁！"女士吃了一惊说："你一定是骗我！"何说："我实际是93岁。"女士说："你虽然不像39岁，但可真不像93岁。"引得近座者哈哈大笑。

何应钦访美归来后，对美国的现状有了进一步的认识，也希望台湾同仁对美国与台湾的关系作出新的估价。他在美国十几个重要城市参观访问后得出以下三点结论，供台湾决策者参考：

首先，从观念上来看，美国是一个国家安全至上的国家，它目前的国防潜力仍然领先于苏联。美国总统里根对共产党势力采取的强硬态度，使美国重新赢得了西方国家的信赖。

其次，美国立国时间虽短，却有特殊的历史文化凝结力量，当局又特别重视民族文化的保护与宣传，虽然时势更易，社会结构变迁，各种思想激荡，但美国的民族传统精神和价值观念仍然是传统的，有深厚的国家精神的潜力，值得台湾效法。

最后，美国是一个资本主义国家，但对社会福利的推进却不遗余力，以此缓和社会矛盾，但由于用在国防安全上的经费太过庞大，经济复兴受到影响。美国许多失业者靠政府失业救济生活而日趋怠惰，此种社会福利流弊亦多。他认为台湾"似不宜贸然执行大规模的社会安全制度，必须以民生主义渐进的均富措施，来建立适合我国财力的社会救助制度"。

何应钦此次访美颇受蒋经国重视，请他在国民党中央联合纪念周上发表访美观感。何应钦介绍了美国的现实的一般情况后，向与会者建议：

（1）美国的国防科技潜力至为深厚，应善为运用，以之压制苏联，进而扭转美国"联中国共产党以制苏俄"的态势，重振反共阵营。

（2）要学习美国注重民族力量的发展，以防止共产思想的渗透。

（3）美国经济财政上的潜力亦十分深厚，里根的经济政策调整一旦成功，便可节省更多经费投入军事需求。

（4）台湾应设法吸引在美华裔高科技专家回台效力，以加速提高台湾"国防"战备武器的自制能力。

（5）台湾应积极发展旅游观光事业，仿效美国利用历史文化人文景观之长，充分发挥台湾自然景观的优势和文化色彩，吸引更多游客。

晚年的何应钦，孜孜以求的，仍是"反攻复国"，为此，他主张先得保住台湾偏安一隅的格局，纵然"反攻复国"无望，也可稳定人心，安定社会。

（四）

早在20世纪50年代，何应钦就产生了利用台湾雄奇秀丽的风光、原始古朴的土著民风和祖国大陆一脉相承的中华文化和历史瑰宝吸引外国观光客，既增加经济收入，又可收到一般宣传难以达到的使人们了解台湾的直观效果。但当时，旅游业作为现代社会强大的新兴产业的意识尚未引起国际间的广泛重视，何应钦的倡导没有产生多大的反响。

1956年，随着赴台观光者日益增多，有关部门策划成立台湾观光协会，以开拓这一新兴产业，何应钦被聘请担任名誉会长。在该会成立大会上，何应钦发表了对发展旅游观光事业重要性的见解。他认为观光事业不仅对经济发展和财政收入影响重大，而且和建设台湾"反共基地"，吸引海外侨胞，树立台湾在"国际"社会的形象都有重要关系。台湾观光协会应促进官方与民间合作，在旅游业上起桥梁和纽带的作用。由于何应钦的努力奔走，发展观光旅游被列入台湾省政府的施政方针。

台湾观光协会成立以后，当局在它的影响和推动下，在风景区道路的整建、旅馆的整顿及出入境手续的简化等方面做了一些工作，但远远不够。20世纪50年代末期，台湾又面临美援逐年减少的严峻形势，要增加外汇收入，除了增加生产以扩大对外贸易之外，大力发展旅游业势在必行。而且，美国政府在减少受援国家或地区美援的同时，也鼓励美国公民前往受援国家或地区去旅游，消费美元以代替政府的经济援助。何应钦认为争取美国人来台旅游，是弥补美援减少的一大良策。在他的策动下，台湾观光协会加入了菲律宾、日本、越南南方和中国香港联合举办的1961年"远东观光年"。

何应钦在《发展台湾观光事业》的文章中，表现了对自己所从事的事业鼓与呼的胆识。他说："今天我们要谈观光事业，要赶上世界的新趋向，必须抛弃故步自封、各自为政的旧观念。目前我们的入出境手续、海关检查、山地入山管制等措施，在政策的制定或执行上是否需要及时修改和不断改进？这些问题都要加以检讨；同时政府对于观光事业，最低限度每年应在预算中计列相当数目的经费，并从事长时期持续的投资。此外，所有观光事业发达的国家和地区都是由政府率先倡导并投下巨额资本，整建风景区及道路，向民间长期低息贷款，兴建观光旅馆，并从事国际宣传，进而保障民间的合法利润，然后才能激起民间投资观光事业的兴趣，朝野合作，相辅相成，以达成他们今天的局面。这些都是值得我们效法的地方。"他在文中还告诫政府和社会，对观光事业的合法利润应给予保障，不要"眼红"。

何应钦对观光事业的许多见解和建议，都来自他出外旅游观光的切身感受和启示。何应钦曾到美国第五十州的夏威夷岛访问，发现了一件稀奇古怪的事情：当朋友陪他去参观海滨浴场观看土风舞时，那里只是一片广场，

何应钦携夫人出访日本时与迎宾者合影。

二三十个美丽的少女在那里身着民族盛装，轮番表演热情洋溢的呼拉舞。四周围着无数的观众，有的在尽情欣赏，有的鼓掌欢呼，有的拿着照相机争抢镜头。何应钦看得入了迷，情不自禁地跟着那些舞蹈的少女扭动腰板，晃动脑壳，而他的随员们都争先恐后地想把这些精彩的场景摄入镜头。这种土风舞的表演，既不出售门票，也没什么遮拦，无论什么人都可以自由参观。何应钦心中十分纳闷，这群少女整天这么蹦跳，她们靠什么来维持生活呢？询问陪同的友人，才知道这是美国柯达公司的活动广告。她们是由柯达公司雇佣的，专供游客免费欣赏，游客们为了拍下舞蹈的场面或与这些少女合影留念，他们在那里所消耗的胶卷，就柯达公司的收益来说，支付了她们的工资后还绰绰有余。由于有类似的观光项目的开展，夏威夷的知名度也随之提高，旅游者络绎不绝，1955年接待游客近11万人次，旅游收入达5500万美元。这一收入在夏威夷的外汇收入中位居第三，仅次于糖与凤梨出口的收入。何应钦认为台湾也可以开展土风舞之类的观光项目。

何应钦访问日本期间，了解到日本自1956年通过《发展观光事业五年计划》以来，旅游业逐年发展，到1961年，日本共接待外国游客达30多万人次，外汇收入可达到1.2亿美元。而日本为了执行这一五年计划，所投入的资金达292亿日元，其中由政府拨款242.6亿日元，各有关部门拨款15.8亿日元，其余由民间筹措。他认为台湾也应采取此种办法，多渠道、有计划地投入资金，开辟旅游资源。

为了创建一个具有台湾风格和中华文化传统的大型旅游胜地，1969年2月，何应钦在国民党中央评议委会员上提出议案：辟建五指山为"国家公园"。

这一议案不是何应钦想当然地提出来的，而是他吸收了国外的经验，对五指山的旅游资源及条件进行综合考察之后才提出来的。1968年夏天，已经年近八旬的何应钦，几次随同有关部门的负责人、规划设计人员亲赴五指山下的汐止镇、碧山岩及五指山作实地勘察，认为五指山具有作为"国家公园"的有利条件。

何应钦的这一议案获国民党中常会通过后，函请"行政院"秘书长蒋彦士研究办理。经蒋彦士与台北区区域委员会主任董文琦会商，同意五指山附近适于辟建公园，该会的区域规划业已采纳。但何应钦提案中的公园地与该会规划的阳明山"国家公园"地域毗连，故一并予以考虑。批复虽肯定了方案的可行，但行动迟迟复迟迟，不见五指山区大兴土木，就是近在台北咫尺的阳明山也未按计划积极辟建。

1981年，何应钦又在国民党中央评议委员会上提出《请辟阳明山"国家"公园案》。他援引当局颁布的"国家公园法"，认为辟建阳明山"国家公园"，其总面积为一万公顷，已涵盖五指山"国家公园"，故放弃原提案，而建议以阳明山公园为中心，连接附近山岳扩建为"阳明山国家公园"。

1981年11月30日，台湾观光协会成立25周年，台湾的旅游业也有了长足的发展，何应钦的许多建议和为促进旅游业发展所做的工作在其中起了积极的作用。经何应钦统计，1956年，到台湾旅游的人仅1.4万多人，而到1981年，已达140多万人，增加100倍。1956年，旅游业创汇93万多美元，到1981年已超过10亿美元，增加1070多倍。

晚年的何应钦寄情于山水林木，以老年人特有的精细及童心，对台湾旅游业发展的诸多构想和建议，确实不乏合理的远见卓识。旅游业作为一项潜力雄厚的新兴产业在台湾迅速发展，与何应钦从20世纪50年代中期起就大力提倡是有关系的。

针砭时弊　倡导文明

（一）

随着迟暮之年的到来和对官场角逐的厌倦，何应钦与亲朋好友聚会时，谈话的主题就有所转移，对"国事"讳莫如深，对家事私事则细致入微。

一次，老友相聚，都是含饴弄孙、安享晚年的人，操心儿孙们的事比操心自己的事更甚。谈及孙子们上学读书的事，每个人都感慨良多。去台之初，何应钦唯一的养女考入台湾大学政治系，侄儿、侄女们也凭志愿进入自己想进的大学，他们似乎没花费多少心思。可随着台湾教育的发展、人口的增长，要投考台大之类的名牌学校，其竞争之激烈，远非一般人能想象。而有地位或有远见的人家的子女，学文的多以考入台大为荣，学理工的，则以考入成功大学为荣。这种以升名牌大学为目的的教育，使许多天真烂漫的小孩也背上沉重的升学包袱。有位朋友向何应钦诉说，他的孙子才读五年级，同班同学中因学业过重，教科书上的字太小，尤其是注音符号非得凑近才能看清，成为近视眼的就有20多人。而另一个朋友的孙子读六年级，为了升入重点中学，每天都要攻读到夜里12点钟以后，而早晨五六点钟就得起床，弄得父母也陪伴他迟睡早起。这样的事儿听得多了，看得多了，促使何应钦呼吁台湾当局和社会各界，关注教育的改进。

早在20世纪60年代，何应钦就对台湾教育状况表现了急切的忧思。他认为台湾的中小学教育问题，已"为今日社会人人所诟病，而又与我们人人休戚相关"。尽管台湾当局一直在加强对各级学校教育的控制，也进行了不少的改革，但左右着学校、家长和学生的"升学主义"带来的另一弊端是"恶性补习"。台湾当局虽已明令禁止"恶性补习"，但学生想补，学校要补，家长愿补，无法禁止。"家长们既然希望子弟个个能升学，学校也希望提高升学比率，于是只有不顾一切，采取恶性补习的方法，拼命加重学生的负担，弄得小学生视读书为苦事，中学生往往深夜钻研，这样睡眠不足，妨害学生身体健康，后果的严重，真是不堪设想！"如此一来，资质好而以拼命苦读侥幸考取好学校的学生，不是弄得弯腰驼背，就是健康不良；而差一些的学生，考进了差的学校者，视读书为畏途；考不取学校者，流落社会，渐渐步入歧途，终于沦为不良少年，"这是眼前我们中小学教育最严重的问题"。

"升学主义"长期横流，是台湾社会传统观念的沿袭和现行人事、用人制度对学历过分强调的结果，也是台湾由传统农业社会向现代工业社会转变前后所具有的特征。

应该承认，何应钦对教育，尤其是中小学教育与台湾经济社会发展关系的某些认识是基本正确的。他说："教育原来是国家建设的百年大计，而中小学教育则是一国教育的根本"；"通常说来，大学是一种专门教育，中学是一种知能教育，小学是一种基础教育，因此，中小学教育应该以教学生学做人学做事为基础，充实其必要的知识与技能为目的，而不是只以升学为目的的升学主义"。他认为教育应包括"德育、智育、体育与群育四者"，然而20世纪70年代以前的台湾，几乎把智育当作整个教育，忽略了德育、体育与群育。何应钦所说的"德育"，自然是他所遵循的以反共思想体系为核心的思想、伦理、道德的教育。

1964年1月，何应钦发表讲话，主张"延长义务教育为九年"。在台湾财力不足的情况下，"先从县市办初中做起，取消初级职业学校，一律改为初中，一面鼓励私人兴学，一面在同时要力求初级中学师资、设备的平均发展，使人人对于所办的学校有一个良好的印象，这样可以减少小学毕业后升学的竞争，恶性补习便自然不难消除。高中则应该尽量增设高级职业学校，使初中毕业除了升入高中外，另有一个学习谋生技能的机会，这样分头并进，也自然可以减少高中毕业生升学考试的竞争"。何应钦这一讲话发表四年之后，台湾当局才确定实行九年义务教育。

（二）

作为中国近代军事家的何应钦，已经退出了历史舞台，他的军事思想与谋略也早已陈旧，但作为不乏经世之才的何应钦，耄耋之年，依然儒雅风流，不断地以其活跃的思想，孜孜不倦地发挥着余热。

他是台湾提倡简化汉字的人物之一。

1969年4月10日，何应钦在国民党第十届中央评议委员会第一次会议上，提出整理简笔字的议案。他认为汉字源远流长，由简到繁、由繁到简是汉字历史演化的必然趋势。他之所以倡行简笔字，既是顺应简笔字自然形成的趋势，也是"基于教育、社会及军事上的需要"。其所说的"军事上的需要"，是特指所谓"大陆光复后文教设施上需要"。为了提出整理简笔字的议案，何应钦曾征求过"台湾大学"、"中国文化大学"以及中央研究院的专家学者的意见，他们都表示支持。

汉字的简化，本来是为了使用方便和规范，适应社会现代化的需要，并没有什么特别的政治含义和意识形态上的分歧。然而，何应钦由于反共思想根深蒂固和超常的强烈，在建议整理简笔字时，也硬要加上他的"政治性"，要求"与大陆中国共产党制造简体字的意义与目的，截然不同"，这的确使专家学者都不解。

他"整理简笔字"的具体主张是："教育部"会同"中央研究院"将已经有的简笔字进行研究整理，分类确定简化标准，去芜存菁，以资使用便捷；整理完竣的简笔字，应由"教育部"颁发至各学校，"行政院"颁令各机关施行，"文化局"应负责推广简笔字的宣传、提倡工作，以便在全台湾普及开来；"新闻局"应通饬各级报馆，首先倡导简笔字，并另铸简笔字铜模，以备铸字之用。何应钦唯恐简笔以后与祖国大陆所使用的简化汉字相同，特别强调"整"："整理简笔字，应先研究中国共产党之简体字，务使其无混淆不清之弊；在筹编'光复大陆'所准备用以再教育之教科书及其他宣传品中予以合作，以收教育宣传深入共区人民之效。"何应钦的这一提法受到蒋介石的重视，亲自批示："本案至为重要，'教育部'等有关单位应约集专家学者，组成专案小组，运用科学方法，审慎研究。"

蒋介石给何应钦的提案戴上了一顶"至为重要"的高帽子，究其用意，并非在于简化汉字本身，而在于何应钦每做一件事都牢记他的反共训示，借此提案从侧面说明他的"反攻大陆"并非空头支票。犹如"反攻大陆"永无兑现之日一样，何应钦所提倡的简笔字，虽说有实际意义，但却无法实行。虽有蒋介石的批示，但专家学者们反复研究，都无法使台湾通行的繁体汉字"简笔"以后，不与祖国大陆的简化汉字相"混淆"。于是，1970年底，"教育部"对何应钦的提案作了否决。

10年过去了，社会上倒有不少人关注何应钦所提倡的"简笔字"，希望台湾也能像祖国大陆一样使用简化字。何应钦并不意识到他的提案最终被否决，是在于它所强调的反共目的，使参与研究的专家学者无法操作，却把提案被否决归咎于主管方面不重视，一气之下，干脆自己掏钱，把他有关"简笔字"的见解、议案汇辑起来，于1979年12月10日印刷成书，书名为《整理简笔字提案的回顾与前瞻》。

（三）

随着台湾经济的发展，拜金主义也泛滥开来，社会风气败坏。1979年，何应钦90岁生日时，国际狮子会"中华民国总会"赠款100万新台币作寿礼。何应钦将这笔款全部捐出，作专户储蓄，以其利息作为对拾金不昧者的奖励。他发起成立"拾金不昧临财不苟义行奖励基金会"。基金会成立董事会时，何应钦被推举为会长。这一由何应钦所创建的奖励名为"金圣奖"。该奖励分三个等次：凡拾获财物价值新台币10万元以上者，经审核后可获金质孔子浮像的"金圣奖"章一枚；凡拾获财物价值10万元以下、1万元以上者，经审核后可获金质奖牌的"金质奖"；凡拾获财物价值在新台币1万元以下、5000元以上者，经审核后颁给奖状。

1980年10月31日，是已死去的蒋介石93岁冥寿，何应钦选择这天举行首届"金圣奖"的颁奖典礼。何应钦亲自给30位拾金不昧、临财不苟的受奖人颁奖。他在致词中说："拾金不昧、临财不苟，是中华民族最高贵的道德风范，数千年来，为国内外人士一致推崇。在当前工业社会里，能维持这一高贵情操而不堕，实在是由于中华文化所奠下的深厚根基。"他把台湾社会拜金主义流行，归咎于所谓"共产思想流毒"；而"金圣奖"的设立，也是为了更好地推进"中华文化复兴运动"，从一点一滴的事情做起，以"掌握复兴中华文化的重点之一，表达我对中国道德的尊崇，和对'总统'蒋公遗训的实践"。

自此以后，何应钦便利用一年一度的"金圣奖"颁奖典礼，发表关于弘扬中华传统美德，为"反共复国"服务的"高论"，把一桩原本有助于社会风气净化的善举，蒙上反共色彩。

为了匡正世风，何应钦还积极支持台湾敬老基金会创立的梅花俱乐部的工作，希望将"老吾老以及人之老"的精神，由梅花俱乐部推广至全台湾，给老年人创造一个颐养天年的生活环境。

何应钦在政治上是极端顽固而守旧的，但作为台湾由传统农业社会向现代社会转型的亲历者，他的传统观念在非政治领域却又较易吐故纳新，有时也能跟上人类文明的脚踵。如他对人口问题和家庭问题的见解，颇能与社会发展的要求相符，且超越一般目光短浅者。

台湾是一个资源有限的地区，经济虽有较大发展，但人口却过速增长，需求的压力越来越大，日益成为台湾经济社会发展的沉重包袱。于是，台湾的有识之士开始关注控制人口过速增长的问题。何应钦是较早主张计划生育、计划家庭的人物之一。

1965年，台湾"中国家庭计划协会"总干事舒子宽女士将出版《家庭计划特刊》，请何应钦写一篇短文。于是，何应钦写了《人口问题与计划家庭》，系统地陈述了他对控制台湾人口增长的见解。

为了控制人口过快增长，何应钦在文章中提出了如下建议：当局应该及早确立人口政策，绝不能囿于"多子多孙多福"和"人多好种田"等旧观念，而因循不决，致使人口问题成为台湾社会的一个严重问题；今日世界各国已公认采取避孕方法以节制生育，是一种正当的手段，当局应该公开指导避孕方法，倡导扩大计划家庭运动。台湾的"计划家庭协会"成立不几年，其服务范围不仅是指导避孕，"同时对希望生育的男女给予指导，更帮助贫苦人民抚育婴儿，为贫苦妇女义务诊疗"，值得鼓励。何应钦寄希望于"计划家庭运动"的扩大，使台湾人口增长过快的问题得以控制，以利于经济社会的发展。

何应钦对台湾特别是台北市的市政规划及建设也倾注了不少的心力。早在1956年，他参加"世界道德重整运动"赴瑞士，在国外的76天里，他周游了18个国家，回台后便将自己的见闻，写成《欧游观感》发表，文中按他所见的北欧、西欧的城市状况，对台北市的改扩建问题提出了积极建议。

当时的台北市，规模基本上还是1934年日本殖民当局确定的，市区总面积仅66平方公里，早已不适应台北市发展的需要了。他认为应以此为基础和蓝本，重新制订大台北的建设计划。首先必须事前虑及长期而久远的都市规模，根据人口规模而划分若干工业区、商业区、住宅区，然后在每个区域里，划定政府机关、学校、公园或林木草地及教堂、体育场馆等；其次必须解决城市的下水管道、交通道路及水电设施。他构想的大台北蓝图，包括当时的台北市区和近郊的士林、三重、中和、景美、本栅、南港、内湖等地区，以10年内发展为200万人的大都市为远景。而他认为，目前有碍台北市区发展规划的问题，是违章建筑太多，亟须下大力气加以整治。

在公益福利事业方面。何应钦心常系之。1971年的一天，何应钦郊游时，见到一些衣衫褴褛的小孩，一经询问，才知道都是因其父亲骑摩托车丧生者的孤儿。回私邸后，他就筹划如何救助这些孤儿。碰巧他的日本好友佐藤彦八来台，捐献了700万元。何应钦便组成了"财团法人交通事故子女救助会"，扶助救济那些因交通事故丧生者的子女，每年至少有3000人获得救助。他还在国民党中央评议委员会上建议，应规定骑摩托车的人必须戴安全帽，获得采纳，由交通部门颁布执行。台湾岛上骑摩托者均戴安全帽之肇端，实缘于何应钦的提案。

此外，对于台湾的一些重要建设项目，如台北青年公园、树林镇南宫图书馆、埔里老人区社改建等，他都提出了一些具体可行的建议。为了节约土地、美化都市环境，他还建议当局迅速制定和实施公墓条例，使公墓公园化，以发扬中华文化慎终追远之精神。他认为台湾社会公益设施的建设，应充分考虑方便老年人及残疾人。他还建议台北当局应尽早拓宽市区道路，全台城镇应普遍设置人行道，维护行人安全；汽车应普遍装置安全设施，确保乘客安全等。

晚年的何应钦，依然谨守着自己平生养成的不抽烟、不酗酒、不赌博等良好的生活习惯以及相对的廉洁崇俭，并由此赢得人们的尊重。但他对于台湾社会风气的败坏、青少年犯罪的增加、官场中的权力纷争、社会上土著与客籍人之间的矛盾等，或抨击，或建言，或调和，或超然乃至视而不见，都不过是表明一个饱经沧桑者的处世态度而已。他晚年身兼各种社会要职，却无法使人们按照他的意志去规范自己的言行，不由他不感叹人心不古，世风日下。

第十二章

反共梦难圆　思乡情更浓

贤内助患绝症　好丈夫侃长寿

（一）

何应钦去台以后，凭借追随蒋介石数十年所熬炼出的韧、忍二性，对于权力的得失、宦海的浮沉、名誉的褒贬以及世态炎凉、人情冷暖等国民党的老将们大体都曾有过的遭遇均能处之泰然，更凭着他对国民党的忠诚和性行的豁达，待人的谦和，办事的严慎，虽然他没有权势可以操纵，但上自蒋介石、蒋经国，下至一般当权者，对这位蒋介石"安危同仗、甘苦共尝"和"同舟共济"的老将军的尊崇，姑不论其内心的真意如何，却又是一般老将们可望而不可即的。

国民党元老吴稚晖曾说过：何应钦有大将才能，福将命运。这话颇受一般国民党官场中人所推崇。"大将"的历史早成明日黄花、过眼云烟，而"福将"的机运依然频频光顾，令失势又失宠者眼红。

局外人只见何应钦"福能双至"，却不解他祸不单行的苦衷。是提心吊胆地在反共战争中奔波和在官场上周旋而过分紧张？是从权力的峰巅一下跌落到低谷的愁烦？是惨败后蛰居海隅的绝望和悒郁？抑或是"上帝"不经意的赐予？

1952年，何应钦的夫人王文湘经李士伟医院检查，被确诊为子宫癌。尽管他俩对这种病的后果都有所恐惧，但仍一如对待任何宠辱祸福那样，显得冷静达观。何应钦十分清楚，相依为命的妻子患了绝症，远比失去权力对他晚年生活的影响更大。几十年来，他生命的航船在宦海的险风恶浪中出没，在各种战火的硝烟中颠簸，只要回到家中，总有一个温馨舒适的港湾让他停泊。诚笃深切的夫妻感情才是完全属于他而别人无法夺去的。上帝为何对自己虔诚的信徒如此不公，偏在何应钦前途命运又一重大转折的时期雪上加霜，这使他感到从未有过的痛楚。

王文湘虽出身于富贵之家，但禀性平实简朴，较少以富贵骄人自居，且能吃苦耐劳，既为何应钦主持家政，又协助他从事社会活动。当何应钦东征胜利后，率领蒋介石赖以发家的老本国民革命军第一军坐镇广东潮、梅、汕一带时，王文湘即联络当地的孙文主义学会分子，成立孙文主义学会潮汕分会，并负责妇女工作。南京国民政府建立后，王文湘深感何应钦所负责任重大，"于是谢绝一切外务，专门操持家政，对于何上将的饮食起居，家中的琐屑事务，女儿和侄儿辈的抚育教导，亲戚故旧的酬应接济，部属的关切照顾，事无巨细，莫不亲自处理"。何应钦之得人缘，确有王文湘斡旋之功，处理之当。由于何应钦害怕蒋介石怀疑他培植私人势力，故在用人上特别谨慎。但凡有贵州人或各种关系之人向何求职，而他又不便拒绝和推诿时，往往由王文湘出面，旁敲侧击予以挡驾，故一些贵州籍国民党官场中人，对何应钦印象颇好，但对王文湘却不乏微词，认为她"衣裳角也扇得死人"。

何应钦夫妇终身无己出，何应钦的四弟何辑五便将自己的爱女丽珠过继给哥嫂，使他俩不致在外表的烈烈轰轰之后感到膝下凄凉。

何应钦夫妇视女公子真如掌上明珠，关切疼爱备至。何丽珠生性聪慧，在台湾大学政治系毕业后，曾奉派为台湾当局驻美国"领事馆"任副领事。毕

20世纪60年代，何应钦夫妇的合影。

545

竟双亲年迈，膝下无人，不由得何丽珠不起归思。她多次申请回台，均未获批准。何应钦又常以"恪尽职守""忠于党国"即为至孝相诫，不同意丽珠夫妇回台任职。每年假期，何丽珠与丈夫蒋友光回台省亲，何应钦夫妇便能享受一下天伦之乐。直至何应钦年逾九旬，而王文湘早已病逝，台湾当局才恩准何丽珠回台，在"外交部礼宾司"任特权科科长。何丽珠夫妇在牯岭附近有私邸一座，离何应钦的寓所不远，为尽孝道，晨昏必至父亲处请安问好，节假日亦携带子女并邀约上表姊妹前往何应钦处，让老父享受含饴弄孙的乐趣。

1951年1月4日，何应钦向蒋介石请假，首次以私人名义赴日本访问，乘便携夫人前往求医。蒋介石特赠美金一万元，作为医旅费。其时，其妻癌肿已经扩散，无法施行手术，何应钦夫妇在日本逗留约两月后返台。一日，何应钦召来"战略顾问委员会"办公室主任韩文源，谓蒋介石所赠旅费，只用去3000余美元，余款要韩如数奉还。韩将约7000美金专程送至"总统府"副秘书长黄伯度转呈。黄当时笑起来了，对韩说："此款系'总统'所赠，并有账经'立法院'通过，敬公何必再退还？"韩回答奉何之命退还，不敢收回，黄才收下。

台湾当时正笼罩在被国际社会特别是被美国抛弃的气氛之中，蒋介石清理门户的计划已在悄然进行，何应钦政治上前途未卜，妻子又身患绝症，内忧外患濒临，情绪跌落到了谷底。王文湘自然体谅得到丈夫的心思，时常规劝何应钦道：她福大命大，抗日战争时她在重庆的防空洞，两次被日军投下的重磅炸弹炸中，她都安然无恙。现在已经多活了这么些年，死复何惧？即便死去，亦是"蒙主恩召"，何憾之有？所幸何应钦既有时间，亦有能力和金钱，让王文湘每年都到国外治疗，并用她自己的血液在日本制成抗体，再输回体内，以增强其抵抗能力，配合药物抑制癌细胞的继续扩散。王文湘病重时，何应钦也为家政而里外奔忙，亲奉汤水，侍候周全。

在国民党官场中，何应钦被称为"第一好丈夫"，确实并不是讥诮他惧内，而是说他一生无女色之好。因王文湘不会生育，曾有人劝他纳妾，王文湘亦首肯，但反被何应钦怒斥。王文湘对他的深情，使他难以移情。王文湘曾有一次对何应钦吃醋，闹了小小的误会。北伐时，何应钦率东路军抢先进占苏浙，声望大增，颇有苏东坡词中的"小乔初嫁了，雄姿英发，羽扇纶巾"之谓。当年何应钦也才38岁，仪表风度，战功军阶，令多少交际场中的"小乔"心生羡慕。在杭

1977年，何应钦与夫人王文湘欢度结婚60周年"钻石婚"纪念。

州、上海的各种欢迎宴会上、舞会上，何应钦出尽风头。而当时的报纸，不免浮夸炒作。一次何应钦的随从回南京办事，王文湘查问究竟，并亲自到沪杭明察暗访，方知为记者编排的花边绯闻所惑，深感负疚。

王文湘与何应钦同时皈依基督教，到台湾后，若不去外国，每星期四上午，必在牯岭街寓所举行家庭聚会，查经讲道，风雨无阻，带病亦不肯缺席。她常说："世人多讲现实，唯有信主，时与教友相聚，才觉得人生另有一种清新的境界。"此话虽是对作礼拜的女教友们说的，但却是暗中告喻何应钦，少为她的病体牵挂。70年代中后期，何应钦各方面的应酬开支较大，王文湘曾托人暗中变卖一些饰物，以应需要，总不让何应钦感到丝毫拮据。何应钦与蒋介石等人偶有嫌隙，王文湘便要在权贵们的妻妾中周旋，更常与宋美龄一起，借求教《圣经》的解说和叙姐妹情谊加以侧面调缓。王文湘60大寿时，多才多艺的宋美龄亲手绘制了一幅《墨兰图》，蒋介石于画幅左上写下"满座芳馨文湘夫人周甲荣庆蒋中正敬题"，赠给王文湘。在国民党上层人物中，能得"第一夫人"作画、蒋介石题词贺寿，是一种殊荣。

有了世界一流的医疗条件，加之何应钦及亲戚们的悉心护理，王文湘本人精神上多能自我排解，她与癌症进行了20多年的抗争后，于1978年4月23日病

满庭芳馨

文湘夫人
周甲荣庆

蒋中正敬题

王文湘60寿诞时宋美龄画兰、蒋介石题字的寿礼。

逝，终年82岁。其时，何应钦已年近九旬，这对夫妻堪称"白首齐眉"。

1980年1月30日，在台北市殡仪馆为王文湘举行了遗体告别仪式。她虽无亲生儿女，但视何丽珠如同己出，何应钦的四弟何辑五、五弟何纵炎两家三代人护送她的灵枢，安葬在台北三芝乡北海墓的何氏墓园内。王文湘的灵魂如果有知的话，她也算得上孝子满堂，死后不孤了。

王文湘死后，为了便于何丽珠夫妇及秘书、参谋、侍从照顾何应钦，台湾当局"国防部"在厦门街131巷3号地址兴建三层洋楼别墅一栋，供其使用，结束了何应钦30多年"租用"牯岭街寓所的历史。何应钦与何丽珠一家生活在一起，白日里热热闹闹、亲亲热热，深夜则孤枕难眠，妻子死前常萦回脑畔的"人不寐，将军白发征夫泪"的愤懑情绪已荡然无存，代之以苏轼悼亡妻词中"料得年年肠断处，明月夜，短松岗"的难言哀伤。

（二）

暮年的何应钦受此打击虽重，但毕竟久经磨炼，凭着他的豁达坚韧，终于很快恢复常态，显得愈发苍松劲挺了。有一次，何应钦应台湾健康长寿会的邀请，向人们介绍他的养生之道。他认为长寿的秘诀，不外是修养、生活和医药三个方面，而修养至德、培育生气，乃是首要的。何应钦早年与夫人一道皈依基督教，除了因蒋介石、宋美龄等国民党要人都信奉基督教外，还因为他相信《中庸》上所说的"大德必得其寿"。他认为虔信基督教与孔孟之道，以加强自己道德的修养，实在是长寿之道的唯一基础。他常说，要讲求道德的修养，莫过于"正思虑"，思虑不正，是最伤害身体的，所以不正的思虑是长寿的最大敌人，只有祛除不正的思虑，养成恬静的心境，才容易长寿。他主张用温和、慈良、宽洪、厚重、简默来克服自己心中的猛厉、残忍、偏狭、轻薄、浮躁，才可能做到心直虑正。这可能是何应钦的切身经验之谈。随着年岁的增长，"何婆婆"的性格特征越发突出，给人一副慈祥忠厚长者的形象。他用"正思虑"来压抑自己心中诸多烦忧，并为自己安度余年造就良好的心理。何应钦是一个对公事、私事都"起而行多于坐而言"的人。当他心中有不可解之事时，绝不长时间郁结，而是散步或到园中剪花弄草，或出外打球郊游，甚或约好友打打桥牌，以解烦闷。

至于生活方面，何应钦从读小学起，就养成了持之以恒的良好的生活习惯。长期的军旅劳顿和尊荣显贵，并没有改变他的生活规律。他不暴饮暴食，不嗜烟酒，不近女色，无特殊情况绝不熬夜；即使因故熬夜以后，也要坚持早起散步。所以他认为，要想长寿，第一是生活要有规律，第二要节嗜欲，第三要有适度的运动。他70岁以后，仍坚持早起散步，时常打高尔夫球或是整理庭院里的花木，体气面色，无异于壮年。

至于现代医药的发达对于人类健康的贡献，何应钦是深有体会的。王文湘的癌症，要不是常赴日本、欧美治疗，不可能延续生命这么长。但他对于医药的看法却有些与众不同。他认为平常的保健重于医药，如果不生病，自然无需医生，也不要吃药；生了病，就要早请医生，少吃药为好。他认为自己对养生与医药的看法也是古人认同的。他特别欣赏古书《寿世新编》中的这段话："有人素不服药者，不为无见，但须知得病从何来，当从何去，便是药术。如饥则食，食即药也；不饥则不食，不食即药也；渴则饮，饮即为药；不渴则不饮，不饮即是药也；恶风知伤风，避风便是药；恶酒知伤酒，戒酒便是药。逸可治劳，静可治噪，处阴以却暑，就燠以胜寒，衰于精者寡于欲，耗于气者守以默，怯于神者绝以思，无非对病下药也，唯人不自知耳。"他认为人要长寿，就得如《中庸》上所说："致中和，天地位焉，万物育焉。"何应钦的上述养生之道，仔细品味起来，未尝不是他一生处事待人之道，未尝不是他在官场中调和百味的人生体验。

作为国民党要人中的长寿者之一，何应钦对长寿亦有政治与事业上的解说。他在谈长寿时又反过来要求人们不应只追求生理上的长寿，而应该追求一种"永恒的长寿"，即就人生的意义来说，"一个人仅是生命的延长，无论延长到多么高的年龄，终必有最后的一天"；"但如一个人在他有生之年，运用卓越的智慧能力，为人群作最佳服务，促进人类国家与社会的进步和幸福，他的伟大和服务，将永远在后来人心中，这便是永恒的长寿"。他主张人们应追求的这种"永恒的长寿"，自然具有更高的精神境界。

何应钦之所以长寿，与他能屈能伸，失之不悲，得之不喜，不以喜怒哀愁伤元气有关；另一方面，与他自幼喜爱体育运动，从军以后不以官位显赫养尊处优，始终保持适度的体力消耗和体育运动关系极大。晚年的何应钦，虽不能再像当年那样骑马游猎取乐，但对运动的热情仍不减当年。外出旅游，能够步行时，他必不坐车，以劳动筋骨而轻松身心。何应钦延年益寿的主要活动是"三打一跳"，即打桥牌、打高尔夫球、打猎和跳舞。何应钦学会打桥牌，

据说是在出使联合国军参团时，公余之暇，因住地在市郊，经费也有限，只好与属员们待在住处学习英语或打桥牌消遣。打猎则是他平生一大爱好。他的猎队是台湾的三支著名猎队之一，不仅装备好，技术精，经验丰富，行猎成

　　　1955年，何应钦与同僚打桥牌。

绩也为打猎爱好者所羡慕。至于跳舞，则是何应钦官场交际的工具。何应钦的生活简朴而有规律，他服装整洁，只求适合所要去的场合。家庭的陈设，与一般家庭无二，但充满书卷气。至于饮食，想吃什么吃什么，从不挑剔。他的起居作息非常有规律，天明即起，早读英文，听英语录音带，早餐后看当天的报纸和杂志，上午会客或处理公务。尤其到了晚年，更喜欢侍弄花卉，休闲时总到园中观赏花木。他对兰花特别感兴趣，种有许多名品，由他倡导，还成立了"台湾国兰协会"。他也喜欢听音

何应钦在台北与高尔夫球友合影。

乐，认为可以陶冶身心。由于他的爱好广泛，喜欢与晚辈和年轻人接近，更喜与老友、部属聚首，所以人们说他"多老朋友而无私党"。

去台湾以后，打高尔夫球可说是何应钦最喜欢的体育运动了。这种运动在台湾也是上流社会的专利，是何应钦扩大或增强人际交往的媒介，甚至是他与外国访台要人交流感情、洽谈问题的助兴之物。日本前首相岸信介是何应钦的老朋友，他访台时，何应钦特别安排他和随员们一起打高尔夫球。由于何应钦在台湾高尔夫球界有一定知名度，又有社会地位，台北成立高尔夫球俱乐部时，特意请他剪彩并开球。他在频繁的外出访问中，发现西方的旅游者，将旅游观光与体育运动结合在一起，如夏威夷的冲浪、新西兰的赛马、西欧的高尔夫球、法国的汽车赛等，颇能吸引游客。因此，他早在1970年就上书台湾当局"教育部"、"国防部"及"体育协会"，建议扩建台北、新竹、丰原和花莲四处9洞高尔夫球场为18洞球场，并在全岛有条件的地方兴建一批小型球场，既可供人们娱乐，也可增加外国旅游者的乐趣。

由于何应钦对体育的爱好与重视，台北举行的不少体育运动会都请他主持开幕式，或者点燃圣火。这又是他晚年所获得的殊荣。

黄昏寂寞路 思乡寥廓情

（一）

何应钦去台后的个人生活，虽没有在大陆时那般显赫，令官场中人惊羡咋舌，但也不是茕茕孑立、形影相吊。同他一起到台湾的，除了他的两个弟弟及其家人外，还有他在黄埔军校时期就结下了生死之交的一批难兄难弟。在蒋介石贬斥元老、奖掖新进的过程中，都先后释权赋闲。同是天涯沦落人，灵犀相通，时常相聚，彼此关照劝勉，倒也是一种悠闲，但终究驱不散同在异乡为异客的零落感，何应钦更添了头白鸳鸯失伴飞的痛苦。他们四顾茫茫，触目多是陌生之面，盈耳多是难懂的他乡之音。由大陆去台的200万人中，在权势纷争和生存的危机过去之后，便需要寻求发展生计以外的思想寄托和相互扶助的联络。于是，认宗亲、联族谊成了台湾岛上盛极一时的风气。

何应钦的地位、资望、人缘自然使他成了何姓之人景仰攀附的中心。20世纪50年代，他先后参与台中嘉义、基隆何氏宗亲会的活动及祭祖典礼。1953年，他到菲律宾访问时，马尼拉华侨社团中的福建晋江何氏宗族以有这位驰名中外的族戚而自豪，专门为他举行了欢迎宴会，介绍了他们海外相互扶助、共谋发展的经历。何应钦深有感触，意识到孤悬海外之人，宗族间的亲爱精诚、扶贫济困实在必不可少。

在大陆时，由于蒋介石最忌讳别人在他周围培植自己的羽翼，故何应钦在军中尚少留意自己宗族世系的源流，更不敢轻易接纳族戚入仕。在官场中，他以"崇法务实，公正无私"八字自箴，"用人以才以德"，"不问省籍"派系，哪敢想到去固结自己的何氏宗亲？去台以后，他逐渐感到族戚、旧属、门生之类的关系网，虽不能再给他的权势增威，但却能给予他精神上的安慰。因此，他也热心于对族谱世系的探幽发微，无意间竟弄清了自己所宗的庐江何氏的源头。

据何应钦自己考订，庐江何氏原来是周武王的宗支，受封于韩。平王东迁后，韩为晋所并。其后因有功，复受封于韩原，号武子，赐姬姓。到战国时代，韩为七雄之一，后为秦灭，韩国宗族奔窜隐伏以避秦。韩厘王之子名瑊，逃遁至庐江，隐姓埋名，买船摆渡为生。秦始皇出巡到博浪沙，为人椎击，疑为六国公子所为，便派人微服潜访缉捕六国宗族之后，斩草除根以绝后患。由此引出何应钦所津津乐道的有关他"何"姓的掌故：

一日，秦吏微服秘密探询居民姓氏，以追捕六国宗族之后。当时韩瑊正在庐江上撑船，秦吏将自己的船驶近韩瑊的渡船，问道："艄公贵姓？"韩并不知是秦国捕快，适值天寒地冻，河边也结有薄冰，便戏指河水而答道："此为吾姓。"意以水寒而谐韩。秦吏不解其喻，追问道："你果真是姓'河'？"韩瑊笑其无知，解说道："姓氏必从人，岂有从水者？"秦吏便记下"何"字而去。韩瑊系舟登岸，邻里告之刚才在江中盘诘他的人是秦朝官吏，韩瑊骇异失色，良久窃叹："吾家得免刀锯者，'何'一字也！这不是老天保佑韩国宗室之后吗？"于是便正式以"何"为姓。待秦为汉所灭，韩瑊便构室营屋，以立世业，子孙承袭繁衍，遂有了庐江何氏世系。自此以后2000余年，何氏支脉遍迁于大陆及海外，渐为望族而常有高官显宦出世。

这一掌故的真实性虽无从稽考，但台湾何氏各族都确信不疑，并视何应钦为当世何氏之显宦，从而更尊之敬之。

1965年5月30日，"台北何氏宗亲会"成立，何应钦作为何氏一门的尊者应邀出席并致词。因台湾当局规定，现役军人不得加入宗亲会之类的民间社团组织，何应钦因荣获终生军籍，故不能加入何氏宗亲会，众人皆以此为憾。何应钦在致词中说："就我所知，我们何氏宗亲远绍庐江，源出一系，所以无论在大陆各省和台湾，及至海外地方，凡有我们姓何的人家，逢年过节，门口所题，甚或灯笼上所写的，都是'庐江'两字，真是我们俗语说：'五百年前是一家。'此外，我听说我们台湾何氏宗族，大多数是从闽、浙两省迁移来台的……而我的曾祖原来也是由福建光泽迁至江西临川，然后迁到贵州兴义的，所以我虽是贵州兴义人，说起来与我们台湾何氏宗亲，宗支应该是很近的，因此，更使我有一种分外亲切之感……在今天的宗亲会中，不期而然会怀想到我们在大陆的何氏宗亲和我们的祖宗庐墓。"

他说：每每"遥望大陆"，希望"与大陆的亲友互通消息"，甚至有朝一日能回大陆"祭扫祖墓"。

台湾各地成立的何氏宗亲会都把何应钦奉为何氏荣光的象征，请他拨冗出席各种聚会，或为他的生日举行庆祝。何应钦也把这些在海岛上翘首遥望大陆的何姓之人，当作自己的族人，以减轻在内心深处隐隐作痛的乡愁。

（二）

何应钦除了被何氏宗亲视为荣耀之外，更是贵州旅台同乡团结乡友的一面旗帜。一贯谨小慎微的何应钦却不敢对贵州同乡有过多的关照。贵州同乡会自1953年11月成立以来，以张法乾为理事长，推何应钦为荣誉理事长，后又增加谷正纲为荣誉理事长，但30多年间，贵州同乡会却没有一座会馆供大家聚会联谊，组织也远较他省松散。外省人有讥消贵州人"自私""孤独"和"不团结"，贵州旅台同乡对台北同乡会亦啧有烦言。1984年1月，台湾贵州同乡会创办了《黔人》季刊，但经费拮据，订购者亦少，只能靠捐助印刷后分赠有关乡友。1985年11月，台北市贵州同乡会开会的会刊资料显示，有姓名、地址、电话号码、联络得上者，仅1270人；有姓名、无籍贯、无地址者约550人，合计在会注册人数仅1820人。而当时台湾的四川同乡会在籍会员已达37万之多。相形之下，既显出贵州同乡会的工作殊少实绩，也令旅台贵州同乡汗颜。至于贵州散居台北以外的同乡究竟有多少，谁也说不清。台湾的贵州同乡会，其宗旨在为同乡扶危济困，联络感情，但既乏经费，又无固定会馆，也没有收容所、互济会之类的组织。每年春节举行团拜，要么借"立法院"或"大陆灾胞救济总

会"，要么借台北商业
专科学校礼堂，到会者
也总是那些熟悉的老面
孔。会一开完，把"贵
州同乡会"那几个字一
撤掉，贵州同乡会似乎
就摸不着，看不见了。
这种情况，旅台贵州同
乡不满，何应钦也深引
为憾。于是，决定由理

1985年何应钦与贵州同乡会会长张法乾为台北贵州同乡会馆
落成典礼剪彩。

事长张法乾发起，募款购买贵州同乡会会馆。1985年6月9日，经同乡会七届二
次理监事联席会议认可，并在《黔人》季刊上发出倡议函，请求各位乡友慷慨
解囊。不久，即募足购屋款270万元。不知是出于政治考虑还是别有原因，何应
钦并未捐款。

　　1985年11月3日，贵州同乡会馆举行启用典礼。会馆坐落在台北市和平西
路1段56号及第大厦四楼。这一天，数百名旅台贵州同乡，"怀着一种游子还
乡和教徒朝圣的心情"，既喜悦，又庄重，前往参加这一盼望多年的盛典。会
场设在及第大厦底楼大厅，内外摆满了花篮、花环，张灯结彩。这是贵州旅台
同乡的欢聚，也是他们瞻仰96岁高龄的荣誉理事长何应钦的难得机会。但凡参
加会议者，进门签到后，便可获得一册"三民主义统一中国大同盟"推行委员
会副秘书长倪抟九所著的《何应钦上将传》。上午九时五十分，何应钦到会，
全体与会者蜂拥而至夹道鼓掌欢迎。从何应钦的专车到达之时起，几十部照相
机、电视台的摄像机、电影摄影机都对准何应钦。在镁光灯的闪亮中，身着藏
青色西装的何应钦由其侍从参谋和理事长张法乾搀扶，在新闻记者的前呼后拥
下，进入会场签名留念。

　　十时整，何应钦与张法乾主持了剪彩后，何应钦被人们扶到主席台的红绒

太师椅上。许多同乡拥到何应钦身边，希望借机与这位老将军合影，致使会场秩序混乱。司仪借助麦克风大声嚷叫，好不容易才使人们安静下来。张法乾致词后，何应钦以浓重的贵州乡音致词道：

各位乡亲：

今天应钦前来参加贵州同乡会会馆落成的启用仪式，感到非常欣慰！

应钦借此机会与各位提出三点：

第一，此一会馆的落成，是我们贵州在台乡亲们群策群力共同的捐献，也是同乡会办事同仁长久以来的努力结果。不仅表示出热烈爱乡情感，更充分发挥团结合作的精神，这是乡亲们大家的光荣，应钦要在此表示特别的赞许。

第二，今天"全国"各省市地区的同胞，在"复兴"基地台湾，多年来过着同舟共济的生活，因此我们应将"爱乡"的精神，从"省族"的范围，扩大为"国族"的范围，与其他省市的同胞团结合作，共同建设我们的"国家"。

第三，今日"全国"军民同胞，在政府的领导下，无不为"三民主义统一中国"的总目标而努力，而此一号召已扩展到海外及大陆地区，并获得热烈的响应与支持。应钦希望我贵州同乡人人都要为此一历史性运动贡献力量，拥护政府，完成以"三民主义统一中国"的神圣使命！

这篇短短的致词，充分反映了何应钦既想祖国统一，却又死抱住"三民主义统一中国"的幻想不放；既与大陆去台的同胞一样思念故土，却又坚持阻挠和平统一这种无处不在、无时不有的矛盾。

致词完毕，何应钦举起那本红漆布烫金的《何应钦上将传》说：这本书虽是他个人的传记，但与贵州的历史有关，所以赠送给各位乡亲。但由于到会人数太多，预为准备的不够分发，他表示抱歉。随后，何应钦向此次筹建会馆捐赠积极或工作成绩卓著者颁发奖状或感谢状。

何应钦作为台湾贵州同乡会的荣誉理事长，贵州同乡会对他的尊崇是至上的。《黔人》季刊的刊名由何应钦题写，该杂志创刊前几期刊登了不少有关他生平事迹及赞颂之词的文章。何应钦95岁时，《黔人》季刊发表了一系列文章为他祝寿。《黔人》主编李永久撰写的寿文中，用贵州省的兴义、余庆、天柱、望谟、遵义、仁怀、兴仁、普定、威宁、独山、息烽、大定（今大方）、安顺等14个市、县名组成一副对联，既颂扬何应钦，也表达了全体黔籍旅台同乡的思乡情愫：

兴义纳余庆，一柱擎天，天下望谟，遵义而行，抱仁怀以兴仁，仁者无敌，仁者必寿；

普定显威宁，独山退日，日本息烽，大定以往，遂安顺而普安，安之有方，安之若恒。

每年何应钦做寿时，贵州同乡会欲设宴祝贺，大都被何应钦婉言拒绝，实在情不可却时，也千叮咛万嘱咐，不可铺张奢靡，并且亲自携酒赴宴，以减轻同乡会的负担。宴会上，何应钦虽是长者、上者、主宾，但他畅说家乡掌故和自己的生平趣事，平易随和，没有架子，故深得贵州同乡的尊敬。

（三）

在何应钦的五弟兄中，四弟何辑五、五弟何纵炎，都在新中国成立前夕去了台湾。何辑五是何应钦主持贵州陆军讲武学校时考入该校的，毕业后在黔军中任职，曾随谷正伦入广西参加孙中山讨伐陆荣廷之役，充任过孙中山卫队的成员。何应钦在黄埔军校发迹后，何辑五便投奔其门下，辅佐乃兄。何应钦率领东路军北伐入闽作战，何辑五担任汕头警备司令兼第一补充师师长。南京国民政府建立后，何应钦曾呈请蒋介石，希望在中央为四弟谋一要职。但蒋介石猜疑太多，担心何应钦手足亲信一多，必有尾大不掉之虞，故对何辑五的差遣事搁置不议，使何应钦打消为其弟在中央谋职的希望。过了一段时间，蒋才委任何辑五充任浙江省政府委员、国民党中央监察院监察委员、中国航空公司副董事长兼总经理、滇黔特派员等或非要害、或非长远可踞的职务。时间稍长，职务屡变，不能安居，何谈乐业？于是，何应钦兄弟始明白蒋介石的用心良苦。何应钦原无意去触蒋之大忌，便劝其弟放弃在京供职的捷径，于1934年投考陆军大学将官班，走"戴绿穿黄"的仕途正道。1936年，何辑五在陆大毕业后，蒋介石却不委任何辑五军职，而是让他回贵州担任贵州省政府委员，负责筹备大西南后方建设的重任，并增强南京对不甚听指挥的西南地方实力派的牵制。于是，何辑五只得远离炙手可热的三哥，回到贵州，先后担任贵州省建设厅厅长、贵阳市首任市长兼贵州军管区参谋长等职。

新中国成立前夕，何辑五携家去台湾，寓居台北银河新村，不再过问政事，以种橘为乐，赋闲林下，写作《贵州政坛忆往》之类的回忆录，替自己的人生作些记录，并为何应钦修补嫌隙和网罗人望。节假日，何辑五一家与何应钦之间亦相互走动，手足情亲，备感亲切。

何应钦的五弟何纵炎，北伐时在何应钦手下任总指挥部经理部中校副处长。国民政府建立后，亦有何辑五所遭遇到的不能在"天子"脚下久留的坎坷，便离开军界，前往美国俄亥俄州立大学，专攻经济货币银行学。返国后，任国民政府储金汇业局副局长、局长。他是何氏家族的财神爷，有了他这条渠道生财，何应钦便少有敛物聚财之行，博得清廉之名。何纵炎去台湾后，担任台湾"邮政总局"局长。在任内，捐资创办大夏大学，以光大其嫂兄王伯群之志。退休后，又参与创办亚东工业专科学校，并任该校校长。自1969—1980年，苦心经营，使这所学校成绩昭著。他还捐资设立明伦医疗救助基金于亚东医院，救助那些无钱医治伤病的人，以纪念其父何明伦。故台湾有人言，何应钦的钱，均由何纵炎经管，存在美国，故何氏兄弟并无经济拮据之事。

三兄弟能在台湾相依为命，亦是何应钦晚年的一大幸事。但继王文湘去世后，何辑五于1984年病逝，何纵炎1985年也跟着亡故，余年不多的何应钦顾影自怜，不禁悲从中来。丧妻丧弟的打击接踵而至，何应钦对故乡亲人的思念更添一层。

风云百年　丹青遗恨

（一）

何应钦是国民党在祖国大陆的统治由弱到强、由盛而败的参与者和见证人。蒋介石集团中几乎所有的核心人物，都在不同时期、不同程度同何应钦发生过关系。何应钦一生中尽管对蒋介石趋奉逢迎，唯唯诺诺，对上下左右宽厚礼让，虽身膺"党国"干城之任，却不敢自行其是，不敢有丝毫"将在外军令有所不受"的胆气，但在处理复杂的国民党内派系斗争，或处理蒋介石权力核心各层次转换地位的纠葛中，又难免得罪或负咎于周围的人。在所有反共的关键时刻，何应钦都坚决站在蒋介石一边，为蒋的"剿共"、反共虽九死而不辞，但结果总不能遂蒋的愿，终以惨败而结束；在处理对外关系，特别是对日关系中，何应钦是蒋介石集团得心应手的一个筹码，他的对日妥协和联日反共，无一不是贯彻执行蒋的决策，断无独树一帜、我行我素的余地，有时不免代蒋"分谤受过"。在上述影响整部中华民国史的各个方面，何应钦都有不敢或不愿为外人道的苦衷。他被蒋介石猜忌和惩罚过，被陈诚等人排挤过，被亲英美的宋氏、孔氏家族误解过，被国民党左派反对过，被曾反对蒋介石的国民党地方实力派嫉恨过，其中的是非真相并不全如史家笔下或口碑舆论所载。

人们常说："盖棺定论"，其实未必。何应钦的棺已盖，而论未定者何止一二！何应钦生前由他自己或由别人所编织的历史死结，无论祖国大陆还是台湾，向来认识并不一致。他塑造自己形象的材料，有些是自己造的，有些是别人给的，有些更是说不清道不明。他晚年曾几次试图解开一些有关他个人历史的死结，对某些似成定论但确有探究必要、他曾参与其中的历史事件的隐秘有所披露，但因主客观条件制约而未能如愿。

何应钦曾不止一次地声明他不写自传，更不写回忆录传世，这并非他的由衷之言。

"知我者莫过于自己。"蒋介石在世时，何应钦在冗繁的公事之余，曾动笔将自己的一些经历和思想记录下来。经多年搜索枯肠，渐有积累，近乎有了一部传记的初稿。经过幕僚推敲修改，反复斟酌，终以极其委婉曲折的方式，想替自己与蒋介石集团复杂而微妙的关系有所交代，也希望在有人可佐证时将一些鲜为人知的史事公之于世。他将书稿送请蒋介石审阅，更希图蒋能给他写个序或题写几个字，使那些令人扑朔迷离的公案从自己的角度有所了结。不料蒋介石欣然收下，仔细翻阅后，便束之高阁，再不提及此事，也不将书稿退回。外人自然猜不透蒋介石是何用心，或以为是"贵人多忘事"，但何应钦在外表的愚钝后却有超人的精明，他由此事而彻悟，从此再不提写回忆录之事，当然更不敢去索回那些已成形的稿子，权当向蒋作了一次彻底的"思想汇报"。

何应钦的这种欲说不能的苦衷，亲近者是不难窥破的。鉴于蒋介石的特工和蒋经国的情治系统无孔不入，何应钦内心的隐秘绝不轻易示人。贵州同乡会的乡亲们，既以何应钦为荣，自然少不了在《黔人》杂志或别的适于刊登颂赞何应钦的文章的地方，撰文献词，但流于片段鳞爪，难成系统，更无法道及何应钦的隐衷。在庆祝何应钦九五寿诞时，台湾当局批准"国防部"史政编译局整理印行《何应钦将军九五寿诞丛书》一套，但全是资料分类汇编，缺少一部贯穿生平的东西，就是堪称巨著的《何应钦将军九五纪事长编》，也有许多重要的史事或略或删或缺。《丛书》洋洋洒洒数百万言，卒读之后，对何应钦其人其事的认识，实无法脱逸毕生反共，"从一而终"，隐"恶"扬"善"的旧辙。稍换一个角度，就不难发现何应钦这位《丛书》的主角，不过是以其耿耿忠心作了蒋介石"英明伟大"的陪衬。何应钦感激涕零之余，心中的丘壑依然如故，所幸他主持的"三民主义统一中国大同盟"推行委员会的副秘书长倪抟九，大胆破除了传统的"生不立传"的禁例，按照蒋介石、蒋经国所定下的一脉相承的调子，撰写了《何应钦上将传》，由"三民主义统一中国大同盟"推行委员会出资精印，分赠有关人士，并不作公开出版物在市面发行。这本小册子虽可作总领《何应钦将军九五寿诞丛书》的纲要，但太简太略，除去照片，总字数不过2.8万余字，有蒋记钦定的骨架而无详述史事的血肉，严格地说，只可作生平简介，而成不了"传"，自然无法解开何应钦心中的隐秘。

正步步逼近人生终点的何应钦，虽有其他元老望尘莫及的诸多荣衔虚位和社会活动，但却是身不由己、言不由衷的。他出门忙忙碌碌，进家却空空荡荡；在与人相处或应酬时欢欢喜喜，而独处静卧时难免悲悲戚戚。他关于自己历史的诸多隐秘，既然无可宣泄，只好自己吞咽了，但那煎熬着他的切切思乡之情，那绵绵的落叶归根的企盼，却是大陆去台者所共有、共尝、共鸣的，既可相互舒缓，又可彼此激扬，且形式万千。台湾当局的禁令再多再严，也禁不胜禁，止不能止，甚至连蒋介石也盼魂归溪口，身葬金陵。宋美龄和蒋经国在蒋介石逝世后，也不打算让他长眠海隅，期待有朝一日将其灵柩送回南京安葬。至于蒋经国本人，从80年代中后期开始，口里虽说"以不变应万变"，其实也在暗中渐变，调整自己对大陆的政策。

（二）

老人最怕的是孤独和寂寞。何应钦的地位，使一般人不能与他亲近。他同所有老年人一样，对往事的记忆特别清晰，对眼下的事情却难以记住或不愿记住。凡有人去看望他，特别是贵州同乡去看望他，谈及家乡之事，他便眉飞色舞，恨不得在彼此的忆往述旧中建构起对家乡的令人神往的形象。"乡音无改鬓毛衰"的老人们，对何应钦脑海中还储存有这么多关于贵州历史、掌故、风物、俗谚，无不惊叹其超人的记忆力。当大陆实行改革开放以后，和平统一祖国成了海峡两岸炎黄子孙共同的愿望，希望国共两党为了中华的振兴，实现第三次国共合作，"相逢一笑泯恩仇"，台湾当局也适时地允许台胞回大陆探亲。何应钦的亲戚、旧属和贵州籍的旅台人士不断有人回贵州，回兴义探亲。他不止一次地直接拜托或请人转托回贵州、回兴义探亲的人，打听兴义泥凼故乡的情况，何氏旧居是否安然无恙？何氏祖宗的庐墓是否还在？他在大陆的亲人还有哪些，近况如何？但他又叮嘱回大陆的人，千万不能提及是受他之托代为打听的。

由于众所周知的原因，何应钦祖辈在泥凼风波湾的老屋，在棒乍的祖茔以及在大陆的亲属，不同程度遭到政治风雨的冲击。唯有坐落在泥凼街上何应钦出生时居住的何氏旧居，由于一直为当地人民政府所驻，得以完好地保存下来。中国共产党十一届三中全会以后，拨乱反正，泥凼何应钦出生时的故居，经当地政府维修，依然保持着当年的风貌。何氏祖茔也由政府拨款，经何应钦的小妹何应相亲自指导加以修葺。何应钦在大陆的亲属，也都得到各级政府的特殊照顾，安居乐业。昔日山深林密人烟稀少的泥凼，也以崭新的面貌和得天独厚的旅游资源，雄踞在南盘江畔。回兴义探亲的台胞、侨胞，把兴义及泥凼

的新姿、何氏故居及何氏祖茔的情况，拍成彩色照片，托人辗转带给了何应钦。亲人们寄给他的或托人带去的信件，大多也都到了他手中。兴义人民和当地政府多次公开表示，并托人转达，欢迎何应钦对祖国统一大业作出贡献，欢迎他回兴义探亲。何应钦还可以从大陆对台湾的广播中，听到来自家乡和来自亲人的呼唤。但是，何应钦不管内心如何痛苦，口头上还一如既往，把大陆传递过去的一切信息当作"中国共产党统战阴谋"，不敢逾越台湾当局所规定的"大陆政策"一步，甚至比别人更顽

何应钦与访台日本友人在乌来瀑布前留影。

固地坚持"三不"政策，坚持"三民主义统一中国"，声明在大陆的亲人"背叛"和"出卖"了他。

何应钦追随蒋介石，参与制造了海峡两岸骨肉分离的悲剧，临终前他也要暗中吞咽这杯苦酒。但是，何应钦反共的政治理智的闸门再坚固，也挡不住思念故乡、思念亲人的感情洪流。每当他驱车经过号称"台湾八景之一"的太鲁峡谷时，自然会想起家乡泥凼的达力河谷；当他陪伴友人或海外来客去观赏台北市南郊的乌来瀑布的仙游峡谷时，又会联想起兴义城边的滴水飞瀑和马岭河峡谷万练飞瀑的绮丽风光；当他艰难地走在基隆西北有"陆上龙宫"之称的野柳岬峥嵘怪石之间时，又想起儿时曾嬉戏其间的泥凼石林；当他观赏阿里山变幻莫测的云海时，又感觉到像秋高气爽时节，站在自家故居门前，纵目云腾雾卷的南盘江畔的千峦万嶂……何应钦不知多少次摩挲着那些有关家乡的照片，追寻着那似水的流年。

贵阳堪称何应钦的第二故乡。他对贵阳的回忆虽有酸甜苦辣，最终都成为美好的画图。他编辑《岁寒松柏集》时，特意将1941年关山月所画的《花溪

何应钦90寿诞时获蒋经国颁授特勋后握手之情形。

1979年何应钦90寿诞时张大千先生赠送的《泥荡山水图》。

何应钦90寿诞时台湾画家所赠之受降图。

图》长卷附于自己的近照前，似乎是将他在贵州的历史，浓缩在这山水之中。

由于何应钦不止一次地向著名画家张大千描绘过故乡泥凼的山川形胜，不时还用手势加以比画，天长日久，在国画大师张大千的脑海里，便形成了一幅壮美而神秘的泥凼山水图。

1979年3月11日，何应钦90大寿，台北军政界为他举行祝寿茶会，盛况空前。张大千将心目中的泥凼风光，精心绘制了一幅《何上将故里泥荡（凼）风景图》作寿礼相赠。这幅画可谓大师的神来之笔，他从未到过泥凼，仅凭何应钦的描绘，便有了惟妙惟肖的艺术表现。画面上有云蒸雾锁犹如椅背一般的观音岩绝壁，有掩映在林莽岚烟中的泥凼小镇，那蛇形般飘进深山更深处的小径，更有一种深邃幽远的意境，的确得泥凼风光之神韵。

不知有多少次，何应钦凝望着这幅画，想象自己沿着那如烟如帛的小路，走进那掩映在林荫中的故居，与那些已故的或尚健在的亲人相会，或是伫立在那酷似椅面的观音岩的绝壁之下，眺望云烟迷离、青峦叠翠的达力河谷，重温自己从深山大箐中只身离家投考县立高小，由此而登上中国政治大舞台的经历……

一幅山水图，万种思乡情，所包含的又岂止是何应钦一人对大陆故乡的神往！

（三）

自1986年起，何应钦的身体状况便日渐不佳。5月1日，终因脑中风而住进台北"荣民总医院"。该院神经部主任朱复礼负责为他治疗，用最有效的药物和世界一流的监控仪器，尽可能延续他的生命。何丽珠及何应钦的侄儿侄女们轮流守护，希望他能活过百岁。

1984年，何应钦欢庆95岁生日。

一日，韩文源去医院探视他，见其面色红润，态度安详，便心有所感：中国五千年历史，乱世多于治世。在乱世之中，自然产生了不少能征惯战的将领，但未见有享年百岁者。即便如唐朝朔方节度使郭子仪者，安史之乱时在河北击败史思明，功居第一，后又联合回纥酋长，大破吐蕃。罢兵权后被尊为"尚父"，也仅活了80多岁。他对何应钦说："汉唐以来尚未见有百岁高龄之将军。"何笑着说："我够了！"的确，当年黄埔教官中仅存者，只何应钦一人。就是在第二次世界大战同盟国美、英、苏、中四国的高级将领中，也以何应钦活得最长。

然而，无论是天赐还是自炼的长寿都是有限的。何应钦的生命力在昏迷中慢慢地耗竭。

1987年3月，何应钦自感余日无多，遂令家人将他历年所珍藏的墨迹、

95岁时之何应钦。

健康常乐

何应钦95岁时在寓所花园内留影。

照片、勋章、奖额等与国民党军军史有关的文物40种200余件，全部交给"国军历史文物馆"，既为国民党军，也为他戎马宦迹一生留下见证。该馆专门为他辟一展室，名曰"应钦堂"，一语双关地展示这些上自黄埔建军，下至赴台以来所获得的荣耀。

1987年10月20日上午，何应钦的血压突然下降，经全力抢救并以呼吸器维持他的呼吸，延至21日上午七时三十分，终因心肺衰竭而不能复振，结束了整整99个春秋的一生。

迄今为止，未闻他立有什么遗嘱。或许，他自知赢得了生前名，却难料身后事，内心的隐秘、痛楚、遗憾、后悔太多、太多，难以形诸文字吧？或许，那遗嘱无需公布，也根本不能公布，只可在极亲近的人中间传阅？

何应钦逝世的消息惊动了"荣民总医院"上下，那些随同国民党一道退至台湾的"荣民"们，为这位虽有军籍却属特殊"荣民"的老人去世而惋惜。何应钦生前曾为这些退伍老兵的福利向台湾当局呼吁，这"荣民总医院"的建立，既是蒋经国的功劳，也有何应钦倡言之力。

何应钦逝世的消息

何应钦晚年与亲属合影。

传到士林台湾当局"总统府"，身患糖尿病已不能行走的蒋经国发布了"总统令"：

98岁之何应钦。

"总统府"战略顾问陆军一级上将何应钦，少慕戎轩，长娴兵略。鼎革橐传，及锋小试；讨袁护法，执殳前驱。遂以英特之材，上膺干城之选。自此股肱元首，羽翼中枢。出掌戎机，入参庙议。及至长缨系敌，奏凯受降，实极殊荣，都无遗算。而于赤寝日深之际，出任行政院长，渊谟默运，靖献尤多。方期寿迈期颐，亲观复旦，以主义统一中国，以道德重整人心。忽闻殂谢，轸悼良深。特派李登辉、薛岳、谷正纲、俞国华、沈昌焕、李焕敬谨治丧。饰终之典，务从隆厚，以示崇褒。

何应钦逝世的消息迅速传到大陆。22日下午，他家乡所在地的中国共产党贵州省黔西南州委统战部、州政协及州对台办有关负责人，约见何应钦在兴义的侄儿何绍明、侄女何绍琼等14人，向他们表示慰

何应钦逝世后蒋经国颁赠之挽额。

问。重庆市有关部门的负责人，也向何应钦的小妹何应相表示慰问。何应钦在兴义的亲属联名向台北的何丽珠发去唁电，电称：惊闻何应钦逝世，"举族垂泪，盼灵归桑梓"。

在重庆的何应相遥寄《悼哀应钦三哥》的挽词，词中写道：

  ……四十载生离成死别，恨苍天，曷有极。漫漫云天，鱼沉两岸。思骨肉，泪已枯，柔肠寸断；怅海岸愁云，杜鹃啼血，黯然销魂者，岂止小妹一人？吁嗟呼，人孰无亲，咫尺天涯，相见何难？抱恨终天。

  ……自别后，妹茕守故里，今数典不忘宗，对祖莹扫祭而无间，朝夕盼与兄相见。到如今，黄泉渺渺，何处觅兄颜？我哭兄不闻，我奠兄无言。更值期颐寿临，亲友咸庆。小妹已备薄礼，欲表敬意，岂知竟成永诀！惟冀年来山河统一，扶灵归葬有期，魂兮归来。

12月1日，台北各界在大直三军大学礼堂举行公祭何应钦仪式。从上午七时三十分至下午一时三十分，大直地区主要路段实施交通管制，"总统府"的仪仗队为他的灵堂护灵。蒋经国因行动不便，未能亲往祭吊，特颁赠"轸悼耆勋"的挽额。灵柩上方悬挂着何应钦着陆军一级上将戎装的遗像；周围环绕着鲜花和苍松翠柏；前方放置着宋美龄敬献的十字花架；灵柩两旁摆设着何应钦一生所获得的各种勋章。

公祭仪式开始前，按照基督教的礼仪，治丧委员会特别为他举行了追思礼拜。曾为蒋介石、王文湘证道的牧师周联华，在杭立武夫人弹奏的徐缓而哀怨的琴声中，为何应钦的灵魂祈祷祝福。

上午八时三十分，"国葬"规格的公祭仪式开始。"副总统"李登辉、"总统府资政"谢东闵、"行政院院长"俞国华、"国防部部长"郑为元、"参谋总长"郝柏村、国民党中央委员会秘书长李焕等台湾当局首脑人物，都向何应钦的遗体行礼致敬。与何应钦有挚友之交的日本前国会议长滩尾弘吉、日本富士产经集团最高顾问鹿内信雄夫妇等，专程赶来祭吊，与台湾当局尚维持"外交"关系及有经济、文化往来的一些国家和地区的驻台"使节"或代表，也到灵前鞠躬致悼。

何应钦灵柩出殡之情形。

大殓前，由陈立夫、谷正纲、张宝树、李焕为何应钦的灵柩覆盖国民党党旗；由李登辉、薛岳、俞国华、沈昌焕覆盖"国旗"。

丧礼之后，灵柩在台湾各要人及何应钦亲属的护送下，安葬在台北县汐止镇五指山"国军"示范公墓特勋区。

何应钦生前曾提出议案，辟建五指山为"国家"公园，还建议公墓公园化。如今，他在长眠中安享了自己提案的成果。

经历了清王朝、中华民国和中华人民共和国三个时代风雨沧桑的何应钦走了。他那饱尝了近一个世纪荣辱功罪的身躯，在台湾当局所覆盖的"国丧"的哀荣之下，承受着巨大的历史重负，郁结了千丝万缕的乡愁离恨，凝固着"反共复国"烟消云散的痛苦。他的身躯虽然不复在人间重现，但它过去的存在，却在中国近现代史上，留下深沉的足迹和斑驳的身影。作为基督徒，他也许升入天堂，回到主的身边，夜以继日地忏悔赎罪；作为反共的败军之将，他已被写进了史册任人评说是非功罪。如果何应钦的灵魂不死，一定能听到来自大陆亲人那深切而哀婉的呼唤："魂兮归来！"

后 记

　　自1991年7月贵州人民出版社在非学术的非议中出版《何应钦传》以来，我一直在寻找真实的何应钦的同时，努力走近与其相关的重人民国史事的真实。尽管二十多年来学术氛围已今非昔比，但何应钦研究并未大步前行。由于与其相关的某些重要历史档案，如有关皖南事变的历史档案，无论是大陆方面还是台湾方面均未完全解密，甚至已经公之于世的蒋介石日记几种版本中都只字未提。我虽想走近历史的真实，却难为无米之炊。所幸的是，这二十多年间我所出版的五部何应钦研究的专著，不管是炒冷饭式的重印、再版或改头换面在报刊连载，甚至还有盗版书堂而皇之地在新华书店销售，足见有关何应钦多面人生和是非功罪的著述不乏市场和读者。而我陆续发表的何应钦与民国重大史事的论文，有不少与权威定论和教材体系相左的一家之言，已成为学界的共识，何应钦其人其事的影响并非限于治史、治学者，而是拥有了更为广大的读者群，故何应钦研究也不应就此止步。

　　上世纪90年代由河南人民出版社出版的《中华民国史丛书·人物系列》之一的《何应钦的宦海沉浮》，虽经两次印刷和再版，书店中早已绝迹，2011年人民日报出版社约请我修订出版。在重新卒读修订原书时，愧疚油然而生。借修订出版之机，在不改变原作框架基础上，补充了大量资料，修改了一些陈旧的观点和提法，使之更加客观平实，更秉承一以贯之的行文风格，在史学著作"返祖归宗"的追求中，让板着面孔的史学著作，增添文采，让学术也生动活泼、浅显易懂。结果能否如我所愿，只能让读者去评说了。

　　今年适逢世界反法西斯战争暨中国人民抗日战争胜利70周年。何应钦对日观的演变及其在抗日战争前后联日反共的思想与行动，都是他多面人生中无法洗刷的阴暗面，但综观他在准备抗战和在抗日战争中的表现，他毕竟没有抛弃抗日民族统一战线，依然坚持着对日抗战，直至胜利。由他主持的中国战区受降大典，曾一度被视为他只是代表国民党军甚至只是代表蒋介石接受日本投降。抗日战争是全民族的神圣抗战，何应钦是代表中国、代表中华民族接受侵华日军投降的。故而获陈坚同志应允，将其在全国美展中获金奖的巨幅油画《公元一千九百四十五年九月九日九时·南京》，载入本书之中，以彰显国家、民族和人民的尊严。此举并非仅为矫正何应钦接降书时的"摧眉折腰"，而是让这一洗刷近代中国耻辱的瞬间，在国人心目中成为辉煌的永恒。

本书原是人民日报出版社程文静同志向我约的稿。她是一位极负责任的责任编辑。修订稿上交后，她已做了许多编辑排版的工作，但因故却迟迟不能出版。2014年8月中旬，在央视中文国际频道"天涯共此时"栏目录制《蒋介石与何应钦的恩恩怨怨》节目时，偶遇团结出版社出版拙著《何应钦的晚年岁月》的责任编辑张阳同志，谈及她们拟出版国民党军政要员全传系列丛书时，希望由我来承担《何应钦全传》的写作。在征得程文静同志同意后，将她已编辑排版的书稿转由团结出版社出版。对程文静同志前期所付出的心血，我和张阳同志均表由衷的谢忱！

我的学术之路是伴随着改革开放的历程在延伸。30多年来，我一直在追寻着历史和现实中的真实。昨天、今天从未间断。明天，如果还有来生，我仍将在执著、困惑、痛苦并快乐中追寻，希望在学术之路上不断否定和超越自我，但由于历史不可复制，海内外意识形态的分歧依然存在，书写历史者的立足点和视角不尽相同，更囿于资料和学识的局限，遗憾将永远与我相伴，我亦无所怨尤。

熊宗仁

2015年4月于贵阳